웨스트민스터 소요리문답강해

21세기 교회의 생명

박상경 목사 지음

도서출판 예루살렘

추천의 글

16세기 종교개혁 이래로 개혁교회에서는 신앙문답서를 교회의 교리교육을 위하여 널리 그리고 많이 사용하여 왔습니다. 그 대표적이며 전형적인 것은 루터의 소교리문답서, 하이델베르그신앙문답서, 웨스트민스터 소요(교)리문답서입니다. 그 중에서도 특히 웨스트민스터 소요리문답서는 개혁교회의 신앙의 기준 문서 중의 하나로써 신자들에게 하나님의 계시 진리인 성경을 바로 깨닫게 하고 성경적으로 믿고 생활하게 하는 신앙교육의 중요한 지침서입니다.

웨스트민스터 소요리문답서는 웨스트민스터 회의 기간(1643년 7월 1일~1649년 2월 22일, 총 5년 6개월 22일간)에 1,163회의 크고 작은 회의를 거쳐서 다른 여러 신앙문서들(웨스트민스터신앙고백서, 구원에 관한 지식의 집약서, 공적 예배지침서, 장로교회 정치체계, 대요리문답서)와 함께 작성된 것입니다. 이 소요리문답서는 웨스트민스터회의 초기에 작성되기 시작하여 맨 나중까지 신중하게 작성된 것이며, 교회의 평신도 교리교육을 위한 결정적인 교재로 사용되어 왔습니다.

그런데 오늘날 우리 한국교회가 이같이 중요한 문서를 너무나 소홀히 여기고 신자들의 교리교육에 활용하지 않고 있다는 사실은 참으로 안타까운 일이 아닐 수 없습니다. 오늘날 우리 한국교회는 외면적으로 양적인 면에서는 성장과 발전을 크게 하였으나 내적으로 질적인 면에서는 인상적으로 신학적으로 해결해야 할 문제가 많이 있다는 사실을 간과해서는 안될 것입니다. 그 많은 문제들 중에서 가장 근본적인 문제는 기독교 교리에 관한 인식이 부족한 점을 들지 않을 수 없습니다. 그 결과 신자들은 성경적인 바른 신앙의 토대가 없는 상태에서 방황하게 되고 결국은 비기독교적인 불건전한 신앙인으로 전락해 버리고 말게 되는 것입니다. 신앙지도의 지침서로써 웨스트민스터 소요리문답서를 능가하는 책은 없습니다. 이 책은 신학생들에게는 기독교 교리학 공부에 큰 도움이 될 것은 물론이고 평신도에게는 기독교 교리를 바로 이해하고 바르게 건전하게 신앙생활을 하는데 도움을 주는 좋은 지침서가 될 것입니다. 또한 목회자에게는 신자들에게 기독교의 근본 교리를 바로 이해시키며 바른 신앙생활을 하도록 지도할 수 있는 좋은 교과서입니다. 이 책은 짜임새가 잘 되어 있고 명쾌하게 설명이 잘 되어 있어서 독자들이 부담없이 읽을 수도 있고 또 쉽게 이해할 수 있도록 되어 있어, 많은 이용이 있기를 바라며 진심으로 추천하는 바입니다.

1999년 8월
대한신학대학원대학 조직신학 교수   조석만 박사

추천의 글

17세기의 청교도 지도자 리차드 박스터(Richard Baxter)는 웨스트민스터 회의를 일컬어 "사도시대 이후 교회 역사상 가장 훌륭한 교회 회의"라고 지칭하였습니다. 그 이유는 그 회의가 만들어낸 교리문서 때문입니다.

웨스트민스터 회의가 만든 표준 문서는 '웨스트민스터 신앙고백서' '웨스트민스터 대요리문답' '웨스트민스터 소요리문답' 그리고 '정치와 예배모범' 등입니다. 그 중에서도 소요리문답은 교육적 가치가 뛰어난 교리서입니다.

오늘날 한국교회의 수적인 정체와 영적 침체를 걱정하는 소리가 높아가고 있습니다. 교리공부의 중요성을 망각한 데 있습니다. 특별히 성경의 진리를 체계적으로 정리한 교리공부의 결여는 오늘날 개탄할 지경에 이르렀습니다.

차제에 박상경 목사는 오랫동안 목회 현장에서 체험한 교회 현실을 배경으로 하여 웨스트민스터 소요리문답을 가르친 교안을 모아 〈21세기 교회의 생명〉이란 제하의 웨스트민스터 소요리문답강해서를 출판하게 되었습니다.

107문에 달하는 문답서 전문을 알기 쉽게 해설하여 목회자와 평신도들이 개혁주의 기본 교리를 이해하는 데 크게 도움이 되리라 믿어 항상 성경 옆에 두고 읽어야 할 필독서로 추천하는 바입니다.

1999년 8월

전 총신대 총장, 성복중앙교회 담임
김의환 박사

추천의 글

새로운 천년을 맞이하는 지금 우리는 총체적인 가치의 혼돈 속에 살고 있습니다. 절대적 가치 기준이 무너지고 극도의 이기주의와 물질주의 및 과학만능주의는 현대인의 우상이 되어 복음의 본질을 퇴색시키고 성경의 진리를 잃어버린 세대로 전락시켜가고 있습니다. 신학사조가 혼미한 이 시대에 우리 기독교의 바른 교리의 필요성을 절실하게 느낍니다. 장로교회는 개혁주의 신학의 전통을 이어받아 성경을 정확 무오한 하나님의 말씀으로 믿으며, 그 성경과 일치하는 이 소요리 문답을 웨스트민스터 신앙고백과 아울러 칼빈주의 교리의 가장 완숙한 표현이며, 개혁주의 신학의 집대성이며, 가장 영향력 있는 표준 교리문서로 채택한 것입니다.

지금까지 대·소요리문답서의 이해를 돕는 해설서들이 많이 소개되었습니다. 그러나 안타깝게도 대다수의 책들이 필요에 따라 부분적이거나 간단한 요약의 수준을 벗어나질 못했습니다.

그러던 차에 20여년 동안 성공적으로 목회하시는 본 교단의 중견 목회자이신 박상경 목사님께서 6년간의 연구와 산고 끝에 소요리문답 강해서를 내놓게 됨은 무척 반가운 일이 아닐 수 없습니다. 이 책을 통하여 한국 교회와 기독교 가정이 하나님의 진리의 능력과 지혜를 재발견하는 것을 돕고 교회가 바른 진리 위에 튼튼히 서 가기를 바랍니다.

특히 저자는 소요리문답강해서를 개혁주의적 시각에서 실제적으로 성도들을 교육하고, 지도할 수 있도록 구성한 것은 목회현장에서 사역하고 있는 동역자들에게 가장 높이 평가받을 수 있는 점이라 하겠습니다.

다시 한번 소요리문답강해서, 〈21세기 교회의 생명〉의 출간을 축하하며 교역자와 신학도는 물론 평신도들에게 권장하여 읽힘으로써 신앙의 기초가 견고하게 다져질 것을 확신하며, 독자들이 이 책을 통해 많은 신앙의 유익을 얻을 것으로 알아 기쁜 마음으로 추천하는 바입니다.

1999년 8월
대한신학대학원대학교 총장
철학박사 김연택

감사의 글

교회 각종 임직 서약마다 당신은 "본 장로회 신조와 웨스트민스터 신도개요 및 대소요리 문답은 신구약 성경의 교훈한 도리를 총괄한 것으로 알고 성실한 마음으로 신종 하느뇨"라는 질문을 받고 "예"라고 대답하고 있습니다.

과연 그 중에 몇 사람이 웨스트민스터 신도개요와 대소요리 문답에 대해서 알고 이해하고 있는지, 필자도 강도사 인허와 목사임직 서약을 했습니다. 저도 역시 "예"라고 했습니다. 그러나 그것이 무엇인지 이해하지 못했던 것입니다. 그후 목회를 하면서 새벽기도회 저녁예배 삼일예배때 가르치기도 했습니다만 그때마다 어렵고 딱딱해서 시작은 했으나 중도에서 마치기도 했습니다.

이번 소요리 문답을 공부하면서 저 스스로가 은혜를 받고 받은 은혜가 너무 커서 그 은혜를 함께 나누었으면 하는 생각에서 원고를 정리하게 되었습니다.

시대가 종말을 향해 가는 이때 잘못된 신학이 난무하고 사이비 종교가 활개치는 지금, 우리는 우리가 믿는 것을 바로 알고 바르게 생활하기 위해 장로교회의 특징인 교리와 신앙을 바로 교육해야겠습니다. 신앙이 혼탁되어가고 있는 요즈음 제가 받은 은혜가 우리 모두에게 조금이라도 도움이 되었으면 합니다.

소요리 문답은 125명의 목사와 22명의 하원의원과 10명의 귀족 등 도합 157명이 매일 오전 9시에 모여 오후 5시에 마치는 1,163회의 모임으로 7년만에 완성한 것입니다.

성령의 은혜가 아니고는 불가능한 것입니다. 우리에게는 성경을 바르게 알고 이해 할 수 있는 위대한 교리서가 있음에도 너무 소홀히 대하고 있다고 생각됩니다. 필자도 그동안 소홀히 생각한 것을 반성하고 제가 임직때 서약한 것을 이제야 조금이나마 지키게 됨을 하나님께 감사하며 이 책을 통해서 장로교회의 특징인 건전한 교리 위에 건전한 신앙 본분을 이루는데 조금이라도 도움이 되었으면 하는 생각 간절합니다.

끝으로 추천의 글을 써주신 조석만 박사님, 김의환 박사님, 김연택 총장님께 감사드리며, 이 글이 나오기까지 도움을 준 가족과 모든 분들에게 진심으로 감사드립니다. 이 책을 참고하시는 모든 분들에게 하나님의 은혜와 축복이 있기를 기원합니다.

박상경 목사

목차

추천의 글/ 조석만 박사

추천의 글/ 김의환 박사

추천의 글/ 김연택 박사

감사의 글

서언
· 역사적 배경/ · 웨스트민스터 표준문서/ · 소요리문답의 구분/ · 결론

제 1 부

제 1 문 ■ 사람의 제일 되는 목적 / 18
· 하나님을 영화롭게 하는 것이다/ · 영화롭게 하는 것이 무엇인가/ · 영원토록 그를 즐거워하는 것이다

제 2 문 ■ 하나님이 주신 규칙 / 23
· 성경은 특별규칙/ · 성경은 유일한 규칙/ · 성경은 정확무오한 규칙/ · 성경은 충분한 규칙

제 3 문 ■ 성경의 제일 요긴한 교훈 / 28
· 어떻게 믿어야 하는가(신앙)/ · 어떻게 생활하여야 하는가(본분)

제 4 문 ■ 하나님은 어떤 분이신가 / 32
· 하나님은 신/ · 하나님의 보편적 속성

제 5 문 ■ 유일하신 하나님 / 38
· 유일하신 신/ · 참되신 신/ · 살아계신 인격적인 신

제 6 문 ■ 삼위일체 하나님 / 42
· 삼위의 개별적 고찰/ · 삼위내의 단일신/ · 단일신 내의 삼위

제 7 문 ■ 하나님의 작정 / 47
· 신적작정의 정의/ · 신적작정의 성격/ · 신적작정의 목적

제 8 문 ■ 하나님의 예정 / 52
· 예정의 명사/ · 예정의 대상/ · 예정의 두 부분/ · 인간의 자유의지와의 관계

제 9 문 ■ 창조자 하나님 / 57
· 창조의 정의/ · 창조의 요소/ · 창조의 목적/ · 창조의 기간

제 10 문 ■ 하나님의 형상으로 창조된 인간 / 62
· 하나님의 형상인 인간/ · 사회적 존재로 창조/ · 인간의 구조

제 11 문 ■ 하나님의 섭리 / 67
· 하나님의 섭리/ · 섭리의 대상/ · 섭리의 목적/ · 섭리에 대한 인간의 태도

제 12 문 ■ 하나님의 언약 / 72
· 행위언약/ · 은혜언약

제 13 문 ■ 인간 타락 / 76
· 인간 타락의 원인/ · 아담의 자유의지/ · 죄의 책임

제 14 문 ■ 죄 / 80
· 죄는 하나님의 법으로만 판단/ · 죄의 성질

제 15 문 ■ 아담의 죄 / 85
· 타락전 아담의 상태/ · 아담의 유혹/ · 유혹에 빠진 책임과 타락

제 16 문 ■ 언약의 대표자 아담 / 89
· 아담은 언약의 대표자/ · 언약의 범위/ · 죄의 전가

제 17 문 ■ 타락의 결과 / 93
· 타락하기 전 인간의 생활/ · 타락의 결과

제 18 문 ■ 원죄 / 97
· 원죄란 무엇인가/ · 원죄와 본죄의 차이

제 19 문 ■ 인간 타락의 비참 / 102
· 하나님과 교제의 단절/ · 인간은 진노와 저주의 대상/ · 생의 수난/ · 사망/ · 영원한 지옥의 형벌/ · 성도와 자연인과의 차이

제 20 문 ■ 선택과 언약 / 106
· 선택/ · 은혜언약

제 21 문 ■ 선택하신 자의 구속주 / 111
· 선택받은 자의 구속주/ · 두 성품을 가지신 예수님

제 22 문 ■ 그리스도의 성육신 / 115
· 참 몸을 취함/ · 지각있는 영혼을 가지심/ · 성령으로 잉태, 동정녀 마리아에게 탄생하심/ · 무죄하심/ · 성육신의 이유

제 23 문 ■ 그리스도의 삼직 / 119
· 직분의 근거/ · 삼직을 땅과 하늘에서 수행/ · 특별한 직분/ · 참된 교회는 삼직 수행

제 24 문 ■ 그리스도의 선지자직 / 124
· 선지자에 대한 예언/ · 선지자직의 정의/ · 그리스도께서 선지자로 행하심/ · 선지자직을 지금도 수행

제 25 문 ■ 그리스도의 제사장직 / 128
· 제사장에 대한 예언/ · 제사장의 자격/ · 제사장직의 사역/ · 제사장 사역의 범위/ · 인간제사장과 비교

제 26 문 ■ 그리스도의 왕직 / 132
· 왕에 대한 예언/ · 왕권의 사역/ · 왕권이 미치는 범위/ · 왕권의 기간/ · 천년왕국

제 27 문 ■ 그리스도의 낮아지심 / 137
· 그리스도의 본 지위/ · 그리스도의 낮아지심의 단계/ · 그리스도의 죽으심의 의의/ · 그리스도의 죽으심의 범위

제 28 문 ■ 그리스도의 높아지심 / 141
· 부활하심으로 높아지심/ · 승천하심으로 높아지심/ · 하나님 우편에 계심으로 높아지심/ · 심판주로 다시 오심으로 높아지심

제 29 문 ■ 사신 구속의 참여 / 145
· 그리스도의 은혜로 참여/ · 성령의 은혜로 구속에 참여/ · 구속의 서정단계

제 30 문 ■ 구속을 위한 성령의 사역 / 149
· 성령님은 누구신가/ · 구원에 대한 성령의 사역

제 31 문 ■ 효력 있는 부르심(소명) / 153
· 명사의 의미/ · 부르심의 발령자/ · 부르심의 종류/ · 부르심의 시기/ · 부르심의 목적

제 32 문 ■ 부르심 받은 자의 유익 / 157
· 의롭다 하심/ · 양자를 삼으심/ · 거룩케 하심

제 33 문 ■ 칭의 / 161
· 명사의 의미/ · 칭의란 무엇인가/ · 칭의 결과/ · 칭의의 방법

제 34 문 ■ 양자 / 166
· 양자란/ · 양자가 되는 때/ · 자녀의 축복/ · 자녀의 증거

제 35 문 ■ 성화 / 170
· 거룩하게 하심/ · 성화란/ · 성화의 본질/ · 성별된 삶

제 36 문 ■ 확신과 보존 / 175
· 하나님의 사랑을 확신/ · 양심의 평안/ · 성령 안에서 기쁨/ · 은혜의 증가/ · 성도의 견인/ · 끝까지 구원하시는 이유/ · 어떻게 보호하시나/ · 무엇을 보존해 주시나

제 37 문 ■ 성도의 안식과 보존 / 179
· 육체적 죽음/ · 성도 죽음에 대한 의의/ · 성도 죽음은 천국의 입문/ · 안식의 기간/ · 안식과 교통에 대하여

제 38 문 ■ 성도의 부활 / 183
· 영화로운 부활에 참여/ · 심판 날에 은총/ · 완전한 복/ · 직접 하나님을 섬기는 영광

제 2 부

제 39 문 ■ 사람의 본분 / 188
· 참된 예배의 삶/ · 하나님의 뜻을 순종/ · 하나님의 뜻대로 행함

제 40 문 ■ 사람이 복종할 규칙 / 192
· 도덕법칙/ · 도덕법칙은 생활의 규칙/ · 도덕법의 목적

제 41 문 ■ 도덕법칙의 요약 / 196
· 십계명을 주신 목적/ · 율법해석의 원리/ · 십계명에 대한 성경의 설명/ · 십계명과 예수님

제 42 문 ■ 십계명의 대강령 / 200
· 십계명의 구분/ · 사랑이란 무엇인가/ · 십계명의 대강령

제 43 문 ■ 십계명의 서문 / 205
· 십계명의 입법자/ · 십계명을 주신 하나님은 구속자

제 44 문 ■ 십계명 서문의 교훈 / 210
· 하나님은 우리의 주가 되심/ · 여호와는 우리의 하나님/ · 여호와는 우리의 구속자/ · 구속받은 자의 의무/ · 계명과 양심문제

제 45 문 ■ 제1계명 / 214
· 경배의 대상을 알게하심/ · 참예배의 대상은 오직 하나님/ · 하나님의 요구를 가르치심/ · 다른 신을 섬기지 말 것을 경고

제 46 문 ■ 제1계명이 명하는 것 / 219
· 하나님만 유일신/ · 하나님만 살아계심/ · 하나님께만 예배

제 47 문 ■ 제1계명이 금하는 것 / 223
· 참 하나님을 바로 알라/ · 종교적 혼합주의를 금함/ · 종교적 관용을 금하심/

제 48 문 ■ 제1계명의 '나 외에'란 / 227
· 나 외에란/ · 하나님만이 유일신/ · 참되신 참신/ · 살아계신 인격적인 신/ · 다른 신을 섬기는 것을 용납치 않겠다는 경고의 말씀/ · 하나님만 삶의 제일자리에 두라/ · 다른 신을 섬기는 것을 용납치 않겠다는 경고

제 49 문 ■ 제2계명 / 233
· 보이지 않는 여호와께 신령적 예배/ · 인격적 예배/ · 산 예배/ · 축복과 경고

제 50 문 ■ 제2계명의 명하는 것 / 237
· 합법적 예배/ · 깨끗하고 완전한 예배

제 51 문 ■ 제2계명의 금하는 것 / 241
· 우상의 정의/ · 우상의 종류/ · 형상을 만들지 말라/ · 현대인의 우상

제 52 문 ■ 제2계명을 지킬 이유 / 246
· 하나님은 우리의 주제/ · 하나님은 우리의 소유주/ · 홀로 경배를 요구/ · 하나님의 질투와 축복

제 53 문 ■ 제3계명 / 249
· 제3계명의 목적/ · 하나님만 존경/ · 언어의 성별

제 54 문 ■ 제3계명의 명하는 것 / 253
· 여호와의 이름/ · 이름을 망령되이 말라/ · 이름의 사용방법

제 55 문 ■ 제3계명의 금하는 것 / 257
· 여호와의 이름을 훼방하고 망령되게 말라/ · 여호와의 이름을 악용하지 말라

제 56 문 ■ 제3계명을 지킬 이유 / 261
· 현세의 형벌/ · 내세의 형벌

제 57 문 ■ 제4계명 / 264
· 제4계명의 목적/ · 제4계명의 두 가지 명령/ · 안식일

제 58 문 ■ 제4계명의 명하는 것 / 269
· 절기를 하나님 앞에 거룩하게 지키라/ · 이레중 하루를 거룩히 지키라/ · 종일토록 거룩히 지키라

제 59 문 ■ 참된 안식일 / 273
· 그리스도의 부활 이전까지는 제7일이 안식일/ · 그리스도의 부활부터 세상 끝날까지 첫째 날이 그리스도의 안식일/ · 제7일 안식일이 제1일 주일로 변경된 것에 대하여/ · 안식일과 주일의 비교/ · 명칭에 대하여

제 60 문 ■ 주일성수 / 278
· 구약에서 지키는 안식일/ · 신약에서 드리는 안식일/ · 주일성수가 흔들리는 신앙

제 61 문 ■ 제4계명의 금하는 것 / 283
· 성도의 의무를 행하라/ · 부주의나 나태를 금함/ · 불필요한 언행심사를 금함

제 62 문 ■ 주일을 지킬 이유 / 287
· 특별히 제정하신 날/ · 인간에게 육일을 주시고 하루를 요구하심/ · 하나님이 본을 보이심/ · 축복과 저주가 있음/ · 노동의 해방/ · 기억하라는 말이 무엇인가

제 63 문 ■ 제5계명 / 291
· 율법을 주신 목적/ · 관계에 대한 설정/ · 권위에 대한 존중

제 64 문 ■ 제5계명의 명하는 것 / 295
· 부모를 공경할 이유/ · 부모공경의 방법/ · 부모의 뜻/ · 지키는 자의 축복

제 65 문 ■ 제5계명의 금하는 것 / 300
· 부모에 대한 의무 소홀/ · 성직자에 대한 의무 소홀/ · 주권자 관원 선생

제 66 문 ■ 제5계명을 지킬 이유 / 304
· 축복이다/ · 하나님께 영광이 된다/ · 선한 일이며 유익

제 67 문 ■ 제6계명 / 308
· 계명을 주신 목적/ · 살인의 의미/ · 살인과 형벌

제 68 문 ■ 제6계명의 명하는 것 / 312
· 자신의 생명을 귀중히 여기라/ · 남의 생명을 귀히 여기라/ · 생명보존은 합법대로

제 69 문 ■ 제6계명의 금하는 것 / 316
· 자살을 금함/ · 타살을 금함/ · 살인과 비살인

제 70 문 ■ 제7계명 / 320
· 잘못된 성은 자신과 이웃, 모두에게 불행을 가져다 준다/ · 제7계명을 주신 목적/ · 간음이란/ · 제7계명을 주신 이유/ · 형벌과 심판/ · 하나님이 성을 주신 목적/ · 성에 대한 상식

제 71 문 ■ 제7계명의 명하는 것 / 325
· 육신의 정조/ · 마음의 정조/ · 신앙의 정조/ · 말의 정조

제 72 문 ■ 제7계명의 금하는 것 / 330
· 부부의 의무/ · 불법적 결혼을 금함/ · 불법적 이혼을 금함/ · 불법적 결합을 금함

제 73 문 ■ 제8계명 / 334
· 계명을 주신 목적/ · 도적의 종류/ · 도적질의 유형/ · 도적질의 원인

제 74 문 ■ 제8계명의 명하는 것 / 338
· 합법적 재산을 소유 증진/ · 타인의 재산을 보호/ · 소유를 남용 말라/ · 소유의 사용법

제 75 문 ■ 제8계명의 금하는 것 / 342
· 물질의 남용/ · 남의 것을 착취/ · 하나님께 인색

제 76 문 ■ 제9계명 / 346
· 계명을 주신 목적/ · 거짓의 유형/ · 거짓의 결과

제 77 문 ■ 제9계명의 명하는 것 / 351
· 진실하라/ · 이웃의 명예를 보존

제 78 문 ■ 제9계명의 금하는 것 / 354
· 위증을 금함/ · 이웃을 배신하고 허물을 들추지 말라/ · 이웃을 욕하거나 중상모략하지 말라/ · 진리에 이탈된 거짓을 금함/ · 계시된 진리를 가감하지 말라/ · 진리에 인간의 말을 혼합하지 말라

제 79 문 ■ 제10계명 / 357
· 탐심이란/ · 탐심의 성격/ · 탐심의 결과 / · 탐심을 막는 비결

제 80 문 ■ 제10계명의 명하는 것 / 361
· 현재의 삶에 만족/ · 의와 사랑으로 살라/ · 인간의 삶의 목적을 바로 인식

제 81 문 ■ 제10계명의 금하는 것 / 365
· 자신의 처지를 비하하지 말라/ · 남의 행복을 시기하지 말라/ · 물질에 대한 욕심을 버리라

제 82 문 ■ 계명을 완전히 지킬 수 있나 / 369
· 모든 인간은 영적으로 사망/ · 중생되지 못한 인간은 악의 지배/ · 계명완성의 삶

제 83 문 ■ 더 악한 죄 / 373
· 죄의 경중/ · 더 악한 죄

제 84 문 ■ 죄의 보응 / 377
· 모든 죄는 보응/ · 보응의 때/ · 보응은 저주와 진노

제 85 문 ■ 진노와 저주의 피안 / 382
· 그리스도를 구주로 믿는 것/ · 참된 회개/ · 구속의 유익을 진하는 여러가지 표현방법

제 86 문 ■ 구원에 이르게 하는 믿음 / 386
· 믿음의 명사/ · 성경에 나타난 믿음의 종류/ · 믿음의 요소/ · 구원적 믿음/ · 믿음과 행함

제 87 문 ■ 생명에 이르는 회개 / 391
· 명사의 의미/ · 회개의 종류/ · 참된 회개의 요소/ · 회개의 조성자/ · 회개의 결과

제 88 문 ■ 은혜의 방편 / 396
· 하나님이 정하신 통상적 방편/ · 은혜의 본질적 요소/ · 특별은혜의 방편/ · 교회의 공적 은혜의 방편/ · 계속적인 은혜의 방편

제 89 문 ■ 말씀의 효력 / 401
· 말씀의 효력/ · 말씀효력의 효과적 방법

제 90 문 ■ 말씀을 읽고 듣기 / 406
· 부지런히 읽고 들어야 한다/ · 준비된 마음으로 배워야 한다/ · 기도하고 생각하며 배워야 한다/ · 믿음과 사랑으로 마음을 열어야 한다/ · 말씀을 실천하기 위해 읽어야 한다

제 91 문 ■ 구원의 방편인 성례 / 410
· 말씀과 성례의 관계/ · 성례는 구원의 공적은 아니다/ · 베푸는 자의 덕으로 됨이 아니다/ · 다만 그리스도의 축복으로 유익/ · 믿음으로 성례를 받는 자에게 성령이 역사하므로

제 92 문 ■ 성례란 / 414
· 성례란 말의 뜻/ · 성례는 예수 그리스도께서 친히 세우신 예식/ · 잘못된 성례 / · 성례는 새 언약의 감각적 인표

제 93 문 ■ 신약의 성례 / 418
· 구약의 성례/ · 신약의 성례/ · 성례의 수/ · 신·구약 성례의 관계

제 94 문 ■ 세례가 무엇인가 / 422
· 세례의 역사/ · 세례의 말 뜻/ · 세례의 뜻/ · 세례의 양식

제 95 문 ■ 세례 받을 자격 / 426
· 수세의 대상/ · 장년세례/ · 유아세례

제 96 문 ■ 주의 성찬 / 431
· 성찬의 제정과 명칭/ · 성찬의 재료/ · 성찬의 목적

제 97 문 ■ 성찬의 시행 방법 / 435
· 성찬 시행자/ · 정당한 참여자/ · 성찬 참여자의 준비/ · 성찬 참여에 부당한 자

제 98 문 ■ 참된 기도 / 440
· 기도의 의미/ · 기도의 원칙/ · 기도의 태도/ · 기도의 요소/ · 기도자가 취할 자세/ · 응답되지 않는 기도/ · 기도의 결과

제 99 문 ■ 기도의 법칙 / 448
· 주기도문의 성격/ · 주기도문의 특성/ · 주기도문의 정신과 관계/ · 주기도문의 구성

제 100 문 ■ 주기도문의 서문 / 453
· 기도의 참 대상을 가르침/ · 아버지되신 하나님/ · 하늘에 계신 아버지/ · '우리 아버지여'란

제 101 문 ■ 주기도문의 첫째 기원 / 458
· 하나님의 이름/ · '거룩하게'란/ · 거룩하게 하는 방법

제 102 문 ■ 주기도문의 둘째 기원 / 464
· 나라의 의미/ · 나라는 하나님이 직접 통치하는 나라/ · 이 기도가 왜 필요한가

제 103 문 ■ 주기도문의 셋째 기원 / 468
· 하나님의 뜻이 무엇인가/ · 뜻을 이루기 위한 성도의 태도/ · 하늘과 땅에서 이루어짐

제 104 문 ■ 주기도문의 넷째 기원 / 473
· 양식이란/ · 일용할 양식/ · 넷째 기원을 주신 목적

제 105 문 ■ 주기도문의 다섯째 기원 / 479
· 이 기도를 드릴 수 있는가/ · 죄인이란 사실을 인식/ · 죄의 자백/ · 사죄를 위한 기도/ · 이 기도를 드릴 수 있는 자격

제 106 문 ■ 주기도문의 여섯째 기원 / 484
· 이 기도를 드릴 이유/ · 시험이란/ · 승리의 비결

제 107 문 ■ 주기도문의 송영 / 489
· 송영/ · 송영의 내용/ · 송영의 끝

#참고문헌/ 494

서 언

영국의 리챠드 박스터(R. Baxter) 목사는 소요리문답을 가리켜서 "가장 좋은 요리문답이며 기독교 신앙과 교리에 대한 가장 훌륭한 요약이다."라고 했습니다. 소요리문답은 교회가 믿고 신앙하는 성경의 내용을 교리적으로 알기 쉽게 문답식으로 집대성해 놓은 표준문서입니다. 소요리문답은 17세기 신앙의 위대한 소산이며, 기독교를 신봉하는 신자라면 누구나 배워야 할 문답서입니다.

1. 역사적 배경

16세기 종교(기독교)개혁은 기독교의 혁명이라 할 수 있습니다. 중세라 부르는 천년은 교회사 속에서 중세 암흑시대라고 부르고 있습니다. 이 암흑시대는 교회의 부패로 왜곡된 시대라고 하겠습니다. 이때의 잘못된 교회와 교리를 배격하기 위해 개혁운동이 일어났고 긱종 신앙고백서가 만들어지게 된 동기가 되었습니다.

그 시대의 잘못된 교리는 교권주의, 마리아 숭배, 교황무오설, 성물숭배, 성직자 결혼금지, 성찬의 화체설, 죽은 자의 성자 칭호, 교황 즉 사제의 대속권 결정, 면죄부 판매, 이행득구 등 잘못된 교리의 사상이 로마 카톨릭을 통해 성경과 상관없이 만들어지고 왜곡되어가는 것을 방지하기 위하여 1517년 루터를 중심으로 개혁자들이 기독교 개혁의 햇불을 들게 되었습니다.

종교개혁의 세 가지 근본원리는

1) 성경의 절대 권위(모든 신앙의 권위는 성경에 둔다)

당시 교회의 모든 형편을 보면 성경을 권위로 삼기보다는 옛날부터 내려오는 여러 가지 교회의 전통에 더 치중해서 성경의 진리가 왜곡됨으로 앞으로는 성경만을 신앙과 행위의 표준으로 삼고 교회에 내려오는 전통은 성경에 의해서 취할 것은 취하고 버릴 것은 버려야 한다는 원리를 주장했습니다.

2) 믿음으로 의롭게 된다(이신 득의).

사람이 하나님 앞에 죄사함 받는 것이 율법을 행함으로나 선행으로나 공덕에 의해서 받는 것이 아니고 오직 복음에 나타난 하나님의 의를 믿음과 그리스도의 십자가를 믿음으로 의롭다 함을 얻고 구원받을 수 있다는 원리입니다.

3) 각 사람은 하나님 앞에 제사장이다.

구원이라 하는 것은 오직 예수 한 분밖에 없는데 반드시 신부를 통해야 구원을 얻는다고 카톨릭은 가르쳤습니다. 이것은 성경에 없는 것이므로 누구든지 제사장의 자격이 있어서 오직 그리스도의 십자가를 믿음으로 그리스도만 중보로 삼아 우리가 하나님 앞에 담대히 나아가서 기도하고 하나님께 직접 복을 받을 수 있다고 하는 신앙생활에 있어서 개인의 자유를 주장하게 된 것입니다.

이상과 같이 개혁자들은 잘못된 교회를 바로잡고 바른 진리를 가르치기 위해 루터는 1529년 요리문답을 만들었고, 1563년에는 '하이델베르크 요리문답'이 작성되었습니다. 그후 1647년에 '웨스트민스터 표준문서'가 만들어졌습니다.

2. 웨스트민스터 표준문서

웨스트민스터 표준문서는
1) 웨스트민스터 신앙고백서(The Contession of Faith)
2) 웨스트민스터 대요리문답(Larger Catechism)
3) 웨스트민스터 소요리문답(Shorter Catechism)
4) 정치와 예배 모범으로 되어 있습니다.

이 표준 문서의 작성은 영국 국회의 결의로 1643년 7월 1일 영국 웨스트민스터 대회당에 모여서 만든 것입니다. 표준 문서는 '신앙고백 33장' '대요리문답 196문' '소요리문답 107문'으로 구성되어 교회의 정치 및 예배 모범으로 총 집대성한 것이라 볼 수 있습니다.

1643년 7월 1일부터 1649년 2월 22일까지 5년 6개월 22일 동안 영국 런던 웨스트민스터 대회장에서 만들었기 때문에 '웨스트민스터 신앙고백서'란 이름이 붙게 된 것입니다. 이때 모인 나라는 영국, 스코틀랜드, 화란입니다. 이 3개국이 연합하여 125명의 목사와 22명의 하원의원과 10명의 귀족 등 157명이 5년 6개월 22일간 매일 오전 9시부터 오후 5시까지 하루 8시간씩 1,163회 모임 끝에 만들어진 것이며, 매 출석인원은 60~80명이었습니다. 특히 한달에 하루씩 금식기도하며 표준문서를 작성하였습니다.

이는 성령의 역사가 아니고는 도저히 불가능한 대역사였습니다. 1649년 스코틀랜드 의회에서 승인하고, 1690년 윌리암과 메리왕때 황실의 비준을 얻었습니다. 이것이 영국

교회의 신앙고백의 표준으로 그 지위를 차지했습니다. 이 표준 문서는 칼빈주의 신학이며, 이것이 청교도를 통해 미국 대륙에 들어가서 미국장로교회의 신조가 되었고, 미국장로교회의 선교를 받은 한국장로교회도 이것은 신앙고백으로 받아들였습니다.

1912년 9월 1일 평양에서 대한예수교장로회가 조직되고, 1917년 9월 제6회 총회에서 웨스트민스터 헌법을 수정, 채용하여 지금까지 헌법서언에서 교리적 선언을 하고 있으며, 임직시에는 "웨스트민스터 신앙고백과 대 소요리문답은 신구약 성경의 교훈한 도리를 총괄한 것으로 알고 성실한 마음으로 받아 신종하느뇨"(정치 제5장 제9조 3항) 라고 서약을 받으며, 또한 가르치게 하고 있습니다.

3. 소요리문답의 구분

소요리문답은 제2부로 되어 있고 총 107문으로 구성되어 있습니다.

제1부(제1~38문)는 인간의 삶의 목적과 성경과 하나님에 대한 신앙으로 구성되어 있고, 제2부(제39~107문)는 믿음의 사람이 어떻게 생활하며, 수행해야 할 의무에 대해서 가르치고 있습니다.

소요리문답을 공부하는 목적은 성경을 바르게 이해하고 바른 신앙고백을 하려는데 있습니다. 그리고 교회적 전승에 의지하여 성경의 자의적인 해석과 아집과 오류를 범하지 않기 위해서이며, 짧은 시간에 기독교 교리를 전수할 수 있습니다. 웨스트민스터 소요리문답은 표준문서로 공인된 요리문답으로 성경의 진리가 혼탁되어 가고 있는 이때 바른 진리의 길로 인도하는 지침서가 될 것입니다. 신자는 누구나 이 진리의 말씀을 배워야 하겠습니다. 이 요리문답을 통해 참된 신앙과 생활의 행복한 삶이 있기를 기대합니다. 할렐루야 아멘.

- 제 1 부 -

신앙을 위하여

사람의 제일되는 목적

고전 10:31, 계 4:11, 시 73:25~26

제 1 문

사람의 제일 되는 목적이 무엇인가?

답 : 사람의 제일 되는 목적은 하나님을 영화롭게 하는 것(고전 10:31, 계 4:11)과 그를 영원토록 즐거워하는 것이다(시 73:25-26).

우리는 종종 이런 질문을 하고, 또한 받기도 합니다. 사람은 먹기 위해 사느냐, 살기 위해 먹느냐? 먹기 위해 산다면 무식한 사람으로, 살기 위해 먹는다면 유식한 사람으로 통상 분류합니다. 그러나 성경은 인간은 먹기 위해 사는 것도 살기 위해서 먹는 것도 아니며, 인간은 하나님의 영광을 위해 살며 하나님의 영광을 위해 먹어야 한다고 말씀하고 있습니다(고전 10:31).

하나님의 형상으로 창조된 인간에게는 중요한 삶의 목적이 있습니다. 인간이 타락 범죄하므로 그 선하신 목적을 망각하고 자신도 알지 못하는 가운데 아무런 목적의식도 없이 본능적인 욕망에 끌려서 살아가는 것이 대부분의 사람들이라 할 수 있습니다.

소요리문답 제1문은 인간의 삶의 목적이 무엇인가를 바로 가르쳐 주며 전적부패한 인간은 자기 스스로 삶의 목적을 알 수 없기 때문에 하나님께서 주신 계시를 통해서만 삶의 목적이 무엇인가를 알 수 있고 이해할 수 있습니다.

사람의 제일 되는 목적은 소요리문답에서는 "하나님을 영화롭게 하며 그를 영원토록 즐거워하는 것이다"라고 했습니다. 우리는 요리문답을 배우면서 내 삶의 목표를 바로 인식해야 하겠습니다. 목적이 바르지 못하면 바른 삶을 살 수 없기 때문입니다. 나침반이 항상 북극을 가리키는 것처럼 해바라기가 항상 태양을 향하는 것처럼 인간의 모든 삶은 하나님의 영광에 초점이 맞추어져야 합니다. 하나님 앞에 영광이 되지 않는 것은 모두가 죄가 되기 때문입니다(롬 14:23). 하나님이 인간을 창조하신 것도(사 43:7), 자연을 주신 것도, 계명을 주신 것도, 삶을 주신 것도 모두 하나님의 영광을 위해서 입니다(고전 10:31).

주님께서 친히 가르치신 주기도문은 하나님의 영광에서 시작하여 영광으로 끝나는 기도입니다. 때문에 주기도문은 완전한 기도요, 모범적 기도요, 참된 기도입니다. "인간은 어디서 왔으며, 무엇하려 왔고 왜 왔는가? 삶의 목적이 무엇인가?"를 바로 인식할 때만이 하나님의 형상을 회복한 참된 인간의 삶을 살 수 있습니다. 참 인간으로 오신 주님은 하나님의 형상으로 사는 인간의 삶의 참 모습을 보여 주었습니다.

"아버지께서 내게 하라고 주신 일을 내가 이루어 아버지를 이 세상에서 영화롭게 하였사오니"(요 17:4)라고 아버지를 영화롭게 하였다고 말씀하고 있습니다.

주님은 "나를 따르라"고 했습니다. 주님을 따르는 사람은 하나님을 영화롭게 하는 삶을 살아야 할 것입니다. 하나님은 "무릇 내 이름으로 일컫는 자 내가 내 영광을 위하여 창조한 자를 오게 하라 그들을 내가 지었고 만들었느니라"(사 43:7)고 말씀하고 계십니다. 우리는 하나님의 영광을 위하여 창조된 자들입니다.

1. 하나님을 영화롭게 하는 것이다.

하나님의 형상으로 지음 받은 인간의 가장 중요한 삶의 목적은 하나님을 영화롭게 하는 것입니다. '영화'라는 말은 '귀하게 여기는 이름' '영화롭다'는 '몸이 귀하게 되어 이름이 나타나다'란 뜻입니다. 우리는 하나님을 귀하게 최상의 분으로 여기고 그분의 이름이 이 땅위에 나를 통해 영광을 받으시게 하는 것입니다. 원어는 '독사' 이며, 많이 사용되는 단어는 '카보드'로 '어려운' '무게' '무거움' '훌륭한 명성' '영화'로 사용되고 있습니다.

이 말은 사람이 훌륭하거나 재산이 있는 사람을 지칭할 때 사용(창 45:13)했으며, 군대나 민족에게 사용(시 8:9, 시 88:61, 60:3)하기도 하고, 하나님에 대하여도 쓰여지게 된 것입니다(출 24:17). 신약에는 대체로 하나님께 대하여 쓰여지고 있습니다.

그리고 이 영광은 본질적으로 하나님께 속한 것입니다. "대개 나라와 권세와 영광이 아버지께 영원히 있사옵나이다"(마 6:13). 예수님은 하나님의 영광을 위해 오셨고(눅 2:14), 하나님 영광을 위해 사신 것입니다(요 17:4). 하나님의 영광은 그 분 안에 계시는 본질적인 속성입니다(시 8:1). 그러므로 인간의 제일된 삶의 목적은 하나님을 영화롭게 하는 것입니다.

2. 영화롭게 하는 것이 무엇인가?

하나님을 영화롭게 한다는 것은 하나님을 귀하게 여기고 그의 이름을 명예롭게 하는 것입니다.

또한 하나님을 영화롭게 한다는 것은 하나님을 영화롭게 만든다는 의미는 아닙니다. 하나님은 우리와 상관없이 영화로우신 분이십니다(마 6:13, 요 1:14, 약 2:1, 행 7:2). 하나님은 이미 영화로우시기 때문에(대상 29:11), 인간에 의하여 영화롭지 않으신 분이 인간에 의해 영화로와지는 것은 아닙니다.

하나님을 영화롭게 해야 한다는 것은 우리가 사는 현실에 그의 이름이 영광을 받지 못하기 때문에 하시는 말씀입니다. "저희는 사람의 영광을 하나님의 영광보다 더 사랑하였더라"(요 12:43)고 했습니다. 하나님은 모든 피조물이 자신에게 영광을 돌리기를 원하십니다. 그러나 인간은 자기의 부, 권세, 명예, 지혜를 자랑하고 하나님의 영광을 우상들에게 돌리고 있습니다(사 42:8).

칼빈은 "십계명에서 하나님이 제 1계명으로 유일하게 하나님만을 섬길 것을 요구하시며 제 2계명으로 우상에게 예배하는 것을 금하셨음을 깨닫게 해준다. 이러한 금지는 하나님의 영광을 인식함으로써 비롯된다. 이 영광은 지상의 그 어떠한 형태도 갖지 않는 그러한 성격을 지닌 영광이다(신 4:15). 이 영광은 우상이 대신할 수가 없다. 그런즉 너희가 하나님을 누구와 같다 하겠으며 무슨 형상에 비기겠느냐."(사 40:18)고 했습니다.

바울은 아덴 사람들에게 "신을 금이나 은이나 돌에다 사람의 기술과 고안으로 새긴 것들과 같이 여길 것이 아니니라"(행 17:29)했습니다. 하나님의 영광은 그분 자신입니다. 그러므로 어떤 형상이든지 하나님을 대신할 수 없습니다. 그 뿐만 아니라 그분을 영화롭게 할 그 어떤 형상도 필요하지 않으십니다. 사실 그렇게 하나님을 대신하는 일은 그를 욕되게 하며 모욕하는 것입니다.

또한 하나님을 영화롭게 한다는 것은 내 중심의 삶에서 하나님 중심의 삶을 사는 것을 말합니다. 이 삶은 중생된 자 만이 가능합니다. 즉 예수 그리스도를 구주로 영접한 사람만이 하나님을 영화롭게 할 수 있습니다. 우리의 중심에 하나님을 왕자에 모시고 사는 삶을 살 때 하나님은 영광을 받으시고 영화로와지는 것입니다.

우리는 마음을 다하고 뜻을 다하고 성품을 다하여 하나님을 섬기며, 내가 하는 모든 일에 하나님 중심의 삶을 사는 것입니다. 우리의 일, 공부, 사업, 결혼, 휴식, 오락까지도 나를 위한 내 중심이 아니라 하나님 중심의 삶으로 변화되어야 합니다.

당신의 마음의 초점은 어디를 향하고 있습니까? 이제 심령을 새롭게 하고 변화를 받아(롬 12:1) 하나님의 뜻을 바로 알아 하나님의 영광을 위한 삶이 되기를 축원합니다. 주님은 하나님의 영광을 위해 살았습니다(요 17:4). 그의 삶을 바로 자신을 포기하고 하나님이 원하시는 삶을 산 것입니다(마 26:41). 하나님은 나를 통해 영광을 받으시고 나를 통해 이 땅에 주의 영광이 나타나기를 원하십니다(롬 15:6-7).

창조때 인간은 하나님을 영화롭게 하였습니다(창 1:31). 그의 삶은 영화로왔습니다(시 96:8). 그러나 타락으로 상실하고 말았습니다. 그러나 그리스도 안에서 중생된 자는 하나님을 영화롭게 할 수 있습니다. 사도 요한은 하나님께 영광 돌리라고 했습니다(요 9:24). 왜냐하면 중생된 자는 하나님을 영화롭게 할 수 있기 때문입니다. 하나님이 나를 통해 영광을 받으시게 합시다(고후 3:18, 엡 1:6, 벧전 2:9).

우리가 하는 일들이 더 중요하고 덜 중요할 수 있지만 성도의 삶의 전부가 의식적으로 하나님께 영광을 돌리며 그 이름을 예배하는 것에 초점을 맞추어야 합니다. 마귀는 하나님의 영광을 가리고(창 3:) 지금도 영광을 가리고 있습니다. 중생된 성도는 마귀의 세력을 몰아내고 비본래의 나중심의 삶에서 본래의 하나님 중심의 삶을 살 때 창조의 목적인 하나님께 영광을 돌리며 에덴의 축복을 받으며 누릴 수 있습니다. 인간의 모든 불행은 이것을 부정하는 데서부터 시작된 것입니다.

이 목적을 이루는 날 우리에게는 하나님이 약속하신 모든 축복이 우리에게 임할 것입니다. 인간의 모든 불행은 사라지고 이 땅에 하나님의 영광만이 넘칠 것입니다. 할렐루야!

3. 영원토록 그를 즐거워하는 것이다.

하나님은 인간을 창조하시고 그의 영광을 위해 살 때 인간을 에덴으로 인도하였습니다(창 2:8). '에덴'은 기쁨이란 뜻입니다. 하나님은 하나님이 주시는 은혜로 인생들이 기쁨으로 살기를 원했습니다. 그래서 인간을 기쁨의 동산으로 인도하여 기쁨을 누리게 했습니다. 인간은 지금도 하나님께로부터 오는 은혜를 통하여 중생된 인생는 감사하며 노래하며 기쁨으로 살아갈 수 있습니다(시 100:). 하나님께서 심령에 에덴을 주시기 때문입니다.

그러나 하나님의 영광을 위한 삶의 목적을 버리고 자신의 영광을 위한 길을 선택했을 때 인간은 에덴에서 쫓겨나고 기쁨을 잃어버리고 고통의 삶이 시작된 것입니다. 영광의 상실은 기쁨의 상실이요, 기쁨의 상실은 행복과 축복의 상실이요, 하나님과 단절입니다.

하나님은 예수 그리스도를 통해 아담으로부터 잃어버린 영광을 회복하고 기쁨을 회복하기 위해 이 땅에 오신 것입니다(눅 2:14). 예수 안에 있는 자는 중생된 자로 기쁨과 즐거움이 넘치는 삶을 살 수 있습니다. 하나님이 기쁨을 주시기 때문입니다. 바울은 옥중에서도 기뻐하였습니다(빌 4:4). 그리스도로부터 오는 은총을 받으면 기뻐할 수밖에 없습니다.

찬송가 455장의 작사자 엘라이자 에드먼드 히윗은 "주 안에 있는 나에게 딴 근심이 없다"고 고백했습니다. 인간은 하나님이 주시는 은혜를 통해서만 기뻐하고 즐거워 할 수 있습니다. 상황이 나를 아무리 불행하게 만든다 하더라도 환경이 아무리 어려워도 하나님의 구원의 은총을 받은 사람은 기뻐하는 삶을 살 것입니다. 인간의 삶의 제일되는 목적은 그의 은혜로 감사하며 즐거워하는 것입니다.

결론

하나님을 영화롭게 한다는 것은 하나님이 영화롭지 않기 때문에 우리가 영화롭게 만든다는 것은 아닙니다. 하나님은 이미 영화로운 분이시기 때문입니다.

우리가 본 요리문답에서 명심해야 할 것은 넓은 의미에서 사람은 모두 하나님을 영화롭게 한다는 것입니다. 버린(불택자)자나 구원받은 자나 모두 하나님의 영광의 도구들입니다(롬 9:21-22). 구원받은 자들은 믿음과 감사함으로 버린 자들은 하나님의 진노와 공의를 나타내 영광을 받으십니다(잠 16:4). 차이점이란 버린 자들은 자신이 원하던지 원하지 않는다 하여도 하나님은 자신의 영광을 위해 심판하시며 구원받은 자들은 하나님의 영광을 위해 은혜와 자비와 축복으로 채워 주심으로 영광을 받습니다. 우리는 창조주께서 주신 삶의 목적을 바로 알고 그 목적대로 하나님의 영광을 위해 살며 그의 주시는 은혜로 즐거워하는 삶을 살아야 할 것입니다.

당신은 하나님의 영광을 위해 살고 있습니까? 당신의 삶의 초점은 어디에 맞추어져 있습니까? "지극히 높은 곳에서는 하나님께 영광이요 땅에서는 기뻐하심을 입은 사람들 중에 평화로다"(눅 2:14). "대개 나라와 권세와 영광이 아버지께 영원히 있사옵나이다"(마 6:13). 할렐루야 아멘.

하나님이 주신 규칙(성경)

딤후 3:14-17, 계 22:18-19

제 2 문

하나님께서 무슨 규칙을 우리에게 주시어 어떻게 자기를 영화롭게 하고 즐거워할 것을 지시하셨는가?

답 : 신·구약 성경에 기재된 하나님의 말씀은(딤후 3:16) 어떻게 우리가 그를 즐거워하고 영화롭게 할 것을 지시하는 유일한 규칙입니다(계 22:18-19).

종교개혁의 3대 원리 중 하나가 "성경으로 돌아가자"입니다. 당시 교회의 형편을 보면 성경의 권위보다는 교회의 전통과 교권에 치중하여 성경의 진리가 변질, 왜곡되고 가리워지고 하나님 말씀인 성경이 신앙의 기준이 되는 것이 아니라 교회가 만들어 놓은 전통이 기준이 되어 버린 것입니다.

개혁자들은 오직 성경만을 신앙과 행위의 본분으로 삼고 교회에서 내려오는 모든 전통은 성경에 의해서 성경을 기준으로 삼아 취할 것은 취하고 버릴 것은 버려야 한다는 것을 주장하였습니다.

소요리문답 제2문은 신구약 성경만이 하나님을 영화롭게 하고 즐거워할 것을 지시하는 유일의 규칙인 것을 말씀하고 있습니다. 하나님은 자신을 영화롭게 하기 위해서는 성경만이 유일한 규칙이라고 말씀하고 있습니다.

대한예수교장로회 교회선언 "우리는 성경을 교회의 유일무오한 하나님의 말씀으로 믿으며 신조 중 웨스트민스터 신앙고백을 기준으로 삼는다."고 선언하고 있으며, 장로교신조 제1조는 "신구약 성경은 하나님 말씀이니 신앙과 본분에 대하여 정확무오한 유일의 법칙이다"고 선언하며, 대요리문답 제 3문에는 "신구약 성경은 하나님 말씀으로 믿음과 순종에 대한 유일한 법칙이다"(딤후 3:16)고 말하고 있습니다.

소요리문답 제2문은 제1문에서 제시된 사람의 제일되는 목적이 무엇이냐를 알고 하나님을 영화롭게 하기 위해서 어떻게 수행하므로 하나님을 영화롭게 할 수 있는가, 그 수행 규칙이 바로 성경이라는 사실을 가르치고 있습니다.

사람은 다 각자의 소신대로 하나님을 영화롭게 할 수 있다고 합니다. 그러나 그 표준이 어디 있느냐 하는 것입니다. 그 표준은 인간의 이성이 아니라 하나님 마음에 합당하여야 하며, 그 생활규칙이 하나님이 원하시는 것이어야 합니다. 그것은 바로 하나님께서 우리에게 주신 신구약 성경입니다. 신구약 성경만이 하나님을 기쁘시게 하며 즐겁게 하는 표준이며 법칙입니다.

하나님을 영화롭게 하는데 있어서 인간이 가진 본능적인 욕망이나 인위적인 도덕률로 할 것이 아니라 어디까지나 하나님의 계시로 기록된 성경의 교훈을 순종함으로 가능한 것입니다. 인간의 습관이나 도덕률은 시대와 지역 문화에 따라 사람의 지성에 따라 다릅니다. 어느 사회에서는 죄가 되는 것이 다른 사회에서는 오히려 자랑스러운 일이 되기도 합니다. 타락된 인간이 만든 규칙으로는 불가능합니다.

하나님을 기쁘시게 하기 위해서는 하나님이 친히 세우신 법칙에 기준을 둘 수밖에 없습니다. 성경이 주는 교훈이 우리의 사상과 전통과 관습에 배치되는 일도 있습니다. 그러나 성경만이 유일한 규칙입니다. 성경은 바로 하나님의 말씀이기 때문입니다.

1. 성경은 특별규칙

자연의 빛과 창조의 업적과 섭리가 하나님의 선과 지혜와 권능을 잘 나타냄으로 핑계할 수 없게 되었습니다(롬 1:19-20, 2:14-15, 1:31, 2:1, 시 19:1-3). 그것은 구원을 얻기에 필요한 하나님과 그의 뜻에 관한 지식을 얻기에 충분치 못함으로(고전 1:21, 2:13-14), 주님은 여러 기회에 여러 가지 방법으로 교회에 대하여 자신을 계시하고 자기의 뜻을 선포하기를 기뻐하셨습니다(히 1:1). 그리고 나중에 진리를 더 잘 보존하시고 전파하시며 육신이 부패와 사탄과 이 세상의 악에 대하여 교회를 더 견고하게 건설하시고 또한 위안하기 위하여 주님의 뜻을 온전히 기록해두기를 기뻐하셨습니다(잠 22:19-21, 눅 1:3-4, 롬 15:4, 마 4:4,10, 사 8:10-20). 이것이 특별계시인 성경입니다. 특별계시는 현재로는 성경에만 독점적으로 전부 포함되어 있습니다.

계시는 독점적으로 성경에만 기록되어 있기 때문에 다른 곳에는 새겨져 있지 않습니다. 성경은 구원을 위해서 하나님을 기쁘시게 하고 영화롭게 하기 위해 필수적으로 필요한 것입니다.

하나님은 성경시대까지는 이스라엘과 교회에 초자연적인 특별계시를 주셨는데 지금은 끊어졌습니다. 지금 끊어졌다는 말은 최후까지 없다는 말이 아니고, 그리스도의 재림을 통해서 특별계시의 시대가 온다는 말입니다.

2. 성경은 유일한 규칙

'유일'이란 말은 오직 하나 뿐이란 말입니다. 많은 것 중의 하나가 아니며 여러 가지 중 제일이라는 것도 아닙니다. 오직 하나밖에 없다는 말입니다. 신구약성경은 신자들이 하나님을 영화롭게 하고 즐거워하도록 계시한 절대적이고 유일한 규칙입니다.

"혹 하늘로부터 오는 천사라도 우리가 너희에게 전한 복음 외에 다른 복음을 전하면 저주를 받을 지어다"(갈 1:8). "성경은 폐하지 못하나니"(요 10:35). "진실로 너희에게 이르노니 천지가 없어지기 전에는 율법의 일점일획이라도 반드시 없어지지 않고 다 이루리라"(마 5:18)고 했습니다.

    바리새인들은 다른 전통과 규례를 만들었고(마 15:2-6), 중세 로마 가톨릭은 여러 가지 전통을 만들고 말씀 외에 외경까지도 첨부하여 사용하며, 이단자들은 교주가 받은 엉터리 계시를 성경보다 더 높은 권위를 부여하고, 자유주의자들은 하나님의 말씀을 부정하고, 신비주의자들은 왜곡하여 자의적으로 말씀을 이해하고 있습니다.

    타락한 인간이 첨부한 법들은 하나님의 법을 왜곡하게 만들고 교회를 타락하게 하였습니다. 타락한 인간의 이성으로는 하나님을 바로 알고 영광과 즐거워하는 법을 알지 못하기 때문입니다. 개혁자들은 개혁을 통해 유전이나 전통이 아닌 하나님이 친히 계시하신 성경만이 신앙의 유일한 규칙으로 고백하였으며, 성경 자체가 또한 선언하고 있습니다(마 5:18). 이 선언은 오늘 우리들의 선언이 되어야 합니다. 성경은 유일한 규칙입니다.

3. 성경은 정확무오한 규칙

    어떤 사람이 성경을 수술대에 올려놓고 가위로 수술을 하였습니다. 성경의 이 말은 아브라함의 말, 이 말은 모세의 말, 제자의 말, 인간의 말, 마귀의 말이라고 잘라내니 마지막으로 남는 것은 요한복음 3장 16절 뿐이라고 하며, 요한복음 3장 16절만이 하나님의 유일한 말씀이라고 했습니다. 정말 요한복음 3장 16절만이 하나님의 말씀이고, 다른 말씀은 모두 인간의 말일까요?

    성경 속에는 인간의 말은 한 마디도 없습니다. 모두가 하나님의 영감으로된 하나님의 말씀입니다(딤후 3:16). 자유주의자들은 성경의 어떤 부분은 하나님의 말씀이라고 합니다. 그들은 자신들이 스스로 하나님과 인간의 말을 결정할 수 있다고 주장합니다. 그러나 인간은 하나님의 말씀을 규정하는 결정권이 없습니다. 왜, 하나님이 주시지 않았기 때문입니다.

    신정통주의자들은 성경은 인간의 말인데, 인간의 말인 성경을 읽을 때 하나님은 인간의 말을 통해서 그들 자신의 마음속에 하나님의 참된 말씀을 받도록 하기 위해 성경을 사용한다고 말하며, 듣는 자들에 따라서 하나님의 말씀도 되고 인간의 말도 된다는 것입니다.

    이것은 마태복음 5:18에 하나님의 말씀은 일점일획도 변하지 않고 다 이루신다는 말씀과 요한계시록 22:18에 더하든지 빼지 말라는 성경 말씀에 정면 배치되는 잘못된 이단적 사상입니다. 신구약성경은 일점일획도 틀리지 않는 유일한 계시의 말씀입니다(딤후 3:16).

하나님은 선지자들과 사도들에게 말씀을 주실 때 성령의 영감으로 기록하게 하시고 그들의 개성, 지식, 문체 등을 사용하시되 성령으로 주장하셨고, 기록에 과오를 범하지 않도록 하신 것입니다.

성경에는 오류가 없습니다. 이 오류가 없다는 말은 성경의 원본을 말하는 것입니다. 성경의 사본이나 번역본에는 문장과 철자법이 틀린 곳들이 있습니다. 그것 마저 오류가 없다는 것은 아닙니다.

개혁주의자들은 "모든 성경은 낱말마저도 하나님의 말씀이며 성경의 어떤 부분도 영감되지 않는 곳이 없다. 가령 불신자가 본다 하더라도 성경의 한 구절 한 구절 모두가 정확무오한 하나님의 말씀이다."고 했습니다. 오늘 우리에게도 이 고백이 필요합니다. 당신은 성경이 정확무오한 하나님의 말씀으로 믿습니까? 성경은 성령으로 영감된 일점일획도 틀리지 않는 정확무오한 하나님의 말씀이며 규칙입니다.

4. 성경은 충분한 규칙

하나님은 자신의 영광과 인간 구원과 믿음과 생애에 필요한 모든 것에 관하여 하나님이 가지시는 모든 계획을 성경 안에 충분히 나타내 주고 있습니다. 이 성경에 대하여 어느 때, 어떤 환경을 막론하고 성령의 새로운 계시나 인간의 전통을 첨가할 수 없습니다(계 22:18). 우리의 구원을 위해 하나님을 바로 알기 위해 어떠한 첨가도 필요하지 않습니다(요 20:30-31). 많은 그릇된 종교가 이것을 부정하고 자신의 교권을 위해 성경과 마찬가지로 전통을 필요로 하고, 외경을 필요로 하고 있으며, 몰몬교의 몰몬경, 전도관의 오묘의 진리, 통일교의 원리강론이 필요하다고 그들은 말합니다. 이단자들은 교주가 만든 교리를 성경보다 더 높은 권위에 두고 가르치고 있습니다. 현대주의자들은 성경과 아울러 과학이 필요하다고 주장합니다.

하나님은 성경으로 충분하다고 말씀합니다(딤후 3:16, 계 22:18). 우리는 하나님의 영의 내적 비췸인 말씀 안에 계시된 것을 이해하는데 교리와 과학이 필요하다는 것을 인정합니다. 하나님을 예배하는 데는 여러 가지 형식이 있고, 교회의 정치나 인간의 행동과 사회제도에 여러 가지 다양한 형식을 인정합니다. 그러나 예배와 교회의 정치는 어디까지나 지켜야할 성경 말씀의 일반적 규칙에 따라 자연의 도리와 신자의 사려 분별을 통해서 조직되어야 할 것입니다(고전 14:26, 40). 신구약성경은 우리 죄인이 하나님의 구원의 은혜를 받게 하는 첫째 방편입니다. 이 말씀을 따르면 우리 인생은 하나님을 영화롭게 하고 그를 영원토록 즐거워 할 수 있습니다.

성경은 하나님의 영감으로된 말씀이므로 부족함이 없는 충분한 규칙입니다. 신조나 신앙고백, 요리문답은 이단자들처럼 성경이 부족하기 때문에 보충하는 것이 아니라 우리가 성경을 이해하는데 도움을 받기 위한 것이며 성경보다 항상 아래 있는 것입니다. 그 어떤 것도 성경과 동일시 해서는 안됩니다. 신약 27권, 구약 39권, 도합 66권의 성경은 충분한 규칙입니다.

결론

하나님을 영화롭게 하고 그를 영원토록 즐거워하는 규칙은 오직 하나님의 영감으로 기록된 신구약성경입니다. 신구약성경은 특별한 규칙이며, 유일한 규칙입니다. 정확모오한 규칙이며, 충분한 규칙입니다. 우리는 성경말씀을 믿고 순종하므로 하나님을 영화롭게 하고 그를 영원토록 즐거워할 수 있습니다.

미국의 16대 대통령 링컨은 "나는 성경은 하나님께서 인간에게 주신 가장 큰 선물이라고 믿는다. 구세주의 모든 선한 것을 이 책을 통해서 우리에게 전달된다."고 했습니다. 맞는 말입니다. 성경은 하나님께서 인간에게 주신 최고의 선물입니다. 이 말씀을 바로 믿고 실천하므로 하나님께 영광을 돌리는 축복이 있기를 바랍니다. "성경은 하나님의 말씀이며 신앙과 본분에 대하여 정확무오한 유일의 법칙입니다." 할렐루야 아멘.

성경의 제일 요긴한 교훈

요 20 : 30-31

제 3 문

성경이 제일 요긴하게 교훈하는 것이 무엇인가?

답 : 성경이 제일 요긴하게 교훈하는 것은 사람이 하나님에 대하여 어떻게 믿을 것과(요 20:30,31) 하나님께서 사람에게 요구하시는 본분이다(미 6:8).

영국의 엘리자베스 여왕은 성경을 얼마나 사랑했던지 "영국의 모든 영토를 버릴지라도 성경은 버릴 수 없다"고 했습니다. 뽀나르 목사님은 다음과 같은 성경애찬시를 고백했습니다.

> 내가 피곤할 때에 성경이 나의 침대가 되고
> 내가 어둠 속에 있을 때에 성경이 나의 빛이 되고
> 내가 굶주릴 때에 성경이 나의 떡이 되고
> 내가 무서울 때에 나의 갑옷이요
> 내가 병들었을 때에 성경이 나를 고쳐주는 양약이 되었으며
> 내가 적적할 때에는 성경에서 많은 친구를 찾는다.
> 만일 내가 일하면 성경이 나의 기구요
> 만일 내가 놀 때에는 성경이 나의 즐거운 풍류로다
> 만일 내가 무식하면 성경이 나의 학교요
> 만일 내가 삐지게 되면 성경이 나의 굳은 땅이로다.
> 만일 내가 추우면 성경이 나에게 열이 되며
> 만일 내가 떠오르면 성경은 나의 날개로다
> 성경은 나의 지도자, 의복, 피난처. 꽃동산, 태양, 샘물, 신선한 공기로다
> 위대한 책이여!

제2문에서 성경은 특별한 규칙이요, 유일한 규칙이며, 정확무오한 규칙이요, 충분한 규칙이므로 하나님을 영화롭게 하고 그를 즐거워하는데 유일한 계시의 법칙임을 깨달았습니다. 제3문에서는 신구약성경에서 제일 요긴한 교훈이 무엇인가를 가르쳐 주고 있습니다.

성경에 중요하지 않는 것은 없습니다. 일점일획까지도 하나님의 말씀이기 때문입니다. 그러나 성경 중에 중요한 것을 요약한다면 두 가지 요긴한 교훈을 발견하게 됩니다. 그것은 바로 신앙과 본분입니다.

신앙이란 하나님을 어떻게 알고 믿을 것인가를 말하며 본분이란 믿음의 사람에게 하나님이 요구하시는 행위(본분), 즉 삶을 어떻게 행해야 할 것을 말씀하고 있습니다. 다시 말하면 어떻게 믿고 어떻게 생활해야 하는가 하는 문제입니다. 이 두 가지는 불가분리의 관계를 가지고 있습니다. 믿음이 없는 행함은 죄이며(롬 14:23) 행함이 없는 믿음

은 죽은 믿음이기 때문입니다(약 2:26). 신구약성경에 제일 요긴한 교훈은 하나님을 어떻게 믿느냐, 어떻게 생활하는가를 말합니다.

1. 어떻게 믿어야 하는가?(신앙)

우리는 성경을 바로 배우고 가르치고 정독하고, 정각하며, 정해하여, 정확히 믿고, 정실하여야 합니다. 여기에 맑고 깨끗한 물 한 그릇이 있습니다. 소가 마시면 영양가 많은 우유를 만들어 냅니다. 뱀이 마시면 어떻게 될까요? 사람에 치명적인 독을 만들어 냅니다.

"여호와의 도가 정직한 자에게는 산성이요 행악한 자에게는 멸망이니라"(잠 10:29고 했습니다. 성경을 바로 이해하지 못하면 전혀 다른 결과가 나타납니다. 그리고 성경은 인류의 완전한 역사를 제공해 주지 않습니다. 성경은 일반과학이 요구하는 기술 정보를 전부 제공하여 주지 않습니다. 성경은 예수님과 하나님의 대하여 우리가 바라고 요구하는 모든 정보를 제공해주지도 않습니다.

오늘날 많은 사람들은 무엇을 믿든 어떻게 믿든 그것은 별로 중요하지 않다고 말하고 있습니다. 이는 각 사람이 자기가 원하는 대로 믿을 권리가 있다고 합니다. 무엇을 믿든 그 사람이 타인에 대해서 성실하고 신실하다면 그가 믿는 것을 받아 드릴만 하다는 것이며, 또 자신이 원하고 바라는 대로 믿으면 된다는 것입니다.

어떤 정치가는 말하기를 자신의 집은 민주주의이기 때문에 자신은 기독교회에, 아내는 불교를 믿고, 자녀는 천주교회에 나간다고 TV에서 자랑했습니다. 자랑은 될지 몰라도 하나님 앞에 큰 죄를 범하고 있습니다. 이 문제는 대단히 중요한 문제입니다. 죽느냐 사느냐 하는 문제보다 더 심각한 문제입니다. 무엇을 믿는가? 어떻게 믿는가는 매우 중요한 것입니다.

인간이 잘못된 복음을 가지고 바른 삶을 살 수 있다고 생각하는 것만큼 위험한 것은 없습니다. 잘못된 믿음은 잘못된 삶과 잘못된 결과로 나타나기 때문입니다. "좋은 나무가 나쁜 열매를 맺을 수 없고 못된 나무가 아름다운 열매를 맺을 수 없느니라"(마 7:18) 했습니다. 바른 믿음을 가지려면 성경을 통해서만 가능합니다. 성경은 하나님이 주신 계시입니다.

"지내쳐 그리스도의 교훈 안에 거하지 않는 자마다 하나님을 모시지 못하되 교훈 안에 거하는 이 사람이 아버지와 아들을 모시느니라"(요이 1:9). "누구든지 너희 받은 것 외에 다른 복음을 전하면 저주를 받을지어다"(갈 1:9). "너희는 알지 못하는 것을 예배하고 우리는 아는 것을 예배하노니…예배하는 자는 신령과 진정으로 예배할지니라"(요 4:24).

"성경이 곧 내게 대하여 증거하는 것이로다"(요 5:39).

성경이 계시하는 하나님, 성경이 증거하는 예수님, 성경이 말하는 성령님이 참 하나님이십니다. 성경이 계시하시는 하나님만 믿어야 합니다. 성경이 말하지 않는 하나님은 하나님이 아닙니다.

성경은 우리가 알지 못하는 일들을 깨우쳐 먼저 자신을 계시하시고 사람이 어떻게 믿을 것을 가르치고 있습니다. 믿음의 대상인 하나님을 성경의 계시를 통해서 바르게 알고 신령과 진정으로 예배드리는 것이 인간의 본분입니다. 믿음의 대상은 하나님이십니다(요 4:24). 십계명 1-4계명까지는 믿음에 대상은 오직 하나님뿐임을 말씀하고 있습니다.

성경만이 사람에게 구원에 이르는 지혜를, 영생에 대한 확실한 정보를 제공하며 믿음에 대상을 바로 가르쳐주고 깨닫게 하는 유일한 법칙입니다(딤후 3:16, 요 5:25. 29, 20:31).

믿음의 대상은 유일하신 하나님뿐이며, 성경이 말씀하시는 대로 믿어야 합니다. 성경이 계시하지 않는 하나님은 참 하나님이 아니기 때문입니다. 성경을 기초로한 하나님만이 참 하나님이십니다. 참 예배의 대상입니다. 참 믿음의 대상입니다. 참 구원자이십니다. 참으로 우리에게 영광을 받으실 분이십니다.

당신은 성경이 말씀하시는 하나님을 믿습니까? 지금은 교회도 많고 하나님도 많습니다. 그러나 성경을 기초로 하는 교회는 하나이며, 또한 성경을 기초로 하는 하나님도 유일하시고 살아 계신 창조주 하나님 한 분이십니다. 성경의 요긴한 교훈은 바로 이 하나님을 믿어야 한다는 것입니다. 당신은 이 하나님을 마음에 왕자에 모시고 있습니까? 당신의 마음에 이 하나님이 계신다면 당신은 참으로 행복한 사람입니다.

2. 어떻게 생활해야 하는가?(본분)

참신앙을 가진 사람은 하나님이 우리에게 명하신 신앙의 본분을 알고 생활해야 합니다. 행함이 없는 믿음은 죽은 믿음이기 때문입니다(약 2:26). 진정 하나님을 믿는 사람은 그 분이 원하시는 삶을 사는 것은 너무나 당연한 것입니다. 하나님은 말씀하시는 분이십니다. 우리는 그 말씀을 듣습니다. 그리고 그 말씀을 믿습니다. 그 말씀에 순종하고 행합니다. 그러면 하나님은 약속하신 축복을 주십니다. 성경은 하나님께서 사람에게 요구하시는 도덕적 행위(본분)를 완전하게 가르칩니다.

하나님을 바로 알고 바로 믿는 자는 하나님이 요구하시는 뜻을 알아서 그대로 기쁨으로 순종하는 것입니다. 올바른 행위의 실천 결과가 없는 신앙은 참 신앙이라 할 수 없습니다.

"내 형제들아 만일 믿음이 있다고 하고 행함이 없으며 무슨 유익이 있으리요 그 믿음이 능히 자신을 구하겠느냐?"(약 2:14) "좋은 나무가 나쁜 열매를 맺을 수 없고 못된 나무가 아름다운 열매를 맺을 수 없느니라"(마 7:18). "행함이 없는 믿음은 죽은 것이라" (약 2:26). 예수님은 "네 마음을 다하고 목숨을 다하고 뜻을 다하여 주 너희 하나님을 사랑하라 하셨으니 이것이 크고 첫째 되는 계명이요 둘째는 이와 같이 네 이웃을 네 몸과 같이 사랑하라 하셨으니 이 두 계명이 온 율법과 선지자의 대 강령이니라"(마 22:37-40). 또 십계명은 위로는 하나님을 사랑하고 아래로는 사람을 사랑하라는 도덕률입니다.

하나님을 바로 신앙하는 사람은 예수 그리스도를 통한 사죄의 은총을 받은 사람들입니다. 이 사람은 바로 하나님의 자녀입니다. 하나님의 자녀는 하나님의 자녀답게 말씀에 순종하며 하나님 아버지께 영광을 돌려야 할 것입니다.

성경은 하나님의 자녀가 마땅히 해야할 것을 가르치고 하지 말아야 할 것을 간곡히 경계하고 있습니다(미 6:8). "이같이 너희 빛을 사람 앞에 비취게 하여 저희로 너희 착한 행실을 보고 하늘에 계신 너희 아버지께 영광을 돌리게 하라"(마 5:16)고 말씀하고 있습니다. 성경은 신앙의 본분을 가르칩니다. 하나님은 그 본분을 통하여 영광을 받으십니다. 당신은 말씀에 순종하고 있습니까?

결론

하나님은 완전한 계시인 성경을 통해서 하나님을 어떻게 믿어야 하며, 생활할 본분을 가르치고 있습니다. 성경만이 이것을 가르치시기에 충분합니다. 요리문답에서 믿음이 행위보다 먼저 나온 것은 "율법을 앞에 두고 신앙을 뒤에 두게 됨으로 그리스도가 율법보다 덜 중요한 인상을 받는 가능성 때문입니다." 또 "구원은 율법을 행함으로서 얻어진다는 가능성의 배제 때문입니다." 그리고 "예수를 믿은 후에도 율법이 필요하다는 인상을 주기 위해서 입니다."

우리가 그리스도를 우리의 구주로 필요함을 알도록 하기 위하여 하나님은 율법을 주셨을 뿐 아니라 그리스도께서 우리의 구주가 되신 이후 우리가 어떻게 그를 위해 살아야만 하는가를 알게 하려고 율법을 주셨습니다.

"하나님을 사랑하는 것은 이것이니 우리가 그의 계명을 지키는 것이라"(요일 5:3)고 했습니다. 소요리문답은 확고한 교리로서 기독교는 신앙과 생활의 분리를 배제하고 그 중 어느 것 하나도 소홀히 해서는 안됩니다. 이 둘은 항상 병행하여야 합니다. 믿음은 행위를 동반하고 행위는 믿음을 근거하여야 합니다. 예수님은 당시 바리새인의 신앙의 결핍을 책망하였습니다. 신구약성경은 신앙과 생활의 본분에 대하여 정확무오한 유일의 법칙입니다. 당신은 사실을 인정하고 믿습니까? 삶속에 실천하십니까? 할렐루야 아멘.

하나님은 어떤 분이신가?

출 3:14

제 4 문

하나님은 어떤 분이신가?

답 : 하나님은 신이신데(요 4:24), 그의 존재하심과 지혜와 권능과 거룩하심과 공의와 인자하심과 진실하심이(출 3:14, 시147:5, 계 4:8, 15:4) 무한하시며, 무궁하시며(시 90:2), 불변하시다(말 3:6).

인간의 삶의 목적은 하나님을 영화롭게 하고 그를 영원토록 즐거워하는 것입니다. 하나님을 영화롭게 하기 위해서 하나님이 친히 주신 신구약성경을 신앙의 본분으로 삼으려면 그것을 배워야 합니다.

제4문에서는 영광을 받으실 분이며 성경의 규칙을 주신 분이 누구신가에 대하여 구체적으로 말씀하고 있습니다. 하나님이 누구신지 알지 못하면 참된 믿음과 바른 삶을 살 수가 없습니다. 바울은 아덴 사람들은 알지 못하는 신을 섬긴다고 했습니다(행 17:23). 하나님을 알 수 있는 길은 하나님 자신이 계시하신 성경과 성령의 은혜로만 가능합니다.

사람은 하나님이란 말은 쉽게 사용하고 또 믿는다고 하지만 실상은 그 하나님이 어떤 분이신지 알지 못하며 그 하나님이 참 하나님인지 알지 못하고 있습니다. 세상에는 많은 신들이 있습니다. 이방종교에서는 여러 가지 형체를 가진 우상들을 세워 놓고 하나님이라고 합니다. 성경 속에도 '쓰스'(행 14:13), '아데미여신', '바알', '아세라' 기타 우상들이 등장하며 심지어는 알지 못하는 신도 섬겼습니다(행 17:23). 이방인들에게는 이 모두가 자신들의 하나님입니다.

무신론자가 봄날 강물 얼음 위를 지나가다가 그 얼음이 깨지려고 하니 큰 소리로 "하나님 나를 살려주세요"라고 했습니다. 이 하나님이 참 하나님일까요? 하나님은 인간이 하나님이라고 부르기 때문에 하나님이 되는 것은 아닙니다. 참 하나님은 인간이 부르든 아니 부르든 하나님이십니다. 하나님은 인간이 만든 것이 아니라 스스로 계시는 분이시며(출 3:14), 자신이 계시하신 성경이 하나님에 대해서 가르쳐 주고 있습니다.

바른 신관을 가져야 바른 신을 섬길 수 있고, 바른 신관을 가져야 바른 신앙생활을 할 수가 있습니다. 인간의 사고방식이나 생각과 경험으로 하나님을 이해하려 하지 말고 하나님 자신이 계시하신 하나님을 믿어야 합니다. 복음주의적 기독교는 하나님의 자기 계시로부터 하나님의 실재성, 완전성, 목적에 대한 제반 참된 지식을 찾아야 합니다. 이 초자연적인 계시는 자연, 역사, 양심, 그리고 로고스의 성육신에 의해서 영감된 성경입니다(딤후 3:16).

성경은 하나님은 영이므로 무한 창조와 보존자로 온 우주에 대한 심판자로 그리고 신앙하는 모든 자에 대한 구원자로 계시하시며, 본 요리문답에서는 하나님의 본질을 가르쳐주고 있습니다. "하나님을 아는 것이 영생이요(요 17:3) 그를 바로 경외하는 것이 지식의 근본"(잠 1:7)이라고 했습니다. 그러면 하나님의 본질은 무엇일까요?

1. 하나님은 신(神)

성경은 하나님의 존재를 증명하는 것보다 하나님의 본질을 말씀하고 있습니다. 창조 기사를 통해서 하나님의 존재보다 사역을 먼저 말씀하고 있습니다. 본 요리문답에서도 하나님의 본질을 말씀하고 있습니다. 하나님은 이미 실존하는 실체이기 때문입니다. 그러면 신이란 말이 무엇입니까?

1) 영이란 말이다.

하나님은 영이십니다. 예수님께서는 요한복음 4:24에 "하나님은 영"이라고 말씀하셨습니다. 하나님은 다른 존재 사물들과 구별되는 특수한 속성을 가진 영이십니다. 사람의 영혼과 다르며(요 10:34, 전 12:7), 천사와 같은 영이 아니며(히 1:14), 다른 신과 같은 분이 아니며(행 17:23), 하나님을 단지 영혼이라고 한다면 영을 가진 다른 피조물과 구별할 수 없게 됩니다. 하나님은 완전하고 순수한 영이십니다. "하나님은 모든 영의 아버지"라고 했습니다(히 12:9). "하나님은 피조물과 다른 완전하고 순수한 영이십니다."

2) 비물질적이며 무형적이란 말이다.

하나님은 영이신 즉 비물질적이며 무형적인 실체입니다(눅 24:39). 하나님은 사람과 같은 몸을 가지지 않았으며 하나님은 육의 눈으로 볼 수 없습니다(마 5:8). 하나님을 본 자도 없고 육신의 눈으로 볼 자도 없습니다(요 1:18, 요일 4:12, 약 1:17).

대체로 사람들이 하나님을 생각할 때 어떤 물질적인 형상을 생각하는데 하나님은 어떤 형상이 아닙니다. 영이십니다(롬 1:20). 하나님은 십계명 제2계명을 통해 우상을 만들지 말 것을 말씀했습니다. 자신이 영이기 때문에 형상이 없으므로 다른 형상을 만들지 못하게 한 것입니다. 여기서 우리가 생각해야 할 것은 형상이 없다는 말은 존재하지 않는다는 말이 아니며 실체가 없다는 말이 아닙니다. 우리 인간의 눈으로 볼 수 있는 형상이 없다는 말입니다.

그러므로 상이나 그림으로 하나님을 가시화하는 것은 제2계명을 범하는 죄가 됩니다(출 20:4). "그런즉 너희가 하나님을 누구와 같다 하겠으며 무슨 형상에 비기겠느냐?"(사 40:18) 했습니다. "하나님은 신이란 말은 비물질적이며 무형적이란 말입니다."

3) 초자연적인 분이란 말이다.

하나님은 무한하시며, 무궁하시며, 또한 불변하며, 전능하신 무소부재하신 분이심으로 피조물이 가질 수 없는 초자연적인 분이십니다. 즉 "신이란 말은 피조물이 가질 수 없고 초자연적으로 초월한 하나님이란 뜻입니다."

4) 살아계신다는 말이다.

이방의 우상처럼 죽은 신이 아니고, 니체가 말한 것처럼 죽으신 하나님도 아닙니다. 하나님은 무생명적인 실체가 아니라 하나님은 살아계신 실체적 하나님이십니다(히 11:6, 수 3:10, 시 84:2, 마 16:16, 살전 1:9). 생명은 감정과 능력, 활동을 포함하며 모든 것을 소유하시고 모든 생명의 근원이십니다(요 5:26, 시 36:9). "신이란 말은 하나님이 살아계신다는 뜻입니다."

5) 인격적이란 말이다.

하나님은 비인격적인 분이 아니시고 인격적인 분이십니다. 인간의 영이 인격적인 것처럼 하나님의 영도 인격적이고 지성이 있습니다(창 18:19). 또한 도덕적이며 지, 정, 의를 결정(창 3:15, 요 6:38) 할 수 있는 이성적 존재(출 3:14)입니다. 예수님께서 인격을 가지신 것처럼 하나님도 인격적입니다(요 14:9).

그런데 성경에서는 하나님이 영이신데 신체를 가지신 것처럼 표현하고 있습니까? "주님의 손"(수 4:24) 모세와 기타 사람들이 보았다고(출 24:10) 말하고 있습니까? 그러나 이러한 표현은 하나님을 달리 우리에게 표현할 방법이 없기 때문에 인간의 말로 표현한데 불과합니다(창 18:1-5, 16-25).

칼빈은 "이것은 신인으로서 장차 나타나심에 대한 서막이다"고 했습니다. 하나님은 사람의 눈에 보이지 않으며(딤전 6:16), 형상도 육체도 없고, 어떠한 제한도 받지 않으십니다. 하나님을 감각에 의하여 이해되는 것이 아니며 다만 심령으로 이해되는 분이시며 성령에 의하지 않고는 우리들은 알 수가 없으며(고전 2:6-16), 성경을 통해서만 알 수 있습니다(요 5:39). 하나님은 물질적 존재가 아니며 완전하시고 순수한 영이시며 인격적 존재입니다.

2. 하나님의 보편적(普遍的) 속성(屬性)

하나님의 속성에는 절대적 속성으로 무한하시며, 무궁하시며, 불변하시는 속성을 가지시고 보편적 속성으로는 존재, 지혜, 권능, 거룩, 공의, 인자, 진실의 일곱 가지 속성을 가지고 있습니다. 하나님의 절대적 속성은 피조물은 가질 수 없으며 오직 하나님만 가지시며 보편적 속성은 인간의 성품 속에 다소 포함되어 있습니다.

1) 하나님의 존재

하나님은 존재하는가? 하는 질문은 비성경적입니다. 성경은 무신론의 문제가 아니라 유신론의 문제를 말하고 있습니다. 누가 우리의 하나님인가? 성경은 "야웨"의 하나님만이 우리들의 하나님이라고 합니다(출 6:7). 하나님은 계시를 통해서 자기를 계시하시며(창 1:1), 존재 자체를 인정하시고 존재하시는 분이십니다. "주께서 우리 가운데 계시냐 안 계시냐?"(출 17:7) 질문했으며, "어리석은 자들은 마음 속으로 하나님이 없다고 한다"(시 10:4, 14:1, 53:1)고 했습니다.

하나님은 이미 만물을 통해 자신의 존재하심을 핑계치 못하게 하시고(롬 1:20), 모세를 통해서 자신이 "스스로 계시는 자라"(출 3:14)고 말씀하셨습니다. 스스로 계신 자란 "나는 있다. 나는 있었다. 나는 있으리라" 입니다. 계시록 1:4절에는 "이제도 계시고 전에도 계시고 장차 오실 이와"라고 했습니다. 하나님은 과거에도 현재에도 미래에도 존재하고 계십니다.

현재 우리의 질문은 하나님이 존재하느냐가 아니라 나와 함께 계시느냐의 질문이 되어야 합니다. 은혜시대의 최대의 축복은 하나님이 우리와 함께 하신다는 것입니다(마 1:23, 28:20). "당신은 하나님과 함께 하십니까?"

2) 하나님의 지혜

하나님의 지혜는 무궁하시며(시 147:5) 모르신 것이 없습니다. 하나님의 지혜의 궁극적인 목표는 하나님의 영광입니다(롬 11:33, 14:7-8, 엡 1:11-12, 골 1:16). 하나님은 전지하시고 모든 것을 아십니다. "너희에게는 머리털까지 다 세신 바 되었나니"(마 10:30).

"그 이름은 기묘자라 묘사라 전능하신 하나님이라 영존하시는 아버지라"(사 9:6) 했습니다. 하나님은 지혜의 하나님이십니다. 그분에게 당신 자신의 생애를 전부 맡기십시오. 우리의 경영하는 모든 것을 이루어 주실 것입니다(잠 16:3).

3) 하나님의 권능

하나님은 전능하신 분이십니다. 하나님의 권능은 자신이 원하시는 것은 무엇이든 행할 수 있는 능력이 있다는 것을 의미합니다. "이는 힘으로 되지 아니하며 능으로 되지 아니하고 오직 나의 신으로 되느니라"(스 4:6).

하나님의 권능은 주권적 능력이므로 모든 것을 할 수 있습니다. 그러나 본성과 모순되는 것은 하실 수 없으며 악을 찾아볼 수 없고(합 1:13), 자기를 부정할 수 없고(딤후 2:13), 거짓말 할 수 없고(히 6:18), 죄를 범할 수 없으며(약 1:13), 불합리하고 모순된 일을 행할 수 없습니다. 이것은 능력의 제한이 아니라 범위의 제한입니다.

하나님은 자신 스스로 "나는 전능하신 하나님이라"(창 17:1) 말씀하시고 하나님은 무소불능하시며(욥 42:2), 능치못하심이 없으며(렘 32:17), 모든 것을 할 수 있는(마 19:26) 전능하신 하나님이십니다. 우리는 하나님께 우리의 육의 문제, 영적 문제, 삶의 모든 문제를 해결해 주실 것을 믿으십시오.

4) 하나님의 거룩

하나님의 거룩은 하나님께서 모든 피조물과는 절대적으로 독립되며 절대적으로 초월하여 계신다는 것과 악과 죄에서 분리되어 계신다는 것을 의미합니다(레 11:44-45, 수 24:19, 사 40:23).

거룩의 중요한 핵심은 첫째 : 하나님과 죄인 사이에는 간격이 있다는 것입니다(사 59:1-2, 합 1:13). 둘째 : 사람이 하나님께 접근하려면 타자의 공로로 말미암아 접근하지 않으면 안된다는 것입니다. 인간이 하나님께 접근하기에 필수적인 무죄성을 지니지 아니했고 획득할 수도 없습니다. 그러나 그리스도께서 오셔서 접근을 가능케 하셨습니다(롬 5:2, 엡 2:18, 히 10:19-20). 셋째 : 우리는 경건함과 두려움으로 하나님께 접근하여야 합니다(사 6:5-7).

5) 하나님의 공의

하나님의 공의는 하나님께서 그의 피조물을 다루시는 과정 속에서 보여진 하나님의 통치의 모습입니다. 하나님은 도덕적 통치를 제정하시고 순종하는 자에게는 상을 약속하시고 범죄자에게는 형벌을 경고하시므로 사람에게 공의로운 법을 부과하신 것입니다(사 33:22, 약 4:12).

6) 하나님의 인자

인자는 히브리어로 '헤세드'라고 하는데, '다정스러운 긍휼' 또는 '계약적 사랑'이란 뜻입니다. 이는 선민을 사랑하시는 하나님의 속성의 하나로 어떤 일에도 변하지 않는 성실한 사랑을 말합니다(호 6:4, 대하 5:13, 창 24:12-14). 하나님은 사랑의 하나님(고후 13:11), 하나님은 사랑이시라(요일 4:8,16)고 선언하고 있습니다. 계약적 사랑은 끝까지 사랑하시는 구속적 사랑입니다.

7) 하나님의 진실성

하나님의 진실성은 하나님의 신적작정, 지식과 선언, 그리고 진술의 실재가 영원히 일치한다는 뜻을 의미합니다. 하나님은 목적과 행위간에 구별이 없습니다(롬 4:4). 그러므로 그의 계시와 약속과 역사는 전부 진리이므로 신뢰할 수 있습니다. 하나님은 모든 약속을 이루시는 진실한 분이시며, 하나님은 어제나 오늘이나 영원토록 진실하신 분이십니다(히 13:8).

결론

우리를 통하여 영광을 받으실 하나님은 신으로서 영이십니다. 영이신 하나님은 비물질적이며 무형적인 분이시며, 초자연적이며, 살아 계시는 인격적인 신으로 절대 완전하시며, 절대 자유하며, 무한하시고 무궁하시며, 불변하시며, 사람의 눈으로는 볼 수 없으나 스스로 존재하고 계시며, 모든 것을 아시며 자신의 권능으로 원하시는 것을 무엇이든지 이루시며, 피조물과 달리 거룩하시고 공의로 피조세계를 통치하시며 사랑과 인애로서 우리를 사랑하시고 진실하신 분이 우리가 영광을 돌리고 믿고 섬기면 봉사하여야 할 하나님이십니다.

우리는 잘못된 사신우상에 미혹되지 말고 이 하나님을 바로 믿고 바로 섬기는 성도가 되시기를 축원합니다. 그리고 성경이 증거하시는 하나님만이 참 하나님입니다. 당신은 이 하나님을 믿으며 그의 왕국이 마음에 이루어지고 있습니까? 이루어지고 있다면 당신은 참으로 행복한 사람입니다. 할렐루야 아멘.

유일(唯一)하신 하나님

신 6:4, 렘 10:3-10

제 5 문

하나님 한 분 밖에 또 다른 하나님이 계신가?

답 : 한 분뿐이시니(고전 8:4), 참되시고 살아계신 하나님이시다.

성경은 모든 이교들의 신들을 배격하고 하나님만이 유일하신 참 하나님으로 증거하고 있습니다. "이스라엘아 들어라 우리 하나님 여호와는 오직 하나인 여호와 시니"(신 6:4) 라고 말씀하시고 있습니다. 요리문답 제5문에서는 하나님만이 유일하신 하나님으로 말씀하시고 신론에 대한 문제를 다루고 있습니다. 신론은 우리에게 중요한 것입니다. 단일신론이냐? 다신론이냐? 범신론이냐? 배일신론이냐? 유일신론이냐? 하는 문제는 신앙생활에 중요한 문제입니다.

1) 단일신론: 다른 신들을 인정하면서 이스라엘의 예배의 대상은 되지 못한다는 신론입니다.
2) 다신론: 다수의 많은 신들, 정령, 천사, 일월성신, 자연신 등을 인정하는 신론입니다.
3) 범신론: 신과 자연을 다른 것으로 보지 않고 자연의 모든 것이 신이라고 하고 그 속에 대립을 인정하지 않으며 신 가운데서 우주를 우주 가운데서 신을 보는 신론입니다.
4) 배일신론: 다른 신을 부인하지 않고 한 신만을 섬기는 자들의 신론입니다.
5) 유일신론 : 다른 신들을 전혀 인정하지 않고 오직 하나님만 참 신으로 인정하는 신론입니다.

성경은 유일신론을 말씀하고 있습니다. 성경은 여호와 외에 다른 신을 인정하지 않습니다(신 6:4). 오직 하나님만 신으로 인정하며(요 17:3), 십계명 1, 2,계명을 통하여 오직 하나님만 참 신이며, 예배의 대상이며, 영광을 받으실 분이라 말씀하고 있습니다.

칼빈은 "성경은 이교들의 신들을 배격하고 참 유일하신 하나님만 믿도록 하며 모든 미신을 고쳐준다" 또 "성경 없이는 모두 오류에 빠진다"고 했습니다.

개혁주의 신앙은 다른 신들을 인정하며 선택받은 자의 예배의 대상은 되지 못한다는 단일신론을 배격하고, 많은 신들을 인정하는 다신론도 거절하며, 자연 모두가 신이라고 주장하는 범신론도 지지하지 않으며, 다른 신을 부인하지 않고 한 신만을 섬기는 배일신론도 부정하며, 오직 소요리문답 제5문에서 말씀하시는 우주의 창조자시며 통치자 하나님만이 유일한 하나님으로 믿습니다.

그러기 때문에 기독교만이 참 종교이며, 우리가 섬기는 하나님만이 살아 계신 인격적인 하나님이십니다. 그러므로 다른 종교와 연합할 수 없으며 하나님만이 경배를 받고 영광을 받아야 할 이유입니다

일반 종교에서는 많은 신들을 말하고 있지만 그것은 거짓과 허구이며 진실이 아닙니다. 이교도들은 하나님의 유일성을 모르고 있기 때문에 모든 종교는 같은 것이라고 합니다. 신은 다 같은 신이라고 하며 믿는 길만 다르다고 합니다. 이것은 무지의 소산입니다. 참 하나님을 모르고 성경을 모르기 때문입니다.

기독교는 사람이 만들어낸 종교가 아니고 하나님께서 친히 계시하신 종교입니다. 반대로 다른 신들은 사람의 필요에 의하여 만들어진 신들이며 거짓 종교입니다. 참 신은 우주를 창조하신 유일하신 하나님 한 분뿐입니다.

1. 유일(唯一)하신 신(神)

다른 신들을 인정하면서 하나님을 섬길 것인가? 다른 신을 전부 부정하고 하나님을 믿을 것인가? 다른 신을 인정하느냐 하지 않느냐는 매우 중요한 문제입니다.

신명기 4:35에 "여호와는 하나님이시요 그 외에는 신이 없으며"(고전 8:6, 딤전 2:5, 요 17:3) 성경은 하나님만이 유일하신 하나님이라 말씀하고 있습니다.

모든 신앙은 성경을 기초로 해야 합니다. 성경의 권위는 하나님의 성령으로부터 기인되는 것이지 사람에 의해서 되어지는 것은 아닙니다. 우리는 성경이 계시하시는 하나님만 인정하고 그 분에게만 경배하고 영광을 돌려야 할 것입니다. 예수님은 유일하신 하나님께만 마음을 다하고 힘을 다하고 성품을 다하여 사랑하라고 말씀하고 있습니다(마 22:38). 만약 하나님 외에 다른 어떤 신에게 그와 같은 사랑과 봉사를 받치는 것은 우상숭배가 되는 것이며 하나님이 미워하는 행위가 됩니다. 타종교에서 말하는 신은 여호와 하나님과 대등한 다른 신이 아니고 하나님을 거역하고 타락한 인간이 피조자로서 의존성을 하나님께 찾지 않고 같은 피조물에서 찾아 신이 아닌 것을 거짓으로 꾸며 스스로 만들어 낸 인간 이하의 조각품과 우상에 불과한 신인 것입니다. 세상에서 어리석은 일이 있다면 자기가 만든 작품을 섬기며 없는 것을 상상하여 만들어 자기의 주인으로 모시는 것보다 더 어리석음이 어디 있겠습니까?

웨스트민스터 신앙고백 제2장 1절에 "살아 계시고 참되신 하나님은 한 분이시다"라고 유일하신 하나님이심을 고백하고 있습니다. 하나님은 유일하신 신이시며 살아 계시며 우주의 주인이십니다. 하나님 외에는 모두 인간이 만든 우상입니다.

2. 참되신 신(神)

하나님의 속성 가운데 전능성이 있습니다. 하나님의 전능성에 대해서 능력의 제한이 아니라 범위의 제한에 대해서 말씀드렸습니다. 범위의 제한에는 "하나님은 자신의 성품과 모순되는 것은 행할 수 없다고 했습니다." 또 자신을 부정하지 못하며(딤후 2:13) 죄를 범할 수 없으며(약 1:13), 거짓말을 할 수 없는 분이시다(히 6:18)고 했습니다. 하나님은 참되시기 때문에 거짓을 행치 못하십니다. 하나님은 거짓이 없는 진리이십니다. 하나님의 속성 가운데 진실성이 있습니다. 하나님의 본성에 진실이 있습니다.

성경은 "유일하신 참 하나님이다"(요 17:3)고 선언하고 있습니다. 예레미야 10:10에는 "여호와는 참 하나님이시요 사시는 하나님이시요 영원한 왕이시라 그 진노하심이 땅이 진동하며 그 노하심은 열방이 능히 당치 못하느니라" 요한복음 17:3에 "영생은 곧 유일하신 참 하나님과 그의 보내신 자 예수 그리스도를 아는 것이니이다"고 했습니다.

하나님은 참되신 분이시며 거짓이 없으십니다. 다윗은 "야곱의 하나님으로 자기 도움을 삼으며 여호와 자기 하나님에게 그 소망을 두는 자는 복이 있도다 여호와는 천지와 바다와 그 중의 만물을 지으시며 영원히 진실함을 지키시며"(시 146:5-6)라고 고백하고 있습니다. 하나님은 참되신 분이시기 때문에 그의 모든 약속도 참되십니다. "그런즉 너희는 알라 오직 네 하나님 여호와는 하나님이시요 신실하신 하나님이시라 그를 사랑하고 그 계명을 지키는 자에게는 천대까지 그 언약을 이행하시며 인애를 베푸시되 그를 미워하는 자에게는 당장에 보응하여 멸하시나니 여호와는 자기를 미워하는 자에게 지체하지 아니 하시고 당장에 그에게 보응하시느니라"(신 7:9-10)고 했습니다.

하나님은 참되신 분이십니다. 그의 약속도 진실하십니다. 이방종교가 말하는 것처럼 다른 신과 하나님이 대등할 수 없습니다. 그들의 신들은 모두 거짓이며 헛된 것이며 인간이 만든 신들이기 때문에 참신이 아닙니다.

하나님은 인간이 만들어낸 하나님이 아니라 하나님 자신이 친히 계시하시며 자신이 참되신 하나님이라고 말씀하고 있습니다. 우리가 그 하나님을 마음에 모시고 믿는다는 것은 무한한 영광이며 크나큰 은혜입니다. 우리는 이 은총을 바로 깨달아 참되신 하나님께 영광을 돌리며 그분만을 경배하는 은총이 있기를 축원합니다.

하나님은 참되십니다. 당신은 참되신 하나님을 진정으로 믿습니까?

3. 살아계신 인격적(人格的)인 신(神)

하나님은 영이라 살아계신 분이라는 것을 소요리문답 제4문을 통해 배웠습니다. 우상은 죽었고 이방종교가 말하는 신들은 허황된 것이며, 인간의 사고에 의해 만들어진 죽은 신들이지만(시 115:3-9) 하나님은 살아계시는 전지전능하신 인격적인 하나님이십니다(수 3:10, 시 84:2, 마 16:16, 살전 1:9, 히 11:6). 인격이란 자의식, 자기결정, 자기감성을 가졌다는 말입니다.

하나님의 인격에는 지성이 있습니다(창 18:19, 출 3:7, 행 15:18). 감성이 있습니다(창 6:6, 시 103:8-13, 요 3:16). 의성이 있습니다(창 3:15, 시 115:3, 요 3:36). 나아가 말씀하시고(창 1:3), 눈으로 보시고(창 11:5), 귀로 들으시고(시 94:9), 후회(한탄)하시고(창 6:6), 화를 내시며(신 1:37), 질투하시며(출 20:5), 자비를 베푸시며(시 111:4), 만유의 창조자로서(행 14:15, 창 1:1), 보호하시며(느 9:6), 통치하시며(시 75:6-7, 단 4:32), 지탱하시는 분이십니다(시 107:27-30, 마 6:26-30). 인격적인 하나님은 아브라함의 하나님이요, 이삭의 하나님이요, 야곱의 하나님으로서 항상 살아 계시며(마 22:32), 오늘이나 내일이나 영원토록 동일하시며(히 13:8), 영화로우신 하나님이 우리들의 하나님이십니다.

당신은 살아계시며 인격적인 하나님을 믿습니까? 믿으면 그분에게 모든 것을 맡기고 그분에게만 영광을 돌리십시오. 그분만 사랑하십시오.

결론

하나님은 유일하시며 참되시고 살아계신 인격적인 하나님이십니다. 우리는 하나님을 바로 알고 믿는 것이 축복입니다(롬 10:9-11). 하나님 한 분만이 유일하신 하나님이십니다(신 6:4).

개혁자 루터는 담대한 분이십니다. 의지가 강한 분이십니다. 그러나 그도 사람인지라 낙심할 때가 있었습니다. 한번은 낙심하여 식음을 전폐하고 자리에 누웠습니다. 면회도 거절하고 죽을 결심을 하고 있었습니다. 그때 부인 카라린 여사는 여러 가지로 위로하였으나 듣지 않았습니다. 그후 그는 상복을 입고 루터가 누운 방에 들어가 방성대곡하며 울었습니다. 루터가 놀라 "무슨 일이요?" 부인은 "아버지가 세상을 떠났습니다." 루터는 "당신 아버지가 죽으셨단 말이오?" 부인은 "예, 당신 아버지도 세상을 떠났습니다." 루터는 놀라 "그 무슨 말이요 우리 아버지는 없지 않소" 하니 부인은 "하나님 아버지가 세상을 떠났습니다."라고 했습니다.

이 말을 들은 루터는 놀라 "여보, 하나님 아버지는 영원 자존자로서 영원히 살아계시는데, 세상을 떠나다니 그런 말을 하시오." 부인은 "그러면 당신이 하나님께서 영원히 살아계신 줄 알며 어찌하여 낙심하며 이 꼴이요."하니 그때 루터는 하나님은 살아계시다 하며 새 힘을 얻어 종교개혁을 완수하신 것입니다.

하나님은 살아계십니다. 당신도 살아 계신 하나님을 믿습니까? 할렐루야 아멘.

삼위일체(三位一體) 하나님

마 28:19-20, 요 15:7

제 6 문

하나님의 신격에 몇 위가 계신가?

답 : 하나님의 신격에는 삼위가 계시니 성부와 성자와 성령이신데 이 삼위는 하나님이시다(마 28:19). 본체는 하나요 권능과 영광은 동등이시다(고후 13:13).

하나님은 그의 본질적 존재면에서 오직 한 분만 계시며, 성품은 비분리적이며, 불가분리적임을 성경은 말하고 있습니다(신 6:4). 오직 유일하시고 참되신 한 분의 살아계신 인격적 하나님이심을 소요리문답 제5문에서 가르치고 있습니다(신 6:4, 요 17:3).

그러나 이 한 분의 존재 속에 성부와 성자와 성령이라고 불려지는 세 격위가 존재하고 있음을 말하고 있습니다. 이 세 격위를 가르쳐 삼위일체 하나님이라 말씀하고 있습니다. 이 세 격위는 인간 세계에 있는 수많은 사람과 같이 세 격위로 따로따로 완전히 분리시켜 놓을 수 없는 것입니다. 삼위는 신적 본질이 현존하고 있는 세 가지 형태 또는 형상이라고 할 수 있습니다.

삼위일체 교리는 신비스러운 계시은총의 신비입니다. 삼위일체 교리는 신앙에 중요한 것입니다. 이것을 믿지 못하고 받아 드리지 못하면 성경이 말씀하는 바른 신앙생활을 할 수 없습니다. 잘못된 신앙은 잘못된 신관에서부터 출발하기 때문입니다.

삼위일체 교리는 자연신학의 학설이 아니라 계시신학의 진리입니다. 스트롱은 "이성은 우리에게 하나님의 통일성을 보여주나 오직 계시만이 하나님의 삼위일체를 우리에게 보여준다"고 했습니다.

삼위일체 교리는 이해하기 어렵습니다. 삼위일체는 인간의 이성에 의해서 믿어지고 발견되어지는 것은 아닙니다. 삼위일체란 말은 성경에 나타난 용어는 아닙니다. 이 말은 희랍어 Trias는 안디옥의 데오필루스(Theophilus A.D. 181년 사망)가 처음으로 사용한 듯하며, 또 Trinitas는 터틀리안에 의해서 사용한 뜻합니다.

삼위일체 교리에 반대하는 아리우스와 찬성하는 아다나시우스 사이에 필사적인 다툼이 있었습니다. 초대교회 교부들은 삼위일체에 대하여 명백한 개념을 가지지 못했습니다. 주후 325년 니케아(Nicaea) 종교회의에서 삼위일체 신앙선언이 채택된 것입니다.

삼위일체교리는 삼신론과는 다릅니다. 삼신론은 하나님의 본질의 유일성을 부정하고 오직 세 개의 개별적 신들을 주장하는 잘못된 신관입니다. 삼위일체교리는 ① 오직 한 분 하나님만이 유일하신 신이십니다. ② 아버지도 하나님이시고 성자도 하나님이시고 성령도 하나님이십니다. ③ 각위는 각각 구별되되 본체와 속성과 권능과 영광은 동등하십니다.

성경은 참되고 살아계신 하나님은 한 분이심을 분명히 가르치고 있습니다. "이 세상 만민에게 여호와께서만 하나님이시고 그 외에는 없는 줄을 알게 하시기를 원하노라"(왕상 8:60). "비록 하늘에서나 땅에나 신이라 칭하는 자가 있어 많은 신과 많은 주가 있으나 그러나 우리에게는 한 하나님이 계신다"(고전 8:5-6). "나는 처음이요 마지막이라 나 외에는 다른 신이 없느니라"(사 45:6)고 말씀하고 있습니다.

삼위일체 교리는 인간의 사색과 이성의 결과가 아니라 계시의 결과입니다. 성경은 살아계시고 참되신 하나님은 한 분뿐임을 분명히 말씀하시고 성부만 아니라 성자도 성령도 하나님이심을 분명히 말씀하고 있습니다.

1. 삼위의 개별적(個別的) 고찰(考察)

참되신 하나님으로 인식되는 인격이 계시는데 성부와 성자와 성령의 하나님입니다.

1) 제일위에 사용된 명칭 성부 하나님

성부 되시는 하나님입니다. 성부라는 칭호는 하나님에게 적용되며 제일위에 사용되는 명칭입니다. 이 명칭은 모든 피조물의 근원으로 삼위일체 하나님에게만 적용되는 하나님의 명칭입니다(고전 8:6, 엡 3:15, 히 12:9, 약 1:17, 롬 1:7, 갈 1:1).

성부의 특정적 특성은 그가 영원으로부터 성자를 산출시킨다는 것이며, 그의 하신 일은 ① 선택을 포함한 구속을 계획하시고(엡 1:9, 3:11, 딤후 1:9, 요 17:6, 롬 8:29), ② 구약의 언약에서 사명을 발하시는 일을 하시고(시 2:7-8, 눅 22:29), ③ 신적작정에 따라 창조와 섭리를 사역하시고(고전 8:6, 엡 1:9), ④ 구속의 적용에서의 소명하십니다(롬 8:29-30, 고전 1:9). 성부는 하나님이시며 제일위이십니다.

2) 제이위에 적용된 명칭 성자 하나님

삼위일체의 제이위는 아들 또는 성자 하나님입니다.

성자는 하나님이십니다(사 9:6-7, 벧후 1:1, 딤전 3:16, 요일 5:20).

(1) 성자의 속성은 하나님의 신성의 속성인 무한, 무궁, 영원성, 편재성, 전지성, 전능성, 불변성을 예수님도 함께 가지고 있습니다. 영원성은 세례 요한 이전에(요 1:15), 아브라함(요 8:5-8), 창세 전에(요 17:5, 24) 계셨고, 태초부터 계신 자이며(요 1:1), 영원히 존재하십니다(히 1:11, 계 1:11).

편재하시므로 예수님은 지상에 계시면서 하늘에 계셨고(요 3:13) 하늘에 계시면서 지상에 계셨습니다(마 18:20, 28:20). 전지하시므로 모든 것을 알고 계셨습니다(요 16:30, 21:17). 사람의 속을 아시고(요 2:24-25), 과거도 아시고(요 4:29), 미래도 아시고, 생각도 아시고(요 21:18), 모든 것을 아시는 전지하신 분이십니다. 예수님은 전능하시므로(계 1:8, 요 5:19) 모든 것을 아십니다. 영원히 불변하십니다(히 13:8).

    (2) 성자의 직무는 창조주시며(히 1:10, 요 1:3, 골 1:16), 섭리보존 하시며(골 1:17, 히 1:3), 우주와 삼라만상을 본연의 위치를 지키도록 통치하시는 것입니다.

    (3) 성자는 하나님의 특권인 그의 피로 사죄의 은총과(마 9:26, 눅 7:47-48, 막 2:7) 죽은 자를 살리시고(요 10:25, 6:39, 11:25), 심판을 집행하십니다(요 5:22, 고후 5:10, 롬 14:10). 성자는 하나님이시며 삼위의 제이위이십니다.

3) 삼위에 적용되는 명칭 성령 하나님

    삼위일체의 삼위인 성령은 하나님입니다. 성령을 하나님으로 불렀습니다(행 5:3-4) 하나님은 영이시라고 했습니다(요 4:24). 성령 하나님의 거룩한 인격은 다음과 같습니다.

    (1) 하나님의 거룩한 속성을 성령께서도 가지고 계십니다. 영원성(히 9:14), 전지성(고전 2:10-11, 요 14:26, 16:12-13), 전능성(눅 1:35), 편재성(시 139:7-10)입니다. (2) 성령님께서는 하나님이 하시는 일을 하셨습니다. 창조하시고(시 104:30, 창 1:2, 욥 33:4), 중생케 하시고(요 3:5), 성경의 영감(벧후 1:21)과 죽은 자를 살렸습니다(롬 8:11). (3) 성령께서는 성부와 성자와 연합하여 세례식(마 28:19)과 사도의 축도와(고후 13:14) 교회의 은사의 사역에서(고전 12:4-6) 연합되었습니다. ④ 성령의 말씀과 역사는 곧 하나님의 말씀과 역사로 여김을 받았습니다(사 6:8-18, 행 28:25-27, 출16:7, 시 95:8-11, 히 3:7-9, 창 1:27 욥 33:4).

    성령님은 인격적 지(고전 2:11), 정(롬 8:27), 의(고전 12:11)를 가지시고 활동하시고(고전 12:11), 말씀하시고(행 13:2, 계 2:7), 증거하시고(요 15:26), 가르치시고(요 14:26), 책망하시고(요 16:13), 진리로 인도하시며(요 16:13), 봉사하게(행 16:6-7)하십니다.

    성령은 삼위일체의 삼위의 하나님이십니다. 성령님은 하나님의 속성을 가지시고 하나님의 일을 하시고 하나님처럼 예배를 받으셨으니 성령님은 하나님이십니다. 성령이 하나님이심을 부정하는 자는 이단이며, 구원에 참여하지 못합니다. 성부와 성자와 성령은 유일하신 한 분의 하나님으로 세 위를 가지신 분이십니다.

    "하나님의 본체는 하나이시나 삼위로 계신다 즉 한 본체와 한 권능과 한 영원성이다. 아버지로서 하나님 아들로서의 하나님 성령으로서의 하나님이시다"(요일 5:7, 마 3:16-

17, 28:19 고후 13:14). 성부는 무슨 물질로 구성되거나 거기서 나오거나 그것에 유출되는 것이 아니다. 성자는 영원토록 성부에게서 탄생하시고(요 1:14, 18) 성령은 영원토록 성부와 성자에게서 나온다"(요 12:26, 갈 4:6) (웨스트민스터 신앙고백 제2장 3절)고 했습니다.

2. 삼위(三位)내(內)의 단일신(單一神)

삼위의 본질은 동등합니다. 속성도 동일합니다. 삼위간의 권능과 영광도 동일합니다. 한 위가 다른 위보다 높다는 것은 아닙니다. 한 신격위에 삼위가 동일된다는 것은 한 위가 각각 다른 위와 서로 연합한다는 것입니다. "아버지께서 내 안에 내가 아버지 안에 있는 것 같이"(요 17:21) 란 말씀 속에 잘 표현하고 있습니다.

3. 단일신(單一神) 내(內)의 삼위(三位)

1) 삼위 중에 제일위는 성부 하나님이시다.

제일위란 삼위간의 논리적 순서를 말하는 것이지 결코 그 우월성을 말하는 것이 아닙니다. 아버지가 다른 위보다 높고 더 위엄이 있고 더 완전하다는 것이 아니라 논리상으로 볼 때 성부라는 이름이 성자보다 앞서야 하고 성자가 성령보다 앞에 있어서 하며 동일한 시간에 같이 부를 수 없기 때문에 이런 순서를 정한 것입니다.

예를 들면 저의 이름이 박상경입니다. 목사로서 박상경 남편으로서 박상경 아버지로서 박상경은 동일합니다. 교회에서는 목사로서 일을 하고 아내에게는 남편으로서 일을 하고 자녀들에게는 아버지로서 일을 한다고 해서 세 사람이 일하는 것이 아니고 한 사람이 세 역할을 하는 것입니다. 저는 인간이기 때문에 그 역활을 완전하게 할 수 없습니다. 그리고 이것이 삼위일체의 완전한 비유는 되지 못합니다. 그러나 이해에는 도움이 될 것입니다.

2) 삼위 중에 제이위는 성자 하나님이시다.

그는 영원 전부터 아버지로부터 나신 분이십니다. "만세 전부터, 상고부터, 땅이 생기기 전부터, 내가 있었나니 아직 바다가 생기지 않았고 큰 샘들이 있기 전에 내가 이미 있었나니"(잠 8:23-25) 라고 말씀하십니다. 성부가 성자를 낳으셨다는 것은 우리 인간들이 아버지가 아들을 낳는다는 식으로 생각해서는 안됩니다. 성자는 하나님이십니다(사 9:6-7, 벧후 1:1, 딤전 3:16, 요일 5:20).

3) 삼위중의 제삼위는 성령 하나님이시다.

아버지와 아들로부터 발현하신 분으로 사람의 마음에 비치어 증거하시며, 감동시키시고, 거룩한 동기(성화)를 일으키시는 일을 합니다(요일 5:7-8, 2:20). 성령은 하나님이십니다(행 5:3-4 요 4:24). 인격에 있어서 삼위이시고, 본체는 하나이시고, 속성은 동일하시고, 동시 선제하시고, 영광과 권능이 동등하시며, 따라서 종속이 아닙니다. 관계로 볼 때 성부 성자 성령입니다.

인류를 구원하시기 위한 사역 면에서 계시하시는 성부 하나님이 되시고, 계시를 받아 구속의 역사를 이루신 분이 성자 하나님이시고, 그 모든 사역을 믿게 하시는 분이 성령 하나님이십니다. 또 아버지는 구약의 창조자로서, 아들은 신약의 구속자로서, 성령은 은혜시대의 성화자로서 계시되어지고 있습니다. 이 삼위는 개별의 삼위격이 아니고 일 인격에 의해서 취해진 삼 역할입니다.

결론

하나님은 오직 한 분이시고 유일하신 분이십니다. 오직 한 분 속성 속에 삼위가 계시는 것이며, 성부와 성자와 성령은 한 하나님이시며, 본질과 권능과 영광이 동일하십니다. 삼위일체 교리는 인간의 이성으로 이해되어지는 것이 아니며 하나님의 계시에 의하여 믿어지는 것입니다. 그러므로 오직 믿음에 의해서만 이해되고 믿어지고 확신하게 됩니다. 삼위일체의 하나님을 부정하는 사람은 하나님을 부정하는 사람입니다. 이 삼위일체 교리는 순수한 신앙의 진리이며 삼위를 동등하게 높이며 순종하며 영광을 돌려야 합니다. 당신은 삼위일체의 하나님을 믿습니까?

삼위일체 하나님을 부정하는 사람은 구원을 받지 못합니다. 모든 이단들은 삼위일체 하나님을 부정하고 있습니다. 삼위일체 하나님은 우리들의 축복의 근원입니다. 할렐루야 아멘.

하나님의 작정(作定)

엡 1:4-11

제 7 문

하나님의 예정이 무엇인가?

답 : 하나님의 예정은 그 뜻대로 하신 영원한 경륜이신데 이로 말미암아 자기 영광을 위하여 되어가는 모든 일을 미리 작정하신 것이다(엡 1:4, 11).

지금까지 우리는 인간의 삶의 제일 되는 목적이 무엇입니까? 그 목적을 이루기 위하여 주신 규칙인 성경에 대해 깨닫고 나아가 그 계시의 말씀을 주시고 우리에게 영광을 받으실 분이 누구신가에 대해 배웠습니다.

제7문을 통하여 하나님의 뜻인 신적 작정이 무엇인가에 대하여 연구하여 보기로 하겠습니다. 하나님의 작정은 하나님이 목적하신 계획을 말하는 것입니다. 성경은 하나님은 모든 일을 그 마음의 원대로 역사하신다고 말하고 있습니다(엡 1:11). 우리가 보는 이 세상에 일어나는 모든 일들은 우연이나 우발적인 사건이 아니며 아무런 이유 없이 일어나는 일은 결코 없습니다. 모든 일에는 원인이 있습니다. 이 모든 일의 궁극적 원인은 위대하시고 유일하신 하나님의 계획인 작정입니다.

"이는 만물이 주에게서 나오고 주로 말미암고 주께로 돌아감이라. 영광이 그에게 세세에 있으리로다. 아멘"(롬 11:36) 또 "종말을 처음부터 고하며……나의 모략이 설 것이니 내가 나의 기뻐하는 것을 이루리라"(사 46:10)고 선포했습니다. 욥은 "그 날들은 정하여졌고 그 달수도 주께 있으므로 그 제한을 정하여 넘어 가지 못하게 하였도다"(욥 14:5). "여호와께서 온갖 것을 그 씌움에 적당하게 지으셨나니 악인도 악한 날에 적당하게 하셨느니라"(잠 16:4) 증거하고 있습니다.

그리고 하나님의 작정과 예정이란 명사를 우리는 바로 알고 바로 사용해야 합니다. 정확히 말하면 둘은 엄밀히 구별되며 '작정'은 만사 만물에 관계하는 넓은 범위의 하나님의 영원한 계획를 뜻하고, '예정'은 구원에 관계하는 도덕적 영적 피조물에 대한 좁은 범위의 하나님의 뜻을 가리킵니다. 작정은 일반적이고 보편적이라고 한다면 예정은 특별하며 특수한 것으로 구별할 수 있습니다.

소요리문답 제7문는 하나님의 일반적인 신적 작정에 대해서 말씀하고 있습니다.

1. 신적작정(神的作定)의 정의

작정은 만사 만물에 관계하는 하나님의 영원한 도모 즉 영광을 위한 계획을 말합니다. "하나님은 영원 전부터 자신의 뜻으로 말미암아 가장 현명하고 거룩한 계획에 따라 장차 일어날 모든 것을 자유롭게 또한 변함이 없게 제정하셨다"(엡 1:1, 롬 11:33, 히 6:17 롬 9:15, 18) (웨스트민스터 신앙고백 제3장 1조)고 말하고 또 "하나님의 예정은 그 뜻대로 하신 영원한 경륜인데 이로 말미암아 자기의 영광을 위하여 되어가는 모든 일을 미리 작정하신 것이다"(엡 1:11, 행 4:27-28, 엡 2:10) (소요리문답 제7문) 고백서와 요리문답은 하나님의 뜻의 계획을 신적작정이라고 말씀하고 있습니다.

"하나님의 작정은 하나님께서 전우주의 과거, 현재, 미래의 모든 사건들을 확실하게 하는 것이 그의 계획이다"(A, H, Strong) 라고 했습니다. 하나님은 자신의 무한한 권능과 무한한 지혜로서 과거 영원부터(딤후 1:9) 장래 영원(시 33:11) 속에 있는 모든 일들의 진로를 선택하시고 결정하시는 것입니다.

이 신적 작정의 기초는 하나님의 거룩한 뜻에 기초하며, 그 목적은 하나님의 영광을 위한 것으로, 이 작정에 의해 하나님은 자유롭고 어김없이 앞으로 생길 모든 일들을 주관하시고 섭리하시며, 유효적이며, 허용적으로 다스리시며, 하나님의 결정에 의하여 우주에 생기는 모든 일들을 미리 계획하시고, 영원에서 미리 되어질 모든 사건들을 과거 영원에서 결정하신 뜻을 신적작정이라 합니다.

1) 신적작정의 명칭

신구약성경에 나타난 신적작정의 명칭에 대하여 알아보기로 하겠습니다.

(1) 지성적 명칭(작정의 지적요소)

'에차'는 '야알스'에서 인출되, '경영' 혹은 '모략'(욥 38:2, 사 14:26, 46:11)을 의미하며, '소도'는 '야사드'에서 나온 '회의'를 말하며(렘 23:18, 22), '메짐마'는 '자맘'에서 인출되어 '작정' '경영' '도모' 등의 의미를 가집니다(렘 4:28, 51:12, 잠 30:32)

(2) 결의적 명칭(작정의 결의적 요소)

'하펠츠'는 '뜻하심'을 의미하고(사 53:10), '라촌'은 '라차'에서 인출된 것으로 '기뻐하심'의 주권적 의미를 가집니다(시 51:19, 사 49:8).

(3) 신약의 명칭

'뿔레'는 '뜻' 입니다. 이것은 하나님의 작정을 가리키는 가장 일반적인 말입니다(행 2:23, 4:28, 히 6:17). '델레마'는 하나님의 '도모'에 적용될 때 결의적 요소에 치중합니다(엡 1:11).

'유도키아'는 '기쁘심, 기뻐하심'(마 11:26, 눅 2:14, 엡 1:5, 9)은 하나님의 목적의 자유와 그것에 따르는 기쁨을 강조합니다.

2) 작정에 대한 성경의 증거

성경은 삼라만상의 모든 일들과 구속사역의 모든 일들이 영원한 신적작정에 의하여

생성, 진행, 본존, 되어짐을 말하고 있습니다.

　(1) 모든 만물의 작정

　여호와 하나님은 '온 세계' '땅의 모든 거민' '모든 일'을 자신이 정하신 뜻에 따라 이루어지며 자신의 뜻은 아무도 돌이키거나 금지할 수가 없습니다(사 14:26, 단 4:35, 엡 1:11).

　(2) 특별한 사물 사건들의 작정

　우주삼라만상의 안정(시 119:89-91), 민족과 나라(행 17:26, 슥 6:1), 사람의 생과 사(욥 14:5, 요 21:19), 사람의 선과 악(창 50:20, 사 44:28, 엡 2:10) 등 모두가 신적 작정에 속하는 것입니다.

　(3) 구원사역의 작정

　첫째 : 성도들의 구속. 오직 비밀한 가운데 있는 하나님의 지혜를 말하는 것이니 곧 감추었던 것인데 하나님이 우리의 영광을 위해 만세 전에 미리 정하신 것이라(고전 2:7, 엡 3:10-11)고 했습니다.

　둘째 : 그의 나라의 설립. 그리스도께서 역사적 왕권의 임명은 영원 전에 이루어진 것입니다(잠 8:23, 시 2:6).

　셋째 : 그리스도와 그의 백성의 사역. 그리스도만이 그의 나라의 실현에 적당하며 그의 백성이 그 사업에 동참하도록 작정(계 5:7-10)된 것입니다. 성경은 신적작정의 증거로 모든 만물과 특별한 사건들과 구속사역까지 모두 하나님의 신적작정에 의해서 이루어진다고 말씀하고 있습니다.

2. 신적작정의 성격(性格)

1) 창세 전에

　하나님의 신적작정은 과거 영원에서 만물이 창조되기 전에 이미 계획하신 것입니다. 이 계획에 의하여 창조의 사역이 이루어진 것이며 창조되어진 모든 것은 하나님이 미리 작정하시고 목적하신 바가 나타난 것 뿐입니다(엡 1:4).

2) 그리스도 예수 안에서

　그리스도는 삼위일체 하나님의 제2위로서 하나님의 신적 작정에 참여하신 분이십니다. "만물이 그로 말미암아 지은 바 되었고 지은 것이 하나도 그가 없이는 된 것이 없다"(요 1:3). 우리의 선택도 그리스도 안에서 이루어진 것입니다(엡 1:4).

3) 하나님의 기쁘신 뜻대로

삼위일체 하나님은 신적작정에 있어서 자신의 기쁘신 뜻에 의하여 이루어진 것입니다. "그 기쁘신 뜻대로 우리를 예정하사 예수 그리스도로 말미암아 자기 아들들이 되게 하셨으니"(엡 1:5). 또 "깊도다 하나님의 지혜와 지식의 부요함이여 누가 주의 마음을 알았느뇨 누가 그의 모사가 되었느뇨"(롬 11:33-34). 하나님의 신적작정은 그의 기쁘신 뜻대로 되어진 것입니다.

4) 불변적이다.

인간은 자기의 계획을 여러 가지 이유로 변경하는 일들이 있습니다.

하나님의 신적작정에 있어서는 전지하신 하나님의 계획이기 때문에 한 번 계획한 것은 이루어지는 것입니다. 그는 진실하고 참되신 분이기 때문에 자기의 계획을 변경하는 일은 없습니다(사 46:10, 눅 22:22, 행 2:23, 마 5:18).

5) 무조건적이다.

하나님의 신적작정은 특수한 사정에 의하여, 외부의 어떤 일에 의하여, 또한 조건에 의하여 이루어진 것이 아니고 자신의 뜻에 의하여 무조건 작정하신 것이며 장차 실현 될 것을 결정하실 뿐만 아니라 앞으로 실현될 조건까지도 결정하십니다(행 2:23, 엡 2:8, 벧전 1:2).

6) 포괄적이다.

인간의 선한 행위와(엡 2:10), 사악한 행위(잠 16:4, 행 2:23, 4:27-28)와 우연적 사건들(창 45:8, 50:20, 잠 16:23), 목적과 수단(살후 2:13, 엡 1:4) 등 모두를 총괄하며 악은 묵인하고 있습니다.

3. 신적작정의 목적(目的)

하나님께서 창세 전에 그리스도 안에서 그의 기쁘신 뜻대로 작정하신 신적작정은 불변적이며 무조건적이며 포괄적인 것입니다. 이 모든 신적작정은 한마디로 하나님의 영광을 위해서 입니다. 창조의 목적도 구원과 선택도 삶의 축복도 자신의 영광을 위한 것입니다. 하나님이 우리에게 주신 축복은 영광으로 결론지어지지 않으면 진정한 축복이 아닙니다.

주님은 주기도문을 가르치시면서 너희는 이렇게 기도하라고 하시며, "나라와 권세와 영광이 아버지께 영원히 있사옵나이다"로 결론을 맺게 했습니다. 그의 이름의 거룩도 하나님의 나라의 임재도 그의 뜻의 실현도 일용할 양식도 사죄의 은총과 용서도 사탄의 시험과 악의 승리도 모두 그의 영광에 목적이 있다는 것입니다.

소요리문답 제1문에도 인간의 삶의 목적은 바로 하나님의 영광이라고 말씀하고 있습니다. 하나님의 신적작정의 모든 것은 바로 이 하나님의 영광에 귀결되어지는 것입니다. 악한 자는 악한 일로 하나님의 공의와 심판을, 선한 자는 믿음으로 하나님께 영광을 돌리게 되는 것입니다. 하나님의 신적작정의 목적은 하나님의 영광을 위하여 설계된 것입니다.

창조가 하나님을(시 19:1) 영화롭게 하고, 신자들의 구속이(엡 1:6) 하나님께 영광을 돌립니다. 하나님의 신적작정의 최고의 목표는 하나님의 영광입니다. 만물의 목적이 하나님의 영광이며, 우리의 구속의 목적도 하나님의 영광이며, 그의 영광을 위해 살 때 인간은 진정한 행복을 누릴 것입니다.

결론

하나님의 신적작정은 하나님의 뜻의 결정으로 하나님이 이루실 계획과 사상과 의지의 결정이며, 이 작정 속에는 과거 현재 미래와 세계와 역사와 인간 등에 일어나는 만사가 포함되어 있으며, 이 작정은 창세 전에 그리스도 안에서 자신의 기쁘신 뜻대로 미리 계획하신 불변적이며 무조건적이며 포괄적인 것으로 하나님의 영광을 위해 작정된 것입니다.

칼빈은 "모든 인류 개개인에 일어나는 것은 하나님 스스로 작정한 영원하신 제정을 예정이라 한다. 왜냐하면 인간들은 다 같은 운명으로 지어지지 않았고 어떤 이에게는 영생이 예정되고 어떤 이에게는 사망이 작정되었기 때문이다."고 했습니다.

루터는 "만물은 무엇이든지 하나님의 의도에서 일어나며 또 거기에 의존된다. 누가 생명의 말씀을 받아들일 것이며 누가 그것을 믿지 않게 될 것인가 하는 것도 다 미리 작정된 것이다."고 했습니다. 우리는 하나님의 작정의 뜻을 바로 알고 그 기쁘신 뜻 속에서 하나님을 영화롭게 하는 축복이 있기를 바랍니다. 당신은 하나님의 신적작정을 믿습니까? 할렐루야 아멘.

하나님의 예정(豫定)

계 4:11, 엡 1:11

제 8 문

하나님께서 그 예정을 어떻게 이루시는가?

답 : 하나님이 사람을 남녀로 지으시되, 자기의 형상대로(창 1:27), 지식과 공의와 거룩함이(골 3:10, 엡 4:24) 있게 하사, 모든 생물을 지배하게 하셨다(창 1:28).

예정교리는 우리 장로교회가 지향하는 교리입니다. 예정교리를 바로 이해할 때 성도는 참된 신앙과 현실의 삶에서 용기를 얻으며 미래에 대한 소망과 확신을 가지게 되며 우리의 삶을 전폭적으로 하나님께 맡길 수 있습니다.

하나님의 신적작정과 예정은 같은 말로 사용되기도 합니다. 그러나 전혀 다른 의미로 성경은 표현하고 있습니다. 우리는 이 두 가지를 혼돈하지 말고 바로 이해하고 바로 사용해야 합니다. 하나님의 신적작정은 넓은 의미에서 만물과 만사에 관한 하나님의 일반적인 작정이지만 물론 인간에 대한 것도 포함됩니다. 예정은 인생구속에 관한 특별하고 특수한 것이라고 할 수 있습니다.

다시 말하면 도덕적 영적 피조물에 대한 하나님의 목적을 말하고 있습니다. "예정되고 미리 작정된 천사들이나 인간은 특별하고 변함이 없게 결정되어 있어서 그들의 수는 매우 확실하고 확정적이므로 더 증가되거나 감소될 수가 없다"(딤후 2:19, 요 13:18). (웨스트민스터 신앙고백 제3장 4조) "생명으로 예정된 사람들은 하나님이 벌써 이 세상의 기초를 놓으시기 전에 영원하고 변함이 없는 목적과 자기의 뜻에 의한 비밀의 계획과 선하고 기쁘신 뜻에 따라서 그리스도 안에서 택하셨다. 자기의 온전한 자유로 은혜와 사랑 안에서 그들을 영원한 영광으로 예정하셨다(엡 1:4,9,11, 롬 8:30, 딤후 1:9, 살전 5:9)(신앙고백 제3장 5조)고 고백하고 있습니다. 예정교리는 긍정과 부정의 두면에 부딪혀 많은 논란이 있는 것도 사실입니다.

특히 칼빈주의의 절대적 예정을 믿고 가르치는데서 오는 비난과 반대는 지금도 있습니다. 그러나 성경에 충실하려는 일념에서 예정교리를 주장하며 성경의 예정에 대한 말씀은 칼빈주의에 의해서만 그 의미와 해석을 공정히 할 수 있습니다. 지금도 알미니안주의자들은 예정을 반대하고 있습니다. 우리는 성경이 증거하는 예정을 바로 이해하고 바로 믿는 참된 신앙을 가져야 합니다.

예정론는 하나님과 인간과의 관계에 가장 뜨겁게 가장 생명적이고 가장 중요한 설명입니다. 예정론은 성경을 강화하며 인간의 심정을 형성하고 행위에 바른 방향을 주기 위한 위대한 신적 실천적 체계입니다.

이 교리를 이해하는 그리스도인들은 자기가 하늘나라에 가는 노정을 걸어가고 있다는 것을 알고, 또 자신이 가는 길은 복된 길임을 알게되고, 아무도 이 귀중한 보화를 자기로부터 빼앗을 수 없다는 것을 확신하며 미래를 대망할 수 있으며, 현재의 자신의 삶을 감사하며, 인생이 얼마나 신나는 것이며 또 얼마나 엄숙한 것인가를 깨닫고 자신의 생명을 그리스도를 위한 위대한 사업에 받치겠다는 새로운 결심으로 빛나게 될 것입니다.

라이스(Rice)는 "예정교리는 신자들이 위험한 자리에 있게 될 때에 안정감을 주며 언제나 자기의 책임과 의무를 감당하는 것이 안전한 길인 것을 알게하며 비록 박해를 받는 경우에도 꾸준히 덕행을 지켜 나아가게 한다. '내가 너를 결코 버리지 않으리라'는 구주의 약속에 확신을 두고 안전하게 지낸다."라고 했습니다.

우리는 이 예정론을 통하여 하나님이 나의 인생을 아름답게 디자인해 놓고 계신다는 것을 깨닫고 매일의 삶에 최선을 다하는 축복이 있기를 기원합니다.

1. 예정(豫定)의 명사(名詞)

1) 히브리어 '야다' 헬라어 '프로기노스케인'

'예식한다'는 의미를 가질 수 있으나 혹자는 애적관심으로 인식합니다. 즉 애적관심은 선택애의 대상으로 삼습니다(창 18:19, 암 3:2 호 13:5). 신약의 '프로기노스케인'은 지능적 예지 혹은 선견이 아니라 총애의 신적 관념으로 선택적 지식을 말하고 있습니다(행 2:23, 4:28, 롬 8:29, 11:2, 벧전 1:2).

2) 히브리어 '빠카르' 헬라어 '에클레게스다이' '에클로케'

'선택'이며, 이 말은 죄인들의 영원한 운명에 관한 하나님의 작정과 관련된 선택의 의미를 강조합니다(롬 9:11, 11:5, 엡 1:4, 살후 2:13).

3) 헬라어 '프로오리제인'과 '프로오리스모스'

'예정' 항상 절대적 예정을 말하고 있습니다.

4) 신학적 명사

'작정과 같은 의미' '도덕적 피조물에 관한 계획' '타락한 사람들에 관한 계획'
신학적 '예정'이란 말은 항상 같은 의미로 사용되지 않습니다.

2. 예정(豫定)의 대상(對象)

예정이란 보다 넓은 의미에 있어서 모든 합리적 피조물과 영적 피조물에 대한 하나님의 계획의 결정입니다. 즉 하나님과 인간과의 관계의 결정이며 천사에 대한 결정입니다. 그것은 모든 인간 즉 선인과 악인 또 집단뿐만 아니라 집단의 개인에게까지 관계하시는 하나님의 의지의 결정입니다(행 4:28, 롬 8:29, 9:11-13, 엡 1:4-6). 나아가 선한 천사(막 8:38, 눅 9:26)와 악한 천사(벧후 2:4, 유 1:6)까지 포함되고 있으며 그리스도 예수까지도 신적예정 안에 있는 것입니다(벧전 1:20, 2:4).

1) 선택자와 모든 불택자

하나님의 형상으로 지음 받은 모든 인간, 타락한 모든 인간은 선악을 물론하고 하나님의 예정의 대상입니다. 택함을 받은 사람이나 불택함을 받은 사람들이 모두 예정의 대상입니다. "내가 야곱은 사랑하고 에서는 미워하였다"(롬 9:13). "그런즉 하나님께서 하고자 하시는 자를 긍휼히 여기시고 하고자 하시는 자를 강퍅케 하시느니라"(롬 9:18). 다시 말하면 어떤 자는 총애를 입어 귀히 쓸 그릇으로 선택되고 어떤 자는 미워하고 강퍅케하여 천히 쓸 그릇으로 포기하는 것입니다.

2) 선한 천사와 모든 악한 천사

예정의 대상은 사람에게만 유용하다고 하겠으나 성경은 천사들까지도 예정의 대상임을 말씀하고 있습니다. 거룩한 천사들(막 8:38, 눅 9:26), 최초의 지위를 지키지 않는 악한 천사들(벧후 2:4, 유 1:6), 또 택한 천사들과(딤전 5:21) 선택되지 못한 천사들까지 포함하고 있습니다.

3) 중보자로서 그리스도

성경은 예수 그리스도까지도 하나님의 예정 속에 포함하고 있습니다.

그는 미리 알리신 바 되고(벧전 1:20), 택하시고(눅 9:35, 사 42:1 벧전 2:4), 중보자로서 특별한 신자들의 모범으로 하나님의 형상을 가지셨습니다(고후 4:4, 골 1:15, 히 1:13, 롬 8:29). 나아가 상부로부터 천국을 위임받아 신자들에게 전해주게 되신 것입니다(눅 22:29).

3. 예정의 두 부분(部分)

하나님의 신적 예정에는 선택과 포기(유기)의 두 부분으로 구별할 수 있습니다.

"하나님의 작정에 의하여 또는 그의 영광을 위하여 어떤 사람들과 천사들은 영생을 얻게 예정되고, 어떤 자들은 영원한 멸망을 받게 예정되었으며, 어떤 천사는 하나님의 영광을 위해 선택되었고 어떤 천사는 버림받게된 것입니다."

1) 선택(選擇)
선택은 죄인들의 구원을 위한 계획이며, 포기(유기)는 죄인들의 영벌에 대한 계획입니다(요 3:18, 롬 9:16).
- (1) 특별봉사와 특별한 특권을 위하여 선택한 민족(이스라엘)(신 4:37, 7:6-8, 롬 13:5),
- (2) 하나님 자녀로 하늘나라 계승자로 개인을 선택(롬 11:5, 고전 1:27-28, 엡 1:4),
- (3) 직분과 봉사를 위한 개인적 선택(신 18:5, 삼상 10:24, 시 78:70, 요 6:70, 행 9:15),

2) 포기(遺棄, 유기)
선택교리는 민족 중 얼마와 개인을 하나님의 뜻에 의하여 어떤 사람은 그냥 버려두고 자신의 공의를 나타내기 위해 심판하기로 결정하신 것입니다(마 11:25-26, 롬 9:13, 17-18, 유 1:4, 벧전 2:8).
- (1) 악을 위해 예정된 자(잠 16:4, 유 1:4, 계 13:8 눅 10:20, 빌 4:3, 롬 9:22, 1:28),
- (2) 진리를 알 수 없도록 봉쇄된 자(살후 2:11, 요 12:39-40, 마 13:14, 막 4:12, 눅 8:10, 마 11:25),
- (3) 악한 마음이 강퍅케 되어 회개의 소망이 없는 자. 엘리의 두 아들(삼상 2:25), 헤브론왕 시혼(신 2:30), 애굽왕 바로(출 9:16).

포기(유기)의 교리는 비록 어렵고 불유쾌하지만 엄밀히 말해 성경적입니다. 포기는 하나님의 신적작정의 최종적인 실현입니다.

4. 인간의 자유의지(自由意志)와의 관계(關係)

인간 결정의 선악도 하나님으로 말미암아 이미 결정되었다고 믿어야 하는가? "그렇다" 이것이 성경의 답입니다. 성경은 신자 불신자를 막론하고 인간이 행하는 모든 결단은 영원으로부터 하나님에 의해서 이미 계획되어졌음을 말하고 있습니다.

"그가 하나님의 정하신 뜻과 미리 아신대로 내어 준 바 되었거늘 너희가 법 없는 자의 손을 빌어 못박아 죽였도다"(행 2:23). "우리는 그의 만드신 바라 그리스도 예수 안에서 선한 일을 위하여 지으심을 받은 자니 이는 하나님이 전에 예비하사 우리도 그 가운데 행하게 하려 하심이니라(엡 2:10). "영생을 주기로 작정된 자는 다 믿더라"(행 13:48). 인간의 자유의지에 의한 모든 것도 하나님의 예정 속에 포함되는 것입니다.

결론

"**하**나님의 예정은 그 뜻대로 하신 영원한 경륜이신데, 이로 말미암아 자기의 영광을 위하여 모든 것이 되어 가는 일을 미리 작정하신 것이다"(엡 1:11). (소요리문답 제7문), 예정은 하나님이 미리 정하신 계획으로 도덕적 영적 피조물에 대한 신적 계획입니다. 어떤 사람은 자연히 영광을 위해 총애로 선택하시고 어떤 자는 공의의 심판을 위해 포기하는 것입니다. 인생의 모든 삶은 하나님의 예정에 의하여 이루어지는 것이며 예정의 궁극적인 목표는 하나님의 영광입니다.

아브라함 카이퍼(Dr. Abraham Kuyper)는 "창조된 모든 것의 존재의 결정은 다시 말하면 어떤 것은 산체가 되고 어떤 것은 미나리나 제비가 되고 두견이 되고 까치가 되고 사슴이 되고 돼지가 되도록 결정되는 것 같이 인간에 있었어도 어떤 자는 남자로 여자로 혹은 부자로, 가난한 자로, 우둔한 자, 총명한 자, 백인, 유색인, 가인과 같이 아벨과 같이 날 것까지 결정한 것은 천상과 지상에서 생각할 수 있는 가장 위대한 예정이다. 더구나 우리는 이 진리가 매일 우리 눈앞에 일어나고 우리자신이 전인격으로 이 원리에 속하여 전존재 전성품 생활상 지위가 전부 거기에 의존하여 있는 것을 본다. 칼빈주의자는 이렇게 포괄적인 예정을 사람의 손에 맹목적인 자연의 손에 맡기지 않고 다만 천지의 주권적 창조자시요 소유자이신 전능하신 하나님의 손에 맡기는 것이다. 창조에도 선택이 있고 섭리에도 선택이 있는 것처럼 영생에도 선택이 있다. 자연의 영역에서와 같이 은혜의 영역에도 역시 선택이 있다."고 했습니다.

예정에 의한 선택과 구원은 번복되지 않으며 우리의 구원의 원인은 하나님 안에 있기 때문에 세상의 어떠한 환란가운데서도 절망하지 않고 기뻐하며 소망을 가지게 됩니다. 영국신조 제17조 "하나님께서 우리를 예정하시고 택하신 것을 생각하면 말할 수 없는 위로를 받게 된다."고 했습니다.

예정교리를 이해할 때 신앙의 큰 힘과 용기와 평화를 가지게 되며 구원의 확신과 자녀의 특권을 가지고 그의 영광을 위해 최선의 삶을 살 수 있습니다. 당신은 예정을 믿습니까? 예정교리는 신앙의 확신과 용기를 줍니다. 할렐루야 아멘.

창조자(創造者) 하나님

창 1 :

제 9 문

창조하신 일이 무엇인가?

답 : 창조하신 일은 하나님께서 엿새동안에 아무것도 없는 중에서 그 권능의 말씀으로(히 11:3) 만물을 지으신 일인데 다 매우 좋았다(창 1:31).

창조는 하나님의 신적작정과 예정을 실행하는 것입니다. 영원 자존하시고 절대 주권자이신 여호와 하나님께서 작정하신 계획을 실현하는 것이 창조와 섭리입니다. "태초에 하나님이 천지를 창조하시니라"(창 1:1) 말씀하시고, 사도신경 첫머리에 "전능하사 천지를 만드신 하나님을 내가 믿사오며"라고 고백하며, 하나님을 창조주 되시는 하나님으로 인식하는 것은 기독교신앙에 중요한 요소입니다.

쉐드(Shedd)는 "창조의 원리의 진정한 의미는 하나님께서 무에서부터 무엇을 부가적으로 존재케 역사하신 최초의 활동이다. 이 창조 활동 전에는 아무 것도 없었다. 있었다고 한다면 단지 삼위를 구별케 한 하나님 본질 속의 영원한 활동만이 있었을 뿐이다. 그러므로 창조는 하나님의 조화의 시작이라 호칭하고(잠 8:22) 태초에 하나님이 천지를 창조하셨다고 한다(창 1:1). 창조는 시간의 순서로서 제일일 뿐만 아니라 논리적으로도 먼저다."라고 했습니다.

창조는 신적 계시의 시작과 기초이며, 윤리적 종교 생활에 기초가 됩니다. 사도신경에는 "천지를 창조하신 하나님 아버지" "구속 자로서 그리스도" "성화자로서 성령"을 가르치고 있는데, 고백서에서는 창조를 성부 성자 성령의 삼위일체 하나님의 역사로 보고 있습니다. "성부 성자 성령(히 1: 2: 요 1:2-3, 창 1: 2: 욥 26:13, 33:4)이 되시는 하나님은 영원하신 권능과 치혜와 선하신(롬 1:20, 렘 10:12, 시 104:24, 33:5-6) 영광을 나타내기 위해 태초에 무에서 모든 것 즉 보이는 것이나 보이지 않는 것을 지으시기를 기뻐하셨다. 그리고 지으신 모든 것은 다 선하였다(창 1: 히 11:3, 골 1:16, 행 17:24)"(신앙고백 제4장1절)고 했습니다.

창조에는 삼위일체 하나님 외에는 일체 즉 인간, 천사, 악마 등이 참여하지 못했으며 하나님 홀로 신적작정의 계획을 실현시키신 것이며 모든 것의 기초가 되는 것입니다.

1. 창조(創造)의 정의(正義)

하나님의 창조는 과학이나 이성에 의해 충분히 증명되기는 불가능한 진리입니다. 물리적 과학은 능히 변화들을 관측하고 기록할 수는 있으나 기원에 대해서는 아무것도 이해할 수 없습니다. 오직 창조는 성경을 통해서만 이해되어집니다.

"태초에 하나님이 천지를 창조하시니라"(창 1:1). "만물이 그로 말미암아 지은바 되었으니 지은 것이 하나도 그가 없이 된 것이 없느니라"(요 1:3). "그는 보이지 아니하시는 하나님의 형상이요 모든 창조물보다 먼저 나신 자니 만물이 그에게 창조되되 하늘과 땅에서 보이는 것들과 보이지 않는 것들과 혹은 보좌들이나 주관들이나 정사들이나 권세들이나 만물이 다 그로 말미암고 그를 위하여 창조되었고 또한 그가 만물보다 먼저 계시고 만물이 그 안에 함께 섰느니라"(골 1:15-17).

창조는 하나님께서 말씀으로 무에서부터 창조하셨다는 것을 성경은 말씀하고 있습니다. 히브리어 '바라'와 헬라어 '크티제인'은 무에서 유에 대한 창조를 말하면서도 이미 있는 재료를 사용하여 새로운 무엇을 만들어 내시는 일에도 이 말들을 적용하고 있습니다(창 1:21, 27, 5:1, 사 45:7, 고전 11:9, 계 10:6).

창조라는 말은 성경에서 두 가지 의미로 사용되고 있는데 직접창조와 간접창조의 의미로 사용되고 있습니다.

1) 직접창조

직접창조는 삼위일체 하나님의 자유로운 행위가 태초에 자신의 영광을 위하여 기존의 물질을 사용하거나 또는 제이차 원인을 사용함이 없이 직접적으로 즉시적으로 모든 가시적 불가시적 우주를 존재케 했다는 의미입니다.

직접창조는 삼위일체 하나님이 전적으로 동일한 분량으로 창조에 일익을 담당하고 나선 행위를 말합니다. 직접창조 속에는 모든 물질적 존재와 비물질적 존재까지 포함하고 그 범위가 포괄적입니다. 창조는 신화나 설화가 아닙니다. 실질적 역사입니다. 창조를 신화나 설화로 생각하는 사람은 하나님의 창조의 권능을 무시하는 행위입니다.

2) 간접창조

간접창조의 행위는 이미 존재하고 있는 물질을 형성 개작하고 통합하고 또는 변화시키는 것입니다. 하나님이 친히 직접적으로 기존 물을 형성 개작 통합 변화시킬 수도 있습니다. 그러나 간접적으로 제이차적 원인의 작용을 통해 그렇게 할 수도 있습니다.

하지(Hodge)는 "전자는 즉시적인데 비해 후자는 점진적이다. 전자는 여하한 기존물질이나 협동도 배제하는가 하며 후자는 양자를 인정하고 내포한다. 창조에 관한 모세의 설명에 이런 구별의 기초는 분명히 나타나 있다."(롬 4:17)고 했습니다.

그리고 시간은 세계와 함께 창조되었으며, 어거스틴은 "시간과 함께 시간 안에서 창조되었다"고 했습니다.

2. 창조(創造)의 요소(要素)

"**하**나님은 영원하신 권능과 지혜와 선하신 영광을 나타내시기 위해서 태초에 무에서 모든 것 즉 보이는 것이나 보이지 않는 것을 지으시기를 기뻐하셨다"(창 1:, 히 11:3). (신앙고백 제4장1절)고 말씀하고 있습니다. 창조의 기사는 창세기 1장에 세밀하게 기록되어 있습니다.

1) 무(無)에서 유(有)로 창조하신 것이다.

창조의 기본적 의미는 무에서 유로 만들어 낸 결과입니다.

기존 재료 없이 우주만물을 창조하신 것을 의미합니다.

이것은 생물학적인 생식이나 발생과 다릅니다. 생식이나 발생은 어떤 요소를 전제하며 그것에 의존하여 나온 것이지만 하나님의 천지 창조는 전혀 그런 것이 없었습니다. 아무것도 없는 가운데 구조와 물체를 창조하신 것입니다.

2) 말씀으로 창조하신 것이다.

"믿음으로 모든 세계가 하나님의 말씀으로 지어진 줄을 우리가 아나니 보이는 것은 나타난 것으로 말미암아 된 것이 아니니라"(히 11:3). 창세기 1장에 "가라사대"는 말씀으로 창조하심을 보여주는 증거입니다. 하나님은 다른 무엇으로부터 인간 천사 마귀의 도움을 받지 않고 삼위일체 하나님께서 말씀으로 창조하신 것입니다.

3) 선하고 아름답게 창조된 것이다.

인간과 만물이 악하게 창조된 것이 아니라 선하게 창조된 것입니다.

하나님은 창조가 끝날 때마다 "하나님 보시기에 좋았더라"고 하셨습니다. 하나님은 창조를 선하고 아름답게 하신 것입니다.

3. 창조(創造)의 목적(目的)

1) 하나님의 영광을 나타내기 위해서

"**성**부 성자 성령 되시는 하나님은 영광을 나타내기 위해서 태초에 무에서 유로 창조 하셨다"(신앙고백 제4장 1절)고 고백하고 있습니다.

하나님의 창조는 자신의 영광을 나타내기 위해 창조하신 것이라 신앙고백서는 말하고 있습니다. 주님은 주기도문의 송영을 통해 "대개 나라와 권세와 영광이 아버지께 영원히 있사옵나이다. 아멘."으로 영광은 하나님께만 있는 것을 가르치고 있습니다. 영광은 하나님의 것으로 자신의 영광을 창조를 통해서 나타내신 것입니다. "무릇 내 이름으로 일컫는 자 곧 내가 내 영광을 위하여 창조한 자를 오게 하라 그들은 내가 지었고 만들었느니라"(사 43:7).

하나님은 만사만물을 자기의 영광과 거룩한 이름을 위하여 창조하였다고 말씀하고 있습니다(사 60:21, 겔 36:21-22, 39:7, 눅 2:14, 롬 9:17, 11:36, 고전 15:28, 엡 1:5,6,9,12, 골 1:16, 계 4:11). 그리고 나아가 피조물의 행복도 포함하고 있습니다(엡 1:3).

2) 하나님이 영광을 받으시려고

하나님의 창조는 피조물로부터 영광을 받으시려고 창조하신 것입니다. "여호와의 이름에 합당한 영광을 그에게 돌릴지어다"(대상 16:29). "너희 권능 있는 자들아 영광과 능력을 여호와께 돌리고 돌릴지어다"(시 29:1-2). "한 마음과 한 입으로 하나님 곧 우리 주 예수 그리스도의 아버지께 영광을 돌리게 하려 하느니라"(롬 15:6). "긍휼하심을 인하여 하나님께 영광을 돌리게 하려 하심이니라"(롬 15:9). "너희 몸을 하나님께 영광을 돌리라"(고전 6:20). "그로 말미암아 우리가 아멘 하여 하나님께 영광을 돌리게 하라"(고후 1:20)고 성경을 말씀하고 있습니다.

하나님의 창조의 목적은 자신의 영광을 드러내기 위함이요, 피조물을 통하여 영광을 받으시기 위하여 창조하신 것입니다. "그런즉 너희가 먹든지 마시든지 무엇을 하든지 다 하나님의 영광을 위하여 하라"(고전 10:31). 하나님께 영광 돌리는 삶은 믿음으로 사는 것입니다.

4. 창조(創造)의 기간(期間)

하나님의 모든 창조는 육일 동안에 이루어졌고 이레되는 날 쉬시므로 이 날을 정하여 예배드리는 것입니다. 날들의 길이는 명백히 나타나지 않지만 육일만에 창조를 완성하신 것입니다.

어떤 사람은 이 날을 오늘과 같은 날로 보지 않고 다른 날로 보고 있는 사람도 있습니다. 그러나 이 날은 오늘과 같은 날입니다. 하나님은 만물을 창조하는데 시간이 부족하신 분이 아니시기 때문에 천지의 창조를 육일이 아니라 하루에 아니 한 시간에도 창조할 수 있는 전능하신 하나님이십니다. 삼위의 이위이신 예수님은 가나혼인 잔치집에서

물로 포도주를 만들 때 많은 시간이 필요치 않았습니다. 말씀 한 마디로 물이 포도주가 되는 모든 과정을 단축하고 물로 포도주를 만들었습니다(요 2:1).

우리 인간들의 행복을 위해 가장 적절한 시간의 역사 속에서 육일 동안 창조하고 이레되는 날 쉬신 것입니다.

제1일: 빛   제4일: 큰 두 개의 광명
제2일: 궁창, 물, 물을 나눔,   제5일: 새, 물고기
제3일 : 식물   제6일: 동물, 사람

이상과 같이 질서 정연하게 무에서 유로 말씀에 의하여 모든 만물이 선하게 육일동안에 창조된 것입니다. 우리는 이 창조의 역사를 믿어야 합니다.

결론

창조는 신화가 아닙니다. 사실입니다. 성경은 과학을 반영하기 위하여 기록된 책은 아닙니다. 다만 인간의 구속의 역사를 중심으로 기록된 것입니다. 창조는 삼위일체 하나님께서 자신의 신적작정을 육일동안에 실현한 것입니다. 창조는 무에서 유로 말씀으로 선하고 아름답게 창조하신 것이며 창조의 목적은 바로 자신의 영광을 나타내며 또한 영광을 받으시기 위해 창조하신 것입니다.

당신은 무에서 유의 창조를 믿습니까? 말씀으로 창조된 것을 믿니까? 당신은 하나님께 영광을 돌리는 삶을 살고 있습니까? 할렐루야 아멘.

하나님의 형상으로 창조된 인간

창 1:26-28

제 10 문

하나님께서 사람을 어떻게 지으셨는가?

답 : 하나님께서 사람을 남녀로 지으시되 자기의 형상대로(창 1:27) 지식과 공의와 거룩함이(골 3:10, 엡 4:24) 있게 지으사 모든 생물을 주관하게 하셨다(창 1:28).

    소요리문답 제9문에서 만물의 창조에 대해 가르치고 제10문에서는 인간 창조에 대해서 말씀하고 있습니다. 소요리문답 제10문은 인간론이라 할 수 있습니다. 인간론은 대단히 중요한 것입니다. 피조세계에서 인간이 빠진다면 다른 것은 아무 소용없기 때문입니다.

    성경은 인간의 창조를 만물의 주인공이라 말씀하고 있습니다(창 1:31). 사람을 지음에 있어서 다른 피조물처럼 간단한 말씀으로 하지 않으시고 삼위간에 의논을 통해 "우리의 형상을 따라 우리의 모양대로 우리가 사람을 만들고"(창 1:26)라고 말씀하고 있습니다. 성경은 인간 창조에 대하여 이중보도를 제공하고 있습니다. 창세기 1:26-27과 2:7, 21-23입니다. 이 말은 서로 배치되는 것이 아니라 둘째는 첫째를 보충하여 사람의 창조 이후 상태를 묘사하는 것 뿐입니다. 1장에 간단하게 끝난 사람의 창조의 진술에 뒤이어 그것을 상세하게 설명하는 것은 매우 자연스러운 것입니다. 하나님은 사람에게 권위의 옷을 입히고 세계와 유형의 모든 것을 통치할 고귀한 사명을 주시고 사람의 창조에는 특별한 도모가 있었습니다. "우리의 형상을 따라 우리의 모양대로 사람을 만들고"(창 1:26)라는 신적작정의 말씀으로 시작되었습니다.

    다른 피조물들은 말씀으로만 창조하였지만 사람에게는 하나님의 특별한 작정과 동작이 수반 되었습니다. "흙으로 사람을 지으시고 생기를 그 코에 불어넣으시니 생령이 된지라"(창 2:7). "아담에게서 취하사 그 갈비대로 여자를 만드시고"(창 2:22)라고 하나님이 직접적으로 특별한 도모와 행동을 보여주신 것입니다. 사람은 다른 피조물과 달리 하나님의 형상으로 창조하시고 모든 피조물로부터 구별되게 하신 것입니다. 동물에게는 "그 종류대로" 그들 자체의 전형을 강조하였으나 사람은 "우리의 형상을 따라 우리의 모양대로 우리가 사람을 만들고"(창 1:26) 자기의 형상으로 지으심으로 다른 피조물로부터 구별하시고 사람을 왕관으로 높이신 것입니다.

    또한 사람은 신체와 영혼의 두 요소의 합성으로 창조하시고 "신체의 기원과 영혼의 기원을 분명히 구별"(창 2:7)하고 있습니다. 신체는 땅의 흙으로 즉 기존물의 사용에 의하여 조성되었고 영혼의 창조에는 기존물질의 이용이 없었고 새 실체의 산출이 있었습니다. "여호와 하나님이 흙으로 사람을 지으시고 생기를 그 코에 불어넣으시니 사람이 생령이 된지라"(창 2:7) 하시므로 사람은 육신과 영혼으로 창조하시고 또 에덴에 낙원을 창설하고 사람에게 에덴의 축복을 누리며 살도록 허락하신 것입니다(창 2:8-9). 에덴에서 인간은 하나님이 주신 제한된 자유 안에서 모든 것을 누리며 관리하며 정복하도록 하시고 인간이 홀로 사는 것이 좋치않게 보이므로(창 2:18) 여자를 만드시고 남녀가 사회성을 가지고 모든 만물에게 이름을 주며 이들을 주관하게 하신 것입니다. 이것은 하나님께서 인간에게 주신 이성적 축복으로 종교적 명령과(창 2:17) 문화적 명령을(창 1:28) 통해 하나님을 영화롭게 하는 사명을 받은 고귀한 존재로 창조된 것입니다.

창조는 모든 것의 시작입니다.

1. 하나님의 형상인 인간

1) 하나님의 형상으로 지음은 어떤 의미인가?

성경은 사람의 원상태를 '하나님의 형상' 과 '모양' 으로 표현하고 있습니다. '형상' 은 '쎌렘' (창 1:26, 27, 9:6), '모양' 은 '테무트' (약 3:9, 창 5:1)입니다. 문자적으로 형상과 모양에는 구별이 있어 후자는 보다 넓고 포괄적이지만 문맥에 있어서는 두 말 사이에 구별이 없이 병행하여 사용하고 있습니다. 창세기 1:26절에는 두 말이 함께 사용되었고 5:1절에는 모양이란 말을 사용하지만 3절에는 두 말이 같이 사용되었으며, 창세기 9:6절에는 형상이란 말만 사용하였습니다. 신약에서도 형상(고전 11:7)과 모양(골 3:10, 약 3:9)에 함께 사용된 것입니다. 형상과 모양은 같은 의미로 사용되는 것입니다.

인간이 하나님의 형상으로 창조되었다는 것은 인간의 어떤 부분에 대해서가 아니라 인간 전체에 대해서 그렇게 말하는 것입니다. 다시 말하면 인간 전체가 하나님의 형상으로 창조된 것입니다. 현재의 인간도 하나님의 형상이라고 불려지고 있으나 범죄로 인하여 죄인이 됨으로 하나님의 형상으로서 빛남이 상실되었습니다.

하나님의 형상의 빛남은 하나님의 형상인 예수 그리스도의 구원에 맡겨졌고 그를 믿고 닮아 갈 때 우리 속에서 하나님의 형상의 빛남이 나타날 것입니다. 특별히 성경에서 하나님의 형상은 의와 진리와 거룩이라고 말씀하고 있습니다(골 3:10, 엡 4:24). 예수 그리스도 안에서 인간은 참 하나님의 형상을 볼 수 있습니다. 그렇다면 하나님의 형상이란 무엇을 말하고 있을까요?

(1) 하나님은 지식에 있어서 자기의 형상을 따라 지었다(엡 4:24, 골 3:10)

무죄 시에 인간은 세상에서 그를 향한 하나님의 계시를 이해할 수 있었다는 뜻입니다. "아담"은 모든 육축과 공중의 새와 짐승에게 이름을 주고(창 2:20), 그의 아내에게 하와란 이름을 지어 산 자의 어미가 되게 하시는(창 3:20) 지성적 하나님의 형상을 닮은 것이며 무죄 시에 가장 명철한 선지자였습니다. "선지자란 진리를 깨달을 수 있는 자를 말합니다."

(2) 하나님은 거룩에 있어서 자기의 형상을 따라 지었다(엡 4:24, 골 3:10)

아담이 무죄 시에는 전적으로 하나님께 헌신하였음을 나타내고 있습니다. "거룩"은 여호와를 위하여 구별된다는 뜻입니다. 아담의 경우는 의식이나 희생이 아니라 그에게 있어서 마음의 헌신입니다. 죄를 짓기 전 두려움이 없기 때문에 평안과 기쁨과 즐거움과 감사의 삶으로 자원하는 마음으로 여호와를 위해 성별 하였습니다. "이런 의미에서 그는 진정한 제사장입니다."

(3) 하나님의 의에 있어서 자기의 형상을 따라 지었다(엡 4:24, 골 3:10)

의는 다름 아닌 하나님께 대한 순종입니다. 하나님의 뜻하는 바를 행하는 자는 의를 행하는 것입니다. 아담은 범죄하기 전에는 자기의 지배하에 놓인 전세계를 통치하는 통치자였습니다. 왕이란 통치자입니다. 이런 의미에서 아담은 왕입니다.

아담은 하나님의 형상을 따라 선지자로서 하나님을 알고, 제사장으로서 하나님만 섬기고, 왕으로서 창조물을 다스릴 수가 있었습니다. 두뇌에는 지식이 있고 의지에는 의로움이 있고 생각에는 거룩함이 있었습니다. 그는 무죄상태에서 선하였으며 하나님을 기쁘게 하려고 마음을 먹으며 또한 그렇게 행 할 수 있는 자유와 힘을 가지고 있었습니다. 그러나 가변적이어서 타락 할 수도 있었습니다. 그리고 광의적으로 하나님의 형상은 위에서 말한 세 가지 속성에만 극한된 것이 아니라 하나님 자신이 성육신하여 친히 땅에 오시므로 자신의 형상을 보여 주신 것입니다. 우리는 예수 그리스도만이 완전한 하나님의 형상이라고 할 수 밖에 없습니다(고후 4:4, 골 1:15). 중생된 성도는 그리스도를 닮아가는 것입니다. 그리스도를 닮을 때 비로소 하나님의 형상의 빛남이 나타날 것입니다.

2. 사회적 존재로 창조(창 2:18)

"**사**람이 독처하는 것이 좋치 못하니 내가 그를 위하여 돕는 배필을 지으리라"(창 2:18) 하신 것은 인간은 홀로 사는 존재가 아니라 사회적이며 협조를 필요로 하는 인간으로 창조된 것입니다. 인간의 존재의 본질은 사회성에 근거하며 생명을 공유하고 공동체를 위한 삶을 말씀하고 있습니다. 인간은 동물과 달리 문화와 법률 과학 예술 도덕적 삶을 가지며 남자와 여자를 창조하므로 혼인생활을 제정해 주시고 그들은 동거하며 결합하여 상부상조함으로 행복을 누리게 하신 것입니다. 남녀의 관계는 종속적 관계가 아니라 동반자적 관계입니다(창 2:21).

주님은 주기도문을 통해 "하늘에 계신 우리 아버지" "오늘날 우리에게" "우리가 우리에게" '우리'라는 공동체를 위한 기도를 드릴 것을 가르치고 있습니다. 인간의 본성은 사회성에 근거하며 공동체를 위한 삶을 살도록 하신 것입니다. 인간과 인간, 자연과 인간, 만물과 인간 모두가 공동의 행복을 위한 조화의 삶이 되어야 하다는 것입니다.

3. 인간의 구조

인간의 구조를 성경이 증거하기를 신체와 영혼의 두 실체로 구성되어 있음을 말하고 있습니다. 다시 말하면 물질적 성질과 비물질적 성질로 되어있습니다. 물질적 성질은 몸이며, 비물질적 성질은 영혼입니다. 인간의 구조에 대해서 삼분설과 이분설이 있습니다.

1) 삼분설

삼분설은 사람의 구조를 '몸' '혼' '영'으로 구분하는 것입니다. 삼분설은 성경적이지 않으며, 헬라의 철학에서 기원한 철학적인 것입니다. '몸'은 감각 생활을 하며, '영'은 하나님과 관계된 요소로 인정하며, '혼'은 사람과 동물이 함께 공유하는 것이라 하고 있습니다. 영은 사람만이 독특하게 가지는 신적 본능의 한 부분과 같은 것이나 동물은 몸과 혼을 가졌을 뿐 인간은 몸과 혼과 영 세 가지로 구분하는 사상입니다.

이 삼분설은 성경적 근거가 빈약합니다. 데살로니가전서 5:23과 히브리서 4:12을 인용하여 영과 혼과 몸으로 구분하고 고린도전서 2:14-3:4에서 자연인(2:14), 육적인(3:1), 영적인(3:1) 사람으로 구별하지만 성경의 원어는 혼은 영에서 분리시키는 것을 말하고 있지 않습니다. 예수께서는 "마음과 목숨과 뜻과 힘을" 다하여 하나님을 사랑하라고 했습니다(막 12:30).

이 말씀은 인성 전체를 받쳐서 하나님을 섬기라는 것이지 사람을 네 종류의 서로 다른 실체를 구별하기 위한 것이 아닙니다.

"혼은 영의 외적 국면이요, 영은 혼의 내적 국면이며, 사람의 가장 내면적 자아는 영혼과 몸입니다." 이들은 삼위일체를 비유하여 삼분설을 주장하며, 성막을 비유하여 지성소(영), 성소(혼), 마당(육)으로 비유하지만 비성경적 사상이며, 철학적 사상입니다.

2) 이분설

사람은 신체와 영혼으로 구성되어 있다는 것입니다. 즉 물질적인 것과 비물질적인 것으로 구성되어 있습니다. 성경은 인간의 구조를 이분설로 되어 있음을 주장하고 있습니다. '네페쉬' '수케'는 '혼'을 '루아크' '프뉴마'는 영으로 말하나 두 말은 함께 같이 사용합니다. 성경은 혼과 영을 구별없이 함께 사용하고 있습니다. '루아크' '프뉴마' (영)와 '네페쉬' '수케' (혼)가 다 같이 동물에 대해서도 사용되었습니다(전 3:12). 사람 전부를 가리키는 성경적 어구는 '신체와 혼' (마6:25, 10:28) '신체와 영' (전 12:7, 고전 5:3,5)으로 표현하며 혼과 영이란 말을 함께 사용하였습니다(벧전 3:19, 히 12:23, 계 6:9, 20:4).

혼과 영을 따로 구별하는 삼분설은 잘못된 학설입니다. 개혁주의 신앙에서는 이분설을 주장하며 믿고 있습니다. 이분설은 성경적이며 성경이 이분설을 증거하고 있습니다. 삼분설은 비성경적이며 철학적 사상입니다. 하나님의 형상으로 지음받은 인간은 하나님이 흙으로 빚어 육체를 만드시고 그 코에 생기를 불어넣어 생령이 되게 하신 것입니다. 인간은 몸과 영혼으로 되어 있습니다. 이분설은 성경적 학설입니다.

결론

"하나님께서는 모든 다른 피조물을 지으신 후에 사람을 창조하시되 남자와 여자로 지으시고(창 1:26-27), 이성적이며 불멸의 영혼을 주시고(창 2:7, 전 12:7, 눅 23:43, 마 10:28), 하나님의 형상에 따라(창 1:26, 엡 4:24, 골 3:10) 지식과 의의와 참된 거룩한 성품을 부여하셨고, 마음에(롬 2:14-15) 기록된 하나님의 법과 또한 그것을 성취할 법을 주셨다(전 7:29). 그와 동시에 사람을 범할 수밖에 없는(창 3:6, 전 7:29) 인간의 의지의 자유에 맡겨 두셨고 범죄할 가능성 아래 내버려 두었다. 그들은 마음속에 쓰여진 법외에 선악을 아는 나무의 열매를 먹지 말라는 명령을 받았다(창 2:17). 그 명령을 지키고 있는 동안 그들은 하나님과 교제하고(창 2:27, 3:8-11, 23) 또한 피조물을 다스릴 수가 있었다"(창 1:26-28, 시 8:6-8) (웨스트민스터 신앙고백 제4장 2절)고 말씀하고 있습니다. 하나님은 자기의 형상대로 지은 인간에게 만물보다 앞선 사명을 주신 것입니다.

종교명령(창 2:17)과 문화(노동)명령(창 1:28)입니다. 종교명령은 인간의 생명이신 하나님을 마음을 다하고 뜻을 다하고 힘을 다하여 하나님을 사랑하고 순종하며 하나님 중심의 예배의 삶을 사는 것을 말하며 문화명령을 통해 생육하고 번성하며 땅을 정복하고 다스리는 사회적 삶을 통하여 사명을 다하라는 것입니다. 하나님의 형상으로 창조된 인간은 영과 육으로 되어 있으며 신앙과 노동으로 하나님을 영화롭게 하며 그가 주시는 은혜를 통해서 즐거워하는 삶을 사는 것입니다.

당신에게는 하나님의 형상의 빛남이 있습니까? 창조에 대한 감사가 있습니까? 창조는 모든 것의 시작입니다. 할렐루야 아멘

하나님의 섭리(攝理)

마 10:29-31

제 11 문

하나님의 섭리하시는 일이 무엇인가 ?

답 : 하나님의 섭리하시는 일은 지극히 거룩함과(시 145:17) 지혜와(사 28:29) 권능으로써 모든 피조물들과 그 모든 행동을(마 10:29) 보존하시며 통치하시는 일입니다(시 103:19).

창조와 만물의 기원은 우연적으로나 자연발생적으로 생겨난 것은 아닙니다. 창조는 하나님의 신적작정의 목적에 있으며 하나님께서 작정하신 바를 실행하시는 첫 활동으로서 모든 물질 비물질적 우주 전체를 창조하신 것이란 사실을 공부했습니다.

제11문에서는 신적작정의 창조물을 하나님께서 어떻게 보존하시며 통치하시고 협력하여 창조의 계획대로 이루어지도록 하는 하나님의 사역을 섭리라 말하고 있습니다.

창조된 만물이 하나님의 주관없이 자연 그대로 운행을 계속하는 것이 아니라 하나님께서 자신이 창조하신 모든 만물을 신적작정의 목표를 향하여 가도록 보존, 통치, 협력하는 것을 신학적으로 '섭리'라 합니다. 마치 운전자가 자동차를 목적지까지 가기 위해 핸들을 조작하듯이 하나님께서 이 세상 만사를 신적작정의 정해 놓으신 목표를 향해 정확하게 움직이는 것입니다.

'섭리'라는 명사는 성경에 그 자체가 발견되지 않으나 그 의미만은 명확히 표현되었습니다. 히브리어 '라이'(창 22:8)는 '준비', 사무엘상 16:1 '예선'과 헬라어 '프로블레포'(히 11:40) '예비'는 각각 사용된 문맥에서 선견이나 예지만을 가르치지 않고 '하나님의 미리 조치하심'을 의미하며, '하나님의 섭리활동을' 표시하고 있습니다. 섭리는 하나님의 신적작정의 목적을 달성하기 위해 모든 피조물의 보존과 협력과 관리를 의미하며 신학적으로 이것을 '섭리'라 말하고 있습니다. 섭리는 이 세상에 있는 모든 것들이 운명이나 우연히 일어나는 일이 없으며 어떠한 일도 결코 우연히 생겨나지 않고 하나님의 섭리 속에서 이루어지는 것입니다(마 10:29).

1. 하나님의 섭리(攝理)

어원학적으로는 '섭리'라는 말은 '예견'을 의미합니다. 섭리의 의미는 하나님의 창조에 있어서 하나님의 최초의 계획인 신적작정과 조금도 차질 없이 목적을 성취해 내도록 모든 피조물 및 정신 그리고 도덕적 형상의 제반 사건을 조정 처리하시는 하나님의 중단 없는 활동을 말합니다. 이 세상에 죄가 들어왔어도 하나님의 거룩한 목적을 좌절시키지는 못합니다. 하나님의 신적작정은 창조와 섭리를 통해 실현되기 때문입니다. 창조된 세계는 하나님의 섭리의 손에 의해서 세계 역사와 인생 중에 일어나는 일과 우주와 만물에 일어나는 모든 일들이 하나님의 전능의 손에 인도되며 하나님의 정하신 계획에 따라 사건이 정하여지고 목적을 향해 진행되어지는 것입니다. 섭리란 무엇일까요?

1) 신적 보존이다.

신적 보존이란 하나님께서 자신이 창조하신 세계를 위해 잠시도 쉬지 않고 지혜와 권능으로 활동하여 자신이 만드신 모든 것들의 특성과 위력들을 아울러 함께 존속하도록 유지해 주시는 것을 말합니다. 다시 말하면 하나님의 신적작정 속에서 창조된 모든 피조물 보이는 것이나 보이지 않는 것이나 모두 존속하도록 유지해 주시는 하나님의 쉴 사이 없는 활동을 말합니다(신 3:12, 25-28, 삼상 :9, 느 :6, 욥 :20, 시 6:6, 104:29, 행 7:28, 히 2:3).

2) 신적 통치이다.

하나님은 그의 피조물에게 절대적 주권을 행사하십니다. 하나님의 절대적 주권행위는 바로 신적통치로서 만물만사가 하나님의 신적작정대로 정해진 목표를 향하여 가도록 다스린다는 것입니다. 삼위 하나님은 왕으로서 만사를 통치하십니다. 오늘날 사람들이 왕으로서의 하나님의 관념이 사라져가고 종의 관계로 대신하려 합니다.

하나님은 왕도 되시고, 아버지도 되시고, 천상하지의 모든 권위의 원천이시며, 만 왕의 왕이시며, 만주의 주인이신 하나님으로 자신의 거룩과 권능과 지혜로 통치하시는 것입니다(행 17:24, 딤전 1:17, 6:15, 계 1:6, 19:6).

3) 신적 협력이다.

하나님의 섭리는 피조물의 존재와 통치에만 역사하는 것이 아니라 활동 공작에 함께 관계한다는 것입니다. 다시 말하면 사람은 모든 일을 독립적으로 사역하는 것이 아니라 하나님 의지의 관할을 받는다는 것입니다. 요셉은 창세기 45:5에서 말하기를 자기는 형들보다 먼저 하나님이 자기를 애굽에 보낸 것이라고 하였습니다. 출애굽기 4:11-12에도 모세의 입에 함께 있어 그의 말할 바를 가르치겠다고 했습니다. 하나님은 선한 일뿐만 아니라 악인에게까지도 신적 협력이 있음을 말하고 있습니다.

사무엘하 16:11에 "여호와께서 시므이로 하여금 다윗을 저주하게 하신 것이라"했습니다.

2. 섭리의 대상

1) 자연계를 섭리하신다.

"그 정권으로 만유를 통치하시도다"(시 103:19). 우박(삼상 7:10), 해(욥 9:5-7), 얼음(욥 37:10), 번개(욥 38:12-35), 해(마 5:45), 비(행 14:17)등 자연계를 섭리하십니다.

2) 동물계을 섭리하신다.

"생물들의 혼과 인생들의 영이 다 그의 손에 있느니라"(욥 12:10). 사자(시 104:21), 까마귀(시 147:9), 공중의 새(마 6:26), 참새(마 10:29) 등 동물계를 섭리하십니다.

3) 지상의 여러 나라를 섭리하신다.

"만국을 커지게도 하시고 멸하게도 하시며 열국으로 광대하게도 하시고 다시 사로잡히게도 하시며"(시 12:23, 시 22:28, 66:7, 75:6-7, 단 2:37-38, 롬 13:1). 세상나라를 섭리하십니다.

4) 사람을 섭리하신다.

(1) 개인의 출생과 생애 전반을 섭리하십니다(삼상 16:1, 갈 1:15-16, 렘 1:5).

(2) 개인의 성공 실패도 섭리하십니다(시 75:6-7, 눅 1:52, 출 12:36, 삼상 2:6-8, 잠 21:1).

(3) 개인의 삶 가운데 우연적인 것과 무의미한 것까지 섭리하십니다(출 21:13, 욥 5:6, 잠 16:33, 마 10:30).

(4) 사람들의 필요를 주관하시고 섭리하십니다. "내가 평안히 눕고 자기도 하리니 나를 완전히 거하게 하시는 이는 오직 여호와시니"(시 4:8). (시 5:12. 63:8, 121:3, 롬 8:28, 빌 4:19).

(5) 구원받은 자와 받지 못한 자를 주관하시고 섭리하십니다. "여호와께서 사람의 걸음을 정하시고 그 길을 기뻐하시나니 저는 넘어지나 아주 넘어지지 아니함은 여호와의 손으로 붙드심이라"(시 37:23-24). 시 73:24, 시 11:6

(6) 인간의 자유 행위까지 섭리하십니다. "너희 안에 행하시는 이는 하나님이시니라" (빌 2:13). 출 12:36, 삼상 24:18, 스 7:27, 잠 16:1, 19:21,

(7) 인간의 죄의 행위까지 섭리하십니다. "저가 저주하는 것은 여호와께서 저에게 다윗을 저주할 하심이니"(삼하 16:10). 죄를 드러내도록 만드시고(시 81:12-13) 죄를 막으시고(창 20:6) 죄의 영향의 범위를 정하시기도 하시고(욥 1:12, 시

124:2), 하나님의 섭리의 대상은 피조세계의 모든 것이며 보이는 것이나 보이지 않는 것까지 하나님께서 보존하시고 통치하시고 협력하므로 하나님의 신적작정을 이루어가는 것입니다.

3. 섭리의 목적

우리는 신적작정의 목적에 대해서 이미 배웠습니다. 섭리는 하나님의 신적작정의 실현이라고 했습니다. 그 실현에는 목적이 있습니다.

1) 피조세계의 행복에 목적이 있다.

"우리가 알거니와 하나님을 사랑하는 자 곧 그 뜻대로 부르심을 입은 자들에게는 모든 것이 합력하여 선을 이루느니라"(롬 8:28)(행 14:17, 마 5:45, 롬 2:4, 시 84:11). 행복을 주시려고 섭리하십니다.

2) 인류의 정신적, 도덕적, 문화적, 발전에 목적이 있다(정치, 사회, 경제, 문화, 과학, 체육).

3) 하나님께서 그리스도 안에서 자기의 소유 백성이 되도록 하는 데 목적이 있다 (엡 1:3).

예수 그리스도 안에서의 성육신과 대속과 죽음과 성령의 은사와 강림과 교회의 설립에 목적이 있습니다(엡 3:9-10, 5:25-27, 딛 2:14 벧전 2:9).

4) 하나님께 영광을 돌리는데 목적이 있다.

창조의 목적은 하나님의 영광을 나타내기 위해서 창조하셨고 나아가 창조한 피조물을 통해서 영광을 받으시려고 창조하신 것입니다. 하나님의 신적작정의 계획은 하나님의 영광입니다(사 43:7). "내가 나를 위하여 내가 나를 위하여 이를 이룰 것이라 어찌 내 이름을 욕되게 하리요 내 영광을 다른 사람에게 주지 아니하리라"(시 48:11).

4. 섭리에 대한 인간의 태도

하나님의 섭리는 신적작정의 시간의 역사에 있어서 실현이므로 수미일관 한 체계를 가지고 전 피조물과 그 행위작용 전체를 포함하고 있습니다. 섭리에 대한 인간의 태도는 중요합니다.

1) 감사해야 한다.

하나님께서 내 인생 전체를 계획하시고 행복과 구원을 위해 보존 통치 협력하심을 확신할 때 우리는 감사할 뿐입니다. 내 인생이 다른 사람의 손아래 있는 것이 아니라 전능하신 하나님의 손길아래 있다는 것은 얼마나 신나고 복된 일입니까? 이 진리를 일찍 깨달은 바울은 "범사에 감사하라 이는 그리스도 예수 안에서 너희를 향하신 하나님의 뜻이니라"(살전 5:18).

2) 복종해야 한다.

"합력하여 선을 이루기 때문입니다"(롬 8:28). 섭리를 부인하는 것은 선악과를 따먹는 것과 동일한 죄로 인정받기 때문입니다. 그리고 그리스도 안에서는 얼마든지 예가 되기 때문입니다(고후 1:20).

3) 섭리를 벗어나는 사건은 하나도 없음을 알아야 한다(마 10:29-31).

결론

섭리는 창조와 더불어 하나님의 신적작정을 이루는 일로 그의 거룩함과 지혜와 권능으로 피조세계의 행복과 인류의 정신적 도덕적 문화적 발전과 택한 백성의 구속과 하나님의 영광을 위해 보존하시고 통치하시며 협력하시는 하나님의 주권적 행사입니다. 이 세상에는 크고 작은 일들과 보이는 것과 보이지 않는 것이나 우연이나 자연법칙에 의하여 이루어지는 것은 하나도 없으며 모두 하나님의 섭리 속에 있습니다. 그러므로 우리의 삶속에서 하나님의 섭리를 확신하고 생을 두려워하거나 놀라지 말고 내 생이 하나님 앞에 있다는 것을 믿고 환난이나 역경이나 고통이나 질병이 닥쳐와도 생을 포기하지 말고 하나님의 섭리에 맡기고 감사하며 다가올 더 큰 축복을 기대하며 하나님께 영광을 돌립시다. 당신은 하나님의 섭리를 믿습니까? 할렐루야. 아멘.

하나님의 언약(言約)

창 2:16-17

제 12 문

사람이 창조함을 받은 본 지위에 있을 때에 하나님께서 저를 향하여 섭리하시는 중에 무슨 특별한 작정을 하셨는가?

답 : 하나님께서 사람을 창조하신 후에 완전히 복종하는 것을 조건으로 삼아(호 6:7) 생명의 언약을 맺고 선악을 분별하는 나무의 실과를 먹는 것은 사망의 벌로써 금하셨다(창 2:17).

    타락 전 사람은 하나님과 행위언약 아래 있었습니다. 하나님은 사람이 언약을 완전히 지키면 대표자 아담을 통해 영원한 행복을 주시기로 약속하셨습니다. 또 타락 이후에는 은혜언약 아래 있는데 하나님은 그의 무상의 은혜로 동일한 행복을 그리스도 예수 안에서 그를 믿는 사람에게 주기로 약속하신 것입니다. 하나님의 형상으로 지음 받은 아담은 지식에 있어서 하나님을 향한 계시를 알 수 있었고 거룩에 있어서 여호와를 위하여 구별된 헌신을 할 수 있었고 의에 있어서 하나님의 뜻을 바로 행할 수 있는 능력이 있었음으로 그는 인류의 대표자로서 하나님과 언약을 맺게된 것입니다

    하나님은 언약을 모든 인간의 대표자인 아담과 맺었으며 아담은 자연인이 아닌 공적 인물로 모든 사람을 대표하며(롬 5:12), 이 언약은 하나님의 주권을 인간에게 알게 하시고 인간이 하나님께 대한 도리를 지키도록 하기 위함입니다. 그리고 이 언약은 순종만으로 지킬 수 있으며 이 언약에 한 가지 주의해야 할 것은 사람과 사람사이에 이루어지는 '쌍무계약' 관계와 같은 것이 아닙니다. 즉 창조주와 피조물 하나님과 사람이 동등한 관계에서 맺어진 계약이 아니며 이 언약은 종류와 기간에 대하여 사람과 상의하지 않으시고 하나님의 절대적 주권으로 체결하신 것입니다.

    인간이 이 언약을 이행함으로 하나님께로부터 무엇을 얻을 수 있는 권한이 있다고 생각하는 것은 잘못입니다. "종이 명한 대로 하였다고 종에게 사례하겠느냐 이와 같이 너희도 명령을 받은 것을 다 행한 후에 이르기를 우리는 무익한 종이라 우리의 하여야 할 일을 한 것 뿐이라 할지니라"(눅 17:9-10). 그러나 하나님은 순종을 조건으로 영원한 생명을 약속하시고 불순종할 경우에는 영원한 사망 즉 육체적 영적 영원적 사망으로 형벌을 경고하시고 대표자 아담과 언약을 맺으시고 전 인류에게 적용하신 것입니다. 그러나 인류의 대표자 아담은 실패하고 말았습니다. 첫 번 아담의 실패 후 하나님은 두 번째 아담인(롬 5:14-17) 예수 그리스도와 은혜 언약을 맺으시고 택함 받은 모든 선민의 대표자로 예수님과 언약을 맺으신 것입니다.

이 은혜 언약은 행위 언약에 약속하신 행복을 누리도록 하신 것입니다. 이 언약은 예수 그리스도를 믿음으로 우리의 모든 죄는 예수 그리스도에게 전가시키고 우리를 의롭다 하시고 영원한 생명을 약속하신 언약입니다. 언약에는 두 종류의 언약이 있습니다. 행위언약과 은혜언약입니다. 행위언약은 인류의 대표자 아담과 맺으신 것이며 은혜언약은 제2아담인 선택받은 백성의 대표자인 예수 그리스도와 맺은 언약입니다.

1. 행위 언약

행위언약은 인류의 대표자 아담과 맺은 언약으로 순종을 전제로 영원한 행복을 약속하신 것입니다. "인간과 처음 맺은 계약은 행위계약이었다(갈 3:12, 창 2:16-17). 거기에서 아담에게는 생명이 약속되었고, 그의 후손이라도(롬 5:12-20, 10:5) 완전하고 주체적인 복종만 한다면(창 2:17, 갈 3:10) 아담 안에서 생명이 약속되었다."(웨스트민스터 신앙고백 제7장 2절)고 말씀하고 있습니다. 행위언약에 있어서 하나님은 인간에게 완전한 순종을 조건으로 영원한 생명과 행복을 약속하시고 에덴의 축복을 누리도록 하신 것입니다(창 2:16-17, 갈 3:10). 대신 언약을 어겼을 때에는 사망이 온다는 것입니다. 여기서 우리가 알아야 할 것은 생명과 죽음을 놓고 어느 것이든지 좋은 데로 택하라는 것이 아닙니다. 인간에 대한 하나님의 뜻은 인간이 완전한 복종을 하나님께 받쳐서 영원한 생명을 얻게 하는데 있는 것입니다.

1) 행위 언약의 내용(창 2:16-17)

첫째, 언약의 당사자: 하나님과 아담(아담은 공인으로서 인류의 대표자)
둘째, 언약의 약속: 순종하면 살리라 즉 영생과 행복을 주리라.
셋째, 언약의 조건: 선악을 알게 하는 나무의 과실을 먹지 말라.
넷째, 언약의 벌칙: 네가 먹는 날에는 정녕 죽으리라.

이상의 것을 다 지킨다고 해서 영원한 생명을 얻는 공적이 되는 것은 아닙니다. 그럼에도 불구하고 이것을 지킨다면 생명을 주겠다고 하신 것입니다. 이 언약은 아담과 하나님과 그 후손 전 인류와 맺은 것입니다(롬 5:12-19, 고전 15:21-22).

2) 언약 맺을 때의 인간의 상태

하나님은 자신이 흙으로 친히 만드시고 생기를 그 코에 불어넣어 생령이 되게 하신 인간에게 영원한 생명을 주시고자 친히 땅에 오시여 언약을 맺으신 것입니다. 그 때의 인간의 상태는 첫째, 아담은 빛나는 하나님의 형상을 가지고 지혜로 하나님의 뜻을 자각할 수 있었고 거룩으로 성별함을 가졌고 의로 하나님의 뜻을 적극적으로 순종할 수 있는 능력을 가지고 있었으며, 모든 것을 순종하고 지킬 수 있는 능력이 있었습니다. 둘째, 아담은 에덴에서 즐거움과 축복 속에 살면서 육적으로 모든 것에 부족함이 없는 환경과 자아를 가지고 있는 행복한 상태이므로 다른 욕망이 필요치 않는 상태였습니다. 셋째, 아담은 항상 하나님과 직접 친밀한 대화와 교제를 가질 수 있었음으로 하나님의 심정을 바로 알고 그가 바라는 것이 무엇인가를 잘 알고 그의 얼굴에는 항상 하나님의 형상의 빛남이 넘치고 있었습니다. 계약자 아담은 전혀 타락할만한 조건을 가지고 있지 않았습니다.

3) 행위 언약의 요구와 축복

첫째, 하나님의 요구

(1) 완전한 순종을 요구하셨습니다. "아담은 율법에 기록된 모든 것을 행하고 그대로 지켜야 합니다"(갈 3:10). (2) 인격적 순종을 요구하신 것입니다. "대리인을 시켜서 순종하는 것이 아니라 자신이 인격적으로 순종해야 합니다"(갈 3:10). (3) 영구적인 순종을 요구했습니다. "하나님의 율법의 모든 것을 계속적으로 지켜야 하는 것입니다.(갈 3:10). 이 계약을 위반하면 구제할 길이 없습니다.

둘째, 하나님의 축복

(1) 얼굴에는 하나님의 형상이 빛나고 (2) 낙원에 살며 (3) 하나님과 직접 교제하고 (4) 영원한 생명을 누리며 (5) 만물의 왕관으로 살수 있는 특권이 있었습니다. 타락함으로 이 모든 축복을 상실한 것입니다. 상실은 아담에게만 요구되는 것이 아니라 모든 인류에게 동일하게 상실된 것입니다. 왜 아담이 인류의 대표자이기 때문입니다.

2. 은혜 언약

은혜언약은 제1아담의 범죄로 타락된 인간을 구원하시기 위해서 제2아담인 예수 그리스도와 맺은 언약입니다. 이 언약은 두 번째 언약이며, 예수 그리스도를 믿음으로 주어지는 축복입니다. "사람이 타락함으로써 스스로 계약에 의한 생명을 얻을 수 없게 됨으로 하나님은 둘째 계약을(갈 3:21, 롬 3:20-21, 8:3, 창 3:15, 사 42:6) 맺으시기를 기뻐하셨다. 이것을 보통 은혜계약이라 부른다. 여기에서 하나님은 죄인에게도 예수를 통한 생명과 구원을 자유롭게 제공하신다. 단지 그들에게 요구하는 것은 그들이 구원을(막 16:15-16, 요 3:16, 롬 10:6,9, 갈 3:11) 얻기 위해서 예수 그리스도를 믿으라는 것이다. 그와 동시에 그는 생명을 얻도록 결정된 모든 사람에게 믿을 것을(겔 36:26-27, 요 3:44-45, 5:37) 요구하고 또한 믿을 수 있게 하기 위하여 성령을 주시겠다고 약속하였다"(웨스트민스터 신앙고백 제7장4절).

행위언약은 하나님과 아담과 그의 자손인 전인류와 맺었는데, 은혜언약은 하나님과 제2아담인 예수 그리스도와 택함 받는 모든 선민과 맺은 것입니다(갈 3:16, 롬 5:15-21). 하나님은 아담 안에서 타락한 인류들 중에서 선민만을 구원하기 위해서 독생성자 예수 그리스도를 인간으로 수육시켜서 하나님과 인간의 중보자로 임명하시고 제2아담으로서 구속될 인류의 대표자로서 선민을 위해 은혜언약을 맺으신 것입니다.

그리고 선민을 위해 제1아담의 범죄 그 결과 그 전부를 중보자 그리스도가 인수하여 수간 되어짐과 함께 동시에 적극적으로 율법의 요구에 따라 이루신 것입니다. 다시 말하면 아담의 범죄 결과로 인류에 미치는 하나님의 노여움과 율법의 저주 즉 행위언약의 벌칙을 예수 그리스도가 담당했습니다. 아담이 이룩해야할 행위언약의 의무를 예수님께서 하나님께 완전히 순종하므로 생명의 구원인 천국의 영원한 기업을 그리스도를 믿는 자에게 부여하게 된 것입니다.

1) 은혜 언약의 내용(요 3:16, 롬 10:6,9, 갈 3:11)

(1) 은혜 언약의 당사자: 하나님과 예수 그리스도(선택자의 대표자 제2아담) (2) 은혜 언약의 약속: 구원(영생) (3) 은혜 언약의 조건: 예수 그리스도를 믿어라 (4) 벌칙: 영원한 멸망(지옥의 형벌)

하나님은 죄인에게 생명과 구원의 중보자 예수 그리스도에 의해서 값없이 제공되며 죄인들이 구원함을 얻기 위하여 예수 그리스도를 신앙하도록 요구하신 것입니다. 예수 그리스도를 믿기만 하면 모든 것을 주신다는 것입니다. 그리고 이 신앙까지도 하나님의 선물입니다(엡 2:8). 왜냐하면 하나님이 우리에게 그리스도를 믿는 신앙이 요구되지만 선민에게는 믿을 수 있도록 성령을 주시겠다고 약속되어 있기 때문입니다.

결론

하나님은 인간과 두 가지 언약을 맺었습니다. 첫번째 언약은 인류의 대표자 아담과 맺은 것이요, 두 번째 언약은 제2아담인 예수 그리스도와 맺은 것입니다. 하나님은 인류의 대표자 아담을 통해 순종을 전제로 영원한 생명과 축복을 약속했습니다. 그러나 아담은 사탄의 유혹에 빠져 하나님의 뜻을 알면서도 언약을 범하였음으로 진노와 형벌로 비참에 처하게 된 것입니다.

하나님은 인류에 대한 사랑은 변함이 없으시기 때문에 제2아담인 예수 그리스도를 통하여 그리스도 안에서 새로운 인류의 영원한 생명을 위해 은혜언약을 맺으신 것입니다. 제2아담인 예수 그리스도는 이 세상에 와서 첫아담이 이루지 못하고 실패한 행위언약을 십자가를 통하여 적극적 순종과 소극적 순종으로 성취시키고 아담의 후손인 우리의 죄를 씻기시고 우리가 감당치 못할 행위언약을 대신 이루신 것입니다. 이 언약을 이루신 예수 그리스도를 믿기만 하면 사죄의 은총과 구원과 영원한 생명을 약속하신 것입니다(갈 3:10-14). 당신은 예수 그리스도를 구세주로 믿습니까? 할렐루야 아멘.

인간 타락(墮落)

창 3:1-13

제 13 문

우리 시조가 창조함을 받은 본 지위에 그대로 있었는가?

답 : 우리의 시조가 임의대로 자유함을 인하여 하나님께 범죄함으로 창조함을 받은 본지위에서 타락하였다(창 3:6-13).

인간은 죄 없는 상태에서 하나님의 형상으로 창조되었습니다. 진리와 의와 거룩에 있어서 빛나는 하나님의 참된 형상을 가지고 있었으며 죄를 이길 수 있는 능력도 가지고 있었습니다. 그러나 유한한 존재였습니다. 유한이란 말은 하나님 수준에 이르지는 못함을 가리키는 말입니다.

인간은 자신의 유한성을 알고 무한하신 하나님을 굳게 믿고 의지하고 그 말씀에 전적으로 순종하면서 살아야 했음에도 불구하고 아담은 자신을 믿고 교만하여 사탄의 유혹을 받아 하나님이 주신 자유를 임의로 한계선을 넘어 행사하다가 타락했습니다.

타락했다는 말은 하나님의 말씀에 불순종했다는 말입니다. 하나님의 말씀은 바로 법이며, 계명이며, 명령입니다. 하나님의 율법은 일반적으로 말해서 권세로 강요된 하나님의 의지와 뜻의 표현입니다. 하나님의 율법은 하나님의 성품 자체에서 나오는 것이기 때문에 하나님과 적접적으로 조화되기를 요구하는 적극적 성격을 띠고 있으며, 율법은 인간의 어느 부분에만 극한된 것이 아니라 몸과 영혼 모두에 관계하는 성격을 띠고 있으며 나아가 도덕적 모든 피조물에도 전부 해당되고 있습니다. 이 율법은 명령입니다(출 20:1-17, 마 5: -7:).

율법이 주어진 이유는 죄에 대한 인간의 지성을 강화하고(롬 3:19-20, 7:7), 하나님의 거룩성을 계시하고(롬 7:12), 죄인을 그리스도에게로 인도(롬 10:4)하며, 인간의 참 삶의 길을 인도하는 것이지 타락시켜 벌을 주고자 함이 아닙니다. 아담은 인류의 대표자로서 하나님께 불순종하여 율법을 어김은 바로 행위언약을 어긴 것이며, 이 행위언약의 위반이 바로 타락입니다.

1. 인간 타락의 원인

인간의 타락은 행위 언약의 위반입니다. 행위 언약의 위반은 바로 하나님의 명령에 불순종이요 율법의 불순종입니다. 불순종이 바로 타락입니다. "우리의 처음 부모는 사탄의 간계와 시험에 유혹을 받아 선악과인 금단의 열매를(창 3:13, 고후 11:3) 먹음으로서 죄를 범했다"(웨스트민스터 신앙고백 제6장1절)고 했습니다.

시조 아담이 여호와 하나님이 금하신 선악을 알게 하는 나무의 열매를 따먹으므로 행위언약을 위반하고 죄를 범했습니다.

1) 행위 언약

하나님과 인류의 대표자 아담과 세운 언약은

첫째, 행위언약의 당사자: 하나님과 대표자 아담

둘째, 행위언약의 약속: 살리라 즉 영생을 주리라

셋째, 행위언약의 조건: 순종(선악을 알게 하는 나무의 과실을 먹지 말라는 이 계약은 인간의 쌍무적인 관계의 계약이 아니라 전능자로부터 피조자에게만 주관하고 구속하는 일방적인 것으로 되어 있으며 이 순종은 완전한 순종입니다(신 27:26, 갈 3:10, 약 2:10, 창 2:16-17). 반순종은 불순종입니다.

넷째, 행위언약의 벌칙: 죽으리라. 범죄의 형벌로 사망이 예고되었고, 이 사망은 신체적인 것에 극한되지 않고 육체적(전 12:7), 영적(마 8:22, 엡 2:1, 딤전 5:6, 계 13:1), 영원적(계 20:6-14,) 사망을 포함하고 있습니다.

다섯째, 행위언약의 인호: 생명나무

언약의 인호란 하나님 자기 실현의 보장으로 언약 중에 약속된 행복의 보증으로 지정하신 외계적 유형적 표적입니다(창 2:9). 노아에게는 무지개를(창 9:12-13), 아브라함에게는 할례를(창 17:9-11 롬 4:11), 신자의 인호로써 세례(골 2:11, 갈 3:26-27)입니다. 그 생명나무가 행위언약의 인호였다는 것은 이것이 그 언약에 약속되고 죄로 인하여 없어진 제2아담을 통하여 회복될 그 생명의 외면적인 표상이기도 합니다(창 2:9, 3:22-24, 계 2:7, 22:2-14).

사탄의 간계의 유혹자로 나온 뱀은 악마의 수단의 앞잡이에 지나지 않으며 악마는 아담을 유혹하여 범죄하게 함으로 타락하게 한 장본인인 것입니다.

타락은 바로 행위언약의 위반이며 행위언약의 위반은 죄요, 죄는 교만이요, 교만은 악이요, 악은 악령이요, 악령은 사탄이요, 사탄은 바로 자기 중심입니다. 자기중심은 결국 하나님 중심의 삶을 거부하게 하며 하나님의 말씀에 정면으로 도전하는 불순종의 태도를 낳게 한 것입니다(창 3:1-13).

하나님은 자신에 대하여 온전한 순종만 요구하십니다. 바울은 아담의 불순종에 대하여 "한 사람의 순종치 아니함으로 많은 사람이 죄인 된 것 같이"(롬 5:19) 라고 말하고 있습니다.

아담은 ① 하나님 말씀에 대한 유혹과 ② 약속에 대한 불신앙과 ③ 하나님의 경고에 대한 무관심과 ④ 하나님과 같이 되겠다는 교만 등 여러 가지 심리적 동기로 생각할 수 있겠으나 선악을 아는 나무에 과실을 따먹지 말라고 한 하나님의 명백한 명령에 대한 불순종이 아담의 죄였습니다.

그것은 하나님의 의지, 즉 뜻이므로 절대로 순종해야 하는 것입니다. 이것은 순종할 것인가 안할 것인가 하는 선택이 아닙니다. 아담의 타락은 행위언약의 불순종입니다. 불순종은 바로 타락입니다.

2. 아담의 자유의지

아담은 자유의지의 남용으로 타락했습니다. 인간이 누리는 자유는 무한한 것이 아니라 유한한 것입니다. 인간은 하나님의 형상으로 지음 받고 또한 자유도 받았습니다. 이 자유는 인격적인 하나님과 같은 형상으로서 만물을 다스릴 특권을 받은 것이지 절대로 창조자 하나님보다 더 높고 우월한 자유를 받은 것은 아닙니다.

인간이 누릴 수 있는 자유는 하나님의 뜻하신 범위 안에서의 자유인 것입니다. 이 자유는 하나님의 명령과 그의 말씀에 전적으로 순종하는 것이 이 자유의 본질입니다. 그 본질을 떠나서 자유하려고 할 때 그것은 자유가 아니라 방종이요, 타락이요, 죄가 되는 것입니다.

아담은 하나님의 말씀을 거역하고 사탄과 동맹하여 더욱 큰 자유를 누리려 할 때 그는 죄의 노예가 되고 말았던 것입니다. 그때부터 인간은 죄의 세력에 묶여지게 되었습니다. 문제는 하나님께로부터 받은 그 한계를 지켜야만 하나님께로부터 받은 자유를 보장받으며 그 길만이 유일한 길입니다.

아담은 보장된 자유를 마음껏 누릴 수 있는 권리를 스스로 욕심과 탐욕 때문에 잃어버린 것입니다. 하나님은 분명히 인간에게 죄를 원하지 않으시고 순종으로 더 큰 축복을 받기를 원하신 것입니다. 인간이 자유의지를 남용하므로 타락했고 죄를 범하게 되었습니다.

3. 죄의 책임

한마디로 인간에게 있습니다. "여호와 하나님이 그 사람에게 명하여 가라사대 동산 각종나무의 실과는 네가 임의로 먹되 선악을 알게 하는 나무의 실과는 먹지 말라 네가 먹는 날에는 정녕 죽으리라 하시니라"(창 2:16-17) 하신 말씀을 아담은 지킬 수 있는 능력이 없어 어쩔 수 없이 죄를 지은 것이 아니라 지킬 수 있는 의지와 지식과 거룩을 가지고 있었습니다. 그런데도 고의적으로 죄를 범한 것입니다.

죄의 기원을! ① 인간성의 불완전성에 찾거나, ② 운명적 필연으로 생각하거나, ③

일종의 우연으로 보거나, ④ 유혹되어져 무엇인가 정황을 참작할 근거가 있는 것같이 생각해서는 아니 됩니다.

아담은 하나님께 복종하는 의지나 능력이나 지각이나 자유를 가지고 있었기 때문에 아담 자신 내에 불완전한 것이 없었습니다.

아담은 ① 하나님의 의지에 복종할 것을 거부했으며, ② 또한 하나님으로 하여금 자기의 생애를 결정하도록 하는 것을 거부하고, ③ 자신이 하나님이 되고자 이것을 결정한 것입니다.

그는 지성에 있어서 불신앙과 교만으로 나타나고 의지에 있어서 하나님과 같이 되려고 하는 자기 욕망의 포로가 되고 거룩에 있어서 금지된 열매를 먹음으로서 사악한 만족감을 채우려는 것으로 폭로되었습니다. "죄의 책임은 인간에게 있습니다"(약 1:13).

결론

인간의 타락은 행위언약의 위반과 자유의지의 남용으로 아담의 불순종의 결과입니다. 죄의 책임은 인간에게 있습니다. 혹자는 죄의 책임을 인간에게 보지 않고 하나님께 시선을 돌리는 사람이 있습니다. 하나님은 죄의 조성자가 아니십니다(약 1:13). 죄의 책임은 인간에게 있으며, 아담은 하나님의 명령을 따라 순종하므로 옳은 일을 할 수 있는 충분한 능력과 자유를 가졌음에도 불구하고 불순종하여 범죄했습니다.

아담은 불순종에 대한 무서운 결과를 경고 받았음에도 불구하고 사탄의 유혹에 빠져 타락했습니다. 죄의 결과를 스스로 느끼는 자만이 다시 낙원으로 재생할 수 있는 것입니다. 회개하고 잃었던 자유와 그 곳에 산재해 있는 무한한 행복을 찾을 것입니다. 당신은 지금 순종의 삶을 살고 있습니까? 반순종은 불순종입니다. 하나님은 우리에게 완전한 순종을 요구하십니다. "그가 아들이시라도 받으실 고난으로 순종함을 배워서 온전하게 되었은즉 자기를 순종하는 모든 자에게 영원한 구원의 근원이 되시고 하나님께 멜기세덱의 반차를 좇은 대제사장이라 칭하심을 받았느니라"(히 5:8-10). 순종만이 하나님을 기쁘시게 할 수 있습니다. 당신은 순종의 삶을 살고 있습니까? 할렐루야. 아멘.

죄(罪)

본문: 요일 3:4-6 약 4:17

제 14 문

죄가 무엇인가 ?

답 : 죄는 하나님의 법을 순종함에 부족한 것이나 혹 어기는 것이다(요일 3:3).

창조의 세계는 무죄상태였습니다. 인류의 조상이며 대표자인 아담이 행위언약을 어기고 타락하므로 죄가 이 땅위에 존재하게 된 것입니다. 사람이 최초로 범한 죄는 죄의 본질을 나타내는 전형적인 죄였습니다. 그 죄의 요소는 불신앙이었습니다. 죄는 불신앙으로 시작하고 교만으로 발전하여 본질적 요소를 만들었다고 볼 수 있습니다.

인간에 기원한 최초의 죄의 본질은 아담이 하나님의 의지에 복종하기를 거절하고 자기의 진로를 결정하는 일을 하나님께 맡기기를 거부하고 자기 스스로 결정하려고 시도하는데 있습니다. 하나님이 아담에게 내린 명령은 그가 수행할 수 있는 능력밖에 일이 아니었습니다.

아담은 능히 진리로 하나님의 뜻을 알 수 있었고 의로 순종할 수 있었으며 거룩함으로 하나님께 헌신할 수 있었음에도 불구하고 불순종하고 말았습니다. 순종만 했더라면 영생과 영복의 엄청난 상을 받았을 것인데 시험자에 의해 그는 불순종의 길을 택한 것입니다. 이것이 바로 죄입니다.

소요리문답 제14문에서는 "죄는 하나님의 법을 순종함에 부족한 것이나 혹 어기는 것이다."고 했습니다. 중생되지 못한 사람들은 죄를 대개 자기 주위에서 찾으려고 합니다. 죄는 하나님 관계에서만 찾을 수 있습니다. 그리고 사람은 죄에 대하여 무감각합니다. 사탄은 아담에게 죄란 인간에게 해로울 뿐이라 시사하였습니다(창 3:1-6).

죄란 인간에게 해가 되기 때문에 나쁜 것이 아닙니다. 왜냐하면 나에게 죄가 되는 것이 상대에게는 죄가 안될 수도 있습니다. 죄란 하나님이 하라고 한 것을 하지 않는 것과 하지 말라고 한 것을 하는 것이 죄입니다. 즉 율법에 대한 불인정과 불신앙이 죄입니다.

죄를 바르게 파악하지 못하고 죄의 깊은 자각이 없으면 예수 그리스도의 구원사역과 구원의 은혜에 대해서 바른 신앙이 확립될 수 없습니다. 죄는 그리스도께 있는 구원의 빛에 비추어 봐야 죄의 암흑을 비로소 확실하게 알게 됩니다.

1. 죄(罪)는 하나님의 법(法)으로만 판단(判斷)

죄를 알기 위해서는 하나님의 율법에 관해서 알아야 합니다. 율법을 알지 못하고는 죄를 알 수 없고, 율법을 바로 알 때만이 죄를 알 수 있습니다.

1) 하나님의 법의 적용의미

하나님의 율법이란 그의 신적 권세에 의해 강요되는 하나님의 의지(뜻)의 표현입니다. 그의 명령은 강요하는 권세와 순종해야할 의무를 가지며 순종과 불순종에 대한 책벌 등이 포함되어 있습니다. 그것은 인간존재의 일부분에만 극한된 것이 아니고 몸과 영혼 모두에 관계되는 전인적인 성격을 띠고 도덕적 전피조물을 총망라하고 있습니다(고전 15:40, 빌 2:10).

2) 하나님의 법은 성경이다.

성경은 계시되어진 하나님의 말씀입니다. 모세는 오경에서 하나님의 말씀은 법이라 했습니다. 바울도 법이라 했습니다(롬 7:22). "죄는 하나님의 법을 순종함에 부족하거나 혹 어기는 것이다"고 했습니다. 하나님은 인생을 엄격하고 공의로우신 법으로 다스리십니다. 그 법은 그의 계시하신 말씀에 나타나 있습니다. "법이 없는 곳에는 죄도 없다"(롬 4:15). "죄를 짓는 자마다 불법을 행하는 자"(요일 3:4)라 했습니다.

모든 죄는 하나님의 말씀으로 판단됩니다. "신구약 성경은 하나님의 말씀이나 신앙과 본분에 대하여 정확무오한 유일의 법칙이다"(신조 1조)고 했습니다. 히브리어 '토라'는 법도(민 15:29), 법률(민 31:21), 율법(신 1:5), 법(민 15:29) 으로 해석됩니다. 죄란 인간의 윤리적 기준에 의해서 판단되어지는 것이 아니고 하나님의 말씀에 의하여 판단되어지는 것입니다.

3) 법의 목적

우리는 율법이 주어진 목적을 분명히 알아야 합니다.

① 죄에 대한 인간의 지식을 강화하고(롬 7:7), ② 하나님의 거룩성을 계시하고(롬 7:12), ③ 죄인을 그리스도에게로 인도하기 위하여 주어진 것입니다(롬 10:4, 갈 3:24).

율법과 성도의 관계는 과거와 비교할 때 현재에 있어서 명백한 구별이 있습니다. 그리스도의 죽음 안에 있는 성도는 율법의 저주(창 3:16), 곧 율법이 사람에게 부과한 형벌에서 구원받았을 뿐만 아니라 율법 자체에서도 구출받았음을 성경은 말씀하고 있습니다(롬 7:4, 엡 2:14-15, 골 2:14, 20). 그리스도는 의를 위하여 율법의 마침이 되시며 그 마침의 장소는 갈보리 십자가입니다(롬 10:4). 그리고 의식 율법은 물론 도덕적 율법까지 포함되며(고후 3:7-11), 우리는 율법아래 있지 아니하고 은혜아래 있는 것입니다 (롬 6:145, 7:6, 갈 4:30, 5:18).

2. 죄(罪)의 성질(性質)

죄란 것은 하나님과의 관계에서 생각되는 일이므로 하나님을 믿는 신앙을 갖지 않는 사람에게는 죄를 바로 인식하기란 곤란합니다. 성경에서의 죄는 하나님과 관련된 일이므로 계시 진리에 구하지 않고는 파악되지 않습니다. 죄를 바로 파악하지 못하고 죄에 대한 자각이 없이는 바른 신앙이 확립되지 못합니다.

1) 죄는 특종(特種)의 악(惡)이다.

오늘날 많은 사람들이 '죄'(Sin)를 '악'(Evil)이란 말로 대응하고 있는 경향이 있습니다. 모든 죄가 악이라고 하는 것은 어김없는 진실이지만 모든 악이 곧 죄라고 하는 것은 똑같은 의미로 사용할 수 없습니다. 질병은 악으로 간주할 수 있을지는 모르나 죄라고 하기에는 참으로 난처한 것입니다. 또 폭풍, 홍수, 지진, 가뭄, 등은 악으로 말하지만 죄는 아닙니다.

"죄는 특종의 악입니다." 피조물의 도덕적 고악입니다.

2) 죄는 하나님의 율법에 대한 불일치(不一致)와 침범(侵犯)

죄의 명사는 여러 가지로 말씀하고 있습니다.
① 카타아트(죄) : 표적을 맞히지 못하거나 정도로부터 이탈을 의미합니다.
② 아웰과 아온(죄악 불의) : 온전과 똑 바름의 흠결, 지정된 길에서 이탈.
③ 페샤(허물) : 적당한 권위에 복종하기를 거절하는 것.
④ 레샤(악) : 율법으로부터 악하고 죄책적인 것.
⑤ 아삼(유죄) : 죄책.
⑥ 마알(거짓) : 불신과 반역.
⑦ 하말티아(죄) : 표적을 맞히지 못하는 것.
⑧ 아띠키아(불의) : 마땅히 알아야할 것을 알지 못하는 무지
⑨ 파라바시스(범법) : 한계를 넘어선 탈선.
⑩ 파랖토마(과실) : 사람이 마땅히 서야할 곳에 똑바로 서지 못하고 넘어짐.
⑪ 아노미아(불법) : 율법을 준수하지 않을 .
⑫ 파라노미아(불법) : 법을 준수하지 않을 때.
⑬ 파라고애 : 어떤 소리를 듣고 불순종.
⑭ 피렘메티아 : 하나님과 우주와 부조화 불일치.

죄는 이상과 같은 명사의 의미를 가지고 있습니다. 또 나아가
① 율법이 부과하고 있는 것을 행하지 아니함은 율법이 금하고 있는 것을 행하는 것만큼 동일한 죄입니다(약 4:17).
② 한 가지를 실패하면 전체를 범하는 것입니다(갈 3:10, 약 2:10).
③ 율법에 관한 무지가 사람에게 어떤 구실로 핑계를 안겨주지 않습니다(눅 12:47-48).
④ 순종의 능력이 책임의 척도나 또는 죄의 시험이 될 수 없습니다.
⑤ 죄책감이 죄의 사실에 필연적으로 따르는 것은 아닙니다. 도덕적 수준의 차이가 있기 때문입니다.
⑥ 죄는 율법의 불순종입니다(요일 3:4, 롬 4:15).
⑦ 죄는 율법의 불일치입니다(시 51:4, 롬 1:32).
⑧ 죄는 하나님의 성질에 불순응입니다(레 19:2, 사 6:1-6).

3) 죄는 본질적으로 이기주의(利己主義)다.

이기주의는 자기 중심이며 자기중심은 교만입니다. 자기중심은 자기의 길만 갑니다(사 53:6). 우리는 하나님 중심의 삶을 살아야 하는데 자기를 사랑하는 자기중심의 삶을 살며, 하나님의 이익보다는 자신의 이익을 항상 앞세우는 자는 자기애에 사로잡혀 죄를 범하게 되는 것입니다.

죄는 모두 자기중심의 이기주의를 근원으로 삼고 있습니다(딤후 3:2). "예수님은 나는 나의 원대로 하려 하지 않고 나를 보내신 아버지의 원대로 하기를 원한다"(요 5:30)고 했습니다. 아담은 하나님이 하지 말라고 하는 하나님의 뜻을 거역하고 자기의 욕망에 이끌려 선악과를 따먹으므로 죄를 범했습니다.

율법은 "하라는 적극적인 명령과 하지 말라는 소극적인 명령으로 되어 있습니다." 자신의 욕망을 거절하지 못하면 죄를 짓게 됩니다. 때로는 거절이 축복이며, 승리의 비결입니다.

3) 죄의 위치는 마음(心)

죄는 영혼의 어느 한 기능 속에 존재하고 있는 것이 아니라 영혼의 중심적 기관이며 생명의 발생인 마음속에 존재하고 있습니다(창 8:21). 마음속에 존재한다는 것은 전인적이라는 말입니다.

4) 죄는 외적행위(外的行爲)에만 형성(形成)되는 것은 아니다.

죄는 외적 행동과 마음과 생각 심정에도 있습니다(마 22:28, 롬 7:7, 갈 5:17-24). 육신이 죄를 범하면 영혼이 죄를 범하고, 영혼이 죄를 범하면 육도 함께 죄를 범하는 것

입니다. 사람은 육과 영으로 되어 있기 때문입니다. 육이 없는 영은 귀신이요, 영이 없는 육은 송장입니다. 사람은 항상 영과 육이 함께 죄를 짓은 것이며 외적행위에만 있는 것이 아니라 내면적 깊은 곳에도 있습니다.

결론

죄는 하나님에 대한 불순종이 죄입니다. 불순종은 바로 불신앙입니다. 죄란 환경이나 문화나 도덕적 수준에 의하여 규정되는 것이 아니라 하나님의 법으로만 판단되어집니다. 그러므로 하나님을 믿는 신앙을 가지지 않고는 죄를 알 수 없습니다. 죄를 알지 못하면 죄를 이길 수 없습니다. 죄는 특종의 악이며 율법에 대한 불일치와 침범이며 자기중심의 이기주의며 외적행위에만 극한되는 것이 아니라 내면적인 것도 해당됩니다. "이러므로 사람이 행할 줄 알고도 행치 아니하면 죄니라"(약 4:17). 우리는 죄를 무서워하고 미워하고 멀리하고 적극적으로 하나님을 가까이 해야 합니다. 당신은 죄가 있습니까? 할렐루야. 아멘.

아담의 죄

창 3:1-7

제 15 문

우리 시조가 창조함을 받은 본 지위에서 타락하게된 죄가 무엇인가?

답 : 우리 시조가 창조함을 받은 본 지위에서 타락하게된 죄는 금하실 실과를 먹은것이다(창 3:6).

죄란 하나님의 법에 순종함에 부족하거나 혹은 어기는 것이라고 제14문에서 우리는 배웠습니다. 우리의 시조 아담이 지은 죄는 하나님께서 먹지 말라는 선악과 열매를 먹음으로써 죄를 범하게 된 것입니다. 우리의 시조 아담은 하나님의 형상인 진리와 의와 거룩을 가지고 있었기 때문에 그는 진리로 하나님의 뜻을 알 수 있었고 의로 하나님의 생각을 실천할 수 있었습니다. 그리고 거룩으로 구별된 삶을 통해 선악과나무 곁에 가지 않을 수도 있었습니다.

그러나 우리의 시조 아담은 사탄의 간계와 유혹을 받아 금단의 열매인 선악과를 먹으므로 죄를 범한 것입니다(창 3:13, 고후 11:3). 먹었다는 것은 먹은 것이 죄라기 보다는 하나님이 먹지 말라 금하신 말씀에 불순종했기 때문에 죄가 되는 것입니다. 다시 말하면 먹는 것보다 먼저 말씀에 대한 불순종이 죄가 된 것입니다. 이것은 바로 하나님과 인류의 대표자 아담과 맺은 행위언약의 위반입니다

그의 범죄는 자신 하나만의 범죄가 아니라 온 인류의 대표자로서 범죄한 것입니다.

1. 타락 전 아담의 상태

우리 인류의 시초 아담은 범죄하기 전 어떠한 상태에 있었나를 생각해 보기로 하겠습니다. 이것은 오늘을 사는 우리에게 큰 교훈이 될 것입니다.

1) 하나님의 빛나는 형상을 가지고 있었다(창 1:26-27, 9:6, 약 3:9).

아담 안에는 하나님의 형상의 참된 지식과 의의 거룩을 가지고 있었습니다(엡 4:24). "하나님이 가라사대 우리의 형상을 따라 우리의 모양대로 우리가 사람을 만들고"(창 1:26). "하나님이 자기의 형상 곧 하나님의 형상대로 사람을 창조하시되 남자와 여자를 창조하시고"(창 1:27)라고 자신의 형상대로 인간을 창조하였다고 말씀하고 있습니다.

아담은 지식으로 하나님의 생각과 뜻을 알고 의지로 그것을 행할 수 있는 능력이 있

었으며 거룩으로 죄와 구별된 삶으로 하나님께 헌신할 수 있었습니다. 그러므로 하나님은 그 인간을 보시고 "심히 좋았더라"(창 1:31)고 감격하신 것입니다.

2) 무죄상태였다(창 1:31).

아담이 선악과를 먹기 전에 그는 무죄 상태였습니다. 하나님이 지으신 만물도 하나님 보시기에 좋았으며, 사람은 심히 좋은 하나님의 형상을 가진 정직하고(전 7:29), 선하였으며, 하나님을 기쁘게 하려고 마음만 먹으면 언제든지 하나님을 기쁘시게 할 수 있는 능력과 자유와 힘을 가지고 있었습니다. 진화론자들은 인간 창조시 근본적으로 악이 있었다고 말합니다. 그러나 성경은 이 말에 반대하며 죄가 없는 무죄상태였다고 말하고 있습니다.

3) 완전한 상태였다(창 1:28, 엡 4:24).

하나님의 완전함에는 이르지 못하지만 인간으로서는 부족한 점이 없는 완전한 상태였습니다. 그는 하나님의 율법과 하나님의 명령을 실행하고 순종하는데 능력에 부족함이 없었습니다. 그는 하나님과의 관계에서 완전하였고 대자연과의 관계에 있어서도 완전하였습니다. 그리고 대타, 다시 말하면 대인관계에 있어서도 완전하였고, 대자, 즉 자신과의 관계에 있었어도 완전하여 스스로 자신을 통제할 수 있는 의지와 능력을 가진 완전한 상태의 인간이었습니다.

4) 부족함이 없는 상태였다(창 2:8-16).

에덴동산에는 인간이 누릴 수 있는 행복의 조건들로 가득 차 있었습니다. 영적인 것이나 육적인 것이나 부족함이 없는 상태였습니다. 그는 하나님과 직접 교제할 수 있었으며 하와와 사랑의 대화를 나눌 수 있었으며, 모든 것에 부족함이 없는 행복한 상태였습니다.

5) 왕적 상태였다(창 1:28, 2:19-20).

그는 모든 만물을 다스리며 관리하고 개발하는 왕이었습니다. 만물은 다 그에게 복종하도록 하나님이 허락하신 것입니다.

6) 가변적 상태였다.

아담은 얼마동안 순종의 기간만 지나면 그와 그 후손은 완전하고 영원한 생명 상태에 들어갈 수 있는 유동성 있는 상태였습니다. 죄를 지을 수 있는 가능적 상태와 영원한 생명을 누릴 수 있는 가능적 상태였습니다(창 2:9, 17).

이상은 인간 최초의 상태입니다. 인간은 하나님의 형상으로 빛나고 지적능력과 도덕적 능력과 영적 능력을 가지고 있었습니다. 인간의 범죄는 보다 높은 수준에서 타락한 것을 명심해야 합니다. 성경과 과학은 모든 인간을 하나님의 최고의 걸작으로 보는데 일치하며 이 지구상에 인간보다 나은 존재는 없습니다.

2. 아담의 유혹

아담에게 내린 시련적 명령은 그의 순종을 나타내려고 한 하나님의 의도입니다. 그가 그것의 수행은 결코 그의 능력 밖의 일이 아니었습니다(고전 10:13). 아담은 능히 명령을 쉽게 지키고 영생과 영복의 엄청난 상을 받을 수 있었습니다. 그러나 하나님이 선을 위해 의도하신 일에 사탄은 악으로 대항하여 파괴를 시도했습니다.

1) 유혹의 대상

유혹자 사탄은 교활하여 쉬운 곳에 침공하여 어려운 데를 함락시키는 전술을 취했습니다. 사탄의 의도는 언약의 대표자 아담을 함락시키는데 목적이 있었지만 그는 아담을 두고 침공하기 쉬운 하와를 직접 대상으로 하여 유혹을 걸었습니다. 지금도 사탄은 동일한 수법을 사용하여 우리의 약한 곳을 공격합니다. 삼손에게 이성으로, 사울에게는 명예로, 유다에게는 돈으로 유혹했습니다.

당신의 약한 곳은 무엇입니까? 사탄이 하와를 유혹의 대상으로 삼은 이유는! ① 그는 언약의 대표자가 아니고 아담과 같은 동일한 책임감을 가지지 아니하였습니다. ② 그는 하나님의 명령을 직접 받지 아니하고 간접으로 받았습니다. ③ 그는 아담보다 나약했습니다. ④ 그는 아담의 마음을 움직이는데 가장 유력한 인물이었습니다.

하와는 "뱀이 나를 꾐으로 내가 먹었나이다"고 고백하고, 아담은 "아내의 말을 듣고……먹지 말라한 나무의 실과를 먹었다"고 말하였습니다(창 3:13, 17). 여자는 속은 때문에 타락하였고 남자는 애정 때문에 타락하였습니다.

2) 유혹의 서정

서정이란 말은 순서를 말하는 것입니다. ① 과장 발언하여 하와의 마음에 의심의 종자를 뿌렸습니다(창 3:1-3). ② 불신과 교만을 야기시켜 먹어도 죽지 아니하며 하나님 같이 된다고 했습니다(창 3:4-5). ③ 정욕을 유발시켰습니다(창 3:6). 먹음직하게 보여 육신적 식욕과 욕구를 의미하는 "육신의 정욕", 보암직하게 보여 "안목의 정욕", 지혜롭게 할만큼 탐스럽기도한 것은 하나님의 뜻에 대항하여 자아 주장을 가리키는 "이생의 자랑"입니다(창 3:6, 요일 2:16). ④ 하와는 사탄의 거짓말을 믿었습니다. ⑤ 반역의 행동을 하게 되었습니다. 하와는 마침내 정욕에 압도되어 하나님이 금하신 실과를 취하여 먹고 또 아담에게 주어 먹게 하여 인류의 대표자 아담은 하나님에 대한 반역적 행동을 취했습니다. 하와를 통하여 아담을 범죄케 한 사탄은 예수님께도 동일한 방법으로 유혹했지만 예수님은 사탄을 물리치고 십자가로 승리하였습니다(마 4:1-11).

3. 유혹에 빠진 책임과 타락

1) 유혹에 빠진 책임은 인간에게 있다.

그는 하나님의 율법과 명령을 실행할 수 있는 능력을 가지고 있었고, 시험자에 대항하여 이길 수 있는 능력이 있었기 때문에 핑계할 수 없는 것입니다(고전 10:13). 에덴동산에서는 유혹과 명령에 대한 순종에 대하여 선택할 수 있는 자유로운 의지가 있었기 때문에 죄악에 대한 행동에 충분한 책임이 있습니다.

2) 타락

타락하게 된 죄는 실과를 먹는데 있습니다. 실과를 먹는 것이 죄가 되는 것은 "먹지 말라"(창 2:17), 말씀하신 하나님의 명령을 어긴 항명죄이기 때문입니다. 죄는 하나님의 법으로만 판단되어집니다. 아담은 하나님의 법을 어긴 것입니다.

순종은 생명의 언약을 맺고 불순종은 언약을 파괴합니다. 무슨 나무인지 알 수 없어도 그 나무 자체에 선악을 이루는 독소나 사망을 이루는 요소가 있다고 생각지 않습니다. 다만 그것이 순종을 시험하는 나무임에는 틀림없습니다. 먹으면 악이 되고 순종하여 먹지 않으면 선이 되게 하는 나무라 할 수는 없습니다. 오늘날 이 사건을 신화적 사건으로 보는 사람들이 있습니다. 이것은 신화적 사건이 아니라 역사적인 사건입니다. 시조 아담은 언약을 경히 여김으로 사탄의 유혹에 빠져 타락했습니다. 이 유혹과 타락은 지금도 반복되고 있습니다.

결론

인류의 시초 아담은 하나님이 금하신 실과를 먹으므로 타락하여 원죄를 지은 것입니다. 그는 온전한 상태에서 능히 유혹을 이길 수 있는 힘과 능력이 있음에도 불구하고 자신의 욕망에 끌려 시험에 빠져 타락한 것입니다. 사탄은 당사자인 아담을 유혹하지 않고 하와를 유혹하여 아담을 타락케 했으며 이 타락의 책임은 인간에게 있습니다.

우리의 시조를 유혹한 사탄은 지금도 우리를 유혹하고 있습니다. 우리는 하나님의 말씀을 의심하거나 그 말씀에 반항해서는 안됩니다. 우리는 하나님 말씀에 항상 아멘 하고 순종하고 따르면 영원한 축복을 누릴 수 있습니다. 아담같이 범죄하지 맙시다. 당신의 약한 부분은 무엇입니까? 할렐루야. 아멘.

언약(言約)의 대표자(代表者) 아담

롬 5:12-21

제 16 문

모든 인종은 아담의 첫 범죄 중에 타락하였는가 ?

답 : 아담으로 더불어 언약을 세운 것은 저만 위한 것이 아니요 그 후손까지 위하여 하신 것이므로(롬 5:12), 그로부터 보통 생육법으로 출생하는 인종은 모두 그 안에 있어서 그의 첫 범죄에 참여하여 그와 함께 타락하였다(고전 15:22-23).

죄는 원죄와 자범죄가 있습니다. 인류의 시조 아담은 원죄를 지었습니다. 그 원죄는 바로 하나님과의 행위언약의 위반입니다. 행위언약의 위반은 바로 하나님의 율법 즉 말씀에 불순종한 불신앙의 결과입니다. 그는 언약을 지킬 수 있는 능력이 있음에도 불구하고 죄를 범한 것입니다.

본과에서는 그 아담의 지은 죄가 우리에게 어떠한 영향을 미치는 가를 말하고 있습니다. 성경은 "의인은 없나니"(롬 3:10). "모든 사람이 죄를 범하였으매"(롬 3:23). 이 모든 사람의 죄는 "아담으로부터 모세까지 아담의 범죄와 같은 죄를 짓지 아니한 자들 위에도 사망이 왕노릇 하였나니"(롬 5:14). "한 사람의 범죄를 인하여 많은 사람이 죽었은즉"(롬 5:15)이라고 말씀하고 있습니다. 성경은 모든 인간은 아담의 범죄로 말미암아 죄의 지배아래 살게 되었다고 가르치고 있습니다. 아담의 타락의 결과 우리는 비참한 자리에 처하게 되었습니다. 아담과 하나님과 세운 행위언약은 아담 자신만을 위한 것이 아니요, 그는 인류의 대표자로서 그 후손까지 위하여 하신 것이므로 그의 타락은 보통 생육법으로 출생한 모든 사람을 범죄케 하고 타락케 한 것입니다. 그의 불순종이 후손들까지 불순종으로 타락시켰습니다. 그러면 인류의 시조가 범한 죄가 오늘날 우리에게 연결되는 측면과 여기에서 오는 비참한 형편을 알아야 할 것입니다.

1. 아담은 언약(言約)의 대표자(代表者)

인류의 시조 아담은 개인이 아닌 공인으로서 하나님과 행위언약을 맺은 것입니다. 이 행위계약은 순종하면 자신과 그의 후손에게 영원한 생명이 보장되고 불순종할 때는 그의 후손에게도 아담과 함께 형벌이 있다는 것입니다. "인간과 처음에 맺은 계약은 행위계약이었습니다(갈 3:12, 호 6:7, 창 2:16-17). 아담에게는 생명이 약속되었고, 그 후손이라도(롬 5:12-20, 10:5) 완전하고 주체적인 복종만 한다면(창 2:17, 갈

3:10), 아담 안에서 생명이 약속되었다"(웨스트민스터 신앙고백 제7장 2절).

　아담과 더불어 세운 계약은 아담 한 사람만 위하여 세운 것이 아니라 그 후손까지 위하여 세우신 계약으로 그는 인류의 대표자가 되는 것입니다. 히브리어로 '아담'이란 말은 '인류' '사람'이란 말과 같은 뜻으로 사용되며, 구약에 560회 나오며, 에덴에 있던 아담은 인류의 대표자로 하나님과 언약을 체결한 것입니다. 하나님의 축복의 말씀은 아담 한 사람에 국한된 것이 아니고 전 인류에 대한 언약입니다(창 1:26, 2:16-17, 호 6:7). 아담에게 죄가 있다면 단 한 가지 계약을 위반한 죄목입니다. "저희는 아담처럼 언약을 어기고 거기서 내게 패역을 행하였느니라"(호 6:7). 그리고 하나님이 아담을 인류의 대표자로 정하신 것은 택한 백성들의 구원의 대표로서 제2아담인 예수님을 세우시려는 목적에서입니다. 인류의 시조 아담이 무죄상태에서 죄를 범하고 타락했으니 더구나 죄가 있는 인간을 구원하여 다시 에덴으로 귀환할 수 있는 사람은 아무도 없습니다.

　그러므로 제2아담인 예수 그리스도를 통해서만 구원을 얻을 수 있는 것입니다(롬 5:14). 온 인류가 아담의 원죄 때문에 죄인된 것 같이 믿는 자는 그리스도 안에서 그리스도의 의로 의인이 되었습니다(롬 3:20-21). "아담 안에서 모든 사람이 죽은 것 같이 그리스도 안에서 모든 사람이 삶을 얻으리라"(고전 15:22)고 했습니다. 이러한 대표원리는 하나님이 인생에게 주신 가장 은혜롭고 선한 방법입니다. 아담은 전 인류와 도덕적 피조물의 대표자입니다. 또한 행위언약의 대표자입니다.

2. 언약(言約)의 범위(範圍)

　행위언약은 하나님과 아담과 세우신 것이나 그 후손인 전 인류와 맺은 것인데(롬 5:12-19, 고전 15:21-22), 대표자인 아담이 하나님께서 금하신 열매를 먹으므로 언약을 위반하여 타락하므로 모든 인류에게 미치게 된 것입니다(행 17:26). "인류의 대표로서의 아담과 맺은 언약은 저만 위한 것이 아니고 그 후손까지 위한 것이므로 그로부터 보통 생육법으로 출생하는 인류는 모두 그의 안에서 범죄하여 그의 첫 범죄에서 그와 함께 타락했다"(행 17:26, 창 2:16-17, 롬 5:12-20, 고전 15:21-22). (대요리문답 제 22문)

　"아담으로 더불어 언약을 세운 것은 저만 위하여 하신 것이 아니요 그 후손까지 위하여 하신 것이므로 그로부터 보통 생육법으로 출생한 인종은 모두 그 안에 있어서 그의 첫 범죄에 참여하여 그와 함께 타락했다"(소요리문답 제16문).

　그러나 성령으로 잉태되어 출생하신 예수 그리스도(마 1:18, 눅 1:35)는 예외입니다. 예수님은 인간의 보통 생육법으로 출생하신 분이 아니기 때문입니다. 그는 성령으로 잉태되어 출생하신 분이십니다. 예수님 외에 전 인류는 아담 안에 있으므로 예수님 외에는 아담의 죄에서 벗어날 수 없습니다. 오직 유일의 예외는 예수 그리스도뿐입니다(창 3:15, 마 1:18, 고후 5:20, 히 2:18). 그에게는 부패함도 범죄함도 없습니다.

그러므로 예수 그리스도는 우리의 죄를 대신 대속하실 구속주의 자격에 조금도 부족함이 없으며 충분하신 분이십니다(히 4:15). 행위언약의 범위는 예수 그리스도를 제외한 모든 인류입니다(롬 3:23).

3. 죄(罪)의 전가(傳家)

인류의 조상 아담이 범한 죄와 죄책과 부패는 그들의 후손들에게 전가되어 타락한 인류 세계를 산출하였습니다. 아담은 계약의 대표자일 뿐만 아니라 위반자의 대표자이며 범법자의 대표자입니다. 그의 범죄는 후손들에게 유전됩니다. "한 사람으로 말미암아 죄가 들어오고 죄로 말미암아 사망이 왔다"(롬 5:12-14)고 말씀하고 있습니다. 죄의 시작은 아담에서부터 시작된 것입니다.

1) 아담의 죄와 모든 사람의 사망과의 관계

로마서 5:12-17에서는 아담이 죄를 짓고 사망하므로 죄와 사망 사이에는 아무 것도 개입하지 아니하였고 그의 죄와 사망으로 말미암아 모든 사람이 죄를 짓고 사망하였다고 말씀하며 죄와 사망이 직접적으로 관계되어 그 후손에게도 사망이 왔다고 말씀하고 있습니다. "한 사람이 범죄함을 인하여 많은 사람이 죽었고 한 사람이 범죄하므로 인하여 사망이 그 한 사람으로 말미암아 왕노릇하였다." 아담의 죄로 모든 사람이 사망하게된 것입니다.

2) 아담의 죄와 모든 사람의 정죄관계

"그런즉 한 범죄로 많은 사람이 정죄에 이른 것같이"(롬 5:18). 한 사람 아담이 범죄하므로 모든 사람들이 정죄에 이르게 된 것입니다. 그리고 16절에는 "심판은 한 사람으로 인하여 죄에 이르렀다"고 말씀하고 있습니다. 인류의 대표 아담의 죄로 말미암아 모든 사람이 정죄를 받게된 것입니다.

3) 아담의 죄와 모든 사람의 죄와의 관계

인류의 대표자 아담의 죄로 모든 사람이 죄를 짓게된 것입니다. "모든 사람이 죄를 지었다"(롬 5:12). "한 사람이 순종치 아니하므로 많은 사람이 죄인 된 것같이"(롬 5:19). 모든 사람이 죄를 범하였으매 하나님의 영광에 이르지 못한다고 로마서 3장 23절에 말씀하고 있습니다. 아담의 죄로 모든 사람이 죄인이 된 것입니다.

4) 아담의 부패와 모든 사람의 부패관계

아담이 범죄함으로 하나님의 형상을 상실하고 진리와 의의 거룩을 상실하므로 존재의 모든 부분이 전적으로 타락 부패하여 어떤 영적 선을 행할 수 있는 능력을 아주 상실하고 무능하게 되어버린 것입니다(롬 3:12-18). 아담이 영적으로 완전 부패된 것처럼 모든 인간은 영적으로 완전히 부패되어 예수 그리스도와 성령님의 은혜로 말미암지 않고는 하나님을 알 수 없으며 구원에 이르는 지혜가 전혀 없는 완전 부패하게 된 것입니다.

아담의 부패는 우리들을 완전부패에 이르게 하였습니다. 아담이 하나님의 말씀을 불순종하고 죄를 지으므로 세상에 사망이 왔고, 모든 사람은 하나님의 정죄 아래서 형벌을 받을 수 밖에 없었고 또한 죄인이 된 것이며, 영적 선을 행할 수 있는 능력을 상실하고 완전한 부패에 빠지게된 것입니다.

이 모든 것은 아담의 죄로부터 후손에게 유전되어진 것입니다. 아담은 언약의 대표자며, 죄의 대표자며, 부패의 대표자입니다. 그러나 하나님은 이러한 죄의 전가로부터 인간을 구원하시기 위해 제2아담인 예수 그리스도를 이 땅에 보내시고 그로 말미암아 하나님의 뜻을 이루게 하시고 그의 순종으로 말미암아 그의 의를 우리에게 전가시켜 우리를 구원하신 것입니다. 아담의 죄는 예수님이 대신 지시고 자신의 의를 우리에게 전가시켜 우리를 구원하신 것입니다.

결론

아담은 인류의 대표자로서 범죄 타락함으로 전인류가 그의 죄의 유전으로 말미암아 죄인이 되어 사망과 정죄 아래 출생하였습니다. 그의 후손은 모두 영원한 형벌아래 있게된 것입니다. 아담은 언약의 대표자이며 동시에 범죄의 대표자이기 때문입니다. 그러나 하나님은 제2아담인 예수 그리스도로 말미암아 아담의 모든 죄를 그에게 담당시키고 자신의 의를 우리에게 전가시켜 우리를 의롭게 하신 것입니다. "그런즉 한 범죄로 많은 사람이 정죄에 이른 것 같이 행동으로 말미암아 많은 사람이 의롭다 하심을 받아 생명에 이르렀느니라"(롬 5:18). 이것은 인간의 논리가 아니라 오직 하나님이 세우신 대표원리에 의하여 이루어진 하나님의 은혜원리입니다.

우리는 현재의 죄 때문에 불평하지 말고 하나님의 선하신 뜻에 복종하며 순종하며 감사를 드리는 삶을 살아야 할 것입니다. 우리를 모든 죄에서 정죄에서 구원해 주신 예수 그리스도를 믿고 의지하는 삶을 살아야 할 것입니다. 아담의 죄는 우리 모두에게 전가된 것입니다. 반대로 예수를 믿는 사람에게는 예수 그리스도의 의가 우리에게 전가되고 우리에게 전가된 아담의 죄는 주님이 대신 지십니다. 당신은 이 놀라운 은혜의 비밀을 아십니까? 할렐루야. 아멘.

타락(墮落)의 결과

창 3:7-10

제 17 문

이 타락이 인종으로 하여금 어떠한 지위에 이르게 하였는가?

답 : 이 타락은 인종으로 하여금 죄와 비참의 처지에 이르게 하였다(롬 5:12, 갈 3:10).

인류의 시조 아담은 언약의 대표자로서 인간의 대표자입니다. 그의 타락은 자신에게만 국한된 것이 아니라 그의 후손인 모든 인류에게 영향을 미쳐 보통 생육법으로 출생하는 인종은 그의 안에 있어서 그의 첫번째 범죄에 참여하여 그와 함께 타락되었기 때문에 그 타락의 형벌로 내리는 이세상의 모든 비참은 아담으로부터 시작된 것입니다. 아담으로부터 시작된 비참은 우리 인류 모두에게 비참을 가져오게 된 것입니다. 그러면 타락하기 전 인간의 삶은 어떠했는가?

1. 타락되기 전 인간의 생활

하나님은 자신의 형상대로 창조한 인간을 사랑했기 때문에 낙원을 창설하셨습니다. 낙원으로 인도 받은 인간은 하나님과 더불어 교제하며 아담과 하와는 사랑을 나누며 아름다운 자연과 짐승들과 함께 동산 한가운데 생명나무 아래서 행복하게 살았습니다. 그들은 사랑을 노래하며 인생을 감사하며 하나님께 영광을 돌리며 하나님과 다른 사람과 자연과 더불어 조화를 이루며 행복한 삶을 살았습니다.

1) 하나님과의 조화의 삶(대신관계)(對神關係)(창 2:10)

인간과 그를 만드신 하나님 사이의 영원한 친교는 에덴동산에서 시작되었습니다. 창조주와 피조물 사이에 아무 장애물도 없었습니다. 하나님은 자녀들과의 친교를 갈망하였고 인간은 진리와 의와 거룩으로 하나님의 빛나는 형상을 가지고 있었기 때문에 하나님의 뜻에 기쁨으로 순종하며 즐거워했습니다. 하나님은 사랑으로 인간에게 모든 것을 주시고 에덴동산에서 친교하며 사랑하며 하나님과 부족함이 없는 영원한 조화를 이루고 살았습니다. 하나님과 인간 사이에 부조화란 있을 수 없었습니다.

2) 자신과의 조화의 삶(대아(對我)관계)(창 2:7,19)

인간의 마음에는 사랑과 평화와 행복만이 존재하였습니다. 이 행복을 깨뜨릴 원수는 없었습니다. 하나님께서 그의 자녀들에게 주시고자 하는 밝은 축복을 방해할 어두운 그림자는 있을 수 없었습니다. 그리고 자신의 영을 파멸시킬 조건이나 비참은 존재하지 않았으며, 마음속에 눈물이나 불안이나 공포나 질병이나 미움이나 저주가 없었습니다. 아담은 영과 육이 온전한 조화를 이루었기 때문에 자신과 자신 사이에 부조화란 있을 수 없었습니다. 아담은 자신과 조화의 삶을 살았습니다.

3) 다른 사람과의 조화의 삶(대타(對他)관계)(창 2:23)

세상과 관련을 가지고 있는 우리들은 우리 주변에 있는 사람들을 필요로 합니다. 인간이 은둔자처럼 살려고 할 때 비극이 옵니다. 우리는 이웃과 더불어 함께 친교하며 교제하며 같이 사는 것입니다. 그리고 나아가 친교 이상의 것을 갈망하며 평화스럽고 자연스러운 뜻있는 관계를 요구합니다. 에덴동산에 사는 인간에게는 이러한 관계의 부조화란 있을 수 없었고 다른 사람과 조화를 이루면 행복하게 살았습니다. 상대는 경쟁의 대상이나 시기의 대상이 아니라 사랑의 대상이요 나눔의 대상이며 도움의 대상이었습니다.

4) 자연과의 조화의 삶(대자(對自)관계)(창 2: 9,20)

하나님과의 관계와 인간과의 관계는 자연에 대한 그의 관계에 있었어 큰 영향을 미쳤습니다. 우리가 살고 있는 세계의 구조는 너무나 복잡하기 때문에 그것을 사용하는데 있어서 계속 하나님의 지시를 필요로 하고 있습니다. 인간이 사물을 사용할 수도 있고 경영하며 관리하며 자연의 아름다움을 그대로 자연의 풍부함을 그대로 누릴 수 있었습니다. 자연과 조화를 이루며 살게 하신 것입니다. 그것은 바로 하나님의 의도이며 뜻이기 때문입니다. 하나님은 인간을 사랑하여 그의 자녀들이 모든 것과 아름답게 조화롭게 살 수 있는 길로 인도하셨습니다. 인간은 대신관계, 대자관계, 대타관계에 있어서 조화를 이루며 살았습니다. 이 모든 축복은 인간이 하나님께 복종함으로 조화가 계속 유지됩니다. 이 복종은 불가능한 것이 아니라 가능한 것이었습니다. 아담에게는 복종할 수 있는 능력이 있었으나 복종의 길을 택하지 않고 불복종의 길을 택하였습니다.

2. 타락(墮落)의 결과

아담의 타락의 결과는 심령의 비참과 육적비참에 빠지게 되어 모든 조화와 축복을 상실하게 되었습니다.

1) 하나님과 부조화

죄는 인간을 하나님에게 분리시키므로 하나님과의 교제와 조화가 깨어지고 부조화를 이루게 되었습니다(창 3:8). 죄의 두려움은 인간을 만든 하나님으로부터 분리시키십니다. 하나님의 형상을 상실하고 영적무능상태에 빠져 죽음의 법에 얽매이게 되었습니다(롬 5:12, 6:23). 그리고 생명나무의 언약에서 제외되어 진노아래 놓이게 된 것입니다(엡 2:1-3).

하나님의 형상을 따라 하나님의 모양대로 창조된 인간이 영광의 빛을 등진다는 것은 자신의 생애를 파멸로 이끄는 것입니다. 어두움의 죄는 창조주와 피조물 사이에 틈이 생기는 치명적인 악이었습니다. 이 불협화음은 육적, 영적, 영원적 죽음을 가져와 인간이 가지는 모든 것에 악영향을 미치게 되었습니다(창 3:8). 죄책감은 바른 관계를 분열시키는 무서운 힘을 가지고 있습니다. 하나님의 형상대로 지음 받은 인간은 도덕적 피조물로서 하나님의 말씀에 대한 책임감이 그의 마음에 쓰여져 있고(롬 2:15), 그의 실존 양심 안에 새겨져 있었습니다.

에덴동산에서의 반역은 아담의 마음속에 있든 윤리적 기능을 건드려 갑자기 죄의식이 나타나게 되었습니다. 그는 죄의식 때문에 도피의 길을 택하였습니다. 죄는 하나님과 인간 사이를 분리시켜 부조화를 이루게 한 것입니다. 하나님은 그의 영원한 존재 앞에 죄인은 받아 드리지 않습니다. 죄인의 신분을 바꿀만한 어떤 일이 일어나지 않는 한 인간은 하나님께 영원히 떨어져 나가야만 하는 비참에 처하게 될 것입니다.

아담의 죄의 결과는 하나님과 분리되어 심령과 육체가 비참에 빠지게 되고 육적 사망과 영적 사망과 영원적 사망에 빠지는 부조화를 가져오게 된 것입니다.

2) 자신과의 부조화(창 3:10)

인간이 죄를 짓고 하나님과 분리됨으로 자신과의 부조화를 이루게 되었습니다. 영과 육으로 만들어진 인간은 몸과 영혼의 양식을 구하고 찾을 때 가장 잘 성장할 수 있습니다. 인간은 호흡할 공기와 마실 물과 먹을 음식이 필요한 것처럼 하나님의 은혜도 필요합니다. 하나님 없이는 진정한 평안과 행복을 누릴 수 없습니다. 하나님 없이 세상에서 혼자 당당하게 살아가지 못합니다. 하나님이 그와 동행하지 않으면 안됩니다.

그는 마음속에 어두움을 물리칠 빛이 없으므로 공포와 죄책감 불안 불신 긴장 등이 마음에 실재합니다. 하나님이 없으므로 자신 안에 내분을 일으킵니다. 자신 안의 내분은 자신이 자신까지도 믿지 못하는 변덕스러운 존재로 부조화를 이루게 합니다. 하나님과 불화한 인간은 자신과도 불화하게된 부조화의 실존입니다. 죄의 결과는 자신과의 부조화로 인도한 것입니다.

3) 다른 사람과 부조화(창 3:11-13)

인간이 하나님을 떠나게 되면 다른 사람과도 부조화를 이루게 됩니다. 하나님은 죄의 반역에 대한 책임을 물었습니다. 누구의 책임인가? 아담은 하와를 손가락질하고 하와는 뱀을 손가락질하였습니다. 책임을 전가시키고 도덕적 실패에 대한 비난을 전가시키려는 욕망은 인류의 시초부터 있었습니다. 아담은 죄의 책임을 자기에게 돌리지 않으려고 비난을 전가시킬 희생물을 구하기 시작하였습니다. 그 책임을 다른 사람에게 전가시켜 다른 사람과 가질 수 있는 조화를 파괴시켰습니다.

하나님과 평화를 이루지 못한 인간은 자신과의 조화를 이루지 못하고 나아가 다른 사람과 평화를 이루지 못하는 부조화의 존재가 된 것입니다. 죄의 결과는 다른 사람과 부조화를 이루게 한 것입니다.

4) 자연과의 부조화(창 3:17-18)

인간은 하나님을 떠나게 됨으로 자연과의 부조화를 이루게 되었습니다. 땅은 인간의 불복종 때문에 저주를 받았습니다. 저주는 인간이 장미와 가시 중 어느 것이고 택할 수 있는데, 가시를 택했기 때문에 저주아래 살 수밖에 없게된 것입니다. 인간의 죄 때문에 자연도 저주를 받아 인간과 부조화를 이루게 된 것입니다. 땅은 가시덤불과 엉겅퀴가 나고 땀을 흘려야 먹을 것을 얻게된 것입니다. 자연과 부조화를 통하여 인간은 노동의 즐거움이 노동의 고통으로 변화된 것입니다. 죄의 결과는 에덴동산에서 추방되고 자연과의 부조화를 이루게 하였습니다.

결론

범죄하기 전 인간은 낙원에서 하나님과 교제하며 자신 안에 평안과 사람과 자연과의 아름다운 조화로 이생을 노래하며 감사하며 부족함이 없는 행복의 삶을 살았습니다. 이 모든 행복의 하나님과 맺은 행위언약을 불순종으로 어긴 죄 때문에 상실한 것입니다. 죄의 결과는 인간이 낙원에서 추방되고 하나님과 영적 교제가 끊어지고 자신과 또한 타인과 자연과의 조화가 깨어지고 영적 비참과 육적 비참에 빠지게 되었습니다. 현재의 인간의 비참과 죄책은 시조의 죄에서 시작되었습니다.

이 죄의 비참에서 벗어나는 길은 오직 길이 되시고 진리가 되시고 생명이 되시는 예수 그리스도 한 분뿐이십니다. 그리스도께서 이 죄의 비참을 대신 십자가를 지심으로 현세의 비참과 내세의 형벌에서 구원해 주시며 영생을 얻게 하여 주십니다. 또한 그리스도께서 부조화한 우리를 위해 화목제물이 되시므로(롬 5:10-11, 엡 2:16), 예수 그리스도 안에서 믿음으로 하나님과 화목하고 자신과 이웃과 자연과 화목 하는 삶을 살게 하십니다. 당신은 하나님과 조화의 삶을 살고 있습니까? 모두와 화목하고 있습니까? 할렐루야. 아멘.

원죄(原罪)

롬 5:12-19

제 18 문

사람이 타락한 지위에서 죄 되는 것이 무엇인가 ?

답 : 사람이 타락한 지위에서 죄 되는 것은 아담의 첫범죄에 유죄한 것과(롬 5:19) 근본 의가 없는 것과(롬 3:10) 온 성품이 부패한 것인데 이것은 보통 원죄라 하는 것이요(창 6:5), 아울러 원죄로 말미암아 나오는 모든 죄이다 (마 15:19).

하나님이 창조한 만물에는 죄가 없었습니다. 하나님의 형상대로 창조된 인간도 죄가 없었습니다. 인류의 대표자 아담은 진리로 하나님의 마음을 알고 거룩으로 온전히 헌신할 수 있었으며 의로 죄를 짓지 않을 결단력이 있었으며 설사 죄가 온다고 해도 충분히 이길 수 있는 능력과 힘을 가지고 있었습니다.

사탄은 언약의 대표자가 아닌 하와를 유혹하여 선악과를 먹게 하고 아담에게도 주어 먹게 함으로 타락한 지위에서 유죄되어 근본 의와 성품이 부패한 것을 원죄라 합니다. 원죄란 아담이 최초로 지은 범죄로 인하여 모든 사람이 정죄받게 된 그 죄(롬 5:18)를 말합니다. 그리고 그의 후손인 전 인류가 원죄라는 이름을 얻게된 것입니다(롬 5:12).

웨스트민스터 신앙고백에서는 "이 원 부패성으로 말미암아 우리의 모든 선에 대하여 (롬 5:6-7,18, 8:7, 골 1:21) 완전히 실증이 나고 불능해지고 선에 반대하게 되며 또 악을(창 6:5, 8:21, 롬 3:10-12) 좋아하는 경향을 가지게 되었다. 이 원 부패성에서 모든 실제적 범죄가 나오게 된다"(약 1:14-15, 엡 2:2-3, 마 15:19)고 했습니다.

1. 원죄(原罪)란 무엇인가?

한 범죄로 인하여 모든 사람이 정죄받게 된 죄를 말합니다. 한 사람 아담이 지은 죄가 그의 후손 온 인류에게 동일하게 정죄로 적용되는 죄입니다.

신학적으로 사람이 가지고 출생되는 죄적 신분과 상태를 원죄라 칭합니다. 이 죄는 다른 모든 죄의 원천이 되기 때문입니다. 루이스 벌코프는 이 죄를 원죄라 함은 ① 이것이 인류의 원시적 근저인 아담으로부터 인출되기 때문이며, ② 이것이 매 개인이 날 때부터 그의 생활에 임재하는 때문이며, ③ 이것이 인생의 생활을 더럽히는 모든 본죄의 근본인 때문이라고 했습니다.

아담의 타락 후 모든 사람은 아담과 관련되어 있기 때문에 죄의 바탕과 조건 밑에서 출생되기 마련입니다. 이런 상태를 원죄라 부르고 있으며, 이것은 인간의 생명을 더럽히는 모든 실제적 죄의 내면적 뿌리가 됩니다.

원죄에 대한 프로테스탄트 견해는
① 원죄는 참으로 또는 상당한 죄의 성질을 가지고 죄책과 오염을 포함한다. 이 죄는 중생한 사람 안에도 죄의 성질을 보유한다.
② 이 성질의 부패는 전 영혼에게 영향을 미친다. 이것은 원죄의 실상 혹 흠결과 우리의 성질의 전 도덕적 파괴(모든 영적 선과 하나님을 싫어하는 악의 경향을 포함)로 구성된다(전적부패).
③ 이것은 영혼을 영적으로 죽게 하여 중생하지 못한 자연인은 하나님 보시기에 선한 것을 아무 것도 행하기 불능하게 한다(전적무능).
한 번의 범죄로 모든 사람이 전적부패하고 전적 무능하여진 것을 원죄라 합니다. 그리고 모든 죄의 근원입니다.

1) 원초적 죄책(罪責)

죄책이란 형벌 받을 만한 가치 혹 공과 즉 율법 위반 때문에 하나님의 공의에 만족을 행할 책무를 의미합니다. 이것은 아담의 죄책이 우리에게 돌아옴을 뜻합니다. 아담이 인류의 대표자로서 범죄한 후 우리도 아담 안에서 죄책이 있습니다. 이것은 우리의 출생 상태가 곧 율법에 대한 고의적 위반임을 뜻하는 것입니다. 그러므로 우리의 본성은 형벌을 받아 마땅한 존재임을 뜻하고 있습니다(롬 5:12, 엡 2:3). 모든 인류에게는 원죄에 대한 죄책이 있습니다.

2) 원초적 오염(汚染)

아담의 후손들은 아담의 죄책의 무거운 짐을 지고 있을 뿐만 아니라 또한 그로부터 도덕적 오염을 물려받았습니다. 인간은 원초적 의를 빼앗겼을 뿐만 아니라 죄로 향한 타고난 적극적인 기질을 지니고 있습니다.

(1) 전적부패(全的腐敗)

전적부패란 "영혼과 신체의 모든 기능과 부분이 전적으로 더럽게 되었다"(웨스트민스터 신앙고백 제6장2절)고 말하고 있습니다. 전적부패란 모든 사람은 가능한 철저히 파괴되었다 함이 아니며 죄인은 하나님의 의지의 생득적 지식을 가지지 못하거나 선악을 분별하는 양심을 가지지 못했다 함이 아니며 죄인은 흔히 다른 사람의 덕성과 덕행을 사모하지 못하거나 동류의 사람과 관계에서 공평한 감정과 행동을 취하지 못한다 함이 아닙니다. 또 중생하지 못한 사람의 의지마다 그의 고유적 죄악성의 연고로 각종 죄를 방종이 짓는다 함도 아닙니다. 인간의 고유적 부패가 인간성질의 각 부분에 영혼과 신체의 모든 기능들과 능력들에 보급되어 있다함입니다.

이러한 상태는 영적으로 선한 것 하나님과의 관계에서 선한 것이 전혀 없음을 말하는 것입니다. 인간은 성령으로 먼저 거듭나기 전에는 하나님의 선하시고 거룩하시고 의롭다고 간주하는 어떤 것도 할 수가 없다는 사실입니다. "악인은 모태에서부터 멀어 졌으며 나면서부터 곁길로 나아가 거짓을 말하는도다"(시 58:3). 설사 죄를 크게 억제한다 하더라도 인간의 내적 욕망과 의도는 "항상 악할 뿐"(창 5:6)입니다.

바울 사도는 말하기를 "의인은 없나니 하나도 없다"(롬 3:12). 즉 중생 되지 않고 하나님을 기쁘시게 하는 일을 행할 자가 하나도 없습니다. "여호와의 보시는 것은 사람과 같지 않고 사람은 외모로 보지만 여호와 하나님은 중심을 보십니다(삼상 16:7). 사람의 눈에 선하게 보이는 자들도 실상 하나님 평가에는 그렇지 않습니다. 성경에 나타난 서기관과 바리새인과 같이 보십시오.

"화 있을진저……겉으로는 아름답게 보이나 그 안에는 죽은 사람들의 뼈와 모든 더러운 것이 가득하도다……겉으로는 옳게 보이나 속으로는 외식과 불법이 가득하도다"(마 23:25-28)라고 예수님께서 말씀하셨습니다.

성경은 죄인이 스스로 회개하여 하나님께로 돌아오는 것은 불가능하다고 말하고 있습니다. 인간이 스스로 선한 일을 하기에는 전적으로 부패 하다는 교리를 싫어하는 사람도 있습니다. 그러나 성경은 "구스인이 그 피부를 표범이 그 반점을 변할 수 있느뇨 할 수 있을 진대 악에 익숙한 너희도 선을 행할 수 있으리라"(렘 13:23).

인간의 타고난 부패가 인간 본성의 모든 부분에 퍼져서 인간에게는 선이란 있을 수 없으며, 또한 하나님 관계에 있어서도 전혀 선이 없습니다(요 5:42, 롬 7:18-24, 고후 7:1, 엡 4:18, 딤후 3:2, 4, 딛 1:15, 히 3:12).

(2) 전적무능력(全的無能力)

죄가 사람의 영적 능력에 미치는 결과로 봐서 물려받은 오염을 전적무능이라 칭합니다. 타락한 사람은 그의 자연상태에서 영적으로 선한 것은 아무것도 행할 재능이 없습니다. 이것은 영적 사망의 관념에서 필연적으로 포함됩니다.

인간이 죄인이기는 하지만 아직도 자연적 선과 세속적 선 및 세속적 정의와 외면적인 종교적 선행을 할 수 있으나 하나님 관계에 있어서는 무능한 것입니다. 중생 되지 못한 영혼들은 영혼의 주요 의무인 하나님 사랑과 하나님 순종에 무능력합니다. 모든 자연인은 하나님을 신령, 거룩, 진실, 선, 의, 지혜, 전능하신 주권자로 사랑하며 순종하지 못합니다.

새로워지지 못한 죄인들은 근본적으로 하나님의 열납을 받고 율법의 요구에 응답하는 행동을 아무리 적은 것이라도 하지 못합니다. 또 영적 선은 아무것도 행하기에 불능합니다(요 1:13, 3:5, 6:44, 8:34, 롬 7:18, 24, 8:7-8, 고후 3:5, 엡 2:1, 8-10, 히 11:6).

2. 원죄(原罪)와 본죄(本罪)의 차이

웨스트민스터 신앙고백 제6장6절 "원죄나 본죄는 다 같이 하나님의 의로우신 율법을 위반한 것이요 그것에 반대되는 것이므로(요일 3:4) 죄는 본질적으로 죄인에게(롬 2:15, 3:9, 19) 죄 값을 가져온다. 그 죄 값으로 말미암아 죄인은 하나님의 진노와(엡 2:3) 그 율법의(갈 3:10) 저주에 매여 있다. 그 결과 그 죄인은 죽음이나(롬 6:23) 모든 정신적(엡4:18), 시간적(롬 8:20, 애 3:39), 영원한(마 25:41, 살후 1:9), 비참함을 피할 수가 없다"고 고백하며, 원죄나 본죄가 모두 하나님의 의로운 율법에 위반이며 반대이며 원죄와 본죄를 동일한 죄로 말하고 있습니다.

그러나 죄는 동일하지만 인과의 인식과 죄책은 차이가 있습니다.

1) 인과(因果)의 차이

원죄는 원인이요, 본죄(실죄)는 결과적인 점에서 둘은 다릅니다. 원죄는 인류의 대표자 아담이 자유 행동으로 하나님의 명령을 거역하고 불순종한 때문에 죄책을 지고 성질이 부패함으로 기원하였습니다.

그러나 본죄는 사람의 물려 받은 성질 및 경향으로부터 구별된 개별적 죄형들입니다. 원죄는 하나요, 본죄는 여러가지입니다. (종류가 많습니다)

2) 인식(認識)의 차이

원죄의 존재는 널리 부인되고 있으나 본죄는 실재의 생활 가운데서 일반적으로 시인하고 있습니다.

3) 죄책(罪責)의 차이

원죄는 성질의 죄로서 죄책을 포함하며 그의 후손에게 모두 전가되었으나 본죄는 원죄와 달리 자신적 범위에 있으며 죄책에 있어서 원죄가 크다고 할 수 있습니다.

결론

원죄라는 것은 아담에서 인출되며 매 개인이 날 때부터 가지고 있으며 모든 본죄의 근본입니다. 이것은 우리들 본성에 유전적 타락 및 부패를 말하며 영혼에 모든 부분에

펴져 있고 우리로 하여금 하나님의 진노아래 놓이게 하며 육신의 일을 하도록 만들고(갈 5:19), 인간생활을 더럽히는 모든 실제적 죄의 내면적 뿌리가 됩니다. 원죄의 결과로 모든 사람이 하나님의 진노아래서 비참에 빠지게 된 것입니다.

그러므로 인간 본성 그대로 놓아두면 점점 더 악을 행할 수밖에 없습니다. 우리는 그들을 예수 그리스도께로 인도해야 할 것입니다. 모든 인간은 이 원죄에서 벗어날 수 없습니다. "의인은 없나니 하나도 없다"(롬 3:10), "모든 사람이 죄를 범하였으매 하나님의 영광에 이르지 못하더니"(롬 3:23)라는 말씀과 같이 모든 사람은 다 죄인입니다. 인간이 비록 본죄(실죄)를 범하지 않아도 원죄만으로도 심판 받기에 합당합니다.

그러나 하나님은 우리를 사랑하사 독생자를 주시고 십자가에서 대속의 보혈을 흘리시고 그를 믿기만 하면 모든 죄를(원죄와 본죄) 용서해 주시고 하나님의 자녀로 받아주시는 것입니다. 우리의 모든 죄를 용서하신 하나님의 은총에 감사하면 살아야 할 것입니다. 당신은 죄가 없습니까? 할렐루야 아멘.

인간 타락의 비참

창 3:8, 24, 엡 2:3

제 19 문

사람이 타락한 지위에서 비참한 것이 무엇인가?

답 : 모든 인종이 타락함을 인하여 하나님과 교제가 끊어지고 또 그의 진노와 저주 아래 있어(엡 2:3, 갈 3:10) 생의 모든 비참과(애 3:39) 사망과(롬 6:34) 영원한 지옥의 형벌을 받게 되었다(마 25:41).

인간 타락은 인류의 대표자 아담의 불순종입니다. 불순종은 바로 죄입니다. 죄는 죄에 대한 형벌이 있습니다. 죄는 하나님의 율법의 위반인 동시에 입법자에 대한 공격이며 반역입니다. 죄는 우리 생활 전체에 거룩을 요구하시는 하나님의 거룩에 대한 반역이며(레 11:44) 공의의 침범이므로(시 97:2) 형벌이 따르는 것입니다. 그 형벌은 금생과 내생에 대하여 벌하는 것입니다.

하나님은 자기 형상대로 인간을 창조하시고(창 1:26), 자기가 창조한 만물을 다스리게 하시고(창 1:28) 에덴에서 행복을 누리도록(창 2:16) 하시고 다만 동산 중앙에 있는 선악과만 먹지 말라 하셨습니다(창 2:17). 인간 아담은 하나님의 명령을 거역하고 사탄의 유혹을 받아 죄를 범하게 됨으로 영원히 돌이킬 수 없는 비참에 빠지게 되었습니다. 비참은 바로 형벌입니다.

"모든 인종이 타락함을 인하여 하나님과 교제가 끊어지고 그의 진노와 저주아래 있어 (엡 2:3, 갈 3:10) 생전의 모든 비참과 사망과 영원한 지옥형벌을 받게 되었다"(마 25:41)고 말하고 있습니다. 인간 타락의 비참은?

1. 하나님과 교제의 단절

하나님의 형상으로 지음 받은 인간은 에덴동산에서 진리와 거룩과 의의로 빛나는 형상을 가지고 하나님과 교제하며 영광을 하나님께 돌리며 행복하게 살았습니다. 인간이 동물과 구별되는 것은 인간만이 하나님과 영적으로 교제할 수 있기 때문입니다. 아담은 항상 하나님과 교제하며 살았습니다. 하나님과 교제한다는 것은 인간만이 누리는 축복입니다.

아담은 하나님의 명령을 거역하고 하나님과 교제보다 사탄과 교제하기를 원했습니다. 사탄과의 교제는 그를 선악과를 먹게 했고 범죄케하여 타락함으로 하나님의 형상을 상실하고 하나님 앞에 도망자가(창 3:8) 되었고 그 형벌로 에덴동산에서 추방되고 하나님과의 사귐이 단절되었습니다. 하나님과 사귐의 단절은 인간 최대의 비참입니다.
　　인간은 하나님과 사귐으로만 참 인간으로서의 삶을 살수 있는 것입니다. 교제란 같이 사귀는 관계 즉 당사자들끼리 친밀히 사귐을 말하며 협조, 동참이란 뜻도 됩니다. 신약 성경에서 교제(코이노니아)란 세 가지 의미로 쓰여지고 있습니다.
　　① 그리스도인들은 성부와 성자와 성령의 삼위일체 하나님과 교제해야 합니다(요일 1:3, 고후 13:14). ② 성도들 상호간에 교제해야 합니다(요일 1:7). ③ 물질로 나누는 유무상통의 교제입니다(행 2:45). 이 세 가지 중 가장 중요한 것은 하나님과 교제입니다. 하나님과의 교제가 끊어진 것은 인간 최대의 비참입니다.

2. 인간은 진노와 저주의 대상

　　인간이 범죄하므로 본질상 진노의 자녀로 인정되었습니다(엡 2:3, 갈 3:10). 진노란 '올게'와 '두모스'입니다. 또 저주는 올게와 두모스보다 더 깊고 크고 영구적인 노를 뜻합니다.
　　하나님은 인간을 사랑하시는 만큼 죄를 미워하십니다. 아담의 자손으로 난 모든 사람은 진노와 저주의 대상이 됩니다. 진노와 저주에서 제외된 사람은 없습니다. 하나님은 마지막 아담인 예수 그리스도를 통하여 그를 믿는 자는(요 3:16) 구원을 받게 하고 자녀의 권세를(요 1:12) 주어 진노와 저주에서 벗어나(롬 8:15) 축복의 자녀로 신분을 변화시켜 주십니다.

3. 생(生)의 수난(受難)

　　죄가 세상에 들어온 결과로 인생의 삶에 형벌로 수난이 생겼습니다. 죄는 사람의 전 생활에 교란을 초래하였습니다.
　　① 사람은 육신 생활은 연약과 질병의 침해를 당하여 병과 심한 고통에 빠지게 되었습니다. ② 정신 생활이 비참과 혼란에 굴복하여 자주 그의 생활에 희락과 평화를 박탈당하고 무능하게 되며 정신적 평형이 전적으로 파괴되는 때도 있습니다. ③ 영혼은 서로 충돌하는 사상과 열정과 욕망의 전쟁터가 되어 의지는 지성의 판단을 따르기를 거절하고 감정은 지식적인 의지의 관할 없이 난폭에 빠지고 맙니다. ④ 자연의 재해로부터 고난을 당합니다.
　　그러므로 생의 조화와 균형은 깨지고 분열되어 불행한 삶의 길에 헤매게 됩니다. 또 높은 수준에 있는 사람도 생의 이상을 거론하는 심령들이라도 불평불만이 가득한 생을 살게 됩니다.

4. 사망(死亡)

사망은 죄의 대가로 받는 것이 아니라 죄의 형벌입니다(롬 6:23). 성경은 죄의 형벌 전부를 사망이라고 말하고 있습니다. 낙원에서 경고하신 형벌은 사망입니다(창 2:17). 사망에는 육적 사망, 영적 사망, 영원적 사망이 있습니다. 그리고 우리가 일반적으로 생각하는 것과 같이 소멸이 아니라 분리입니다. 육적 사망은 영과 육의 분리요, 영적 사망은 영혼이 하나님으로부터 분리요, 영원한 사망은 영이 지옥의 형벌을 받는 것을 말합니다.

1) 육체적 사망

신체와 영혼의 분리가 육적 사망입니다. 분리는 죄의 형벌의 한 부분입니다. "먹는 날에는 정녕 죽으리라"(창 2:17). 육적 사망은 죄의 결과가 아니라 형벌입니다. "죄의 값은 사망"입니다(롬 6:23). 고린도전서 15:21-22은 그리스도 안의 모든 성도의 신체적 부활은 아담 안에서 모든 사람의 신체적 사망과 대조하고 있습니다. 그리고 로마서 4:24-25, 6:9-10, 8:3, 10-11, 갈라디아서 3:13은 그리스도께서 죄의 형벌인 육체적 사망에 굴복하시고 무덤에서 부활하심으로 죄의 형벌을 다하고 그 안에서 칭의 되었음을 증명하셨다는 것을 보여주신 것입니다. 신체적 사망은 형벌의 한 부분입니다.

2) 영적 사망

영적 사망은 근본적으로 영혼이 하나님으로부터 분리를 의미합니다. 이 분리는 영혼과 하나님 사이에 정상적 관계의 교란으로부터 결과되는 모든 양심의 고통, 평화의 상실, 영의 비애를 포함하고 있습니다(마 8:22, 눅 15:32, 요 5:24, 8:13, 엡 2:1, 5:14, 딤전 5:6, 약 5:20, 요일 3:14, 계 3:1). 인간은 하나님과 교통에 의해서만 참된 삶을 살 수 있습니다.

3) 영원적 사망

영원적 사망은 영적 사망의 절정입니다(마 25:46, 막 9:43-48, 살후 1:9).
하나님의 공의의 적극적 보응이 행악자의 신체와 영혼이 함께 영원한 형벌에 들어가는 것을 말합니다(계 14:11, 마 10:28, 25:41). (더 자세한 것은 내세론에 속합니다.)
사망은 죄의 결과가 아니라 형벌이며 소멸이 아니라 분리입니다.

5. 영원한 지옥의 형벌

지옥은 영원히 고통 당하는 곳으로(계 20:14-15, 21:8) 예수 그리스도를 알지 못하고 믿지 않고 죽은 자들이 형벌 받으며 사는 곳입니다. 그 곳에는 죽음도 없고 영원한 고통만이 존재합니다. "꺼지지 않는 불"(마 3:12), "구더기도 죽지 않고 불도 꺼지지 않음"(마 9:48), "불과 유황에서 고난받음"(계 14:10), "울며 이를 갊이 있는 곳"(마 8:12)이라고 말씀하고 있습니다.

이 지옥은 그리스도를 믿는 사람에게는 아무런 관계가 없습니다. 이상과 같이 인간 타락의 형벌은 모든 인간을 비참에 빠지게 한 것입니다. 생의 비참은 형벌입니다.

6. 성도와 자연인과 차이

(1) 성도는 금생에서 하나님과 즐거운 교제를 가지며 예수 그리스도를 통해 하나님께 나아 갈 수 있습니다(히 10:19-20).
(2) 하나님은 성령을 통해 성도에게 오시고 더욱이 예수 그리스도의 희생은 하나님의 진노와 저주를 없게 하십니다(롬 8:1, 엡 2:4-5).
(3) 생애 기쁨과 즐거움과 평안을 주십니다(요 14:27).
(4) 죽음의 공포와 영원한 형벌에 대한 공포로부터 해방된 것입니다(요 5:24).
(5) 부활의 영광에 이르게 합니다(고전 15:22-26).

결론

아담의 타락의 결과 자신과 그 후손에게 무서운 죄의 형벌을 가져오게 되었습니다. 모든 인종이 타락함을 인하여 하나님과 교제가 끊어지고 또 그의 진노와 저주 아래 있어 생전의 모든 비참과 사망과 영원한 지옥 형벌을 받게 하신 것입니다. 인생의 비참은 죄의 대가가 아니라 죄에 대한 형벌입니다. 그리고 이런 생의 비참은 하나님과 함께 할 때는 상상할 수 없는 것입니다. 하나님은 이 비참에서 우리를 구원하시려고 예수 그리스도를 주시고 그를 믿는 자에게는 이 모든 비참에서 해방시키시고 본래의 인간의 삶으로 돌아가게 하십니다.

예수 그리스도를 통하여 하나님과 교제하며 영원한 사망의 공포에서 벗어나며 생의 모든 수난과 고통에서 벗어나 완전한 생을 가질 수 있습니다. 우리는 이 영광스러운 현재와 미래의 축복을 바라보며 나를 위해 이 땅에 오시고 나를 구원하시기 위해 십자가 지시고 우리를 모든 형벌에서 구원하시기 위하여 대신 형벌을 받으신 예수 그리스도께 감사하며 남은 생애 소망가운데 헌신하며 충성하는 삶이 되기를 축원합니다. 당신은 생의 비참의 형벌에서 구원됨을 확신하십니까? 만약 생의 비참에서 벗어났다면 당신은 참으로 행복한 사람입니다. 할렐루야 아멘.

선택(選擇)과 언약(言約)

엡 1:4, 롬 3:21-22

제 20 문

하나님께서 모든 인종을 죄와 비참한 지위에서 멸망하게 버려 두셨는가?

답 : 하나님은 홀로 그 아름다우신 뜻대로 어떤 자들을 영생 얻게 하시려고 선택하시고(엡 1:4), 은혜언약을 세우사 구속자로 말미암아 저희를 죄와 비참한 지위에서 건져내시고 구원에 자리에 이르게 하셨다(롬 3:21-22).

하나님의 형상으로 지음 받은 인간은 죄 상태에서 타락하여 자신의 지위를 상실하고 죄의 형벌인 비참에 빠지게 되었습니다.

사랑의 하나님은 비참에 빠진 인간을 사랑해서 그들을 구원하기 위해 새로운 언약을 세우신 것입니다. 행위언약은 인류의 대표자 아담과 세우신 것이지만 은혜언약은 예수 그리스도와 택함받은 선민과 세우신 것입니다(갈 3:16, 롬 5:15-2). 소요리문답 제20문부터는 죄인에게 향하신 하나님의 놀라운 자비와 사랑을 말씀하고 있습니다.

본과에서는 죄의 비참에 빠진 자들을 구원하시기 위해서 자신의 아름다운 뜻에 의하여 어떤 자들은 영생을 얻게 하시려고 선택하시고 은혜언약을 세우사 구속자로 말미암아 죄와 비참에서 구원의 자리에 이르게 하신 것을 말씀하고 있습니다.

1. 선택(選擇)

1) 무조건적으로 선택

하나님은 홀로 자신의 아름다운 뜻에 의하여 무조건적으로 영생을 얻게 하시려고 선택하신 것입니다(엡1:4).

죄의 형벌로 영원히 비참에 빠진 인생은 자신의 자력으로는 이 비참에서 벗어날 수 없으며 유일한 도피성은 하나님의 자비와 은혜뿐입니다.

인간은 모두 죄의 오염에 빠져 있기 때문에 죄의 오염에서 구원할 수 있는 것은 오직 하나님뿐입니다. 하나님은 이들을 구원하시기 위해서 자신의 은혜로 선택하신 것입니다.

선택은! (1) 하나님은 버린진 모든 자들 가운데서 어떤 자들은 구원받도록 선택하신 것입니다(제한적 선택) (마 22:14, 24).

(2) 하나님은 그들 속에 있는 어떤 선한 것 때문에 선택한 것은 아닙니다. 또 불택자가 갖지 않는 어떤 조건이 택자에게 발견되었기 때문에 선택한 것은 아닙니다. 하나님의 무조건적인 선택입니다.

(3) 하나님은 이들이 오직 예수 그리스도를 통해서만 구원받도록 선택하신 것입니다 (엡 1:3-4). 즉 그들은 적당한 때에 그리스도께 인도되고 회개하게되고 믿음을 가지게 되며 의로워져서 하나님의 양자가 되어 구원을 받게됩니다. 양자가 되기 전에는 구원을 받을 수 없습니다.

(4) 무조건적 선택은 영원 속에 이루어집니다. 다시말하면 이 선택은 사람들이 태어나기도 전에 심지어는 이 세상이 만들어지기 전에 이들을 구원하시려는 하나님의 신적작정이 있었습니다(엡 1:4).

예를 들면 선물가게에서 장난감을 고르는 것과 같습니다. 똑같은 장난감이지만 고르는 사람의 마음에 따라 결정되어 지는 것과 같습니다. 하나님이 저들보다 이들을 선택한 이유는 사람에게 있는 것이 아니고 오직 하나님께만 있는 것입니다. "하나님께서 창세 전에 그리스도 안에서 우리를 택하사 우리로 사랑 안에서 그 앞에 거룩하고 흠없게 하시려고 그 기쁘신 뜻대로 우리를 예정하사 예수 그리스도로 말미암아 자기의 아들들이 되게 하셨으니"(엡 1:4-5) 또 "너희가 나를 택한 것이 아니요 내가 너희를 택했다"(요 15:16). "너는 여호와 네 하나님의 선민이라 네 하나님 여호와께서 너를 자기 기업의 백성으로 택하셨다"(신 7:6). "이스라엘이 구하는 그것을 얻지 못하고 오직 택하심을 입은 자가 얻었고 그 남은 자들은 완악하여 졌느니라"(롬 11:7)고 했습니다.

무조건적으로 하나님이 선택하신 것입니다.

2) 선택받은 자는 아무도 대적(對敵)하지 못함

예수 그리스도 안에서 선택받아 구원된 사람은 아무도 대적하지 못합니다.

(1) 죄와 사망에서 우리를 구원하셨고,
(2) 선택자 안에 계신 성령님이 우리를 새롭게 하시고,
(3) 선택자를 그의 자녀와 후사로 인정하시고,
(4) 예정하여 거룩하고 영화롭게 하셨기 때문입니다.

"만일 하나님이 우리를 위하시면 누가 우리를 대적하리요 자기 아들을 아끼지 아니하시고 우리 모든 사람을 위하여 내어주신 이가 어찌 그 아들과 함께 모든 것을 우리에게 은사로 주지 아니하시겠느뇨"(롬8:31-32) 선택받은 자는 아무도 대적하지 못합니다.

3) 선택받은 자를 정죄(情罪)하지 못함

"누가 능히 하나님의 택한 자들을 송사하며 정죄하리요"(롬 8:33-34), 예수 그리스도 안에서 선택받아 구원된 자는 아무도 송사하고 대적하지 못합니다. 이것은 예수 그리스도께서 우리를 위해 세우신 공적 때문입니다.

(1) 선택받은 자를 위해 죽으시고,
(2) 선택받은 자를 위해 다시 살아나시고 완전히 의롭다 하시고,

(3) 현재 하나님 우편에 계시며 우리를 위해 계속 기도하고 계시기 때문입니다(롬 8:34).

예수 그리스도 안에서 선택받은 사람은 아무도 송사 하거나 정죄하지 못합니다.

4) 선택받은 자를 하나님의 사랑에서 끊을 수 없음

"누가 우리를 그리스도의 사랑에서 끊으리요"(롬 8:35).

선택받은 자를 그리스도의 사랑에서 끊을 자는 이 세상에 존재하지 않습니다.

그리스도께서 우리를 위해 목숨을 받치신 십자가의 사랑이 우리를 감싸고 계시기 때문에 환난이나 곤고나 핍박이나 기근, 적신, 위험, 칼 등 아무것도 그리스도의 사랑에서 끊을 수 없습니다.

사랑의 하나님께서 범죄한 인간을 죄와 비참의 사망에 그대로 내버려두지 않으시고 구원하기 위해 무조건적으로 선택하신 것입니다. 당신은 선택을 믿습니까?

2. 은혜언약(恩惠言約)

은혜언약은 하나님과 그리스도와 세운 구원의 계획입니다(엡 1:4, 살후 2:13, 딤후 1:9, 약 2:5, 벧전 1:2). 행위언약은 하나님과 인류의 대표자 아담과 그의 후손과 맺은 것이며 은혜언약은 하나님과 제2아담인 그리스도와 택함 받은 선민과 맺은 것입니다(갈 3:16, 롬 5:15-21).

은혜언약은 타락한 인류를 구원하시기 위해 세운 언약입니다.

웨스트민스터 신앙고백 제7장 3절에 "사람이 타락함으로서 스스로 계약에 의한 생명을 얻을 수 없게 됨으로 하나님은 둘째 계약을 맺으시기를(갈 3:21, 롬 3:20-21, 창 3:15, 사 42:6) 기뻐하셨다. 이것을 은혜계약이라 부른다."고 말하고 있습니다.

하나님은 아담 안에서 타락한 인류들 중에서 선민만을 구원하기 위해서 독생성자 예수 그리스도를 인간으로 수육시켜서 하나님과 인간사이에 중보자로 임명하시고 제2아담으로서 구속된 인류의 대표자로서 선민의 대표자로 은혜계약을 맺으신 것입니다.

이 계약에는 중보자 그리스도는 선민을 위해서 제1아담의 범죄와 그 결과 전부를 중보자 그리스도가 인수하여 담당하시므로 적극적으로 율법의 요구에 따라 이루신 것입니다.

아담은 행위계약을 어겨지만 인류에 대한 하나님의 뜻은 변하지 않았습니다. 하나님은 제2아담인 그리스도에 의해서 그리스도 안에서 새로운 인류를 영원한 생명과 천국의 영원한 기업을 얻게 하시기 위해 은혜언약을 세우신 것입니다.

1) 은혜언약의 내용

(1) 은혜언약의 당사자: 하나님과 제2아담인 예수 그리스도와 선민(롬 3:20-21),
(2) 은혜언약의 약속: 구원(모든 죄의 비참에서 구원)(요 3:44-45),
(3) 은혜언약의 조건: 예수 그리스도를 믿어라(요 3:16, 막 16:15-16, 롬 10:9),
(4) 벌칙: 영원한 멸망(지옥의 형벌).

하나님은 죄인에게 생명과 구원을 중보자 예수 그리스도에 의해서 값없이 제공하시고 죄인들이 죄와 비참에서 구원 얻기 위해 예수 그리스도를 믿도록 요구하신 것입니다. 예수 그리스도를 믿기만 하면 구원을 주시겠다는 것입니다. 그리고 이 믿음까지도 하나님께서 택한 백성들에게 선물로 주시는 것입니다(엡 2:8). 왜냐하면 우리 스스로 믿을 능력이 없기 때문입니다. 전적으로 타락한 인간은 하나님과 영적 교제를 가질 수 있는 능력이 조금도 없기 때문입니다.

은혜계약은 오직 예수 그리스도를 통해서만 구원을 얻도록 한 계약입니다. 예수 그리스도를 믿기만 하면 아담의 죄로부터 오는 모든 비참에서 면제되고 하나님의 은혜의 축복 안에 거하게 되는 것입니다.

2) 언약의 집행

언약이 실시되는 방법에 있어서 율법시대와 복음시대에 동일치 않았습니다(고후 3:6-9). 그러나 구약과 신약은 두 개의 전혀 다른 계약은 아니며 본질적으로 동일한 은혜의 계약이며, 구원의 길도 구원의 내용도 같습니다. 구약은 오실 메시야를 믿었고 신약은 오신 메시야를 믿은 것입니다.

(1) 율법시대의 언약의 집행

율법시대에는 약속과 예언과 제물과 할례와 유월절에 드리는 어린 양과 그 외에도 유대 백성에게 부여된 의식에 따라 집행되었습니다. 이와 같은 것은 장차 오실 그리스도를 의미합니다(히 8:9, 10, 롬 4:11, 골 2:11-12, 고전 5:7). 그 시대에는 성령의 역사를 통하여 택함 받은 백성이 약속된 메시야(고전 10:1-4, 히 11:13, 요 8:56)에 대한 신앙을 얻고 굳세게 하기 위하여 이것으로도 충분하고도 효과적이었습니다. 또 이 메시야를 통하여 그들의 죄는 완전히 사해졌으며 영원한 구원을 얻었습니다. 그것을 구약이라 불렀습니다(갈 3:7-9, 14).

(2) 복음시대의 언약의 집행

복음시대에 있어서 그 복음의 본체이신(갈 2:17) 그리스도가 나타나게 되자 이 계약을 시행하는 의식은 말씀의 설교와 세례와 성찬의 예전으로(마 28:19-20, 고전 11:23-35) 대치되었습니다. 이 의식은 수적으로 적고 그 형식이 간단하고 외부적으로 화려함은 없으나 그 내용에 있어서는 유대인에게 뿐만 아니라 모든 이방인에게도(마 28:19, 엡 2:15-19) 그리스도를 더 충분하고 분명하게 나타내며 영적인 효과를 가져왔습니다(히

12:22-28, 렘 31:33-34). 이것을 신약이라고(눅 23:20) 부릅니다. 그리고 복음시대나 율법시대나 집행형태는 달라도 하나입니다(갈 3:14, 행 15:11, 롬 3:21-23).

결론

하나님은 죄의 비참에 있는 인간들을 그대로 버려두지 않으시고 사랑하셨습니다. 그들을 구원하기 위해 자신의 이름다운 뜻에서 영원전부터 무조건 선택하시고 그리스도 안에서 은혜언약을 세웠습니다. 제1아담이 범죄한 죄와 허물과 비참을 제2아담인 예수 그리스도께 담당시켰습니다. 제2아담인 예수님께서 적극적으로 십자가를 지고 죽기까지 순종하시므로 하나님의 공의를 만족시켰습니다. 예수님이 죄의 형벌의 값을 다 치루셨습니다. 그러므로 그를 믿는 자에게는 비참과 저주아래 두지 않고 영생을 얻도록 하신 것입니다.

은혜언약은 타락된 인간들을 구원하시기 위해 제2아담인 예수 그리스도와 세우신 언약입니다. 그를 믿기만 하면 구원은 보장되는 것입니다. 당신은 은혜계약을 믿습니까? 할렐루야 아멘.

선택(選擇)하신 자의 구속주(救贖主)

딤전 2:5, 요 1:14

제 21 문

하나님의 선택하신 자의 구속자는 누구신가?

답 : 하나님의 선택하신 자의 구속자는 다만 주 예수 그리스도 뿐인데(딤전 2:4) 그는 하나님의 영원한 아들로서 사람이 되셨으니(요 1:14) 그후로 한 위에 (롬 9:5) 특수한 두 가지 성품이 있어 영원토록 하나님이시요, 사람이시다 (히 7:24).

하나님은 선택하신 인간을 죄와 비참에 버려두지 않고 구원하시기 위해 은혜언약을 맺으셨습니다. 은혜 언약은 하나님과 제2아담인 예수 그리스도와 맺은 언약입니다. 단지 선택된 사람들에게 요구하시는 것은 사람들이 죄와 비참에서 구원얻기 위해 예수 그리스도를 믿으라는 것입니다(막 16:15-16, 요 3:16, 갈 3:11).

하나님은 선택하신 자의 구속주는 오직 예수 그리스도뿐이며 그는 삼위일체의 제2위입니다. 예수님은 아담이 지은 죄의 형벌을 전부 담당하시고 형벌을 대신 받으므로 율법의 요구를 순종으로 다 이루신 것입니다. 첫 번째 아담은 불순종으로 죄를 범하였지만 제2아담인 예수님은 십자가의 순종으로 하나님의 공의를 만족시켰습니다. 이 예수 그리스도는 하나님의 아들로서 참 신이시며 참 인간이신 두 성품을 가지고 계십니다. 구속자는 사람이 아니면 되지 않습니다. 사람이라도 죄로 오염된 사람은 되지 않습니다. 모든 인간은 죄로 오염되었지만 예수님만이 유일하게 아담의 죄에 오염되지 않으신 분입니다. 그러므로 선택자의 구속주는 예수 그리스도뿐입니다.

1. 선택(選擇) 받은 자의 구속주(救贖主)

기타 여러 종교에서는 인간을 구원할 구속자가 많다고 합니다. 성경은 오직 예수님만 구속자로 가르치고 있습니다.

1) 오직 예수님만이 구속주

"하나님은 한 분이시요 또 하나님과 사람 사이의 중보도 한 분이시니 곧 사람이신 그리스도 예수라"(딤전 2:4). "다른 이로써는 구원을 얻을 수 없나니 천하 인간에 구원을 얻을 만한 다른 이름을 우리에게 주신 일이 없음이라"(행 4:12). "나로 말미암지 않고는 아버지께로 올 자가 없다"(요 14:6). "아들을 부인하는 자가 적그리스도니 아들을 부인하는 자에게는 또한 아버지가 없으되 아들을 시인하는 자에게는 아버지도 있느니라"(요일 2:23)고 성경은 말씀하고 있습니다.

성경만이 신앙과 본분에 대하여 유일한 규칙이기 때문에 성경이 증거하는 예수 그리스도만이 선택 받은 자의 구속주이십니다. 예수님만이 자기 백성을 죄에서 구원하실 수 있기 때문입니다(마 1:21). 그리고 그리스도만이 낮아지시고 높아진 분으로 선택받은 자를 위해 선지자, 제사장, 왕의 직무를 행하시고 성령으로 기름 부음을 받고 또 성령으로 잉태하신 분으로 참 하나님이시며 참 인간이시기 때문에 선택 받은 자의 구속주는 예수님이십니다.

2) 왜 예수님만이 구속주인가?

타락한 인간을 도울 수 있는 분은 하나님뿐이십니다. 타락한 인간이 타락한 인간을 도울 수가 없습니다. 인류는 조상인 아담이 타락함으로 그의 전 후손도 함께 타락된 것입니다. 죄로 오염된 인간의 탁월성이나 고귀성은 아무 소용이 없는 것이 되고 말았습니다(롬 3:24). 그래서 하나님은 독생자의 위격을 가지시고 인간의 구세주로 도성인신하신 것입니다.

(1) 예수님은 하나님이십니다(사 9:6, 요1:18, 10:28, 20:28).
(2) 예수님은 하나님의 속성을 가지고 계십니다(요 1:1, 2:24-25).
(3) 예수님은 전능하신 하나님의 사역을 했습니다(요 5:21, 골 1:16).
(4) 예수님은 하나님이 받으시는 영광과 예배를 받았습니다(요 20:28, 계 12-14).

예수님은 권능과 영광에 있어 성부와 성자와 성령과 동일하실 뿐 아니라 그들과 동일한 본체입니다(요 14:6, 빌 2:6). 예수 그리스도는 하나님으로서 인간의 형상을 입고 인간의 죄를 대속하기 위하여 오신 분이십니다.

하나님에 대하여 죄를 지은 인간이 구원받는 길은 하나님이 용서해 주어야 하는데, 그의 공의를 만족시키지 않고는 용서할 수 없습니다. 그래서 예수님은 인간의 몸을 입고 인간의 고난에 동참해야 하므로 인간의 몸을 입고 오셔서 하나님의 공의를 순종으로 만족시켰습니다. 그리고 예수님만이 죄를 감당할 수 있었던 원인은 그는 죄가 없는 사람이기 때문입니다(롬 3:10, 히 4:15). 죄 있는 사람은 열 번 죽어도 죄를 사할 수가 없습니다.

2. 두 성품(性品)을 가지신 예수님

예수님의 성품에는 신성과 인성이 있습니다. 다시 말하면 참 하나님이시며 참 사람이십니다(빌 2:6). 예수님은 하나님과 동일 본체이나 때가 이르매 사람의 몸을 입으시고 사람이 가지는 모든 요소와 결점을 가지시되 다만 죄는 가지지 않으셨습니다(히 4:15).

동정녀의 탄생은(요 1:13) 하나님이 인간 창조에 있어서 초자연적 역사로 흙을 빚어 사람을 만들고 코에 생기를 불어넣어 생령이 되게 창조하신 것처럼 동정녀 탄생은 여자를 이용한 기적적 초자연적 창조이므로 인간적 인격이 아니고 삼위일체적 인격입니다.

1) 예수님의 신성

"삼위일체의 제2위시며 성부되시는 하나님의 아들은 참 하나님인 동시에 영원하신 하나님으로서 아버지 되시는 하나님과 동일본체에서 나왔으며 따라서 아버지와 동일하시다. 그는 때가 이르매 사람의 본체를(요 1:1, 14, 요일 5:20, 빌 2:6, 갈 4:4) 입으셨다. 그는 사람이 가지는 모든 근본적 요소와 거기서 나오는 일반적 결점을 가졌으나 죄만은 가지지 않으셨다."(히 2:14-17, 4:15) (웨스트민스터 신앙고백 제8장 2절 상).

왜 예수님이 하나님이셔야 합니까?

"그것은 그의 인성이 하나님의 무한하신 진노와 죽음의 세력아래 빠지는 것을 막아지키고(행 2:24, 롬 1:4), 그의 고난과 순종과 대신 기도의 가치와 효과를 주며(행 20:28, 히 9:14, 요 7:), 하나님의 공의를 만족하게 하며(롬 3:24-26) 하나님의 총애를 얻고(엡 1:6) 한 백성을 피로 사서(딛 2:13-14) 저희에게 성령을 주며(요 15:26, 갈 4:6-17) 저희 원수를 정복하고(눅 1:69, 71, 74,) 저희를 영원한 구원에 이끌어 가야하기 때문이다."(히 5:9, 9:11-15) (대요리문답 제48문).

2) 예수님의 인성

"때가 이르매 사람의 본체를 입으셨다(갈 4:4). 사람이 가지는 모든 근본적 요소와 거기서 나오는 일반적 결점을 가졌으나 죄만은 가지지 않으시고(히 2:14-17, 4:15) 그는 성령의 힘으로 동정녀 마리아에게 잉태되어 그 여인의 몸에서(눅 1:27, 31, 35, 갈 4:4) 탄생하였다."(웨스트민스터 신앙고백 제8장 2절 중)

(1) 인간의 출생의 계기를 가지셨습니다(갈 4:4. 눅2:5-7).
(2) 인간적 발전 단계를 가지셨습니다(눅 2:40, 52, 4:16-17).
(3) 인간의 본질적 요소를 가지셨습니다(히 10:5,10).
(4) 인간의 이름을 가지셨습니다(마 1:1, 행7:45).
(5) 인간 성품의 허약성을 가지셨습니다(요 4:6).

예수님은 우리와 똑같은 사람입니다. 단지 죄가 없으신 분입니다.

그리고 예수님은 왜 사람이어야 합니까?

"중보자가 사람이어야 한 것은 그가 우리의 성품을 향상시키고(벧후 1:4, 롬 8:34, 히 2:16), 율법에 순종하며(갈 4:4, 롬 5:19, 마 5:17), 고난을 받고 우리의 본성을 가지고 우리를 위하여 대신 기도하시고(히 2:14, 7:24-25), 우리의 영약함을 동정하시는 분이어야 하며(히 4:14), 또 우리가 양자됨을 얻고(갈 4:5) 위로를 받으며, 은혜의 보좌에 담대히 나갈 수 있게(히 4:16) 되어야 하기 때문이다."(대요리문답 제39문)

예수님은 참 하나님이시며 참 사람이십니다.

"선택된 백성을 구원하시는 중보자는 이성일인격이 아니면 안된다. 하나님과 사람을 화목하게 할 중보자는 그 자신이 하나님과 사람이여야 하며, 이것이 한 인격 안에 있어야 하였고, 신성과 인성의 각기 고유한 일들이 우리를 위하여 하나님이 받으신 바 되고(마 1:23, 3:17), 온전하신 인격자의 일로써 우리의 의지하는 바가 되어야 하기 때문이다."(벧전 2:6)(대요리문답 제40문)고 말하고 있습니다.

만약 그리스도가 인간도 아니고 신도 아니라면 그는 우리의 중보자가 될 수 없습니다. 또 인간이지만 죄가 있는 인간이라면 중보자가 될 수 없습니다. 그가 인간이 된 것은 자기의 구속사업을 시행함에 있어서 죄인을 대표하려고 인류의 일원이 된 것이며, 그 구속사업을 완성하기 위해서는 참 신이어야 했던 것입니다.

결론

하나님은 죄의 비참아래 있는 인간을 버리지 않으시고 그의 택한 백성을 구원하시고자 예수 그리스도를 이 땅에 보내셨습니다(요 3:16). 이 예수 그리스도는 참 하나님이시며, 참 사람으로서 인간과 하나님 사이의 유일한 중보자입니다. 예수 그리스도를 통하지 않고는 아무도 구원이 이르지 못합니다(요 14:6).

예수님은 본래 하나님이십니다. 하나님이신 그 분이 인간의 몸을 입고 죄와 저주아래 있는 인간을 구원하시기 위하여 동정녀 마리아를 통하여 이 땅에 오시고 우리의 죄를 대신하여 십자가를 지시고 죽으심으로 하나님과 우리 사이에 화목제물이 되시므로 우리를 구원하신 것입니다. 이 예수 그리스도를 믿는 자는 누구든지 구원을 받습니다. 하나님과 인간 사이의 중보자는 오직 예수 그리스도 뿐이십니다. 당신은 이 중보자 예수 그리스도를 구주로 믿습니까? 할렐루야 아멘.

그리스도의 성육신(成肉身)

히 2:14, 요 1:14

제 22 문

그리스도께서 하나님의 아들로서 어떻게 사람이 되셨는가?

답 : 하나님의 아들 그리스도께서 사람이 되는 것은 참 몸과(히 2:14) 지각 있는 영혼을(마 26:38) 취하사 성령의 권능으로 동정녀 마리아에게 임태되어 탄생하셨으나(눅 1:31) 죄는 없으시다(히 7:26, 4:15).

예수 그리스도는 인류의 중보자로서 하나님이시며 사람이신 유일한 구속주이십니다. 제22문에서는 유일한 구속주 예수 그리스도께서 어떻게 사람이 되셨는가에 대하여 말씀하고 있습니다. 성경은 선재하신 그리스도께서 사람이 되셨다고 가르치고 있습니다.

성육신이란 예수님이 사람으로 이 땅에 오신 것을 말하는 용어입니다. "말씀이 육신이 되어 우리 가운데 거하시매"(요 1:14). 또 "때가 차매 하나님이 그 아들을 보내사 여자에게 나게 하시고"(갈 4:4). "그는 근본 하나님의 본체시나 하나님과 동등됨을 취하지 아니하시고 오히려 자기를 비어 종의 형체를 가져 사람과 같이 되었고"(빌 2:5-6). "그도 또한 한 모양으로 혈육에 함께 속하시니"(히 2:14)라고 예수님의 성육신에 대하여 말씀하고 있습니다.

예수님이 성육신하신 것은 죄로 말미암아 비참해진 인간을 구원하시려고(마 1:21) 육체를 가진 인간의 몸으로 탄생하신 것입니다. 인간의 몸이 아니고는 아담의 죄의 형벌을 감당할 수 없기 때문입니다. 그의 성육신은 인간 타락 때문에 필요하게된 것입니다(요 3:16, 갈 4:4, 빌 2:5-11). 그리고 예수님의 성육신은 신화적 사건이 아니라 역사적 사건입니다. 예수 그리스도께서 어떻게 인간의 몸으로 오셨는가 알아보기로 하겠습니다.

1. 참 몸을 취함

참 몸을 취하셨다는 것은 사람과 똑같은 몸을 취하셨다는 말입니다. 요사이 말하는 슈퍼맨 같이 태어나지 않으시고 보통사람과 같은 몸으로 태어나셨다는 것입니다. 예수님께서 참 몸을 취하신 것은 죄의 형벌인 죽음을 맛보기 위해서입니다. 인류의 대표자 아담이 육신의 몸으로 죄를 짓고 타락함으로 모든 인간에게 그 죄의 비참에 빠지게 된 것입니다. 이 죄의 비참에서 구원하시기 위해서는 인간의 몸으로 오셔야 했던 것입니다.

또 예수님이 인간으로 성육신하신 것은 신은 죽을 수 없기 때문에 인간의 몸을 입으신 것이며 인간의 몸을 입으셨다고 해서 그의 신성이 변한 것은 아닙니다. 인간이 아니고는 인간의 형벌의 문제를 해결할 수 없는 것이 하나님의 공의의 법칙이기 때문입니다. 공관복음에서 예수님의 탄생에 대하여 바로 증거하고 있습니다(마 1:18-20, 눅 1:2).

특히 요한복음 1:14에는 "말씀이 육신이 되어 우리 가운데 거하시매"라고 말씀하고 있습니다. 예수님은 창세 전에 하늘에 계시던 분이 땅에 오신 것입니다(요 1:1, 6:38). 참 몸을 입으신 예수님은 동정녀 마리아를 통하여 출생하시고 지혜가 자라고 장성하였으며, 유년기가 있었고(눅 2:40, 52), 소년기가 있었고, 주리시며(마 4:2), 곤하여 주무시며(요 4:6, 마 8:24), 눈물을 흘리시고(요 11:35, 히 5:7-8), 뼈와 살이 있으며(눅 24:39), 죽을 수 있는 몸을 가지신 것입니다. 우리는 예수님께서 우리와 똑같은 몸을 입으신 것을 인정하고 믿어야 합니다.

"그리스도께서 육체로 오신 것을 시인하는 영마다 하나님께 속한 것이요 예수를 시인하지 아니하는 영마다 하나님께 속한 것이 아니니 이것이 곧 적그리스도의 영이라"(요일 4:2-3)고 말씀하고 있습니다. 참 몸을 취하신 예수님은 삼위중 제2위이신 성자 하나님이십니다.

2. 지각있는 영혼을 가지심

모든 사람이 영혼을 가지신 것처럼 예수님도 인간의 몸과 인간의 영혼을 가졌습니다. 영혼은 의지의 결정을 지배하는 인격적 실체입니다(창 2:7, 시 62:1, 63:1, 103:1-2). 예수님은 세상에 계실 때 조심하며(막 3:5), 민망히 여기시고(마 9:36), 고민하시고(마 26:38), 통분하시며(요 11:33), 자신의 영혼을 하나님 아버지께 부탁하시고(눅 23:46), 영혼이 돌아가신 것입니다(마 27:50, 눅 23:46, 요 19:30). 예수님은 지각있는 영혼을 가지시므로 인간을 사랑하시고 가르치시고 죄인을 온전히 동정하시고 구원하실 수 있었습니다.

3. 성령으로 잉태, 동정녀(童貞女) 마리아에게 탄생하심

바울은 예수님의 생애를 성경대로의 생애였다고 말씀하고 있습니다(고전 15:3-4). 성경은 예수님이 여인의 후손이 될 것을 말씀하시고(창 3:15), 선지자 이사야는 주전 700년전 동정녀 탄생을 예언하고 있습니다. "보라 처녀가 잉태하여 아들을 낳을 것이요"(사 7:14), 결혼 전 마리아의 사건을 말씀하며(마 1:18-21), 천사 가브리엘과 마리아의 대화를 기록하고(눅 1:35) 있습니다. 예수님의 아버지는 요셉이 아니고 하나님이시며 여인의 후손입니다(갈 4:4).

예수님의 동정녀 탄생은 사람의 뜻으로 난 것이 아니고 하나님의 뜻으로 난 것입니다(요 1:13). 만약 예수님이 생육법으로 탄생했다면 원죄를 벗어날 수 없기 때문에 죄를 대속할 수 없습니다.

예수님의 동정녀 탄생은 하나님이 흙을 빚어 사람을 만들고 코에 생기를 불어넣어 생령이 되게 하신 것처럼(창 2:7) 초자연적인 하나님의 역사입니다. 성령님이 남성의 기능을 했다는 말이 아니고 하나님의 능력으로 되어졌다는 것입니다. 이와 같은 동정녀 탄생은 예수님의 무죄를 변호하는 힘있는 말씀입니다.

4. 무죄하심

예수님은 원죄도 없으시고 본죄도 없으십니다(히 4:15). 그는 거룩하시고, 악이 없고, 더러움이 없으며(히 7:26) 죄를 알지도 못한 분이십니다(고후 5:21). 십자가의 강도와(눅 23:41) 빌라도는 예수님이 무죄인 것을 증거했습니다(마 27:24). 예수님은 사람이며 동정녀 마이라에게 성령의 권능을 입고 탄생했기 때문에 죄는 없으십니다. 그러므로 아담의 후손에게 임하는 죄의 유전이 없는 분이십니다.

5. 성육신(成肉身)의 이유

1) 하나님의 약속을 확증하기 위하여

예수님은 조상들에게 맺은 약속을 확증하고 이방인들에게 자비를 보여줄 목적으로 사람이 되셨습니다(롬 15:8-9). 구약에 예언된 모든 약속을 확증하기 위해 오신 것입니다.

2) 아버지를 계시하기 위하여

예수님은 하나님을 보여 주시기 위해 오신 것입니다(요 1:18, 14:9, 16:27).

3) 신실한 대제사장이 되기 위하여

대제사장은 사람을 대표하는 것입니다. 예수님은 선민을 대표하는 대제사장으로(히 5:1-2) 대신 고난 당하시고(히 2:17-18) 우리를 하나님 보좌 앞으로 담대히 나아가게 하신 것입니다(히 4:15-16).

4) 죄를 없애기 위하여

예수님은 자기를 희생시킴으로써 죄를 없게 하려 오셨습니다(히 9:26, 요일 3:5).

이것은 예수님이 이 땅에 오신 목적 중 으뜸되는 것이며 자신을 대속물로 주시기 위해 오신 것을 말씀하고 있습니다(막 10:45). 예수님은 세상 죄를 지고 가는 하나님의 어린 양이십니다(요 1:29, 35).

5) 마귀의 역사를 파괴하기 위하여

예수님은 마귀의 역사를 파괴하기 위하여 오셨습니다(요일 3:8, 히 2:14-15). 마귀의 일은 죄의 근원과 집결됩니다. 마귀는 이 일을 세상과 사람 속에 이룩해 놓고 사람은 마귀의 일을 자기 자신들의 일로 만들며(요 8:44), 이 일은 어둠움의 일(롬 13:12, 엡 5:11), 육체의 일(갈 5:19)로 하나님의 일들과 대치됩니다(요 9:3, 마 11:12).

6) 거룩한 삶의 모범을 보여주기 위하여

예수님만이 참 인간의 거룩한 삶의 모습을 보여 줄 수 있습니다. 다른 모든 인간들은 원죄의 영향을 받고 있기 때문에 하나님의 형상을 상실한 것이지만 예수님은 하나님의 빛나는 형상을 가지고 있었습니다. 그러므로 내게 배우라(마 11:29), 그 자취를 따르라(벧전 2:21), 그리스도의 마음을 품어라(빌 2:5), 예수만 바라보아(히 12:2)고 했습니다. 예수님만이 우리에게 진정한 삶의 모범을 보여 주신 것입니다.

7) 재림을 대비하기 위하여

"이와 같이 그리스도도 많은 사람의 죄를 담당하시려고 단번에 드리신 바 되셨고 구원에 이르게 하기 위하여 죄와 상관없이 자기를 바라는 자들에게 두 번째 나타나시리라"(히 9:28). 그리스도의 초림은 재림의 준비에 필수적인 것입니다.

결론

예수 그리스도의 성육신은 구원을 위해 필수적인 것입니다. 그는 참 인간의 몸을 입으시고 지각을 가지신 분이시며 성령으로 동정녀 마리아에게 나시므로 아담이 무죄했든 것처럼 예수님도 죄가 없는 분이십니다. 그의 성육신이 없으면 구원도 사죄의 은총도 없습니다.

그리스도께서 2,000년 전에 준비하신 구원은 오늘도 유용합니다. 하나님이신 그분이 우리들을 구원하시기 위하여 영광의 자리를 비우시고 이 땅에 오신 것입니다. 예수님은 우리의 죄 때문에 사람이 되셨으며 자신의 모든 영광을 버리고 쓰라린 공통을 맛보시고 자신을 낮추시고 종의 신분으로 성육신하신 것입니다. 예수 그리스도를 영접하는 순간 누구든지 죄의 형벌과 죄책과 비참에서 구원받습니다. 당신은 예수 그리스도의 성육신을 믿습니까? 죄 없는 분으로 믿습니까? 당신은 구원을 확신합니까? 할렐루야 아멘.

그리스도의 삼직(三職)

행 3:22, 히 5:6, 시 2:6

제 23 문

그리스도께서 우리의 구속자로 무슨 직분을 행하시는가?

답 : 그리스도께서 우리의 구속자로 선지자와(행 3:22) 제사장과(히 5:6) 왕의 (시 2:6) 직분을 행하시되 낮아지시고 높아지신 두 지위에서 하신다(계 19:16, 히 4:14-15, 7:17-25).

그리스도께서 무슨 목적 때문에 하나님 아버지의 보내심을 받았으며, 그가 우리에게 무엇을 부여해 주었는가를 알기 위해서는 그리스도의 직분을 알아야 할 것입니다. 예수님은 죄인을 구원하시기 위해 선지자, 제사장, 왕직을 수행하기 위하여 인간으로 이 땅에 오셨습니다. 선지자도 제사장도 왕도 모두 인간이기 때문입니다.

이 세 가지 직분은 인간 구원을 위해 꼭 필요한 직분입니다. 인간은 창조될 때 선지자 제사장 왕의 세 기능을 행하기로 작정된 것입니다. 때문에 인간은 진리와 의와 거룩으로 하급 피조물에 대한 지배권을 부여받은 것입니다. 그러나 세상에 죄가 들어오므로 죄로 말미암아 인간이 타락하여 선지자 제사장 왕의 세 가지 능력을 행할 수 없게 되었고 죄의 비참 때문에 인간은 오류와 기만과 불의와 도덕적 오염으로 죽음의 권세에 복종하게된 것입니다.

그리스도는 이상적 인물로 이 땅에 오셨습니다. 왜냐하면 그는 성령으로 잉태되어 동정녀 마리아에게 나시고 아담의 죄의 오염을 받지 않으시고 죄없는 분으로 탄생하셨고, 아담 안에서 모두 죄인된 인간을 구원하여 원초적 상태로 회복시키고 그들로 하여금 선지자, 제사장, 왕으로 행사시킬 목적으로(벧전 2:4) 자신이 한 몸으로 이 세 가지 직분을 담당하시고 완전한 구원을 이루신 것입니다.

* 도표참조(뒷 페이지)

1. 직분의 근거

1) 메시아란 말에서 유래된다.

메시아란 말은 히브리어 '마싱아크'란 말에서 나왔는데, 그 뜻은 기름을 붓는다는 뜻입니다. 시편에서 그리스도를 기름부음 받은 자라고 했고(시 2:2, 18:50), 다니엘 9:25-26에도 기름부음 받은 자라고 했습니다. 신약성경에서도(눅 4:18, 행4:27, 10:38) 말씀하고 있습니다.

구약에서 기름 부어 세우는 직분은 세 가지입니다. 선지자(왕상 19:16), 제사장(출

	선지자	제사장	왕
본래의 인간	지식	의	거룩
현재의 인간	무지	유죄	사악함
이스라엘	모세와 선지자	아론과 그의 가족들	다윗과 그의 가족들
그리스도	하나님의 말씀 (우리에게 계시됨)	희생제사 (그 자신을 받침)	왕중왕 (우리를 다스리심)
회개	지 (율법과 복음)	정 (그리스도를 필요함)	의 (구주로 영접)
참교회	하나님 말씀의 신실할 전파	성례의 올바른 집행	정당한 권징의 시행
선지자	인간과 함께 하나님을 대표함		
제사장	하나님 앞에 인간을 대표함		
왕	인간의 원 주권을 회복 시켜줌		

29:29), 왕(삼하 1:14)입니다. 이 세 직분는 하나님의 위임과 하나님의 뜻을 따라 세운 직분임과 같이 메시아도 하나님이 성별하여 세우신 것입니다.

예수님을 "충성된 증인(선지자) 죽은 자 가운데서 먼저 나신 자(제사장) 땅의 임금의 머리가 되신 예수(왕)"(계 1:5)라고 말씀하며, 이 말씀은 바로 그리스도의 삼직을 말하고 있습니다. 중보자로서 그리스도는 삼직을 구비해야 합니다. 선지자로서 하나님을 인간에게 나타내시고(요 14:9), 제사장으로서 자기 백성을 하나님께 대언하고(히 5:1-10), 왕으로서 행사하십니다. 본래 인간은 이 삼직을 하나님께로부터 받았으며 타락하여 잃어버렸습니다. 그러나 예수 그리스도께서 이 삼직을 감당하시므로 회복하여 주신 것입니다.

2. 삼직(三職)을 땅과 하늘에서 수행

1) 땅에서 행하신 일

(1) 예수님은 이전이나 이후에도 누구도 할 수 없었던 위대함을 가지고 말씀하셨습니다. 그분 자신이 진리요(요 14:6), 그분 안에서(마 5:18) 행적에서 말씀이 완성되었습니다(히 9:29).

(2) 그는 많은 죄인들을 위해 한 번 최종적이고 충분한 제사를 드렸습니다(히 9:24-27). 그는 십자가 위에서 희생의 제물로 받침으로 이것을 수행하셨습니다.

(3) 그는 구세주와 심판자로서 모든 인간을 다스리시는 완전한 권위를 가지시고 바람과 파도도 그에게 복종하도록 명하셨으며 그의 주권적 권능을 나타내셨습니다(마 8:26, 눅 8:24).

2) 하늘(천국)에서 행하신 일

(1) 그는 성령을 통해서 우리에게 영감된 성경을 주시고 그는 동일하신 성령으로 인간의 마음속에 지금 그 성경이 적용되게 하십니다(요 14:16, 26).

(2) 그는 또한 제사직무를 단번에 드려 그의 희생이 택한 자들에게 효력있게(히 8:27) 하시므로 그 일을 수행하시며 그는 하나님 말씀을 통하여 이것들이 유효하게 하시고 성례로 그것들을 확실하게 봉인하십니다(마 28:19-20).

(3) 지금 하늘과 땅의 모든 권세가 그에게 속해 있습니다(빌 2:10-11). 그는 죄인들을 그에게 복종시키시고 마귀의 역사를 파괴하시며(요일 3:8), 이 역사는 그리스도의 원수들이 모두 거꾸러질 때까지 계속될 것이며 죽음 그 자체를 정복하셨습니다(빌 2:8-11). 그리스도께서 하늘과 땅에서 세 가지 직분을 완성하시고 행하심으로 우리의 구세주가 되십니다.

3. 특별한 직분

그리스도의 직분은 구약의 선지자, 제사장, 왕의 직분보다 더 특수한 직분입니다.

1) 최고이며 최후의 선지자이다(눅 13:33, 히 1:1-2).

그리스도께서는 자신이 선지자라고 했고(눅 13:33), 마지막 선지자라고 했습니다(히 1:1-2).

2) 그리스도는 영원한 멜기세덱의 반차를 좇는 제사장이다(히 5:5-7, 7:17).

자신을 제물로 드린 제사장이며(히 7:24-25, 9:12), 단번에 완전한(히 8:27) 제사를 드림으로 성소의 휘장이 위로부터 아래까지 찢어져 세상의 의식적 제도를 폐한 것입니다(마 26:65).

3) 그리스도는 만왕의 왕이시다.

이사야 9:6-7절에 왕으로 예언되었고, 왕으로 오셨고(마 2:2), 자신이 왕이라고 하셨으며(요 18:37), 요한은 세상 왕을 심판하실 왕으로 나타날 것을 예언하였습니다(계 19:16).

4. 참된 교회는 삼직(三職) 수행

그리스도의 참된 교회는 지금도 삼직이 수행되어야 합니다. 이 땅에는 완전한 교회는 없습니다. 그러나 완전한 하늘교회는 지향하는 지상교회는 신약교회처럼 그리스도를 유일한 선지자, 제사장, 왕으로 믿고 모시지 않으면 어떤 교회도 그리스도께서 함께 하지 않습니다. 어떤 교회는 더 신실하고 어떤 교회는 신실치 못한 교회가 있습니다. 그리스도의 신실한 교회는 다음과 같은 분명한 표지가 있어야 그리스도의 참된 교회입니다.

1) 하나님 말씀의 신실한 전파

성경은 신앙과 본분에 대하여 정확무오한 유일의 규칙이기 때문에 교회는 이 진리의 말씀이 바로 선포되어야 합니다. 성경이 말씀하시는 하나님 예수님 성령님이어야 하며 성경이 말하는 도덕적인 삶이 되어야 하나님의 참된 교회입니다.

참 교회는 항상 성경을 따라 인간자신의 죄와 비참 그리고 예수 그리스도의 사역을 알 수 있는 올바른 교리가 선포되어야 합니다.

성경 외에 다른 책들 '몰몬경' '원리강론' 등을 가르치는 교회는 참된 교회가 아닙니다. 또한 성경중심의 교리를 부인하거나 혹은 소홀히 취급하는 현대주의 교회들도 참교회가 아닙니다(정당한 선지자직의 수행).

2) 올바른 성례의 집행

참된 교회는 성도와 그들의 자녀들에게 성례를 베풀면 참여하도록 해야 합니다. 구약의 성례는 할례와 유월절이지만 신약의 성례는 세례와 성찬입니다. 구약의 성례가 신약의 성례로 지금은 시행됩니다. 의식의 차이는 있어도 본질의 차이는 없습니다. 참된 교회는 그리스도께서 제정하신 성례를 집행해야 합니다. 성례를 시행하지 않는 교회는 참된 교회가 아닙니다(성례에 대해서는 제66문 이하에서 공부). (정당한 제사장직의 수행)

3) 정당한 권징의 시행

"권징은 예수 그리스도께서 그 교회에 주신 권을 행사하며 설립하신 법도를 시행하는 것이니 교회에서 그 교인과 직원과 각 치리회를 치리하며 권고하는 사건이 일체 포함된다."(권징조례 제1장 제1조). 권징의 목적은 "진리를 보호하며 그리스도의 권병과 존영을 견고하게 하며 악행을 제거하고 교회를 정결하게 하며 덕을 세우고 범죄한 자의 신령적 유익을 도모하는 것이다"(권징조례 제1장 제2조).

참된 교회는 교인들의 잘못된 교리와 생활을 경고하고 가르치며 권면하고 징계해야 합니다(정당한 왕직의 시행).

참된 교회는 이 세 가지가 분명하게 시행되는 것입니다. 이 교회는 그리스도께서 진실로 임재하는 교회라 할 수 있습니다. 그리스도의 삼직이 시행되지 않는 교회는 참된 교회가 아니며 구원이 없습니다.

결론

우리는 그리스도의 삼직에 대해서 말씀을 들었습니다. 예수님께서는 인간이 상실한 삼직을 회복하시고, 이 삼직의 수행을 통하여 우리를 구원하시는 것입니다. 그리스도의 선지자, 제사장, 왕직의 삼직에 대하여 중요한 것은 이 세 가지 직무를 분리해서는 안됩니다. 또 소홀히 생각해서도 안됩니다.

예수 그리스도께서 한 몸으로 세 가지 직무를 수행하시므로 구속을 완성하신 것입니다. 만약 그리스도께서 이 직무중 하나라도 소홀히 했다면 구원을 완성되지 않았을 것입니다. 우리는 이 직무를 완성하신 예수 그리스도만이 우리의 유일한 선지자, 제사장, 왕이심을 믿고 하나님께 영광을 돌리면 우리의 교회에 삼직이 시행되는 참된 교회가 되도록 해야 할 것입니다. 신실한 말씀의 선포, 올바른 성례의 시행, 정당한 권징의 집행이 이루어진 교회가 참된 교회입니다.

당신은 그리스도의 삼직을 믿습니까? 지금 우리교회는 이 삼직이 이루어지고 있습니까? 할렐루야 아멘.

그리스도의 선지자직(先知者職)

신 18:15-22

제 24 문

그리스도께서 어떻게 선지자의 직분을 행하시는가?

답 : 그리스도께서 선지자 직분을 행하시는 것은 우리를 구원하시고자 하시는 하나님의 뜻을(딤후 3:15) 그 말씀과 성령으로(고전 2:13) 말미암아 우리에게 나타내시는 것이다(요 1:18).

예수 그리스도의 구원의 활동은 세 가지로 선지자, 제사장, 왕의 직분입니다. 이 세 가지 활동 중 첫째가 선지자의 직분입니다. 바울은 말하기를 교회는 "사도들과 선지자들의 터 위에 세워졌고 예수님께서는 친히 모퉁이돌이 되셨다"(엡 2:22)고 했습니다. 구약의 선지자들은 인간과 함께 하나님을 대표하여 하나님의 말씀을 전달하는 권위를 부여 받았습니다. 그들이 말하고 기록한 것은 바로 하나님의 말씀입니다(딤후 3:15). 그들이 말한 것은 그들 자신의 능력 때문이 아니었습니다. 그것은 그들을 통하여 말씀하시는 하나님의 권위이며 그리스도의 영인 성령님 때문입니다. "자기 속에 계신 그리스도의 영이 그 받으실 고난과 후에 얻으실 영광을 미리 증거하여"(벧전 1:11). 그리스도께서 세상에 오셨을 때에 계시된 말씀이 완성되었습니다. 예수 그리스도는 하나님이 약속하신(신 18:15) 그 선지자입니다.

1. 선지자에 대한 예언(豫言)

"네 하나님 여호와께서 너희 중 네 형제 중에서 나와 같은 선지자 하나를 너를 위하여 일으키시리니 너희는 그를 들을지니라"(신 18:15)고 예언하고 있습니다. 그리고 이 말씀에 대해서 사도행전 3:22-23절에 그리스도께 적용하고 있습니다. 예수님은 자신이 친히 선지자라고 말씀하였습니다(눅 13:33). 그는 또 자신이 아버지께로부터 메시지를 가져온다고 말씀하고 있습니다(요 8:26-28, 12:49-50, 14:10. 24, 15:15, 17:8, 20). 또 앞으로 다가올 일을 예언하시고(마 24:3-35, 눅 19:41-44), 따라서 특수한 권위로 말씀하셨습니다(민 12:6-8, 사 6:, 렘 1:4-10, 겔 3:1-4, 17).

2. 선지자직의 정의

1) 하나님께서 받은 명령을 인간들에게 전하는 것이다(신 18:18).

선지자는 꿈과 환상, 이상 혹은 언어적 교통을 통하여 신적 계시를 받으며, 그것을 구술적으로 또 동작으로 백성에게 전달하는 것입니다(신 12:6-8, 렘 1:4-10, 겔 3:1-4,17). 선지자는 받은 것 없이 예언할 수 없으며, 또한 받은 것 이상 줄 수도 없습니다. 오직 하나님께서 주신 그대로만 전하는 것이지 더하거나 빼거나 각색할 수 없습니다.

2) 하나님께로부터 받은 사실들을 나타내 보이고 권고하고 경계하는 것이다.

(1) 말씀으로 하나님의 뜻을 경고하고(히 12:25, 고전 10:11),
(2) 그의 이름으로 보혜사 성령을 보내사 가르치시고 증거하십니다(요 14:26).
(3) 구원하시는 일에 대하여 그의 영으로서 선지자들에게 감독하며 예언이 성취될 때에 대하여 증거 하십니다(벧전 1:10-11).
(4) 인간들에게 소망과 안위를 가지게 합니다(롬 15:4).

그리고 단순히 계시 받은 자만이 예언자가 아니라 예언자(선지자)의 의무는 하나님의 뜻을 백성에게 계시해주며 율법을 해석해 주고 죄에 대항하여 싸우며 백성으로 하여금 의무의 길로 돌아오게끔 가르치며 미래에 대한 하나님의 영광스러운 약속에 대하여 소망을 주며 주의를 환기시키는데 있는 것입니다. 예수 그리스도는 이 사명을 다 하였습니다. 역사적 기독교회는 예수 그리스도만이 교회의 유일한 선지자이시며 지금도 성령을 통하여 말씀하고 계십니다.

3. 그리스도께서 선지자로 행하심

그리스도께서는 누가복음 13:33절에 "내가 갈 길을 가야하리니 선지자가 예루살렘 밖에서 죽는 법이 없느니라"고 자신이 선지자라고 하셨고, 그는 아버지께로부터 메시지를 가져온다고 말씀하셨으며(요 8:26-28, 12:49-50, 14:10,24, 15:15, 17:8, 20), 또 앞으로 다가올 일을 예언했으며(마 24:3-35, 눅 19:41-44), 따라서 특수한 권위로 말씀하셨습니다(마 7:29). 이 모든 말씀을 미루어 볼 때 그는 선지자이시고 또한 백성들이 선지자로 인식하였습니다(마 21:11, 46, 눅 7:16, 24:19, 요 3:2, 4:19, 7:40, 9:17).

예수님은 육체로 세상에 계실 동안 역사하시고 승천 후에도 여전히 성령으로 이 직무를 수행하고 계십니다(요 14:16, 26). "그리스도께서 선지자의 직분을 행하시는 것은 건덕과 구원에 관한 모든 일에 있어서(엡 4:11-13, 요 20:31, 행 20:32) 성령과 말씀으로 말미암아(고후 2:9-10, 벧전 1:10-1, 벧후 1:21) 하나님의 완전하신 뜻을(요 15:15) 여러 가지 시행 방법으로(히 1:1-2) 모든 세대의 교회에 계시하심으로(요 1:1, 4, 8) 선지자직을 수행하신다."(대요리문답 43문)고 말씀하고 있습니다.

4. 선지자직은 지금도 수행

"그가 위로 올라가실 때에 사로잡힌 자를 사로잡고 사람들에게 선물을 주셨다 하였도다. 올라 가셨다 하였은즉 땅아래 곳으로 내리셨던 것이 아니면 무엇이냐 내리셨던 그가 곧 모든 하늘 위에 오르신 자니 이는 만물을 충만케 하려 하심이니라 그가 혹 사도로 혹은 선지자로 혹은 복음전하는 자로 혹은 목사와 교사로 주셨으니"(엡 4:8-11)라고 기록하고 있습니다. 이 직분 중에 사도직과 선지자직은 지금 폐기된 직분입니다. 그 직무는 성경이 완료될 때까지 필요한 것입니다. 전도자, 목사, 교사와 가르치는 직들은 그리스도께서 교회에 주신 은사입니다. 오늘에도 이 직무를 위해 그리스도께서 계속 사람을 부르시고 계십니다(딤후 2:15).

오늘날은 선지자로서 그리스도의 사역의 새로운 계시를 줌으로서가 아니라 이미 주어진 계시 즉 성경을 연구하고 선포하고 가르치도록 사람을 보내심으로 성취되고 있는 것입니다. 우리는 기록된 계시인 하나님의 말씀을 가지고 있는 것입니다. 성경 외에 새로운 계시는 필요치 않습니다. 지금도 직접계시가 필요하고 임한다고 하면 그는 이단자이며 사술입니다(계 22:18-19).

하나님에 대한 참 지식은 그리스도 안에서 구원의 방법은 그의 말씀과 성령을 통해 우리에게 온다는 것을 믿어야 합니다. 그리고 신조나 신앙고백 요리문답과 같은 것이 전혀 무가치하다는 것은 아닙니다. 그것들은 영감되지 않는 사람들이 기록한 기독교신앙의 요약들입니다. 그것들은 성경에서 요약한 것이기 때문에 가치있는 것입니다. 그것은 성경이 가르치는 전체적인 뜻과 의미를 더욱 빨리 이해하고 배울 수 있도록 도와주는 것입니다.

참된 교회는 신실한 말씀이 선포되어야 합니다. 예수 그리스도께서는 승천 후에도 여전히 이 직무를 수행하고 계십니다(요 14:2-4). 구약시대에 많은 선지자들이 있었지만 세상을 떠난 후까지 활동하신 분은 없습니다. 예수님께서는 지금도 말씀과 성령으로 교회의 사역자들을 통해서 계속 역사하시고 수행하고 계십니다.

결론

역사적 기독교회의 참 선지자는 예수님 한 분뿐이십니다. 예수님은 구약에 예언된 선지자시며, 자신이 친히 선지자라고 말씀하셨습니다. 선지자는 하나님께 받은 명령을 사람들에게 전하는 것입니다. 선지자는 받은 것 이상 전하지 못하며 받지 않는 것을 전할 수 없습니다. 선지자는 하나님께로부터 받은 사실들을 사람에게 그대로 나타내 보이시고 권고하시고 위로하시고 경계하시고 미래를 예언하고 가르치며 죄에 빠지지 않도록 인도하는 것입니다.

지금도 예수님은 선지자로서 말씀과 성령으로 인도하십니다. 우리는 이 사실을 바로 알고 성령님께서 가르치시는 대로 성령의 인도를 받는 삶이 되어야 합니다 진정 성령의 인도를 받을 때 승리의 삶을 살 수 있습니다. 예수님은 선지자이십니다. 당신은 예수님이 우리의 신지자이심을 믿습니까? 그분의 인도를 갈망하십니까? 할렐루야 아멘.

그리스도의 제사장직(祭司長職)

히 7:11-25

제 25 문

그리스도께서 어떻게 제사장의 직분을 행하시는가?

답 : 그리스도께서 제사장의 직분을 행하시는 것은 단번에 자기를 제물로 드려 하나님의 공의에 만족하게 하며(히 8:1, 9:28) 우리를 하나님으로 더불어 화목하게 하시고(히 2:17) 또 우리를 위하여 항상 간구하시는 것이다(히 7:25).

예수님께서 가지신 삼직은 선지자, 제사장, 왕직입니다. 선지자에 대하여 말씀하신 바와 같이 선지자는 하나님의 뜻을 백성에게 계시해 주며 권고 경계 소망을 주며 율법을 해석해 주고 죄에 대하여 싸우며 백성으로 하여금 의무의 길로 돌아오도록 가르치며 미래에 대한 하나님의 영광스러운 약속을 주의 환기시켜 주는데 있습니다. 그러나 제사장직분은 하나님 앞에 인간을 대신하여 우리의 죄를 대속해 주시는 속죄사역입니다. 구약의 제사장들은 짐승을 잡아 제사를 드렸습니다. 그러나 예수 그리스도는 친히 자신을 드려 제사 지냈으며 구약시대에는 성소와 지성소가 구별 되어 있어서 지성소에서 대제사장이 일년에 한번씩 속죄의 제사를 드렸습니다.

예수님께서는 십자가에서 자신의 몸을 단번에 제물로 드릴 때 성소의 휘장이 갈라지고(눅 23:45), 완전한 제사를 드림으로 누구나 그를 믿으면 그의 피의 대가로 사죄함을 받아 직접 하나님께 나아가는 길을 열어주신 것입니다. 그리스도의 제사장직은 대단히 중요하며 이 진리를 이해하지 못하면 참 그리스도인이 될 수 없습니다.

1. 제사장에 대한 예언(豫言)

구약성경은 장차 오실 구세주의 제사장직을 예언하고 있습니다(시 110:1-4). 이사야 53장에서 그를 제사장의 능력을 가진 주의 종으로 말씀하고 있습니다. 구약성경의 제사장은 메시야인 것을 말씀하고 있습니다.

신약성경 히브리서 3장에서 8장까지 그리스도의 제사장직에 대하여 말씀하고 있습니다(막 10:45, 요 1:29, 롬 3:24-25, 고전 5:7, 엡 5:2, 요일 2:2, 벧전 2:24, 3:18). 예수 그리스도는 신구약성경이 예언한 메시야이며 아론보다 더 높은 대제사장입니다.

2. 제사장의 자격

제사장이란 말은 하나님 앞에 서는 자란 뜻입니다. 성경의 최초의 제사는 가인과 아벨에 의해 받쳐진 것이며(창 4:34), 그후 노아(창 8:20), 아브라함(창 12:7), 이삭(창 26:25), 야곱(창 28:18)이며, 이때는 제사장직이 별도로 없이 그들은 스스로 제사장이요, 또 예배자들이었습니다.

이스라엘의 제사법전은 모세가 시내산에서 신탁을 받음에서 출발합니다. 모세는 신탁에 의해 제사제도를 선포하고 그의 형 아론과 그 아들들을 제사장으로 성별하였습니다(출 24:28, 레 8:). 그후 레위인들이 성별되어 지파 전체가 제사장계통이 되었습니다(출 32:29). 선지자들은 도덕적 영적 의무와 책임과 특권을 강조했으나 제사장들은 하나님께 아주 가까이 접근하라는 의식적 계율을 강조했습니다.

히브리서 5:1-6에서 제사장직에 대해서 (1) 그들의 대표로서 사람 가운데 취한 자입니다. (2) 그는 하나님에 의하여 임명되었고, (3) 그는 백성을 대신하여 하나님께 관련된 일 즉 종교적 일에 대하여 활동하였고, (4) 그는 죄씻음을 받으려고 제물과 번제를 드리며 그는 또한 백성을 위하여 중재역할을 담당했습니다.

예수 그리스도께서 제사장으로서의 자격은 일반자격과 특수자격을 말할 수 있습니다.

1) 일반 자격

그는 인간 세상에 오셔서 인생이 당하는 고난을 그도 똑같이 당하심으로서 구원의 주장이 되셨고(히 2:10), 인생과 같이 혈육에 속하심으로 죽음을 맛보시고 죽음을 이기사 사망에 속한 자들을 구원코자 하시고 우리와 똑같은 육체를 가졌지만 죄는 없었습니다(히 2:14, 4:15).

2) 특수한 자격

제사장은 하나님과 인간 양편에 관계 있는 직무입니다. 인간 하나 하나의 구원을 위해서 그 몸으로 제사하시며 사람을 대신하여 하나님 앞에 열과 성을 다하였습니다(고후 1:20-22).

3. 제사장직의 사역(使役)

1) 그리스도께서 단번에 자기를 제물로 드렸다.

제물로 드린 것은 바로 자신이었습니다. 구약 제사는 양이나 소나 비둘기로 제물로 드렸습니다. 이 제사는 온전한 제사가 되지 못하므로 그리스도께서 자기 자신을 제물로 드려 십자가상에서 완전한 제사를 드린 것입니다. 그리스도의 희생은 자기 희생이었으며 이 희생에 있어서 그는 자기의 목숨을 죄인을 위하여 내어주신 것입니다. 특히 단번의 희생은 (히 8:27, 10:10) 구약에서 온갖 희생에 대하여 묘사되어 있는 모든 요소들을 포함하고 있습니다. 그것은 죄를 보상하기 위한 속죄제와 반역죄를 탕감하기 위한 제사였으며, 완전한 헌신, 완전한 번제였습니다(히 8:27, 10:10). 그리고 죄인이 하나님과 함께 축복된 친교에 들어갈 수 있는 화목제였습니다(롬 5:10-11). 구약에 나타난 그리스도의 희생적 사역의 예표는 출애굽의 유월절 어린양(출 12:3-11)이며, 요한복음 1:29에 세상 죄를 지고 가는 하나님의 어린양이라고 세례 요한은 고백하고 있으며, 바울은 고린도전서 5:7에 유월절 양이라고 부르고 있습니다.

단번에 드린 완전한 제사는 (1) 하나님의 사랑을 확증하고(롬 5:8), (2) 인간이 죄에서 자유함을 얻었고(롬 5:9, 엡 1:7), (3) 하나님의 율법이 완성되고(요 19:30), (4) 하나님과 사람 사이에 화평을 이루었습니다(롬 5:1, 10-11).

그리스도의 자기 희생의 제사가 하나님의 공의를 만족시켰기 때문입니다.

2) 우리를 위하여 항상 간구하신다.

제사장이 하는 중대한 일은 제물을 드리는 일이요, 백성들의 사죄를 위하여 대표하여 하나님께 기도하는 일입니다. 그리스도께서도 자신을 단번에 완전한 제사를 드리고 우리를 위하여 기도하시는 것입니다.

"그러므로 자기를 힘입어 하나님께 나아가는 자들을 온전히 구원할 수 있으니 이는 그가 항상 살아서 저희를 위하여 간구하심이니라"(히 7:25). "누가 정죄하리요 죽으실 뿐 아니라 다시 살아나신 이는 그리스도 예수시니 그는 하나님 위편에 계신 자요 우리를 위하여 간구하시는 자시니라"(롬 8:34).

그리스도의 이 기도는 구원의 완성의 그날까지 계속될 것입니다. 그는 우리의 약함을 돕기위하여 기도하며(롬 8:26-27), 정죄하지 않기 위하여 기도하며(롬 8:34), 우리를 시험에 들지 않게 하기 위하여 기도하시고(눅 22:31) 계시는 영원한 대제사장이십니다.

4. 제사장 사역(使役)의 범위(範圍)

그리스도의 구속은 '모든' 사람을 위해서 또는 '오직' 그 사람들을 위해서 구속하신 것입니다. 이것은 속죄의 제한된 구속 '특별구속'이라고 할 수 있습니다. 예수 그리스도는 만인을 위해 대속물이 되신 것이 아니라 자기 백성을 위해 죽으셨습니다. 그는 자기 백성을 죄에서 구속하기 위해서 오셨고(마 1:21), 자기 백성을 위하여 십자가를 지신 것입니다. 예수 그리스도의 보혈은 측량할 수 없이 위대한 것입니다. 그 가치는 무한하십니다. 제한된 속죄란 능력의 제한이 아니라 범위의 제한입니다.

"그러므로 자기를 힘입어 하나님께 나아가는 자들을 온전히 구원할 수 있으니 이는 그가 항상 살아서 저희를 위하여 간구하심이라"(히 7:25) 했으며, 요한복음 17:9,

6:38-39에는 우리 주님의 죽으심은 아버지께서 저에게 주신 자들에게만 제한되어 있음을 말씀하고 있습니다.

구약성경에 대제사장이 성소에 속죄를 드릴 때 "이스라엘 자손의 이름을 그의 가슴에 매단 것처럼"(출 28:21) 예수 그리스도의 대속은 만민을 위한 것이 아니요 오직 그의 선택하신 백성을 위해 대신하신 것입니다. 그리스도는 성도들만 위한 것이 아니라 아직 불신 속에 빠져있는 선택받은 모든 사람을 대신해서 희생 제물이 된 것입니다(요 17:20).

결론

제사장의 본직은 백성을 대신해서 하나님께 제사를 드리는 것입니다. 제사장이 드리는 제사는 레위기 1~5장에 5대 제사가 있습니다.

(1) 번제: 가축으로 받치는 바 하나님께 대한 헌신을 표하는 자유로운 제사(레 1:)
(2) 소제: 농작물로 받치는 은혜에 대한 감사(레 2:)
(3) 화목제: 동물을 받쳐 하나님과 교제를 원만히 하는 것을 감사제라고도 함(레 3:)
(4) 속죄제: 동물 또는 농작물을 헌납자의 지위와 재산과 죄목에 따라 받치는 제사로 고의적이 아닌 범죄에 대한 제사(레 4:) 고의적 범죄는 사함을 받지 못하며 백성 중에 단절됨(민 15:30)
(5) 속건제: 동물을 받치는 것으로 속죄제의 일부이나 이는 성물에 대한 그릇 범죄에 대해 받치는 제사(레 5:)

이상의 모든 제사들은 모두 그리스도에 대한 대속의 그림자입니다.

예수님은! (1) 번제처럼 자신을 완전히 하나님께 받치셨고, (2) 소제처럼 완전한 인성으로 향기로운 생을 받치셨고, (3) 하나님과 인간 사이에 화목제물이 되셨고, (4) 인간의 범죄로 인하여 속죄의 제물이 되시고, (5) 또 사람의 허물에 대하여 속건제를 드렸습니다. (6) 지금도 우리를 위하여 간구하십니다.

예수님은 이 모든 제사를 십자가상에서 자신의 몸을 드려 보혈로 완전한 제사를 드리셨습니다. 그는 영원한 대제사장이십니다. 예수님은 영원한 대제사장의 직무를 완전히 수행하셨습니다. 예수님은 우리의 모든 죄를 대속해 주신 대제사장이십니다. 영원하신 대제사장이신 예수 그리스도를 믿고 마음에 모시므로 사죄의 은총을 받아 기뻐하며 감사하는 삶이 되기를 축원합니다. 당신은 예수님이 당신의 모든 죄를 대속하신 대제사장이심을 믿습니까? 만약 예수님이 제사장의 직무를 완전히 수행하지 못했다면 우리에게는 예수를 통한 구원은 없습니다. 그러나 주님이 십자가상에서 제사장의 직무를 완전히 수행하셨기 때문에 선택받은 사람과 그를 믿는 모든 사람은 구원을 보장받습니다.

당신은 예수 그리스도를 통한 사죄를 확신하십니까? 예수님이 대제사장으로서 단번에 드리신 속제제사를 인정하십니까? 할렐루야 아멘.

그리스도의 왕직(王職)

시 110:1-7

제 26 문

그리스도께서 어떻게 왕의 직분을 행하시는가?

답 : 그리스도께서 왕의 직분을 행하시는 것은 우리로 하여금 자기에게 복종하시고(시 110:3) 우리를 다스리시며 보호하시고(사 33:22, 사 32:1-2) 자기와 우리의 모든 원수를 막아 이기시는 것이다(고전 15:25).

그리스도의 직분은 선지자, 제사장, 왕의 삼직을 가지고 수행하신 분이십니다. 그리스도의 선지자직과 제사장직은 앞에서 말씀드렸습니다. 이제 그리스도의 직분 중 마지막 왕직에 대해 말씀 드리겠습니다.

예수님께서 십자가에 못박혔을 때에 십자가 위에는 "이는 유대인의 왕 예수"(마 27:37, 막 15:26, 눅 23:33, 요 19:19)라 기록되어 있었습니다.

창조 사역의 주인공이신 예수님이 세상에 오실 때 비천한 가정과 환경에 오셨습니다. 그러나 예수님은 왕으로 자기 백성을 구원하시기 위해(마 1:21) 왕으로 오시고, 구속주로서 왕권을 충분히 이행하시고 승천하시어 하나님 보좌 위편에서 하늘과 땅의 모든 권세를 가지신 왕이 되시고, 앞으로 우주적인 왕으로 다시 오심으로 온 세상은 그의 앞에서 심판을 받게 됩니다. 그리스도의 왕직에 대하여 알아보겠습니다.

1. 왕에 대한 예언

성경은 여러 곳에서 그리스도의 왕권에 대하여 말씀하고 있습니다(시 2:6, 45:6-7, 110:3, 132:11, 사 9:6-7, 미 5:2, 눅 1:36, 19:27-38, 요 18:36-37, 행 2:30-36). 특히 요한복음 1:19은 나다나엘이 빌립의 말을 듣고 예수님 앞으로 왔을 때에 예수님께서 자신을 아시는 지혜를 보고 "당신은 이스라엘의 임금이로소이다"라고 말했습니다. 이 말을 듣고 예수님께서는 자신이 왕이 아니라고 부인하지 않았습니다. 마태복음 2:2에 "유대인의 왕으로 나신 이가 어디 계시뇨"라고 동방박사들이 말했고, 요한복음 18:37에 "친히 내가 왕이니라"고 말씀하셨습니다. 예수님의 왕직에 대하여는 구약에 이미 예언하신 것이며, 사도들도 그리스도 자신도 왕이라고 말씀하시고, 만왕의 왕으로 (계 20:6) 이 땅에 재림하실 것입니다.

2. 왕권(王權)의 사역(使役)

하나님의 아들로서의 그리스도는 자연적으로 모든 피조물을 지배할 수 있는 하나님의 주권에 참여하시며, 이 왕권은 그의 신성에 뿌리박고 있으며 본래의 권리에 의하여 그에게 주어진 것입니다. 예수님은 ① 교회에 대한 영적 왕권, ② 우주를 지배할 수 있는 왕권입니다. 예수 그리스도는 포로된 자기 백성을 죄에서 구원하시는 왕이시며, 우주를 통치하시는 만왕의 왕이십니다(빌 2:10-11).

1) 우리로 복종케한다.

"하나님의 말씀이 점점 왕성하여 예루살렘에 있는 제자의 수가 더 심히 많아지고 허다한 제사장의 무리도 이 도에 복종하니라"(행 6:7). 심리학자 스텐너는 순종과 복종과 항복의 차이를 이루게 말하고 있습니다. "여자의 옷을 벗기는 방법이 세 가지가 있는데, 하나는 남편이 아내를 사랑하면 기쁨 마음으로 옷을 벗는 데 이것이 순종이고, 둘째로 병원에서 의사가 진찰하기 위해서 옷을 벗을 것을 요구할 때 억지로 벗는 것은 복종이고, 세 번째로 강도가 총을 들이대며 옷을 벗을 것을 요구할 때는 항복이다."라고 했습니다.

그리스도인은 하나님께 순종해야 합니다. 그리고 복종해야 합니다. 하나님은 복종 지수가 높은 사람을 사용하십니다. "사람보다 하나님을 순종하는 것이 마땅하니라"(행 5:29). "그때에 만물을 자기에게 복종께 하신 이에게 복종케 되리니"(고전 15:28). 하나님은 우리에게 복종하기를 원하십니다.

2) 우리를 다스리신다.

"대저 여호와는 우리의 재판장이시오 여호와는 우리에게 율법을 세운 자시오 여호와는 우리의 왕이시니 우리를 구원하실 것임이니라"(시 33:22). 말씀으로 우리를 다스리시며 나가 교회의 법으로 우리를 다스리십니다. "범죄자를 훈계하라 순종하지 않으면 치리 하라"(마 18:15-18). "음행한 자는 너희 중에서 물리 치라"(고전 5:1-13). 그리스도께서 왕으로서 교회의 성결을 위하여 우리를 다스리십니다. 이 다스리심에 순종하는 복된 성도가 되시기를 축원합니다.

3) 보호하십니다.

주님은 한번 택하여 자기 자녀가 된 사람은 절대 버리지 않으시고 보호해 주십니다. 시편 121편에는 주무시지도 않으시고 보호하신다고 했습니다.

(1) 영적 생명을 보호해 주십니다.

"하나님께로서 난자마다 범죄지 아니하는 줄을 우리가 아노라 하나님께로서 난자가 저를 지키시매 악한 자가 저를 만지지도 못하느니라"(요일 5:18).

"내게 주신 아버지의 이름으로 저희를 보전하와 지키었나이다 그 중 하나도 멸망치 않고 오직 멸망의 자식뿐이오니"(요 17:12).

(2) 육적 생명을 보호하십니다.

하나야, 미사엘, 아사랴의 생명을 풀무에서 건지신 하나님(단 3:19-30), 다니엘을 사자굴에서 건지신 하나님(단 6:19-24)은 지금도 우리의 생명을 보호해 주십니다.

(3) 사업을 보호해 주십니다.

"욥이 어찌 까닭 없이 하나님을 경외하리이까 주께서 그와 그 집과 그 모든 소유물을 산울로 두르심이 아니니까 주께서 그 손으로 하는 바를 복되게 하사 그 소유물로 땅에 넘치게 하셨음이라"(욥 1:9-10). "악한 짐승을 금하고 때를 따라 비를 내리되 복된 장마비를 내리리라"(겔 34:25-26).

(4) 환난과 시험에서 지키십니다.

"핍박과 고난과 또한 안디옥과 이고니온과 루스트라에서 당한 일과 어떠한 핍박받는 것을 네가 과연 보고 알거니와 주께서 모든 것 가운데 나를 건지셨느니라"(딤후 3:11)

"네가 인내의 말씀을 지켰은즉 내가 또한 너를 지키어 시험의 때를 면하게 하리니 이는 장차 올 세상에 임하여 땅에 거하는 자들을 시험할 때라"(계 3:10).

"주께서 경건한 자를 시험에서 건지시고"(벧후 2:9).

3. 왕권(王權)이 미치는 범위(範圍)

예수 그리스도의 왕권은 어디까지 미치는가?

1) 영적 왕권이 미치는 범위

성경은 여러 곳에서 이 왕권에 대하여 말씀하고 있습니다(시 2:6, 45:6-7, 시 132:11, 사 9:6-7). 그리스도의 영적 왕권은 그의 백성과 교회에 대한 왕적 통치를 뜻합니다.

(1) 예수 그리스도의 영적 왕국은 신약 성경에 하나님의 나라 또는 하늘나라, 천국, 천당이라고 불려지고 있는 나라와 동일합니다. 이 왕국은 우선 그리스도 안에서 하나님의 모든 왕권이 확립되어 중생의 사업에 의해서 인간의 마음속에 그 왕권을 승인하는 왕국입니다(눅 17:21).

(2) 그리스도 안에서 하나님의 통치가 미치는 왕국으로서 하나님의 영에 의한 창조된 왕국이며 영의 생명 속에 참여하고 있는 사람으로 구성되는 왕국입니다(골 1:13).

(3) 하나님의 나라의 모든 원리를 적용하므로 결과되는 존재들입니다(마 13:24-30).

(4) 예수 그리스도의 영적 왕국은 현재적이며 미래적입니다(마 12:28).

2) 우주적 왕권이 미치는 범위

(1) 하늘과 땅과 모든 세계 (마 28:18, (엡 1:20-22 고전 15:27)
(2) 국가, 민족, 사회단체, 개인(단 2:44)
(3) 사탄과 그의 원수들에게(계 2:14-15, 히 2:14, 요일 3:18)
(4) 보이는 것과 보이지 않는 것(빌 2:10-11).

4. 왕권의 기간

1) 영적 왕권의 기간은 영원합니다(시 45:5 72:17, 89:36-37, 벧후 1:11).
2) 우주적 왕권의 기간은 왕국의 원수 마귀에 대한 완전한 승리의 때까지 지속됩니다 (고전 15:24-28). 새 하늘과 새 땅이 도래할 때까지(계 21:1).

5. 천년왕국(千年王國)

천년왕국에 대한 견해는 세 가지가 있습니다. 이 세 가지는 다 성경적입니다. 각자의 신앙에 따라 교단이 지향하는 견해에 따라 한국 교회는 선택하고 있습니다. 이 견해가 다르다고 해서 이단이라 할 수 없습니다. 박형룡 박사는 천년 왕국을 말하고 믿는 것은 모두 보수라고 말했습니다.
천년왕국의 세 가지 설은 전천년설, 후천년설, 무천년설입니다.

1) 전 천년설

현시대…예수님재림(성도부활) 천년기…악인의 심판…영원

2) 후 천년설

현시대…천년기…. 예수님 재림(일반적 부활) 영원

3) 무 천년설

현시대(천년기)…예수님재림(일반 부활) 영원

(1) 전천년설은 그리스도께서 성도를 부활시키려 다시 오실 것이며, 그때에 천년동안 왕국을 건설하실 것이며, 이후에 성도들이 부활 심판의 날, 그리고 영원한 세계가 올 것을 믿는 것입니다.
(2) 후천년설은 그리스도가 재림하기 전 세상이 복음화가 되어 평화가 전 세상에 임하는 천년기 후에 재림하여 심판하시고 영원한 세계가 온다고 믿는 신앙입니다.
(3) 무천년설은 천년이 없다는 말이 아니고 문자적 천년이 없다는 말이며, 예수 그리

스도의 초림에서 재림까지를 천년으로 보면 어느 날 예수님이 재림하며 성도의 부활과 심판과 그후에 영원한 세계가 온다고 믿는 신앙입니다.

세 견해 중 한국 교회는 과거에는 전천년설이 우세했지만 지금은 무천년설을 지지하는 경향으로 변화되고 있습니다. 그리고 장로교회를 창설한 칼빈도 무천년설을 지지하고 있습니다. 그리고 상세한 것은 종말론에서 연구하기로 하겠습니다.

결론

예수 그리스도는 만왕의 왕이십니다. 그리스도의 왕권은 영계와 교회와 세계와 우주를 통치하시는 왕중의 왕이십니다. 주님은 성도들에게 생명의 구원과 복락을(요 10:28) 주시며 모든 환난과 고통을 이길 힘을 주시며, 사탄과 마귀의 세력을 박멸하시고, 성도들에게 마음의 평화와 기쁨을 주시는 평화의 왕이요, 화평의 왕이십니다.

이 세상에는 세 종류의 사람이 있습니다. 자연인 즉 그리스도 밖에 있는 사람 또 육에 속한 사람, 즉 그리스도를 믿는데 마음의 왕으로 모시지 않는 사람, 영에 속한 사람, 이 사람은 예수님을 마음의 왕좌에 왕으로 모신 사람을 말합니다.

당신 어디에 속해 있습니까?

사랑하시는 성도 여러분, 예수 그리스도를 우리의 마음의 왕좌에 왕으로 모시고 그분에게만 복종하고 순종하여 참된 행복을 누리는 성도가 되시기를 축원합니다.

그리스도께서 왕의 직분을 행하신 것은 우리로 하여금 자기에게 복종하게 하시고 우리를 다스리시며 보호하시고 자기와 및 우리의 모든 원수를 막아 이기시는 것입니다. 예수님은 지금도 만왕의 왕이시며, 대선지자, 제사장의 세 가지 직분을 빈틈없이 수행하시고 계십니다.

말씀과 성령으로 교회를 통치하시며(왕), 하나님을 대표하여 그 뜻을 알려 주시며(선지자), 백성을 대신하여 자신을 단번에 제물로 드리셨으며, 또한 그들을 위해 계속 기도하시고(제사장) 계십니다. 그러므로 인간은 오직 예수님만이 선지자, 제사장, 왕이심을 믿고 고백하는 자만이 하나님의 축복과 구원의 감격을 누릴 수 있습니다.

당신의 왕은 누구십니까? 예수님이 당신의 왕이심을 믿습니까? 할렐루야 아멘.

그리스도의 낮아지심

빌 2:6-7

제 27 문

그리스도의 낮아지심이 어떠한가?

답 : 그리스도의 낮아지심은 곧 그의 강생함인데 또한 비천한 지위에 나셔서(눅 2:7) 율법아래 복종하시고(갈 4:4), 금생의 여러 가지 비참과(사 53:3) 하나님의 진노하심과(마 27:46) 십자가에서 저주의 죽음을 받으시고(빌 2:8) 묻히셔서(고전 15:4) 얼마동안 죽음의 권세아래 거하신 것이다(고전 15:4).

하나님의 본체시며 권능과 영광이 하나님과 동등하신 그리스도께서 인간 구원을 위해 사람이 되신 것을 한마디로 그리스도의 낮아지심(비하)이라 말합니다. "말씀이 육신이 되니라"(요 1:14). "때가 차매 하나님께서 그 아들을 보내 사 여자에게 나게 하시고"(갈 4:4). "그는 근본 하나님의 본체이시나…오히려 자기를 비어 종의 형체를 가져 사람과 같이 되셨고"(빌 2:6-7). "자녀들과 함께 혈육에 속하셨으매 그도 또한 한 모양으로 혈육에 함께 속하심은"(히 2:14)라고 기록하고 있습니다. 하나님이신 그리스도께서 낮아지심은 한 인간으로 온 것만 아니고 사람들과 똑 같은 모습으로 비천한 자리에 앉으시고 율법에 복종하시고 모든 어려움과 고통을 당하시고 형벌 중에 가장 추하고 부끄러운 십자가를 지시기까지 진노를 당하시고 인간의 구원을 위해 죽으신 것입니다. 이것을 그리스도의 낮아지심이라 말합니다.

1. 그리스도의 본 지위

1) 삼위일체 하나님이시다(요 1:1).

2) 창조자이시다(요 1:3, 골 1:16-17).

3) 율법의 수여자이시다(마 4:17, 5:2, 약 4:12).

사도 바울은 그리스도는 "근본 하나님의 본체시니"(빌 2:6)라고 말씀하고 있습니다. 그리스도는 본질상 하나님과 성령님과 동일하시며 권능과 영광이 동등하십니다. 그리스도는 바로 하나님이시고 창조자시며, 율법의 수여자이십니다. 그런데도 그리스도께서는 이것을 염두에 두지 않으시고 오히려 그 택한 백성을 위해 자기를 비어 종이 되어 낮아지심으로 구속을 완성하신 것입니다. 그리스도는 하나님이십니다. "아버지여 창세 전에 내가 아버지와 함께 가졌던 영화로서 지금도 아버지와 함께 하옵소서"(요

17:5)라고 하신 말씀은 그리스도께서 창세 전에 하나님과 영광을 누리고 계셨던 주님이심을 알려주고 있습니다. 예수 그리스도는 비하하시기 전 하나님이십니다.

2. 그리스도의 낮아지심의 단계

그리스도의 낮아지심의 단계는 다음과 같습니다.

1) 자기를 비우는 단계

그리스도의 낮아지심은 강생함인데 우주의 주권적 통치자이신 하나님이신 그리스도께서 자신의 신적 영광을 포기하시고 종의 형체로 인성을 취하신 것입니다(빌 2:6-7).

"맏아들을 낳아 강보에 싸서 구유에 뉘었으니 이는 사관에 있을 곳이 없음이러라"(눅 2:7) 했으니 극히 비천한 지위에서 나신 것입니다. 베들레헴 성에는 집집마다 손들로 차 있었지만 탄생하신 아기 예수님을 위해서는 방 한 칸도 없었습니다. 그러나 주님은 자기를 비어 모든 것을 인간 구원을 위해 포기하신 것입니다.

(1) 하나님의 속성인 전지성, 전능성, 편재성의 독자적(마음대로) 활동을 포기하는데 있습니다. 그리스도는 신인으로서 신성과 인성의 결합이후 인성에 있는 헌신적 능력의 활동을 포기해 왔는데 그 비하가 있습니다. 그러나 아버지께서 그리스도에게 상대적 속성을 허락할 때는 조금도 구애됨이 없이 그대로 전지전능하시고 편재하셨습니다.

(2) 창세 전에 영광을 포기하시고(요 17:5) 종의 형체를 취했습니다(빌 2:6).

(3) 사람과 같이 되신 것입니다(빌 2:7).

그리스도는 하나님의 형상으로 존재해 오셨는데, 하나님의 형상을 포기하고 이제 사람의 형상으로 존재하게 된 것입니다(롬 8:3). 그리스도의 육신은 우리의 육신이 지니고 있는 것과 같은 약점과 범죄할 수 있는 기회가 틈탈 수 있는 부족함과 연약성을 지닌 비천한 육신으로 나신 것입니다(요 1:14).

2) 자기를 낮추는 단계

그리스도의 낮추심에 대해 영국작가 루이스는 "목자가 남은 양들을 구하기 위해 자신을 제물로 드리려고 한 마리의 양이 되는 것과 같다."고 했습니다. 그리스도는 우리를 구원하시기 위하여 자신을 이것보다 더 낮추신 것입니다. 그는 가난한 가정에 태어나 불행한 시대에 사회적 부나 지위를 가지지 않았으며 하나님의 율법에 복종하여 비참한 고통과 진노를 당하시고 십자가에 죽으시고 자신을 낮추었습니다.

(1) 율법 아래 복종하심

율법의 수여자이시며 제정자이시며 법위에 계신 분이 사람이 되시므로 그 법에 자신을 복종시키며 계명들을 완전히 지키는 것이 그의 의무였습니다. 난 지 8일만에 할례를 받고 모든 율법에 복종한 것입니다(마 5:48, 갈 4:4). 그는 우리가 당하는 시험과 유혹을 받으면서 하나님의 계명을 완전히 지키므로 우리의 의가 되신 것입니다.

(2) 비참과 고난을 당하심

하나님이신 그리스도께서 인간이 경험하는 모든 비참과 비애를 경험하셨습니다. 끊임없는 사탄의 공격과 여러 가지 반대와 박해를 받으시며 시험과 고통을 받았습니다(사 53:4). 단 죄의식의 비애를 제외한 비참을 경험했습니다.

(3) 저주의 죽음을 당하심

"나무에 달린 자마다 저주 아래 있는 자"(신 21:23)로 십자가의 죽으심은 저주의 죽으심입니다. 죽음과 상관없으신 그리스도께서 인류구원을 위해 십자가 위에서 잔인한 죽음을 당하심으로 인간의 죄의 형벌을 완전히 지불하셨습니다.

"하나님이 죄를 알지도 못하신 자로 우리를 대신하여 죄를 삼으신 것은 우리로 하여금 저의 안에서 하나님의 의가 되게 하려 하심이라"(고후 5:21)라고 하시며, 그의 죽으심이 우리의 의가 되셨다고 말하고 있습니다. 그리스도의 죽음은 복음의 근본 주제입니다(고전 15:1-3).

(4) 죽음의 권세 아래 거하심

그리스도께서 사망권세 아래 삼일동안 거하셨습니다(고전 15:3). 이처럼 예수님의 낮아지심은 우리를 위한 너무나도 위대한 희생이요 사랑입니다. 다른 모든 사람들처럼 예수님도 생명을 소중하게 여기셨습니다. 그러나 인간 구원을 위해서 천하보다 귀한 자신의 생명을 아낌없이 내어 주신 것입니다.

3. 그리스도의 죽으심의 의의(意義)

1) 대속적 죽음이다.

속량과 속전의 의미는 다른 사람을 속박에서 풀어주기 위하여 값을 대신 지불하는 것을 말합니다. 레위기 26:47-49에 대신 대가를 지불하는 것이며 잡혀있는 상태에 있는 인간이나 물건을 대가를 지불하고 다시 찾는 일입니다(막 10:45, 마 20:28).

죄는 바로 죄인이 죄아래 팔려있는(롬 7:14) 노예 시장이며 그러한 인간의 영혼은 죽음의 선고 아래 놓여져 있는 것입니다(롬 7:14, 겔 18:4). 그러나 그리스도의 죽으심에 의해 죄인을 죄의 시장에서 사신 후 죄의 속박에서 완전하게 해방하여 주시는 것입니다. 그 대가는 그리스도의 존귀한 보혈입니다. 그를 믿는 자는 율법의 저주에서 해방됩니다.

2) 화목을 위해 죽으셨다.

그리스도께서 십자가에 죽으심으로 그의 보혈의 피로 하나님과 화목되게 하신 것입니다(롬 5:10, 고후 5:18-19, 엡 2:16). 그러므로 우리도 화목해야 합니다(고후 5:20).

3) 대리적 죽음이었다.

하나님은 죄와 전혀 관계가 없으신 그리스도를 우리를 위해 죄를 대신하게 하셨습니다. 그리스도께서 몸소 십자가에 달려 그 몸으로 우리들의 죄를 담당하셨으며 우리들의 죄를 위해 형벌을 받으셨으며 이 형벌은 억지가 아니고 자발적인 것입니다(요 10:17-18). 그리스도께서 우리의 죄를 대신하여 죽었습니다. 모리아산 수양이 이삭을 대신 하여 죽은 것처럼 예수님은 우리의 구원을 위해 대신 죽으신 것입니다.

4) 사탄의 세력을 결박하기 위해서

그리스도께서 십자가에 못 박히심으로써 사탄마귀의 세력은 실추되고 그리스도의 승리에 항복하여(히 2:14, 요일 3:8) 그리스도를 믿는 자에 대한 지배권을 사실상 상실하고, 또한 불순종하는 자에 대한 사탄의 지배권도 상실한 것입니다. 예수님의 죽으심은 사탄의 멸망의 선고이며, 인류에 대한 지배권의 상실입니다. 마귀의 세력은 아직은 온전히 소멸되지 않았지만 약화되고 무력화되고 있습니다. 그리스도의 십자가로 마귀는 치명타를 입은 것입니다. 성도는 사탄 마귀를 무서워하지 말고 담대하게 물리쳐야 합니다.

4. 그리스도의 죽으심의 범위(範圍)

그리스도의 죽음은 전 인류를 위해서 입니까? 택함 받은 자를 위해서 입니까? 예수 그리스도의 죽음의 속죄는 만민에게 충분합니다. 하나님의 행위는 무제한입니다. 그러나 속죄의 적용에 있어서는 제한적입니다. 성경은 택한 백성만을 위한 죽음이라고 말하고 있습니다(요 6:38-39, 17:6, 9, 10, 20).

보편적 속죄의 대변자들은 그리스도는 다만 모든 인간의 구원을 가능케 하려고 하셨으며 그들의 실제적 구속은 그들 자신의 자유선택에 의존할 뿐이라는 것입니다. 이것은 매우 잘못된 것입니다. 제한적 속죄는 그리스도께서 자신을 버려 구원한 모든 사람을 철저히 구원받는 것입니다. 대가를 지불한 자 중에는 어느 한 사람도 종말에 가서 구원에서 탈락되지 않습니다. 선택받는 자는 완전한 구원을 보장받습니다. 이것이 은혜요, 축복이요, 복음입니다.

결론

그리스도의 낮아지심은(빌 2:6-8) 그 본 지위를 버리시고 인간 구원을 위해 자발적으로 가장 비천한 지위를 취하신 것입니다. 하나님이신 예수님이 인간의 구원을 위해 인간의 나약성과 연약성을 체험하시고 율법에 복종하시고 십자가에 죽으시고 장사되어 죽음의 권세 아래 거하심으로 하나님과 사람 사이에 중보가 되어 온 인류의 구원의 역사를 완성하신 것입니다. 이 주님을 믿는 모든 사람은 죄의 비참에서 해방되고 구원을 얻습니다. 우리는 주님의 희생과 사랑을 깨달아 주님을 본받아 낮아지고 겸손하여 주님은 섬기며 이웃을 사랑하고 봉사하는 삶이 되어야 하겠습니다. 당신은 주님의 낮아지심을 믿습니까? 당신은 항상 낮은 곳에 있습니까? 할렐루야 아멘.

그리스도의 높아지심

빌 2:9-11

제 28 문

그리스도의 높아지심은 어떠한가?

답 : 그리스도의 높아지심은 사흘만에 죽음에서 다시 살아나신 것과(고전 15:4) 하늘로 승천하신 것과(행 1:9) 하나님 아버지의 우편에 앉자 계신 것과(엡 1:20) 마지막 날에 세상을 심판하려 오시는 것이다(행 1:11, 17:31).

그리스도가 역사 세계에 오셔서 낮아지시는 것으로 끝났다면 앙모할만한 특별한 이유가 성립되지 못하지만 하나님께서 그를 다시 높이신 것입니다.

하나님께서 죽은 자 가운데서 삼일만에 그의 권능으로 살리시고 다시 사신 그리스도를 하나님 보좌 우편 곧 권능과 영광의 자리에 오르게 하시고 지금 온 교회와 우주를 통치하시고, 하늘 지성소에서 성부 하나님께 완전한 제사를 드리시며, 그의 백성을 위해 계속 중보의 기도를 드리시며, 때가 되면 그리스도께서 전세계의 심판과 자기 백성들의 완전한 구원을 위해 재림하실 것입니다. 그리스도의 높아짐의 단계는 부활, 승천, 보좌에 앉으심과 심판을 위해 재림하시는 것입니다.

1. 부활하시므로 높아지심(고전 15:4-8)

부활은 그리스도의 신분에 있어서 위대한 전환점입니다. 그리고 복음의 핵입니다.

1) 그리스도 부활의 중요성

(1) 그리스도의 부활은 기독교의 근본입니다(롬 10:9-10).

성경은 말하기를 그리스도의 부활을 믿는 신앙이 구원의 본질이라고 말하고 있습니다(롬 10:9-10). 많은 사람들이 그리스도의 죽음의 필요성은 인정하지만 그리스도의 신체적 부활의 중요성을 부정하는 사람도 있습니다.

그리스도의 부활은 중요합니다. 고린도전서 15:12-19에 "부활이 없다면 복음 전하는 것은 헛것이며, 사도들은 거짓 증인이며, 성도도 여전히 죄 가운데 있으며, 그리스도 안에 잠자는 자들이 멸망했으며, 그리스도인은 모든 사람들 가운데 가장 불쌍한 자일 것이다"고 했습니다.

"그리스도의 부활은 복음의 근본이며 핵입니다"(고전 15:4, 딤후 2:8).

(2) 그리스도의 부활은 구원(救援)을 완전(完全)케 하심(롬 5:8-10).

하나님께서는 그리스도를 부활시키시사 우편에 존귀하게 임재시키신 목적은 임금과 구주가 되며 이스라엘에게 회개와 죄의 사함을 주시기 위해서 반드시 살아야 했으며(행 5:31). 구원을 완전케 하신 것입니다(롬 5:8-10)

(3) 성도들에게 의(義)롭다 하심과 영적(靈的) 출생(出生)을 상징(象徵)합니다(롬 6:4, 5,9, 고후 4:10-11, 롬 4:25).

(4) 성도 부활의 원인(原因)이 됩니다(고전 15:20-24).

(5) 부활은 역사적(歷史的)인 사건(事件)입니다(고전 15:5-6).

(6) 부활은 기독교만이 가지는 유일(唯一)한 독자적(獨自的)인 기적(奇蹟)입니다.

2) 부활의 성질

(1) 그리스도의 부활은 실제적(實際的) 부활입니다(요 20: , 계 1:18).

(2) 그리스도의 부활은 신체적(身體的) 부활입니다(요 20:).

(3) 그리스도의 부활은 독특(獨特)한 부활입니다.

구약의 사르밧 과부의 아들(왕상 17:17-24), 수냄여인의 아들(왕하 4:17-27), 신약의 야이로의 딸(막 5:22-43), 나인성 청년(눅 7:11-17), 나사로(요 11:), 다비다(행 9:36-43), 유두고(행 20:7-11) 등은 살았으나 다시 죽었습니다. 그러나 예수 그리스도는 살아서 승천하셨습니다.

2. 승천(昇天)하심으로 높아지심(행 1:9-11)

1) 그리스도의 승천

(1) 그리스도의 승천은 그의 부활체로 하늘에 돌아가심을 말합니다.

그리스도께서 500여 문도가 보는 가운데서 하늘나라로 올리우신 것입니다. 승천은 부활에 있어서 없어서는 안될 보충과 완성입니다. 자신이 여러 번 말씀하셨고(요 6:22 ,14:2,10, 16:5), 바울도 거듭 말하고 있으며(엡 1:20, 4:8-10 딤전 3:16), "승천하신 자"(히 4:10)라고 말씀하고 있습니다.

(2) 그리스도의 승천은 한 곳에서 다른 곳으로 옮기는 장소(場所)적 이전(移轉)입니다(행 1:10). 이 세상과 마찬가지로 하나님의 처소가 된다는 뜻입니다. 그 처소는 바로 하늘 나라입니다(마 18:10, 고후 5:1).

(3) 모든 성도들에 대한 승천의 예고(豫告)인 것입니다(엡 2:6, 요 17:24).

(4) 구원받은 자기 백성(百姓)을 위하여 마련된 장소입니다(요 14:2-3).

그리스도의 승천은 역사적인 사건이며 사실입니다.

2) 승천의 목적

(1) 선구자로서 하늘(천국)에 들어가기 위해서(히 6:20),

(2) 믿는 자를 위해 처소(處所)를 예비(豫備)하기 위해(요 14:2 히 9:21-24),

(3) 우리를 위해 하나님 앞에 나서 주시기 위해(히 9:24). 그리스도는 우리를 위해 속죄의 피를 드려 하나님 앞에 대제사장의 직무를 하고 계십니다.

(4) 우주를 지배 하실 때에 만물(萬物)에 충만(充滿)키 위해(엡 4:10).

3) 승천의 결과

(1) 하나님께 나가는 특전(特典)을 우리에게 주심(히 4:14-16).

우리의 위대하신 대제사장은 하나님 보좌 앞에서 그 백성의 소원을 올리며 사죄를 약속 받고 그들의 신앙과 기도에 응답하여 주시고 축복해 주시고 계십니다. 그러므로 우리들은 자유로움과 온전함과 확신을 가지고 하나님 앞에 나갈 수 있는 것입니다.

(2) 확실한 희망(希望)을 줍니다(고후 5:1-8). 그를 믿는 자들에게 그리스도와 함께 자신의 영광스러운 몸을 닮아 하늘로 영접해 줄 것을 확증해 주고 있습니다.

(3) 교회를 위하여 만물(萬物)의 머리가 되심(엡 1:22, 골 2:9-10).

만물은 그리스도에게 복종하고 그리스도는 만물의 머리가 되십니다.

3. 하나님 우편에 계심으로 높아지심(엡1:20, 골3:1, 행7:54-56)

하나님 우편(右便)이란 무슨 뜻입니까?

1) 하나님 우편은 "대적하는 사단의 곳 또는 참소(讒訴)하던 자가 쫓겨난 곳"이다(슥 3:1, 계 12:10).

2) 지금은 그리스도께서 차지하고 계시는 장소이다(롬 8:34).

3) 중보자가 지금 좌정하고 계시도록 허용되고 있는 장소이다(시 110:1).

4) 최고의 권세와 최대의 축복의 장소이다(창 48:13-19).

5) 권력의 장소이다(시 110:5).

이러한 모든 권력과 권능의 역사는 속죄 성업의 완성에 의하여 그리스도의 것으로 된 것입니다. 이 자리는 가장 높은 자리입니다.

4. 심판주로 다시오심으로 높아지심(요 5:27)

그리스도의 높아지심의 최상의 단계는 그가 심판주의 자격으로 이 땅에 다시 오시는 것입니다. 그는 승천하실 때 제자들이 본 것과 같이 가시적인 몸으로 다시 오실 것입니다.

1) 세상을 심판하시기 위해서 오신다(요 5:27).

"그 날과 그 때는 아무도 모르나니 하늘의 천사들도 모르고 오직 아버지만 아시느니라"(마 24:36).

2) 오심의 날과 시간은 알 수 없다(행 1:7).

우리 주님 자신도 땅에서 사역하실 동안 그 날이 언제가 될지 알지 못했습니다(막 13:32). 그러나 혹자들은 그 날과 시간을 안다고 자신하며 자주 인용하는 아모스 3:7절, "주 여호와께서는 자기의 비밀을 그 종 선지자들에게 보이지 아니하시고는 결코 행하심이 없으시리라"는 말을 하며, 자신만이 안다고 합니다. 그러나 이것은 매우 잘못된 것이며 위험한 것입니다. "때와 기한은 아버지께서 자기의 권한에 두셨으니 너희의 알바 아니요'(행 1:7)라고 말했습니다. 마태복음 24:5-35을 통해서 말세의 징조는 우리가 알 수 있습니다.

3) 그리스도는 갑자기 오신다(막 13:32).

4) 공개적으로 올 것이며, 사람들은 그들 자신의 눈으로 보게 될 것이다(행 1:11, 계 1:7).

5) 그의 재림의 시간에 죽은 자들이 무덤에서 일어날 것이다(요 5:28).

6) 그리스도께서 오실 때에 살아 있는 자들은 즉시로 변화할 것이다(살전 4:17, 고전 5:10).

7) 주님은 그때에 모든 인류를 두 편으로 나눌 것이니 구원받은 자들과 버려진 자들이다(마 25:31-46).

결론

한없이 낮아지셨던 주님께서 본래의 자리로 높아지신 것입니다. 죽음에서 부활하시고 하늘에 오르시고 하나님 우편에 앉아 계시며 세상의 심판 주로 높아지신 것입니다. 그분은 높아지심으로 본래의 모습과 영광을 찾으신 것입니다.

그리스도께서는 지금도 그의 낮아지신 신분에 있었을 때와 마찬가지로 그의 높아지신 신분으로 그의 백성들 가운데 활동하고 계십니다. 그리스도께서는 자신의 이익을 위해 이 땅을 떠난 것이 아니라 우리를 위해 구원받은 자의 처소를 예비하기 위해서(히 7:25) 높아지신 것입니다. 주님은 높아지심으로 천하 만민 곧 산 자와 죽은 자를 심판하시는 심판의 주가 되신 예수님은 우리들의 구주십니다. 그의 높아지심은 본래의 모습을 찾은 것입니다. 인간들의 근본도 높은 것입니다. 우리는 이 높고 존귀하신 주님을 맞을 준비를 슬기로운 다섯 처녀와 같이 준비해야 하겠습니다.

당신은 주님의 높아지심을 믿습니까? 예수님의 재림을 믿습니까? 할렐루야 아멘.

사신 구속(救贖)의 참여

요 3:3-7

제 29 문

우리는 어떻게 그리스도의 값주고 사신 구속의 참여자가 됩니까?

답 : 그리스도가 값주고 사신 그 구속에 참여자가 되는 것은 성령이(딛 3:5-6) 우리를 불러 믿음으로 효력 있게 그리스도에게 연결되게 하여주시는 일이다 (요 1:12-13, 3:5-6).

"**죄**의 삯은 사망"(롬 6:23)이요, 범죄한 인간은 하나님의 약속하신 대로(창 2:17) 죽을 수밖에 없습니다. 그러나 인간을 사랑하신 하나님의 사랑이(요 3:16) 인간이 멸망하는 것을 원치 않으시며 행복하기를 원하시는 하나님의 구속적 사랑이 인간이 구속함을 얻을 수 있는 방법(길)을 우리에게 주신 것입니다.

구원의 방법은 예수 그리스도입니다. 하나님은 독생하시는 그리스도를 보내 주셨고 그리스도는 그의 몸을 주셨고 이 놀라운 신비적 사실을 믿도록 성령님께서 우리를 그리스도에게로 이끄는 마음을 주셨습니다. 그러면 어떻게 하여 사신 그리스도의 구속에 우리가 참여 할 수 있을까요?

1. 그리스도의 은혜로 참여(벧전 1:18-19)

그리스도는 택하신 백성들의 유일(唯一)한 구속자이십니다. 그는 선지자, 제사장, 왕으로서 그는 메시아적 사역으로 우리의 구속을 완성하셨습니다. 그 구속은 그리스도의 보혈의 피로 사신 것입니다. 피는 곧 생명입니다. 죄는 성경이 가르친 대로 "너희 조상의 망령된 행실에서 구속하신 것은" 곧 시조 아담의 범죄로 인하여 누구도 피할 수 없는 원죄를 가리킨 말입니다. 인간이 죄를 짓지 않는다 해도 이 원죄 때문에 멸망을 받게 되는 것입니다. 오직 이 원죄와 자범죄는 그리스도로 말미암아 구속함을 받을 수 있는 것입니다(행 4:12). 구속이라 하는 것은 그 실존의 자연세계의 것이 아니여서 금이나 은이나 돈이나 대가를 지불하고 얻을 수 있는 성질의 것이 아닙니다.

오직 십자가에서 흘리신 죄없는 예수님의 피가 아니면 어떤 특권을 가진 존재로도 불가능합니다. 이런 의미에서 바울은 "예수 그리스도로 말미암아 구속함을 입은 우리들은 우리 자신들의 것이 아니고 오직 그의 피로 사신 그리스도의 것이기 때문에 그의 아버지 하나님께 영광을 돌리라"(고전 6:20)고 말씀하고 있습니다.

하나님이신 그분이 낮아지신 몸으로 이 땅에 오셔서 우리들의 죄를 사죄하시기 위해서 속제의 제물로 십자가를 지시고 보혈을 흘리시므로 우리로 하여금 그리스도의 구속에 참여하도록 하신 것입니다. "구속은 그리스도의 은혜로만 이루어집니다."

2. 성령의 은혜로 구속에 참여(딛 3:5-6)

성령의 작용으로 택한 자들에게 그리스도의 구속에 참여시킵니다. 성령은 단순한 힘이나 능력이 아닙니다.

1) 성령은?

(1) 하나님이십니다(행 5:4).
(2) 주님이십니다(고후 3:18).
(3) 창조자이십니다(창 1:2, 시 104:30).

성령님은 영원하시고(히 9:14), 무소부재하시며(시 139:7-10), 전능하시며(눅 1:35), 전지하십니다(고전 2:10-11). 그러므로 능력과 영광과 존귀가 성부 성자와 동일하십니다. "본체와 본질에 대해서도 동일하십니다." 성령님은 우리가 구속에 참여할 수 있도록 역사하시는 안내자이십니다.

성령이 감화하시므로 우리는 아무 공로 없이 그리스도의 공로로 이 큰 구원의 역사에 참여하게 된 것입니다. "우리가 이같이 큰 구원을 등한히 여기면 어찌 피하리요 이 구원은 처음에 주로 말씀하신 바요 들은 자들이 우리에게 확증한 바니"(히 2:3). 그러므로 구속에 참여하게 된 것을 감사하며 경히 여기지 말아야 할 것입니다(히 3:14).

오직 구원은 전적으로 그리스도의 공로로 된 것입니다. 우리의 행위의 소산이 아닙니다(딛 3:5). 성령께서 우리에게 그리스도의 구속을 상기시키시고 새롭게 하십니다.

성부 하나님은 그 아들을 그의 택하신 자의 구속자로 주시고, 성자 그리스도는 능동적이고 수동적인 순종으로 구속을 이루시고, 성령은 구속을 택하신 자들에게 적용시키는 것입니다. 성령은 삼위 일체 중 마지막 위로서 그리스도께서 승천하신 후 그리스도의 대변자로 오실 것을 말씀하고 있습니다(요 14:26). 성령은 그리스도를 우리에게 효력있게 적용시키시는 보이지 않으신 하나님이십니다. 지금도 우리의 연약함을 아시고 도우시고 우리를 대신하여 친히 간구하여 주시는 그리스도의 대변자이십니다(롬 8:23).

성령의 역사는 속죄를 구원 얻을 자들에게 효력있게 만드는 것입니다. 구속이 그리스도에 의하여 조성된 후에라도 성령의 역사가 없으면 사람들은 여전히 죄악 생활을 계속할 것이므로 그리스도의 속죄는 공연한 일이 되고 맙니다. 그러므로 구원의 참여는 성령의 사역으로 구속을 사람에게 적용시켜지는 것입니다. "성령의 사역 없이는 구속이 우리에 적용되어지지 않습니다."

3. 구속의 서정(抒情) 단계(롬 8:30)

구원의 서정은 그리스도가 이루신 구속의 객관적 사역이 죄인의 마음과 생활에 주관적으로 실현되는 과정을 묘사한 것입니다. 이것은 그리스도 안에 있는 구원의 다양한 행복들이 선택된 죄인들에게 적용되는 순서입니다. 이 순서는 논리적 순서이지 명확한 시간의 선후에 따라 죄인에게 주어지는 시간적 의미로 이해될 것이 아닙니다. 그리고 구원의 서정 교리는 종교개혁의 산물입니다.

바울은 "또한 미리 정하신 그들을 또 한 부르시고 부르신 그들을 또한 의롭다 하시고 의롭다 한신 그들을 또한 영화롭게 하셨느니라"(롬 8:30)고 구원의 서정을 요약하고 있습니다.

1) 소명(부르심): 예수 그리스도에 의하여 이룩된 구원을 신앙으로 받아 들이도록 사람들을 초청하시는 하나님의 은혜로운 사역입니다.
2) 중생(거듭남): 사람의 심령 속에 새로운 생의 원리를 심고 사람의 영혼의 기본적 성향을 성화시키시는 하나님의 행위입니다.
3) 회개: 죄인이 죄에서 떠나 하나님께로 돌아가는 의식적 변화입니다.
4) 믿음(신앙): 죄와 죄의 결과로부터 구원을 얻기 위해 그리스도를 받아 들이는 영혼의 운동입니다.
5) 칭의: 예수 그리스도의 의에 기초하여 죄인에 관한 모든 율법적 요구가 만족된 것을 선언하는 하나님의 재판적 행위입니다.
6) 양자: 사람을 외계의 세속적 가족으로부터 하나님 자신의 가족 중에 전입시키는 행위입니다.
7) 성화: 칭의된 죄인을 죄의 오염으로부터 건지시며 그의 전 성품을 하나님의 형상으로 닮게 하시며 선을 행케하시는 은혜롭고 계속적인 성령의 사역입니다.
8) 견인(보존): 택함을 받은 자들은 기어코 구원받도록 견인케하시는 하나님의 행위입니다.
9) 영화: 구속의 최후 국면으로 유효한 소명으로 시작된 그 과정을 종결케 하는 것이며 성정의 완성이며, 이는 그리스도의 재림 최후 심판에서 영원적 구원을 완성하는 것입니다.

상기의 순서를 삼기로 나누면 소명, 중생, 회개, 믿음, 칭의, 양자는 과거 구원이며, 순간적으로 이루어집니다. 성화, 견인은 현재 구원이며, 점진적으로 이루어집니다. 영화는 미래 구원이며, 순간적입니다.

칼빈은 "하나님이 주신 구원의 순서는 험한 강을 건너가는 돌다리와 같아서 그 중 하나라도 빠지면 구원의 완성에 도달할 수가 없다."고 했습니다. 그러므로 우리는 이 구원의 순서 하나 하나에 세심한 주의와 관심을 기울려 연구하고 기도하고 배워야 할 것입니다.

구원(救援)의 서정(抒情)에 있어서 주의해야 할 것은 !
1) 구원의 서정을 시간의 논리로 구별하면 안됩니다.
2) 구원의 서정에 있어서 강조되는 것은 사람이 노력하여 이루어가는 것이 아님을 알아야 합니다(엡 2:8).
3) 순전히 성부 성자 성령의 삼위일체 하나님만이 이 은혜를 적용해 가는 것입니다(마 19:26).
4) 구원의 시작도 과정도 완성도 모두 하나님의 은혜로 가능합니다(요 6:44, 고후 5:14, 12:1-4).

내가 하나님을 택한 것이 아니고 그가 나를 택했으며(요 15:16), 내가 하나님을 오라고 부르신 것이 아니라 하나님이 부르시고(요 6:44), 내가 스스로 하나님의 자녀로 난 것이 아니라 그가 진리의 말씀으로 나를 낳아 주셨으며(약 1:18), 내가 믿은 것이 아니라 하나님이 믿음을 선물로 주신 것이며(엡 2:8), 내가 회개한 것이 아니라 회개할 힘을 주신 것이며. 스스로 씻을 수 없는 죄악을 그의 보혈로 씻어 정결케 해주시고 믿음을 잃지 않도록 굳게 잡아 주시고 세상 떠날 때 즉시 천국으로 인도하여 영화로운 축복을 주십니다.

결론

우리가 구원에 참여할 수 있는 것은 그리스도의 피로 사신 은혜와 성령님의 감화 감동 인도하심으로 가능합니다. 허물과 죄로 죽은(엡 2:1) 한 죄인이 전파되는 복음을 듣고 그리스도께 가야 한다고 생각은 하지만 하나님은 원치 않으십니다.

성령께서 죄인의 마음에 임의대로 들어가셔서 그를 중생시키시고 그 순간에 죄를 미워하기 시작하고 그리스도를 원합니다. 그는 회개하고 믿으며 즉시 의롭게 되고 하나님의 양자가 됩니다. 그 시간 이후로 사는 날 동안 그는 예수님을 굳게 붙잡고 그분을 위하여 그리고 그분과 함께 살려고 분투 노력합니다. 그리고 구원의 영광을 보게 됩니다. 이 모두가 자신의 노력으로 이루어가는 것이 아니 성령님의 은혜로 이루어 가는 것입니다.

우리는 우리의 모든 것을 주님께 맡기고 날을 구원하신 그분이 내 인생 한 가운데 오시여 역사하시는 성령님께 감사하며 그분께 영광을 돌리는 삶이 되기를 축원합니다. 당신은 그리스도의 피로 사신 것을 믿습니까? 구원은 하나님의 은혜인 것을 믿습니까?

할렐루야 아멘.

구속(救贖)을 위한 성령(聖靈)의 사역(使役)

엡 1:8-14

제 30 문

성령께서 그리스도께서 성취하신 구속을 우리에게 어떻게 적용하셨는가?

답 : 성령께서 그리스도께서 성취한 구속을 우리에게 적용시키는 것은 우리 안에 믿음을 일으키시고(엡 2:8) 또 효력 있는 부르심으로써 우리를 그리스도와 연합하게 하는 것이다(고전 1:9, 6:17).

예수 그리스도에 의해서 이루어진 구속 사업이 성령의 특별한 활동을 통해서 죄인들의 마음과 생활에 적용되어지는 것입니다. 성령께서 그리스도께서 성취하신 구속을 우리에게 적용시키는 것은 성령이 인간의 구속을 효력있게 적용시키는 작용입니다. 만약 성령께서 역사하지 않으신다면 결코 인간은 구원의 은총에 이를 수가 없습니다. 구속을 위한 성령의 사역는 우리에게 믿음을 일으키면 효력있게 부르심으로 그리스도와 연합하여 구원에 참여하도록 하시는 것입니다.

1. 성령님은 누구신가?(행 5:4)

성령님은 우리를 그리스도께서 성취하신 구원에 이르도록 하실 분이십니다. 그러므로 성령님이 누구신가를 분명히 알아야 할 것입니다. 성령은 어떤 힘이나 단순한 능력이나 은사로만 생각하면 안됩니다.

1) 성령은 하나님이시다(행 5:3-4).

"사단이 네 마음에 가득하여 네가 성령을 속이고 땅값 얼마를 감추었느냐 땅이 그대로 있을 때에는 네 땅이 아니며 판 후에도 네 임의로 할 수가 없더냐 어찌하여 이 일을 네 마음에 두었느냐 사람에게 거짓말 한 것이 아니요 하나님께로다."

2) 성령은 주(主)님이시다(고후 3:18).

"우리가 다 수건을 벗은 얼굴로 거울을 보는 것 같이 주의 영광을 보매 저와 같은 형상으로 화하여 영광으로 영광에 이르니 곧 주의 영으로 말미암음이라."

3) 창조자(創造者)이시다(창 1:2, 시 104:30, 욥 33:4).

"하나님의 신은 수면에 운행하시니라" "주의 영을 보내어 저희를 창조하사" "하나님의 신이 나를 지으셨고"

4) 중생(重生)케 하신다(요 3:5-8).

성령은 삼위일체 중 삼위의 하나님이십니다. 성령님은 그 성질에 있어서 영원하시며(히 9:14), 무소부재하시며(시 139:7-10), 전능하시며(눅 1:37), 전지하시며(고전 2:10-11), 능력과 권능과 영광과 존귀가 성부 성자 하나님과 동일하시며, 본체와 본질에 대해서도 동일하십니다.

"그러므로 아버지와 아들과 성령의 이름으로 세례를 주고 내가 너희에게 분부한 모든 것을 가르쳐 지키게 하라"(마 28:19)고 했습니다. "성령은 하나님이십니다."

2. 구원(救援)에 대한 성령의 사역(使役)

성자께서는 은혜 충만한 자로 나타나신 것같이(요 1:14) 성령님은 "은혜의 성령"이십니다(히 10:29). 성령의 은혜란 널리 우주에 보편하고 있으며, 사람의 마음을 감화 감동 내주 변화시키는 그의 사역입니다.

'은혜(恩惠)'란 구약에서는 총애, 호의(잠 22:11, 31:31)를 의미합니다. 하나님 앞에서 사람 앞에서 총애를 받음을 말하며 근본적으로 행복을 무상으로 주어지는 것을 말합니다. 신약에서는 '카리스' 사랑스러움과 우아(눅 4:22, 골 4:6), 그리고 총애, 호의(눅 1:31, 2:40, 행 2:27), 주님의 친절(고후 8:9), 감사(눅 4:22) 등으로 성령의 공작을 통하여 사람의 마음에 시행하는 하나님의 무상 공작을 의미합니다. 즉 값없이 그저 주시는 것입니다.

성령의 사역 중 구속사업에 있어서 성령의 특별은총과 자연과 인간의 생활에 있어서 일반 은총이 있습니다. 성경에 의하면 성령의 사역은 만사, 만물에 넓게 진행하여 자연과 우주와 인생의 세속계와 타락한 인류를 죄에서 건져내는 구속계를 아울러 주관합니다. 신학적으로 세속계의 사역을 일반은총 또는 보통은혜라고 칭하고 구속계에서의 성령의 활동을 특별은총 또는 특별은혜라 칭하고 있습니다. "구원론에서는 특별은혜가 치중되나 보통은혜도 중요합니다."

1) 성령의 보통은혜(普通恩惠)(일반은혜)

하나님의 영은 생명과 능력으로 도덕적 공작자로 역사하십니다.

이 역사가 자연 세계에 나타나는 것을 보통은혜라고 합니다.

(1) 생명과 성장과 완성을 보증하며 모든 피조물을 살게하는 힘을 주십니다(욥 32:3, 334, 34:14-15, 시 104:29, 사 42:5). 생명의 기원 유지 발전이 성령의 공작에 의한 것입니다.

(2) 모든 재능을 부여하십니다(재능 기술 지력 등. 삿 3:10, 6:34, 느 9:10, 민 11:17, 25-26, 27:18, 삼상 10:6-10).

⑶ 도덕적 질서를 유지합니다(창 6:3, 왕하 19:27-28, 롬 3:14).
심령의 갱신을(회개) 행하지 않고 도덕적 질서를 위해 죄를 제재하고 사회생활에 있어서 그 질서를 유지하며 시민의 저의를 증진시키며 도덕적 감화를 베풀어줍니다(왕하 10:29-30, 12:2, 14:3, 눅 6:33, 롬 2:1-4).

⑷ 하나님께서 선하게 보여지는 분량대로 모든 사람에게 차별 없이 나누어주시는 일반적 축복입니다(마 5:45, 시 145:9, 창 17:20, 39).

⑸ 보통 은혜는 죄를 없이 할 수 없으며 따라서 죄를 용서해 줄 수 없습니다(롬 3:11).

⑹ 그리스도를 믿고 받아드리고 하나님의 뜻에 복종하지 못하면 결과에 있어서 구원은 없습니다(요 3:16).

2) 성령의 특별은혜(特別恩惠)(특별은총)

구속 사역과 관계한 하나님의 은혜를 구별할 때 성령의 특별은혜라 합니다.

인간 구속계에 나타나는 은혜입니다. 성령의 구속 사역으로 인류를 구속하기 위해 각종 사역을 수행하십니다.

구속적 진리의 계시와 그것의 기록인 성경의(딤후 3:16) 영감, 하나님의 봉사를 위한 지능적 도덕적 은사(직분), 구원론에서 거룩과 은총은 특별은혜로서 그리스도께서 이루신 구속의 현실적 적용에 성령의 공작 즉 성령은 위로부터 출생되고 위로부터 양육되고 장차 위로부터 완성될 새 생활입니다. 비록 지상에 살되 원리에서 천계적인 생활을(빌 3:20) 창시, 유지, 발전, 인도하며 죄의 권세를 극복하고 하나님의 형상으로 갱신하여 영적 순종을 행하며 세상의 소금과 빛이 되어 생의 각 방면에서 승리의 삶을 살게 하시는 역사입니다. 그리고 특별은총은 구원의 서정 각론에서 상술할 것입니다. 구원을 위한 성령의 사역은?

⑴ 믿음을 일으키십니다(엡 2:18-20).

구원의 영역밖에 있던 우리를 그리스도의 피로 말미암아 구원의 후사가 되게 하시려고 하나님께로 접근시키는 마음을 성령님이 주십니다. 이것은 신앙생활에서 가장 먼저 접하는 일이면서 영원히 지속되어야 하는 일입니다.

마치 탕자가 자기의 죄과를 뉘우치고 비참한 자리에서 돌이켜 사랑하는 그 아버지 품에 안기는 것과 같은 현상입니다. "성도들과 동일한 시민이요 하나님의 권속이라" 전에 하나님과 멀어졌든 우리를 성령께서 하나님께로 인도하여 그의 자녀가 되게 하셨으니 그 때부터는 하나님과의 관계가 남도 아니며 손도 아니며 구속함을 받은 하나님의 자녀, 천국을 상속받을 아들인 것입니다. 따라서 천국 백성이며 그 집의 권속입니다. 이런 모든 역사를 맡아 인도하시는 일을 성령님이 하십니다.

성령님은 특별은혜로 우리 마음에 믿음을 일으키는 생명의 요소인 것입니다.

(2) 효력(效力) 있게 부르십니다(엡 4:4).

성경에는 많은 부르심의 형태가 있습니다. 성령의 부르심은 인간의 귀로 들을 수 있는 부르심이 아니요, 그 마음을 깨닫게 하시는 은혜의 부름입니다. 구원에 참여하는 자격은 오직 성령의 부름을 받은 자만이 가지는 특권입니다. 이 부르심은 바로 소망의 부르심입니다.

(3) 그리스도와 연합(聯合)하게 하십니다(요 15:4-5).

그리스도와 구원받은 자의 관계는 포도나무와 가지의 관계입니다. 나무에서 가지가 떨어져 나가면 생명을 잃는 것과 마찬가지로 인간이 예수 안에 있어야만 생명의 열매를 맺는 것입니다. 이 열매는 '성령의 열매'입니다. 성령의 역사로 우리는 예수님과 연합되며 그리스도와 분리된다면 하나님이 원하시는 열매를 맺을 수 없는 것입니다. 성령은 인간을 예수와 연합하게 하시려고 마음을 움직이고 있으며 이 연합으로 완전한 구속이 이루어집니다.

결론

그리스도께서 성취하신 구속에 참여하는데 있어 성령의 역사는 중요한 역할을 차지하며 성령의 특별한 역사가 없으면 우리는 구속에 참여할 수 없는 것입니다. 성령는 하나님이시며 그분은 일반은총으로 우주와 세계와 피조세계를 다스리시면 특별은총으로 우리를 그리스도의 구속에 참여시키려고 "우리 마음속에 믿음을 일으키시는 운동을 하시고" "구속을 위해 효력 있는 부름을 주시며" "구속하신 주님과 만나게 하여 연합하게 하시고" 예수 안에서 살수 있도록 하시는 것입니다.

이 성령님의 도우심이 없이는 인간은 하나님께 부름 받을 수 없으며 구원에 이르지 못합니다. 우리는 이 은혜를 감사하며 주의 뜻대로 사는 은총이 있기를 축원합니다.

당신은 성령의 도우심을 믿습니까? 성령의 도움없이도 구원이 가능합니까? 할렐루야 아멘.

효력(效力) 있는 부르심(소명)

딤후 1:8-14

제 31 문

효력 있는 부르심이란 무엇인가?

답 : 효력 있는 부르심은 하나님의 영이(딤후 1:8-9) 하시는 일이니 우리의 죄와 비참을 깨닫게 하시고(행 2:37), 또 우리의 마음을 밝혀 그리스도를 알게 하시고(행 26:18), 우리의 의지를 새롭게 하시고(겔 11:19), 우리를 권하사 능히 복음 중에 값없이 주시는 예수 그리스도를 믿도록 하는 것이다(요 6:44).

하나님은 택함 받은 자들을 그의 말씀과 성령으로 가장 효력 있게 부르시며, 이 하나님의 부르심은 우리를 회개와 신앙으로 인도해 주며 죄인을 인도하여 그리스도인이 되게 하는 신적 사역의 시작입니다. 유효한 부르심을 받은 자들은 반드시 구원을 받습니다(갈 1:15, 롬 1:6-7).

부르심은 그리스도에 의해 마련된 구원을 믿음으로 받아 드리도록 하나님께서 사람을 초대하시는 은혜의 행위로 정할 수 있으며 이 부르심의 은혜는 불가항력적인 것입니다. 다시 말하면 인간이 거절할 수 없는 은혜입니다. 일국의 대통령의 소명도 거절 못하거늘 어찌 만왕의 왕이신 그리스도의 은혜로운 부르심을 거역할 수 있겠습니까? 성도는 "하늘의 부르심을 입은 거룩한 형제들"(히 3:1) "부르심을 입고 빼내심을 얻고 진실한 자들"(계 17:14) 부르심은 불신 세계로부터 뽑아 내는 첫걸음입니다.

1. 명사의 의미(意味)

신약에서 '부르다'의 원어인 '칼레인'이 사용되는 의미는! ① 음성으로 부르는 것(요 10:3, 막 1:20), ② 불러내는 것, 권위적으로 호출하는 것(행 4:18, 24:2), ③ 초청하는 것(마 22:3, 9:13, 딤전 6:12), ④ 성령의 유효한 부름(롬 8:28-30, 벧전 2:9, 5:10), ⑤ 직무에 임명하는 것(히 5:4), ⑥ 명칭하는 것(마 1:21)입니다. '부름'의 원어 '클레이시스'는 신약에 11회 나타나는데, 각 경우에 성령의 유효적 소명을 의미하고 고린도전서 7:20이 유일한 예외이니 거기서는 이 말이 직업 혹 상사와 동어로 사용됩니다(롬 11:29, 고전 1:26).

'부름 받은 자'의 어원 '클레이토스'는 신약에 10회 나타나는데, ① 어떤 직무에 임명된 자들(롬 1:1), ② 말씀의 외적 소명을 받은 자들(마 20:16), ③ 유효적으로 부름 받은 자들(롬 1:7, 8:28, 고전 1:2,24, 유 1, 계 17:14)입니다. 그리고 신자들의 무리 즉 모든 약속들의 후사들을 가리키는 '에클레시아'란 말도 어원적으로는 호출된 무리 즉 부름으로 구성된 단체를 의미합니다.

2. 부르심의 발령자(發令者)(엡 1:18-19)

　소명의 발령자는 삼위일체 하나님이십니다. 하나님께서는 그의 주권으로 구속에 참여할 자들을 그의 성령으로 부르심은 과거 현재 미래에 있어서도 변함이 없으시고 변벽함도 없으므로 그가 부르신 사람은 구원의 은혜에 참여하게 되므로 구원의 소망은 확실한 것입니다. 우리는 우리 자신을 스스로 부르지 못합니다. 소명을 하나님의 사역이요, 삼위일체 하나님만이 사역할 수 있습니다. 성부는 모든 일을 성자를 통해 행하시고 성자는 그의 말씀과 성령을 통해 소명을 내리십니다.

3. 부르심의 종류(種類)

　부르심에는 두 가지가 있습니다. 하나는 외적 부름이요, 하나는 내적 부름입니다. 하나님은 이 양자의 창시자시며, 성령은 이 양자 속에서 일하시며 하나님의 말씀은 이 양자 속에서 도구로 사용되며 외적 부르심은 하나님의 말씀을 듣고 모든 사람에게 임하지만 내적 부르심은 선택된 사람에게만 임하시는 것입니다.

　내적 부르심은 외적 부르심을 구원에 이르게 하는 데 그 효력이 있습니다.

1) 성령의 외적 부르심(마 28:19, 막 16:15)

　하나님의 소명은 택한 자에게만 나아가는 것이 아니고 많은 사람들은 전도와 말씀의 소명을 받았으되 회심하지 못하고 죽습니다. 복음을 듣고 오지 않으며(마 22:2-14, 눅 14:16-24), 배척하며(요 3:36, 살후 1:8), 불신의 죄를 지음(마 10:15, 11:21-24, 요 5:40, 16:8-9, 요일 5:10)으로 외적 부르심은 구원의 은혜에 이르게 하지 못합니다.

　(1) 외적(外的) 부르심의 목적(目的)

　죄인을 회심에 이르게 하기 위한 하나님의 방법입니다(눅 1:14-17). 하나님은 이 소명의 방편으로 자기의 백성을 세계만국으로부터 교회로 모으시며 아무라도 택한 백성을 지적하여 그들에게만 전도할 수 없으므로 하나님은 이 방법을 사용해 그 최종 결과 택한 백성만이 신앙으로 인도합니다. 이것은 곧 내적 소명을 위한 방편으로 사용됩니다.

　(2) 외적 부르심의 중요성(重要性)

　비록 외적 소명은 유효적 소명이 아닌 구원이 이르지 못할지라도 비하해서는 안됩니다. 이 소명은 하나님의 선과 거룩과 긍휼을 계시함으로 죄인의 책임을 중대케 만들어가 순종하고 회개하지 않는 경우에는 그의 받을 심판은 중대해지며 하나님 앞에 핑계하지 못하게 심판 날에 심판의 근거가 됩니다(롬 1:20).

2) 성령의 내적 부르심(롬 8:28-30)

　내적 부르심은 죄인을 그리스도인 생활로 인도하는 하나님의 특별한 은혜의 큰 사역입니다. 이것은 외적 소명과 구별되어 택한 자들에게 오는 내면적 유효적 소명입니다(롬 8:28-30). 하나님은 복음을 주실 뿐만 아니라 성령의 나타남과 능력으로 전하게 하시고(고전 2:4, 살전 1:5-6), 그 자신이 자라게 하시고(고전 3:6-9), 하나님이 마음을 엶으시고(행 16:14), 의지를 굴복시키시며(행 9:6), 자기의 기쁘신 뜻을 위하여 사람으로 소원을 두고 행하시게 하십니다(빌 2:13). 이 유효한 소명은 실패 없이 목적을 달성하며 하나님의 의와 은혜의 안전보장을 받으며 구원에 이르게 됩니다.

4. 부르심의 시기(時期)

부르심의 시기는 이 세상에서 되어지는 것입니다. 선택은 창세 전에(엡 1:4) 부르심은 이 세상에서 시작됩니다. 이 세상에서 택한 백성들을 부르실 때도 시간적 차이가 있습니다. 즉 일찍 부르시기도 하고 늦게 부르시기도 합니다. 그러나 구원의 차이는 없습니다(마 20:1-16). 예를 들면 세례 요한은 어머니 배속에서 부름 받았고, 십자가의 강도는 죽음 직전에 부름 받았습니다.

선택받은 자는 언제일지는 몰라도 부르심을 받을 때가 있습니다. 그러므로 택한 자라 할지라도 복음을 전할 때 즉시 응하여 믿지 않는 자도 있음을 알아야 합니다. 왜냐하면 때가 아직 안되었기 때문입니다. 그러므로 복음을 전할 때 믿지 않을 뿐만 아니라 심하게 배척한다고 할지라도 결코 스스로 결정하여 저 사람은 버림받은 자라고 낙심하거나 좌절해서는 안됩니다. 택한 자라도 복음을 듣고 믿지 않는 것은 하나님께서 정하신 부름의 때가 안되었기 때문입니다.

그러므로 불신자를 위하여 쉬지 말고 기도하며 전도를 게을리 하지 말아야 할 것입니다(고전 1:21). 그 때는 바로 하나님이 좋게 여기실 때입니다(살전 2:13-14).

5. 부르심의 목적(目的)

1) 중생케 하여 죄와 비참을 깨닫게 하심(행 2:37-38)

내적 부르심의 성령의 사역의 결과로 중생이 이루어집니다. 중생은 위에서부터 난 자라는 뜻으로 "이는 혈통으로나 육정으로나 사람의 뜻으로 나지 아니하고 오직 하나님께로서 난 자들"(요 1:13)이라고 했습니다.

중생을 구체적으로 말하면 영혼이 새로워지는 것을 말합니다.

필콥은 말하기를 "새로 남은 하나님께서 인간 속에 새로운 생명의 원소를 입식 하는 것"이라고 말했습니다. 그러므로 "죄와 허물로 죽은 영혼"(엡 2:1)을 재생시키는 것을 말합니다. 영적 부활이라고도 말할 수 있습니다. 새로 남은 인생구원의 필수적인 요건입니다. "사람이 거듭나지 아니하면 하늘 나라를 볼 수 없느니라"(요 3:3)고 했습니다. 사람은 본래 생령으로서(창 2:7) 육신을 가지고도 영적생활을 할 수 있는 존재였습니다.

영적 생활은 하나님을 사랑하고 그 말씀에 순종하며 영광 돌리는 것입니다. 그러나 범죄하여(창 6:3) 육체가 되고 말았습니다. 이 육적 생활을 영적 생활로 변화시키는 것이 새로 태어나는 것이요, 중생입니다. 부르심을 받아 중생된 자는 죄와 죄로 인하여 비참해진 인간의 상태를 스스로 깨닫게 성령님께서 역사하십니다. 죄를 지적하고 회개를 촉구할 때 성령님께서 무리들의 마음 가운데 역사하심으로 지금까지 예수를 죽인 것이 잘 한 일 인줄로만 알던 사람들이 "마음에 찔려" 견딜 수가 없어 "형제들아 우리가 어찌할꼬" 하고 죄를 회개하는 사람의 수가 삼천 명이나 되었습니다(행 2:37-38).

"성령님은 부르받은 자를 중생게하시고 죄와 비참을 깨닫게 하십니다."

2) 마음을 밝혀 그리스도를 알게 하시어 새롭게 하심(고후 5:17)

성령은 또한 인간들의 어두운 마음을 밝게 하여 지금까지 알지 못했던 그리스도를 알게 하시고 인간의 의지를 새롭게 하십니다. 이 성령은 영화로운 성령입니다.

성령님은 어두운 심령의 눈을 밝혀 그리스도를 알게 하고 보게 하십니다(행 9:18).

3) 값없이 주시는 그리스도를 믿게 하심(롬 3:23-24)

부르심을 받아 중생되고 죄와 비참을 깨닫고 마음의 눈이 밝아 그리스도를 알고 믿게 하는 것입니다. 이는 자신이 이제 무엇이 필요한가를 깨닫고 그리스도만이 그 필요에 대한 유일한 해결책임을 인식하기 때문에 회개하고 믿게 되는 것입니다.

그와 같은 성령의 사역은 인간에게 구원받도록 강요하는 것이 아니라 "그들의 눈이 열리고 어둠에서 빛으로 돌아오게 하고 사탄의 권세에서 하나님께로 돌아오게 하여 그들이 죄의 용서를 받게 하여 믿음으로 성결해진 자들 가운데 가하게 하십니다(행 26:18).

결론

예정된 모든 사람은 하나님이 기뻐하시고 적당하다 인정할 때에 말씀과 성령을 통하여(살후 2:13-14) 죄와 죽음의 상태에서 실제로 불려서(롬 8:30, 11:7, 엡 1:10-11) 예수로(롬 8:2, 엡 2:1-5, 딤후 1:9-10) 말미암아 은총과 구원의 자리에 들어가게 하십니다. 성령의 유효한 부름은 새롭게 하여 죄와 비참을 깨닫게 하시고 눈을 밝혀 예수 그리스도를 알게 하시고 값없이 주신 구원의 주님을 믿게 하십니다.

"하나님은 구원을 위해 인간을 부르십니다. 이 구원의 대열에 참여하는 자만이 구원을 얻게되고 하나님의 권속이 됩니다. 이 응답에 응하는 자는 택함 받은 자요 구원받은 자임을 확신해도 됩니다"(벧후 1:10). 이 구원의 부르심에 감사하는 성도가 되시기를 축원합니다. 당신은 성령의 부름을 받았습니까? 할렐루야 아멘.

부르심 받은 자의 유익(有益)

롬 8:27-30

제 32 문

효력 있는 부르심을 받은 자들에게 이생에서 무슨 유익이 있는가?

답 : 효력 있는 부르심을 받은 자들은 이생에서 의롭다 하심과(롬 8:30) 양자로 삼으심과(엡 1:5) 거룩하게 하심을 얻고 또 이생에서 이것과 더불어 받는 여러 가지 유익과 또는 거기에서 나오는 여러 가지 유익을 받게 되는 것이다(고전 1:30).

성령의 부르심을 받고 살리심을 받은 사람은 죄가 무엇인가를 알고 죄를 미워하고 회개하고 예수 그리스도를 나의 구세주로 믿어 구원에 이르게 하는 믿음을 가진 사람은 구원을 받은 자들입니다.

구원의 완성은 미래에 이루어지는 것입니다. 구원의 미래적 완성이 이루어지기 전에 효력 있는 부르심을 받은 사람들이 현세에서 받는 유익이 있습니다. 그 유익이 무엇인가를 알아야 할 것입니다. 신앙이란 미래적이지만 현세를 부정할 수 없습니다. 효력있는 부르심을 받은 자들에게 주어지는 금생에서의 유익은 '의롭다 하심'과 '양자를 삼으심'과 '거룩하게 하심'을 받습니다.

1. 의(義)롭다 하심(롬 8:30)

범죄한 인간이 하나님 앞에서 어떻게 의로워질 수 있습니까? 하나님의 완전한 율법을 거슬러 범죄한 결과 죄책을 갖고 정죄 받은 자가 자유할 수 있습니까?

재판장이 어떤 사람을 의롭다고 할 때 그 재판관은 그 사람이 의인인 것을 단지 선포만 할 뿐입니다. 마찬가지로 재판관이 정죄할 때도 그가 악하다고 단순히 선포합니다.

"의롭다 하심은 하나님의 법적인 선포입니다" "모든 사람이 죄를 범하여 하나님의 영광에 이르지……"(롬 3:23). 모든 사람은 다 죄인입니다. 의로움이란 사람이 노력하여 의로워지는 것이 아니라 의로움은 하나님이 죄인들을 의롭게 만드시는 것입니다. 인간은 모두 원죄와 자범죄로 인하여 도저히 하나님 앞에 설 수 없는 존재들입니다. 시조 아담의 죄가 유전되어 스스로 하나님 앞에 설 수 있는 길을 잃어버린 것입니다. 만약 하나님의 부르심이 없다면 영원히 멸망 받을 수밖에 없습니다. 그러나 하나님께서 부르심으로 유효한 부름을 받은 자들은 현세에서 의롭다 하심을 얻습니다. 죄인이 하나님 앞에서 의롭게 되어지는 것을 보기로 하겠습니다. 아담의 죄가 인간에게 전가되는 것처럼 예수 그리스도의 의가 우리에게 전가되는 것입니다. "우리의 죄책과 정죄가 그리스도에게 전가 되고 "하나님이 죄를 알지도 못하신 자로 우리 죄를 대신 하여 죄를 삼으신 것은…"(고후 5:21). 우리 죄가 그에게 담당 되어 그가 마치 죄를 범한 것처럼 취급당했습니다. 또한 그리스도의 의가 우리에게 전가된 것입니다. "…우리로 하여금 저희 안에서 하나님의 의가 되게 하려 하심이니라"(고후 5:21). 그리스도의 완전한 의가 우리에게 담당되었습니다.

그러므로 하나님이 우리를 결코 정죄하지 않으시고 범죄하지 않는 것처럼 취급하시고 율법을 완전히 지킨 것처럼 대우하십니다. 의롭다 하신 이는 하나님이십니다. "누가 능히 하나님의 택하신 자들을 송사 하리요 의롭다 하신 이는 하나님이시니 누가 정죄 하리요"(롬 8:33). 우리를 의롭게 만드시는 이는 하나님이십니다. 의롭다고 선포하신 이도 하나님이십니다.

의의 근거는 우리의 선행이나 믿음이 아니라 그리스도의 의가 우리의 의의 근거입니다. 우리가 구원을 받기 위해 예수 그리스도를 믿어야 할 이유는 바로 그것 때문입니다. 어떤 다른 것에 대한 믿음은 구원이 없습니다(행 4:12). 다른 것에서는 하나님이 택한 백성들을 대신하여 죄를 담당할 사람이 없기 때문입니다.

하나님이 의롭다고 선언한 사람은 아무도 정죄하지 못합니다. "예수 안에 있는 자에게는 결코 정죄함이 없나니 이는 그리스도 예수 안에 있는 생명의 성령의 법이 죄와 사망의 법에서 너를 해방하였음이니라"(롬 8:1). 의롭다 하신 것은 지난 죄를 그리스도의 피로 모두 씻고 나의 죄를 그리스도에게 전가시키고 그리스도의 의가 나의 의로 전가되었기 때문에 그리스도 안에서 살도록 하시고 대신 그리스도께서 형벌을 받으사 죽으시고 우리의 모든 죄를 사하시고 의롭게 하신 것입니다. 그러므로 의롭다 하신 것은 나의 의가 아니라 그리스도의 의를 가진 것을 말합니다.

내가 죄를 짓지 않고 죄가 없다는 것이 아니라 하나님의 은혜로 법적으로 의로워짐으로 우리를 하나님의 진노에서 벗어난 축복의 사람이며 은혜의 사람입니다. 우리가 의로워지는 근거는 선행이 아니라 믿음입니다. 그러나 믿음도 의의 근원은 아닙니다. 믿음은 하나님의 의를 받는 도구입니다. 그리고 성화는 점진적으로 이루어지지만 의는 순간적으로 단번에 이루어지는 것입니다. 이것은 그리스도께서 이 땅위에서 순종의 생애를 마치셨을 때에 자기의 선택된 백성을 위하여 아버지께 완전한 의를 이루어 드리셨기 때문입니다.

그가 죄를 위하여 무서운 형벌을 받으셨을 때에 그들의 모든 죄를 위해 완전한 값을 치루셨습니다. 효력 있는 부르심을 받은 자가 그리스도를 믿을 때 그는 그 순간 이후로 영원히 하나님 앞에서 법적으로 의롭게 되는 것입니다. "또 미리 정하신 그들을 또 한 부르시고 부르신 그들을 또 한 의롭다 하시고 의롭다 하신 그들을 영화롭게 하셨느니라"(롬 8:30).

2. 양자(養子)를 삼으심(엡 1:5)

하나님께서 부르신 자들은 죄를 없게 하여 주시고 의롭다 하는 칭호를 주십니다. 또 그들을 양자로 삼아 주시는 것입니다. 양자가 됨으로 하나님의 자녀의 수에 들어가게 되어 하나님의 가족이 되며(엡 1:5, 우리를 예정하사 예수 그리스도로 말미암아 자기의 아들들이 되게 하셨으니), 하나님의 자녀로서 받을 자유와 특권을 즐기게 되고 담대히 은혜의 보좌 앞에 나아 갈 수 있고 아바 아버지라 부를 수 있으며(롬 8:15, 너희는 다시 무서워하는 종의 영을 받지 않았고 양자의 영을 받았음으로 아바 아버지라 부르짖느니라), 긍휼과 보호를 받으며 우리에게 필요한 것을 베풀어주시며 또한 자기 아버지에게 징계를 받는 것 같이 하나님의 징계를 받습니다(히 12:7-9).

그리고 구속의 날에 인치심을 받으며 영원한 구원의 계승자로 약속을 받는 것입니다(롬 8:17). 양자는 그리스도와 연합입니다. 제2아담인 그리스도와 영적 연합은(고전 15:22 아담 안에서 모든 사람이 죽은 것 같이 그리스도 안에서 모든 사람이 삶을 얻으리라) 처음 아담이 이행하지 못했든 파괴된 의무를 인수받아 가지고 인류를 위해 그것들을 완수한 것입니다.

그리스도와 이룬 연합의 결과는 우리의 죄는 그리스도에게 전가시키고 그리스도의 의를 우리에게 전가시키는 것으로서 모든 법정상의 이익이 그 속에 포함된 것입니다.

양자는 사람을 하나님 자신의 가족으로 옮기는 행위로 인간은 본질상 진노의 자녀(엡 2:3 다른 이들과 같이 본질상 진노의 자녀이었더니…) 어두움의 자녀요 사단의 자녀(요 8:44)들이 이제는 양자가 됨으로 빛의 자녀(엡 5:8) 하나님의 자녀(엡 1;5)가 된 것입니다. 이것은 하나님의 은혜와 특전의 극치입니다. 사람이 그리스도를 믿음으로 마음에 영접하면 하나님의 자녀가 되고(요 1:12), 양자의 과정을 통해서 만이 하나님을 아버지로 인식 할 수가 있으며 또한 자신이 아들됨을 확신 할 수가 있습니다.

그리고 모든 법적으로 자녀 되는 권세를 부여받아 하나님의 후사로 되어(롬 8:17) 금생에서의 구원의 행복을 누리고(갈 4:6-7. 너희가 아들인고로 하나님이 그 아들의 영을 우리 마음 가운데 보내사 아바 아버지라 부르게 하셨느니라 그러므로 네가 이후로는 종이 아니요 아들이니 아들이면 하나님으로 말미암아 유업을 이을 자니라). 내세에 영원한 생명을 누리고 특권을 얻게 되는 것입니다. 이것은 유효한 부르심을 받은 자들이 금생에서 받는 두 번째 축복입니다. "하나님 아버지, 우리 아버지, 나의 아버지, 하나님 아버지"

3. 거룩 (聖火)게 하심(고전 1:30)

효력 있게 부르심을 받은 자들은 의로워지며 양자로 삼아주시고 거룩하게 하심을 받는 것입니다. 인간이 거룩하게(성화)된다는 것은 너무나 큰 축복입니다. 죄중에 있던 사람이 비록 의롭다 함을 받았다 해도 그가 의의 길에서 활동할 수 있는 기능을 가지지 못한다면 무의미한 것입니다. 점차 성화되어 스스로 평화로운 길에 나갈 수 있는 힘을 소유하여야 합니다.

거룩하여지는 것은 사람의 노력으로 되어지는 것이 아니고 하나님의 특별한 은혜와 축복의 작용입니다. 성화는 성별된 삶을 말하므로 세상으로부터 구별되어 하나님께 헌신하고 날마다 하나님의 형상을 닮아가는 것입니다. 이 성화의 목표는 하나님 아버지께서 거룩하신 것처럼 거룩해지는데 있습니다. 그러므로 인간의 노력으로 되어지는 것이 아니라 하나님의 은혜로 되어지는 것입니다. 성화는 세상에서 완성은 불가능하지만 성별된 삶을 통해서 거룩해지는 것입니다.

사람을 살펴보면 사람은 자신을 거룩케 할 것이라고는 아무것도 없습니다. 그러나 성도 안에서 하나님이 주권을 잡고 계십니다(빌 2:13, 너희 안에 행하시는 이는 하나님이시니 자기의 기쁘신 뜻을 위하여 너희로 소원을 두고 행하게 하시느니라). 성화는 하나님께서 사람을 거룩하게 만드시며, 또한 하나님은 지금까지 변함없이 거룩한 만큼 사람은 하나님께서 자기 안에서 이 일을 수행해 내도록 자기 자신을 하나님께 반드시 순복해야 합니다. 하나님께 거룩하게 인치심을 받지 않는 사람은 신상의 유익을 얻지 못한 사람들입니다. "구별된 삶은 금생에서 주어지는 큰 축복입니다."

결론

하나님의 구원이 이르는 영원한 사랑을 받은 자들은 현세에서도 은혜와 축복을 받습니다. 모든 죄를 사죄하시고 사죄의 은총을 받아 의로워짐으로 마음에 안정과 기쁨과 평안을 주시고 하나님의 자녀로 인정하시고 하나님의 가족이 되게 하시고 거룩한 삶을 살게 하여 그가 주시는 축복을 받게 하십니다. 이 은혜는 지금 우리들이 받고 있습니다.

성도들이 현세에서 축복을 받는다고 하면 물질적 부요나 일의 형통이나 병을 고침 받는 것, 세상적인 것을 말합니다. 그것도 필요하지만 이 축복은 더 차원 높은 축복입니다. 진정한 축복은 세상이 주지 못하는 축복입니다.

아무런 공로 없이 하나님이 진노아래 있던 죽을 수밖에 없는 인생을(나를) 구원해 주시고 의롭다 하시고 하나님의 자녀로 삼아 주시고 세속한 삶에서 구별된 거룩한 삶으로 하나님의 형상을 본받게 하시는 은혜야말로 은혜 중에 은혜인 것입니다. 이 축복에 감격하면 주신 축복을 빼앗기지 말고 누리는 은혜가 있기를 축원합니다. 당신은 하나님의 자녀됨을 확신합니까? 할렐루야 아멘.

칭의(稱義; 의롭게 하심)

롬 4:1-8

제 33 문

의롭다 하심이 무엇인가?

답 : 의롭다 하심은 하나님이 그저 주신 은혜의 행위로써 그가 우리의 모든 죄를 용서하시고(엡 1:7), 자기 앞에서 우리를 옳게 여겨 받아주는 것인데(고후 5:21), 다만 그리스도의 의를 우리에게 돌려주시고 우리는 오직 믿음으로 그 의를 받게 되는 것이다(롬 5:19, 갈 2:19).

기독교의 핵심 진리는 '이신득의'(以信得義)의 교리라고 할 수 있습니다. 이신득의는 오직 믿음으로만 의롭다 하심을 얻는다는 말입니다.

믿음의 조상 아브라함은 믿음으로 의롭다 하심을 받으신 분입니다(창 15:6, 롬 4:9). 하나님은 우리의 모든 죄를 흠없으신 그의 아들 예수에게만 전가시키고 우리 죄를 대신하여 형벌을 받게 하시고 그의 무죄하신 의를 우리에게 옷입혀 주신 것입니다(계 7:14). 이삭 대신 수양이 죽은 것처럼(창 22:13) 오직 믿음으로 그리스도의 의를 받아드리기만 하면 하나님은 그리스도 안에서 우리를 의인으로 받아 주시는 것입니다(롬 8:30, 3:24). 그리고 믿음이 사람 안에 의를 주입시키는 것이 아니고 하나님이 죄를 용서하시고 사람을 의롭다고 간주하시고 용납하심으로서 의롭게 하신 것입니다. 또한 그들 안에서 무엇이 일어났거나 무엇을 행해서가 아니라 오르지 그리스도만 보아서 의롭게 하신 것입니다.

신앙 자체나 행동이나 그밖에 무슨 신앙적인 복종을 의로운 것으로 그들에게 돌림으로써 의롭게 하신 것이 아니라 그리스도의 복종과 만족을 그들에게 돌림으로서(롬 4:5-8) 믿음을 선물로 받아(엡 2:8) 그리스도를 영접하고 의로워지는 것입니다.

칭의는 하나님이 값없이 주시는 하나님의 은혜의 행위입니다. 죄 많은 인생을 하나님이 의롭게 봐준다는 것은 복음 중의 복음입니다.

1. 명사의 의미(意味)

구약성경에서 사용된 히브리어 '히츠띠크'는 법적 재판적 의미를 가지며 사람을 의롭다 선언하는 것입니다. 즉, 법적 결정에 의하여 그를 의롭다고 발표하는 것을 가리킴입니다(출 23:7, 신 25:1, 잠 17:15). 신약 성경에서는 (동사) '디카이오오'는 의롭다 한다. 즉 '사람을 의롭다고 선고함'을 가리키며, 이 말은 윤리적 의에 관설하지 않고 재판적 혹 법적 결정의 결과인 의의 신분에 언급합니다(마 12:37, 눅 7:29, 롬 3:4). '디카이오스'(형용사)는 의로움, '디카이오시스'(명사)는 의롭다 하심(롬 4:24, 5:18) 이것은 사람이 죄책에서 해방되고 하나님께 열납되는 것을 표시하며 그리스도의 의가 법적으로 우리의 것이 된 결과로 우리가 율법에서 가지는 관계를 언명함을 의미합니다.

이상의 명사에서 의롭다 하는 것은 어떤 사람을 의인으로 만드는 것이 아니라 의롭다고 하는 것은 의인이라고 선언함을 의미하고 있습니다. 법률적 의미에 있어서 의인이라 선고하는 일로 어떤 정당한 관계에 두는 것을 의미하고 있습니다. 의롭다 함이란 그리스도를 믿는 자가 하나님의 목전에서 의롭다함이 선고되어 죄책과 형벌에서 행방되는 사법적 행위입니다.

2. 칭의(稱義)란 무엇인가?

의롭다 하심은 하나님의 값없는 은혜로 정하신 것인데, 저가 우리의 모든 죄를 사유하시고 그 앞에서 우리를 옳게 여겨 받으시는 것이니 이는 다만 그리스도의 의의를 우리에게 돌려주시는 것입니다. 다시 말하면 칭의는 하나님과 인간과의 관계변화입니다.

지금까지 죄인이었던 자가 실제적으로 부름을 받아 중생되고 믿음을 부여받아 그리스도와 결합되어 그리스도의 구원의 은혜가 부여될 때에 하나님 앞에서 우리 죄인들의 신분 지위의 변화입니다. 죄인이 그때부터 용서되고 의로 받아 드리고 법정적 순간적 변화입니다. 피고가 법정에서 무죄로 선고되며 그 이전과 이후는 전혀 다른 신분 상태가 달라집니다. 따라서 칭의는 하나님의 은혜의 행위입니다. 반면 성화는 하나님과 인간과의 관계의 법적 변화가 아니고 우리들 속에서 역사하시는 하나님의 은혜의 지속적인 구원의 사역입니다.

1) 칭의라는 것은 그리스도를 믿는 사람을 의롭다고 선언하시는 하나님의 행위.

2) 칭의는 죄인이 그리스도와 새로운 관계를 가진 까닭에 하나님이 죄인에게 대하는 태도를 바꾸는 것을 말.

3) 칭의는 하나님이 전에는 죄인을 정죄하셨으나 이제는 무죄 선고를 내리는 것.

4) 칭의는 의인의 선언.

5) 칭의는 단번에 이루어지는 법적 행위.

다윗은 인간 사죄는 인생 최대의 행복이라 고백하고 있습니다(시 33:1-2, 롬 4:6-

8). 사형수의 최대의 기쁨은 국가의 최고의 통치자로부터 사면을 받는 것입니다. 칭의는 만왕의 왕이신 하나님께서 우리에게 죄를 사면하시는 선언입니다. 그러므로 칭의는 실제적인 행동을 말하는 것이 아니며, 주입도 아니며, 하나님께서 의로 여기심이요, 인정하심이요, 간주함을 말합니다. 나의 의가 아니라 그리스도를 통해 조건 없이 주시는 하나님의 은혜의 행위입니다.

3. 칭의의 결과(結果)

1) 형벌의 제거(사죄의 은총)

죄의 형벌은 영적, 육적, 영원적 죽음입니다(창 2:16-17, 롬 5:12-14, 6:23). 구원을 받으면 형벌이 반드시 제거됩니다. 그리스도의 죽음에 의해 그 죽음 안에서(사 53:5-6, 벧전 2:24) 그리스도를 믿는 자에게 형벌을 면제하시고(행 13:38-39, 롬 8:1, 고후 5:21), 죄의 용서함을 받으며(롬 4:7, 엡 1:7, 4:32, 골 2:13), 기억지도 않습니다(렘 31:34).

어느 날 루터에게 마귀가 죄가 가득히 기록된 종이를 가져와 앞뒤를 보여 주며 비웃으면서 "이 기록이 모두 사실이냐?" 루터는 사실이라고 했습니다. 마귀는 말하기를 "이런 더러운 놈이 무슨 종교 개혁을 하느냐! 너나 바르게 살라"고 했습니다. 루터가 실망하고 있을 때 등뒤에서 부드러운 음성으로 "루터야, 네 모든 죄를 내 피로 다 씻었다. 너를 정죄할 자가 없도다." 이 음성을 듣고 정신을 차리고 책상 위에 있는 잉크병으로 마귀에게 던지며 "나를 정죄할 자가 없다"고 하면서 마귀를 물리치고 하나님의 사역을 감당한 것입니다(롬 8:31).

2) 하나님의 사랑으로 복귀

죄는 형벌을 초래할 뿐만 아니라 하나님의 사랑마저 상실케 했습니다(요 3:36, 롬 1:18, 5:9, 갈 2:16-17). 사면을 받은 죄인은 형벌로 몰수되었던 시민권을 회복합니다. 그러나 그가 사회의 따뜻한 환영을 받지 못한다면 불행한 것입니다. 칭의는 사랑으로 복귀되어 하나님의 자녀의 교제를 향유합니다. 우리는 그리스도를 믿음으로 하나님의 자녀가 됩니다.

3) 의의 전가

그리스도의 의가 전가되어 자신의 의의 옷이 아니라 그리스도께서 성도를 위하여 마련해 두신 의의 옷을(롬 13:14) 입습니다. 그러기에 성도는 하나님과 친교할 수 있습니다(롬 4:5). 우리의 모든 죄는 예수님께 전가되고 예수님의 의는 우리에게 전가됩니다.

4) 유업이 있다(딛 3:7).

"…우리로 저의 은혜를 힘입어 의롭다 하심을 얻어 영생의 소망을 따라 후사가 되게 하려 하심이라"

5) 의로운 생활로 인도받는다(빌 1:11, 요일 3:7).

6) 의롭다 하심을 받은 자는 장차 올 하나님의 진노에서 구원받을 것을 확신한다(롬 5:9, 살전 1:10).

7) 영화를 확신한다(롬 8:30, 마 13:43, 갈 5:5).

4. 칭의의 방법(方法)

1) 칭의는 율법의 행함으로서 되는 것이 아니다.

"그러므로 율법의 행위로 그의 앞에 의롭다 하심을 얻을 육체가 없나니 율법으로는 죄를 깨달음이라"(롬 3:20).

2) 칭의는 하나님의 은혜로 된다.

"그리스도 예수 안에 있는 구속으로 말미암아 하나님의 은혜로 값없이 의롭다 하심을 얻은 자 되었느니라"(롬 3:24). 인간의 공직으로 되어서는 것이 아니고 하나님의 자비로 은혜로 되어지는 것입니다(딛 3:7).

3) 예수 그리스도의 피로 되어진다.

"그러면 이제 우리가 그 피를 인하여 의롭다 하심을 얻었은즉 더욱 그로 말미암아 진노하심에서 구원을 얻은 것이니"(롬 5:9). "피흘림이 없은즉 사람이 (죄의) 사함이 없느니라"(히 9:22).

4) 예수 그리스도를 믿음으로만 된다.

"사람이 의롭게 되는 것은 율법의 행위에서 난 것이 아니요 오직 예수 그리스도를 믿음으로 말미암는 줄 아는고로 우리도 그리스도 예수를 믿나니 이는 우리가 율법의 행위에서 아니고 그리스도를 믿음으로서 의롭다 함을 얻으러 함이라 율법의 행위로서는 의롭다 함을 얻을 육체가 없느니라"(갈 2:16).

이상을 요약하면 우리들은 하나님에 의해 율법적으로 의롭다 함을 얻으며(롬 8:33), 그리스도로 말미암아 실효적으로 의롭다 함을 얻고(사 53:11), 신앙으로 말미암아 의롭다 함을 얻으며(롬 5:1), 행함으로써 말미암아 외견적으로 의롭다 함을 얻는 것입니다

(약 2:14, 18-24).

결론

의롭다 함은 하나님이 죄많은 인생을 그리스도를 통하여 값없이 의롭다고 인정하며 간주하여 주시는 하나님의 은혜로서 주어지는 것입니다. 의롭다 함을 받은 자의 삶은 아버지와 평화를 누리고(롬 5:1), 다시는 죄를 짓지 말며(요 8:10-11), 다른 사람을 용서하며(마 6:12), 성별된 삶을 살아야 할 것입니다. 우리는 죽을 수 밖에 없는 많은 죄를 주님의 공로로 용서함을 받았습니다. 우리도 형제를 용서하고 사랑하고 나누며 도우며 베풀며 살아야할 것입니다. 사람은 자기의 행위로 구원을 받지 못합니다. 의로워지지도 못합니다. 그리스도의 의만이 우리를 의롭게 할 수 있습니다. 당신은 그리스도의 의의 옷을 입고 있습니까? 할렐루야. 아멘.

양자(養子; 하나님의 자녀)

갈 4:5-7

제 34 문

양자로 삼는 것이 무엇인가?

답 : 양자로 삼는다는 것은 하나님이 거저 주신 은혜의 행위로서(요일 3:1), 이로 인해 우리를 하나님의 자녀의 수효 중에 들게 하시며 그 모든 특권을 누리게 하시는 것이다(요 1:12, 롬 8:17).

하나님께서 의롭게 된 자들을 그리스도 안에서 양자가 되는 은혜를 주시고 하나님 자녀의 수효에 들어가게 하시고, 하나님 자녀로서 받을 자유와 특권을 즐기게 하며, 담대히 은혜의 보좌 앞에 나아가 아바 아버지라 부를 수 있게 하시며, 그들을 보호하시며, 버림받지 않으며, 구속의 날에 인치심을 받아 영원한 구원의 계승자로 약속하신 것입니다.

양자는 하나님의 자녀의 가족으로 옮기는 행위로서 진노의 자녀(엡 2:3), 마귀의 자녀(요 8:44)에서 하나님의 자녀가 됨을 뜻하며 양자가 됨으로서 아버지를 인식할 수 있으며 자신이 아들됨을 확신할 수 있습니다.

1. 양자(養子)란?

양자는 명사에서 나타나는 것과 같이 "세속적 가족으로부터 하나님 자신의 가족으로 전입시키는 행위입니다." 이것은 확실히 은혜의 특권의 정점입니다. 이 말은 유대인들 사이에는 전혀 알려져 있지 않았던 것이고, 이는 로마의 용어입니다.

로마에서의 '양자'의 뜻은 '하인의 자식 하나를 얻어다 자기의 자녀로 삼아 입적하는 것'을 말합니다. 이렇게 하여 입양된 아들에게는 그 집에서 난 자녀와 동등하게 신분과 모든 법적 권리가 주어지는 것입니다. 이와같은 말은 바울서신에만 나옵니다(갈 4:5, 롬 8:15, 23, 9:14, 엡 1:5). "양자 삼는 것은 하나님의 값없는 은혜로 정하신 것인데 이로써 우리를 하나님의 자녀의 수효에 들게 하시고 그 모든 특권을 누리게 하시는 것입니다"

"하나님께서는 의롭게 된 모든 사람들을 독생자 예수 그리스도 안에서 그를 위하여 양자가 되게 하시는 은혜에 참여할 수 있게 하셨습니다(엡 1:5, 갈 4:5). 양자가 됨으로 그들은 하나님의 자녀의 수에 들어가며 하나님의 자녀가 받는 자유와 특권을 즐기게 되며(롬 8:17), 하나님의 이름을 그들 자신에게 기록하며(렘 14:9, 고후 6:18, 계

3:12), 양자의 성령을 받고(롬 8:15), 담대히 은혜의 보좌에 나가게 하시며(엡 3:12, 롬 5:2), 아바 아버지라 부를 수 있으며(갈 4:6), 불쌍히 여김(시 103:13)과 보호를 받으며(잠 14:26), 하나님이 필요한 것을 베풀어 주시며(마 6:30-32), 버린 바 되지 않고(애 3:31), 구속의 날에 인치심을 받아(엡 4:30), 영원한 구원의 계승자로(벧전 1:3-4) 약속을 받는 것입니다(히 6:12). - "웨스트민스터 신도개요 12장"

"그리스도만이 영원한 하나님의 아들이다. 그러나 우리는 하나님에 의해 은혜로 그를 위하여 수양된 자녀들이다." - "하이델베르그 요리문답 33"

양자는 하나님의 은혜로운 사역입니다. 이것은 곧 그리스도를 믿음으로 받은 하나님의 선물입니다. 이것만이 우리가 하나님을 아버지로 부를 권리와 그 앞에 기쁨으로 나아갈 특권을 주는 것입니다(마 25:34,41). 하나님의 자녀가 되는 것은 육신의 자녀가 아니라 약속의 자녀입니다(롬 9:4-7).

1) 양자는 그리스도 안에서 은혜로 주신 것입니다.
2) 양자가 됨으로 하나님의 자녀의 수효에 들어갑니다.
3) 양자가 됨으로 자유와 특권을 즐깁니다.
4) 양자가 됨으로 하나님 보좌 앞에 나갈 수 있고 아버지라 부를 수 있습니다.
5) 양자가 됨으로 긍휼과 보호를 받으며 필요한 것을 베풀어 주십니다.
6) 양자가 됨으로 버림받지 않고 구원의 계승자로 약속 받습니다.
7) 양자는 법적으로 되는 것입니다(갈 4:5).
8) 양자가 됨은 한순간에 이루어집니다.

2. 양자가 되는 때

1) 하나님의 섭리에서 보면 영원 전이다(엡 1:4-5).

"언제부터 하나님의 자녀가 되었습니까?"라고 물으면 "믿는 날부터입니다"고 대답합니다. 그러나 이것은 잘못 알고 있는 것입니다. 우리는 믿기 전에도 하나님의 자녀였던 것입니다. 창세 전에 벌서 하나님의 자녀로 예정하셨기 때문입니다. 믿기 전에 몰라서 마귀를 따른 것 뿐이지 결코 마귀의 자녀는 아닌 것입니다. 에베소서 2:3에 진노의 자녀는 인생이 전적 부패하여 하나님의 진노 아래 있음을 뜻합니다.

저의 친구 중에 '장점수'란 고등학교 동창이 있습니다. 그는 소방관이 되였는데 어느 날 그의 명찰을 보니까, '우아경'이란 명찰을 달고 있었습니다. 왜 우씨가 되었느냐고 물었더니 원래 자기는 우씨였는데 자기 어머니가 개가하면서 성이 장씨가 되었다고 했습니다. 그후 소방관이 되면서 성을 다시 찾은 것이라는 것입니다. 그는 원래 우씨였는데 몰라서 장씨로 지내다가 본래의 우씨 성을 찾은 것입니다.

이와 같이 우리는 마귀의 자녀가 아니라 본래 하나님의 자녀였던 것입니다. 우리가 믿는 날부터 하나님의 자녀가 되는 것이 아니라 믿는 날부터 하나님의 자녀의 의식과 권세를 회복하는 것을 말합니다(요 1:12).

2) 개인적인 체험에서 보면 양자는 사람이 예수그리스도를 영접할 때 실현된다.

"너희가 다 믿음으로 말미암아 그리스도 예수 안에서 하나님의 아들이 되었으니"(갈 3:26). 믿는 자는 현재 하나님의 자녀입니다(요 1:12).

3) 아들 됨의 완전한 실현은 그리스도의 재림 때이다.

"이뿐 아니라 또한 우리 곧 성령의 처음 익은 열매를 받은 우리까지도 속으로 탄식하여 양자될 것 곧 우리 몸의 구속을 기다리느니라"(롬 8:23). 그리스도의 재림으로 완성됩니다.

3. 자녀의 축복(祝福)

자녀로 되는 축복은 이루다 말할 수 없을 정도로 많이 있어서 간단하게 말할 수 없으나 그 주요한 것은 다음과 같습니다.

1) 하나님의 특별한 사랑의 대상이 된다.

"…아버지께서 나를 보내신 것과 나를 사랑하심 같이 저희도 사랑하신 것을 세상으로 알게 하려 함이로소이다"(요 17:23).

2) 하나님 아버지의 보호를 받는다(잠 14:26).

"하나님께로서 난 자마다……하나님께로서 나신 자가 저를 지키시매 악한 자가 저를 만지지도 못하느니라"(요일 5:18).

3) 가족의 명칭을 얻게 된다.

"보라 아버지께서 어떠한 사랑을 우리에게 주사 하나님의 자녀라 일컬음을 얻게 하셨는고…"(요일 3:1).

4) 자녀의 마음이 주어진다.

"너희가 아들인고로 하나님이 그 아들의 영을 우리 마음 가운데 보내사 아바 아버지라 부르게 하셨느니라"(갈 4:6).

5) 아버지의 훈련과 위로와 보호와 기업을 받는다.

훈련(히 12:5-11), 위로(고후 1:4), 보호(벧전 1:3-5), 기업을(롬 8:17) 받습니다.

4. 자녀의 증거(證據)

하나님의 가족 즉 자녀로 영접되는 것은 다음에 의하여 증거됩니다.

1) 성령으로 인도된다.

"무릇 하나님의 영으로 인도함을 받는 그들은 곧 하나님의 아들이라" (롬 8:14).

2) 하나님의 자녀로 신뢰를 가지게 된다.

"율법아래 있는 자들을 속량하시고 우리로 아들의 명분을 얻게 하려 하심이라 너희가 아들인고로 하나님이 그 아들의 영을 우리 마음 가운데 보내사 아바 아버지라 부르게 하셨느니라" (갈 4:5-6).

3) 자유로이 하나님께 나아갈 수 있다.

"우리가 그 안에서 그를 믿음으로 말미암아 담대함과 하나님께 당당히 나아감을 얻느니라" (엡 3:12).

4) 형제에 대한 사랑을 가지게 된다.

"예수께서 그리스도이심을 믿는 자마다 하나님께로서 난 자니 또한 내신 이를 사랑하는 자마다 그에게서 난 자를 사랑하느니라" (요일 5:1).

믿음의 사람을 만나면 반가움이 옵니다.

5) 하나님께 순종하게 된다.

"…하나님을 사랑하고 그의 개명들을 지킬 때에 이로써 우리가 하나님의 자녀 사랑하는 줄을 아느니라 하나님을 사랑하는 것은 이것이니 우리가 그의 계명들을 지키는 것이라 그의 계명들은 무거운 것이 아니로다" (요일 5:1-3).

결론

양자 문제에 있어서 우리가 명심해야 할 것은 우리의 아들됨이 그리스도의 아들 됨과 차이가 있습니다. 그리스도는 유일한 독생자이며 하나님의 신성을 가지신 분입니다. 우리는 하나님의 피조물 이상 아무것도 아닙니다. 이런 한 죄인을 하나님께서 은혜로 하나님의 자녀로 삼아 주시며, 하나님의 가족이 되게 하시고, 그 모든 특권을 누리게 하시는 하나님의 은혜에 감격하면 하나님의 자녀다운 삶을 살아야 할 것입니다. 하나님은 우리들의 아버지십니다. 나는 그의 자녀입니다. 할렐루야 아멘.

성화(聖化; 거룩하게 하심)

엡 4:23-24

제 35 문

거룩하게 하심이 무엇인가?

답 : 거룩하게 하심은 거저 주신 은혜의 역사로(살후 2:13) 이로 인해 우리가 하나님의 형상을 좇아 인격이 새로워지고(엡 4:23-24) 점점 죄에 대하여는 능히 죽고 의에 대하여는 능히 살게 되는 것이다(롬 6:4-6).

의롭다 하심은 하나님께서 우리를 위해 하시는 일이며, 하나님과의 바른 관계를 이루는 것입니다. 거룩하게 되는 것은 하나님과 바른 관계, 즉 죄와 세상에서 성별된 삶을 통해 영광 돌리는 것이며 "모든 사람으로 더불어 화평함과 거룩함을 좇으라 이것이 없이는 아무도 주를 보지 못하리라"(히 12:14). 생활에서 절대적인 거룩을 실현해야 합니다.

성화는 세상으로부터 구별된 삶을 통하여 하나님께 헌신하며 전인격이 하나님의 형상을 닮아가는 것이며 하나님의 거룩처럼 성도도 거룩하여 지는데 있습니다. 완전한 성화는 현세에서 불가능하지만 부활시에는 완전히 이루어집니다. 현실적 삶의 축복과 미래의 하늘나라 상급은 바로 성화의 삶속에서 이루어지는 것이며 성별된 삶을 통해서 점점 이루어지며 하나님은 자기의 택한 백성을 축복하시기 위해 거룩한 삶을 요구하십니다.

1. 거룩하게 하심

1) 명사적 의미

구약성경에서는 '거룩하게 하다'인 동사 '카다쉬' 명사 '거룩한' '코메쉬' 형용사 '카도쉬'는 '거룩한' 입니다. 이는 순결과 조화되는 의미이며 분리의 의미입니다.

신약성경에서 동사 '하기아조'는 '거룩하게 하다'는 분리의 관념으로 표시하는 것이며, 이물이나 사물에 대하여 '어떤 상태를 거룩하다고 하는 것' '그것에게 거룩을 돌리는 것' '그것의 거룩을 말이나 행동으로 승인하는 것'(마 6:7, 눅 11:2, 벧전 3:15), 그리고 '의식적 의미로 신성한 목적을 위하여 통상으로부터 분리하는 것', '어떤 직무를 위하여 따로 내여 놓는 것'(마 23:17,19, 요 10:36, 딤후 2:21), 형용사로 '히에로스'는 하나님에 대한 관계에서 불가침성을 지시함'(고전 9:13, 딤후 3:15) 입니다.

'호시오스'는 '도덕적 의미에서 본무를 종교적으로 성취함을 표시'(행 2:27, 13:34-

35), '하그노스'는 '도덕적 의미에서 불순결과 오염을 면한 상태' '하기오스'는 하나님의 봉사에 받치는 성별과 현실에서 분리를 말합니다. "거룩한 선지자들"(눅 1:70), 사도들(엡 3:5), 하나님의 거룩한 사람들(벧후 1:21).

동사로는 거룩히 존경을 받도록 인정함과 세속적인 것을 구별해서 하나님께 거룩하게 받치는 것과 정결게 함이며, 형용사로는 '거룩하다', '하나님께 성별되게 받치다', '하나님께 속하다'는 의미입니다.

2) 성화란?

"웨스트민스터 신앙고백 제13장 1조"

실제로 부름 받고 그들 속에 새 마음과 새 영을 가지므로 중생을 입은 사람들은 그리스도의 죽음과 부활의 공로를 통하여(행 20:32, 롬 6:5-6), 그들 안에 있는 그의 말씀과 성령으로 말미암아(요 17:17, 엡 5:26, 살후 2:13), 실제로 또한 주체적으로 성화됩니다.

몸 전체를 지배하던 죄의 권세는 파괴되고(롬 6:6,14), 그 죄에 나타나는 여러화 가지 욕심은 점점 약해져서 죽고(갈 5:24, 롬 8:13), 그들은 모두 구속적 은혜 안에서(골 1:11, 엡 3:16-19), 참다운 거룩한 행동을 실천하기 위하여 점점 자극을 받고 강건하게 됩니다. 다시 말하면 새 마음과 새 영을 가지므로 중생되고 그리스도의 공로에 의하여 그의 말씀과 성령으로 성화 되며 몸 전체를 지배하던 죄의 권세가 파괴되고 죄에서 나타나는 여려가지 욕심은 점점 약해져서 죽고 우리들의 본성이 깨끗하게 되어 하나님의 형상을 점차로 우리들 속에 형성되어 거룩한 행동을 실천하게 됩니다.

3) 성화와 칭의와의 차이

첫째 : 칭의는 정죄 당한 것을 의롭다는 법적인 선언으로 정죄의 혐의가 벗겨지는 것이고, 성화는 죄로 더러워진 부분을 제거하는 것입니다.

둘째 : 칭의는 하나님의 자녀의 권리를 회복시켜 주는 것이고, 성화는 성도의 마음속에 하나님의 형상(의, 거룩, 진리)을 회복시켜 주는 것입니다.

셋째 : 칭의는 신분 변화로 일순간에 단회적으로 일어나는 하나님의 은혜의 사역이지만 성화는 우리들 전생애를 걸쳐서 우리 속에 이루어지는 하나님의 은혜의 지속적 사역입니다.

넷째 : 칭의는 죄인을 살라고 하는 하나님의 선언이나 성화는 죄인을 죽으라고 하는 하나님의 선언입니다. 이것은 시간 속에 끊임없이 반복 되어 일어나는 것입니다.

다섯째 : 칭의는 죄의 용서이며 죄인을 의인으로 선언하는 것이며 성화는 죄인을 거룩하다고 선언하는 것입니다.

여섯째 : 칭의는 하나님의 합법적인 행위지만 성화는 도덕적 제 창조적인 하나님의

활동 속에 속하는 것이며, 이 활동에 의해서 죄인은 그의 내면적 존재가 새로워지며 하나님의 형상을 점진적으로 닮아가는 것입니다.

일곱째 : 칭의는 믿음으로 되고 성화는 생활에서 되어집니다.

3. 성화(聖火)의 본질(本質)

1) 성화는 하나님의 초자연적인 은혜의 사역이다.

영혼 속에 실제적으로 일어나는 하나님의 활동이며 이 활동에 의해서 새 생명이 탄생되고 거룩한 기질이 강화되고 거룩한 영혼의 훈련이 늘어나게 됩니다.

이것은 하나님의 은혜의 사역입니다(고전 6:11, 행 2:32, 빌 3:10, 롬 6:5-6).

2) 하나님의 은혜에 의해서 우리 속에 역사하는 죄의 힘이 부서지고 죄에 의해 더러워진 우리들의 본성이 깨끗하게 되어 하나님의 형상을 점차로 우리 속에 형성되어지는 것이다(롬 8:29).

3) 옛사람을 벗어나 새 사람을 입는 것이다.

성화는 죄에서 비롯된 인간성의 부정과 부패가 차츰 없어지는데 옛사람 즉 죄의 지배 속에 빠져 있던 인간성이 서서히 십자가에 못박히고(롬 6:6, 갈 5:24), 영혼에 거룩한 성향이 강화되고 영혼에 거룩한 훈련이 쌓여져서 생명의 새 방향이 생기는 것이며(롬 6:4-5, 12:12,), 이것이 인도하는 새생명을 하나님 안에 있는 생명으로 변화됩니다(롬 6:11, 갈 2:19). 다시 말하면 옛사람이 그리스도 안에서 다시 살기 위하여 옛사람이 그리스도와 함께 죽고(갈 2:20) 새로운 사람으로 구습과 모든 욕심의 사람에서 하나님의 의를 따르는 사람으로 변화되는 것입니다.

새사람은 상실된 하나님의 형상을(창 1:27) 회복하는 하나님을 따라 거룩한 삶을 사는 것이며 의와 진리의 거룩함으로 살아가는 새사람이 되는 것입니다.

성화는 점진적이며(살전 5:23) 현세에서는 불완전하며(요일 1:10, 롬 7:18, 빌 3:12), 부패가 잔존하며 전생애을 걸쳐 싸워야 합니다(갈 5:17, 벧전 2:21).

4) 성화는 전생애에 걸쳐서 도덕적 악에서부터 성별이다.

성도의 마음속에 성령이 내주하심으로 죄가 왕권을 상실하고 맙니다. 그러나 약간의 부패가 남아 있어(요일 1:10, 롬 7:18) 우리를 가끔 괴롭히지만 내주 하시는 성령의 도우심으로(롬 6:14, 요일 5:4, 엡 4:15-16) 싸워서 마침내 이기게 되며 거룩을 완성해 나가는 것이며(고후 7:1), 도덕적 악에서부터 성별되는 것입니다.

4. 성별(聖別)된 삶

하나님은 선택된 구원의 백성을 만나고 축복하시기 위해서 성별의 삶을 요구하십니다. 세상과 구별된 삶은 바로 축복의 삶입니다. 하나님은 혼합된 삶을 가장 싫어하십니다.

1) 지리적 성별(창 12:1, 출 3:5, 수 5:15)

"너의 선곳은 거룩한 땅이니 네 발에서 신을 벗어라." 하나님은 땅을 성별하십니다. 택한 백성에게는 선별된 땅을 주셨습니다. "에덴"(창 2:8), "가나안"(창 47:10), "여호와의 눈이 항상 그 위에 있으리라"(신 11:12), "고센땅"(창 40:28), "예루살렘"(대하 3:2), 아브라함이 이삭 받친 곳, 다윗이 정한 곳(오르난 타작마당) 등 입니다.

교회는 거룩한 장소입니다. 오늘날 축복의 장소는 성별된 장소는 믿음 생활을 마음대로 할 수 있는 곳이 축복의 장소입니다. 아무리 좋은 곳이라도 하나님이 함께 하지 않는 곳은 저주받은 장소입니다. 이사갈 때 조심해야 합니다. 룻기서에 나오는 나오미는 성별을 무시하다 화를 당했습니다. 사랑하시는 성도, 여러분 축복의 장소는 주님을 모실 수 있고 주의 이름을 자유롭게 부를 수 있고 기도와 예배를 자유롭게 드릴 수 있는 곳이 축복의 장소입니다.

2) 몸으로 성별(할례)(창 17:9-14)

몸에다 표시한 언약의 표징입니다. 항상 기억을 새롭게 하기 위해 몸에다 표시합니다. 너는 누구냐? 누구에게 속했나? 무엇 때문에 존재 하나? 누구에게 예배하나?

신약에서는 세례(롬 6:3-4)와 성령의 인(엡 1:13)으로 성별합니다.

3) 종족별 성별(창 24:1-4, 28:1-5)

결혼제도로서 잡혼을 금함. 성스러운 자와 속된 자가 혼합하여 살면 축복을 받을 길이 없기 때문입니다(고전 7:14). 이방결혼에는 성공자가 없습니다. 출애굽때 늘 잡족이 원망하며 앞장(출 12:38)섰습니다.

4) 종족 안에서 성별(창 12:1-)

영적 난쟁이에게 하나님의 축복을 줄 수 없습니다. 주어도 감당하지 못합니다. 축복은 순종하는 자에게 주어지고 책임을 이행하는 자에게 주어지며 특권을 남용하지 않는 자에게 주어집니다.

* 가인과 아벨, 아브라함과 롯, 이삭과 이스마엘, 야곱과 에서, 다윗과 사울, 맛디아와 가룟유다. 하나님은 직분을 통해 축복하십니다(엡 4:11-12).

"겸손과 여호와 경외의 보응은 재물과 영광과 생명이니라"(잠 22:4).

5) 식물로 성별하신다(레 11:1-23)

하나님은 보다 더 큰 축복을 위해서 먹는 것까지 성별하십니다.

우상제물 먹지 말라(행 15:20). 술취하지 말라(엡 5:18). 술은 보지도 말라(잠 23:20). 단 약용으로(딤전 5:23), 약으로라도 상습적이면 안됩니다. 다니엘의 세 친구는 성별의 삶을 살았습니다.

하나님의 것과 사람의 것 구별 : 십일조(말 3:10-)와 헌물(고후 9:6-8)로 구별하셨습니다.

6) 날로 성별(창 2:3)

"하나님이 일곱째 날을 복주시고 거룩하게 하셨으니"(창 2:3). "안식일을 거룩하게 지키라"(제4계명). 하나님의 한 날이 천 날보다 나은 축복(시 84:10)을 약속하고 있습니다. 주일성수는 신앙생활에 최우선적인 것입니다. 육일을 거룩하게 살므로 주일을 거룩하게 지켰다 합니다.

결론

성화는 하나님의 은혜로(빌 2:13) 새사람이 되어 온갖 불순과 불결과 도덕적 악에서 단호히 결별함으로 자기 지체를 하나님의 뜻을 달성하기 위해 하나님의 형상을 닮아 옛사람을 완전히 벗어버리고 새사람으로서 구별된 삶을 살아 에덴에서 상실한 형상을 회복하여 거룩한 삶을 살므로 현세에서의 축복과 미래의 상급을 받을 수 있는 것입니다. 당신은 성별된 삶을 살고 있습니까? 할렐루야 아멘.

확신과 보존(견인)

롬 5:1-5

제 36 문

금생에서 의롭다 하심과 양자로 삼으신 것과 거룩하게 하심에서 함께 받게 되거나 또는 거기서 나오는 유익이 무엇인가?

답 : 금생에서 의롭다 하심과 양자로 삼으신 것과 거룩하게 하심에서 함께 받거나 또 거기에서 나오는 유익은 하나님의 사랑을 확실히 아는 것과, 양심이 평안한 것과, 성령 안에 있는 기쁨과(롬 5:1-5) 은혜의 증진과(잠 4:18) 끝까지 굳게 참는 것이다(벧후 1:10).

의롭다 하심과 양자 삼으심과 성화만이 유일한 유익은 아닙니다. 무엇 때문에 요리문답에서 다른 유익들보다 의로움과 양자 성화됨에 더 많은 주의를 기울이고 있습니까? 의로움과 양자 삼음과 성화는 구원에 절대적으로 필요하기 때문입니다. 이 은혜가 없이는 아무도 구원받지 못하기 때문입니다. 성도는 의롭게 되고, 양자가 되며 성화되어 가는 중입니다. 이런 중에 성도는 금생에서 다섯 가지의 유익을 얻게 됩니다. 하나님의 사랑(구원)에 대한 확신, 양심의 평안, 성령 안에서 기쁨, 은혜의 증진, 견인과 보존의 축복입니다.

확신이란 내가 예수 그리스도를 믿어서 영생을 얻었음을 조금도 의심 없이 100% 믿는 상태입니다. 지금 죽어도 하나님 나라에 들어간다는 확신이며(딤후 1:12), 보존과 견인은 그리스도와 연합하여 끝까지 인내하게 하시고 보존하여 구원에 이르게 하시는 하나님의 은혜입니다. 이 모든 것은 의로움과 양자 삼음과 성화의 산물입니다.

1. 하나님의 사랑을 확신(롬 5:1-5)

모든 성도들이 구속에 대한 확신을 갖고 있는 것은 아닙니다. 회심한 지 얼마 되지 않는 사람은 확신할 수가 없습니다. "힘써 너희의 부르심과 택하심을 굳게 하라 너희가 이것을 행한즉 언제든지 실족치 아니 하리라"(벧후 1:10). "내가 하나님의 아들의 이름을 믿는 너희에게 이것을 쓴 것은 너희로 하여금 너희에게 영생이 있음을 알게 하려 함이라"(요일 5:13). 구속에 대한 확신을 가지게 합니다(요 5:24). 그러나 때때로 죄 때문에 확신을 잃어버릴 수도 있습니다(시 51:8,12,). 그러나 의로워지고 양자가 되고 성화의 삶을 사는 자는 다시 확신합니다(딤후 1:12).

2. 양심의 평안(고후 1:12, 딤후 1:3)

성도는 양심의 평안을 얻습니다. "우리가 세상에서 특별히 너희에게 대하여 하나님의 거룩함과 진실함으로 하되 육체의 지혜로 하지 아니하고 하나님의 은혜로 행함은 우리 양심에 증거 하는 바니 이것이 우리의 자랑이라"(고후 1:12). 그리스도의 희생으로 사죄의 은총을 받았기 때문입니다. 믿음의 사람의 공통적인 고백은 주님을 영접한 후 '평안하더라' 입니다. 부적을 수십개 붙치고 살아도 불안하더니 주님을 영접하고 사니 평안합니다(요 14:1). "평안을 너희에게 끼치노니 곧 나의 평안을 너희에게 주노라 내가 너희에게 주는 것은 세상이 주는 것 같지 아니하니라 너희는 마음에 근심도 말고 두려워하지도 말라"(요 14:27)고 했습니다.

3. 성령 안에서 기쁨(고후 6:10)

"**근**심하는 자 같으나 항상 기뻐하고 가난한 자 같으나 많은 사람을 부요케 하고 아무 것도 없는 자 같으나 모든 것을 가진 자로다"(고후 6:10). 진노에서(엡 2:3) 벗어나 하나님의 자녀로서의 기쁨이 있습니다. 주께서 모든 형벌을 갚으셨음으로 기쁨이 있습니다. 이 기쁨은 환경에서 오는 기쁨이 아니라 하나님의 은혜의 기쁨입니다. (빌 4:4). 죄를 지으면 평안과 기쁨이 사라집니다(시 51:10-11).

4. 은혜의 증가(요 1:16)

"**우**리가 다 그의 충만한데서 받으니 은혜 위에 은혜더라"(요 1:16). "오직 너희는 믿음과 말과 지식과 모든 간절함과 우리를 사랑하는 이 모든 일에 풍성한 것 같이 이 은혜에도 풍성케 할지니라"(고후 8:7).

5. 성도의 견인(堅忍)(요 10:28)

구원받은 참 성도가 타락할 수 있을까요? 순간적으로 죄를 지을 수는 있어도 영원히 버림받지 않습니다. "내가 저희에게 영생을 주노니 영원히 멸망치 아니할 터이요 또 저희를 내 손에서 빼앗을 자가 없느니라"(요 10:28). 유효적으로 부르심 받아 의로워지고, 양자되고, 성화의 삶속에 있는 사람은 그 상태로부터 전적으로 최후적으로 떨어지기는 불가능합니다. 하나님께서 그 상태를 끝까지 보존하여 영원히 구원을 얻도록 하십니다. 또한 이것을 악용해서는 아니 됩니다.

구원받았다고 고백한 사람, 각종 은사가 나타나는 사람은 다 구원받았다는 의미는 아닙니다(마 7:21-23, 히 10:26). 하나님께서 한 번 택하시고 자기 자녀가 된 사람은 절대로 버리지 않습니다. "하나님의 은사와 부르심에는 후회하심이 없느니라"(롬 11:29).

1) 교회의 모든 구성원들이 다 구원받는 것은 아니다(요일 2:19, 히 6:4-6).

유다는 교회의 일원이었으나 결국은 구원을 받지 못했습니다. 이들은 신자처럼 은혜 안에 있는 것처럼 보일 뿐입니다.

2) 특별한 은사가 있다고 해서 구원받는 것은 아니다(마 7:21-23).

특별한 은사와 표적과 기사와 이적이 구원의 표는 아닙니다.

3) 성도는 무슨 짓을 해도 구원받는다는 말이 아니다(행 5:1-11).

진정한 구원에 이른 자는 죄 가운데 거할 수 없기 때문이며 죄와 대항하여 싸워야 합니다(히 12:4).

4) 성도 자신의 노력으로 구원받는다는 것은 아니다(요일 3:9).

인간의 노력이 필요합니다만 인간의 노력으로 되어지는 것은 아닙니다.

6. 끝까지 구원하시는 이유(사 14:24)

"**만**군의 여호와께서 맹세하여 가라사대 나의 생각한 것이 반드시 되며 나의 경영하는 것은 반드시 이루리라"(사 14:24).

1) 예정함을 받았기 때문(엡 1:4-5),

2) 중생(약 1:18), 회개(행 11:18), 믿음을 선물로 받았기 때문(엡 2:8),

4) 의롭게 되고(롬 8:31-39), 양자(갈 4:7), 성화되어가기 때문(엡 4:23),

5) 예수 그리스도의 중보(롬 1:4, 4:24, 5:8-10).

7. 어떻게 보호하시나?(시 121:1-8)

1) 주님의 기도(롬 8:34, 요 17:20, 눅 22:31-32), 2) 성령의 내주와 간구(롬 8:26, 고후 1:22), 3) 하나님의 보호(롬 8:31), "여인이 어찌……내가 너를 내 손바닥에 새겼고 너의성벽이 항상 내 앞에 있나니"(사 49:15), 4) 천사가 보호해 주심(마 18:10) 입니다.

"삼가 이 소자 중에 하나라도 업신여기지 말라 너희에게 말하노니 저희 천사들이 하늘에 계신 내 아버지의 얼굴을 항상 뵈옵느니라"(마 18:10).

　*다니엘(단 6:22), 베드로(행 5:19), 사 91:10-11(사자를 보내 모든 길을 지키심) 왕하 6:14-19 "도단성" 왕하 19:35 "천사가 십팔만오천명 죽임"

8. 무엇을 보존해 주시나?

1) 영적 생명을 보존

"하나님께로서 난 자마다 범죄치 아니 하는 줄을 우리가 아노라 하나님께로서 난 자가 저를 지키시매 악한 자가 만지지도 못하느니라"(요일 5:18).
"내게 주신 아버지의 이름으로 저희를 보전하와 자키었나이다 그 중에 하나도 멸망치 않고 오직 멸망의 자식 뿐이오니"(요 17:12). "내 말을 듣고 나 보내신 자를 믿은 자는…"(요 5:24). "시몬아 시몬아 사단이 밀까부듯…너를 위해 믿음이 떨어지지 안토록 하기 위하여 기도하였노라"(눅 22:31). "이런 자는 사단에게 내어주었으니 이는 유신으로 멸하고 영은 주예수의 날에 구원하게 하려 함이니라"(고전 5:5).

2) 육적 생명 보호

"현몽하여 손대지 말라"(창 31:24)고 야곱을 보호해 주시고, 사드락, 메삭, 아벳느고를 불속에서 보호해 주시고 환난과 질병과 역경에서 보호하여 주십니다(단 3:24-27).

3) 산업을 보호

"욥이 어찌 까닭없이 하나님을 경외 하리이까 주께서 그와 그 집과 그 모든 소유물을 산으로 두루심이 아니니까 주께서 그 손으로 하는 바를 복되게 하사 그 소유물로 땅에 넘치게 하셨음이니이다"(욥 1:9-10). "악한 짐승을 금하고 때를 따라 비를 내리시되 복된 장마 비를 내리리라"(겔 34:26). 하나님은 의로워지고 양자가 되며 성화의 삶을 사는 자에 영적 생명과 육적생명과 산업을 보호해 주십니다. 그러므로 바울이 고백한 것처럼 "나의 의뢰할 자를 내가 알고 또한 나의 의탁할 것을 그날까지 저가 능히 지키실 줄을 확신함이라"(딤후 1:12). 우리는 구원을 확신하고 보호를 확신합시다.

결론

하나님께서 의로움과 양자와 성화의 삶을 사는 자에게 금새에 주시는 유익을 바로 깨달아 확신하며 힘써 주를 섬기므로 남은 생애를 감사하며 헌신하고 충성하면 구원과 보호를 확신하며, 마음의 평화를 누리고 기쁨을 가지고 은혜 위에 은혜가 넘치는 삶이 되시기를 축원합니다. 한 번 구원에 이른 자는 끝까지 보호하시고 견디게 하시며 구원하십니다. 당신은 구원을 확신하십니까? 할렐루야 아멘

성도의 안식(安息)과 보존(保存)

고후 5:1-8

제 37 문

성도가 죽을 때 그리스도에게서 무슨 유익을 받는가?

답 : 성도가 죽을 때 그 영혼이 완전히 거룩하게 되어(히 12:23) 즉시 영광 중에 들어가고(눅 23:43) 그 몸은 여전히 그리스도와 연합하여(살전 4:12) 부활할 때까지 무덤에서 쉬게 되는 것이다(사 57:2, 요 5:28-29).

인간은 누구나 죽습니다. 한 번 죽는 것은 정하신 이치(히 9:27)입니다. 사람은 누구나 이 죽음을 피할 수 없습니다. 성경 속에 에녹(창 5:24)과 엘리야(왕하 2:11)만 예외로 나타나지만 그 외의 모든 인간은 죽음 앞에 예외일 수 없습니다.

부자도 죽고 가난한 자도 죽고 지혜로운 자, 무식한 자, 건강한 자, 병든 자, 선한 자, 악한 자도 시간의 장단의 차이는 있을지라도 다 죽어 흙으로(창 3:19) 돌아가는 것입니다.

죽음은 죄의 형벌입니다. 성도는 그리스도로 말미암아 사죄의 은총을 입고 구속함을 받아 의롭게 되어 죄책에서 벗어나 정죄 상태에 있지 않기 때문에 왜 죽어야 합니까? 그런데 여기서 한가지 명심해야 할 것은 성도도 죽는다는 것입니다. 죽음이 성도에게도 형벌일까요? 성경은 아니다고 부정합니다. 성도의 죽음은 복이라(계 14:13) 말씀하고 있습니다. 죽음은 형벌이 아니라 축복이요, 그 영혼이 완전히 거룩하여 안식과 영광 중에 들어가는 것입니다.

성도는 죽음이 형벌이 아니기 때문에 죽음을 두려워하지 말고 감사해야 할 것입니다. 죽음이란 생명이 다하여 또는 건강이 다하여 병들어 죽는 것이 아니라 하나님 앞에서 해야할 사명이 끝나면 죽는 것입니다. 고로 사명이 다하는 날까지 최선을 다하여 충성 봉사 헌신하는 삶을 살다가 주께서 부르시는 날 축복의 안식(천국)에 참여하시는 성도가 되시기를 축원합니다.

1. 육체적 죽음(안식)

성경에는 육체적 죽음에 대하여 여러모로 표현하고 있습니다. 성경은 육체적 죽음과 영혼적 죽음을 구별해서 말하고 있습니다. 육체적 죽음은 육체와 영혼의 분리 현상이라고 표현하고 있습니다(전 12:7, 약 2:26). 육체적 죽음은 육체와 영혼의 분리에 의한 육체적 생명의 종결이라고 말할 수 있습니다. 영적 사망은 영혼이 하나님으로부터 분리(마 8:22, 요5:24)이며 영원적 사망은 신체와 영혼이 함께 영원한 형벌에 들어가는 것입니다(마 25:46, 막 9:43-48, 살후 1:9).

2. 성도 죽음(안식)에 대한 의의(意義)

성경은 육체적 죽음을 형벌(창 2:17)로서 죄값이라(롬 6:23) 말하고 있습니다. 성도들은 그리스도로 말미암아 구속의 은총을 받아 주님이 대신 우리의 죄의 형벌을 받으시고 그리스도의 의를 우리에게 전가시키시고 의롭다고 선언하여 죄와 모든 죄책에서 해방되었습니다. 그럼에도 불구하고 왜 죽어야만 합니까? 단죄받아야 할 조건들이 없는데 형벌을 줄 수가 있습니까? 없습니다. 그런데 하나님은 왜 죽음의 무시무시한 체험을 거치도록 하셨을까요?

(1) 택한 백성들의 성화를 위해서 입니다(히 12:23).
(2) 죽음을 통해서 오만한 자를 겸손하게 하시기 위해서(롬 8:18).
(3) 육욕을 극복하게 하며 속된 것을 생각지 말고 영적 성장을 촉진시키기 위해(롬 8:18).
(4) 안식을 주시기 위해(계 14:13),
(5) 고향을 가게 하시려고(빌 3:20),
(6) 낙원으로 인도하기 위해(눅 23:43),
(7) 세상의 고난과 고통과 악과 상관없이 영육이 다 같이 누리는 축복 상태를 주시기 위해(계 21:3-4).

영혼은 주를 섬기며 즐거움이 계속되고(욥 19:26) "나의 이 가죽이 이것은 썩은 후에 내가 육체 밖에서 하나님을 보리라" 육체는 부활 때까지 그리스도와 연합하여 무덤에서 편히 쉬는 안식을 위한 것입니다(요 5:28-29).

3. 성도의 죽음은 천국의 입문(눅 23:43)

김활란 박사는 "내가 죽거든 울지 말고 찬송을 불러 달라"고 했습니다. 왜? 천국의 입문을 알았기 때문입니다. 불신자의 영혼은 죽음 즉시 지옥의 고통을 경험하고 육신은 흙으로 돌아가고 성도의 영혼은 즉시 낙원에 이르게 됩니다(눅 16:10-31).

낙원은 곧 바로 천국입니다. 낙원이란 신약성경에 세 번 나오는데 "오늘 네가 나와 함께 낙원에 있으리라"(눅 23:43), "그가 낙원으로 이끌려 가서 말할 수 없는 말을 들었으니 사람이 가히 이르지 못할 말이로다"(고후 12:4), "내가 하나님의 낙원에 있는 생명나무의 과실을 주어 먹게 하리라"(계 2:7).

생명나무 과실은 "…강 좌우에는 생명 나무가 있어 열두 가지 과실을 맺히고 그 나무 잎사귀들은 만국을 소성하기 위하여 있더라"(계 22:2) 말씀하고 있습니다. 낙원에 있는 생명나무가 천국에 있는 생명나무입니다. 그러므로 낙원과 천국은 같은 곳입니다.

그리고 죽어 영혼이 들어갈 곳을 낙원이라 표현하고 부활하여 영과육이 함께 들어가는 곳을 천국이라 합니다. 천국은 !

(1) 내세의 영광은 이 세상 말로 표현할 수 없이 좋은 곳입니다(벧전 1:8, 고후 12:4, 계 21: , 마 13:)

(2) 상세하게 말해도 잘 모릅니다(마 13:). 소경에게 세상을 아무리 설명해도 모릅니다.

(3) 편히 쉬는 곳입니다(계 14:13).

4. 안식의 기간(期間)(살전 4:14, 요 5:28-29)

별세에서부터 부활 때까지의 기간을 안식의 기간이라 할 수 있습니다.

"우리가 예수의 죽었다가 다시 사심을 믿을찐대 이와 같이 예수 안에서 자는 자들도 하나님이 저와 함께 데리고 오시리라……그리스도 안에서 죽은 자들이 먼저 일어나고" (살전 4:14-16). 인간의 생애를 구분하면,

1) 날 때부터 죽을 때까지의 단계를 육신의 생애,

2) 죽음에서 부활 때까지를 안식의 생애(육체 없이) 중간상태라 함.

3) 몸과 영혼이 부활하여 가지는 최종적인 영원한 생애로 구별할 수 있다.

성도의 영혼은 거룩한 가운데서 완전함을 입어 지극히 높은 낙원에 영접 되어 육체의 완전한 구속을 기다리며 영광 중에 하나님의 얼굴을 우러러 보게되고 악인들의 영혼은 음부로 던짐을 당하며 거기서 고통과 완전한 어두움 속에 머물러 대심판 날까지 있게 된다고 신앙고백서는 말하고 있습니다. "안식의 기간은 별세에서 부활때까지 입니다."

5. 안식과 교통(交通)에 대해서(욥 7:9-10, 삼하 12:23)

원칙상으로 이 세상과 저 세상, 천국과 지옥은 서로 교통하지 못합니다.

"내가 돌아오지 못할 땅 어둡고 죽음의 그늘진 땅으로 가기 전에 그리 하옵소서" (욥 10:21).

"음부로 내려가는 자는 다시 올라오지 못할 것이니 그는 다시 자기 집으로 돌아가지

못하리라"(욥 7:9-10). "나는 저에게로 가려니와 저는 내게로 돌아오지 아니하리라"(삼하 12:23).

"구원받은 영혼은 천당에 가고 구원받지 못한 자는 지옥으로 가며 갈 수도 없고 올수도 없으며 이 세상으로도 올 수 없다"(눅 16:19-31)고 했습니다.

성경 중에 특별한 사명을 위해 기적적으로 살아난 사람들이 있는데 이는 예외적 사건입니다. 죽었던 영혼이 다시오는 경우는 성경에 없습니다. 삼상28:1-25에 사울이 무당을 통해 사무엘을 불러낸 기사가 있습니다. 루터와 칼빈은 이 사건은 하나님의 허락 하에 이루어진 사탄의 역사라고 했습니다. 성경 신명기 18:9-11, 출애굽기 22:18, 이사야 8:19. 레위기 20:6 등은 죽은 자와 교통을 금하며, 초혼 자는 죽이라고 했습니다. 무당에게 묻는 것은 반역적 범죄 행위입니다.

"기록한 말씀 밖에 넘어가지 말라"(고전 4:6)고 했습니다. 로마 가톨릭에서 말하는 연옥, 선조림보(구약성도) 유아림보는 성경에 근거하지 않는 이교적인 것입니다. "이 세상과 저 세상 그리고 천국과 지옥은 서로 교통을 하지 못합니다."

결론

죽음이란 형벌이기 때문에 무서운 것입니다. 아무도 피하지 못합니다(히 9:27). 그 후에 심판이 있습니다. 성도나 불신자나 다 죽는다는 사실은 똑 같습니다.

그리스도 안에서 죽은 자들은 행복한 죽음입니다(계 14:12-13). 이 세상에서 볼 때 부자의 죽음은 많은 조객과 문상객 형제 재산의 부요로 호화로운 죽음이요, 나사로는 아무도 없는 비참한 죽음입니다(눅 16:19-31). 그러나 성경은 부자의 죽음은 비참한 죽음이요, 나사로의 죽음은 행복한 죽음으로 말씀하고 있습니다. 부자는 형벌의 죽음이요, 나사로는 하나님의 위로가 있는 죽음이기 때문에 복된 죽음입니다.

인생이 이생 뿐이라면 그러나 내세가 있습니다. 나사로의 삶이 이생 뿐이었다면 얼마나 비참한 것입니까? 그러나 내세가 있기에 나사로는 행복했습니다.

성도의 죽음이란 고통이 아니라 축복입니다. 성화의 완성이요, 이세상의 모든 괴로움의 끝이요, 천국에 입문입니다. 우리의 육신은 부활 때까지 그리스도와 연합하여 안식하며 우리의 영혼은 낙원에서 주님을 바라보며 영광스러운 삶을 누릴 것입니다.

그러므로 우리는 죽음을 두려워하지 말고 이 사명이 다하는 날까지 충성 봉사 하다가 주님이 부르실 때 안식에 들어가는 성도가 되시기를 축원합니다.

당신은 안식을 확신하십니까? 복된 죽음을 확신하십니까? 할렐루야 아멘.

성도의 부활(復活; 영화)

고전 15:42-53

제 38 문

성도가 부활할 때에는 그리스도에게서 무슨 유익을 받는가?

답 : 성도가 부활할 때에 영광 중에 다시 살아남을 입어(요 5:28-29) 심판 날에 밝히 인정된 것과 죄없다 하심을 받고(마 25:33,34) 완전히 복을 받아 영원토록(살전 4:17) 하나님을 흡족하게 즐거워하는 것이다(요일 3:2, 고전 13:12).

육체의 부활 교리는 기독교 신앙의 핵심입니다. 부활은 기독교만이 가지는 유일한 진리입니다.

부활의 참 뜻을 모르면 믿음의 미아가 될 것입니다(고전 15:13). 부활은 죽은 사람의 몸과 영이 다시 살아나는 것입니다. 무덤 속에 썩어 버린 육체가 어느 날 다시 일어나고 영광스러운 몸을 가지는 구속(구원)의 완성을 말합니다.

인간은 죽음을 정복하거나(히 9:27), 극복할 수 없으며, 죽음의 권세에 해방되지 못합니다. 죽음은 타락한 인간이 뛰어 넘을 수 없는 한계상황입니다. 그러나 성경은 그리스도만이 죽음의 권세를 이기고 부활의 통로를 제시하시고(고전 15:20), 예수 안에서 믿음으로 사는 자는 부활의 영광에 참여할 것이라고 말씀하고 있습니다(고전 15:22).

부활이란 말은? "다시 일어선다"란 뜻입니다. 사람이 죽은 후에 가는 곳이 둘인 것처럼 부활 때에도 두 가지 형태로 나타납니다. 악인들은 심판의 부활로 멸망의 날을 기다리고, 성도는 영광스러운 생명의 부활로 나타날 것입니다. 그러면 부활때에 성도들이 그리스도에게 얻는 유익은 무엇일까요?

1. 영화로운 부활에 참여(요 5:28-29, 고전 15:22)

성도의 부활은 구속과 영광을 누리는 축복입니다. 육체는 무덤에서 일으켜지고 영혼과 다시 통합하여 부활의 초점인 육체와 영광스러운 축복된 생명을 부여받게 되는 것입니다(고전 15:42-44). 악인은 반대로 육체와 영혼의 재통합으로 영원한 형벌을 받고 형벌에 처해집니다(요 5:29).

1) 부활의 시기(고전 15:23, 살전 4:16)

성도의 부활은 그리스도의 재림과 세계 종말과 때를 같이 하고 있습니다. 최후의 심판 직전입니다(고전 15:23, 살전 4:16, 요 6:34-40, 11:24. 요 5:27-29, 계 20:11-15).

2) 신체적 부활의 성질(빌 3:21, 요일 3:2)

부활의 몸은 전혀 새로운 피조물은 아닙니다. 부활의 몸은 현재의 몸과 유사한 관계를 유지할 것입니다. 부활의 몸은 본질과 신분이 동일한 몸이 될것입니다. 그 특성이나 능력은 다를 것입니다. 하나님은 우리를 무에서 새로운 몸을 만들지 않을 것이며, 어떤 비슷한 몸으로 우리를 만드시지 않을 것입니다. 하나님은 우리를 옛것에서 새로운 것으로 만들 것이며 썩지 않고 불멸하도록 하기 위해 옛것을 새로이 부활시킬 것입니다.

(1) 성도의 부활체는 그리스도의 영광을 받으신 몸과 같을 것입니다(빌 3:21, 요일 3:2, 고전 15:49).
(2) 부활체는 영과 육을 가지고 있습니다(눅 24:42, 51, 54).
(3) 영광스러운 몸입니다(고전 15:43).
(4) 강한 몸입니다(고전 15:43).
(5) 신령한 몸입니다(고전 15:44).
(6) 하늘에 속한 몸입니다(고전 15:47-49).

부활은 성도만이 누리는 은혜요, 축복입니다(요 11:25-27).

2. 심판날에 은총(마 25:23)

부활 후에 의인과 악인의 심판이 있습니다. "하나님은 모든 행위와 모든 은밀한 일을 선악간에 심판 하시리라"(전 12:14) 했고, "이는 우리가 다 반드시 그리스도의 심판대 앞에 드러나 각각 선악간에 그 몸으로 행한 것을 따라 받으려 함이니라"(고후 5:10). 그 심판은 그리스도께서 할 것입니다(요 5:22-27, 행 10:4, 딤후 4:1).

1) 심판의 종류

성도들은 사죄의 은총을 받아 상을 받게 될 것입니다. 성도는 벌을 받기 위함이 아니라 상을 받기 위함입니다. 성도는 자신의 죄로 인하여 심판은 받지 아니 합니다(요 5:24). 성도는 이미 자기의 범죄에 대하여 그리스도께서 십자가에서 심판을 받으셨습니다(사 53:5-6, 고후 5:21).

(1) 성도들이 받는 현세의 심판

'크리마'는 징계로 받는 심판으로 불신자보다 먼저 받으며(벧전 4:17) 징계처분으로 세상과 같이 정죄하지 않기 위하여 하는 것입니다(고전 11:32).

죄에 대한 심판(롬 8:1)은 예수님께서 십자가에서 우리 대신 받으신 것이며 도덕적인 심판은 성도가 범죄하면 채찍으로 주님 앞에 갈 때까지 받는 것이며 행위의 심판은 주님 오실 때 상급의 심판을 받습니다(고후 5:10).

(2) 재림날 악인의 심판

'크리시스'는 영육간에 받는 심판으로 심판의 대상은 세상이며(계 18:10), 왼편 염소의 심판이며(마 25:41), 긍휼이 없는 심판이며(약 2:13), 행위대로 하는 심판입니다(롬 2:6). 이들은 예비된 영원한 불못에 들어가는 심판이며(계 18:8), 지옥의 형벌(계 14:20)입니다.

(3) 백보좌 심판(계 20:11)

'베마'는 선악간에 영혼들이 부활하여 받는 심판입니다. 이 심판의 대상은 창세이후로 죽은 자들(계 20:5)이 자신의 행위대로(롬 14:12, 벧전 4:5), 생명책에 기록된 대로(계 20:12), 심판 받으며 의인들은 생명책에 기록된 대로 상급을 받습니다(눅 14:14).

2) 성도의 상(償)

면류관이 주어집니다. 성경에는 여러 가지 면류관에 대해 말씀해 주고 있습니다.

(1) 생명의 면류관 : 생명보다 주님을 더 사랑하고 충성한 자(약 1:12, 계 2:10).
(2) 영광의 면류관 : 자원함으로 양을 먹인 자(지도자들)(벧전 5:4).
(3) 의의 면류관: 선한 싸움에 승리한 자(딤후 4:8).
(4) 썩지 않는 면류관 : 자기를 쳐서 복종시키며 천국만 바라보고 달려간 자(고전 9:25).
(5) 자랑의 면류관 : 전도하여 많은 사람 구원한 자(살전 2:19).
(6) 정금 면류관 : 충성한 대로 주시는 것(시 21:3, 계 19:12).
(7) 빛난 면류관 : 성전을 사랑하는 자(시 132:18).

3. 완전한 복(福)(살전 4:17)

완전한 복은 구원의 완성입니다(계 21:7). 새로운 영광의 몸을 입고 부활한 성도는 현재의 자리에 그대로 있지 않고 영광스러운 하늘 나라의 유업을 받게 되며 하늘의 영광을 누리게 되는 것입니다(고전 15:12).

1) 천국의 유업(遺業)(계 21:1-7)

새 하늘과 새 땅은 낙원의 회복이요, 새로운 영적 환경 새로운 물질로 갖추어진 신천신지(천국)로 성도를 위하여 마련된 곳입니다. 천국은 완전한 곳입니다. 불완전한 요소가 조금도 없습니다. 세상은 하나님이 육일 동안에 창조 하여도 이렇게 아름다운데 천국은 예수님이 승천하셔서(요 14:1-3) 재림하실 때까지 만드신 곳으로 사람이 상상할 수 없이 좋은 곳입니다(고후 12:4).

천국에는! ① 저주가 없습니다(계 21:3). ② 아픔과 애통과 죽음이 없습니다(계 21:4). ③ 밤과 해가 없습니다(계 21:5). ④ 죄인이 없습니다(계 21:18, 22:16). ⑤ 생명 강과 생명나무 과실이 있습니다(계 21:2). ⑥ 길은 정금입니다(계 21:21). ⑦ 주의 영광이 빛침니다(계 21:10). ⑧ 천국에 거할 수 있는 자는 : 천군천사(계 7:11)와 구원받은 성도(계 21:27)들입니다.

2) 지옥

음부는 불신자들의 죽은 영혼이 심판때까지 갇혀 있는 곳이며(마 11:23, 눅 16:19), 지옥은 영과 육이 영원히 함께 들어가는 불못입니다(계 20:14). 짐승과 거짓 선지자들과(계 19:20) 짐승표를 받은 자들이 들어 가는 곳입니다(계 14:11).

지옥의 광경은! ① 유황불이 타는 곳이며(계 10:15, 21:8), 불이 꺼지지 않는 곳(막 9:43), ② 세세토록 고통당하는 곳(계 20:10), ③ 쉼이 없는 곳(계 14:11)이며, 고통의 장소(눅 16:19-24), ④ 구더기도 죽지 않는 곳(막 9:48), ⑤ 어두운 곳(마 22:13, 25:30), ⑥ 지옥의 위치는 천국에서 보이는 곳으로(눅 16:19-26, 계 14:10) 천국 건너편 구덩이 저편(눅 16:22-26)이며, 서로 갈 수 없는 곳입니다.

"불신자의 종착역은 지옥이고 성도의 종착역은 천국입니다."

4. 직접(直接) 하나님을 섬기는 영광(榮光)

하나님을 섬기는 것은 바로 인간의 삶의 목적입니다.

"다시 저주가 없으며 하나님과 어린양의 보좌가 그 가운데 있으리니 그의 종들이 그를 섬기며 그의 얼굴을 볼터이요 그의 이름도 저희 이마에 있으리라"(계 22:3). 이 땅에서도 하나님을 섬기는 기쁨이 대단한데 천국에서 하나님을 섬기는 기쁨이 어떠하겠습니까?

다윗은 시편 16:11에 "주께서 생명의 길로 네게 보이시리니 주의 앞에는 기쁨이 충만하고 주의 우편에는 영원한 즐거움이 있나이다"고 고백했습니다.

결론

부활은 성도 구원의 완성이며 완전한 축복입니다. 영원히 멸망 받아 지옥갈 수밖에 없는 나를 구원하시여 죽음에서 부활의 영광을 주시고 천국에서 주를 섬기면 영생복락하게 하신 주님께 감사하며 이땅에 사는 날까지 사명다하는 성도가 되시기를 축원합니다. 당신은 부활의 영광을 믿습니까? 당신은 천국과 지옥을 믿습니까? 할렐루야 아멘.

- 제 2 부 -
행복한 삶을 위하여

사람의 본분(本分)

미 6:6-8

제 39 문

하나님께서 사람에게 요구하시는 본분이 무엇인가?

답 : 하나님께서 사람에게 요구하시는 본분은 그 나타내 보이신 뜻을 복종하는 것이다(미 6:8, 신 29:29, 삼상 15:22, 눅 10:28).

제1부에서는 하나님의 형상으로 지음 받은 인간이 타락에서 구원 얻기 위하여 예수 그리스도 안에서 하나님을 어떻게 믿을 것인가? 그 믿음의 결과 구원을 얻게 된 것을 가르치고, 제2부에서는 하나님이 구원받은 사람에게 더 큰 축복을 주시기 위해 요구하시는 본분에 대하여 말씀하고 있습니다.

이 두 가지 믿음과 행위는 성도 생활에 결코 분리될 수 없는 것입니다. 순종 없는 믿음이 있을 수 없고 믿음 없는 참된 순종이 있을 수 없습니다. 사람은 누구나 다 존재의 의의와 목적이 있습니다. 소요리문답 제1문에서 "인간의 삶의 목적은 하나님을 영화롭게 하고 그를 영원토록 즐거워하는 것"이라고 했습니다. 제2부는 우리의 존재 목적을 통해서 하나님이 요구하시는 본분이 무엇인가를 알 것을 요구하시는 데, 이것을 바로 알지 못하면 장님이 코끼리를 만지는 것과 같습니다. 당신은 하나님이 요구하시는 본분을 알고 계십니까?

1. 참된 예배(禮拜)의 삶

에덴동산에는 예배가 없었습니다. 생활 그 자체가 예배였습니다. 예배는 인간이 타락한 후에 하나님께서 인간을 사랑하시고 축복하시기 위해 요구하신 것으로 하나님께서 타락한 인간이 예배를 통해서 하나님과 교제하며 사죄의 은총을 받게 하기 위해서 제정하신 것입니다. 그리고 영원 천국에는 예배가 없고 삶 그 자체가 예배가 될 것입니다.

성경의 최초의 예배는 창세기 4:3-5에 가인과 아벨이 하나님께 드린 예배입니다. 여기에 참된 예배와 거짓 예배가 나옵니다. 그후 하나님은 족장시대를 거쳐 이스라엘을 애굽에서 인도하시고 그들이 하나님을 바로 섬기기를 원했습니다.

출애굽기 3:12,18, "너희가 이 산에서 하나님을 섬길 것이니라" "우리가 우리 하나님 여호와께 희생을 드리려 하오니 사흘 길쯤 광야로 가기를 허락하소서." 출애굽 이후에 레위기를 통해서 제사의 법을 주신 것입니다. 그러나 그들은 참된 예배와 상관없는 의식적 예배로 변했습니다. 하나님은 의식적 예배를 기뻐하지 않습니다(사 1:10-15). 종교적 행위를 요구하지 않습니다(미 6:6). 하나님이 요구하시는 것은 의식적인 종교 행위가 아니라 진정한 마음의 태도와 중심을 요구하시는 것입니다

예수님께서도 바리새인들의 의식적 종교 행위를 책망하시고 하나님이 원하시는 것은 종교 행위가 아니라 마음을 다하고 뜻을 다하고 힘을 다하여 마음의 중심을 하나님께 드리는 진정한 예배를 요구하신다는 것입니다(마 22:37-40). 예수님도 요한복음 4:24에 하나님이 요구하시는 예배는 신령한 영적 예배라고 말씀하셨습니다.

사무엘상 15:1-23에 아말렉과 전쟁하여 하나님이 모든 것을 죽이라고 사울에게 말씀하였습니다. 사울은 이 명령을 거절하고 하나님께 드리기 위해 양과 염소를 취했습니다. 그때 사무엘은 순종이 제사보다 우선한다는 것을 가르치고 진정한 예배는 종교적 행위가 아니라 순종이란 사실을 가르쳤습니다. 그리고 바른 예배의 태도를 가지지 못한 사울을 하나님이 버렸습니다.

하나님께서 모세에게 준 십계명의 정신도 바로 하나님과의 바른 관계를 말씀하고, 미가를 통해 하나님이 원하시는 예배가 무엇인가를 말해주고 있습니다. 미가 6:6-8, "내가 무엇을 가지고 여호와 앞에 나아가며 높으신 하나님께 경배할까 내가 번제물 일년된 송아지를 가지고 그 앞에 나아갈까 여호와께서 천천의 수양이나 만만의 강수 같은 기름을 기뻐하실까 내 허물을 위하여 내 맏아들을 내 영혼의 죄를 인하여 내 몸의 열매를 드릴까 사람아 주께서 선한 것이 무엇임을 네게 보이셨나니 여호와께서 네게 구하시는 것이 오직 공의를 행하며 인자를 사랑하며 겸손히 내 하나님과 함께 행하는 것이 아니냐."고 예배의 바른 정신을 가르쳐 주고 있습니다.

형식적 예배가 아니라 참된 예배로 하나님께 바른 예배를 드리는 삶입니다. 하나님께서는 그의 율법을 두 부분으로 나누었는데, 그 가운데 의의가 전체를 포함하고 있으며 그의 존엄을 예배하는데 관한 종교상의 의무를 첫 부분에 돌리고 인간 상호간의 의무를 둘째 부분에 돌리고 있습니다.

하나님이 원하시는 의의 기초는 하나님 예배입니다. 예배의 터가 무너지면 의의 나머지 모든 부분은 파괴됩니다. 만약 불결된 신성모독을 통해(삼상 15:21-23, "다만 백성이 그 마땅히 행할 것 중에서 가장 좋은 것으로 길갈에서 당신의 하나님 여호와께 제사하려고 양과 수양을 취하였나이다. 사무엘이 가로되 여호와께서 번제와 다른 제사를 그 목소리 청종하는 것을 좋아하심같이 좋아하시겠나이까") 하나님의 영광을 가로 채고 있다면 우리가 절도나 강도나 사람을 괴롭히지 않는다고 해도 어떤 종류의 의의를 갖고 있다고는 할 수 없습니다.

신성의 불가침의 이름을 더럽히고 있다면 음탕한 행위로 육체를 더럽히지 않았다고 해도, 사람을 죽이지 않았다고 해도 의의가 있을 수 없습니다. 그러므로 하나님을 예배하는 것은 의의 시작이요, 기초라고 할 수 있습니다. 이것을 제외하고 제 아무리 인간

상호간의 공평과 절도와 절제를 지킨다 할지라도 하나님 앞에서는 쓸 데 없는 것입니다.

예배는 의의 원천이요, 기초입니다. 예배가 종교적 행위와 의식적 행위가 아니라 하나님이 원하시는 의의 행위가 되어야 합니다. 예수님은 요한복음 4:23-24에 "아버지께 참으로 예배하는 자들은 신령과 진정으로 예배할 때가 오나니 곧 이때라 아버지께서는 이렇게 자기에게 예배하는 자들을 찾으시느니라 하나님은 영이시니 예배하는 자가 신령과 진정으로 예배할지니라." 그러므로 하나님이 받으시는 신령한 예배를 드립시다.

2. 하나님의 뜻을 순종(順從)(삼상 15:21-24)

하나님은 말씀하시는 분이십니다.

인간은 말씀을 듣습니다. 그리고 믿습니다. 또 순종합니다. 하나님께 순종하는 것이 인간의 의무이며 본분입니다. 그러나 믿음이 없이는 순종할 수 없습니다. 또한 순종 없는 믿음은 죽은 것입니다(약 2:22).

하나님은 창조자이시기 때문에 피조물인 인간에게 자신이 원하는 것을 요구할 수 있습니다. 피조물인 인간은 자기 마음대로 할 권리가 없이 순종할 의무만 있습니다. 하나님께서 요구하시는 도덕률을 우리는 순종할 뿐이며 거절할 수 있는(거부권) 권한은 없습니다. 아담은 불순종의 삶을 살다가(롬 5:19, "한 사람이 순종치 아니함으로 많은 사람이 죄인 된 것같이"), 죄를 범하고 사람의 의무를 포기했습니다. 예수님은 순종하므로(롬 5:19, 한 사람이 순종하므로 많은 사람 의인이 되리라) 본분을 다했습니다. 사울은 인간의 본분을 포기하고 불순종의 삶을 살다가 하나님께 버림받았습니다.

불순종은 사람의 본분을 포기하는 것입니다. 천국에는 순종하는 자만이 들어갑니다(계 21:8). 교회를 '프로테스탄트'라고 하는데, 이 말의 뜻은 '반항한다' '항의자' 등의 뜻을 가지고 있습니다. 하나님께 반항한다는 것이 아니라 죄악에 반항하는 자, 대항하는 자, 세상을 대항하는 자를 가리킵니다. 인간의 의무와 본분은 하나님의 뜻에 반항하고 반대하는 것이 아니라 순종하고 복종하는 것입니다.

그리고 이 순종은 히브리서 기자는 말하기를 "그가 아들이시라도 받으신 고난으로 순종함을 배워서 온전케 되었은즉 자기를 순종하는 모든 자에게 영원한 구원의 근원이 되시고"(히 5:8)라고 하면서 순종은 고난을 통해서 배우는 것이라고 했습니다. 아브라함도 모세도 믿음의 많은 사람들이 고난을 통해서 순종을 배웠습니다.

그리스도를 통하여 구원받은 성도들은 예수님을 닮아 예수님처럼 하나님의 뜻에 순종하는 삶을 살기를 주님의 이름으로 축원합니다. 그리고 하나님은 복종지수가 높은 사람을 사용하시고 축복하십니다.

3. 하나님의 뜻대로 행함(눅 10:28)

"이를 행하라 그리하면 살리라"(눅 10:28).

하나님은 말씀하시는 분이십니다. 우리는 그 말씀을 듣습니다. 그리고 믿습니다. 또 행동합니다. 그 결과 증거를 얻습니다. "행함이 없는 믿음은 죽은 믿음이다"(약 2:22)라고 고백합니다. "너희는 빛과 소금이다…너희의 착한 행실을 보고 하나님께 영광 돌리라"(마 5:13-16). "행동하는 그리스도인"을 원하십니다. "행동을 달아보시는 하나님"(삼상 2:3), "달아보시는 하나님"(단 5:29-31)이십니다.

하나님은 우리의 행동을 달아 보십니다. 믿음으로 구원에 이른 사람은 그 믿음으로 행하는 삶을 살아야 합니다. 믿음과 행함은 손바닥과 손등과 같습니다. 믿음으로 행해야 합니다(고후 5:7). 믿음으로 행하지 아니하면 죄입니다. 사람은 행한 일에 복을 받습니다(약 1:25). 예수님께서는 마태복음 21:28-31에 두 아들의 비유를 통해서 행하는 믿음을 말씀하셨습니다. 하나님의 말씀을 믿고 순종하며 행하는 삶이 되시기를 축원합니다.

결론

사람의 본분은 참된 예배의 삶과 하나님의 뜻에 순종하며 그 뜻대로 행하는 삶입니다. 마음을 다하고 뜻을 다하여 하나님께 참된 예배를 드려 의의를 행하고 성경이 가는 곳까지 가고 성경이 머무는 곳에서 머물고, 성경이상 넘어가지 말고(고전 4:6, "이는 너희로 하여금 기록한 말씀밖에 넘어가지 말라 한 것을 우리에게 배워 서로 대적하여 교만한 마음을 먹지 말게 하려 함이니라.") 믿고 순종하고 행하는 성도가 되어 하나님이 주신 사람의 본분을 다하기를 축원합니다.

당신은 자신의 본분을 아십니까? 당신은 예배의 삶에 승리하십니까? 할렐루야 아멘.

사람이 복종할 규칙(規則)

롬 2:12-15

제 40 문

하나님께서 자기에게 복종할 규칙으로 사람에게 처음 나타내 보이신 것이 무엇인가?

답 : 하나님께서 자기에게 복종할 규칙으로 사람에게 처음 나타내 보이신 것은 도덕법칙이다(롬 2:14-15, 10:5).

세상의 모든 일에는 규칙이 있습니다. 규칙은 법이라고도 할 수 있습니다. 세상에서도 잘했다고 다 잘한 것이 아니라 규칙과 법대로 해야 잘한 것입니다.

우리가 하나님 앞에도 일반입니다. 복종할 규칙이 있습니다. 믿는다고 해서 다 믿음이 아니고, 찬양한다고 해서 다 찬양이 아니며, 기도한다고 해서 다 기도가 아닙니다. 또한 예배를 드린다고 해서 다 참된 예배가 되는 것은 아닙니다. 이 모든 것에 규칙이 있습니다. 스님이 얼음 위를 가다가 하나님의 이름을 불렀다고 해서, 길가던 아낙이 하나님의 이름을 불렀다고 해서 이 하나님이 성경이 말하는 하나님일까요? 오직 그리스도 안에서 성경에 의해서만이 참 하나님의 이름을 부를 수 있습니다. 그러면 사람이 복종할 규칙이 무엇일까요?

1. 도덕법칙(道德法則)

도덕의 선구자는 하나님이십니다. 사람이 이 도덕을 잘못 이해하여 그것을 시행하다가 결국 하나님의 뜻을 잊어 버리고 도덕만을 앞세우는 경우가 있습니다. 율법 없는 이방인들이 자기 본성으로 살다가 하나님을 잊어버리게 된 것입니다. "그러나 너희가 그때에는 하나님을 알지 못하며 본질상 하나님이 아닌 자들에게 종노릇했으나 이제는 너희가 하나님을 알 뿐더러 하나님의 아신바 되었거늘"(갈 4:8-9).

율법이 곧 도덕이며, 도덕은 율법의 경우를 넘어서 선한 양심이 있는 것입니다. 도덕법은 의롭게 된 사람이나 그렇지 않은 사람까지도 영원토록 복종게 합니다. "피차 사랑의 빛 외에는 아무에게든지 아무 빚도 지지 말라 남을 사랑하는 자는 율법을 다 이루었느니라. 간음하지 말라. 살인하지 말라. 도적질하지 말라. 탐내지 말라 한 것과 그 외에 다른 계명이 있을지라도 네 이웃을 내 자신과 같이 사랑하라 하신 그 말씀 가운데 다 들었느니라 사랑은 이웃에게 악을 행치 아니하나니 그러므로 사랑은 율법의 완성이니라"(롬 13:8-10).

그러면 도덕의 법칙이 무엇입니까?

1) 행위계약으로서 율법이다.

율법은 행위에 대한 약속으로 아담에게 주어진 것입니다(갈 3:12, 창 2:17). 이 율법은 아담 자신만이 아니고 그 후손들에게도 주셨는데 개인적으로 거부할 수 없고 항구적인 복종 뿐이며(창 2:17), 이 율법을 완성할 때에는 생명을 주고(롬 5:12-20, 10:5), 범할 때에는 죽는다고 경고하셨습니다(창 2:16-17). 그리고 아담에게 지킬 수 있는 능력을 주신 것입니다. 이것은 행해야 하는 도덕의 법칙입니다. "율법없는 이방인이 본성으로 율법의 일을 행할 때는 이 사람은 율법이 없어도 자기가 자기에게 율법이 되나니 이런 이들은 그 양심이 증거가 되어 그 생각들이 서로 혹은 송사하며 혹은 변명하여 그 마음에 새긴 율법의 행위를 나타내느니라"(롬 2:14-15). 그러므로 사람은 율법을 행해야 합니다(약 2:10-11). 예수님은 이 의무를 복음서 안에서 제외하지 않고 오히려 강화하셨습니다(마 5:17-19, 내가 선지자나 율법을 폐하러 온 것이 아니라 완전케……). "자유하게 하는 온전한 율법을 들여다보고 있는 자는 듣고 잊어버리는 자가 아니요 실행하는 자니 이 사람이 그 행하는 일에 복을 받으리라"(약 2:8).

"우리가 믿음으로 말미암아 율법을 폐하느뇨 그럴수 없느니라 도리어 율법을 굳게 세우느니라"(롬 3:31)고 했습니다. 도덕률은 율법입니다. 이 도덕률은 의롭게 된 사람이나 기타 모든 사람에게 영원토록 복종케 하는 영원불변의 본질을 가지고 있습니다. "그리고 도덕률은 계명입니다."

2) 십계명은 도덕(道德)법이다.

하나님은 아담이 타락한 이후 공의의 완전한 규칙으로 십계명을 주신 것입니다(약 2:10-11, 출 20:1-17). 십계명은 시내산에서 하나님이 친히 주신 것으로 1-4계명은 하나님에 대한 의무요, 5-10계명은 인간에 대한 의무입니다.

타락 후 인간은 죄에 의해서 마음에 새겨진 하나님의 법을 소멸시키려 함으로 하나님은 같은 율법을 객관적으로 분명하게 구별할 수 있겠금 두 개의 돌판에 새겨 모세에게 주신 것입니다.

3) 의식법(儀式法)도 도덕법칙이다.

의식법은 성전이나 거기에서 섬기는 제사장과 그곳에서 행하여지는 여러 가지 의식을 말하며, 이 의식은 그리스도의 구원의 사역과 구원의 은혜를 미리 제시하여 준 것입니다(히 10:1, "율법은 장차오는 좋은 일의 그림자요 참 형상이 아니므로 해마다 늘 드리는바 같은 제사로는 나아 오는 자들을 언제든지 온전케 할 수 없느니라").

예배에 관한 것(히 9:1-28, 고전 5:7, 고후 6:17), 즉 의식에 관한 율법은 신약성경 시대에 있어서 폐기되었습니다(골 2:14-17, 엡 2:15-16). 그리스도께서 오심으로 구약의 의식법은 완성되어 불필요하게 된 것입니다. 그러나 "의식법은 그리스도를 보여 줍니다"(갈 3:17-22).

4) 사법적법(司法的法)도 도덕법이다.

하나님은 한 국가로서 그들에게 여러 가지 법률을 정해 주셨습니다. 그것은 그 민족과 더불어 없어졌습니다. 현재는 그 법률에 있는 일반적 정당성 외에는 아무에게도 강요하지 않습니다(출 21: , 22:1-29). 그리고 구약 시대의 구원은 원칙적으로 이스라엘 백성에게만 한정되어 이스라엘이 교회이며 국가였습니다. 그리고 이 법은 현재는 폐지되었지만 일반적인 원칙에는 따라야 할 것입니다(벧전 2:13-14, 인간에 새운 모든 제도를 주를 위하여 순복하되 혹은 위에 있는 왕이나 혹은 악행하는 자를 징벌하고 선행하는 자를 포장하기 위하여 그의 보낸 방백에게 하라).

2. 도덕법칙은 생활의 규칙(規則)

참성도에게는 행위에 대한 약속으로서 율법아래 있어서 그것으로 의롭게 되거나 저주 받는 것은 아닙니다(롬 6:14, 갈 2:16). 그러나 율법은 그들 자신과 다른 사람에게도 매우 중요합니다. 그것은 생활의 표준으로서 하나님의 뜻과 또한 그들이 해야 할 의무를 그들에게 알게 하여주고 지도하고(롬 7:12, 시 119:4-6, 고전 7:19), 그들의 마음과 생활에 있는 사악한 타락상을 발견케 하며(롬 7:7, 3:20), 율법에 따라 자신을 반성해서 신뢰심을 가지고 겸손하게 되고, 죄에 대한 증오심을 가지게 되며(약 1:23-25), 율법을 통해서 그리스도가 필요하다는 것을 분명하게 하는 동시에 복종에 관한 이해를 가지게 됩니다(갈 3:24, 롬 7:24). 또한 중생한 자들이 율법이 죄를 금하고 있는데 따라서 그의 부패성을 막는데 사용되고(약 2:11), 율법의 약속은 복종에 대한 하나님의 인정과 어떤 축복을 기대할 것을 제시해 줍니다(레 26:1, 10, 14, 고후 6:16, 엡 6:2-3).

율법이 선을 권장하고 악을 금하고 있기 때문에 사람이 선을 행하고 악을 멀리 한다는 것은 은혜인 것입니다. 도덕법은 생활의 규칙으로서 인간의 죄를 자각시켜 그리스도 안에 있는 구원의 필요를 깨닫게 하는 역할을 해 줍니다. "도덕법은 생활의 규칙으로 삼아야 합니다."

이 율법은 계시 되어진 하나님의 뜻입니다. 그러나 구원을 얻기 위하여, 또는 의로워지기 위하여 율법을 지키는 율법주의를 우리는 경계해야 하며, 동시에 구원 함을 얻었기 때문에 율법을 열심히 지키지 않는 무율법주의를 또한 경계해야 할 것입니다. 구원함을 얻은 자는 감사함으로서 열심히 하나님의 율법을 지킨다는 것은 복음의 은혜에 반대하지 않으며 오히려 잘 적응하고 있다는 것을 알아야 할 것입니다.

3. 도덕법의 목적(目的)

(1) 그리스도를 보여줍니다(갈 3:17, 24).
(2) 하나님의 뜻을 알게합니다(롬 7:12).
(3) 행함의 의무를 규정합니다(눅 10:26).
(4) 죄를 밝히 들어내 줍니다(롬 3:20).
(5) 형벌을 알게 합니다(고후 3:7).
(6) 인간의 한계상항을 가르쳐 줍니다(롬 3:20).
(7) 하나님의 도움을 구하게 합니다(갈 3:19).
(8) 불신자들을 두렵게 합니다(롬 3:19).
(9) 예수님 앞으로 인도해 줍니다(갈 3:24).
(10) 저주 아래 두기 위해서 입니다(갈 3:10).

궁극적으로 계명을 주신 것은 신, 불신자들을 그리스도에게 인도하는 데 있으며(갈 3:24 "이같이 율법이 우리를 그리스도에게로 인도하는 몽학선생이 되어 우리로 하여금 믿음으로 말미암아 의롭다 함을 얻게 하려 함이니라"), 지키는 자들에게 축복을 주시기 위해서 입니다(신 6:24, "여호와께서 우리에게 이 모든 규례를 지키라 명하셨으니 이는 우리로 우리 하나님 여호와를 경외하여 항상 복을 누리게 하기 위하심이라" 10:14 "내가 오늘날 네 행복을 위하여 네게 명하는 여호와의 명령과 규례를 지킬 것이 아니냐").

결론

도덕법칙의 기초는 율법이며 하나님이 주신 계명입니다. 하나님이 주신 계명 중에는 그 하나라도 세상적인 법으로 세워진 것은 없습니다. 많은 사람들이 법 이전에 도덕을 부르짖고 그것을 완성하기 위하여 온갖 노력을 기울이고 있었습니다. 그러나 문제는 도덕의 기준이 어디에 있느냐 하는 것입니다. 사람의 양심에 따라 기준이 달라진다면 어떠하겠습니까?

그러므로 도덕법칙의 근본은 계명입니다. 계명은 생활의 규칙으로서 인간의 죄를 자각 시키고 그리스도 안에 있는 구원의 필요를 깨닫게 하며 사람을 그리스도에게 인도합니다. 그리고 계명의 기원은 예수 그리스도이십니다. 그리스도를 믿음으로 계명의 완성에 이를 수가 있습니다. 당신은 도덕법칙을 준수하십니까? 할렐루야 아멘.

도덕법칙(道德法則)의 요약

신 10:4-5

제 41 문

이 도덕법칙이 어디에 간략하게 포함되어 있는가?

답 : 이 도덕의 법칙은 십계명에 간략히 포함되어 있다(마 19:17-19. 신 10:4).

도덕법은 바로 계명입니다. 계명은 바로 도덕법의 기초이며 기준입니다. 기준이 없이는 양심적으로 살려해도 양심적으로 살수가 없습니다. 양심은 각자의 문화와 환경, 역사, 관습, 전통, 상황에 따라 지식정도에 따라 다르기 때문입니다. 그래서 하나님은 도덕법칙을 간단하게 십계명에 기록하고 있습니다. 십계명은 하나님께서 직접 시내산에서 두 돌판에 친히 기록하여(출 20:1-17) 이스라엘에게 주신 계명입니다.

1. 십계명(十誡命)을 주신 목적

1) 하나님과 우리 자신들에 관한 지식을 제공하여 준다.

율법을 통하여 경건의 참 성격이 무엇이며, 하나님이 우리에게 요구하시는 것이 무엇이며, 어떻게 사는 것이 바른 삶인지를 깨닫고 배울 뿐만 아니라(갈 3:24) 동시에 자신의 힘으로 율법을 준수할 능력이 없음을 깨닫고 그에 따라 불가피하게 임할 심판을 두려워하여 중보자를 찾게 되는 것입니다.

"우리는 율법이 없이는 하나님이 위대하신 분으로 파악할 수 없고 자신도 알 수가 없습니다."

2) 율법은 우리를 겸비케 해준다.

"전에 법을 깨닫지 못할 때에는 내가 살았더니 계명이 이르매 죄는 살아나고 나는 죽었도다"(롬 7:9). "우리가 율법은 신령한 줄 알거니와 나는 육신에 속하여 죄아래 팔렸도다"(롬 7:14). "오호라 나는 곤고한 사람이로다 이 사망의 몸에서 누가 나를 건져내랴"(롬 7:24).

3) 축복과 위험을 알게 한다.

"너희는 나의 규례와 법도를 지키라 사람이 이를 행하면 그로 인하여 살리라"(레 18:5). "이 모든 규례를 지키라 명하셨으니 이는 우리로 우리 하나님 여호와를 경외하여 항상 복을 누리게 하기 위하심이며"(신 6:24), "내가 오늘날 내 행복을 위하여 네게 명하는 여호와 의 명령과 규례를 지킬것이 아니냐"(신 10:13)(신 28: 참조). 또 "범죄한 그 영혼은 죽으리라"(겔 18:4, 20).

4) 삶의 길을 인도해 준다.

"주의 말씀은 내 발의 등이요 내 길에 빛이니이다"(딤후 3:16-17, 시 119:105).

2. 율법해석(律法解釋)의 원리(原理)

1) 십계명에는 하나님의 완전한 뜻이 명시되어 있다(출 20:1).

2) 율법을 통하여 인간 생활의 외적인 덕행 뿐만 아니라 내적이고 심령적인 의를 도약해준다(딤후 3:17).

3) 말로 표현한 것 이상의 뜻이 항상 포함되어 있고 성경을 마음 내키는 대로 아무 견제없이 곡해 행위를 삼가야 한다(사 34:16, 벧후 3:16).

4) 성경으로 해석하여야 한다(사 34:16).

5) 십계명의 배열순서가 하나님의 감동으로 된 것이다(벧후 1:21).

6) 십계명의 통일성을 인정하여야 한다(약 2:10).

3. 십계명에 대한 성경의 설명

출 애굽기 20장, 신명기 10장에 나타난 십계명은 이스라엘이 애굽에서 떠난 후 약 3개월이 되어 시내산에 도착한 후 3일만에 선언되었음을 말합니다.

그리고 유대교의 전통은 이 날자를 오순절의 날자와 같은 것으로 동일시하고 있습니다. 하나님의 음성을 온 회중이 들을 수 있도록 선언되었으며(신 5:22), 하나님은 손가락으로 친히 두 개의 돌판 양면에 계명을 새겼으며(출 31:18, 32:15-16), 모세는 40일 만에 산에서 받았으나 백성들이 우상에 빠져 있는 것을 보고 그 돌판을 던져 깨뜨렸습니다(출 32:19).

그러나 하나님은 언약을 재확인하시고 모세가 마련한 두 개의 새로운 돌판에다 하나님이 친히 십계명을 새겨(출 34:1, 신 10:4) 주었으며, 이 돌판은 언약궤 안에 두게 했습니다(출 40:20, 신 10:5).

이 돌판의 십계명은 역대하 5:10에 솔로몬 왕이 성전을 짓고 성소에 안치한 이후로는(히 9:4) 나타나지 않으며 지금은 그 돌판의 십계명은 분실되고 말았습니다.
'십계명'이란 말은 '아세렛 하드바림'(히)으로 '열 마디의 말', '호이데카 로고이'(헬)입니다. 성경에는 십계명이란 말씀이 없으나 문제될 것이 없습니다.
이를 처음으로 사용한 사람은 클레멘트였고, 신명기 4:13에 십계명이라고 번역된 말은 '하세렛 하드바림'이란 '열마디 말씀' 입니다.

1) 십계명이 기록된 두 돌판

십계명은 두 돌판에 기록되었습니다(출 24:12, 고후 3:3). 하나는 인간이 하나님의 대한 의무사항이며, 다른 하나는 사람 상호간의 의무를 기록한 것입니다.

왜? 돌판에 기록했을까요? 하나님이 말씀을 주실 때 종이나 나무, 가죽에다 쓰시지 않고 왜 돌판에 쓰셨을까요? 이는 돌이 썩지 않고 변하지 않으며 온전하게 영원히 보존할 수 있는 성질을 가졌기 때문이 아닐까요?

2) 왜 두 개의 돌판일까요?

두 돌판에 똑같은 십계명 전문을 기록했다는 학자도 있습니다. 그러나 전통적인 견해는 한 돌판에 1-4계명의 대신관계를 기록하고, 또 한 돌판에는 5-10계명까지 대인관계를 기록하였다고 말하고 있습니다. 두 개의 돌판에 기록한 이유는 분명치 않으나 더 중요한 것은 그 중심 뜻을 바로 아는 것입니다. 하나님은 십계명을 통해 종교와 윤리를 주시며 하나님의 존엄을 예배하는 종교상 의무를 그 첫째 부분에 돌리고 인간 상호간의 사랑에 관한 의무를 둘째 부분에 돌린 것입니다.

분명히 첫째 기초는 하나님 예배이며, 이 터가 무너지면 의의 모든 부분이 파괴되어 쓰러지고 건물의 파편처럼 산산 조각이 나고 맙니다(출 32:16-20). 다른 계명을 다 지켰다 하더라도 하나님 앞에 쓸 때 없는 것이 될 것입니다.

그러므로 하나님이 첫째이고, 사람이 둘째란 사실을 믿어야 합니다. 둘이란 숫자는 차별을 말하므로 두 돌판은 하나님과 인간의 차별을 뜻하기도 합니다. 하나님은 창조자, 인간은 피조물입니다.

4. 십계명(十誡命)과 예수님

계명을 주신 목적은 그리스도를 보여 주며(갈 3:17) 사람을 그리스도에게 인도하는 데 있습니다(갈 3:24). 기독교 신앙의 근본은 하나님 말씀인 성경 66권입니다. 이 말씀은 일점일획도 변하지 않고 다 이루어집니다(마 5:18). 이 말씀의 핵은 바로 하나님이 친히 쓰신 십계명입니다.

성경의 모든 부분 부분은 이 십계명의 말씀속에 들어갑니다. 이 말씀의 중심은 예수 그리스도입니다. "모세를 믿었다면 또 나를 믿었으리라 이는 그가 내게 대하여 기록하였음이니라"(요 5:46)고 말씀하고, "너희가 성경에서 영생을 얻는 줄로 생각하고 성경을 상고하거니와 이 성경이 곧 내게 대하여 증거하는 것이라"(요 5:39) 하시고 또 주님 자신이 말씀이라고(요 1:1-3) 말씀하고 있습니다.

십계명은 사람이 하나님을 사랑하고 이웃을 사랑하라는 계명입니다. 이 계명은 인간으로서는 이룰 수가 없습니다. 그러나 예수님께서는 계명을 십자가를 통해서 다 이루신 것입니다.

십자가는 두 가지 사랑을 한꺼번에 완성한 사건입니다. 십계명의 본질은 하나님 사랑과 인간 사랑입니다. 십자가는 하나님의 사랑을 이루고 인간 구원의 사랑의 완성체입니다. 이 사랑을 완성한 분이 우리의 구세주이십니다. 주님이 대신 계명을 완성하셨으므로 그 예수 그리스도를 구주로 믿으며 구원을 받고 의로워지며 계명을 이룬 자가 됩니다(롬 5:21).

결론

십계명은 도덕법칙의 요약, 도덕법칙의 기초, 기준입니다. 계명은 하나님이 인간에게 주신 최대의 축복입니다. 계명을 주신 목적을 바로 알아 겸손히 하나님을 섬기며 계명을 이루신 주님을 마음의 구주로 모시고 살며 계명이 주시는 축복을 누리고 살 것입니다. 도덕법칙의 요약이 십계명인 것을 믿습니까? 할렐루야 아멘.

십계명의 대강령(大綱領)

마 22:37-40, 막 12:28-34

제 42 문

십계명의 대강령이 무엇인가?

답 : 십계명의 대강령은 우리의 마음을 다하고 성품을 다하고 뜻을 다하고 힘을 다하여 주 우리 하나님을 사랑하고 또 이웃 사랑하기를 자기 몸같이 하라 하신 것이다(마 22:37-40).

사람의 본분과 복종할 규칙이 어디 요약되어 있는가를 배웠습니다. 이제 제42문에서는 십계명의 대강령이 무엇인가를 말씀하고 있습니다. 대강령은 가장 크게 명령한 것입니다. 대강령을 말씀하게 된 동기는 예수님을 대적하던 자들이 지금까지의 질문에 대한 그리스도의 답변입니다.

한 율법사가 율법의 난제를 가지고 예수님을 시험하였습니다. 그들은 예수님을 책잡기 위해 "어느 계명이 더 큽니까?"라고 하는 것입니다. 하나님의 계명은 큰 계명과 작은 계명으로 되어 있지 않습니다. 계명은 다 같은 계명입니다. 다 같은 하나님의 말씀이기 때문입니다. 그때 예수님은 신명기 6:5, "너희 마음을 다하고 성품을 다하고 힘을 다하여 네 하나님 여호와를 사랑하라"고 하시고, 레위기 19:18, "원수를 갚지 말며 동포를 원망하지 말며 이웃 사랑하기를 네 몸과 같이 하라 나는 여호와니라"는 말씀을 인용하여 대답하신 것이 십계명의 대강령입니다.

1. 십계명(十誡命)의 구분(區分)

십계명은 율법의 열 마디로 구분되어 있습니다. 이 열 마디 구분은 십계명의 전체로 또 두 항목으로 나눌 수 있습니다. 십계명은 먼저 하나님을 높이고 두려워하고 사랑하는데 관련된 일체의 문제와 우리들에게 베풀어주신 하나님의 사람들에 대한 사랑으로 분류하고 있습니다.

1) 종교별, 교파별, 십계명 성경대조

계명	유대교	카톨릭/루터교	개신교/비루터교
1	출 20:2	출20:3-6	출 20:3
2	3-6	7	4-6
3	7	8-11	7

계명	유대교	카톨릭/루터교	개신교/비루터교
4	8-11	12	8-11
5	12	13	12
6	13	14	13
7	14	15	14
8	15	16	15
9	16	신 5:21상,출 20:17상	16
10	17	출 20:17상, 신 5:21중	17

2) 십계명 구분법

여러 가지 구분법을 말하고 있으나 4~6구분법을 지지하고 있습니다.

1계명에서 4계명까지 5계명에서 10계명까지 둘로 구분하는 것을 말하며, 이 구분법은 오리겐, 칼빈, 개신교(기독교)에서 지지하며, 1-4 첫째 돌판, 5-10 둘째 돌판으로 구별하는 것인데 성경적이고 합당합니다.

그 이유는 예수님이 마태복음 22:36-40에서 말씀하신 것으로 알 수 있습니다.

예수님은 하나님, 대신관계를 신명기 6:4-5에 말씀하시고, 사람에 대한 계명은 레위기 19:18에 근거하여 대인관계를 구분하였습니다.

우리 나라에서는 장로교, 감리교, 성결교 모두 4-6 구분법을 따르고 있습니다.

3) 십계명 배열의 순서와 요약

첫째 돌비 · 대신 관계	신앙 상 문제 · 심적 정신적	신 경 배	경배대상 마음을 다해		제1계명 나외에 다른신을 두지 말라	믿 음	하 나 님 을 사 랑 하 라
			경배방법 성품을 다해		제2계명 우상에 절하지 말라		
			경배정신 뜻을 다해		제3계명 그 이름을 망령되이 부르지 말라		
			경배시간 힘을 다해		제4계명 안식일을 지키라		
둘째 돌비 · 대인 관계	행동 상 문제 · 예의 순결 사랑	대 인 봉 사	권위	이웃중심	제5계명 부모를 공경하라	행 함	이 웃 을 사 랑 하 라
			생활	이웃 생명	제6계명 살인하지 말라		
			결혼	이웃 정조	제7계명 간음하지 말라		
			재물	이웃 재산	제8계명 도적질하지 말라		
			언어	이웃 명예	제9계명 이웃에게 거짓증거 하지 말라		
			추한 생각	이웃 가정	제10계명 이웃의 재산과 아내를 탐내지 말라		

2. 사랑이란 무엇인가

'헬라' 원어에 사랑이란 말을 표현하는데 네 가지 단어가 있습니다. '스돌게' '에로스' '필리아' '아가페' 입니다. 그 사랑의 낱말의 뜻은?

① 스돌게 : 동족 혈연의 인연으로 인한 애정을 가리키고,
② 에로스 : 남녀의 정욕적 사랑을 말하며,
③ 필리아 : 성질상 일치나 우정적 사랑,
④ 아가페 : 상대편의 귀중성에 대한 평가 행위의 사랑으로 하나님의 사랑, 희생적 사랑입니다.

①-③까지의 사랑은 조건적 사랑으로 '그러므로'의 사랑이며, ④의 사랑은 무조건적인 사랑으로 '그럼에도 불구하고'의 사랑입니다. 대강령에서의 사랑은 아가페적인 사랑을 말씀하고 있습니다.

그리고 우리가 사랑을 말할 때 아가페적인 사랑을 말하는 것이며, 먼저 하나님을 사랑하고 하나님을 사랑하는 그 사랑으로 이웃을 사랑해야 합니다. 그 사랑의 실천은 계명을 지키는 것입니다(요 14:21). 계명을 지키는 자는 하나님을 사랑함으로 지키는 것이지 사람 앞에 칭찬 받기 위해 계명을 지킨다면 하나님을 섬기는 자가 아니고 사람을 섬기는 자입니다.

3. 십계명의 대강령(大綱領)

십계명의 대강령은 하나님에 대한 의무와 사람의 대한 의무로서 위로는 하나님을 전심으로 사랑하고 아래로는 사람을 사랑하는 것입니다. 그리고 사랑과 율법이 서로 상호 대립되어서 모순되는 것처럼 보이나 그렇지 않습니다. 율법은 거짓말이나 도적질해서는 아니 된다고 말합니다. 그러나 타인을 사랑하는데 있어서 그들을 보호하기 위하여 때로는 거짓말이 필요하며 그들을 먹이기 위해 도둑질이 요구되는 상황이 있을 수 있다는 '상황윤리' '신도덕주의'가 나타나고 있습니다.

그러나 성경은 사랑을 위해 율법을 범해도 된다고 가르치지 않습니다. 예수님은 율법을 완전케 하기 위하여 오셨고(마 5:17), 이것을 깨뜨리는 사람에 대하여 경고하시고(마 5:19), 유대인들처럼 율법에 첨가해서 만든 전통도 거절하셨습니다(마 5:48). 예수님은 사랑과 율법 사이에 충돌이 있다고 말씀하시지 않고 사랑 때문에 율법을 지키게 한다고 (요 14:17) 하며 나를 사랑하는 자들이 계명을 지키는 자라(요 14:21) 하셨습니다. 사랑은 계명을 폐하는 것이 아니라 지키게 하는 것이요, 완전케 하는 것입니다(요일 5:3).

1) 하나님을 사랑하라.

예수님은 율법사의 질문에 대하여 "네 마음을 다하고 목숨을 다하고 뜻을 다하여 주 너희 하나님을 사랑하라" 했습니다. 신앙이란 하나님이 주신 진리를 믿는 동시에 하나님을 사랑하는 것입니다. 하나님을 사랑한다는 것은 그 계명을 지키는 것입니다(요 14:21). 예수님은 하나님을 바르게 사랑하는 법을 가르쳐 주셨습니다.

⑴ 마음을 다하여 하나님을 사랑하라.

마음을 다한다는 것은 우리의 중심을 전인적으로 하나님께 드려 하나님 찾기에 온갖 정성을 쏟는 것, 즉 생명을 내어놓고 하나님께 매달리는 것을 가리킵니다(신 4:29). 섬기기에 마음을 다하는 것(신 13:3). 그를 사랑함에 마음을 다하는 것(신 30:10). 주 앞에 행하기를(왕상 2:4), 주님을 따르기를(왕상 14:8), 믿기를(잠 3:5), 마음을 다하라 하신 것입니다.

⑵ 목숨을 다하여 하나님을 사랑하라.

⑶ 뜻을 다하여 하나님을 사랑하라.

2) 이웃을 사랑하라.

남을 자기 몸처럼 사랑하는 것이 원칙적 하나님의 법칙입니다. 남을 자기만큼 사랑하면 그 보다 더큰 사랑이 없습니다. 바울은 로마서 13:8-10에 사랑의 빚 외에는 아무 빚도 지지 말라고 하면서 남을 사랑하는 자는 율법을 다 이루었다고 말하고 있습니다.

하나님을 사랑하는 것이 계명의 근본이라면 이웃을 사랑하는 것은 그의 열매가 되는 것입니다. 우리가 사람을 사랑해야 할 이유는 하나님이 계명으로 말씀하셨기 때문이며 또한 하나님의 형상으로 지음 받았기 때문입니다. 우리는 사람을 사랑합시다.

인도주의적 입장에서의 사랑이 아니라 그리스도 안에서 아가페적인 사랑입니다.

⑴ 마음을 다해야 합니다.

⑵ 목숨을 다해야 합니다.

⑶ 뜻을 다해야 합니다.

결론

어떤 그리스도인이 혀에 암이 생겨 절단 수술을 받아야 했습니다. 의사는 그에게 이 세상에서 마지막 말을 해보라고 했습니다. 그는 한동안 침묵하다가 "나의 주님이시여 당신을 더욱 사랑합니다." 이것이 그의 이 세상에서의 마지막 말이었습니다.

당신은 정말 주님을 사랑하십니까? 이 전보다 주님을 더욱 사랑합니다"고 고백할 수 있습니까? 우리 주님은 "네가 나를 사랑하느냐"고 묻고 있습니다(요 21:15-).

십계명의 대강령은 하나님 사랑과 이웃 사랑의 의무를 주시고 하나님을 사랑하지 않고는 인간을 사랑할 수 없습니다. 반대로 사람을 사랑하지 않고는 하나님을 사랑한다고 할 수가 없습니다(요일 4:20-21). 이 완전한 사랑은 인간으로서는 이룰 수가 없습니다. 그러나 주님은 십자가를 통해 완전한 사랑을 이루었습니다. 우리는 그 주님을 믿고 의지하며 그가 주시는 성령의 도우심으로 마음을 다하고 목숨을 다하고 뜻을 다하여 하나님을 사랑하고 이웃을 사랑하는 복된 사람이 되어 사랑으로 율법을 완성시키는 성도가 되시기를 축원합니다.

"나를 사랑하느냐? 내가 주님을 사랑합니다. 이전보다 더욱 사랑합니다." 이 고백이 당신의 고백이 될 수 있습니까? 할렐루야 아멘.

십계명(十誡命) 서문(序文)

출 20:1-2, 신 5:6

제 43 문

십계명의 서문이 무엇인가?

답 : 십계명의 서문은 이러한 말이니 곧 나는 너희 하나님이시니 너를 종 되었던 애굽땅에서 나오게 한 자로다 하신 것이다(출 20:2, 신 5:6).

십계명 서문은 여호와께서 우리의 하나님이시고 애굽 땅에서 종 되었던 선민을 구원하신 분이십니다. 이 하나님을 다시 말하면 영적 속박과 죄악과 세상에서 마귀의 저주에서 우리를 구원해 주신 구속의 하나님이심을 나타내 주고 있습니다.

십계명 서문의 정신은 바로 여호와 하나님께서 우리의 하나님이 되시고 우리를 세상에서 구원해 주신 하나님이심을 말씀하시고, 계명을 누가 주셨느냐 하는 것입니다.

계명 그 자체도 중요하지만 계명을 주신 분이 더 중요합니다. 서문은 계명을 주신 이가 누구인가를 바로 알아야 할 것을 말씀하고 있습니다. 누구의 명령인지도 모르고 그 명령을 따를 수는 없는 것입니다. 계명을 주신 이는 하나님이시며 애굽에서 인도해 내신 분이십니다. 그리고 하나님은 그들이 계명을 지키기 때문에 구원하신 것이 아니고 먼저 그들을 구원하여 내시고 계명을 주신 것입니다.

1. 십계명(十誡命)의 입법자(立法者)

1) 입법자는 하나님이시다.

출애굽기 20:1에 "하나님이 이 모든 말씀으로 일러 가라사대" 이 말씀은 바로 하나님이 입법자이므로 이 계명에 대해서 추호의 의심이나 변론은 용납하지 않고 율법의 절대성을 말해주고 있습니다.

하나님은 산 위에서 독특한 음성으로(출 19:20) 하나님의 주권으로 이 말씀을 선포하시고(출 32:15-16, 신 10:4-5), 친히 불로 두 돌판에 기록하신 것입니다.

"입법자는 하나님이십니다(약 4:11, 12)."

2) 입법자의 이름(출 20:2)

지금 시대는 하나님의 이름이 너무 오용되고 있습니다. 하나님에 대한 성경적 명칭을 바로 알아야 하겠습니다. 하나님의 성호는 하나님에 관한 성경의 교리를 이해하기 위한 원리입니다. 하나님은 존재하느냐 하는 문제가 아니라 하나님은 누구인가 하는 문제입니다.

어떤 사람을 소개하려면 그 사람의 이름을 가르쳐 줄 수 밖에 없듯이 역사에 있어서 하나님의 자기 계시도 그의 이름을 주시는 사건을 동반하며 이 이름으로 인하여 그의 백성들을 당신 앞에 경배하고 섬기게 하는 것입니다.

그 하나님의 이름은 출애굽 때에 모세에 의해서 알려진 것입니다. 출애굽 사건을 통해서 이스라엘 백성은 하나님이 누구인가를 알게 되었습니다.

(1) 여호와(야웨)

여호와는 하나님의 이름 중 이스라엘적 하나님, 윤리적 특성을 지닌 하나님, 신의 임재에 대한 장엄성의 느낌 등으로 주제가 이스라엘의 전통과 관련되어 있을 때에 주로 사용되었습니다.

창세기 1:2-2:3절에 나타난 하나님은 창조주되시는 주권자이시지만 창세기 2:4 이하에 아담과 하와와 같이 등장하는 여호와 하나님은 창조기사를 제시하는 것이 아니라 인간의 영성과 인류사를 주제로 하고 있는 것입니다. 여기에 나타난 하나님은 여호와입니다.

여호와란 신의 명칭은 고유명사로서 이스라엘에 대한 특별한 명칭입니다.

이스라엘 사람들은 하나님의 특별한 개념을 두 가지로 표현하며 온 땅을 창조하시고 지배하시는 우주의 통치자로서의 신과 이스라엘을 자기 백성으로 선택하신 신으로 구별하여 표현하였습니다. 이스라엘 백성들은 유일신만이 존재하여 "여호와 그 분만이 하나님이시다"(왕상 18:39)고 하여 이스라엘과 관계하여 사용하였습니다.

하나님이란 '엘로힘'은 히브리어를 쓰는 이방인들이 이방신에게도 사용하였습니다.

여호와는 이스라엘만이 사용하는 하나님의 성호입니다(슥 14:9). 그리고 때로는 여호와 하나님을 동일시되기도 하였습니다.

'야웨'란 이름에는 하나님의 영광스럽고 엄위하신 속성과 사역이 나타나 있습니다. 모세가 하나님의 이름을 물었을 때 하나님께서는 '나는 스스로 있는 자'(출 3:14)라 대답하셨습니다. 그분은 "영원 전에도 계셨고 이제도 계시고 장차 오실 자"라 성경은 말씀하고 있습니다. 그분은 알파와 오메가이시며 계시자로서 스스로 나타내 보여 주시는 여호와 하나님이십니다. 그분의 언약은 반드시 이루시는 언약의 하나님이시며 약속하신 바를 반드시 성취하시는 신실한 여호와십니다.

이 축복된 계시가 여호와의 이름 속에 모두 나타나 있습니다.

여호와란 이름으로 대표되는 하나님 그분은 너무나 거룩하시고 존귀하시고 엄위하신 분이셔서 성경을 읽다가 그 분의 이름이 나타나면 발성치 아니하고 묵음으로 그대로 지나치기도 했습니다. 그들은 하나님의 이름을(여호와) 부르기에 너무 황송해서 바벨론 포로 이후(B.C. 538년 이후)에는 거룩한 이름인 여호와를 부르는 것은 불경죄를 범하는 두려운 일로서 보통 사용하지 않았습니다. 그 대신 '아도나이'(주)로 사용했으며 마소라

학자들은 반드시 '아도나이'라 읽도록 규정했습니다. 그래서 '아도나이'란 인공적 이름이 산출되고 하나님의 이름이 세속화되는 것을 막기 위해 70인 역에는 '퀴리오스'(주)로 주님에게만 사용하게 하였습니다. 그리고 '야웨'란 이름은 구약에 6,800회가 나타나고 있습니다.

(2) 하나님(엘로힘)

하나님의 대표적 이름입니다.

창세기 1:1-2:3에는 하나님 이외의 다른 이름은 나타나지 않고 하나님만이 32회 나타나며, 하나님이란 신의 명칭은 창세기 1:1-2:3에 특별히 적용되어 능력 많으신 창조주 하나님을 말씀하고 있습니다.

창조의 일반적 포괄적 기사로 시작하여(1:1) 만물은 하나님의 창조적 사역을 통해 그 기원을 가지는 것을 설명하고 창세기 2:3까지 나타나던 하나님이 창세기 2:4 이하에서는 여호와 하나님으로 표현하고 있습니다. 2:4 이하의 기사는 천지 창조가 아니고 창조의 소산인 사람의 기사를 소개하고 있습니다. 이것은 우연히 기록된 것이 아니고 율법의 상황과 의도에 따라서 선택되어 사용된 것입니다. 먼저 하나님은 신에 대한 우주적 보편적 관념으로 물질 세계의 창조자, 세계의 지배자, 생명의 근원으로서 하나님, 초자연적인 존재로서 하나님, 선택 밖의 사람과 관련된 신과 같은 의미를 내포하고 있습니다.

하나님이란 명칭은 본래 보통명사인 총칭 명사로서 이스라엘의 유일신에게 적용되고 이방 여러 신에게도 적용되었습니다. '엘'과 '엘로힘'으로 사용된 하나님의 이름은 신약성경에서 '데오스'로 70인역에 사용되었으며, 유일 신적인 한 분 하나님을 지칭하여(막 12:29, 요 17:3, 롬 3:30) 아버지 하나님으로 선포되었습니다(요 8:41,54).

(3) 여호와와 하나님의 용법(用法)의 차이

성경에 나타난 한 분 하나님을 '여호와'라고도 하며 '하나님'이라고도 합니다.

또한 어떤 경우에는 '여호와 하나님'이라고 하며, 그 밖에 '만군의 여호와' 또는 '만군의 여호와 하나님'이라고도 합니다. 이처럼 '여호와'와 '하나님'이라고 성경에서 구분 지어 사용할 때의 용법을 알아둔다면 성경을 이해하는데 큰 도움이 될 것입니다.

	여호와	하나님
명칭	이방 신과 구별된 독점적 이스라엘의 하나님께 속한 고유명사	보통 명사로서 이방의 다른 신에게도 사용됨
존재	이스라엘과 선택된 민족에게 알리신 하나님	이스라엘뿐만 아니라 전세계에 알려진 일반적인 측면에서 하나님
사역	선민과의 관계에서 하나님을 특별히 언급할 때 즉, 계약의 하나님, 계시, 구속, 은혜, 하나님으로서 나타내시고 그들 가운데 그의 왕국을 세우시며, 자비나 심판으로 그들을 보호하고 예배를 받으시는 하나님	창조주와 보존자로서 그의 섭리와 통상작용에서 전 인류와 전세계에 대한 사역자이신 하나님
호칭	이스라엘이 하나님을 부를 때 사용	비 이스라엘이 하나님을 부를 때 사용
	이스라엘이 이방인에게 말할 때에는 자신을 저들의 수준에 놓고 하나님을 공용어로 사용. 이방인이 이스라엘에게 이스라엘이 이방인에게 말할 때 이스라엘의 하나님에 대한 분명한 언급이 있을 때 여호와를 사용	
정의	이스라엘의 하나님으로서 계시와 구속의 하나님으로 사용됨	선민에게 국한되지 않고 그들과는 특별한 관계없이 모든 인류와 일반으로 관련된 신적 존재의 제 측면 또는 신적 작용이 언급될 때 사용되고, 자연을 섭리하시고 통치하심
용도	유일신에 대한 고유명사	보통명사로서 신성하다고 여겨지면 사용 특히 인간과 대조될 때 사용
표현양식	창2:4-4:26 자기 백성의 하나님으로서 은혜와 보호자	창1:1-2:3 창조의 하나님으로서 그의 무한한 승귀를 암시
결론	자신을 선민의 보호자와 예배의 대상으로서 그들에게 계시하신 것처럼 선민과 특별한 관계에 있는 하나님	창조주로서 인간사에서 자연을 통제하시는데 있어 섭리적 통치자로서 전세계와 관련된 하나님

2. 십계명을 주신 하나님은 구속자(拘束者)

"**나**는 너를 애굽땅 종되었던 집에서 인도하여 낸 너희 하나님 여호와로다"(출 20:2).

서문은 하나님이 자비를 베푸신데 대한 상기로서 받은 은혜를 망각하지 않기 위하여 은혜를 상기시키는 것입니다. 비참한 노예 상태로부터 해방을 주신 하나님을 믿고 순종과 충성을 다하여 경배드리도록 하는데 있음을 암시하고 출애굽 사건을 언급한 것은 유대인들로 하여금 하나님에 대하여 더욱 열중하기를 위함이었습니다. 다시 말하면 우리에게 무슨 상관이 있느냐고 하는 생각을 갖지 않도록 하기 위하여 주신 말씀입니다.

1) 애굽에서의 해방

노예로 태어나 자유를 박탈당한 채 짐승 이하의 학대와 멸시를 받으며 살던 그들에게 하나님은 권능의 손으로 해방시켜 인간으로서의 삶을 살수 있도록 인권을 되찾아 준 것입니다.

칼빈은 "애굽의 삶은 지옥의 연못과 같다"고 했습니다. 하나님은 특이한 기적으로 우상이 가득찬 애굽에서 해방시켜 구원하셨습니다.

2) 종의 집에서 해방

폭군 바로 밑에서 종으로 살던 그들을 해방시켰습니다.

종은 소유도 권리도 이름도 아무것도 없습니다. 그러나 하나님은 이 모든 것을 주시기 위해 해방시킨 것입니다. 이는 신령적 뜻으로 죄로부터 구속이며(롬 6:23), 사탄으로부터 구속이며(요 14:30, 고후 4:4), 지옥으로부터 구속(살전 1:10)을 말합니다.

결론

십계명의 서문은 입법자가 스스로 계시며, 은혜와 구속을 주시는 여호와 야웨의 하나님이시며, 천지를 창조하신 엘로힘의 하나님이 애굽에 종에서 구원하여 주신 은혜를 망각하지 말고 그 때를 기억하면 계명을 지키며, 하나님을 예배하며 감사함으로 살 것을 말씀하고 있습니다.

당신은 여호와 하나님이 당신의 구원자이심을 믿습니까? 할렐루야 아멘.

십계명 서문(序文)의 교훈(校訓)

신 11:1-7

제 44 문

십계명의 서문이 우리에게 교훈하는 것이 무엇인가?

답 : 십계명의 서문이 우리에게 교훈하는 것은 하나님께서 주도 되시고, 우리 하나님도 되시고(수 24:18), 또 우리의 구속자도 되시는 고로 우리가 마땅히 그의 계명을 지켜야 하겠다는 것이다(고전 6:20).

십계명의 서문이 우리에게 주는 교훈은 애굽에서 종되었던 우리를 사랑하시어서 우리의 주도 되시고 구속자도 되시고 하나님도 되시므로 그가 주신 계명을 바로 알아 구원받은 자로서 바로 알고 바로 순종해야 한다는 것을 교훈하고 있습니다
"하나님을 바로 알지 못하고는 하나님을 바로 섬길 수 없는 것입니다."

1. 여호와는 우리의 주(主)가 되심

'주'는 '아도나이'(헬)입니다. '아도나이'는 여호와 하나님의 이름이 너무나 엄위하시고 거룩하시기 때문에 여호와를 대신 부르는 인위적 이름이었으나 여호와의 이름으로 대신하여 사용된 것입니다(시 90:1, 114:7, 사 6:1, 말 3:1). 뜻은 '선생님' '존경하는' '나의 주인' 등 최상급자에 대한 정중함과 존경을 표시하는 칭호로 사용된 것입니다(삼상 24:8). 그리고 하나님의 이름이 세속화 되는 것을 피하기 위해 70인역의 번역자들은 '큐리오스'라고 번역하여 주님에게만 사용하였습니다.
'야웨' 여호와 하나님은 나의 주인이 되시는 것입니다.
십계명 서문은 바로 하나님이 나와 우리들의 주인이란 것을 교훈하고 있습니다
여호와 하나님은 이방 신과 구별된 독점적 이스라엘의 하나님이시며, 선택된 민족의 하나님이요, 계약과 구속의 하나님, 왕국을 세우시고 심판하시고 보호하시며 예배를 받으시며 스스로 계시는 여호와 하나님이 나의 주인이 되신다는 것입니다.
"당신은 지금 주인이 있습니까? 주인이 없습니까?"
"오늘날 다윗의 동네에 너희를 위하여 구주가 나셨으니 곧 그리스도 주시니라"(눅 2:11).
"주는 그리스도시오 살아 계신 하나님의 아들이시니이다"(마 16:16).
"너는 내 것이다"(사 43:1). 이스라엘과 지금 우리는 주님의 것입니다. 그런데 이사

야는 이사야 1:3에 소는 임자를 아는데 이스라엘은 알지 못한다고 했습니다. 짐승은 주인을 아는데 이스라엘은 주인을 모르기 때문에 짐승보다 못하다는 것입니다.

하나님은 우리의 주인이십니다. 주인이신 여호와 하나님은 '여호와 이레'(창 22:13-14), '람바'(출 15:26), '닛시'(출 17:8-15), '살롬'(삿 6:24), '라'(시 23:1), '쉬드케누'(렘 23:6), '삼바'(겔 48:35)가 되시는 분이 나의 주인이십니다.

2. 여호와는 우리의 하나님

천지를 창조하시고 다스리시고 섭리하시고 주관하시고 운행하시며 인간의 생사화복을 주장하시는 전지전능하신 '엘로힘' 하나님이 우리의 하나님이 되신다는 말입니다.

그 하나님은, 영이십니다(요 4:24). 살아 계십니다(수 3:10, 살전 1:9). 영원자존하십니다(출 3:14). 무소부재하십니다(시 139:11-12). 전지전능하십니다(시 139:1-10, 창 17:1). 거룩(레 11:44-45), 불변(약 1:17), 선(막 10:18), 사랑(고후 13:11, 요일 4:8.16), 은혜(롬 2:4), 진실(롬 3:4)하신 이, 하나님이 나의 하나님이십니다.

바울은 에베소서 2장에서 "그때의 우리의 상태"(2:1)는 영적 사망의 상태요, "그때의 우리의 종교"(2:11)는 하나님과 상관없는 종교요, "그때의 우리의 축복상태"(2:12)는 하나님 밖에 있다고 하였습니다.

그러나 이제 그리스도로 말미암아 언약에 대하여 외인이요 세상에 소망이 없고 하나님도 없는 자이더니 이제는 전에 멀리 있던 너희가 그리스도 안에서 그리스도의 피로 가까워 졌느니라. 그리스도로 말미암아 하나님의 자녀가 되고 하나님의 권속이 되며 하나님은 우리의 하나님이 되십니다.

3. 하나님은 우리의 구속자(拘束者)

허물과 죄로 죽은 우리 인간은(엡 2:1) 의지마저 탈선되어 있는 관계로 하나님께서 우리인간을 위해 어떤 일을 해 주시기 전까지는 도저히 하나님을 향해 단 한 걸음도 디딜 수가 없습니다.

애굽에서의 이스라엘은 자신의 힘과 능력으로는 바로의 폭정 밑에서 해방이란 불가능했습니다. 그들은 종으로 노예로서 일생을 살며 자자손손 대대로 노예일 수밖에 없었습니다. 그때 하나님은 모세를 보내서 기적적으로 이스라엘을 구원하신 것입니다.

하나님의 은혜가 아니고는 불가능했습니다. 디도서 2:11 "모든 사람에게 구원을 주시는 하나님의 은혜가 나타나" 하나님의 은혜로 구원되어 가나안의 축복을 누리게 되었습니다.

모세를 통해 이스라엘을 구원하신 하나님은 우리를 구원하신 하나님이십니다. 억만 죄악 가운데 빠져 영원히 멸망 받을 수밖에 없는 우리를 창세전에 선택하시고(엡 1:4) 구원받아야 할 아무런 가치가 전적으로 없는 우리를 선택하시고, 이 땅에서 죄악의 노예가 되어 마귀의 종노릇하던 우리를 불러주시고(롬 8:30), 죄를 회개시키시고(행 11:18), 하나님 믿도록 믿음을 주시고(엡 2:8), 예수님을 나의 구주로 믿게 하시고 의롭다고 인정하시고(롬 8:30), 하나님의 자녀로 삼아(요 1:12), 아바 아버지라 부르게 하시고(갈 4:6), 구원해 주신 하나님이 바로 우리의 하나님이십니다.

하나님은 우리를 구원하시기 위해 독생 성자를 보내시어(요 1:18, 3:16), 우리를 모든 죄 가운데서 구원하여 주심은 모세를 바로에게 보내어 애굽에서 이스라엘을 구원하신 것처럼 우리를 구원하여 주신 것입니다.

"하나님은 우리의 구속자시며 구원의 하나님이십니다."

4. 구속받은 자의 의무(義務)(신 11:1, 벧전 1:17-18)

구속받은 자의 의무는 계명을 기쁨으로 지키는 것입니다.
계명을 주신 이유는 계명을 지키는 데 있으며 지키는 것은 바로 축복입니다(신 6:24 "여호와께서 우리에게 이 모든 규례를 지키라 명하셨으니 이는 우리로 우리 하나님 여호와를 경외하여 항상 복을 누리게 하기 위하심이며 또 여호와께서 우리로 오늘날과 같이 생활하게 하려 하심이라").

1) 계명을 지키라는 것은 명령이다(신 11:1).

명령은 들어도 되고 안 들어도 되는 것이 아닙니다. 계명은 어떤 것은 지키고 어떤 것은 아니 지켜도 되는 것은 아닙니다. 다 지켜야 합니다. 하나를 범하면 모두를 범하기 때문입니다.

2) 순종하면 복을 받는다(신 10:13).

약속된 축복을 누리는 길은 순종하는 것입니다. 인간은 자기 의지대로 살면 다시 죄의 길로(사 53:6) 가기 때문입니다. 죄는 하나님의 축복을 가로막습니다(렘 5:25, 사 59:1-2).

3) 순종하지 아니 하면 안식에 들어가지 못한다(히 4:11).

버림받게 됩니다(삼상 15:23).

5. 계명(戒名)과 양심(良心) 문제

계명과 양심 문제를 한마디로 말한다면 "계명은 알고 범해도 죄가 되고 모르고 범해도 죄가 됩니다. 양심문제는 알고 범하면 죄가 되고 모르고 범하면 죄가 되지 않습니다."

계명은 마치 사람이 독약을 알고 먹어도 죽고 모르고 먹어도 죽는 것처럼 계명은 알고 범해도 모르고 범해도 죄가 되는 것입니다(롬 1:20).

바울은 고린도 교회에 우상 제물에 대하여 말하면서 고린도전서 10:27-28에 알고 먹으면 죄가 되고 모르고 먹으면 죄가 되지 않는 것을 말하고 있으며, 디모데전서 5:23에 디모데에게 술을 먹을 것을 권하고 있습니다. 약용은 죄가 되지 않는다는 말입니다. 그러나 도락으로 마시면 죄가 되는 것입니다(잠 23:31-35). 그러므로 양심 문제와 계명 문제는 차이가 있습니다.

십계명은 계명이기 때문에 우리가 알고 범해도 죄가 되고 모르고 범해도 죄가 됩니다. 그러면 믿음의 사람에게만 계명이 해당될까요? 계명을 안믿는 사람에게도 해당됩니다. 초대 교회 성도들은 이 계명을 지키기 위해 순교의 삶을 마다하지 않고 살았습니다. 그러나 지금 시대는 양심과 계명이 없는 시대가 되었습니다.

예수님은 "너희가 나를 사랑하면 나의 계명을 지키라"(요 14:15)고 말씀합니다.

계명을 아는 자가 아니라 지키는 자가 되어야 한다고 말하면서 계명을 지키는 자에게 하나님이 복락의 축복을 주신다고 야고보는 고백하고 있습니다(약 1:23).

결론

십계명 서문이 주는 교훈은 여호와 '야웨'의 하나님이 우리의 주인이 되시며, 창조주 '엘로힘'의 하나님이 우리의 하나님이 되시어 이스라엘을 애굽에서 구원하듯이 우리를 죄악 가운데서 구원해 주시는 구속자이심을 교훈하며 구원받은 자들은 하나님이 주신 계명을 지켜야할 의무가 있으며, 이 명을 지키는 자에게는 하나님께서는 천대의 축복을 주시며, 누리게 하시며 이 계명을 지키는 자에게는 땅에서 잘되고 장수하며(엡 6:2-3), 이 땅에서 사는 날 동안 행복을 누리며 우리의 삶이 천국이 될 것입니다. 이 땅에 사는 날 동안 계명을 지키고 순종하는 복된 성도가 되시기를 축원합니다.

"너희가 나를 사랑하면 나의 계명을 지키라"(요 14:15).

"나의 계명을 가지고 지키는 자라야 나를 사랑하는 자니 나를 사랑하는 자는 내 아버지께 사랑을 받을 것이요 나도 그를 사랑하여 그에게 나를 나타내리라"(요 14:21).

당신은 계명을 알고 지키고 있습니까? 할렐루야 아멘.

제1계명(戒名)

출 20:3

제 45 문

제1계명이 무엇인가?

답 : 제1계명은 나 외에 다른 신을 위하지 말라 하신 것이다(출 20:3, 신 5:7).

십계명을 두 부분으로 나누면 1계명에서 4계명까지는 대신관계로 신앙의 의무이며, 제5계명에서 10계명까지는 대인관계로서 생활상에 대한 의무를 말하고 있습니다. 전자는 수직적인 의무를 가르치고 후자는 수평적인 의무를 가르치고 있습니다.

제1계명을 선포한 목적은 하나님의 뜻만이 그의 백성들 가운데 제일이어야 하며 완전한 권능을 행사하려는 것입니다. 또 제1계명은 예배와 경배의 대상에 대한 말씀입니다. 인간의 본분은 하나님께 예배하는데 있습니다. 예배를 드리려면 그 대상이 무엇이냐가 중요합니다. 하나님의 형상으로 지음 받은 인간은 본능적으로 종교심이 있지만 죄로 타락한 인간은 전적 무능한 상태이므로 참된 예배의 대상을 찾을 수가 없습니다. 저들이 찾아낸 것은 금송아지 뿐이었습니다. 하나님은 계명을 주심으로서 참 예배의 대상은 오직 하나님 한 분이시라는 것을 제1계명을 통해 말씀하여 주고 있습니다. 그러면 1계명이 가르치는 것이 무엇입니까?

1. 경배의 대상을 알게하심

1) 하나님은 신이시다.

성경은 하나님의 존재를 증명하는 것보다 하나님의 본질을 말씀하고 있습니다. 창조의 기사를 통해서 하나님의 존재보다 창조의 사역을 먼저 말씀하고 있습니다. 본 요리문답에서도 하나님의 본질을 말씀하고 있습니다. 하나님은 이미 실존하는 실체이기 때문입니다. 그러면 신이란 말이 무엇입니까?

(1) 영(靈)이란 말입니다.

하나님은 영이십니다. 예수님께서는 요한복음 4:24에 "하나님은 영"이라고 말씀하셨습니다. 하나님은 다른 존재 사물들과 구별되는 특수한 속성을 가진 영이십니다. 사람의 영혼과 다르며(요 10:34, 전 12:7), 천사와 같은 영이 아니며(히 1:14,), 다른 신과 같은 분이 아니며(행 17:23), 하나님을 단지 영혼이라고 한다면 영을 가진 다른 피조물과 구별할 수 없게 됩니다. 하나님은 완전하고 순수한 영이십니다. "하나님은 모든 영의 아버지라고 했습니다(히 12:9). "하나님은 피조물과 다른 완전하고 순수한 영이십니다."

(2) 비물질적(非物質的)이며 무형적(無形的)이란 말입니다.

하나님은 영이신 즉 비물질적이며 무형적인 실체입니다(눅 24:39). 하나님은 사람과 같은 몸을 가지지 않았으며 하나님은 육의 눈으로 볼 수 없습니다(마 5:8). 하나님을 본 자도 없고 육신의 눈으로 볼 자도 없습니다(요 1:18, 요일 4:12, 약 1:17). 대체로 사람들이 하나님을 생각할 때 어떤 물질적인 형상을 생각하는데 하나님은 어떤 형상이 아닙니다. 영이십니다(롬 1:20).

하나님은 십계명 제2계명을 통해 우상을 만들지 말 것을 말씀했습니다. 자신이 영이기 때문에 형상이 없으므로 다른 형상을 만들지 못하게 한 것입니다. 여기서 우리가 생각해야 할 것은 형상이 없다는 말은 존재하지 않는다는 말이 아니며 실체가 없다는 말이 아닙니다. 우리 인간의 눈으로 볼 수 있는 형상이 없다는 말입니다. 그러므로 상이나 그림으로 하나님을 가시화하는 것은 제2계명을 범하는 죄가 됩니다(출 20:4). "그런즉 너희가 하나님을 누구와 같다 하겠으며 무슨 형상에 비기겠느냐"(사 40:18) 했습니다. "하나님은 신이란 말은 비물질적이며 무형적이란 말입니다."

(3) 초자연적(超自然的)인 분이란 말입니다.

하나님은 무한하시며, 무궁하시며, 또한 불변하며, 전능하신 무소부재하신 분이심으로 피조물이 가질 수 없는 초자연적인 분이십니다. 즉 "신이란 말은 피조물이 가질 수 없고 초자연적으로 초월한 하나님이십니다."

(4) 살아 계신다는 말입니다.

이방의 우상처럼 죽은 신이 아니고, 니체가 말한 것처럼 죽으신 하나님도 아닙니다. 하나님은 무생명적인 실체가 아니라 하나님은 살아계신 실체적 하나님이십니다(히 11:6, 수 3:10, 시 84:2, 마 16:16, 살전 1:9). 생명은 감정과 능력 활동을 포함하며 모든 것을 소유하시고 모든 생명의 근원이십니다(요 5:26, 시 36:9). "신이란 말은 하나님이 살아 계신다는 뜻입니다"

(5) 인격적(人格的)이란 말입니다.

하나님은 비인격적인 분이 아니시고 인격적인 분이십니다. 인간의 영이 인격적인 것처럼 하나님의 영도 인격적이고 지성이 있습니다(창 18:19). 또한 도덕적이며 지·정·의를 결정(창 3:15, 요 6:38)할 수 있는 이성적 존재(출 3:14)입니다. 예수님께서 인격을 가지신 것처럼 하나님도 인격적입니다(요 14:9).

그런데 성경에서는 하나님이 영이신데 신체를 가지신 것처럼 표현하고 있습니까? "주님의 손"(수 4:24), "주님의 눈들"(왕상 15:5) 모세와 기타 사람들이 보았다고(출 24:10) 말하고 있습니까? 그러나 이러한 표현은 하나님을 달리 우리에게 표현할 방법이 없기 때문에 인간의 말로 표현한데 불과합니다(창 18:1-5, 16-25). 칼빈은 "이것은 신인으로서 장차 나타나심에 대한 서막이다"고 했습니다.

하나님은 사람의 눈에 보이지 않으며(딤전 6:16), 형상도 육체도 없고 어떠한 제한도 받지 않으십니다. 하나님을 감각에 의하여 이해되는 것이 아니며 다만 심령으로 이해되는 분이시며 성령에 의하지 않고는 우리들은 알 수가 없으며(고전 2:6-16), 성경을 통해서만 알 수 있습니다(요 5:39). 하나님은 물질적 존재가 아니며 완전하시고 순수한 영이시며 인격적 존재입니다.

2. 참예배의 대상(對象)은 오직 하나님

인간은 원래 하나님의 형상으로 창조되었습니다. 본능적으로 종교의 씨앗이 있습니다. 그러나 죄로 말미암아 타락되었기 때문에 참된 예배의 대상을 상실하고 거짓 대상을 예배하게 된 것입니다. 애굽의 많은 이방인들이 참예배의 대상이 아닌 우상을 만들어 섬기고 신을 만들어 예배하고 경배하였습니다.

하나님은 자신이 구원한 자기 백성은 이방의 거짓 신을 섬기는 것을 원치 않으시고 선택된 백성들에게 친히 나타 나셔서 자신만이 참예배의 대상임을 선포하신 것입니다.

"너는 나 외에 다른 신들을 네게 있게 말지니라"(출 20:3).

이 계명에서 하나님은 여호와 하나님만이 경배할 것을 명하시고 모든 미신을 섬기지 말 것를 요구하시고 있습니다. 하나님은 온 이스라엘 백성이 오직 그분만 바라 볼 수 있도록 하기 위하여 자신을 제시하시고 하나님 자신이 예배를 받아야할 권리가 있음을 말씀하시고 그 자신의 권리가 다른 곳으로 양도되지 않도록 하신 것입니다.

칼빈은 "나의 얼굴 앞에 신들을 있게 말지니라"고 해석하고 있습니다. 하나님은 다른 거짓 신들이 더 높은 자리에 앉는 것을 허락지 않으시며 같은 동등의 자리에 있는 것도 허락지 않으시며 자신 아래에 있는 신으로도 허락지 않습니다.

민수기 23:28-30, 31:16에 발람이 브올신을 섬겼을 때에 하나님을 한 쪽으로 제쳐놓고 그것들에게 최고의 권위를 부여하지 않았습니다. 그럼에도 불구하고 이것은 하나님에 대한 인격을 예배를 말할 수 없이 더럽히는 일이고 하나님께 돌려야할 신성의 일부를 그것들에게 줌으로서 하나님을 모독한 것입니다.

이방인들처럼 저들은 하나님을 알지 못해서 저들 자신들이 거짓 신을 만들어 놓고 예배했습니다. 이것은 저들이 하나님 면전에서 한 것이 아닙니다. 그래도 죄가 되는 것입니다. 왜냐하면 계명을 알고 지어도 죄가 되고 모르고 지어도 죄가 되기 때문입니다. 설사 하나님을 알지 못하고 했더라도 죄가 됩니다(행 17:30).

우리는 마음을 다하고 성품을 다하고 뜻을 다하고 힘을 다하여 하나님을 섬기면 그에게만 예배해야 합니다(신 5:13, 10:12, 20). 오직 하나님만이 영광을 받아야 할 분입니다(요 12:28, 고전 10:31). "여호와 하나님만이 참 예배의 대상입니다."

3. 하나님의 요구를 가르치심

참된 예배(禮拜)의 삶과 하나님만 섬기는 것이 인간의 최고의 의무임을 가르칩니다. 에덴동산에는 예배가 없었고 생활 그 자체가 예배였습니다.

예배는 하나님께서 타락한 인간이 예배를 통해서 하나님과 교제하며 사죄의 은총을 받게 하기 위해서 제정하신 것입니다. 그리고 영원 천국에는 예배가 없고 삶 그 자체가 예배가 될 것입니다. 성경의 최초의 예배는 창세기 4:3-5에 가인과 아벨이 하나님께 드린 예배입니다. 여기에 참된 예배와 거짓 예배가 나옵니다. 그후 하나님은 족장시대를 거쳐 이스라엘을 애굽에서 인도하시면서 그들이 하나님을 바로 섬기기를 원했습니다.

출애굽기 3:12,18, "너희가 이 산에서 하나님을 섬길 것이니라" "우리가 우리 하나님 여호와께 희생을 드리려 하오니 사흘 길쯤 광야로 가기를 허락하소서." 출애굽 이후에 레위기를 통해서 제사의 법을 주신 것입니다. 그러나 그들은 참된 예배와 상관없는 의식적 예배로 변했습니다. 하나님은 의식적 예배를 기뻐하지 않습니다(사 1:10-15). 종교적 행위를 요구하지 않습니다(미 6:6). 하나님이 요구하시는 것은 의식적인 종교 행위가 아니라 진정한 마음의 태도와 중심을 요구하시는 것입니다

예수님께서도 바리세 인들의 의식적 종교 행위를 책망하시고 하나님이 원하시는 것은 종교 행위가 아니라 마음을 다하고 뜻을 다하고 힘을 다하여 마음의 중심을 하나님께 드리는 진정한 예배를 요구하시는 것입니다(마 22:37-40).

예수님도 요한복음 4:24에 신령한 영적 예배를 요구하셨습니다.

하나님께서 모세에게 준 십계명의 정신도 바로 하나님과의 바른 관계를 말씀하고 미가를 통해 하나님이 원하시는 예배가 무엇인가를 말해주고 있습니다(미 6:6-8).

형식적 예배가 아니라 참된 예배로 하나님께 바른 예배를 드리는 삶입니다.

하나님께서는 그의 율법을 두 부분으로 나누었는데 그 가운데 의의가 전체를 포함하고 있으며 그의 존엄을 예배하는데 관한 종교상의 의무를 첫 부분에 돌리고 인간 상호간의 의무를 둘째 부분에 돌리고 있습니다.

하나님이 원하시는 의의 기초는 하나님 예배입니다. 예배의 터가 무너지면 의의 나머지 모든 부분은 파괴됩니다.

예배는 의의 원천이요, 기초입니다. 예배가 종교적 행위와 의식적 행위가 아니라 하나님이 원하시는 의의 행위가 되어야 합니다. 예수님은 요한복음 4:23-24에 "아버지께 참으로 예배하는 자들은 신령과 진정으로 예배할 때가 오나니 곧 이때라 아버지께서는 이렇게 자기에게 예배하는 자들을 찾으시느니라 하나님은 영이시니 예배하는 자가 신령

과 진정으로 예배할지니라." 그러므로 하나님이 받으시는 신령한 예배를 드립시다.

4. 다른 신을 섬기지 말 것을 경고

신명기 4:35에 "여호와 하나님이시요 그 외에는 신이 없으며"(고전 8:6, 딤전 2:5, 요 17:3, 렘 10:10). 세상에서 부르는 신들은 인간의 사고속에서 인간의 필요에 의하여 만들어진 거짓신들입니다. 제1계명은 하나님만이 유일의 신이라 가르치고 다른 신을 섬기지 말 것을 경고하고 있습니다.

결론

제1계명은 참예배의 대상은 하나님이시며, 그 하나님만이 예배를 받아야 하며 그 하나님에게만 예배하도록 요구하신 하나님만이 신이시고 다른 신은 없다고 가르치고 있습니다. 그 앞에 다른 신을 두지 말고 오직 성경이 말씀하시는 대로 하나님의 임재를 믿고 전능을 믿고 하나님의 뜻인 말씀에 의해 매순간 최상의 예배를 하나님께 드리므로 하나님께 영광을 돌리라는 것입니다. 만약 내가 드린 수많은 예배를 하나님이 한번도 받으신 적이 없다고 한다면 나는 너를 모른다고 한다면(마 7:23) 어떠하겠습니까?

예배 생활에 승리하는 성도가 되시기를 축원합니다. 당신이 드린 예배를 하나님이 열납하신다고 믿습니까? 할렐루야 아멘.

제1계명의 명(命)하는 것

출 20:3

제 46 문

제1계명의 명하는 것이 무엇인가?

답 : 제1계명이 우리에게 명하시는 것은 하나님은 유일한 참 신이 되심과 우리 하나님이 되심을 알고(신 26:17) 승인하여 그대로 그에게 경배하며 영화롭게 하라 하는 것이다(마 4:10).

창조의 하나님이시며 유일하신 하나님은 자기의 형상대로 창조한 인간을 통해 영광을 받으시기를 원하십니다. 그리고 그 인간에게 요구하시는 것은 하나님께만 오직 예배하기를 원하신다는 것입니다. 그러나 인간은 죄로 타락하여 심령이 어두워져서 하나님의 뜻을 아는 지각이 상실되었기 때문에 하나님보다 하나님 아닌 다른 우상을 신으로 섬기는 우를 범하고 있는 것입니다.

하나님께서 자신이 창조하시고 친히 애굽에서 구원한 선민은 오직 하나님만 섬기도록 명령하고 있습니다. 자신 앞에 아무것도 자신과 대비하여 두지 못하게 하신 것입니다. 제1계명에서 명하신 것은 하나님 만이 유일한 신이신 것을 바로 알고 믿고 진심으로 경배할 것을 가르치고 있습니다.

1. 하나님만 유일신(唯一神)

제1계명이 우리에게 명하시는 것은 하나님만 유일하신 신이심을 알라는 것입니다. 우리의 예배의 대상이 되시는 여호와 하나님은 유일하신 여호와 하나님이 십니다. "너는 나 외에"는 우리 개개인은 유일하신 하나님 여호와 하나님만 섬겨야 한다는 것입니다. "유일"이란 말은 다른 많은 것 중에 하나란 뜻이 아니고 천상 천하에 오직 하나 뿐인 것을 말합니다(신 6:4). 하나님은 제일의 신이 아니십니다. 일등신도 아니십니다. 오직 유일하신 신이십니다. "다른 신들을 네게 있게 말지니라" 이 말씀은 다른 신들의 존재를 인정한다는 말이 아닙니다.

여기에 다른 신이란 당시 애굽에 있었던 많은 우상을 말합니다(신 4:28). 다시 말하면 인간이 불안해서 만들어낸 신을 말하는 것입니다.

왜 이 말씀을 하느냐 하면 이스라엘이 들어갈 가나안 땅에도 이방인들이 숭배하는 신들이 있는 것을 아셨기 때문에 하나님은 자신만이 "여호와 그는 하나님이시로다 여호와 그는 하나님이 시로다"(왕상 18:39). 또 "여호와께서 홀로 하나이실 것이요 그 이름이 홀로 하나이실 것이며"(슥 14:9).

"여호와 외에 누가 하나님이며 우리 하나님 외에 누가 바위뇨"(삼하 22:32).

다른 신이란 없습니다. 하나님만이 유일한 신이십니다. "비록 하늘에나 땅에나 신이라 칭하는 자가 있어 많은 신과 많은 주가 있으나 그러나 우리에게는 한 하나님 곧 아버지가 계시니 만물이 그에게서 났고 우리도 그를 위하여 또한 한 주 예수 그리스도께서 계시니 만물이 그로 말미암고 우리도 그로 말미암았느니라"(고전 8:5-6). 다른 모든 신들은 인간이 만든 거짓 신인 것을 알고 하나님만이 유일하신 참 신인 것을 알고 믿어야 할 것입니다.

어떤 사람이 교회에 등록하여 출석하게 되었습니다. 목사님이 첫 심방을 갔습니다. 그 집 안방에 큰 사진 세 개가 걸려 있었는데, 하나는 예수님 사진, 공자 사진, 석가 사진이었습니다. 목사님이 이상해서 물었습니다. 성도가 대답하기를 예수님께 기도해서 안 되면 석가에게 기도하고, 공자에게 기도하면 더 좋지 않느냐는 것이었습니다. 이것은 아주 잘못된 것입니다. 석가도 공자도 신이 아니고 그들도 인간입니다. 사람들이 만들어 놓은 신입니다.

하나님은 사람이 만들어 놓은 신이 아니고 하나님 자신이 스스로 계시는 신이신 하나님이라 했습니다(출 3:14). 세상에 잡다한 다신과 범신은 사람들 자신이 자신을 위해 여러 가지 형태의 신을 만들어 내고 상상해낸 신들입니다. 그것들은 실재하는 것 같으나 실재 존재하지 않습니다.

윌리암 바클레이는 어떤 신을 섬기느냐에 따라서 당신의 인격이 결정된다고 말했습니다. 부패한 의미지를 가진 신을 섬기면 부패해 질 수밖에 없습니다. 참 신은 하나 이상 있을 수가 없습니다. 사람이 만일 다른 신을 섬기기로 한다면 그는 인간이기를 이미 포기한 것입니다. 왜냐하면 인간보다 더 나은 형상과 존재가 있을 수 없습니다. 만약 있다면 하나님은 그에게 경배를 받으실 것입니다. 여호와만이 유일하신 참 신이시며 여호와 하나님이십니다

2. 하나님만 살아계심

하나님은 자신의 존재를 말씀하시지 않으시고 행동을 보여 주신 분이십니다(창 1:1).

성경의 계시는 바로 하나님의 살아 계심을 보여 줍니다. "믿음이 없이는 하나님을 기쁘시게 못하나니 그가 살아 계신 것과 자기를 찾는 자들에게 상 주시는 자임을 알아야 할지니라"(히 11:6).

그 시대의 애굽이나 이방의 종교는 미신과 우상으로 살아 있는 것이 아니고 죽은 것들이었습니다(시 115:4-9). 다윗은 하나님의 살아 계심을 고백했습니다. "블레셋 사람이 누구관데 사시는 하나님의 군대를 모욕하겠느냐"(삼상 17:16).

제1계명이 우리에게 요구하시는 것은 진실된 하나님을 믿는 것이며, 그 진실된 하나님은 유일하신 신이며 살아 계시는 분인 것을 알고 믿고 전 생애를 통해서 그를 예배하고 영화롭게 하는데 있습니다. 예수님은 부활 승천후 하나님 위편에서 계시며(롬 8:34). 그는 죽은 자의 하나님이 아니라 산 자의 하나님이십니다(마 22:32). 하나님은 살아 계십니다. 우리의 숨결 곁에 계십니다. "당신은 살아 계신 하나님을 믿습니까?"

3. 하나님께만 예배(禮拜)

참된 예배의 대상은 유일하시고 살아 계신 하나님뿐입니다.
그분에게 어떻게 예배해야 할까요? 당신은 매 시간마다 최상의 예배를 최고의 예배를 드리고 있습니까? 현대교회의 가장큰 문제는 예배입니다. 예배가 타락하고 있습니다. 루터가 성경으로 돌아가자고 종교개혁을 했듯이 현대 교회는 성경적 예배로 돌아가야 합니다. 참된 예배는 자신을 계시하신 하나님을 아는 지식에 달려 있습니다.

1) 하나님의 임재와 영광을 인식(認識)(출 24:16, 대하 5:13-14)

오늘날 하나님은 예수 그리스도를 통해 자신의 영적 임재를 나타내시며 우리가 참된 예배를 드리는 근본 방향은 예배를 드림으로서 하나님께 영광을 돌리는 것입니다.

2) 전능하심을 인식(창 17:1)

성경은 전능하신 하나님에 대한 금광입니다. 우리는 하나님의 전능성을 믿고 내 자신 전부를 내어 놓고 하나님께 예배하며 영광 돌려야 할 것입니다.

3) 성경에 기초를 둔 예배

"웨스트민스터 신앙고백 21장 1절" "참 하나님을 예배하는 좋은 방법은 하나님 자신이 정해 주셨는데 하나님은 인간의 어떤 상상이나 의향에 따라서 예배하거나 또 어떤 가견적인 물건을 사용하거나 성경에 기록되어 있지 않는(신 11:32, 마 15:9, 행 17:24, 마 4:4-6, 출 20:4-6) 어떤 방법을 통해서 사람의 지시에 따라 예배하지 못하게 하시기 위해서 하나님은 계시된 자기의 뜻을 따라서 예배하도록 정하셨다." 예배는 하나님께서 정하여 주신 계시된 자기 뜻에만 따라서 예배하도록 정하신 것 이상은 없다는 것을 가르치고 있습니다.

그것은 바로 성경에 따라 예배하라는 것입니다. 성경적 예배의 요약은 십계명 1-4계명에 요약되어 있습니다. 제1계명은 예배의 대상, 제2계명은 예배의 방법, 제3계명은 예배의 태도, 제4계명은 예배의 시간을 말하고 있습니다.

결론

제1계명이 명하시는 것은 참예배의 대상인 하나님을 바로 알고 그 하나님은 유일하시며 살아계신 분으로 그 앞에 다른 신을 두지 말고 오직 성경이 말씀하시는 대로 하나님의 임재를 믿고 전능을 믿고 하나님의 뜻이신 말씀에 의해 매순간 최상의 예배를 하나님께 드리므로 하나님께 영광을 돌리라는 것입니다. 만약 내가 드린 수많은 예배를 하나님이 한 번도 받으신 적이 없다고 한다면 나는 너를 모른다고 한다면(마 7:23) 어떠하겠습니까?

예배 생활에 승리하는 성도가 되시기를 축원합니다. 당신은 하나님만 예배합니까? 당신은 예배 때마다 최상의 예배를 드립니까? 할렐루야 아멘.

제1계명의 금(禁)하는 것

롬 1:20-25, 시 14:1

제 47 문

제1계명이 금하는 것이 무엇인가?

답 : 제1계명에 금하는 것은 참 신을 하나님으로 알지 아니하거나(시 14:1) 우리의 하나님으로 경배하지 않고(롬 1:21) 영화롭게도 하지 않고(시 81:11) 그에게만 합당한 경배와 영화를 다른 이에게 드리는 것이다(롬 1:25).

제1계명이 명하신 것은 예배의 참 대상인 하나님은 천상하지에 유일하신 분이시며 살아 계시며, 그분에게 예배할 때는 성경이 가르치는 대로 예배하여야 한다고 말씀하고 있습니다.

그리고 제1계명이 금하는 것은 하나님을 잘못 알고 우상과 미신을 하나님과 혼돈하지 않도록 주의할 것을 가르치고 있습니다. 이 문제는 그때나 지금이나 자주 혼돈되도록 유혹받고 있습니다. 종교적 혼합주의로 참 종교와 이 세상의 거짓 종교들을 조화시키려고 시도하고 있습니다. 제1계명을 종교적 혼합주의에서 벗어나기 위해서 하나님을 바로 알 것을 말씀하고 있습니다.

1. 참 하나님을 바로 알자.

이스라엘 백성은 출애굽 이후 십계명을 받기 전에 그들은 시내산 밑에서 금송아지를 만들어 하나님을 대신하였습니다(출 32:1-6).

그들은 금송아지를 하나님으로 대신 알고 섬기려 했습니다. 저들은 하나님은 바로 알지 못하는 죄를 범하였습니다(출 32:30). 하나님은 저들을 하나님의 책에서 지워 버리기를 원했습니다(출 32:33). 왜 아론이 만든 금송아지를 하나님으로 알고 믿으려 했기 때문입니다. 하나님은 거짓 신으로 구원 받지 못한다는 사실을 가르쳐 주신 것입니다. 하나님을 바로 알지 못하면 바로 하나님을 섬길 수가 없습니다.

우리 대한민국 사람들도 위기때 하나님을 부릅니다. 그것이 하나님일까요? 그것이 성경이 말하는 하나님일까요? 성경은 그것은 하나님이 될 수 없다고 거절합니다. "하나님은 한 분이시며 또 한 하나님과 사람 사이의 중보도 한 분이시라"(딤전 2:5). 호세아는 "여호와를 알자"라고 했습니다.

1) 유신론 입장에서 하나님을 잘못 안 죄

유신론은 신이 있다고 인정합니다. 그중 범신론은 하나님과 자연 혹은 하나님과 사람을 동일시하고 자연이 곧 신이라 하고 인간이 바로 신이라 합니다.

창조주와 피조물을 혼동하고 있습니다. 다신론은 많은 신이 존재한다고 주장하는 것입니다. 기타 종교의 신들을 말합니다. 이신론은 하나님은 살아 계시고 그분이 만물을 창조하셨다는 것은 인정하지만 만물은 자연의 법칙에만 맡겨 두시고 하나님은 간섭하지 않으신다고 생각하는 잘못된 신관으로 하나님을 방관자로 취급하였습니다. 예를 들면 아기를 낳아놓고 아기의 발육은 운명에 맡기고 어디론가 떠나버린 비정한 어머니 같은 하나님이 이신론자의 신관입니다.

하나님은 만물을 창조하시고 만물을 붙드시고 섭리하시고 계시다고 말씀하고 있습니다(히 1:3). 나를 창조하신 그대로 내버려두시는 것이 아니라 나를 붙드시며 인도하시며 간섭하시며 우리 생활 속에 들어와 더불어 함께 하시는 하나님이십니다(요 14:23). 이상은 유신론적 입장에서 잘못된 신관을 가지고 있는 죄를 알 수 있습니다.

2) 무신론 입장에서 하나님을 잘못 안 죄

유신론과 반대로 하나님이 없다고 하는 것입니다(시 10:4, 14:1).

살아 계시며 스스로 존재하시는 하나님을 없다고 하는 자들로 하나님을 바로 알지 못하는 죄를 범한 자들입니다. 루이스는 무신론이란 언어로는 가능하지만 실제적으로는 그 주장이 불가능한 것이라고 했습니다. 맞는 말입니다. 니체는 신은 죽었다고 선언했습니다. 그리고 그 무덤은 교회라고 했습니다. 인간이 죽었다고 선언한다고 하나님이 죽는 것은 아닙니다.

이와 같이 유신론 입장에서 가지는 잘못된 신관도 죄가 되고 무신론적 입장에서 신이 없다고 부정하는 것도 제 1계명을 범하는 죄가 됩니다.

그러므로 호세아는 호세아 6:3 "우리가 여호와를 알자. 힘써 여호와를 알자."라고 외쳤습니다. 미가는 우리가 하나님을 바로 알지 못했기 때문에 잘못된 예배를 드린다고 지적하였습니다(미 6:6-8). 하나님을 바로 알지 못하는 것은 죄악이며 제1계명을 범하는 것입니다.

"하나님을 바로 알고, 하나님을 바로 믿고, 하나님을 바로 예배하고. 바로 생활하자."

2. 종교적 혼합주의(混合主義)를 금하심

성경에는 종교라는 용어가 사용되지 않습니다. 종교라는 개념 그 자체가 성경의 근본 사상과 위배되기 때문입니다. 히브리인들에게 있어서는 신앙의 근본 의미는 하나님의 부르심에 대한 모든 인간의 구체적인 응답이며 명령에 대한 복종뿐이지 인간이 만들어 낸 것이 아니기 때문입니다.

하나님은 성별하시는 하나님이십니다. 인간의 혼합이 타락(창 3:)입니다. 노아 홍수 심판도 혼합 때문에 생겼습니다(창 6:2). 세상의 모든 종교가 똑같다는 생각은 버려야 하며 타 종파와 연합하는 것은 제1계명이 금하고 있습니다(출 20:3, 요삼 10-11, 고후 6:14-16). 혼합주의가 종교단체에만 있는 것은 아닙니다. 더 많은 부분에서 오염되고 있습니다. 예를 들면 대통령 취임식에 기도를 드리고 축복을 빌어줄 종교의 대표들을 초청하는 것이 관례로 되어 있습니다.

유대교 랍비가 기도하고, 교회의 목사가 설교하고, 로마 가톨릭의 사제가 성수를 뿌리고, 승려가 축복을 빌고 하는 등의 혼합은 우리는 무관심하게 생각하고 참여하지만 이것은 제1계명을 범하는 죄가 됩니다. 이들은 모두 바른 신관을 가지고 있지 않을 뿐더러 하나님을 하나님으로 예수 그리스도를 하나님으로 믿지 않기 때문입니다(요일 5:20).

그리고 개신교와 로마 가톨릭과의 큰 차이가 없다고 할지 모르나 사제가 성모 마리아에게 기도 드린다고 생각해 보십시오. 참된 그리스도인이라면 당연히 모임에 참여할 수가 없습니다. 예수님을 빼놓고 모두가 같은 하나님께 예배를 드리는 것과 같으나 잘못된 것입니다.

오늘날 많이 쓰이는 말 가운데 '협상이다.' '타협이다.' '연합이다.' '공조다' 하는 것은 부패의 온상이 되기 쉬운 것입니다. 복음 앞에는 계명 앞에는 이런 것들이 필요치 않습니다. 진리를 왜곡하기 때문입니다. 제 1계명은 종교적 혼합주의를 죄로 규정하고 있습니다.

3. 종교적 관용(寬容)을 금하심

인간에게는 종교를 선택할 수 있는 자유가 있다고 말합니다. 하나님은 선택할 자유가 없다고 말씀합니다. 인간에게 종교를 선택할 자유가 있기 때문에 내가 믿는 기독교 외에 다른 종교를 관용하며 그것을 믿는 것을 이해한다고 하면 그것도 제 1계명을 범하는 죄가 됩니다.

내가 믿지 않고 섬기지 않는다고 하는 것만으로 제1계명을 지킨다고 할 수 없습니다. 우리는 잘못된 종교에 빠진 사람들에게 그 종교의 부당성을 가르치고 회개하고 하나님을 믿지 않는다면 하나님께 거절당하고 심판을 받는다는 것을 가르쳐야 합니다.

많은 사람들이 기독교인들은 너무 독선적이라고 하면서 종교적 관용을 요구하고, 남의 종교에 너무 비판적이라고 하며 관용을 요구합니다. 우리는 이것을 거절해야 합니다. 사람이 미워서가 아니라 그들에게 구원의 길이 없기 때문입니다. 우리는 구원의 길을 가르쳐 주어야 하는 것입니다.

　구원의 유일한 길은 예수밖에 없습니다(행 4:12, 요 14:6). 구원은 예수뿐이며 예수님은 "나와 함께 하지 않는 자는 다 반대하는 자들이라"고 했습니다(눅 11:23). 종교적 관용은 제1계명을 범하는 죄가 있기 때문에 금하신 것입니다.

결론

　제1계명이 금하는 것은 하나님을 바로 알지 못하고 종교적 혼합이나 관용은 하나님의 계명을 범하게 됨으로 하나님을 바로 알고 하나님 앞에 다른 것을 두지 말 것이며 하나님이 진정 우리에게 원하시는 것은 우리의 마음의 한 부분이 아니라 전부를 원하시면 우리의 삶속에 으뜸이 되는 자리를 요구하시고 있습니다.

　"너는 나외에 다른 신들을 네게 있게 말지니라"

　당신은 지금 당신 앞에 하나님 외에 다른 것을 두고 있습니까?

　하나님이 원하시는 것은 나누어진 마음이 아니라 우리의 마음 전부를 원하십니다.

　할렐루야 아멘.

제1계명의 '나 외에'란

시 139:1-10

제 48 문

제1계명 중에 '나 외에'라 한 말씀이 우리에게 특별히 교훈하는 것이 무엇인가?

답 : 제1계명 중에 '나 외에'라 한 말씀이 우리에게 특별히 교훈하는 것은 만물을 보시는 하나님이(히 4:13) 아무 다른 신을 위하는 죄를 내려다 보시고 분하게 여기시는 것입니다(신 32:16).

참신앙은 바른 신관에서 출발합니다. 하나님을 바로 알지 못하고는 하나님을 바로 믿을 수 없으며 하나님을 바로 알지 못하기 때문에 사람들이 우상을 섬기고 다른 신에게 예배하는 것입니다. 하나님을 바로 알면 이 땅에 우상과 다른 신을 섬길 사람은 없습니다.

제1계명은 하나님을 바로 섬길 것을 가르치고 하나님만이 유일하신 신이심을 우리에게 가르치고 있습니다. 신앙이란 믿음을 말하는데 무엇을 믿으며 어떤 분을 믿어야 하느냐는 중요합니다. 제1계명에 나 외에란 오직 하나님만이 유일하신 신이므로 하나님만이 유일한 예배의 대상임을 말씀하고 있습니다.

1. '나 외에'란

'나외에'란 무엇을 가리키고 있습니까? 나 외에란 의미는 '나를 비껴서' '내 앞에서' '내 면전에서' '내 얼굴을 거슬러' '나의 얼굴 앞에' '내 곁에' '나를 반대해서' '나에게 더 보태서' '나를 제외하고'란 의미를 가지며 하나님을 대신해서 하나님 앞에 다른 것을 두면 안된다는 것입니다.

이스라엘 주위에는 여러 신들이 있고, 여러 신들을 섬기는 백성들이 살았습니다. 하나님은 이방의 여러 신과 의식에 혼돈을 막기 위해 십계명을 공포하신 것입니다. 사람은 여러 신을 섬길 수 없고 한 신만을 섬길 수 있습니다(마 6:24). 참 하나님을 바로 알고 바로 섬기면 둘째 셋째 신이 필요하지 않습니다.

'나 외에'란 하나님만이 살아계신 참 신이시고 예배의 대상임을 가르치고 있습니다. 하나님 앞에는 인간도(행 10:26, 14:15) 인간이 만든 날조된 신들이 설 수 없습니다. 창조자 하나님은 우리 마음의 한 부분만 원하시는 것이 아니고 전부를 원하십니다. 사람이 하나님과 다른 것을 대립시키는 것은 잘못된 것입니다.

하나님 외에 다른 신을 두는 것은 하나님을 합당한 자리에서 끌어내리는 것과 같습니다. 하나님 외에 다른 신을 섬기는 자는 하나님이 그 죄를 보시고 계십니다. 또 '너는'이란 말은 인간 개개인이 하나님 앞에서 하나님을 향한 태도를 가져야 한다는 의무를 강조하는 것입니다.

신앙이란 하나님과 나와의 관계이며 계명을 지키는 일도 우리와의 관계가 아니고 나와 하나님과의 관계입니다. 하나님과 나 사이의 수직적 관계인 것을 잊어서는 아니됩니다. '나 외에'란 하나님 앞에 다른 것으로 하나님을 대신하지 말라는 것입니다.

2. 하나님만이 유일신

나 외에란 하나님만이 유일한 참 신이심을 우리에게 가르쳐 주고 있습니다. 다른 신들을 인정하면서 하나님을 섬길 것인가? 다른 신을 전부 부정하고 하나님을 믿을 것인가? 다른 신을 인정하느냐 하지 않느냐는 매우 중요한 문제입니다. 신명기 4:35에 "여호와는 하나님이시요 그 외에는 신이 없으며"(고전 8:6, 딤전 2:5, 요 17:3)라고 했습니다.

성경은 하나님만이 유일하신 하나님이라 말씀하고 있습니다. 모든 신앙은 성경을 기초로 해야 합니다. 성경의 권위는 하나님의 성령으로부터 기인되는 것이지 사람에 의해서 되어지는 것은 아닙니다. 우리는 성경이 계시하시는 하나님만 인정하고 그 분에게만 경배하고 영광을 돌려야 할 것입니다.

예수님은 유일하신 하나님께만 마음을 다하고 힘을 다하고 성품을 다하여 사랑하라고 말씀하고 있습니다(마 22:38). 만약 하나님 외에 다른 어떤 신에게 그와 같은 사랑과 봉사를 받치는 것은 우상숭배가 되는 것이며, 하나님을 미워하는 행위가 됩니다. 타종교에서 말하는 신은 여호와 하나님과 대등한 다른 신이 아니고 하나님을 거역하고 타락한 인간이 피조자로서 의존성을 하나님께 찾지 않고 같은 피조물에서 찾아 신이 아닌 것을 거짓으로 꾸며 스스로 만들어낸 인간 이하의 조각품과 우상에 불과한 신입니다.

세상에서 어리석은 일이 있다면 자기가 만든 작품을 섬기며 없는 것을 상상하여 만들어 자기의 주인으로 모시는 것보다 더 어리석음이 어디 있겠습니까?

웨스트민스터 신앙고백 제2장 1절에 "살아 계시고 참되신 하나님은 한 분이시다"고 유일하신 하나님이심을 고백하고 있습니다. 하나님은 유일하신 신이시며, 살아 계시며, 우주의 주인이십니다. 하나님 외에는 모두 인간이 만든 우상입니다.

3. 참되신 참신(神)

하나님의 속성 가운데 전능성이 있습니다. 하나님의 전능성에 대해서 능력의 제한이 아니라 범위의 제한에 대해서 말씀드렸습니다. 범위의 제한에는 "하나님은 자신의 성품과 모순되는 것은 행할 수 없다"고 했습니다. 또 자신을 부정하지 못하며(딤후 2:13), 죄를 범할 수 없으며(약 1:13), 거짓말을 할 수 없는 분이시다(히 6:18)고 했습니다. 하나님은 참되시기 때문에 거짓을 행치 못하십니다.

하나님은 거짓이 없는 진리이십니다. 하나님의 속성 가운데 진실성이 있습니다. 하나님의 본성에 진실이 있습니다. 성경은 "유일하신 참 하나님이다"(요 17:3)고 선언하고 있습니다. 예레미야 10:10에는 "여호와는 참 하나님이시요 사시는 하나님이시요 영원한 왕이시라 그 진노하심이 땅이 진동하며 그 노하심은 열방이 능히 당치 못하느니라" 요한복음 17:3에 "영생은 곧 유일하신 참 하나님과 그의 보내신 자 예수 그리스도를 아는 것이니이다"고 했습니다.

하나님은 참되신 분이시며 거짓이 없으십니다. 다윗은 "야곱의 하나님으로 자기 도움을 삼으며 여호와로 자기 하나님으로 그 소망을 두는 자는 복이 있도다 여호와는 천지와 바다와 그 중의 만물을 지으시며 영원히 진실함을 지키시며"(시 146:5-6)라고 고백하고 있습니다.

하나님은 참되신 분이시기 때문에 그의 모든 약속도 참되십니다. "그런즉 너희는 알라 오직 네 하나님 여호와는 하나님이시요 신실하신 하나님이시라 그를 사랑하고 그 계명을 지키는 자에게는 천대까지 그 언약을 이행하시며 인애를 베푸시되 그를 미워하는 자에게는 당장에 보응하여 멸하시나니 여호와는 자기를 미워하는 자에게 지체하지 아니하시고 당장에 그에게 보응하시느니라"(신 7:9-10)고 했습니다.

하나님은 참되신 분이십니다. 그의 약속도 진실하십니다. 이방종교가 말하는 것처럼 다른 신과 하나님이 대등할 수 없습니다. 그들의 신들은 모두 거짓이며, 헛된 것이며, 인간이 만든 신들이기 때문에 참 신이 아닙니다.

하나님은 인간이 만들어낸 하나님이 아니라 하나님 자신이 친히 계시하신 종교이며 자신이 친히 참되신 하나님이라고 말씀하고 있습니다. 우리가 그 하나님을 마음에 모시고 믿는다는 것은 무한한 영광이며 크나큰 은혜입니다. 우리는 이 은총을 바로 깨달아 참되신 하나님께 영광을 돌리며 그분만을 경배하는 은총이 있기를 축원합니다. 하나님만이 참되신 신이십니다.

4. 살아계신 인격적(人格的)인 신(神)

하나님은 영이란 살아 계신 분이라는 것을 소요리문답 제4문을 통해 배웠습니다. 우상은 죽었고 이방종교가 말하는 신들은 허황된 것이며 인간의 사고에 의해 만들어진 죽은 신들이지만(시 115:3-9) 하나님은 살아 계시는 전지전능하신 인격적인 하나님이십니다(수 3:10, 시 84:2, 마 16:16, 살전 1:9, 히 11:6). 인격이란 자의식, 자기결정, 자기감성을 가졌다는 말입니다.

하나님의 인격에는 지성이 있습니다(창 18:19, 출 3:7, 행 15:18). 감성이 있습니다(창 6:6, 시 103:8-13, 요 3:16). 이성이 있습니다(창 3:15, 시 115:3, 요 3:36). 나아가 말씀하시고(창 1:3), 눈으로 보시고(창 11:5), 귀로 들으시고(시 94:9), 후회(한탄)하시고(창 6:6), 화를 내시며(신 1:37), 질투하시며(출 20:5), 자비를 베푸시며(시 111:4), 만유의 창조자로서(행 14:15, 창 1:1) 보호하시며(느 9:6), 통치하시며(시 75:6-7, 단 4:32), 지탱하시는 분이십니다(시 107:27-30, 마 6:26-30).

인격적인 하나님은 아브라함의 하나님이요, 이삭의 하나님이요, 야곱의 하나님으로서 항상 살아 계시며(마 22:32), 오늘이나 내일이나 영원토록 동일하시며(히 13:8), 영화로우신 하나님이 우리들의 하나님이십니다.

당신은 살아 계시며 인격적인 하나님을 믿습니까? 믿으면 그분에게 모든 것을 맡기고 그분에게만 영광을 돌리십시오 그분만 사랑하십시오.

"나를 사랑하는 자들이 나의 사랑을 입으며 나를 간절히 찾는 자가 나를 만날 것이니라 부귀가 내게 있고 장구한 재물과 의도 그러하니라 내 열매는 금이나 정금보다 나으며 내 소득은 천은보다 나으니라 나는 의로운 길로 행하며 공평한 길 가운데로 다니나니 이는 나를 사랑하는 자로 재물을 얻어서 그 곳간에 채우게 하려함이니라"(잠 8:17-21). 말씀하고 있습니다. 하나님만이 인격적인 신이십니다.

5. 다른 신을 섬기는 것을 용납치 않겠다는 경고의 말씀

6. 하나님만 삶의 제일 자리에 두라.

"너희는 먼저 그의 나라와 그의 의를 구하라 그리하면 이 모든 것을 너희에게 더하시리라"(마 6:33). "그런즉 너희가 먹든지 마시든지 무엇을 하든지 다 하나님의 영광을 위하여 하라"(고전 10:31).

'나 외에'란 바로 모든 것에 최우선적으로 하나님을 두라는 것입니다. 무엇을 하든지 하나님 제일 주의로 하라는 것입니다. 우리의 삶 전체가 하나님 우선주의가 되어야 한다는 것입니다. 하나님 외에 다른 것이 있을 수 없다는 것입니다.

다른 우상이 아니더라도 그 어떤 것도 제일 자리에 있어서는 아니 된다는 것입니다.

8. 다른 신을 섬기는 것을 용납치 않겠다는 경고

신명기 4:35절에 "여호와 하나님이시오 그 외에는 신이 없으며"(고전 8:6, 딤전 2:5, 요 17:3, 렘 10:10). 세상에서 부르는 신들은 인간의 사고 속에서 인간의 필요에 의하여 만들어진 거짓 신들입니다. 제1계명은 하나님만이 유일의 신이라 가르치고 다른 신을 섬기지 말 것을 경고하고 있습니다. 이 신의 자리에는 아무 것도 올 수 없고 오직 하나님만이 유일한 것입니다.

소요리문답 제48문에 "제1계명 중에 '나 외에'란 한 말씀이 우리에게 특별히 교훈하는 것은 만물을 보시는 하나님이(히 4:13) 아무 다른 신을 위하는 죄를 내려다보시고 분하게 여기시는 것이다"했습니다. 하나님은 다른 신을 섬기는 자를 보시고 죄를 다스리겠다는 말씀입니다.

지금도 하나님은 우리를 보고 계십니다. 우리는 항상 하나님의 면전에 있습니다. 해바라기가 바람 이부나 비가오나 밤이 되나 향상 태양을 향하듯이 우리는 하나님께로만 일편단심의 신앙을 가져야 합니다.

하나님의 말씀은 언제나 격려와 경고로 되어 있습니다. 또한 축복과 저주입니다. 하나님의 경고를 무시하는 자는 그만한 대가를 받을 것입니다. 타이타닉호에 대한 영화는 사랑과 정의로 미화되어 있지만 빙산에 대한 경고를 무시한 오만의 산물입니다.

영국은 '타이타닉호'를 세계에서 가장 호화스러운 배로 만들고 '가라앉지 않는 배'를 만들었다고 자랑했습니다. 이 배가 미국을 항해해 갈 때 유럽의 귀족들과 장관들이 많이 타고 밤새도록 무도회를 일소했습니다. 이 배가 대서양 한복판에 도착했을 때 여객선 타이타닉호가 침몰하는 사고가 일어났습니다. 이 사고로 1,516명이 바다에 장사되었습니다. 그러나 이 배는 조금만 주의했더라도 침몰되지 않았을 것입니다. 출발 한지 3일 후에 빙산에 대한 경고 신호가 들어 왔습니다. 그리고 2번 3번째 전문까지 들어 왔으나 무시하고 한 시간 후 4번째 신호가 들어 와도 선장은 "빙산이 있나 잘 살펴보아라" 이것으로 무시했습니다. 다섯 번째 신호가 그날 저녁 9시 30분에 들어왔습니다. 그래도 멈추지 않고 속력만 줄이고 갈 때 밤11시 30분 경고 신호가 왔으나 무시한 후 10분 후에 이 배는 침몰하고 말았습니다. 경고를 무시한 고정 관념이 엄청난 사고를 가져오게 한 것입니다.

우리는 항상 하나님의 경고를 무시하지 말고 경계하고 순종해야 할 것입니다.

결론

하나님 외에는 신이 없습니다.

하나님은 다른 신을 섬기는 자를 보시고 죄를 다스리십니다. 지금도 하나님은 우리를 보고 계십니다. 우리는 항상 하나님의 면전에 있습니다. 당신은 하나님보다 더 사랑하는 것이 없습니까? 성경은 하나님 외에 어떤 신도 인정하지 않으며 하나님 외에 우리의 삶에서 제1자리를 차지하는 것은 하나님은 용납하시지 않습니다.

삶의 제1일자리를 차지하는 것이 신입니다. 제1계명을 그 자리에는 오직 하나님만이 계셔야 한다는 것입니다. 하나님 자리에 자신을 올려놓은 자기우상, 명예, 권력, 직장을 제1일 자리에 두는 사람도 있습니다.

우리는 모든 것을 하나님 입장에서 보고 모든 일에 그 분을 말하고 그의 뜻대로 인도받고 우리의 목표가 그를 영화롭게 하는 것이며 생각과 행실에서 그를 제일로 하고 사업을 하든지 휴식을 취하든지 오락을 하든지 친구와 교제를 할 때도 시간과 재능과 돈을 사용하고 일을 하거나 집안에 있을 때에도 하나님을 제일로 해야 합니다.

우리는 하나님 앞에 다른 신을 두지 말고 오직 성경이 말씀하시는 대로 하나님의 임재를 믿고 전능을 믿고 하나님의 뜻이신 말씀에 의해 매순간 최상의 예배를 하나님께 들이므로 하나님께 영광을 돌리라는 것입니다. 만약 내가 들인 수많은 예배를 하나님이 한 번도 받으신 적이 없다고 한다면 나는 너를 모른다고 한다면(마 7:23). 어떠하겠습니까?

하나님만이 신이십니다. 하나님 그분만 마음의 지성소에 모시고 하나님으로 믿고 일편단심 그분께만 경배해야 합니다. 예배 생활에 승리하는 성도가 되시기를 축원합니다.

당신의 제일 자리에 무엇이 있습니까? 하나님을 제1자리에 두지 않으면 하나님이 살펴보시고 분하게 여기십니다. "나 외에 다른 신을 네게 두지 말라."

할렐루야 아멘.

제2계명(戒名)

출 20:4-6

제 49 문

제2계명이 무엇인가?

답 : 제2계명은 우상을 만들지 말지니 위로 하늘에 있는 것이나 아래로 땅에 있는 것이나 땅 아래 물 속에 있는 것의 형상이든지 만들지 말고 절하지 말고 섬기지 말라 나 여호와 너의 하나님은 진노하시는 신이시니 나를 미워하는 자에게는 아비의 죄를 자손 삼 사대까지 이르게 하고 나를 사랑하며 내 계명을 지키는 자에게는 은혜를 수천 대까지 베풀리라 하신 것이다(출 20:4-6).

제1계명에서는 참예배의 대상은 오직 하나님 한 분이심을 증거하며, 제2계명은 참예배의 방법을 말씀하고 있습니다. 하나님은 하나님 외에 친히 아무 신이나 형상을 상상하거나 가질 수 없다고 선언하십니다. 제2계명은 예배의 대상이 바로 정하여졌을지라도 그 방법이 잘못되면 참된 예배가 될 수 없고 하나님을 모독하는 것이 되기 때문에 참된 예배의 방법을 정하여 주신 것입니다.

로마 가톨릭은 제1계명과 제2계명을 1계명으로 10계명을 둘로 9계명과 10계명을 분리 취급하고 있습니다.

1 : 하나이신 천주를 흠숭하라.   2 : 천주의 이름을 헛되이 부르지 말라.
3 : 주일을 거룩히 지내라.   4 : 부모에게 효도하라.
5 : 사람을 죽이지 말라.   6 : 간음하지 말라.
7 : 도둑질을 하지 말라.   8 : 거짓 증언을 하지 말라.
9 : 남의 아내를 탐내지 말라.   10 : 남의 재물을 탐내지 말라.

제2계명은 우리의 드리는 예배가 우상숭배 혹은 미신적인 또는 의식적인 거짓된 예배로 전락함을 경고함으로써 참된 예배가 무엇인가를 나타내려고 하는 것입니다. 제2계명은 경외의 대상으로 어떤 형상이든지 만들어내는 것을 강력히 금지하고 있습니다. 그 이유는 보이지 아니하시는 하나님에 대한 모독행위이기 때문입니다. 예배는 오직 계명이 요구하시는 대로 마음을 다하고 성품을 다하고 힘을 다해 하나님께 예배하라는 것입니다. 그를 합법적으로 예배하는 일은 미신적인 의식들을 통해서 모독 받기를 원치 않으시기 때문입니다.

육적 예배를 철회하고 그가 친히 제정하신 신령적 예배를 드리라는 것이며, 이것을 벗어나며 제2계명을 범하는 죄가 됩니다. 제2계명은 예배의 방법을 통해 예배의 타락을 경고한 것입니다.

1. 보이지 않는 여호와께 신령적 예배(禮拜)

사람은 무엇인가 보기를 원합니다. 인간의 타락도 보는 것에서 시작된 것입니다. 창세기 3:6 "여자가 그 나무를 본즉 먹음직도 하고 보암직도 하고"라고 기록하고 있습니다. 인간은 무엇이든지 보고 믿고 싶은 것입니다. 그러나 성경은 하나님은 영이(요 4:24)시기 때문에 볼 수가 없습니다(요 1:18, 요일 4:12). 하나님은 모든 물체와 자연 법칙을 초월하신 분이십니다. 하나님은 다른 존재 사물들과 구별되는 독특한 속성을 가지신 영이시기 때문에 인간의 눈으로 볼 수가 없습니다. 인간은 너무 커도 볼 수 없고 너무 적어도 볼 수 없습니다. 또 만질 수도 없습니다. 왜냐하면 영은 비물질이기 때문입니다. 그러므로 볼 수도 없고 만질 수도 없고 저울에 달거나 잴 수도 없습니다.

때문에 하나님을 가시화하는 것은(사 40:18) 제2계명을 범하는 죄입니다. 예수님은 요한복음 4:24에 신령과 진정으로 예배하라고 했습니다. 하나님을 자꾸 보려고 하고 하나님의 형상을 만들려 하는 것이 하나님을 잘 믿어 보려고 하는 동기이지만 그것은 결코 하나님을 기쁘시게 할 수 없습니다. 사무엘상 15:17-23에 사울이 하나님의 말씀을 어기고 하나님께 예배하려는 것과 같습니다. 결국 사울은 그것 때문에 버림받았습니다. 예수님은 도마에게 요한복음 20:29에 보지 못하고 믿는 자들이 복되다고 했습니다. 하나님은 제2계명을 통해 보이지 않는 하나님을 믿고 경배할 것을 요구하십니다. 보고 더 잘 믿어 보려고 하는 것은 불경죄가 됩니다. 아무도 하나님을 볼 수가 없습니다(요 1:18, 요일 4:12).

2. 인격적(人格的) 예배(禮拜)

하나님은 제2계명을 통해 인격적 예배를 요구하십니다. 하나님은 인간을 인격적 존재로 창조하신 것입니다. 인격적이란 지·정·의를 가진 것을 말합니다. 하나님이 원하시는 예배는 형식적인 예배가 아니라 인격적인 예배를 원하십니다. 지적으로 하나님을 바로 알고 만약 예배의 대상인 하나님을 바로 알지 못한다면 우상에 예배할 수도 있습니다. 진정으로 예배하는 자는 하나님을 바로 알고 정적으로 자신이 죄인인 것을 바로 인식하고 하나님께 예배할 수밖에 없는 존재인 것을 깨닫고 의지적으로 기쁨으로 순종하며 즐거움과 감사함으로 예배드려야 한다는 것입니다.

인류의 조상 아담은 타락하기 전 진리로 하나님의 뜻을 알고 거룩으로 도덕적 성결을 가지고 의로 하나님의 뜻을 행할 수 있는 인격적인 존재였습니다. 그는 타락함으로 이 모든 것을 상실하였습니다. 예수님은 십계명의 대강령에서 "마음을 다하고 뜻을 다하고 성품을 다하고 힘을 다하여 하나님을 사랑하며 예배할 것"(마 22:37)을 말씀하고 있습니다. 하나님 자신이 지·정·의를 가지신 인격자이기 때문에 인격적인 예배를 원하십니다. 제2계명은 전 인격적으로 하나님께만 예배하라는 것입니다.

3. 산 예배(禮拜)

하나님은 산 예배를 원하십니다. 의식적이고 외식적인 죽은 예배가 아니라 인격적 예배로 산 예배를 원하십니다. 구약의 모든 예배는(제사) 죽은 제물을 드리는 예배입니다. 신약의 예배는 그리스도로 말미암아 드리는 산 예배입니다. 하나님은 죽은 우상과 같지 않으시며 살아 계시며, 산 자의 하나님이십니다.

"나는 아브라함의 하나님이요 이삭의 하나님이요 야곱의 하나님이로라 하신 것을 읽어보지 못하였느냐 하나님은 죽은 자의 하나님이 아니요 산 자의 하나님이시니라"(마 22:32).

"너희 몸을 하나님이 기뻐하시는 거룩한 산 제사로 드리라 이는 너희의 드릴 영적 예배니라"(롬 12:1).

죽은 예배는 우상에 드리는 예배입니다. 우상은 생명이 없습니다. 하나님은 살아 계시기 때문에 산 예배를 받으십니다. 예수 그리스도를 믿는 자는 산 자입니다. 그리스도의 영이 없는 자는 죽은 자입니다. 하나님은 신령한 예배를 원하시며 인격적 예배를 요구하시고 산 예배를 받으십니다.

4. 축복(祝福)과 경고(警告)

제2계명은 순종하는 자에게 천대까지 축복과 불순종하는 자는 삼 사대까지 형벌을 규정하고 경고하고 있습니다. 축복과 형벌은 복음의 양면성이며 축복과 저주는 율법의 양면성입니다.

순종하는 자에게 축복을 불순종자에게 형벌(신 28:)을 말하며, 제2계명은 부모와 자식과의 관계를 말씀하며 "아비로부터 아들에게로" 관계된 것입니다.

1) 축복의 통로인 부모

"아들은 아비의 죄악을 담당치 아니할 것이요"(겔 18:20)라고 선포하고 있습니다. 계명은 상반되게 저주와 축복을 반복하고 있습니다(민 14:18). 이 상반된 성경을 어떻게 이해해야 합니까? 이는 공의로우신 저주는 악한 자의 머리 위에만 임하는 것이 아니고 그의 전 가족에까지 미친다는 사실을 말하며, 아버지가 더러운 삶을 살면 또 아들은 아버지의 죄 때문에 하나님으로부터 버림받아 결과적으로 손자와 증손자까지 그 후손이 형벌을 받는다는 것입니다. 사무엘하 7:12-17에서 다윗의 믿음 때문에 솔로몬과 그 후손에 축복을 약속하시고 있습니다.

* 경건한 성도와 불신자의 비교
* 독일 "벨만"교수의 통계, "요크라 부인"의 가문(방탕한 몸으로 60세에 사망)

160년간 그 후손은 834명 중, 조사한 수는 709명이었는데, "사생자 190명" "거지 140명" "고아원에서 양육받은 자 64명" "창녀 180명" "징역을 산 죄수 76, 그중 살인자 7명"

* 미국 사회학자 "마틴 칼리카크"교수의 혈통에 관한 보고

청교도 미 프리스톤 대학 총장이며 문필가 "죠나단"의 가문은 200년 동안 "부통령 2명" "선교사, 목사 70명" "상,하의원 30명" 기타 저명인사, 의사, 교수 등을 배출했습니다.

2) 형벌의 대상과 기한

형벌은 여호와를 미워하는 자이며, '미워하는 자' 란 끝까지 회개하지 않고 하나님을 섬기지 않는 자를 말합니다. 그 범죄자의 자손에 삼 사대까지 형벌을 내리십니다.

3) 축복의 대상과 기한

이 계명을 지키는 자에게는 천대까지 축복을 약속하고 있습니다. 제2계명은 악한 자들에게는 공포가 되고 성도에게는 위로의 말씀인 것입니다. 하나님은 질투하는 하나님이라고 말씀하고 있습니다. 이 질투란 하나님의 사랑의 열심을 인간적으로 표현한 것입니다. 질투할 정도로 나를 사랑하십니다. 그리고 나에게 사랑을 요구하십니다. "나의 계명을 지키는 자라야 나를 사랑하는 자니 나를 사랑하는 자는 내 아버지의 사랑을 받을 것이요 나도 그를 사랑하며 그에게 나타내리라"(요 14:21)고 했습니다.

결론

제2계명은 예배의 바른 방법을 가르치고 바른 방법으로 예배하지 않으면 하나님을 모독하는 것이며, 하나님은 합법적 예배를 원하시며 인위적 의식과 형상을 거절하고 하나님 대신 우상에게 예배하는 자는 하나님을 미워하는 자로 간주하여 형벌을 말씀하며 우상을 섬기고 예배하지 않도록 말씀하신 것입니다.

우상숭배는 하나님이 가장 미워하시는 죄입니다. 인간이 우상을 섬긴다는 것은 인간이 인간이기를 포기하는 행위이며 하나님에 대한 도전입니다. 하나님은 참된 예배의 대상인 하나님께 예배를 드리는 자에게 천대까지 축복을 약속하고 거절하는 자에게는 형벌을 경고하고 있습니다. 당신은 하나님만 섬기고 그에게만 예배하십니까? 하나님보다 더 사랑하는 것은 우상입니다. 할렐루야 아멘.

제2계명(戒名)의 명(命)하는 것

출 20:4-6

제 50 문

제2계명이 명하는 것이 무엇인가?

답 : 제2계명에 명하는 것은 하나님이 그 말씀 중에 정하신 종교상 모든 예배와 규례를 받아(마 28:20) 순종하며 깨끗하고 완전하게 지키라는 것이다(신 12:32, 32:46).

하나님을 경배한다는 것은 인간의 최고의 특권이며 축복입니다. 동물이나 기타 모든 피조물은 하나님께 예배드릴 수 없습니다. 오직 인간만이 하나님께 예배를 드리는 것입니다. 그러므로 하나님이 원하시는 예배를 드려야 한다는 것입니다. 오늘까지 우리는 수많은 예배를 드려 왔습니다. 우리가 드린 예배가 진정 하나님이 열납하시는 예배인지 아니면 한 번도 열납되지 않는 예배인지 만약 우리가 드린 예배가 한 번도 열납되지 않으셨다면 당신은 어떠하겠습니까? 예배는 드리는 사람의 결정에 따라 드리는 것이 아니고 예배를 받으시는 분의 뜻을 따라 드려야합니다.

그런데도 우리는 우리의 마음에 드는 예배를 드리기를 원합니다. 우리가 원하는 예배를 드리기 위하여 하나님이 원하지 않는 다른 여러 가지 방법들을 고안하여 의식과 형식을 거창하게 하여 예배를 드리고 예배를 잘 드렸다고 생각하고 있습니다. 진정한 예배는 예배를 받으시는 분이 원하는 예배를 드려야합니다. 하나님이 말씀 중에 정하신 종교상의 모든 규례를 따라 순종하고 완전한 예배를 드려야 합니다.

에덴동산에는 예배가 없었고 생활 그 자체가 예배였습니다. 예배는 타락한 인간을 위해 하나님이 정하신 것으로 예배(제사)를 통해 하나님과 인간이 교제하고 사죄의 은총을 받으며 하나님의 뜻에 순종하기 위한 행위입니다. 우리가 드리는 예배가 신령과 진정으로 드리는 영적 예배가(요 4:24) 되어야 하며 합법적인 예배가 되어야 합니다. 우리는 제2계명을 통해 예배가 인위적으로 형식적으로 흘려 가는 것을 경계하고 하나님 앞에 진정으로 드리는 완전한 예배를 드려야 할 것입니다.

1. 합법적(合法的) 예배(신 12:32, 마 28:20)

어떻게 예배드려야 할 것입니까? 우리는 매일 매주 하나님께 예배를 드립니다. 그 예배가 한 번도 하나님께서 받은 신 적이 없다고 한다면(마 7:23) 당신은 어떠하겠습니까?

참된 예배의 법을 진정 알지 못하면 참된 예배를 드릴 수가 없습니다. 과거, 현재, 미래에도 인간은 인위적으로 예배의 타락을 가져 왔고, 가져올 것입니다. 상황과 여건 때문에 인위적 예배를 여호와 하나님께 드림으로 신성모독의 죄를 범하였습니다. 합법적 예배를 가장하고 미신적 의식과 예전을 만들어 그것들을 동원하여 날조된 인위적 예배를 드려왔습니다(레 10:1-2).

제2계명은 하나님이 규정한 대로 예배를 드리라는 것입니다. 오늘날 교회의 예배의 단순함 때문에 열등의식을 가지는 사람들이 있어 인위적 방법을 사용하여 목사를 위한 특별한 의상, 십자가, 촛불, 교회 안에 제단, 영감 되지 않는 찬송 등 단지 인간의 고안품으로 예배에 도움을 준다고 생각하는 것은 잘못입니다. 이것은 참된 예배에 장애가 될 뿐입니다. 또 구원의 감격도 없는 연예인들에게 신성한 강단을 물려주고 재미있는 프로그램으로 사람을 유혹합니다. 하나님께서는 이런 인위적인 인간 감성에 의지하는 것을 원치 않으시며 이러한 것들은 제2계명을 범하는 죄가 되는 것입니다.

1) 합법적 예배

제2계명은 여호와 하나님의 말씀에 규정된 규례대로 그에게 예배하라는 것입니다. 인위적인 것은 하나님을 모독하는 행위가 되기 때문에 합법적 예배를 원하십니다. 합법적 예배의 요소는 '성경봉독' '시와 찬송' '기도' '강도' '성례' '헌금' 입니다. 하나님은 인간이 고안한 방법에 따라 의식에 따라 예배를 받으시는 분이 아니라 자신이 규정하여 주신 규례대로 법대로 예배하시기를 원하시며 하나님은 영이시기 때문에 예배자가 신령과 진정으로 예배해야 합니다(요 4:24). 인간들이 만든 의식은 사람은 감동할지 몰라도 하나님은 감동하지 않습니다(행 17:24-25).

당신은 지금 어떤 예배를 드리십니까? 내가 감동 받기 위해서 드립니까? 하나님이 받으시고 하나님께 영광 돌리기 위해 드립니까? 우리는 때로 말하기를 예배를 드리는 자와 보는 자가 있다고 말합니다. 여러분은 예배를 드리는 자입니까? 보는 자입니까?. 내가 아무리 감동되었다 하더라도 하나님이 나의 예배를 받지 않으셨다면 그 예배는 참된 예배가 아닙니다. 하나님은 멋진 예배, 웅장한 예배, 장엄한 예배 보다 마음을 다하고 성품을 다하고 힘을 다하여 중심을 드려 하나님의 주신 말씀에 따라 예배하는 자를 칭찬하시고 받으시는 것입니다(창 4:4, 눅 18:9-14).

2) 인위적 예배

예배의 요소는 성경봉독, 시와 찬송, 기도, 강도, 헌금, 성례의 올바른 집행이 예배의 참 요소입니다. 그러나 오늘날 이것이 변질되어 예배의 요소는 일부분에 지나지 않는다고 간주하고 있습니다. 특히 로마 가톨릭이나 루터교회는 다른 견해를 가져 성경이 명하는 예전은 두 가지 뿐인데(세례와 성찬), 그들은 일곱 가지를 가지고 있습니다. 세례(洗禮), 견신(堅信), 성찬(聖餐), 고회(告悔), 결혼(結婚), 종부, 임직(任織), 이것은 인위적 성례전을 가지고 있으며, 성사를 위한 특별한 의상, 십자가, 촛불, 상, 성수, 동자 등 상황에 따라 더 많은 것을 첨가시킬지도 모릅니다.

그들은 하나님이 직접 금하지 않는 것은 무방하다고 합니다. 예를 들면 '바알상'은 성경이 금하기 때문에 사용하면 나쁘지만 마리아 상은 사용하여도 나쁘지 않다고 합니다. 왜냐하면 사용하지 말라고 하지 않았기 때문이라고 합니다. 그러나 성경과 개혁주의 그리스도인들의 답은 "아니요"입니다. 하나님께서는 그가 금지해야 할 모든 목록을 우리에게 주시지 않았기 때문입니다.

하나님이 계명을 주신 목적은 여호와 하나님을 합법적으로 예배하는 일에 미신적인 의식을 통해서 모독받기를 원치 않으시며 우리의 우매한 사상과 미련한 생각을 가지고 날조된 의식적 예배를 철회할 것을 요구하시는 것입니다. 사람은 죄로 타락된 존재이기에 하나님 예배에 대한 방법을 하나님 보다 못하다는 것을 인식해야 할 것입니다. 자신의 무가치함을 깨닫지 못하고 예배의 가치를 더 할 수 있다고 생각하여 창안하고 개조하고 새로운 사상을 도입하고 의식을 만들어 더 멋있는 예배를 드릴 수 있다고 생각하는 것은 잘못입니다. 여호와 하나님은 예배의 의식이 멋있다고 해서, 장엄하다고 해서, 웅장하다고 해서, 그 예배를 받으시는 것이 아닙니다. 하나님은 우리의 의식 속에 계시지 않습니다.

합법적이지 않는 예배를 드리는 것은 여호와를 모독하는 것으로 제2계명을 범하는 죄가 됩니다.

2. 깨끗하고 완전(完全)한 예배(禮拜)

깨끗함은 순수한 것을 말하며 완전은 부족이 없는 것을 말합니다. 하나님은 완전한 예배만을 받으십니다. 구약에 모든 제물은 흠없고 완전한 제물이었습니다. 은혜시대의 예배는 깨끗하고 완전한 예배는 예수 그리스도의 보혈로 정결케 된 예배입니다.

"그리스도께서 장래 좋은 일에 대제사장으로 오사 손으로 짓지 아니한 곧 이 창조에 속하지 아니한 더 크고 온전한 장막으로 말미암아 염소와 송아지의 피로 아니하고 오직 자기 피로 영원한 속죄를 이루사 단번에 성소에 들어가셨느니라"(히 9:11-12). 또 "우리가 예수 그리스도의 피를 힘입어 성소에 들어갈 담력을 얻었나니 그 길은 우리를 위하여 휘장 가운데로 열어 놓으신 새롭고 산 길이요 휘장은 곧 저의 육체니라"(히 10:19-20).

예수 그리스도의 보혈로 깨끗하고 완전한 예배를 드릴 수 있습니다.

"하나님은 영이시니 예배하는 자가 신령과 진정으로 예배할지니라"(요 4:24).

"너희 몸을 하나님이 기뻐하시는 산 제사로 드리라 이는 너희의 드릴 영적 예배니라" (롬 12:1).

신령과 진정으로 산 예배를 드려야 완전한 예배입니다. 부정한 예배는 하나님이 거절하십니다. 하나님은 믿음이 없는 가인의 예배를 거절하시고 믿음으로 드린 아벨의 예배를 열납하신 것입니다(히 11:4). 가인은 자신이 원하는 예배를 드렸고, 아벨은 하나님이 원하시는 완전한 예배를 드린 것입니다. 깨끗하고 완전한 예배의 형식은 기도와 찬송과 말씀과 성례입니다.

참된 교회는 언제나 정당한 말씀의 선포와 정당한 성례의 집행과 정당한 권징이 시행되는 교회가 하나님이 원하시는 교회입니다. 그리고 아무리 바른 형식과 규례를 갖추었다 하더라도 그 대상이 우상에게 드렸다면 완전한 예배가 아닙니다. 이 예배는 하나님이 미워하시는 예배입니다. 하나님이 미워하시는 예배는 삼 사대까지 죄를 물으시는 예배입니다. 그러나 완전한 예배를 드릴 때 천대까지 축복을 약속 받습니다.

성도의 삶의 최대의 관심사는 예배이어야 합니다. 예배 생활에 실패하면 모든 것이 실패를 가져오기 때문입니다. 시편기자는 하나님께 예배하는 한 날이 세상에서의 천날보다 낫다고 고백하고 있습니다(시 84:10). 하나님은 온전한 예배를 원하십니다. 당신은 예배 때마다 온전한 예배를 드립니까?

결론

제2계명이 명하신 것은 하나님이 그 말씀 중에 정하신 종교상 모든 규례를 받아 순종하며 깨끗하고 완전하게 예배하시기를 원하십니다. 우상에 대한 예배는 하나님이 제일 미워하시는 예배입니다. 우리는 전인적으로 마음과 뜻과 정성을 다하여 예수 그리스도의 구속의 은총에 감사하며, 신령과 진정으로 산 제사를 드리는 삶이 있기를 축원합니다.

예배 생활의 승리는 천대까지의 축복을 주시고 예배 생활의 실패는 삼 사대까지 죄를 물으시는 형벌이 있습니다. 당신은 완전한 예배를 드리고 있습니까? 당신이 속한 교회는 합법적이고 깨끗하고 완전한 예배를 드리고 있습니까? 할렐루야 아멘.

제2계명의 금(禁)하는 것

신 4:15-24, 고전 10:19-22

제 51 문

제2계명이 금하는 것이 무엇인가?

답 : 제2계명에 금하는 것은 우상으로 하나님을 경배하거나(신 4:11-18) 하나님의 말씀에 정하지 아니한 어떤 다른 방법으로 하는 것이다(신 12:30-32, 행 17:29).

제2계명은 예배의 바른 방법을 명하며 대신 잘못된 방법을 금하고 있습니다. 이 계명을 지킬 이유는 하나님만이 홀로 예배를 받으셔야 하기 때문입니다. 이 세상에 인간보다 더 나은 존재가 있다면 하나님은 그것을 통해서 예배를 받으시고 그것을 통해서 영광을 받으실 것입니다. 이 세상에는 인간보다 더 나은 존재는 없습니다(창 1:31, 시 8:5). 사람이 우상을 섬긴다는 것은 어떤 의미로 인간이기를 포기한 행동이라고 할 수 있습니다.

성경은 사람은 한 하나님만 섬기라고 가르치고 있습니다. 예레미야는 우상을 섬기는 자와 우상에 대하여 "모든 사람마다 우둔하고 무식 하도다……이는 그의 부어 만든 형상은 거짓 것이요 그 속에는 생기가 없음이라"(렘 10:4)고 말하고 있습니다. 또 바울은 "하나님은 금이나 은이나 돌에다 사람의 기술과 고안으로 새긴 것들과 같이 여길 것이 아니니라"고 했습니다. 인간은 형상을 만들어도 아니되고(신 4:16-19) 형상에 절을 해도 안됩니다. 인간이 우상을 섬기거나 만드는 것은 죄입니다. 나아가 잘못된 예배는 우상입니다. 그러면 우상이 무엇일까요?

1. 우상(偶像)의 정의(定義)

'우상'이란 히브리어로 '쎄멜' '치르' '길룰'로 여러 가지 신앙의 대상을 가리킬 때는 신상을 의미하지만 신앙의 대상이 되는 초자연적인 것을 상징하는 물건에 대해서도 역시 우상이라는 말을 사용하고 있습니다. 국어사전에 '우상'은 '나무, 돌, 쇳물 따위로 만든 형상'이라고 하며, 또 '형태가 없는 신, 불 등을 형상으로 나타내는 것'이며, 우상은 형상을 말합니다.

"대요리문답 제109문에 우상은 하나님의 삼위나 그 중 어느 한 위의 형상이라도 내적으로 우리 마음속에 가지든지 외적으로 피조물의 어떤 형상이나 모양으로 만든 것이며, 이 형상이나 이 형상 안에서 이것에 의해 하나님을 예배하는 모든 일이며, 거짓 신들의 형상을 만들고 그들을 예배하며 섬기는 것"이라고 했습니다. 다시 말하면 하나님의 형상을 생각하는 것도 우상이란 말입니다.

1) 하나님 보다 더 사랑하는 것을 의미

에베소서 5:5에 탐하는 자를 우상숭배자라 했으며, 골로새서 3:5에도 탐심은 우상숭배라고 했습니다. 사람이 마음에 탐심을 품게 되면 나를 지배하는 강력한 나의 삶의 주인은 탐심 그 자체가 되고 하나님은 주인의 자리에서 밀려나고 탐심이 하나님을 대신하게 됩니다. 우상은 하나님보다 더 사랑하는 것을 말합니다. 마음을 다하고 뜻을 다하고 목숨을 다하여 하나님만 사랑해야 합니다.

2) 예배의 수단이 목적으로 변질된 것을 의미

처음부터 우상이 된 것이 아니라 처음에는 하나님을 잘 나타내려고 하나님을 표현하는 수단으로 사용되어 집니다. 그것이 점차 경배의 대상의 목적 그 자체가 되면 우상입니다.

민수기 21:9에 놋뱀을 쳐다보는 자는 살았습니다. 이것이 열왕기하 18:4에는 분향하고 예배함으로 그것이 우상이 되어버린 것입니다. 우리는 진리를 가르치기 위한 도구로 영광을 나타내기 위한 예술품을 만들 수 있습니다. 그러나 이것이 우상이 되지 않도록 유의해야 합니다.

3) 살아 계신 하나님을 대신하는 것을 의미

신을 만들어 하나님을 대신하여 경배하는 것입니다(시 115:4-7). 아론과 이스라엘은 금송아지를 만들어 하나님을 대신하려 했습니다.

4) 이기심에 뿌리박고 있는 허상을 의미

내가 무엇을 통해서 그것을 얻을 수 있을까 하는 인간이 상상한 허상이 우상입니다. 자기중심의 산물입니다.

5) 우상은 인간이 인간이기를 거절한 것을 의미

인간은 하나님의 형상으로 지음을 받았습니다. 만물을 다스리며 관리하면 경영하여야 함에도 불구하고 그 권리와 의무를 포기하고 우상을 만들어 경배하는 것을 말합니다.

2. 우상(偶像)의 종류(種類)

1) 유형적 우상(형상이 있는 것)

(1) 위로 하늘에 있는 것(신4:19) : 일월성신, 천사 같은 것.

(2) 땅에 있는 것(신 4:16-17) : 사람, 동물, 날 짐승, 곤충, 식물, 무생물, 등 여러 형상.
(3) 땅 아래 물 속에 있는 것(신 4:18) : 물고기 및 어떤 물체.
(4) 신을 빙자한 모든 것: 동상, 초상, 상상화.

2) 무형적 우상(형상이 없는 것)

유형적 우상이란 형상이 있는 것이라고 하면 무형적 우상은 형상이 없는 것을 말합니다. ① 탐심(엡 5:5, 골 3:5), ② 불순종(삼상 15:22-23), ③ 귀신(행 8:9, 16:16), ④ 마귀(요일 4:1), ⑤ 상상 속의 인물(외계인), 유형적 우상보다 무형적 우상이 더 무서운 죄가 됩니다. 이 무형적 우상을 통해서 유형적 우상이 나오기 때문입니다.

3) 기독교적 우상

기독교적 우상은 처음부터 우상이 된 것이 아니라 하나님을 잘 섬기고 잘 믿어 보려는 데서부터 출발한 것입니다.

(1) 화상(和尙) 숭배(崇拜)

예수님의 얼굴 그림이 전래한 것으로 주후 440년경의 것으로 예배의 목적으로 사용하였습니다. 그후 6세기에는 성당 내에 거는 것 외에 집집마다 소장케 하였고, 그후 수염이 생기고 후광을 넣게 되었습니다.

(2) 성자(聖子) 숭배(崇拜)

성자의 예배는 순교자를 존중히 여기는 사상에서 그 묘역에서 예배를 드리며 그곳에 회당을 건축하고 순교자의 유품을 담아두는 풍습이 생기고 기도시에 순교자를 불러 돕기를 구하고 점차 인류의 수호자로 생각하게 되었고, 그들의 유골, 용구, 형구 등을 존중하고 병을 낫게 하는 힘이 있다고 생각하였으며, 그후 순교치 않는 성자도 숭배하는 일이 생겨났습니다. 성자의 호칭은 주후 800-940년에 일어났고, 당시 십자군은 성자를 숭배하는 풍습을 성행케 하는 기회가 되었습니다.

(3) 성모(聖母) 숭배(崇拜)

성자의 최상이 되시는 분은 마리아입니다. 마리아가 예수님을 낳은 다음에 다른 자녀를 낳았다고 믿었습니다. 그러나 '에피파네' 때에는 그런 생각은 이단이라고 했고, 영원처녀설을 주장하고 마리아는 인류 구원을 위해 유익한 자로 여기고 암브로시오는 성모라고 칭하였습니다. "자는 모에게 묻고 부는 자에게서 듣는다" 죄인을 위하여 베푸신 이 계단이야말로 우리의 소망을 완전케 하는 것이라고 하며 마리아 숭배형식을 정한 자 중 유력한 사람은 베드로 다비안(1007-1072)입니다. 염주는 아베마리아 이름을 부르는 회수를 셈하기 위하여 사용하게 되었습니다.

(4) 천사(天使) 숭배(崇拜)

그노시스주의자들이 천사에게 예배하였습니다. 골로새서가 기록된 주요한 이유 중의 하나는 천사예배 문제 때문이었습니다. 골로새서 2:18, "누구든지 일부러 겸손함과 천사 숭배함을 인하여 너희 상을 빼앗지 못하게 하라 저가 그 본 것을 의지하여 그 육체의 마음을 좇아 헛되이 과장하고"라고 천사 숭배를 경고했습니다.

* 그노스시스주의는 헬라어 "그노시스" 지식, 깨달음, 영지 등이란 말에서 비롯된 하나의 철학적 종교운동의 명칭인데 일찍부터 그리스도교에 이 사상이 침투했습니다.

4) 이교적 우상
(1) 불교, 기타 인간 중심의 종교,
(2) 제사(고전 10:19-22), 조상을 숭배하는 제사는 이교적 우상입니다.

3. 형상(形象)을 만들지 말라.

많은 사람들이 형상과 모양에는 차이가 있다고 합니다. 계명은 그 차이를 두지 않습니다. 어떤 형상이든지 모양을 만드는 것을 금하시며 보이는 형상뿐만 아니라 보이지 않는 마음속에 상상하는 형상마저도 하나님은 금지하고 있습니다. 성자를 숭배하고 화상을 그리고 조각하는 것은 아주 잘못된 것이며, 예수님의 실제가 어떻게 생기는지도 모르면서 상상하여 그림을 그린 것으로 예수님이라고 믿고 생각한다면 제2계명을 범하는 죄가 되는 것입니다. 동기가 아무리 좋다고 할지라도 그 과정이 잘못 되었다면 그것을 버리고 회개하고 말씀으로 돌아서야 합니다. 특히 마리아를 경배하는 것은 큰 죄가 됩니다.

우리는 위로 하늘에 있는 것이나(신 4:19), 땅에 있는 것이나(신 4:16-17), 땅아래 물 속에 있는 것이나(신 4:18), 우리들 마음속에 상상 속에 있는 것이라도 하나님을 빙자한 모든 형상과 초상과 조각들을 배격하고 유형적이든지 무형적이든지 하나님 앞에 아무것도 만들어 놓아서는 아니 될 것입니다. 단, 이 모든 것을 부정하지만 예술품으로서 가치마저 부정하지는 않습니다. 이것에 예술품 이상의 가치를 부여한다면 제2계명을 범하는 죄가 됩니다. 우상을 통해 하나님을 더 잘 섬길 수 있다는 인식을 버려야 하며 우상에 절하는 자는 하나님의 진노를 바로 알아야 할 것입니다.

인간을 사랑하시는 하나님께 진노의 목표가 있다면 바로 우상입니다.

4. 현대(現代)인의 우상(偶像)

1) 자기 자신을 우상으로 섬김

인간의 욕망 속에는 신이 되고 싶은 욕망과 짐승이 되고 싶은 욕망이 있습니다. 인간은 하나님 중심으로 살아야 하는데 자기 중심으로 사는 것이 자기 우상화입니다(딤후 3:2).

2) 쾌락을 우상으로 섬김 : 먹고 마시고 즐기는 인생(딤후 3:4)

3) 명예와 권력을 우상으로 섬김(행 12:22-23)

4) 황금을 우상으로 섬김(딤후 3:2)

바울은 "데마는 이 세상을 사랑하여 나를 버리고 데살로니가에 갔다"(딤후 4:10)고 하였습니다. 현대인의 우상은 바로 세상을 사랑하는 데서 오는 것들입니다. 우상은 하나님보다 더 사랑하는 것이 우상입니다. 당신은 지금 무엇을 하나님보다 더 사랑합니까? 당신의 사랑하는 것 때문에 하나님의 질투를 불러 일으키지 마십시오. 우상은 실체이신 하나님을 보지 못하게 합니다.

인간은 무엇으로도 하나님을 대신할 수 없습니다. 보이는 것이든지 보이지 않는 것이든지 마음 속에 있는 것이든지 하나님을 대신할 수 없습니다.

결론

제2계명이 금지하는 비성경적 예배는 바로 우상숭배인 것을 가르치고 있습니다. 하나님께 예배하는 것은 자신의 필요에 의해서 섬기는 것이 아니고 하나님이 원하시는 대로 섬겨야 한다는 것입니다. 그리고 우상은 무형적이든지 유형적이든지 만들어서는 아니되며, 오직 우리 마음속에 그만이 마음에 왕자에 계시기를 원하십니다.

우리의 마음의 지성소에 주님만 계시게 하여야 합니다. 나는 주님만 사랑합니다. 내 관심의 전부는 예수, 삶의 전부도 예수, 그분만이 나의 경배와 예배를 받으실 분이시며, 세상에 그 무엇으로도 비교할 수 없습니다. 당신의 우상은 무엇입니까? 할렐루야 아멘.

제2계명을 지킬 이유(理由)

시 100:1-5

제 52 문

제2계명이 지키라 한 이유가 무엇인가?

답 : 제2계명에 지키라한 이유는 하나님이 우리의 주제가 되시며(시 45:11), 우리의 소유주가 되시며, 홀로 자기에게만 경배하는 것을 바라시는 것이다(출 34:14).

하나님께 드리는 예배는 우리의 필요에 의해서 드리는 것이 아니고 하나님의 요구이며, 명령에 합당한 예배를 드려야 합니다. 예배는 예배를 받으시는 분이 원하시는 합당한 예배를 드려야 합니다. 나의 필요에 의한 예배는 참된 예배라 할 수 없습니다.

제2계명을 지킬 이유는 하나님만이 주제가 되고 주인이 되시고 하나님만이 유일하게 예배를 받아야 하기 때문에 지켜야 하며, 만약 참된 예배를 드리지 않으면 하나님은 진노하사 미워하시고 자손의 삼 사대까지 죄를 물으시기 때문입니다. 참된 예배를 드리는 자에게는 천대까지 축복을 주시기 때문입니다. 제2계명을 지킬 이유는?

1. 하나님은 우리의 주제(主題)

주제란 말은 우주의 근본이 되신다는 말입니다. 하나님은 만물의 근본이시며 중심이시기 때문에 하나님만이 예배를 받아야 하는 것입니다. 우주의 근본이신 하나님께 예배해야 할 인간이 우상에게 예배를 드린다면 하나님을 무시하는 것입니다. 인간은 우리의 주제이신 하나님의 뜻을 따라 순종하고 복종하는 것은 너무나 당연한 것입니다. 인류의 조상 아담은 이 진리를 망각하고 하나님께 불순종하므로 타락하여 죄의 비참에 빠지게 되었고 하나님 중심의 삶에서 나중심의 삶으로 변화되고 하나님을 예배하는 것이 아니라 우상을 예배하는 자로 전락한 것입니다. 하나님은 말씀으로 삼라만상을 창조하신 우주의 주인이십니다. "우리가 감사함으로 그 앞에 나아가며 서로 그를 향하여 즐거이 부르자 대저 여호와는 크신 하나님이시오 모든 신위에 크신 왕이로다"(시 95:2-3).

하나님은 우리의 왕이시며 창조자이시기 때문에 그분만이 예배를 받아야함으로 우상에게 예배하는 자는 우주의 근본을 모르는 배은망덕한 자입니다. 하나님은 우리의 주제이십니다.

2. 하나님은 우리의 소유주(所有主)

소유란 자기 것으로 가지는 것을 말하며, 소유주란 소유권을 가진 자를 말합니다. 하나님은 우리의 소유주이십니다. "야곱아 너를 창조하신 여호와께서 이제 말씀하시느니라 이스라엘아 너를 조성하신 자가 이제 말씀하시느니라 너는 두려워말라 내가 너를 구속하였고 내가 너를 지명하여 불렀나니 너는 내것이라"(사 43:1). "여호와가 우리 하나님이신 줄을 너희는 알지어다 그는 우리를 지으신 자시요 우리는 그의 것이니 그의 백성이요 그의 기르시는 양이로다"(시 100:3).

성경은 우리는 바로 하나님의 것이라고 말씀하시고 하나님은 우리의 소유주이십니다. 하나님은 우리의 주인으로서 예배를 받으시기를 원하십니다. 인간은 주인을 모르고 우상에게 예배를 드리고 있습니다. "하늘이여 들으라 땅이여 귀를 기울이라 여호와께서 말씀하시기를 내가 자식을 양육하였거늘 그들이 나를 거역하였도다. 소는 그 임자를 알고 나귀는 주인의 구유를 알건마는 이스라엘은 알지 못하고 나의 백성은 깨닫지 못하는도다"(사 1:2-3)고 말씀하고 있습니다.

거짓된 예배의 행위는 짐승보다 못한 행위입니다. 소와 짐승은 우상을 절대 섬기지 않습니다. 소와 짐승은 절대 주인을 배신하지 않습니다. 하나님은 우리의 주인이십니다. 우리는 우리의 주인이 원하시는 데로 순종하고 복종해야 합니다. 우리는 진정 주님이 주인이신 것을 알고 바로 믿을 때 하나님의 축복을 받을 수 있습니다. 당신의 마음의 왕자에는 누가 앉아 있습니까? 당신의 주인은 누구십니까?

3. 홀로 경배(敬拜)를 요구(要求)

하나님은 모든 인간이 자기에게만 경배하시기를 열망하십니다. 이것은 자기를 위해서가 아니라 인간을 사랑하시는 사랑에서 인간을 위해서입니다.

다른 것을 경배하면 인간이 인간이기를 포기하는 것이요, 하나님을 배반하는 것이기 때문입니다. 하나님은 배반하고 우상에 예배할 때 자손의 삼 사대까지 형벌이 있기 때문입니다.

인간의 진정한 행복은 하나님을 바로 섬기고 그에게 예배드릴 때 행복할 수 있습니다. 인간은 만물의 왕관으로 창조되었고 하나님의 형상으로 창조되었는데 피조물을 예배의 대상으로 삼는다는 것은 있을 수 없는 일입니다. 천상하지에 예배를 받으실 분은 하나님 한 분 뿐이십니다. 하나님만이 우리의 주재요, 우리의 주인이시요, 참 신이시기 때문입니다.

4. 하나님의 질투(嫉妬)와 축복(祝福)

하나님은 질투하시는 하나님이십니다(출 34:14). 질투하는 하나님이란 뜻은 당신의 영광을 절대로 빼앗기지 아니하며(사 42:8), 하나님의 자녀들이 우상을 섬기는 것을 절대 용납하지 않으신다는 강한 뜻을 가지고 있습니다.

왓손은 "진노의 신"이란 말을 두 가지로 해석하였습니다. 첫째: 좋은 뜻으로 "자기 백성을 위한" 질투하시는 하나님이라 했습니다. "너는 외쳐 이르기를 만군의 여호와의 말씀에 내가 예루살렘을 위하여 시온을 위하여 크게 질투하며"(슥 1:14)라고 말씀하십니다. 하나님이 자기 백성을 위해 질투하심은 당신의 백성이 결단코 다른 것에 눈을 돌리는 것을 허용하지 않으신다는 것입니다. 둘째: 나쁜 뜻으로 "자기 백성 때문에" 질투입니다. 이 질투는 모욕당한 주권과 사랑에 대한 아픔이요, 그로 인한 진노입니다.

사랑하는 자가 다른 사람을 보고 다닌다면 "다른 남자를 사귀지 말라"고 하지 않겠습니까? 성도는 하나님과 혼인한 부부의 관계로 되여 있기 때문에 성도가 우상을 섬기며 우상에 예배한다면 하나님은 노하시고 질투하신다는 것입니다. 하나님은 독생성자 외아들까지 주시고 우리를 사랑하시는 사랑이시기 때문에 그 질투는 대단하십니다.

1) 형벌의 기간

삼 사대까지 이르게 한다고 말씀하십니다. 우상숭배는 바로 하나님을 미워하는 것이기 때문입니다.

2) 축복의 기간

하나님을 사랑하는 자에게는 천대까지 축복하시는 것입니다.

질투하시는 하나님은 그를 사랑하는 자에게는 천대까지 복을 주시고 그를 미워하고 우상을 섬기는 자에게는 삼 사대까지 벌을 주시는 것입니다. 그러기 때문에 제2계명을 반드시 지켜야 합니다. "나 여호와 너희 하나님은 질투하는 하나님인즉 나를 미워하는 자의 죄를 갚되 아비로부터 아들에게로 삼 사대까지 이르게 하거니와 나를 사랑하고 내 계명을 지키는 자에게는 천대까지 은혜를 베푸느니라"고 말씀합니다.

결론

하나님은 우주의 주재이시고 우리의 주인이십니다. 우주의 주재시며 우리의 주인이신 하나님은 우리에게 홀로 예배를 받으시기를 원하십니다. 홀로 예배를 받으시기를 원하시는 하나님께 예배하지 않고 우상을 섬기는 자는 하나님을 미워하는 자로 여겨 삼 사대까지 죄의 벌을 물으시고 하나님을 사랑하고 하나님께만 예배하는 자는 천대까지 은혜를 주십니다. 이것이 바로 우리가 제2계명을 지킬 이유입니다. 당신은 제2계명을 지킬 이유를 바로 인식하고 있습니까? 할렐루야 아멘.

제3계명(戒名)

출 20:7, 시 29:2

제 53 문

제3계명이 무엇인가?

답 : 제3계명은 너희 하나님 여호와의 이름을 망령되이 일컫지 말라. 여호와의 이름을 망령되이 일컫는 자를 죄 없다 아니하리라 하신 것이다(출 20:7).

제1계명은 예배의 대상을 가르치고, 제2계명은 예배의 방법을 말씀하시고, 제3계명은 예배자가 어떠한 태도와 정신으로 예배해야 하는 가를 말씀하고 있습니다.

거짓된 신을 예배하거나 그릇된 방법으로 참 하나님께 예배하는 것이 잘못이듯이 진실한 마음 없이 바른 대상과 바른 방법만으로 참 하나님께 예배드리는 것은 소용없는 일입니다.

여호수아 24:14에 "그러므로 이제는 여호와를 경외하며 성실과 진심으로 그를 섬길 것이라"고 했습니다. 또 요한복음 4:23에 "아버지께 참으로 예배하는 자들은 신령과 진정으로 예배할 때가 오나니 곧 이때라 아버지께서 이렇게 자기에게 예배하는 자들을 찾으시느니라"고 했습니다. 하나님께 예배하는 자는 그 행동의식만이 아니라 언어와 태도도 삼가며, 하나님에 대한 경건과 성심을 가져야 하는 것입니다.

예배란 형식을 갖추는 것도 중요하지만 더 중요한 것은 태도와 정신이 더 중요한 것이며 생활전부가 예배가 되어야 합니다. 하나님을 모독하고 망령되이 하면서 참된 예배를 드릴 수가 없습니다.

1. 제3계명의 목적(目的)

참 예배의 태도와 정신을 말씀하며 우리로 하여금 그의 이름의 존엄성은 신성불가침이라는 것을 인식시키고자 하는데 있습니다.

우리가 여호와 하나님의 이름을 멸시하거나 불경 되게 사용하므로서 여호와 하나님의 이름을 모독해서는 안된다는 것입니다. 우리는 여호와의 이름을 경건된 경외심을 가지고 열심히 조심스럽게 높여야 하며 마음으로나 말에나 행동에 있어 경외심과 극히 신중함이 없이는 하나님과 그의 오묘함에 관하여 일체의 생각이나 말을 하지 말아야 하며 하나님의 대한 경외와 존경심 외에는 일체의 생각조차 하지 말아야 할 것을 말씀하고 있습니다.

1) 하나님에 관하여 우리 정신이 무엇을 생각하든지 무엇을 말하든지 그의 신성한 이름에 영광을 돌려야 한다.

2) 하나님에 대한 일체가 난폭하게 왜곡되게 남용하여 자신의 야심이나 탐심 오락에 남용되어서는 아니되며, 언제나 존경과 귀중히 여김을 받아야 한다는 것이다.

3) 비천한 인간들이 하나님을 대적하며 모욕적으로 부르고 상습적으로 하나님의 사역들을 우롱하고 비방하는 따위를 해서는 아니되며, 그가 하시는 모든 일에 찬양과 감사를 드려야 한다는 것이다.

4) 지존하신 하나님만 존경하고 경외하여야 한다.

이것은 우리의 삶이나 행동이나 생각까지를 포함하고 있습니다.

2. 하나님만 존경(尊敬)

하나님을 존경하지 않고는 참된 예배가 있을 수 없습니다. 대상을 알고 예배의 태도가 좋아도 그 정신이 바르지 못하면 참된 예배는 아닙니다.

하나님을 마음과 뜻과 정성을 다하여 존경하고 신뢰하는 자만이 참된 예배를 드릴 수가 있습니다. 제1계명은 예배의 대상이 누구 신가를 말씀하시고, 제2계명은 예배의 방법을 말씀하시고, 제3계명은 예배의 정신을 말씀하고 있습니다.

우리 속담에 '비둘기 몸은 나무 위에 있지만 마음은 콩밭에 있다'는 말이 있습니다. 아무리 좋은 환경과 방법과 대상이 바로 있다 하더라도 가룟 유다처럼 바른 정신과 태도로 예배하지 않는다면 우리가 아무리 많은 예배를 드렸다 하더라도 하나님은 한 번도 받지 않으실 것입니다.

사울은 하나님께 드리기 위해서 하나님의 명령을 어기고 소와 양들을 잡아왔다 했습니다. 그러나 사무엘은 순종이 제사보다 낫다고 했습니다(삼상 15:1-23). 존경과 믿음이 없는 가인의 예배를 하나님은 받지 않았습니다(히 11:5).

이름은 인격을 표시하는 것입니다. 요한복음 4:24에 "하나님은 영이시니 예배하는 자가 신령과 진정으로 예배할지니라"고 말씀하고 있습니다.

서머나 교회의 감독 폴리갑은 화형장에서 예수님을 부인하면 살려주겠다고 할 때 "주님은 80평생 나를 한 번도 모른다고 하지 않았는데 내가 어찌 예수님을 모른다고 하고 살겠느냐"하고 타오르는 불길속에서 순교하였습니다. 그는 예수님을 너무나 사랑하고 존경했기 때문에 그의 이름을 자신이 살기 위해 망령되이 부를 수가 없었습니다.

제3계명은 바로 하나님을 존경하라는 것입니다. 하나님을 존경하는 자만이 참된 예배를 드릴 수 있기 때문입니다.

3. 언어(言語)의 성별(聖別)

하나님은 심판 날에 말과 행위를 심판하신다고 했습니다. "내가 너희에게 이르노니 사람이 무슨 무익한 말을 하든지 심판 날에 이에 대하여 심문을 받으리니 네 말로 의롭다 함을 받고 네 말로 정죄함을 받으리라"(마 12:36-37).

"선한 사람은 그 쌓은 선에서 선한 것을 내고 악한 사람은 그 쌓은 악에서 악한 것을 내느니라"(마 12:35) 말씀하고 있습니다.

하나님이 말씀으로 천지를 창조하셨습니다. 하나님께서는 인간에게 말에 권위를 주었습니다(창 2:19). 말의 권위는 만물을 다스리고 아름답게 하며 인간과 인간 사이에 사랑을 노래하면 하나님을 영화롭게 하기 위하여 주신 것입니다. 인간이 타락함으로 언어의 타락을 가져왔고 언어의 타락은 언어의 폭력을 가져온 것입니다.

예수님은 산상보훈에서 비판을 받지 아니하려거든 비판하지 말라고 했습니다(마 7:1). 구약성경에 시므이는 다윗을 저주했습니다(삼하 16:5-14). 그후 그는 솔로몬에게 죽임을 당했습니다(왕상 2:46). 이유는 다윗을 저주한 것 때문입니다. 하나님의 기름 부어 세운 종을 저주한다는 것은 하나님을 향한 저주와 같습니다.

사울의 신하 에돔 사람 도액이 말 한마디를 잘못함으로 제사장 85명이 죽은 비참한 결과를 가져 왔습니다(삼상 22:18-19).

산헤드린 왕은 신하 랍사게를 통해 이스라엘에게 언어의 폭력을 사용하다가(왕하 18:17-) 패전하고 고향에 돌아가 죽고 말았습니다.

하나님은 제3계명을 통해 언어를 절제하도록 하고 있습니다. 사람에 대한 언어의 폭력도 심판하시거늘 하나님에 대한 언어의 망령은 "죄없다 아니 하리라"고 말씀하고 있습니다. 우리는 시편 기자가 고백한 것처럼 "내 입 앞에 파숫군을 세우시고 내 입술의 문을 지키소서 내 마음이 악한 일에 기울어 죄악을 행하는 자와 함께 악을 행치 말게 하시며 저희의 진수를 먹지 말게 하소서"(시 141:3-4).

우리는 우리의 입 앞에 항상 파숫군을 세우고 하나님 앞에나 사람 앞에 말을 조심해야 합니다. "나를 원망하는 이 악한 회중을 내가 어느 때까지 참으랴 이스라엘 자손이 나를 향하여 원망하는 말을 내가 들었노라 그들에게 이르기를 여호와의 말씀에 나의 삶을 가리켜 맹세하노라 너희 말이 내 귀에 들리는 대로 내가 너희에게 행하리니 너희는 광야에서 죽고 여분네의 아들 갈렙과 눈의 아들 여호수아는 내가 네게 맹세하여 너희로 거하게 하리라 하신 한 땅에 들어가려니와 그 외에 너희는 그 땅에 결단코 들어가지 못하고 광야에서 40년동안 유리하다가 시체가 되리라"(민 14:27-35).

잠언 기자가 고백한 것처럼 사람이 말의 열매로 살리라고 한 것처럼 저들은 말한 대로 광야에서 죽었습니다.

하나님을 원망하는 말, 하나님의 능력을 시험하는 말, 하나님을 부정하는 말, 하나님을 미워하는 말, 하나님을 모독하는 말, 하나님을 무시하는 말, 하나님에게 책임을 전가시키는 말, 이 모든 말은 하나님께서 보시고 죄없다 하지 않을 것입니다.

죄 없다 하지 않는다는 말은 분명히 하나님이 그 죄에 대해서 심판하신다는 것입니다. 하나님은 말로 심판하십니다(마 12:36-3). 사람이 무엇을 심든지 그대로 거둡니다(갈 6:7).

"음행과 온갖 더러운 것과 탐욕은 너희 중에서 그 이름이라도 부르지 말라 이는 성도의 마땅한 바니라 누추함과 어리석은 말이나 회롱의 말이 마땅치 아니하니 돌이켜 감사하는 말을 하라……빛의 열매는 모든 착함과 의로움과 진실함에 있느니라 주께서 기쁘시게 할 것이 무엇인가 시험하여 보라"(엡 5:3-10).

모든 더러운 말은 하나님을 망령되게 하는 것입니다. 우리는 성경이 말씀하시는 대로 착함과 의로움과 진실함으로 하나님을 기쁘시게 하는 감사하는 말을 해야 할 것입니다. 우리의 삶 속에 감사로 채우십시다. 사랑하는 말로 채우십시다. 용기를 주는 말로 채우십시다. 희망을 주는 말로 가득 차게 합시다. 긍정적인 말로 채우십시다.

결론

제3계명은 예배의 대상을 바로 알고 바른 예배의 방법을 통하여 바른 예배의 정신으로 하나님 앞에 예배을 드리라는 것입니다.

그러기 위해서는 여호와 하나님은 마음을 다하고 뜻을 다하고 힘을 다하여 존경하고 우리의 언어 속에서 하나님의 이름을 망령되게 하는 일체의 언어의 폭력을 버리라는 것입니다. 하나님의 이름을 망령되게 하는 자가 진정한 예배를 드릴 수 없고 그 사람은 하나님이 반드시 죄를 물어 심판한다는 경고의 말씀을 하고 있습니다.

그리고 다음 과에서 하나님이 제3계명을 통해 명하신 것이 무엇인지 구체적으로 말씀드리기로 하겠습니다. 당신은 참된 정신으로 하나님께 예배드리고 있습니까? 당신이 드리는 예배를 하나님이 받으신다고 확신합니까? 당신의 언어에는 하나님께 대한 망령됨이 있지 않습니까? 할렐루야 아멘.

제3계명의 명(命)하는 것

계 15:1-4

제 54 문

제3계명이 명하는 것이 무엇인가?

답 : 제3계명에 명하는 것은 하나님의 이름(시 29:2)과 칭호(시 68:4)와 속성(계 15:4)과 규례(전 5:1)와 말씀(요 17:17)과 행사(시 138:2)를 거룩하고 존경하는 마음(욥 36:24)으로 사용하라는 것이다(시 104:24).

인간의 타락은 언어의 타락을 가져온 것입니다. 말이란 우리에게 중요한 것입니다. 말을 통해서 하나님을 찬양하고 말씀을 통해서 하나님을 공경하는 것을 표현합니다. 말이 하나님의 이름을 망령되게 한다면 하나님은 죄없다 하지 아니하리라고 말씀하고 있습니다. 하나님의 성호를 바로 알고 거룩하게 존경하고 사랑하는 마음으로 부른다면 그 사람은 복있는 사람입니다. 사람이 짓는 죄 가운데 말로 짓는 죄가 제일 많습니다. 우리는 바른 언어의 사용으로 하나님을 영화롭게 하고 우리의 삶과 생활속에 그의 이름이 존경되게 사용하는 축복이 있기를 축원합니다.

1. 여호와의 이름

이름이란 전인격을 표시하는 칭호입니다. 여호와의 이름의 아름다움(시 8:1)과 여호와의 이름의 영광스러움(마 6:9)을 믿고 순종하는 마음으로 하나님의 이름을 복되게 사용해야 합니다. 복되게 사용하는 자에게 축복이 있기 때문입니다(행 2:21, 요 16:24).

성경에 나오는 모든 이름들은 독특한 의미와 뜻을 가지고 있습니다. 한국 사람의 이름에 독특한 뜻과 의미가 있듯이 히브리인들도 그 이름에 중대한 의미를 가지고 있습니다. 히브리인은 그들의 이름으로 개인의 고유한 특성과 기질과 삶의 모습 등을 나타내고 있습니다.

여호와의 이름에도 독특한 뜻과 의미와 속성이 있습니다. 이스라엘 사람들은 하나님의 이름에 특별한 개념을 두 가지로 표현하며 온 땅을 창조하시고 지배하시는 우주의 통치자로서의 신과 이스라엘을 자기 백성으로 선택하신 신으로 구별하여 표현하였습니다.

1) 일차적 이름

(1) 여호와(야웨) (출 3:14) : '스스로 존재하는 자'로 여호와는 이방 신과 구별된 독점적 이스라엘의 하나님에 대한 고유명사로 이스라엘과 선택된 민족에게 알리신 하나님

으로 선민과의 관계에서 특별히 언급할 때 계약의 하나님, 계시, 구속, 은혜의 하나님으로서 나타내시고 그들 가운데 그의 왕국을 세우며 자비와 심판으로 그들을 보호하고 예배를 받으시는 선민과 특별한 관계를 가지신 하나님의 이름입니다.

(2) 하나님(엘로힘)(창 1:1) : '강한 자'로 이스라엘 뿐만 아니라 전세계에 알려진 일반적 측면에서 하나님으로 창조와 보존자로서 섭리하시며 전 인류와 전세계에 대한 사역자이신 하나님 선민에게만 국한되지 않고 모든 인류와 일반으로 관련된 자로서 자연을 섭리하시고 세계를 통치하시는 전세계와 관련된 하나님의 이름으로 복수명사로 사용하였습니다.

(3) 주(아도나이) : '주인'으로 인간에 대하여 사용되기도 하고 하나님에 대하여 주인과 종의 관계를 나타내기도 하며 이 이름이 나타난 동기는 '야웨'란 여호와의 이름이 너무 거룩하고 존귀하고 엄위해서 발성치 않고 묵음으로 보다가 바벨론 포로이후(538년) 거룩한 이름인 여호와를 부르는 것은 불경죄를 범하는 일로서 보통 사용하지 않는 대신 '아도나이'로 사용하였습니다.

2) 복합적인 이름

(1) '엘'의 복합어
  엘, 엘욘 : '지극히 높은 자' '가장 강한 자' (사 14:13-14),
  엘로이 : '감찰하시는 강한 자' (창 16:13),
  엘샤다이 : '전능한 하나님' (창 17:1-20),
  엘올람 : '영원한 하나님' (사 40:28).

(2) '여호와'의 합성어
  여호와 이레 : '준비하시는 하나님' (창 22:13),
  여호와 닛시 : '나의 깃발' (출 17:15),
  여호와 샬롬 : '평강' (삿 6:24),
  여호와 쎄바오트 : '만군의 여호와' (삼상 1:3),
  여호와 메카디쉬 : '너희를 거룩하게 하는' (출 31:21),
  여호와 로이 : '나의 목자' (시 23:1),
  여호와 씨드케누 : '우리의 의' (렘 21:6),
  여호와 엘 게물로트 : '보복의' (렘 51:56),
  여호와 니케 : '멸망시키는' (겔 7:9),
  여호와 삼마 : '거기 계시다' (겔 48:35).

(3) 신약의 이름
  예수 : '구원자' (마 1:23),
  주(퀴리오스) : '주인' (마 22:43-45),

그리스도: '기름 부은 자' (마 16:16).
　이러한 이름들은 하나님은 창조자이시며 선택된 백성들의 구원자시며 거룩하고 자비로우시고 의로우시고 전지 전능하시고 영화로우시고 우리의 주인이 되시고 엄위하신 아버지 되시는 하나님의 이름을 망령되이 부르면 하나님을 모독하는 것입니다.

2. 이름을 망령(妄靈)되이 말라

　'망령되이'는 히브리어 '샤우'이며, 뜻은 '공허하다, 허영, 쓸데 없다, 허탄하다, 허망하다, 무익하다, 헛되다, 소홀하게 생각하다'란 뜻을 가지고 있습니다. "대요리문답 제113문"은 여호와 이름이 망령됨에 대하여 다음과 같이 말하고 있습니다.

1) 요구하신 대로 하나님의 이름을 사용하지 않는 것(말 2:2).
2) 무지하게(행 17:23), 헛되이(잠 30:9), 불경되게, 세속되게(말 1:6, 3:14), 미신적으로(행 7:4) 악용하는 것 즉 칭호, 속성(출 5:2), 의식(시 50:1, 6, 17) 또는 사역을 악하게 말하거나 다르게 쓰는 것(사 8:12).
3) 훼방하고(왕하 19:22), 위증하는 것(슥 5:4), 모든 죄악된 저주(롬 12:14), 맹세(렘 5:7), 서원(신 23:18)를 하는 행위.
5) 불법적인 줄 알면서도 하는 것(막 6:26)과 불평하며 다투는 것(신 29:29), 하나님의 섭리를 악용하는 것(시 73:12-13), 말씀이나 그 어느 부분을 그릇 해석하고(마 5:21-48) 악용(겔 13:22), 곡해(벧후 3:16), 희롱이나 농담(엡 5:4), 기이하고 쓸 때 없는 질문을 하는 것, 망령되게 떠들어대는 것, 또 거짓 교리를 갖고 있는 것(딤전 6:4, 5, 20, 딤후 2:14). 또 마귀도 "기록하였으되"하고 성경을 인용하거나 술주정뱅이가 성경을 말하며, 입을 막아야 하며, 교역자나 교인도 하나님의 말씀에 대해서는 오해도, 곡해도, 희롱도, 농담도 있을 수 없습니다(벧후 4:3-4, 잠 19:29, 1:26).
6) 그것을 악용하여 피조물이나 또는 하나님의 이름아래 있는 어떤 것을 미혹하거나(신 18:10-11), 죄악된 정욕과 습성이나(딤후 4:3-4) 훼방하는 것(행 13:45), 오만한 것(시 1:1), 욕하는 것(벧전 4:4), 하나님의 진리, 은혜, 방편을 반대하는 어떤 것이라도 죄입니다(행 13:50, 4:18, 19:0, 살전 2:16, 히 10:29).
7) 종교를 외식 되게 또는 사악한 목적으로 주장하는 것과(마 23:14, 딤후 3:5) 신앙은 입술 뿐만 아니라(사 29:13, 마 7:21) 마음을 받쳐야 합니다(잠 23:26). 외식 자나 미신을 믿는 자나 다 하나님이 미워하십니다(겔 33:31, 호 4:8). 그것 때문에 부끄러워하거나(막 8:38) 무례하게 행하거나(롬 2:23-24), 또는 그것으로부터 타락함으로서 그것에 대해서 부끄러이 되는 것입니다(갈 3:1-3).

3. 이름의 사용 방법(方法)

하나님의 이름을 바르게 부르고 참되게 사용할 수 있는 자는 참된 신앙고백을 가진 자라야만 가능합니다. 하나님을 믿지 않는 자가 구원의 확신이 없는 자가 주님의 이름을 부를 수 없고 참된 예배의 태도와 정신을 가질 수 없습니다.

참된 신앙의 고백을 가진 자만이 하나님의 이름을 존귀게 할 수 있습니다(마 16:16). 이름의 아름다움(시 29:2, 8:1), 칭호의 영광(시 68:4), 속성의 신비(마 6:9), 규례의 확실함(시 19:9), 말씀의 진리(요 17:17), 행사의 기이함(계 15:3)을 말해야 합니다.

1) 거룩하게 사용

'거룩'은 히브리어 '카다쉬'로 '구별과 성별'을 말합니다. 하나님의 이름은 세상의 그 어떤 것보다 구별되어 거룩하게 불려져야 합니다(레 22:32, 겔 36:21, 겔 20:39, 마 6:9). 하나님의 이름은 세상의 그 어떤 것과 비교해서도 아니되고 동등의 자리에 두어서도 아니되며 함부로 불러서도 아니 됩니다.

2) 존경하는 마음으로 사용

'존경'이란 말은 '받들어 공경'함입니다. 받들어 공경함이란 최상으로 높인다는 말입니다. 반대는 멸시입니다(사 29:13). '기도할 때' '예배드릴 때' '찬양' '봉사' '합법적인 행사를 할 때' 믿고 순종하는 마음으로 하나님의 이름을 최고로 높임을 받아야 할 것입니다.

결론

제3계명이 요구하시는 것은 하나님의 이름과 그의 속성, 규례, 말씀, 성례, 기도, 맹세, 서약, 추첨, 그의 사역, 그외에 자기 자신을 나타내는 것은 무엇이든지 하나님의 영광을 나타내도록 하며, 우리들 자신과 남들의 선을 위하여 거룩한 고백과 책임 있는 담화, 사상, 명상, 말, 기록에 거룩하게 그리고 경외함으로 사용되게 한 것입니다(대요리문답 112문).

우리는 하나님의 이름을 바르게 거룩하게 사용해야 합니다. 당신은 하나님의 이름을 거룩하게 사용합니까? 할렐루야 아멘.

제3계명이 금(禁)하는 것

신 28:58-64

제 55 문

제3계명이 금하는 것이 무엇인가?

답 : 제3계명이 금하는 것은 무엇이든지 하나님이 자기를 나타내신 것을 훼방하거나 악용하는 것이다(말 2:2-7, 말 3:14, 레 19:12, 마 5:34-35).

제3계명은 하나님 외에 누구도 분별할 수 없는 예배 문제에 관련되어 있습니다. 교회에서 가르치는 교리를 보면 하나님이 거기서 예배를 받으시고 계신가 아닌가를 알 수 있습니다. 또 의식들을 관찰하여 보면 예배의 형태를 알 수 있습니다. 그러나 오직 하나님만이 어떤 사람이 진심으로 하나님께 참된 예배를 드리는가를 알 수 있을 뿐입니다. 가룟 유다는 예수를 믿는다 고백하고 올바르게 진행되는 예배에 참여하여 사람 보기에는 충실한 제자였습니다. 아무도 그가 거짓 신을 예배하고 잘못된 방법으로 예배했다고 말할 수 없습니다. 그는 신실하고 진심으로 믿는 마음이 없었음으로 주님께서는 그의 예배가 헛된 것임을 알고 계셨습니다.

예배의 태도와 정신은 중요한 것입니다. 하나님은 우리의 중심을 원하십니다. 사람은 외모로 보지만 하나님은 중심을 보십니다(삼상 16:7, 시 7:9, 행 10:34-35). 그러면 제3계명이 금하는 것이 무엇입니까?

1. 여호와의 이름을 훼방하고 망령(亡靈)되게 말라.

"너희 하나님 여호와의 이름을 망령되이 일컫지 말라 여호와의 이름을 망령되이 일컫는 자를 죄없다 아니 하리라"고 3계명은 말씀하고 있습니다.

하나님이 명령하신 것을 공공연히 반대하거나 거짓 교리를 사용하여 우상을 섬기는 것은 하나님의 이름을 망령되이 일컫는 것이며, 훼방하는 것이요, 모욕하는 것입니다.

"다시는 너희 예물과 너희 우상들로 내 거룩한 이름을 더럽히지 말지니라"(겔 20:39)고 말씀하시며, 제3계명은 하나님의 이름이 거룩되이 사용되어야 할 것을 말씀하고 경건한 마음으로 하나님에 대한 성호를 사용해야 할 것입니다.

신학자 크레인 박사는 하나님의 이름을 무시하고 모독하는 행위에 대해서 다음과 같이 말하고 있습니다.

(1) 하나님의 이름을 우상이나 다른 신에게 주는 것(출 32:4, 암 4:4-6. 왕상

12:28).
(2) 함부로 주님의 이름을 불러 욕지거리로 삼는 것과 또 멸시하거나 욕되게 하는 것.
(3) 신성한 하나님의 말씀을 불경건하게 사용하는 것.
(4) 무성의하고도 가시적인 기도, 찬송, 설교, 헌금하는 것.
(5) 예배당에서 경솔하고 불경스러운 세속적 언어를 사용하는 것.

하나님의 권위를 훼방하고 무시하고 적대시하는 행위는 제3계명이 금지하는 것들입니다.

2. 여호와의 이름을 악용(惡用)하지 말라

제3계명은 서약에 관해서도 말씀하고 있습니다. 하나님의 이름을 사악하게 남용하는 것이야말로 최고로 미워할만한 것이요, 하나님의 이름을 더럽게 사용하는 것도(신 5:11) 하나님은 용납치 않습니다. 하나님은 자신의 이름의 신성과 거룩을 서약을 통해서 악용하지 말 것을 경계하고 있습니다.

1) 맹세

맹목적 맹세에 주님의 이름을 사용해서는 아니됩니다. '맹세'의 뜻은 히브리어 '샤바' 헬라어 '호르코스'로 '신 앞에 하는 서약'을 말하고 있습니다. '맹세'란 우리의 말이 진실함을 확인하기 위하여 하나님을 증인으로 세우는 종교적 행위로서 이행 못할 때에는 저주가 있고, '서원'은 단순히 하나님께 자진해서 하는 약속입니다.

맹세에는 무엇을 주장하면서 하는 주장 맹세가 있고 무엇을 하겠다 안하겠다고 다짐하는 약속의 맹세가 있습니다.

하지는 맹세에는 다음과 같은 뜻이 내포되어 있다고 했습니다.

첫째, 하나님의 존재를 인정하는 것, 둘째, 하나님의 속성을 인정하는 것, 셋째, 하나님께서 우주를 도덕적으로 통치하시는 것을 인정하는 것, 넷째, 하나님을 최고의 주권자로 또는 심판자로 인정하는 것, 그러므로 "여호와의 이름에 맹세한다"는 말이나 "하나님을 인정한다"는 말은 같은 말입니다.

하나님을 부정하는 자는 맹세할 수 없습니다. 정당한 맹세에는 "공적 맹세"와 "사적 맹세"가 있습니다. 공적 맹세는 하나님의 영광을 위해서(왕상 18:10, 오바댜의 맹세, 창 21:24, 31:53-54, 룻 3:13), 사적으로는 주의 영광을 변호하거나 형제의 건덕을 촉진하는데 도움을 주는 것은 필요한 것입니다.

윌리아드는 신자는 다음과 같은 맹세는 정당하다고 했습니다. 첫째, 신의 영광을 증진시킬 때, 둘째, 다른 사람의 안전을 위할 때, 셋째, 성경이 인정하고 명하는 것, 넷째,

성도의 종교의식, 다섯째, 그리스도께서 금하지 않는 것을 말하고 있습니다.

그러므로 맹세의 성질로 보아 합법적인 것과 성경의 교훈으로 보아 합당한 것이어야 합니다. 공적 맹세이든 사적 맹세이든 합법적이어야 하며, 성경의 교훈에 합당해야 하며, 어디까지나 진실해야 합니다.

반대로 '불법적 맹세'는 "너희는 내 이름으로 거짓 맹세함으로 네 하나님의 이름을 욕되게 하지 말라 나는 여호와니라"(레 19:12)고 말씀하시며, "도무지 맹세하지 말지니"(마 5:34)라고 말하고 있습니다. 이 말씀은 모든 것에 절대 맹세하지 말라는 말이 아니고, 예수님께서 경계하신 것은 바리새인들처럼 헛되고 잘못된 허탄한 맹세를 말씀하신 것입니다(사 65:16, 히 6:16).

첫째, 지킬 의도가 없는 헛된 맹세와 서원(마 5:33-37, 약 5:12).
둘째, 하나님의 이름을 들어 거짓 맹세하는 것.
셋째, 자명한 사실을 부인하는 맹세.
넷째, 자명한 사실을 확인하는 맹세.
다섯째, 도덕적으로 도저히 불가능한 것을 맹세하는 것.
여섯째, 불가능한 것을 맹세.
일곱째, 하나님의 이름에 습관적으로 맹세.
여덟째, 하나님의 이름을 거짓 증인에 사용하는 맹세.
아홉째, 사기 또는 폭력으로 맹세.
열째, 하나님의 이름으로 미신적인 것에 맹세 등으로 잘못된 맹세를 금하고 있습니다.

2) 서원

히브리어 '네델'(창 28:20)은 '성별한다' '받친다' 뜻이고 '잇쌀'(민 30:6-10)은 금욕, 금주 등을 서약할 때 쓰는 말이고, '체렘'은 어떤 것을 완전 파멸시키기 위하여 받치겠다고 서원함을 말합니다(말 1:14). 또 헬라어 '유세'는 하나님께로 서원(행 18:18)하는 것과 기도하는 것을(약 5:15) 말하고 있습니다.

서원의 종류에는 '봉헌의 서원'(네델) '금욕의 서원'(잇쌀) '파괴의 서원'(체렘) 등이 있으며, 서원의 내용에 있어서 ① 위험한 일을 피하기 위해서 어떤 일을 치르기 위해서 하나님께 받치면서 하는 서원, ② 어떤 서원을 성취해 주면 모두 받친다는 서원(창 28:20-, 삼상 1:11, 삿 11:30), ③ 어떤 목적이 이루어질 때까지 일정한 기간 오락 등을 일체 금하는 서원(삿 13:5-25)이 있습니다.

이상과 같이 우리는 수많은 서원을 하고 있습니다. 주님의 이름으로 한 서원은 분명히 이행해야 합니다(전 5:46. 그렇지 않으면 제3계명을 범하는 죄가 됩니다).

제3계명이 금하는 것은 하나님의 이름이 거룩하게 영광스럽게 사용되어야 함을 말씀하면서 반대로 여호와의 이름이 거짓되게 망령되게 사용하면 하나님을 모독하는 죄가 되는 것을 경고하고 있습니다.

결론

제3계명은 예배의 태도와 정신을 말씀하고 있습니다. 여호와의 이름을 모욕하는 죄를 범하면서 참된 예배가 될 수 없다는 것입니다.

전심으로 하나님을 존중하는 자만이 하나님이 그 예배를 받으시며 함부로 하나님의 이름을 부르거나 말하거나 망령되이 하는 자는 사람에게 인정을 받을 지라도 하나님은 그 죄를 물어 다스리시며 심판하시기 때문에 우리는 하나님의 이름이 존중히 여김을 받도록 조심해야 할 것입니다.

그리고 주의 이름으로 함부로 맹세하고, 함부로 서원하는 것은 하나님을 모독하는 것이 됨으로 사적으로나 공적으로나 맹세할 때는 합법적이어야 하며, 성경에 합당해야 할 것입니다.

시편기자는 시 141:3에 "여호와여 내 입 앞에 파숫군을 세우시고 내 입술의 문을 지키소서"라고 고백하고 있습니다.

우리는 참된 신앙고백을 통해서 하나님의 이름을 높이는 일은 매우 중요하며 또한 거기에는 엄청난 책임이 내포 되여 있다는 것을 인식하고 그의 이름에 영광을 돌려야 할 것입니다.

주의 이름에는 권세가 있고(요 1:12, 빌 2:10-11), 구원이 있고(롬 10:13, 행 4:12), 응답과 축복이 있고(요 16:24), 능력이 있고(행 3:16), 마귀를 추방하며(마 16:17-18), 승리가 있습니다(삼상 17:45). 그러므로 바울은 골로새서 3:17에 "또 무엇을 하든지 말에나 일에나 다 주 예수의 이름으로 하고 그를 힘입어 하나님 아버지께 감사하라"고 고백하고 있습니다. 우리는 우리의 남은 생애를 주의 이름에 영광을 돌리며 망령되이 모욕하는 자가 되어서는 아니될 것입니다. 당신은 하나님의 이름에 합당한 삶을 살고 있습니까? 할렐루야 아멘.

제3계명을 지킬 이유(理由)

신 28:58-59

제 56 문

제3계명을 지키라는 이유는 무엇인가?

답 : 제3계명을 지키라는 이유는 이 계명을 범하는 자가 비록 사람에게는 형벌을 피할지라도 주 우리 하나님은 저희로 하여금 그 은혜로우신 심판을 피하지 못하게 하시는 것이다(신 28:58-59).

제3계명은 예배의 정신과 언어 생활의 절제를 가르치고 있습니다. 지금 당신의 언어 속에서 여호와를 경외함이 얼마나 크게 나타나고 있습니까? 당신의 생활 속에서 또한 신앙생활 가운데서 어떤 형태로 나타나고 있습니까?

제56문에서 3계명을 지킬 이유는 이 계명을 범하는 자가 비록 사람에게 형벌을 피할지라도 하나님께서 심판하신다는 것입니다(출 20:7, 신 28:58).

하나님께서 자신의 이름을 욕되게 하는 자를 방관하고 계시지 않으시고 보고계다는 것을 우리는 알아야 할 것을 경고하고 있습니다. 자신 이름의 명예를 회복하기 위해 심판의 불을 던진다는 것입니다.

우리는 우리의 삶속에서 하나님의 이름이 망령되이 사용되지 않도록 조심해야 하며 3계명을 범한 죄는 현세에서도 벌을 받을 것이요, 현세에서 벌을 받지 않는다면 내세에서 벌을 받을 것입니다.

레위기 24:11-23에 이스라엘 여인의 아들이 여호와의 이름을 훼방하며 저주함으로 모세가 이스라엘 자손에게 고하니 그들이 저주한 자를 진밖에 끌어내어 돌로 쳤습니다. 벨사살 왕은 하나님을 모독하다가 그 밤에 죽고 그 나라는 망했습니다(단 5:1-31).

그러면 3계명을 지킬 이유는 무엇입니까?

1. 현세(現世)의 형벌(刑罰)

제3계명을 지키지 않는 사람은 비록 사람에게는 형벌을 받지 않을지라도 하나님께서 현세에서 형벌을 내리실 것을 경고하고 있습니다.

"여호와의 이름을 망령되이 부르는 자를 죄없다 하지 아니하리라" 이 말씀 속에는 경고가 있습니다. 다시 말하면 이 죄를 엄히 다스리겠다는 말씀입니다. 하나님의 이름을 더럽히고 하나님의 권위를 무시하는 사람은 현세에서 축복을 기대한다는 것은 있을 수 없는 일입니다.

주님은 주기도문을 통하여 "하늘에 계신 우리 아버지 이름을 거룩히 여김을 받으시오며"라고 가르치며, 이 기도가 모든 기도에 앞서야 할 것을 말씀하고 있습니다.

사람도 자신의 명예가 손상되면 명예훼손죄로 다스리고 있습니다. 범죄한 인간의 이름이 소중한 것을 알면서 창조자 하나님의 이름을 우습게 여긴다면 어떻게 되겠습니까?

외아들을 공부시키기 위해 시골서 서울로 보냈습니다. 아버지는 아들이 보고 싶어 서울 하숙집으로 갔습니다. 아들 친구들이 왔습니다. 친구들은 밖에 있는 사람이 누구냐고 물었습니다. 아들은 남루한 옷을 입은 아버지를 보고 창피한 생각이 들어 시골 우리 집 머슴이라 했습니다. 이 말은 들은 아버지는 즉시 집으로 내려왔고 그후 아버지는 학비를 붙치지 않았습니다. 아버지의 이름을 욕되게 한 아들의 말로입니다.

헤롯은 자기의 이름을 위해 하나님의 이름에 영광을 돌리지 않으므로 충이 먹어 죽었습니다(행 12:23). 웃시야는 훌륭한 왕이었으나 하나님의 이름을 우습게 여기고 성전에 들어가 향을 피우다가 저주를 받아 문둥병이 들어 별궁에 살다가 죽었습니다(대하 26:16). 가룟 유다는 예수님의 명예를 더럽히므로 저주를 받아 죽었습니다.

하나님의 이름을 망령되이 일컫는 자를 죄없다 아니하리라 하신 것은 하나님께서 이 죄를 보시고 계시며 반드시 심판하고 형벌을 주신다는 말입니다. 교회를 핍박하던 사람이 정신이상자가 되는 것을 보았습니다.

사무엘상 5~6장에서 블레셋 사람들이 하나님의 법괘를 자신들의 우상 앞에 두고 그 명예를 더럽히므로 저들은 재앙을 받았습니다. 오늘도 하나님의 이름을 저주하고 욕하고 망령되이 일컫는 자는 심판을 받습니다. 왜 하나님의 약속은 다 이루어지며 신실하시기 때문입니다.

2. 내세(來世)의 심판(審判)

하나님의 이름을 망령되이 부르는 자는 현세에서 뿐만 아니라 혹 현세에서 형벌을 받지 않으면 내세에서 심판을 받는다는 말입니다.

현세에서의 형벌은 때로 회개의 기회가 있지만 내세에서의 심판은 기회가 없습니다.

내세에 심판이 있다는 말은 구원을 받지 못한다는 구원론의 문제입니다.

하나님의 이름을 영화롭게 한 사람은 구원을 받아 하나님을 기쁘시게 하지만 하나님의 이름을 망령되이 일컫는 자는 하나님을 믿지 못하기 때문에 하나님을 믿지 않는 자는 구원을 받을 수가 없습니다(요 3:16, 17, 36). 구원을 받지 못하는 자는 영원한 영벌의 심판을 받게 되는 것입니다.

하나님의 말씀을 믿지 못하고 하나님을 믿지 않는 자는 하나님의 이름을 우습게 여기는 자입니다. 하나님을 우습게 여기는 자는 하나님의 이름을 망령되이 일컫는 자들입니다. 이들은 내세에서 심판을 받습니다.

결론

하나님의 이름을 망령되이 부르는 자는 하나님이 보시고 계시며 반드시 그 죄를 물으십니다. 죄는 금생에서 뿐만 아니라 내생에 있어서 심판을 하십니다. 우리는 이 경고의 말씀을 들어야 합니다. 그리고 실천해야 합니다.

대요리문답 114문에서 3계명 속에 어떠한 이유들이 첨부되어 있습니까?

"너희 하나님 여호와"와 "나 여호와는 나의 이름을 망령되이 일컫는 자를 죄없다 하지 아니하시리라" 하신 이 말씀에 나타나 있는 제3계명에 첨부된 이유들은(출 20:7) 하나님이 주와 우리 하나님이심으로 우리는 그의 이름을 모독하거나 어떤 방식으로든지 남용할 수 없다는 것입니다(레 19:12). 그 이유는 특히 이 계명에 많은 위반자들이 사람들의 비난과 형벌은 피할 수 있을 지라도 하나님께서는 이 계명의 위반자를 면하여 구해 주시기는 커녕(삼상 2:12-17, 22-25, 3:13), 그들로 하여금 그의 의로운 심판을 결단코 피하지 못하게 하실 것이라고 한 까닭입니다."고 말씀하고 있습니다.

하나님은 말씀하십니다. 나의 이름을 망령되이 부르지 말라. 중심으로 나를 사랑하며 존경하는 마음으로 부를 것을 말씀하고 있습니다. 당신은 하나님의 이름을 어떻게 부르고 있습니까? 당신의 생활 속에서 하나님의 이름이 영화롭게 여김을 받고 있습니까? 할렐루야 아멘.

제4계명(戒名)

출 20:8-11

제 57 문

제4계명이 무엇인가?

답 : 제4계명은 안식일을 기억하여 거룩한 날로 지키라. 엿새동안에 네 모든 일을 힘써하고, 제 칠일은 너희 하나님 여호와 안식일이니 너나 네 자녀나 네 노비나 네 육축이나 네 문안에 유하는 객이라도 일하지 말라. 엿새동안에 여호와가 하늘과 땅과 바다의 그 가운데 만물을 지으시고 제 칠일에 쉬셨으니 그러므로 여호와가 안식일을 거룩한 날로 삼고 복을 주셨느니라 하신 것이라(출 20:8-11).

제1계명은 참 예배의 대상을 규정하시고, 제2계명은 참 예배의 방법을 말씀하시며, 제3계명은 예배의 정신을 가르치며, 제4계명은 예배의 시간에 대하여 말씀하고 있습니다.

하나님은 특별히 안식일을 정하시고 거룩하게 구별하시고 복을 주어 범죄한 인간을 축복하시기 위해 이 날을 성별하신 것입니다. 엿새동안 네 모든 일을 힘써 행하라고 말씀하시며 노동의 의무를 말씀하고 있습니다(창 1:28, 2:15). 제4계명은 종교적 의무와 노동의 의무를 말씀하시며 노동의무를 다하는 자만이 안식의 참된 가치를 인식하게 되는 것입니다.

우리는 제4계명을 통해서 참된 안식과 참된 노동을 통해 잃어버린 육일을 찾아야 할 것입니다. 또한 제4계명을 통해서 잃어버린 육일의 시간을 찾아 시간을 바로 사용함으로 우리의 육체의 남은 때를 주의 영광을 위해 승화시켜야 할 것입니다.

육일의 참된 삶이 하루의 안식을 축복으로 승화시킬 것이며 하루의 거룩한 예배의 삶이 육일을 축복의 날로 승화시킬 것입니다. 하나님은 하루를 원하는 것이 아니라 칠일 전부를 원하신다는 것을 4계명을 통해서 깨달아야 할 것입니다.

1. 제4계명(戒名)의 목적(目的)

(1) 자신의 애착한 일에 대하여는 죽고 하나님의 나라를 묵상하고 이 묵상을 하기 위하여 그가 제정하신 방법에 의하여 수행하게 하는데 있습니다.

(2) 선민과 이방민족 사이에 뚜렷한 상징(표)으로 삼기 위해서(출 31:13, 16-17, 겔 20:12).

(3) 일정한 날을 정하여 함께 모여서 하나님 말씀을 듣고 의식을 행하여 그의 사역들

을 묵상하게 하기 위하여 주신 것입니다.
(4) 종들과 다른 사람들의 권위 밑에 있는 자들에게 안식할 날을 주어 그들로 하여금 노동으로부터 얼마간 휴식을 취하도록 하고자 하는데 있습니다(짐승까지 포함).
(5) 하나님은 예배와 노동을 통해서 영광 받으신다는 것을 가르치고 있습니다.

2. 제4계명(戒名)의 두 가지 명령(命令)

하나님은 인간을 창조하시고 두 가지 명령을 하셨습니다. 노동명령(문화명령) (창 1:28)과 종교명령(안식) (창 2:17)입니다.

인간은 예배와 노동을 가지고 하나님을 섬기며 영광을 돌려야 하는 것입니다. 그러므로 특별은총과 일반은총 면에서 하나님 중심입니다.

1) 종교명령(창 2:17)

인간은 하나님과 교제하며 말씀에 순종하며 그에게 예배하는 삶이 인간의 본분입니다. 예배는 하나님께서 타락한 인간이 예배를 통해서 하나님과 교제하고 사죄의 은총을 받게 하기 위해서 제정하신 것입니다. 천국에서는 예배가 없고 생활 자체가 예배입니다.

하나님이 이스라엘을 구원하신 목적은 예배를 받으시기 위함입니다(출 3:12,18). 하나님이 우리를 구원하신 것도 이 땅에서 예배를 받으시기 위함입니다(요 3:24, 마 4:10). 안식일은 바로 하나님께 예배하는 날입니다. "예배는 바로 육체와 영혼의 안식을 위한 것이 기도합니다."

2) 노동명령(창 1:28, 2:15)

제4계명은 잃어버린 육일에 대하여 말씀하고 있습니다.

하나님은 노동을 통해서 영광을 받으십니다. 아담과 하와가 하나님의 말씀을 불순종하므로 타락하였습니다. 그러나 다시 한 번 말씀을 보면 그전에 아담과 하와의 노동의 포기가 바로 타락을 가져오는 동기가 되었습니다(창 1:28). 다스리고 지배하고 관리하여야 함에도 불구하고 이 명령을 이행하지 않으므로 뱀이 동산 중앙에까지 들어 올 수 있었던 것입니다.

현재도 인간의 노동이 타락되며 인간의 심성이 타락됩니다(살후 3:10). 지금도 그리스도인들 중에 잘못된 노동관과 사고를 가지고 있습니다. 예수를 믿으면 먹고 놀아도 하나님이 축복하시고, 안식일만 지키면 만사가 형통하며, 11조만 드리면 다 잘된다고 착각하는 사고의 사람들이 있습니다.

하나님은 예배와 노동을 통하여 영광을 받으십니다. 제4계명은 "엿새동안 힘써 네 모든 일을 행할지니"라고 말씀하고 있습니다. 제4계명의 정신을 바로 알아 안식일을 거룩이 지킬 것이며 잃어버린 육일을 찾아 노동으로 영광을 돌려야 할 것입니다.

노동의 두 방향은 "유물론적 방향의 노동과 하나님 중심의 노동"이 있습니다.

(1) 성경(聖經)의 노동관(勞動觀) (하나님 중심)

① 대신관계: 개인의 주관이나 안일, 쾌락, 어떤 국가 계급의 이익을 위한 노동이 아니고 적어도 하나님의 소명으로 되어진 장소 다시 말하면 피조 세계에 대한 하나님의 통치에 참여하는 것으로(창 1:28) 하나님의 협력자 대리자로서 역할을 하고 있다는 소명의식으로 노동에 참여하여야 합니다.

② 대자관계: 참으로 인간이 참된 인간이 되기 위한 장소 본질적 자기 규정의 장소로 인간은 하나님께 소명되어진 장소에서 일할 때 비로소 인간이 참된 인간이 되는 것입니다. 일을 하지 아니하면 인간은 타락합니다. 대자관계에 있어서의 노동은 보수를 위한 노동이 아니라 바로 참 인간이 되게 하는 자기 규정의 장소입니다(살후 3:10).

③ 대타관계: 자기를 넘어선 세계적 존재로서 연대성을 가지는 장소로서 사회적 연대성을 가지는 노동인 것입니다. 나만을 위한 노동이 아니라(롬 14:7) 서로를 위한 봉사, 공동체의 행복을 위한 노동이 되어야 하는 것입니다(벧전 4:10).

④ 대자연관계: 창조의 목적을 달성하기 위해 노동을 매개로 해서 타락된 자연을 보다 차원 높은 문화적 자연으로 개발하고 자연은 인간의 노동을 중심으로 주체적 자연으로 만들어져야 하는 것입니다(시 8:6-9).

(2) 타락전(墮落前) 노동관(勞動觀)

① 대신관계: 창조의 목적을 달성하기 위해서 노동하는 것이며 창조하신 것을 개발, 진보, 발전시키며 창조의 10개를 100개 1,000개로 풍성케 하는 것입니다(창 1:28).

② 대자관계: 보수를 위한 노동이 아니라 하나님께서 소명되어진 장소에서 노동함으로 참 인간이 되어지는 자기 규정의 장소로서 하나님을 기쁘시게 하는 것입니다(창 1:28). 인간의 비인간화(먹고, 마시고, 시집가고 장가가고), 비인격화(기계화)를 방지합니다.

③ 대타관계: 창조의 사역을 달성하기 위하여 노동의 공동화(창 2:18), 나만을 위한 노동이 아니라 사회적 연대성을 위해 봉사하는 것입니다.

④ 대자연관계: 창조의 목적을 달성하기 위해 자연적 지연으로부터 문화적 자연으로 역사적 자연으로 승화시키기 위해서 노동이 필요한 것입니다.

(3) 타락후(墮落後)의 노동관(勞動觀) (창 3:17-19).

타락 이전의 노동관은 창조의 목적을 달성하기 위하여 하나님의 협력자로서 또는 대리자로서 소명에 대한 응답이며 보수를 위한 노동이 아니라 공동체를 위한 봉사와 자연에 대한 통치와 개발을 위한 노동이었으나 타락 이후의 노동은 고통과 투쟁, 생애비참과 저주이며 노동의 허무성과 난폭성(전 1:2), 보수의 연속성 즉 보수를 위하여 노동하는 것입니다. 이것은 바로 죄의 결과입니다.

(4) 중생(衆生)된 자의 노동관(勞動關)
① 그 날의 삶에 만족(마 6:25, 34).
② 하나님 나라 건설에 참여(마 6:33) (보수를 위한 노동이 아니다).
③ 이웃을 위한 봉사(엡 4:28).
④ 감사함으로 해야 합니다(골 3:17).

인간은 예배와 노동을 통해서 하나님을 섬기며, 특별은총과 일반은총 면에서 모두 하나님 중심의 삶입니다. 노동의 명령을 거역한 인간도 타락하고 종교명령을 거역한 인간도 타락됩니다.

3. 안식일(安息日)

1) 안식(쉬는)하는 날이다(창 2:2).

'안식'은 '솨바드'는 '중지' '쉬다'는 뜻으로 쓰이고 있습니다(출 21:19, 레 26:34-35). 하나님이 인간에게 주신 최고의 선물은 안식일입니다. 하나님은 인간의 육체와 영혼이 안식을 필요로 한다는 사실을 누구보다 잘 아십니다. 인간은 안식을 통해서만 삶을 감당할 수 있고 문화명령과 종교명령을 수행할 수 있습니다.

그래서 하나님께서는 친히 6일 동안 일하시고(창 1:), 하루를 안식(창 2:2)하심으로 본을 보여주신 것입니다. 하나님은 인간처럼 피곤해서 안식하신 것은 아닙니다(사 40:28). 다만 인간의 약함을 아시고 인간의 삶의 건강과 유익을 위하여 안식의 본을 보여 주시고 우리에게 안식을 요구하고 계십니다. 그러므로 우리는 즐거움과 기쁨 마음으로 안식일을 지키고 안식해야 할 것입니다.

2) 축복의 날이다(창 2:3).

"하나님이 일곱째 날을 복주사"라고 말씀하십니다. 안식일은 축복의 날입니다.

우리 조상들도 지혜로운 분들이었습니다. 왜냐하면 일년 삼백육십오일 중 복 받는 날이 있다는 것을 알았기 때문입니다. 깨달은 것이 '손' 없는 날입니다. 이 날을 '길'일이라고 합니다. '손' 없는 날이 무슨 날일까요? '손'은 귀신 마귀를 말합니다(계 12:9). 귀신 없는 날 이사가고 결혼하면 복을 받는다는 것입니다. 하나님은 창조의 사역속에 이미 축복의 날을 만드신 것입니다. 안식일의 축복을 통해서 육일을 살고 육일의 참된 삶을 통해서 안식일을 지키면 하늘의 신령한 축복과 지상의 기름진 복으로 채워 주실 것입니다(요삼 1:2).

3) 성별의 날이다(창 2:3).

"하나님이 일곱째 날을 복 주사 거룩하게 하셨으니"라고 말씀합니다. '거룩'이란 말은 '구별한다, 성별한다'는 의미가 있습니다. 이 날을 거룩하게 안식하고 헌신하는 것입니다. 히브리인의 사고에 의하면 하루를 드리는 것은 단지 하루만의 의미가 아니라 전체를 드리는 상징적 표현입니다.

십일조는 단순히 십분의 일이 아니라 십분의 전체가 하나님 것인데 십분의 일을 드림으로 하나님의 주권을 인정하고 하나님에 대한 헌신을 나타내는 것입니다. 안식일도 하루라는 의미보다 칠일 전체가 하나님의 날인 것을 말씀하고 있습니다. 우리는 제4계명의 정신을 바로 알아 잃어버린 육일을 찾아야 합니다. 칠일 중 하루는 하나님의 날이고 육일은 나의 날이라는 사고 때문에 내 마음대로 육일을 살기 때문에 교회 안에서의 생활과 교회 밖에서의 생활이 다릅니다.

"안식일을 제정하신 하나님은 칠일 전부를 요구하십니다."

4) 예배의 날이다(창 2:3).

안식일은 하나님 편에서 보면 일곱째 날이지만 인간 편에서 볼 때 첫째 날입니다.

인간이 하나님께 첫째 해야 할 일이 무엇입니까? 예배입니다. 인간의 본분이 예배이기 때문입니다. 하나님께 예배하는 것은 영혼의 안식입니다. 하나님은 안식일날 에덴동산에서 거닐며 교제하였습니다. 오늘날도 안식일을 예배를 통해서 하나님과 교제하는 날입니다. 예배생활에 승리하는 자만이 안식의 축복을 누릴 수 있습니다.

결론

제4계명은 예배의 시간을 우리에게 가르치고 인간이 하나님을 영화롭게 하는 길은 예배와 노동을 통해서만 가능합니다. 인간은 안식일을 통해서 하루를 쉬며 하나님을 예배할 때 영광을 받으시고 참된 노동을 통해서 참된 안식이 주어진다는 진리를 가르치고 있습니다. 할렐루야 아멘.

제4계명(戒名)의 명(命)하는 것

신 5:12-15, 창 2:1-3

제 58 문

제4계명에 명하는 것이 무엇인가?

답 : 제4계명에 명하는 것은 하나님의 말씀 중에 명하신 절기를 그의 앞에 거룩히 지키는 것이니 특별히 칠일 중에 하루를 종일토록 그의 거룩하신 안식일로 삼으라 하는 것이다(레 19:3, 신 5:12, 사 56:2-7).

우리가 하는 일에는 여러 가지가 있습니다. '중요하고 바쁜 일' '중요하지만 바쁘지 않는 일' '중요하지 않지만 바쁜 일' '중요하지 않으며 바쁘지 않는 일'이 있습니다. 그러면 이 일을 어떻게 해야 할 것입니까? 지혜가 필요합니다. 이것은 바로 일에 가치에 따라서 시간의 사용을 어떻게 하여야 하는 가를 말해주고 있습니다. 시간의 사용을 잘못하면 그 모든 노동의 시간이 허사가 되고 맙니다.

하나님께서 이스라엘 백성을 위해 만나를 내렸습니다. 그 만나를 거두는 데는 몇 가지 원칙이 있었습니다. "적당하게 거두라"는 것입니다. "첫 시간에 거두라"는 것입니다. "안식일 날은 거두지 말라"는 것입니다. 욕심을 부려 많이 거두어도 남는 것이 없다는 것입니다. 아침 일찍 첫 시간에 거두지 않으면 만나는 사라집니다. 안식일 날은 만나가 내리지 않습니다. 이 원칙을 무시하고 아무리 만나를 거두려고 해도 그 노동은 헛것이 되고 맙니다.

제4계명은 우리가 가진 시간을 어떻게 사용하여야 하며, 그 시간을 사용함에 있어서 하나님 중심으로 사용하라는 것입니다.

1. 절기를 하나님 앞(前)에 거룩하게 지키라.

창세기 2:3 "하나님이 일곱째 날을 복주사 거룩하게 하셨으니 이는 하나님이 그 창조하시며 만드시던 모든 일을 마치시고 이 날에 안식하셨음이더라" "안식일을 기억하여 거룩히 지키라"(출 20:8)고 했습니다. 이 안식일은 하나님 관점에서는 제7일이지만 인간의 관점에서 볼 때는 첫째 날입니다. 하나님은 첫 것을 좋아하십니다(잠 3:9). 첫째 날(출 12:16), 첫 아들(출 13:2), 첫 새끼(창 4:4, 출 13:2), 첫 열매(잠 3:9)를 기뻐하시는 하나님은 우리의 시간의 첫째 날을 하나님께 드려 그 날을 거룩히 지키라는 것입니다.

안식일을 정기적으로 예배의 날로 정하고 다른 날과 성별하여 하나님 앞에서 거룩하게 지키라는 것입니다. "복있는 사람은 악인의 꾀를 좇지 아니하며 죄인의 길에 서지 아니하며 오만한 자의 자리에 앉지 아니하고 오직 여호와의 율법을 즐거워하여 그 율법을 주야로 묵상하는 자로다. 저는 시내가에 심은 나무가 시절을……그 행사가 다 형통하리라"(시 1:1-3).

하나님은 택한 백성이 이 날을 거룩히 지키지 않을 때 그 절기를 싫어한다고 했습니다(암 5:21-22, 사 1:13-14). 사랑하는 성도 여러분, 오늘 내가 드리는 예배를 하나님이 싫어하지 않을까요? 세상과 구별되게 진심으로 성심을 다해 안식일을 예배의 날로 바로 알고 육신의 일을 쉬고 순전히 거룩하게 하나님의 말씀을 따라 영광을 돌려야 할 것입니다.

하나님께서 거룩하게 구별해 놓으신 날을 우리는 거룩하게 구별하여 다른 날과 달리 하나님께 예배하며 천지를 창조하시고 우리를 구원하시고 영원한 주가 되심을 알고 그에게만 시간을 받쳐 예배해야 할 것입니다. 대요리문답 116문. 하나님께서 자기의 말씀에 지정하신 정한 시기, 특히 칠일 중에 하루를 종일 거룩하게 하는 것 곧 거룩히 지키는 것입니다.

거룩히 지키라는 말은 '카다쉬'는 '구별한다' '분리된다' '짜르다' 등의 의미로 구약에 약 830번 나옵니다. 안식일은 거룩한 날이지 노는 날이라고 생각해서는 아니되며 하나님께 받치는 날로 구별되게 사용해야 합니다. 이 날은 은혜 받는 날이요, 평안을 얻는 날이요, 하늘의 날이요, 즐거운 날이요, 거룩한 날이요, 축복의 날입니다(창 2:2-3).

2. 이레 중 하루를 거룩히 지키라.

출 애굽기 31:16-17 "…이같이 이스라엘 자손이 안식일을 지켜서 그것으로 대대로 영원한 언약을 삼을 것이니 이는 나와 이스라엘 자손 사이에 영원한 표징이며 나 여호와가 엿새 동안에 천지를 창조하고 제7일에 쉬어 평안하였음이니라 하라"고 말씀하시며 한 날을 정하여 하나님께 예배하는 것입니다.

오늘날 잘못된 신앙의 사고를 가진 사람들이 7일 중 아무 날이나 하루를 안식일로 정하여 지키면 된다고 생각하는 사람들이 있습니다. 인간의 필요에 따라 상황에 따라 월요일이나, 화요일, 수요일, 목요일, 금요일, 토요일이 모두 안식일이 될 수 있다는 것입니다. 아무 날이나 인위적으로 필요에 따라 상황에 따라 지킨다는 것은 잘못된 것이며, 하나님이 정하여 주신 안식일이 아닙니다.

이 날은 변경되지 않는 날입니다. 안식일은 하나님이 정하여 주신 날입니다. 인간 스스로 바꾸거나 개정할 수가 없습니다. 프랑스 혁명 당시 무신론이 절정에 달했을 때 프랑스인들은 주일을 폐지하기로 하고, 7일 중 한 날을 쉬는 대신 10일 중 한 날을 쉬는 날로 정했습니다. 그러나 성공하지 못했습니다. 왜, 하나님이 정하신 날이 아니기 때문입니다.

안식일은 본래 토요일입니다. 더 정확히 말한다면 금요일 해질 때부터 토요일 해질 때까지 입니다. 지금도 안식교인들은 안식일을 토요일날 지키고 있으며 토요일날 안식을 지켜야 구원을 받는다고 주장하고 있습니다. 그러면 왜 안식일을 토요일에 지키지 않느냐? 왜 오늘날 우리는 양을 잡아 제물로 드리지 않느냐? 이것은 그리스도께서 마지막 속죄양이 되셨고(고전 10:7), 그분을 통해서 속죄의 제도와 의미가 완성되었기 때문입니다(요 19:30). 안식일은 그리스도께서 안식일의 주인이라고 하시고 그분이 우리에게 안식을 주심으로 안식일의 은혜를 완성하셨습니다.

"수고하고 무거운 짐진 자들아 다 내게로 오라 내가 너를 편히 쉬게 하리라"(마 11:28) 하시며 그리스도 안에서만이 참된 안식이 있습니다. 그러므로 구약의 율법적인 의식과 제도로서의 안식의 의미는 없어졌습니다. 그러나 안식의 정신과 교훈은 지금도 강조되어야 합니다. 우리는 제4계명을 통해서 하나님이 정하신 날에 하나님 앞에서 거룩하게 성별되게 지켜야 할 것이며, 거룩히 지키지 않는 자는 저주를 받습니다(렘 17:27).

3. 종일토록 거룩히 지키라.

출애굽기 16:25-29 "모세가 가로되 오늘은 그것을 먹으라 오늘은 여호와의 안식일인즉 오늘은 너희가 그것을 들에서 얻지 못하리라 육일동안은 너희가 그것을 거두되 제7일은 안식일인즉 그 날에는 없으리라 하였으나 제7일에 백성 중 더러가 거두러 나갔다가 얻지 못하니라 여호와께서 모세에게 이르시되 어느 때까지 너희가 내 계명과 율법을 지키지 아니 하려느냐 볼지어다 여호와가 너희에게 안식일을 줌으로 제육일에는 이틀 양식을 너희에게 주는 것이니 너희는 각기 처소에 있고 제7일에는 아무도 그 처소에서 나오지 말지니라"

하나님은 우리에게 안식일을 주시고 그 안식일을 지키되 한 날의 한 부분만 지키기를 원하지 않으시고 전부를 지키시기를 원하십니다. 이레 중 하루 전부를 거룩히 지키라고 말씀하고 있습니다.

보통 우리는 주일낮예배만 드리면 성수주일 했다고 생각합니다. 아니 새벽기도회로 낮예배와 저녁 예배를 대신하기도 합니다. 지금은 더 나아가서 저녁예배를 폐지하고 오후 예배로 대처하는 교회가 점차 증대하고 있습니다. 이유야 있겠지요? 그러나 그 이유 때문에 저녁예배가 폐지 되어도 좋다는 논리는 성립되지 않습니다. 우리는 안식일만은 새벽부터 저녁까지 온종일 거룩하게 성수하여야 합니다. 대요리문답 117문 "안식일 혹은 주일을 거룩하게 함은 온 종일 거룩히 쉼으로 할 것이니 언제나 죄악된 일을 그칠 뿐 아니라 다른 날에 합당한 세상일이나 오락까지 그만 두어야 하되 부득한 일과 자선 사업에 쓰는 것을 제외하고는 그 시간을 전직으로 공사간 예배하는 일에 드리는 것을 기쁨으로 삼을 것이다."

우리는 안식일을 경건한 마음으로 하루 온 종일 새벽부터 저녁까지 예배와 휴식으로 집에서 보내야 할 것입니다. 1부예배 마치고 등산가고, 야외 가고, 식장 가고, 시장에서 사고 팔고 하는 행위는 금해야 할 것입니다. 그러나 현실은 그렇지 못합니다. 어떤 교회는 교회에서 주일날 사고 팔고 하는 행위를 하고 있습니다.

오늘날 많은 사람들의 머리 속에는 합리적인 사고가 뿌리를 내리고 있습니다. 더 많는 사람을 모이게 하기 위하여 새벽기도회 마치고 1부 예배를 드립니다. 세상일에 바쁜 사람들을 위해 인위적으로 자선을 배푸는 것이지요? 하나님이 기뻐하실까요? 합리적 사고는 하나님의 사고가 아닙니다. 합리적 사고는 인간 중심의 사고면 자기중심의 사고입니다. 하나님은 자기 중심의 사고를 용납하지 않습니다.

종일토록 거룩하게 지키기 위해서는 (1) 공적예배에 참여하여 새벽, 낮, 저녁 예배로 하나님께 영광을 돌려야 합니다. (2) 성경을 상고하고 기도, 찬송, 수양서를 읽으며 경건된 하루가 되게 해야 합니다. (3) 전도나 이웃을 돌아보고 봉사의 삶을 실천해야 합니다. (4) 온 가족이 하루를 평안하게 안식을 나누는 것입니다.

결론

제4계명이 명하는 것은 안식일을 기억하여 거룩하게 지키라는 것입니다. 이것은 인간이 임의로 한 날을 정하여 안식하고 예배하고 거룩히 지키다 는 것이 아니고 하나님이 정하여 주신 날에 그 앞에서 7일중 하루를 종일 거룩하게 지키는 것입니다.

미국 시골 마을에 나이 많은 성도가 있었습니다. 그분은 하루도 빠지지 않고 주일을 성수했습니다. 동네 사람들이 그를 비웃었습니다. "할아버지 설교를 들을 수 있습니까?" "할아버지 기도를 들을 수 있습니까?" "할아버지 찬송을 들을 수 있습니까?" 할아버지는 들을 수 없다고 말했습니다. 동네 사람들은 비웃으면서 그런데 왜 무엇하러 교회에 하루도 빠지지 않고 가느냐는 것입니다. 그는 귀가 멀어 들을 수가 없기 때문입니다. 그 때 할아버지는 말하기를 내가 교회에 하루도 빠지지 않고 나가는 것은 너희들에게 내가 하나님편인 것을 알게 하기 위해서라고 말했습니다. 맞습니다. 주일은 바로 우리가 하나님 편임을 고백하는 것입니다. 속된 자와 구별된 자의 표시입니다(출 31:16-17).

세상과 구별된 구원받은 백성은 하루종일 주일을 성수해야 합니다. 안식일에 육체의 노동은 불신앙을 나타내는 행위로 하나님이 기뻐하지 않습니다. 사랑하는 성도 여러분, 우리는 주일을 거룩히 지켜 하나님께 영광 돌리는 성도가 되기를 축원합니다. 할렐루야 아멘.

참된 안식일(安息日)

고전 16:2, 행 20:7

제 59 문

하나님께서 7일 중에 어느 날을 안식일로 명하셨는가?

답 : 세상 시초부터 그리스도의 부활하시기까지는 하나님이 이레 중에 일곱째 날을 안식일로 명하셨고(창 2:2-3, 출 16:23), 그 후로부터 세상 끝날에 이르기까지는 이레 중에 첫날로 명하셨으니 곧 그리스도의 안식일이다(고전 16:2, 행 20:7, 눅 23:56, 요 12:19-26).

안식일과 일요일은 의미가 다릅니다. 안식일의 제정자는 하나님이시며 일요일의 제정자는 사람입니다. 안식일은 성도들이 교회에 모여서 예배 드리는 날이지만 일요일은 관공서의 공휴일로 노는 날입니다.

각국의 안식일을 보면 일: 그리스도교인의 안식일, 월: 헬라인의 안식일, 화: 퍼시아인의 안식일, 수: 앗수르인의 안식일, 목: 애굽인의 안식일, 금: 터키인의 안식일, 토: 유대인의 안식일입니다. 이렇게 안식일이 다양하기 때문에 안식일 문제를 논의할 때는 철저하게 규명해야 합니다. 왜냐하면 칠일 중 하루를 택해야 하기 때문입니다.

이 선택은 인간이 임의로 자유로이 선택할 수 있는 성질의 것이 아닙니다. 이 문제를 바로 해결하기 위해서는 구약성경을 바로 이해해야 하고 신약성경을 정확히 이해하여야 합니다. 하나님이 이레 중 어느 날을 정하셨는가? "세상 시초부터 그리스도의 부활까지는 하나님이 일곱째 날을 안식일로 정하셨고(창 2:2-3, 출 16:23), 그후부터 세상 끝날까지 매주 첫날로 명하셨다. 이 날이 바로 그리스도의 안식일이다(고전 16:2, 행 20:7)"고 소요리문답 제59문에서 말씀하고 있습니다. 그러면 참된 안식일은 어느 날인가를 연구하여 보기로 하겠습니다.

1. 그리스도의 부활 이전까지는 제7일이 안식일(출 16:26)

구약에서는 제7일을 안식일로 지켰습니다. 안식일은 창조의 법입니다(창 2:2-3). 창세기 2:3 "하나님이 일곱째 날을 복 주사 거룩하게 하셨으니 이는 하나님이 창조하시며 만드시는 모든 일을 마치시고 이 날에 안식하셨음이더라"고 하시고 출애굽기 20:8-11에는 계명으로 명하셨습니다.

신약에서는 예수님의 죽음을 지켜본 여인들이 예수님의 무덤과 그 시체를 둔 곳을 보고 돌아가 그에게 바를 향품과 향유를 준비하였으나 계명을 쫓아 안식일에 쉬었습니다

(눅 23:52-56). 안식일에는 모든 일을 중단하고 여호와 하나님께 제단을 쌓았으며 그 날에 금식하고 그 동안 거둔 재물의 십일조를 드리며 모든 일을 안식일 중심으로 생활했습니다.

이 날에는 살생과 오락과 노동을 금하고 이것을 어기는 자는 벌을 받았습니다. 이 날은 바로 제칠 일로서 예수님의 부활 전까지는 이 날을 안식일로 지켰습니다. 이 안식일은 "창조의 기념일"(창 2:1-3), "출애굽의 기념일"(출 16:26), "계명으로 명령했고"(출 20:8-11), "모든 것을 휴식케(안식)했습니다"(출 20:9-11). 일을 금하고(민 15:32-36), 상업을 금하고(느 13:15-22), 파종을 금하고(출 34:21), 불도 피우지 못하게 했습니다(출 34:3). 대신 안식일은 제사를 지내게 하였습니다(민 28:9-10). 칠일 전부가 하나님의 날이지만 하나님은 하루를 성별하여 드리도록 명령하셨습니다.

"대요리문답 제116문" "제4계명이 모든 사람에게 요구하시는 것은 하나님께서 자기의 말씀에 지정하신 정한 시기, 특히 7일 중 하루를 온종일 거룩하게 하는 것 곧 거룩히 지키는 것인데, 이는 창세로부터 그리스도의 부활까지 제7일이고" 하나님이 명령하신 안식일은 그리스도 부활 전까지는 제7일이 안식일입니다.

2. 그리스도의 부활부터 세상 끝날까지 첫째 날이 그리스도인의 안식일(安息日)(고전 16:2, 행 20:7)

그리스도께서 유월절 어린양으로서 마지막 속죄의 양이 되시고(고전 10:7) 그리스도를 통해 속죄의 제도와 의미가 성취되었습니다(히 9:12-14, 요 19:30). 그리스도의 부활로 말미암아 율법적인 의식 제도로서의 안식일은 의미가 없어졌습니다. 주께서 십자가에서 운명하실 때 성소의 휘장이 갈라져(눅 23:45) 구약시대의 제사를 통한 의식법은 사라지고 우리는 직접 주님의 이름으로 제사를 드리는 것이 아니라 예배를 드리게 되었습니다.

우리가 안식을 잃어버린 인간이 된 이유가 무엇입니까? 죄 때문입니다. 이 죄 문제는 그리스도께서 십자가에 죽으시고 부활하심으로 말미암아 완전히 해결되었습니다. 그리스도의 부활은 죄가 정복되고 인간의 영혼을 향한 안식이 선포되는 승리의 사건입니다. 이 날이 바로 주일입니다. 율법의 제도와 의식으로서의 안식은 폐지되고 참된 안식의 의미는 주일에서 발견할 수 있습니다. 그리스도의 부활로 말미암아 안식일의 의식과 계명은 적극적으로 성취되었습니다(마 5:17).

그러므로 안식일은 그리스도의 구속의 사역으로 부활하신 날로 변경된 것입니다.

성소와 지성소의 휘장이 없어짐으로 구약시대의 제사장을 통하여 드리던 속죄제가 이제는 누구든지 예수 그리스도께서 이루어 놓으신 공로를 힘입어 하나님과 영교할 수 있게 되었습니다. 그리스도께서 첫날에 살아나심으로 전에 지키던 안식일도 첫날로 옮겨졌습니다.

　구약은 나무요, 신약은 열매이며, 구약은 모형인 동시에 신약은 완성입니다(히 10:1, 9-14). 초대교회는 첫날에 모여 연보 드리며(고전 16:2), 예배를 드리면 성찬식을 거행하며 강론했고(행 20:7), 오순절의 성령의 역사도 첫 날에(행 2:1-4) 임하였으며, 주님께서도 부활후 첫날에 제자들에게 나타나신 것입니다(요 20:1,19,26). 안식후 첫날이 바로 주일입니다.

　칼빈은 초대교회에서 안식일(제7일)대신 주일(첫째날)을 작정한 것은 충분한 이유가 있다고 말하였습니다.

　"대요리문답 제116문" "창세로부터 그리스도의 부활까지 제7일이고 그후부터는 매주 첫날이 되어 세상 끝날까지 이렇게 계속하게 되어 있으니 이것이 기독교의 안식일인데 신약에서 주일이라고 일컫는다"(계 1:10).

　그리스도의 부활은 안식일이 예표한 참 안식의 종결과 완성이므로 그림자에서 종결을 주는 첫째날을 그리스도인의 안식일로 지켜야 할 것입니다. "참 안식일은 그리스도께서 부활하신 날이며, 사도들이 모인 날이고 초대교인들이 예배일로 모인 안식 후 첫째날이 바로 그리스도인의 안식일입니다."

3. 제7일 안식일이 제일일 주일(主日)로 변경된 것에 대하여

1) 그리스도의 부활에 근거하고 있습니다(요 20:1,19,26).

　삼위 중 하나님 아버지의 천지창조와 출애굽의 구속사건이 중대하다면 제이위이신 그리스도의 부활의 역사는 큰 사건이 아닐 수 없습니다. 제7일을 천지창조의 기념일(창 2:2-3)이라면 제일일은 신천신지의 시작을 기념하는 날입니다.

　주님은 안식일의 주인이시기에(막 2:28) 주님의 날로 정할 권한이 있을 뿐만 아니라(시 118:24) 타락한 세상을 구속하신 역사적인 구속주인 때문에 안식일을 정할 권한이 있습니다. 우리를 위하여 피흘리사(벧전 1:19) 구속해서 그리스도 안에서 영생을 주시고(골 3:3), 천국의 특권을 주신 그리스도의 구속이 부활이후 제7일로부터 제1일로 옮긴 것입니다. 그리스도께서는 안식을 바꾸지 않으셨으나 날짜를 바꾸신 것입니다.

2) 초대교회가 안식일을 주일로 지켰습니다(고전 16:2, 행 20:7).

　예수님은 부활 후 여러 번 첫째날에 나타나셨고(요 20:19-26), 주의 날에 요한에게도 나타나셨습니다(계 1:10). 사도들은 첫날에 떡을 떼며 강론하고 예배를 드렸으며(행 20:7) 헌금을 드렸습니다(고전 16:2). 초대교회 성도들은 첫째날에 주의 날로 안식일로 지켰습니다.

3) 오순절의 성령이 제일일에 임하였다(행 2:1-4).

신학자 하지는 제7일이 제1일로 된 것은 하나님의 뜻으로 되어진 것인데 그 이유를 세 가지로 말하고 있습니다. ① 사도들로부터 시작되었고, ② 부활의 초자연적인 신비, ③ 교파를 초월한 성령의 인도라고 했습니다.

4. 안식일(安息日)과 주일(主日)의 비교(比較)

유 대인들에게는 진리가 상징으로(예표) 전달 되었고 우리에게는 실제로 제시된 것입니다.

순서	내용	구약의 안식일	신약의 주일
1	근본제정자	하나님	하나님
2	매개자	모세(안식일전달자)	그리스도(안식일 주일)
3	준 장소	시내산	갈보리산
4	준 때	창조에서 그리스도죽음으로 끝남	그리스도 부활로 시작 끝날까지
5	이름	안식일	주일(주의 날)
6	지키는 때	제칠일(금 일몰~토 일몰)	첫째날(일일)새벽부터 제한없음
7	대상	이스라엘 선민	전세계 성도(개인적, 세계적)
8	제정한 동기	창조와 출애굽의 구속의 기념	부활로 신천신지 시작기념
9	쉬는 동기	엿새동안 일했으니	엿새동안 일하기 위해서
10	지키는 법	일하지 않고 전적으로 쉼	세속적인 일않고 하나님 일만 함
11	받은 때 형편	공포 가운데(불과 구름가운데)	기쁜 가운데(사랑과 은혜)
12	상 벌	사형	삶
13	소망	앞으로 올 선한 일의 그림자	예수와 함께 참된 안식
14	속한 곳	땅에 속한 날	하늘에 속한 날
15	지키는 차이	지키라고 명함	은혜에 참여함
16	하는 일	모여서 구약 읽음	모여서 떡을 떼며 예배

5. 명칭(名稱)에 대하여

안 식일이냐? 주일이냐? 일요일이냐? 가끔 혼돈을 일으키고 있습니다. 신약시대 이후 수백년간 성도들은 일주일 중에 첫날을 안식일이란 말을 쓰지 않고 유대인의 일곱째 날이란 말을 사용했습니다. 그리고 그들은 성일을 주일이라고 불렀습니다.

이 날에 그들은 그리스도를 높이는데 바쳤고, 이 날은 모든 날 중에 머리되는 날이요, 날 중에 면류관 같은 날로 믿었습니다. 태초에 천지창조시 첫날에 빛을 창조했고(창 1:3) 또 "의로운 태양이 떠올라 치료의 광선"(말 4:2)에서 근거하여 이 날을 "일요일"이라고 부르기도 하였으나 일요일은 이방 민족에게도 있는 풍속으로 "로마" "애굽"에도 있었습니다. 주후 200년경에는 일요일에 휴업하는 날로 정했습니다.

오늘날 우리는 안식일보다, 일요일보다 주일로 또는 주의 날로 부르는 것이 신앙적입니다.

결론

초대교회 성도들은 주일을 성수하였습니다. 바울은 안식일로 인하여 누구든지 너희를 폄론하지 못하게 하라 이것들은 장래일의 그림자라 몸은 그리스도의 것이니라 (골 2:16-17). 안식일은 창조에서 그리스도의 부활 때까지 제7일이며 그리스도의 부활부터 끝날까지는 첫째날이 그리스도인들의 안식일(주일)입니다.

안식일을 지켜야 구원을 받는다고 하는 제7일예수재림교회의 주장은 비성경적인 것입니다. 참 안식일은 그리스도의 부활하신 날이며 사도들과 초대교인들이 모여 예배하든 첫째날이 안식일이며 주일입니다. 참 안식일을 인식하는 성도가 되기를 축원합니다. 할렐루야 아멘.

주일(主日) 성수(聖守)

출 16:21-36

제 60 문

어떻게 하여야 안식일을 거룩하게 하겠는가?

답 : 안식일을 거룩하게 하는 것은 그날 종일을 거룩하게 쉼으로 할 것이니 다른 날에 할 수 있는 여러 가지 세상일과 오락까지 그치고(레 23:3) 그 시간을 공사 예배에 바쳐 사용할 것이요(출 16:25-28) 그 외에는 부득이한 일과 자선 사업에 사용할 수 있다(마 12:1-13).

유명한 전도자 빌리 그래함 목사님께 어떤 사람이 찾아 왔습니다. "목사님 소가 안식일에 구덩이에 빠지면 건져야 할까요? 아니면 그냥 두고 교회에 가야 할까요?"라고 물었습니다. 목사님께서는 "물론 건져야지요 그러나 안식일마다 계속 구덩이에 빠지거든 제발 그 소를 팔아 치우십시오"라고 대답하였습니다.

주일성수는 성도들에게 중요한 것입니다. 계명은 순종과 불순종에 따라 축복과 저주가 결정되기 때문입니다. 하나님이 안식일을 우리에게 주신 것은 축복하시기 위하여 주신 것입니다. 주님은 마가복음 2:27에 "가라사대 안식일은 사람을 위하여 있는 것이므로 사람이 안식일을 위하여 있는 것이 아니니"라고 말씀하시며 모든 것이 사람을 위하여 있는 것처럼 안식일도 사람을 위하여 있는 것이라고 말씀하십니다. 안식일은 인간에게 축복하기 위한 날입니다. 축복의 날을 축복되게 하는 것은 그 날을 구별하여 거룩하게 지키며 성수 할 때만 축복의 날이 복의 날이 되는 것이며 우습게 생각하면 심판을 받습니다.

우리는 어떻게 하여야 주일을 거룩하게 성수할 수 있을까요? 분명한 사실은 구약시대의 안식일처럼 율법의 당위에서 의식적으로 지켜야 하는 날이 아니라 이 날은 무엇을 하지 않는 날이 아니라 무엇을 적극적으로 해야 하는 날이 되어야 할 것입니다.

1. 구약(舊約)에서 지키는 안식일(安息日)

구약에서 안식일을 지키는 것은 모든 것을 하지 말라고 명하고 있습니다. 구약에서는 하나님의 천지창조를 기념하고 출애굽의 구원을 기념하며 그리스도로 이루어질 영적 안식을 예표한 것입니다(골 2:16-17).

1) 세상 일을 하지 말라(레 23:3).
2) 무슨 일이든지 하지 말라(출 16:23).

3) 영업하지 말라(출 34:21).
4) 오락을 하지 말라(사 58:12).
5) 악을 행치 말라(사 56:2).
6) 특별히 제사를 드리게 함(민 28:9-10).

"안식일에는 일년 되고 흠없는 수양 둘과 고운 가루 에바 십분지 이에 기름 썩은 소제와 그 전제를 드릴 것이니 이는 매 안식일의 번제라 상번제와 그 전제 외에니라"(민 28:9-10).

안식일에는 매일 드리는 제사 외에 특별한 제사를 올렸습니다. 위 성경을 보시면 안식일에는 다른 날보다 갑절로 드렸습니다. 이것은 안식일 날은 하나님께서 다른 날보다 더욱 힘쓰고 정성을 더하라는 것입니다. 인간의 경건 생활에 있어서 보통 일상적인 면도 필요하지만 강조 될 때에도 있어야 합니다. 이렇게 강조하는 때가 없으면 보통으로 지속되는 것도 어렵기 때문입니다.

'상번제'는 매일 아침저녁 드리는 계속적 제사를 말합니다. 상번제 외에 더 드릴 것을 말씀하고 있습니다. 이 제사의 강화는 안식일의 중요성을 말하고 있습니다.

하나님은 제사를 통해서 강력한 영적인 성결의 뜻을 표시하였으며 생활의 성별에 대한 보다 강력한 실재적 표시로 상번제에서 이차적으로 더 중요한 '소제'(곡물로 드리면 독자적으로 드리지 못하고 피제물과 함께 드리는 것)와 '전제'(포도주를 제물에 붙는 것)(레 15:5)을 곁드려 드림으로서 안식일의 중요성을 더욱 강조하여 상번제는 아침저녁 한 어린양 한 마리씩 드렸지만 안식일에는 아침저녁 두 마리씩 드려 일곱째 날은 다른 날보다 구별하게 하였습니다.

2. 신약(新約)에 드리는 안식일(安息日)

하나님은 안식은 바꾸지 않으시고 날짜를 바꾸었습니다. 구약에 나타난 의식과 제도는 변하였을지라도 안식일의 교훈과 정신은 지금도 강조되고 있습니다. 안식일이 주일로 변경된 것에 대해서는 전과에서 상세히 말씀드렸음으로 참조하시기 바랍니다. 안식일은 그리스도께서 안식일의 주인이시며(막 2:27-28), 그 분이 우리에게 안식을 주심으로 안식의 의미는 완성되었습니다.

신약의 주일은 구약 안식일의 후신으로서 원칙상으로 그 정신과 뜻은 연속성에 있어서 이해되어야 하며 그리스도께서 우리를 위해 십자가에서 죽으시고 부활하시므로 안식을 완성하셨음으로 주 안에서 지켜야 할 것입니다.

1) 주님을 기억하는 날이다(고전 11:24).

구약 성도들이 하나님의 창조 출애굽의 구원을 기억했던 것처럼 신약의 성도들은 창조와 더불어 주님의 구속을 기념하고 미래의 안식에 소망을 가졌습니다(고전 11:24, 행 20:7).

2) 교제하는 날이다(행 2:41-42).

아담과 하와가 안식일에 에덴동산에서 하나님과 교제하고, 구약의 제사장이 안식일 날 제사를 통해서 하나님과 교제로 통해서 사죄의 은총을 주시고 예수님은 예배를 통해서(요 4:23) 교제를 말씀하시고, 자신의 죽으심으로 하나님과 인간 사이에 화목제물이 되시고(롬 3:25), 사람과 사람 사이에 평화를 이루게 된 것입니다(롬 5:2). 우리는 예배를 통해서 하나님과 교제하고 성도와 교제를 나누는 것입니다(행 2:41-42).

3) 헌금을 드리며 감사하는 날이다.

초대교회 성도들은 헌금하는 것을 기쁨으로 여기고 헌금하는 거룩한 습관을 가지고 있었으며 헌금을 가르치고(고전 16:2), 헌금은 바로 축복의 씨앗을 심는 것과 같다고 가르치고 믿으며 실천하였습니다(고후 9:5-9, 9:12).

하나님이 받으시는 예물은 ① 깨끗한 예물을 받으심(말 1:11, 사 66:20), ② 정성어린 예물을 받으심(고후 8:3, 9:5), ③ 자신을 먼저 드린 예물을 받으심(고후 8:5), ④ 믿음으로 드린 것을 받으심(히 11:4,6), ⑤ 기한을 넘기지 않는 것을 받으심(레 7:17, 신 23:21, 잠 5:4-6), ⑥ 감사함으로 드린 것을 받으심(고후 9:7,12,)

4) 주님과 이웃을 위하여 무엇을 할 것인가 생각하였다.

① 예배를 위한 일, ② 선행을 위한 일, ③ 복음증거를 위한 일.

하나님께 드릴 합당한 예배를 위한 준비(마 12:5), 목사가 설교하는 일과 성도들이 청소하는 일, 교회 건축을 위한 일, 자신과 다른 사람의 건강을 위한 일(마 12:3-4), 자선을 베푸는 일(마 12:11), 복음을 증거하는 일입니다. 하나님은 모든 날들을 인간을 위하여 주신 것입니다. 안식일도 인간을 위한 것입니다(마 2:27). 7일을 통해서 더 큰 축복을 주시기 위해서 안식일을 제정하신 것입니다. 안식일의 축복은 육일의 축복을 누리게 하기 위함이며 그날을 거룩하게 성수해야 가능합니다.

성경 속에는 삼만이천오백여 가지의 축복이 있습니다. 그 많은 축복 중 구원의 축복은 값없이 거저 주는 하나님의 은혜지만 생활 속에 나타난 삶의 축복은 무조건 주어지는 것이 아니고 가능적 축복으로 하나님의 말씀을 지킬 때만 가능합니다. 순종하지 않고 불순종하고 지키지 않는 자에게는 이 축복이 상관없습니다.

5) 각종 세상일과 오락을 금함(느13:15-22, 사58:13)

영리를 목적으로 하는 모든 일과 쾌락을 위한 오락을 하지 말아야 합니다.

3. 주일성수가 흔들리는 원인(原因)

주일성수를 문자대로 풀이하면 주일을 거룩하게 지키는 것을 의미합니다. 그러나 좁은 의미에서는 주일에 교회에 출석하는 것을 뜻하고 있습니다. 따라서 주일성수가 잘 되지 않는다는 것은 교인들이 예배에 참여률이 저하되고 있다는 것입니다. 주일성수가 되지 않는다는 것은 새신자들이 늘지 않고 교회의 성장이 둔화된다는 사실과 무관하지 않다는 것입니다.

감신대 이원규 교수는 주일성수가 흔들리는 원인에 대해서 말하기를 사람들이 교회에 출석하게 된 동기를 다음과 같이 말하고 있습니다.

1) 교회출석의 요인

첫째로 기독교인의 영향 때문이라는 것입니다. 의도적이든 무의식적이든 사람들은 가족, 친구, 친척, 이웃, 직장동료 등의 말과 행실에 영향을 받아 교회를 찾게된다는 것입니다. (전도포함)

둘째로 개인적인 위기상황에 직면하여 이에 도움의 필요성 때문에 사람들이 교회에 나온다는 것입니다. 여기에서 위기 상황은 질병, 죽음, 환경변화, 경제적 어려움과 소외 공허감에서 보상심리를 기대하고 나온다는 것입니다.

셋째로 공동체 성을 추구하기 위해서 사람들은 교회에 나옵니다. 특히 도시화 과정을 통해 도시에로의 거주지 이전에 따라 전통적 공동체에서 누리던 소속의식, 연대감이 상실됨으로 공동체 성을 추구하기 위하여 교회출석의 동기가 부여된다는 것입니다.

넷째로 사람들은 의미를 찾기 위하여 교회에 나옵니다. 삶의 존재의미 등을 추구하기 위해서 교회에 나온다는 것입니다.

다섯째로 사람들은 지위에 대한 대체 만족을 누리거나 지위에 대한 확인을 위해 교회에 나옵니다.

비신앙적이기는 하지만 자신이 누리고 있는 사회적 지위를 보다 폭넓게 과시하기 위해서 또는 사회에서 인정받지 못하고 있는 자신의 지위를 교회에서 대신 인정받으려는 목적으로 교회에 출석하는 사람도 있습니다. 이렇게 본다면 주일성수가 잘 안되는 이유는 지금까지 제시한 교회 출석에 대한 의미를 상실하고 있다는 맥락에서 이해할 수 있습니다.

2) 사회적 요인

첫째로 주일성수가 잘 안되고 있는 사회적 요인은 종교의 다원화 현상 때문이라는 것입니다. 종교의 다원화란 한 사회에 단일한 하나의 종교만 있는 것이 아니라 수많은 종교 교파 교회들이 있는 현상을 뜻합니다.

둘째로 여가산업의 발달입니다. 여가산업은 한 사회의 경제적 수준과 대체로 비례하는 경향이 있습니다. 1980년대부터 괄목할 성장을 해온 관광사업, 휴양지, 골프장, 사우나, 볼링, 테니스, 수영장 나아가 승용차의 증가로 이동이 편리하게 되었고 토요격무제로 자신을 위한 시간이 많아졌기 때문입니다.

3) 사회 심리적 요인

사회적 요인과 관계가 있으나 심리적 요소가 함께 작용하는 사회 심리적 요인은 한마디로 말하면 종교에 대한 신앙동기가 약화되었다는 점입니다. 국민 일인당 소득이 대체로 5천불을 넘으면 종교적 관심은 약해지기 시작한다는 것입니다. 사회가 불안전하고 불안할 때 사람들은 종교에 의존하는 경향이 나타납니다. 사회가 안정됨으로 종교적 심리적 요인이 적어지는 것입니다.

4) 교회적 요인

주일성수 잘 안되고 있는 요인이 교회 밖에만 있는 것은 아닙니다. 어떤 의미에서 교회 내적 요인이 더 중요할 수도 있습니다. 교회의 외적 요인은 다소 불가피하지만 내적 요인은 교회 스스로가 자초한 결과이기 때문입니다. 교회의 내적 요인은 교회가 매력을 잃고 있다는 것입니다. 교회에 대한 신뢰감이 약해지고 교회에 대한 기대감이 감소되고 있다는 것입니다. 또한 높은 이상, 깊은 진리, 세상과 다른 가치관과 사회에 대한 공신력을 잃게된 것입니다. 나아가 교회가 이상 더 보여줄 것이 없다는 것입니다. 따분한 설교를 들으니 차라리 골프나 치는 것이 더 낫다고 하는 생각을 심어준 것입니다.

이상과 같이 주일성수가 안되는 요인을 우리는 보았습니다. 사회적 요인은 우리가 변화시키기가 어렵지만 교회의 내적 요인만이라도 변화를 시켜야 할 것입니다. 교회 자신의 갱신을 통해 변화되어야 할 것입니다. 교회가 변하지 않고 주일성수를 말한다는 것은 공허한 말일 것입니다. 한국의 초대교회는 그 시대에 매력있는 종교였습니다. 우리는 제4계명을 통하여 잃어버린 주일을 다시 찾는 교회가 되어 주일을 거룩하게 성수하는 교회로 변화되어야 할 것입니다.

결론

우리의 믿음의 선배들은 순교를 각오한 주일 성수를 하였습니다. 하나님은 우리에게 주일을 거룩하게 지킬 것을 요구하시고 지키는 사람에게 축복을 주십니다. 우리는 하나님 말씀대로 주일을 거룩하게 성수하는 성도가 되시기를 축원합니다.

매 주일이 나의 생애에 최고의 날이 되게 합시다. 주일이 나의 생애에 최고의 날이 될 때 주님은 우리에게 최고의 신령한 은총을 주실 것입니다. 할렐루야 아멘.

제4계명의 금(禁)하는 것

사 53:13-14

제 61 문

제4계명에 금하는 것이 무엇인가?

답 : 제4계명에 금하는 것은 그 명한 바 의무를 이행하지 아니하거나(말 1:13) 혹 주의하지 아니하여 나태함으로서 그 날을 더럽게하거나 죄된 일을 행하거나(겔 23:38) 세상의 여러 가지 일과 오락에 대하여 불필요한 생각과 말과 행동을 하는 것이다(사 53:13).

주일날은 특별히 적극적으로 해야할 일과 소극적으로 하지 말아야 할 일들이 있습니다. 하나님 앞에 바로 서려면 하나님이 명하신 일을 적극적으로 해야할 것이며 소극적으로는 금하신 것을 하지 말아야 합니다.

다윗은 시편 1편에서 "복 있는 사람은 악인의 꾀를 좇지 아니하며 죄인의 길에 서지 아니하며 오만한 자의 자리에 앉지 아니하고 오직 여호와의 율법을 즐거워하여 그 율법을 주야로 묵상하는 자로다"고 고백했습니다. 이 고백은 바로 소극적으로 하지 말 것과 적극적으로 해야 할 것을 가르치고 있습니다. 당신은 해야 될 것과 하지 말아야 할 것을 아십니까? 주일은 거룩한 날이기 때문에 속된 것과 거룩한 것이 함께 공존할 수 없으며 한 사람이 두 주인을 섬길 수 없기 때문입니다.

거룩이란 말은 구별한다는 말입니다. 민수기 28:9-10에는 안식일 날은 다른 날보다 갑절의 예물을 드리며 다른 날보다 구별하였습니다. 주일은 하나님이 구별하신 날이기 때문에 세상의 세속적인 모든 것과 구별화되게 하나님께 드려야 합니다. 그러면 4계명이 금한 것은 무엇입니까?

1. 성도의 의무(義務)를 행하라(말 1:13).

인간의 의무는 두 가지로 종교명령과 문화명령입니다. 인간은 종교명령인 예배의 의무와 문화명령인 노동의 의무를 다해야 합니다. 인간은 예배와 노동을 통하여 하나님께 영광 돌리며 하나님 중심의 삶을 살아야 하는 것입니다. 아무리 믿음이 있다 해도 예배 생활에 실패하면 그의 믿음은 헛 믿음입니다. 아무리 은사를 많이 받았다 하더라고 주일성수가 되지 않는다면 그는 신령한 사람이 아닙니다.

성령 충만의 사람은 성령의 지배로 성수 주일과 예배 생활에 승리할 것입니다. 민수기 28:9-10에는 안식일 날은 다른 날보다 갑절의 예물을 드렸습니다. 안식일 날은 특별한 예배를 드린 것입니다. 인간은 하나님과 교제하며 말씀에 순종하며 그에게 예배하는 삶이 인간의 본분입니다.

안식일의 제정 목적도 하나님께 예배하기 위한 것입니다. 성도는 예배의 의무를 소홀히 할 때 타락하고 하나님과 멀어집니다. 주일은 우리가 하나님과 예배하는 데에만 봉헌되어야 하며, 이 날만은 다른 날과 구별되어야 합니다. 이 날은 미리 준비하고 전심전력하여 최상을 다하여 최상의 예배를 드리고, 매주일 최고의 성수 주일을 할 것이며, 십일조를 드리며, 감사의 예물을 드리며, 자원하는 헌금을 드리며, 마음과 몸을 단장하고 예배를 위하여 모든 시간을 배정하여야 하며, 매주일 마다 생애의 최고의 예배를 드리겠다는 심령으로 주일을 성수해야 합니다. 성도의 의무인 예배의 의무를 소홀히 할 때 하나님은 제4계명을 범하는 죄가 된다고 말씀하고 있습니다.

2. 부주의(不注意)와 나태(懶怠)를 금함(겔 23:38)

하나님은 우리에게 부주의와 나태를 금하십니다. 부주의와 나태를 금하신 것은 우리에게 항상 최선과 최고를 요구하시기 때문입니다. 정성이 없는 것, 성의가 없는 것(말 1:13), 마음이 없는 것은 하나님이 원치 않으십니다. 하나님은 인생과 달리 중심을 보시기 때문입니다. 십계명의 대강령에는 마음을 다하고 뜻을 다하고 힘을 다하여 주 너희 하나님을 사랑하고 이와같이 이웃을 사랑하라고 했습니다.

"부지런하며 게으르지 말고 열심을 품어 주를 섬기라"(롬 12:10). 주일은 내가 드리는 시간에 최선을 다하여야 합니다. 칠일 중 육일을 나를 위해 사용하게 하시고 하루를 원하시는 하나님께 하루를 드리지 못하고 세상일 중에 남는 시간을 드린다면 시간을 만드신 시간의 주인이신 하나님을 모독하는 것이 되고 말 것입니다. 주일은 하나님께서 나를 보시기를 원하십니다. 우리의 몸을 세상의 쾌락으로 쓰다가 주님께 보이는 것이 아니라 준비된 몸으로 주님께 드려야 할 것입니다.

주님은 영원히 지옥갈 수 밖에 없는 나를 구원하시기 위해서 십자가에 대신 죽으시고 우리를 축복하시기 위해서 우리를 보기를 원하십니다. 세상에 대통령이 나를 보자고 하면 모든 것을 준비하고 만날 것인데 준비 없이 그냥 주님께 나온다면 주님은 마음 아파할 것입니다(민 6:22-27).

주님은 우리에게 삶의 더큰 축복을 주시기 위해 헌금을 드릴 것을 원하고 계십니다. 모든 것이 주님이 주신 것인데 인색한 마음으로 드리지 말고 감사하는 마음으로 준비된 마음으로 예물을 드려야 할 것입니다. 예물을 드리는 일에 소홀히 할 때 하나님은 기뻐하지 않습니다. 예물은 바로 축복의 씨앗을 뿌리는 것과 같으며(고후 9:5-6), 축복의 길로 인도 받을 것입니다(마 2:11-12).

주를 위해 봉사하는 일에도 최선을 다해야 합니다. 형식적으로나 외식적으로 한다면 하나님을 모독하는 것입니다. 그분은 우리의 모든 것을 다 알고 계시기 때문입니다. 우리는 주의 일에 부주의와 나태를 버리고 열심을 품고 최선의 것을 주님께 드리는 삶이 되시기를 축원합니다.

3. 불필요한 언행심사를 금함(사 58:13)

디모데전서 4:12 "누구든지 네 연소함을 업신여기지 못하게 하고 오직 말과 행실과 사랑과 믿음과 경건에 대하여 믿는 자들에게 본이 되어 내가 이를 때까지 읽는 것과 전하는 것과 가르치는 것에 착념하라" 바울은 믿음의 아들 디모데에게 언행심사를 주의할 것을 권면하고 있습니다.

하나님은 거룩한 주일을 통해서 우리의 언행심사까지 불필요한 것을 통제하고 통제할 것을 요구하고 있습니다.

1) 언

하나님은 천지를 말씀으로 창조하시고 인간에게 말을 주어 하나님과 대화하게 하셨고 만물에게 말하여 이름을 붙이게 하여(창 2:10-20) 그대로 되게 하시고 또한 인간이 사용한 최초의 말이 성경에 기록되고 있는 그 말은 참으로 아름다운 말입니다.

"아담이 가로되 이는 내 뼈중의 뼈요 살 중에 살이라 이것이 남자에게 취하였은즉 여자라 칭하리라 하니라"(창 2:23). 이렇게 최초의 인간의 말은 너무나 아름다운 것입니다. 하지만 지금의 우리의 언어는 어떠합니까? 성경은 인간의 타락은 언어의 타락을 가져왔다고 말하고 있습니다(창 11:7).

야고보 선생은 말에 실수가 없는 사람은 온전한 사람이라 했습니다(약 3:2). 우리는 거룩하고 복된 주일이 되게 하기 위하여 불필요한 언어를 절제해야 합니다. "그들에게 이르기를 여호와의 말씀에 나의 삶을 가리켜 맹세하노라 너희 말이 내귀에 들리는 되로 내가 너희에게 행하리라"(민 14:28). 그들이 말한 대로 저들은 광야에서 죽었습니다.

우리는 사랑하는 말, 신나는 말, 좋은 말, 용기를 주는 말, 감사하는 말, 칭찬하는 말, 도움을 주는 말, 화목하는 말, 긍정적인 말을 해야 합니다. 부정적이고 절망적인 말, 원망하고 미워하는 말, 남의 마음을 상하게 하는 말, 화목을 깨는 말은 하지 말아야 할 것입니다(민 11:4). "선한 사람은 그 쌓은 선에서 선한 것을 내고 악한 사람은 그 쌓은 악에서 악한 것을 내느니라 내가 너희에게 이르노니 사람이 무슨 무익한 말을 하든지 심판 날에 이에 대하여 심문을 받으리"(마 12:35-36)고 말씀하셨습니다. 주일날 우리는 특별히 교회에 대한 부정적인 언어를 삼가해야 할 것입니다.

2) 행

"영혼없는 몸이 죽은 것같이 행함이 없는 믿음은 죽은 것이니라"(약 2:26). 우리는 주일날다운 주일의 삶이 있어야 할 것입니다. 우리는 주일을 거룩하게 성별 되게 세상과 구별되게 성수하기 위하여 기도하며 이웃에게 전도하며 교회에 봉사하는 일로 하나님께 영광을 돌려야 할 것입니다. 믿음과 생활이 하나 되기를 열망하며 힘쓰고 노력해야 합니다.

3) 심

주님은 십계명의 대강령에서 "네 마음을 다하고 목숨을 다하고 뜻을 다하여 주 너희 하나님을 사랑하셨습니다"(마 22:37-40). "네 마음으로 나의 명령을 지키라 그리하면 그것이 너로 장수하여 많은 해를 누리게 하며 평강을 더하게 하리라"(잠 3:2).

가룟 유다는 주일을 성수하였으나 마음으로 진심으로 성수하지 않았습니다. 주일날 불신앙적 마음을 가지고 악한 마음을 가지고 좋지 않는 마음을 가지고 하나님께 예배한다면 그는 하나님을 모독하는 자가 될 것입니다.

4) 사

"너희 행사를 여호와께 맡기라 그리하면 너희 경영하는 것이 이루리라"(잠 16:3). 구약성도들이 육일동안 힘써 일하고 제7일을 성수할 때 하나님은 육일에 갑절의 축복을 허락하셨습니다. 지금도 그 진리의 말씀은 유효합니다. 우리는 주일날 모든 행사를 하나님께 맡겨야 합니다.

주일날 해야 할 일은 주를 위한 일 외에는 금해야 합니다. 어떤 교인은 주일날 결혼식 날짜를 잡아놓고 목사에게 주례를 부탁합니다. 또는 육순잔치 칠순행사 등 다양한 일들을 벌려놓고 성직자에게 무언의 압력을 가합니다. 교회를 떠나겠다고 폭언을 하기도 합니다.

결론

제4계명이 우리에게 금하신 것은 성도의 의무를 행치 않는 행위를 금하고 부주의와 나태를 금하며 불필요한 언행심사를 금하고 있습니다. 이것은 우리의 삶을 더욱 풍성케 하기 위하여 하나님이 최소한으로 우리에게 요구하시는 것입니다. 주일을 거룩이 지키는 것은 하나님의 백성으로서 당연한 일입니다. 이 날을 거룩이 지키는 것이 짐스러운 날이 아니라 최대의 축복을 받는 날이요, 행복을 보장하는 날입니다. 하나님과 나와 수직적인 사랑이 공식적으로 허용되는 날입니다. 우리는 이 날에 언행심사를 조심하여 주님의 축복을 최상으로 받는 최고의 날이 되게 해야 할 것입니다. 당신은 주일이 당신의 최고의 날이 되고 있습니까? 할렐루야 아멘.

주일을 지킬 이유(理由)

출 31:15-17

제 62 문

제4계명이 지키라 한 이유가 무엇인가?

답 : 제4계명에 지키라 한 이유는 하나님이 우리의 행할 여러 가지 일을 위하여 여섯 날을 허락하시고, 제칠일은 자기가 특별히 주장하는 이가 되었다 하심과 자기가 친히 모범을 보이신 것과 안식일을 축복하신 것이다(출 16:23-30, 레 23:3, 창 2:3).

"안식일은 하나님이 노동자에게 준 특별한 은사니 그 중요한 목적은 저들의 수명을 길게 하고 그 긍휼을 존양하기 위함이다"고 프라트기는 말했습니다.

안식일은 하나님이 인간에게 준 최고의 선물이요, 긍휼이요, 축복입니다.

만약 안식일이 없다고 생각하여 보십시오. 피처는 "안식일이 없는 세계는 웃음이 없는 세계요 꽃이 없는 여름이요 뜰이 없는 주택이요 안식일은 일주일 중 가장 기쁜 날이다"고 했습니다.

하나님은 인간의 육체와 마음이 안식을 필요로 한다는 사실을 아시고 자신이 본으로 안식하시고 우리에게 안식하기를 요구하시고 계십니다. 주님 자신이 엿새 동안 일하시고 하루를 안식하시므로 모범을 보여 주시고 또한 계명을 주시고 그 계명을 지키는 자에게 축복이 있을 것을 약속하셨습니다.

오늘날도 계명을 굳게 지켜야 합니다. 이 계명을 지키는 것이 우리에게 불가능한 것이 아닙니다. 성령님께서 믿음으로 지키고자 할 때에 지킬 수 있는 힘을 주십니다.

안식일을 지킬 이유가 무엇입니까?

1. 특별(特別)히 제정하신 날(레 23:3, 창 2:2)

안식일은 인간의 임의로 정한 날이 아니고 하나님이 친히 특별히 정하여 거룩하게 구별하시고 축복의 날로(창 2:2-3) 정하신 것입니다.

하나님께서 7일 중 한 날을 정하시고 예배와 기도와 찬양과 봉사로 하나님께 영광을 돌리게 한 날입니다. 안식일은 하나님이 특별히 제정하여 인간에게 주신 하나님의 날입니다. 제7일은 집안의 종이나 손님이나 짐승까지도 일하지 말고 이 날은 노동으로 바치는 것이 아니라 안식과 예배로만 하나님께 영광 돌리게 하였습니다. 안식일은 하나님이 특별히 정하신 날이기 때문에 이 날을 지키여야 합니다.

2. 인간에게 육일을 주시고 하루를 요구(要求)하심(출 31:15-16)

"**엿**새동안에 힘써 네 모든 일을 할 것이나" 여기서 강조한 것은 엿새를 우리의 자의로 주 안에서 활용할 수 있게 하신 것입니다. 그리고 하루를 요구하신 것입니다. 예를 들면 어머니가 사과 일곱개를 아들에게 주며 여섯개는 네가 가지고 한 개는 엄마에게 주라고 할 때 아이는 기쁘고 만족한 마음으로 하나를 엄마에게 드릴 것입니다.

하나님께서 우리에게 여섯개는 너의 것이고 한 개는 내 것이라고 하셨습니다.

우리는 여섯개를 가지고도 감사하지 못하고 한 개를 가지시는 하나님께 그 한 개마저 빼앗아 내 것을 삼고자 하고 있습니다. 만약 하나를 요구하시는 하나님께 하나를 더 드린다고 할 때 하나님은 더 기뻐하시고 더 많은 것으로 축복하실 것입니다. 주일을 바로 지킬 때 육일이 축복 되어진다는 진리를 깨닫고 하루를 온전히 드려 지키는 축복이 있기를 축원합니다.

3. 하나님이 모범(模範)을 보이심(창 2:1-3, 출 31:17)

베드로전서 2:21 "너희에게 본을 끼쳐 그 자취를 따라오게 하려 하셨느니라" 하나님은 창세기 1장에서 육일 동안 천지를 창조하시고 하루를 안식하셨습니다.

하나님의 안식은 자신이 창조의 사역으로 피곤해서가 아니라(시 121:4-8) 인간의 안식을 위하여 본으로 친히 안식하신 것입니다.

어느 날 바다가에 사는 게가 자기 아들을 보고 얘 너는 왜 자꾸 옆으로 걷느냐고 꾸중을 하며 바로 걸을 것을 가르쳐습니다. 아무리 가르쳐도 되지 않았습니다. 그때 아들이 말하기를 어머니 한 번 바로 걷는 것을 보여 주세요. 저도 보고 따라 하겠습니다고 했습니다. 어머니 게는 아들 앞에서 시범을 보였습니다. 그런데 웬일입니까 자신도 옆으로 걷는 것이었습니다. 게는 바로 부전 자전한 것입니다.

이 세상에는 자신은 하지 않으면서 다를 사람에게는 강조하는 일이 많습니다. 하나님은 자신이 친히 우리에게 본을 보이시고 우리에게 지킬 것을 요구하신 것입니다. 하나님의 형상을 닮은 우리는 그의 형상뿐만 아니라 하시는 일도 닮아야 할 것입니다. 하나님이 친히 본을 보이신 것은 바로 이 날이 축복의 날이기 때문입니다.

4. 축복(祝福)과 저주(詛呪)가 있음(창 2:1-3, 민 15:32-36)

축복과 저주는 계명의 양면성입니다. 기쁨으로 순종하는 자에게는 축복으로 불순종하는 자에게는 심판과 저주로 나타나는 것입니다.

1) 저주가 임한다(민 15:32-36).

"이스라엘 자손이 광야에 거할 때에 안식일에 어떤 사람이 나무하는 것을 발견한지라 그 나무하는 자를 발견한 자들이 그를 모세와 아론과 온 회중의 앞으로 끌어 왔으나 어떻게 처치할는지 지시함을 받지 못한 고로 가두었더니 여호와께서 모세에게 이르시되 그 사람을 반드시 죽일지니 온 회중이 진 밖에서 돌로 그를 칠지니라 온 회중이 그를 진 밖으로 끌어내고 돌로 그를 쳐죽여서 여호와께서 모세에게 명하신 대로 하니라"(민 15:32-36).

2) 축복을 주심(창 2:1-3)

(1) 복있는 자가 됨(사 56:1-2),   (2) 자녀보다 낳은 기념물을 주심(사 56:5),
(3) 예배를 받으심(사 56:6-7),   (4) 즐거움을 얻음(사 58:14),
(5) 야곱의 업을 받음(사 58:14),   (6) 영원한 안식을 미리 맛봄(히 4:10).

안식일의 의미는 하나님께서 그 날에 쉬셨음으로 그 일곱째 날을 축복하시고 거룩하게 하신 사실에서 찾아야 할 것입니다.

창조 시에 하나님께서 제칠일을 복을 주시고 거룩하게 하신 사실에서 즉 창조 활동을 제육일에 끝내시고 하나님이 피조된 세상을 축복하시고 거룩하게 하셔서 하나님 자신의 축복된 안식에 속해 있는 평안과 선의 세력들을 가득 채우시고 세상을 그의 거룩한 본성의 순수한 빛가운데 참여할 수 있게 승화시킨 사실에서 찾아야 합니다.

안식일은 축복과 저주가 있기 때문에 지켜야 합니다.

5. 노동(勞動)의 해방(解放)(출 20:10)

타락 전의 노동은 신성한 것이었으나 인간의 타락으로 함께 노동이 타락된 것입니다. 타락된 노동은 인간에게 고통입니다. 노동으로부터의 해방은 창조의 질서입니다. 타락 전 노동은 고통과 저주가 아니라 창조의 사역자로 동참하는 즐거운 노동이었으나 타락후 노동은 고통과 저주의 노동입니다.

하나님께서는 타락전 노동의 즐거움 속에서도 인간이 안식을 필요로 할 것을 아시고 안식할 것을 요구했습니다. 그러나 타락 후의 안식은 더욱 필요한 것입니다. 안식일은 바로 이 저주의 노동에서 해방되는 길입니다. 타락의 결과로 저주를 받아 이마에 땀을 흘려야 하는 중노동에서 쉬어야 하는 해방의 즐거운 날입니다. 하루의 노동에서의 해방은 다음날을 위한 축복입니다.

6. 기억(記憶)하라는 말이 무엇인가?(출 20:8)

대요리문답 121문 "제4계명의 첫 머리에 기억하라는 말이 있음은 부분적으로 안식일을 기억함에서 오는 큰 혜택 때문이다. 우리가 그것에 의하여 이 날을 지키려고 준비하는 일에 도움을 받으며 이를 지킴에 있어서 남은 모든 계명을 지킴과 온 종교의 요약을 포함하는 창조와·구속의 두 가지 큰 혜택을 계속하여 감사히 기억함은 더 좋은 일이기 때문이며 부분적으로는 우리가 이 날을 흔히 잊어버리기 쉽기 때문이다. 이것에 대한 자연의 빛이 조금 적으나 이것은 오히려 다른 때에 합당한 일들에 있었어 우리의 본래의 자유를 제재하며 이것은 이레 중에 단 한 번만 오고 여러 가지 세상의 일들이 그 사이에 옴으로 우리들의 마음을 이 날에 대한 생각으로부터 빼앗아 가서 이 날을 준비하거나 이 날을 거룩이 하는 일에 지장이 있게 하며 사단은 그의 기구들을 가지고 많이 힘써 이 날의 영광을 거두어 버리고 심지어 이를 기억하지 못하게 하여 모든 비종교적 불경한 요소들을 들어오게 하려 한다"(출 20:8, 눅 23:54, 막 15:42, 느 13:19, 시 92:13-14, 겔 20:12, 창 2:2-3, 계 1:10). 그렇기 때문에 기억하라고 했습니다.

결론

제4계명은 예배의 시간을 말씀하고 있습니다. 예배는 인간의 임의로 드리는 것이 아니고 하나님이 원하시는 대로 드려야 합니다.

하나님은 이레 중 한 날을 정하여 주의 날에 예배 받으시기를 원하며 이 날을 지키는 방법은 다른 날과 구별하여 거룩하게 지켜야 하며 엿새동안 힘써 일하고 안식일은 모든 노동을 멈추고 하나님의 창조와 출애굽의 구속과 축복의 날이 되게 하신 것을 생각하고 안식하여야 합니다. 오늘의 우리들은 창조의 섭리와 예수 그리스도의 구속과 부활을 생각하면 미래의 새하늘과 새땅을 사모하며 이레 중 첫째날 주의 날에 이 날을 구별하여 하나님께 예배하며 영광 돌리는 삶이 되시기를 축원합니다.

당신은 안식일을 지킬 이유를 아십니까? 할렐루야 아멘.

제5계명(戒名)

출 20:12

제 63 문

제5계명이 무엇인가?

답 : 제5계명은 네 부모를 공경하라 그리하면 너희 하나님이 준 땅에서 네가 오래 살리라 하신 것이다(출 20:12, 엡 6:2-3).

십계명은 두 돌판으로 되어 있으며, 한 돌판에는 하나님 공경에 대한 대신관계를 기록한 계명으로 경배의 대상인 여호와 하나님과 그 하나님을 어떻게 경배하는 방법과 경배의 정신과 경배의 시간에 대하여 말씀하고 있음을 배웠습니다.

예수님은 마음을 다하고(경배의 대상에게), 성품을 다하고(경배의 방법으로), 뜻을 다하며(경배의 정신으로), 힘을 다하여(경배의 시간) 하나님을 섬길 것을 말씀하고 있습니다.

이제 제5계명부터 제10계명까지는 대타관계로 하나님이 주신 권위에 대해서 복종(5계명), 생명의 신성(6계명), 결혼의 신성(7계명), 재물의 신성(8계명), 언어의 신성(9계명), 명예의 신성(10계명)에 대하여 말씀하고 있습니다.

제5계명은 둘째 돌판에 새겨진 첫째 계명으로 권위의 순종에 대하여 말씀하고 있습니다. 바울은 5계명을 첫째 계명이라고 했습니다(엡 6:2-3).

1. 율법(律法)을 주신 목적(目的)

율법은 하나님의 명령이요, 판단이요, 교훈이요, 삶의 규례요, 법도로서 어떻게 하나님께서 요구하시는 본분 즉 뜻을 순종하며 그 순종할 규칙이 무엇임을 보여주는 도덕적 법칙입니다.

율법을 주신 목적은 모든 사람이 죄를 범치 않고 죄를 깨달아 회개하게 해주며 "그러므로 율법의 행위로 그의 앞에 의롭다 하심을 얻을 육체가 없나니 율법으로는 죄를 깨달음이니라"(롬 3:20). 나아가 복음에 눈을 뜨게 하여 하나님을 보게 해주며 축복을 향해 적극적으로 살아가게 하는 것입니다. 나아가 악을 벌하고 불신자로 하여금 그리스도에게 인도합니다.

1) 모든 사람을 위한 목적

(1) 모든 사람에게 하나님의 거룩한 성품과 뜻을 알게 해 줍니다(롬 7:12).

(2) 모든 사람에게 생활의 의무를 규정지어 줍니다(미 6:8, 눅 10:26-28).
(3) 모든 사람이 이를 지킬 수 없는 무력함과 그들의 심령이 죄로 타락된 것을 알게 하며(롬 3:20),
(4) 모든 사람이 죄와 비참을 느껴 겸손하게 하며(롬 3:9, 23, 7:9, 13),
(5) 모든 사람이 그리스도를 받아들여야 함을 알게 하고(갈 3:21-22),
(6) 모든 사람이 하나님의 율법에 완전히 순종케하는데 있습니다.

2) 불신자를 위한 목적

(1) 모든 불신자들의 양심을 깨우쳐서 진노를 피하여(롬 7:9), 예수 그리스도에게로 인도해 주며(갈 3:24),
(2) 모든 불신자들의 죄악상을 밝혀주며 죄를 계속 지을 때 심판을 핑계치 못하게 하며(롬1:20),
(3) 모든 불신자를 저주 아래 두기 위해서 입니다(갈 3:10).

3) 중생자를 위한 목적

(1) 모든 중생자들이 그리스도께서 그들을 위해 율법을 성취하기 위해서 또 그들의 축복을 위해서 대신 저주를 참으신 것을 깨닫게 하며(롬 7:4-6, 6:14, 3:20, 8:1-4, 갈 3:13-14),
(2) 모든 중생자들이 더욱 감격하여 그들이 순종하는 생활의 규범으로 삼아 잘 지키도록 최선을 다하게 하는데 있습니다(골 1:12-14, 롬 7:22).

2. 관계(關係)에 대한 설정(設定)

지금까지는 대신관계인 제 1-4계명에 대하여 말씀하신 것이지만 첫째 돌판과 둘째 돌판 사이에 어떤 상호관계가 있는가를 알아야 할 것입니다.

1) 상하관계

위로 하나님 공경에 대한 것이고 아래로 사람을 대하는 것으로 상하관계가 있습니다.

2) 직접관계

전자가 하나님 경배에 있어서 직접적이고 인간 상호간의 의무에 대해서 간접적인데 비해서 후자는 인간에 대해서는 직접적이고 하나님께 대해서는 간접적입니다.

3) 인과관계

두 사이에는 인과관계가 있습니다. 첫째 하나님을 잘 섬기는 것이 원인이 되어 결과적으로 이웃을 사랑한다는 것입니다.

4) 의식 도덕법 관계

전자는 의식법을 강조하고 있지만 후자는 신령적 도덕적 면을 강조하고 의식은 그리 중요시되지 않습니다.

5) 같은 형벌

어느 계명이나 범할 때 받는 형벌은 같습니다(경중의 차이는 있다).

3. 권위(權威)에 대한 존중(尊重)

합 법적인 인간의 권리는 하나님이 주신 것입니다. 하나님께서 그 권위를 설정하셨기 때문에 인간 스스로 그 권위를 파기할 수 없습니다. 남편은 아내를 다스릴 권한을 받았으며(엡 5:22), 부모는 자녀들을 다스릴 권한을(엡 6:1-3) 받았습니다. 이 권한을 존중하는 일은 궁극적으로 하나님을 향한 본분입니다.

하나님께서 사람을 창조하셨을 때에 유일한 공동체는 가족제도였습니다.

인류가 타락한 후 다른 두 개의 중요한 제도가 주어졌는데 그것은 교회와 국가입니다. 하나님은 복음을 가르치는 일과 그리스도 안에서 신앙을 고백하는 자들을 훈련시키는 영적인 통치 기관인 교회를 주셨습니다. 국가는 세상의 악과 무법을 저지하기 위해 권위가 주어진 것이며 교회는 신앙을 가진 사람들을 훈련시키고 바른 길로 인도하기 위해 권위를 주신 것입니다. 원래 이 두 권위는 가정이며 부모에게 주어진 권한입니다. 타락 후 권한이 하나님에 의하여 교회와 국가에 위임된 것입니다. 교회와 국가의 지도자들은 공적인 권한을 가지고 있음을 알아야 합니다. 하나님이 주신 권한을 존경하는 것은 간접적으로 하나님을 존경하는 것이요, 하나님의 뜻을 이루는 것이기 때문에 그리스도인들은 그의 의무를 다해야 합니다.

제5계명은 정당하게 설정된 권한을 존중하여 복종하는 원리를 가르치고 있습니다. 하나님만이 가정과 교회와 국가에 대한 완전한 권한을 가지고 있으며 사람에게 위임된 영역에는 정한 한계가 있습니다. 자기의 권한의 영역 안에서의 권위를 하나님은 인정하십니다. 가정 문제는 국가가 간섭할 수 없으며 국가의 일은 교회가 간섭하도록 허용되어 있지 않습니다. 또 교회가 국가의 정당한 영역을 간섭할 수 없습니다. 그리스도인은 하나님이 주신 권한을 남용하는데 대해 대항해야 할 때가 있습니다.

베드로는 사람보다는 하나님께 복종해야 한다(행 5:29)고 말했습니다. 어떤 사람이 권력을 가지고(부모, 목사, 통치자 등등) 주어진 한계를 넘어서 다른 사람의 합당한 권한을 침범할 때 그리스도인은 저항할 수 있고 저항해야 합니다.

하나님께 순종하기 위하여 사람에게 불복종하는 것만이 우리가 할 수 있는 일입니다. 계명을 지키는 일은 하나님의 뜻을 이루는 것이기 때문에 우리는 기쁜 마음으로 순종해야 합니다. 특별히 제 5계명을 지키는 자에게는 번영된 축복과 장수가 보장되어 있습니다. 하나님의 영광을 위해 자신의 행복을 위해 공동체의 화평을 위해 우리는 최선을 다해야 합니다. 우리는 하나님이 우리에게 주신 권한의 영역 안에서 최선의 의무를 다해야 합니다. 부모의 권위를 받은 사람은 육신의 부모, 성직자, 주권자, 관원, 선생, 주인입니다. 이들의 정당한 권위에 순종하기를 바랍니다.

결론

사람은 태어나면서부터 관계를 가집니다. 그 첫번 관계가 부모와의 관계입니다. 이 부모와의 관계가 잘못되면 모든 관계가 정상적일 수가 없습니다. 제5계명을 부모와의 바른 관계를 말씀하고 있습니다. 나아가 모든 권위에 순복할 것을 말씀하고 있습니다.

모든 권위는 하나님이 주신 것입니다. 우리는 하나님이 주신 권위에 복종해야 하며 그 권위를 받은 사람들은 하나님이 주신 권위의 영역 안에서 권한을 행사해야지 그 영역을 벗어날 때는 저항과 하나님의 심판이 있습니다. 우리는 제5계명의 정신을 바로 이해하고 바로 알아 순종함으로 하나님의 약속의 축복을 누리기를 축원합니다.

당신은 권위에 순종합니까? 할렐루야 아멘.

제5계명에 명(命)하는 것

출 20:12, 엡 6:1-4

제 64 문

제5계명에 명하는 것이 무엇인가?

답 : 제5계명에 명하는 것은 각 사람에게 그 속한 지위와 인륜관계 곧 상(엡 5:22, 6:1, 롬 13:1), 하(엡 6:9), 평등(롬 12:10)을 따라 높일 자를 높이고 행할 일을 하라 하는 것이다(레 19:32).

제5계명은 대인관계에 대한 성도들의 삶에 지혜가 어떠하여야 하는 가를 말씀하고 있습니다. 인간의 삶에서 가장 중요한 것은 하나님 관계이고, 둘째는 인과관계입니다. 서로의 관계속에서 우리에게 주신 상 하 평등의 관계를 바로 정립할 때 참된 행복과 질서를 가질 수 있는 것입니다.

우리가 이 세상에 태어나서 맨 처음 갖게되는 관계는 부모님들과의 관계입니다. 육적 출생을 통해서 부모님과 관계를 맺게되고 영적 출생을 통해서 하나님과의 관계를 맺게 됩니다. 제5계명은 부모와 자식과의 관계를 말하지만 또한 세상 권위에 대한 말씀이기도 합니다. 부모와 자식과의 관계는 모든 관계의 중심이며 기초이기도 합니다.

제5계명은 복음적으로는 영원한 계약이지만 인간 자신과의 관계에서 볼 때 시한적인 계명이라고 할 수 있습니다. 왜냐하면 부모가 살아계실 때만 가능하기 때문입니다.

1. 부모를 공경(恭敬)할 이유(理由)

'공경'이란 말은 히브리어 '카베드'로 뜻은 '무겁다'란 뜻입니다. 이 말은 인간의 신체의 '간장'을 말하는데 사람의 내장 중에 가장 무거운 것이 간장입니다. 부모를 공경하는 것은 간장처럼 귀하게 여기라는 뜻입니다. 만약 간장에 이상이 생기면 건강한 사람이 될 수 없습니다. 효도는 바로 마음중심에서 심장으로 섬기라는 원리의 뜻입니다. 부모를 귀중히 무겁게 여기되 중심에서 심장으로 여기라는 말씀입니다.

그러면 우리가 부모님을 공경해야할 이유가 무엇입니까?

1) 부자의 혈연관계이다.

자식은 부모에 의해서 출생되어지는 것입니다. 자녀는 부모에게서 피를 나누어 받았으며 곧 생명을 받은 것입니다. 아담이 하와에게서 말한 것처럼 자녀는 부모의 뼈 중의 뼈요 살 중의 살입니다(창 2:23).

바울은 예수님의 인성을 소개할 때 "육신으로는 다윗의 혈통에서 난 것을 중요하게 다루었습니다"(롬 1:2-3). 그리고 사람은 출생 당시부터 자립할 수 없습니다. 인간은 모든 만물 중에 유년기를 가장 오래 가지는 존재입니다. 그러므로 부모의 사랑과 보호와 헌신으로 양육받아 한 인간으로서 자립할 수 있습니다. 부모에게 효도하는 것은 너무도 당연한 것입니다. 우리는 부모로부터 생명과 살과 피를 받은 자들입니다. 이것만으로도 충분히 효도해야 합니다.

2) 부모를 자식 위에 세우심이다.

자식이 부모를 선택한 것이 아니고 부모가 사랑으로 자식을 낳은 것입니다. 성경은 이것을 하나님이 주신 선물이라 말씀하고 있습니다(시 127:3). 하나님께서는 자녀들을 부모의 권세 아래 두시고 에베소서 6:4에 "주의 교양과 훈계로 양육하라"고 부모에게 명령하고 있습니다.

세상이 모두 죄악으로 타락하고 인간들이 방종하여 무분별한 무법천지로 변한다 하더라도 변하지 말아야 할 천륜입니다. 오늘의 시대는 어떠합니까? 부모의 권위가 땅에 떨어진 시대 현재 유행하는 말 "아버지 힘내세요" "고개 숙인 남자" 모두 부모의 권위가 상실된 시대의 언어들입니다.

"어느 날 아버지와 아들이 함께 목욕탕에 갔습니다. 아버지가 먼저 열탕에 들어가면서 아이 시원하다고 말했습니다. 그 다음에 아들이 들어갔습니다. 열탕에 들어간 아들은 뜨거운 물에 놀라서 하는 말이 세상에 믿을 놈 한 놈도 없구나고 말했다고 합니다" 웃기는 이야기 갔지만 이것이 바로 오늘의 우리의 삶의 현장이요 가정의 현장입니다. 하나님은 우리에게 부모님을 자식 위에 세워두신 것입니다. 우리는 이 부모님의 권위를 인정하고 효도의 삶을 살아야 할 것입니다.

3) 옳은 일이기 때문입니다.

부모를 공경하는 것은 자율적인 공경이 아니라 신률적인 공경입니다. 효도는 바로 천륜입니다. 에베소서 6:1에 "자녀들아 너희 부모를 주 안에서 순종하라 이것이 옳으니라" 부모님을 공경하는 것은 옳은 일이기 때문에 행해야 합니다. 성경은 선을 알고도 행치 않으면 죄라고 했습니다. 요한복음 19:26-27에 예수님도 끝까지 효도하신 모습을 보여주시고, 평소에도 누가복음 2:51에 "예수께서 한가지로 내려가사 나사렛에 이르러 순종하여 받드시더라" 했습니다. 예수님은 그 시대 바리새인들이 하나님을 핑계로 부모님께 효도하지 않음을 책망하셨습니다. 마가복음 7:6-13에 당시 유대인들이 부모님을 공경하지 못하는 이유로 하나님을 들먹인 사건을 기록하고 있습니다. '고르반' 즉 하나님께 드렸다고 하며 부모님께는 드릴 것이 없다고만 하면 효도하는 것으로 저들은 인식하고 있었습니다. 예수님께서는 이들에게 제5계명을 폐하고 있다고 책망하셨습니다.

오늘날도 바리새인 같은 그리스도인들이 있습니다. 교회생활은 잘하는데 부모공경에 영점 짜리가 있습니다. 요한일서 4:20에 "누구든지 하나님을 사랑하노라 하고 그 형제를 미워하면 이는 거짓말하는 자니 보는 바 그 형제를 사랑치 아니하는 자가 보지 못하는바 하나님을 사랑할 수가 없느니라"

기독교는 효도의 종교입니다. 인간에 대한 첫계명이 네 부모를 공경하라는 것이기 때문입니다. 부모를 공경하는 것은 너무나 당연한 일이며 해야할 옳은 일입니다.

4) 하나님을 기쁘시게 하는 것이다(골 3:20).

부모님께 순종하고 공경하는 것은 단순히 부모님을 기쁘시게 하는 일이 아니라 긍극적으로 하나님을 기쁘시게 하는 것입니다. 부모는 단순히 우리를 낳아주고 육신의 생명을 주고 보존시켜 주는 분으로만 이해되어서는 안됩니다. 부모님은 하나님의 대리자이기도 하다는 사실을 망각해서는 안됩니다. 골로새서 3:20 말씀을 현대인 성경을 보면 "자녀들은 모든 일에 부모에게 순종하십시오 이것이 주님을 기쁘시게 하는 일입니다." 부모님께 순종하고 복종하는 것은 하나님을 기쁘시게 하는 것입니다.

반대로 생각하면 부모님께 불순하는 것은 하나님께 불순하는 것과 같습니다. 효도는 바로 하나님을 기쁘시게 하는 것입니다. 우리의 삶속에 제5계명이 살아 숨쉬는 가정과 사회와 교회가 되게 합시다.

5) 하나님의 명령이다(엡 6:2).

신명기 5:16 "너는 너의 하나님 여호와의 명한 대로 네 부모를 공경하라"고 했습니다. 명령은 순종해도 좋고 안해도 되는 교훈이 아니고 반드시 준행해야 하는 것입니다. 잠언 3:1 "내 아들아 나의 법을 잊어버리지 말고 네 마음을 다하여 명령을 지키라" 잠언 6:23 "대저 명령은 등불이요 법은 빛이요 훈계와 책망은 곧 생명의 길이라"고 했고, 에베소서 6:2 "약속 있는 첫 계명이라"고 했습니다. 효도는 계명이기 때문에 분명히 실천해야 합니다. 우리에게 선택의 여지가 없습니다.

2. 부모공경의 방법(方法)

지금 까지 우리가 왜 부모를 공경해야 하는가를 생각하여 보았습니다. 그러면 어떻게 해야 부모를 공경하는 것인가를 고찰하여 보기로 하겠습니다. 칼빈은 "부모에게 효도한 적이 없는 자는 괴물이지 인간이 아니다"고 말했습니다.

1) 적극적 방법

(1) 인격을 존중하여야 합니다.

'존중히 여긴다'는 말의 '카베드'는 '무겁다'란 뜻을 말하며 이 말은 몸의 내장 중 가장 무거운 것이 간장입니다. 간장이란 말이 '카베드'입니다. 간장처럼 소중히 여기며 가치있게 여겨야 한다는 말입니다. 사람이 간에 이상이 생기면 몸 전체가 정상일 수 없듯이 간 기능이 우리 몸에 중요하듯시 부모 공경도 인간사에 중요한 것입니다. 진심으로 존경하는 마음으로 효도해야 합니다.

(2) 순종해야 합니다.

예수님은 부모님께 공생애 때 순종하였다고 성경은 말하고 있습니다. 누가복음 2:51 "예수님께서 한 가지로 내려가사 나사렛에 이르러 순종하며 받드시더라 그 모친은 이 모든 일을 마음에 두니라" 이삭은 40세에 결혼하면서도 부모님이 맺어주신 신부와 결혼하였습니다.

(3) 애정을 가져야 합니다.

사랑이 강조되지 않고 순종만 한다면 무거운 짐이 될 것입니다. 애정을 가져야 합니다.

2) 소극적 방법

(1) 근심과 염려를 끼치지 말라(창 27:41-46).   (2) 부모를 업신여기지 말라.
(3) 원망하지 말라(창 27:37-39).   (4) 흠집을 들어내지 말라(창 9:20-27).
(5) 생활를 공급하여야 한다(딤전 5:8).

3. 부모의 뜻

제5계명에서 말하는 부모는 육신의 부모를 말합니다만 또한 부모의 뜻은 여러 층의 사람이 포함되며 부모의 영역 안에 다른 인격들을 포함시키고 있습니다.

대요리문답 제124문은 부모를 ① 가정에서의 부모(혈육), ② 주권자(삼상 24:11), 관원 선생(왕하 2:9,12), ③ 교회에서 성직자(고전 4:15), ④ 연륜으로 보아 이웃 어른들(딤전 5:1-2), ⑤ 직업에 있어 주인(벧전 2:18, 엡 6:6) 이처럼 부모의 영역을 넓게 말씀하고 있습니다.

효도는 우리의 모든 삶의 영역에서 우리의 인격과 삶의 태도를 형성하는 근본 정신입니다.

4. 지키는 자의 축복(祝福)

1) 생명의 축복(장수)(출 20:12, 신 6:2, 엡 6:3)

"네 생명이 길리라"(출 20:12). "장수하리라"(엡 6:3). 이 말씀 속에는 이중적 약속이 있습니다. 이스라엘 민족이 앞으로 약속의 땅 가나안에 들어가 많은 자식들을 낳고 살다가 마침내는 그리스도께서 그 땅에 태어나게 될 영원한 축복의 예언이며, 개인적으로는 효도의 결과로 장수하는 축복을 받는다는 말입니다. 히브리어 '아라크'는 '계속해서 길어진다' '오래 머문다' '오래 산다' '연장한다' 뜻입니다. 예로 압살롬(삼하 18:9-15), 홉니와 비느하스(삼상 2:34)는 불효의 삶을 살다가 단명하였습니다.

반면 요셉과 룻은 천수하며 살다가 세상을 떠났습니다. 마태복음 15:4 "하나님이 이르셨으니 네 부모를 공경하라 하시고 또 아비나 어미를 훼방하는 자는 반드시 죽이리라 하셨거늘" 효도하면 나라는 장구하고 개인은 장수합니다(신 6:2).

2) 잘되는 축복

"잘되고"(엡 6:3) '잘된다' 라는 말은 히브리어 '야타브'는 '잘된다' '기쁘게 한다' '형통한다' 입니다. 이 말은 효도하는 자에게는 만사가 기쁨으로 잘되고 형통하여진다는 것입니다. 예로 함(창 9:20-27)과 삼손(삿 14:1-3)은 저주와 형벌을 받았고, 여호수아(수1:7)와 다윗, 요셉(창 45:27-28)은 잘 되는 축복을 받았습니다.

3) 복을 누리게 됨

사람이 모든 것을 다 얻었다 하더라도 누리지 못한다면 무슨 소용이 있을까요? 전도서 5:19 "어떤 사람에게는 하나님이 재물과 부요를 주사 능히 누리게 하시며 분 복을 받아 수고함으로 즐거워하게 하신 것은 하나님의 선물이라." 전도서 6:2 "어떤 사람은 그 심령에 모든 소원이 부족함이 없이 재물과 부와 존귀를 하나님께 받았으나 능히 누리게 하심을 얻지 못하였음으로 다른 사람이 누리는 이것도 헛되어 악한 병이라." 잠언 10:22 "여호와께서 복을 주시므로 사람으로 부하게 하시며 근심을 겸하여 주지 아니하시고." 성경 속의 최고의 효부 룻은 보아스와 결혼하여 일생을 통하여 축복을 누리도록 하나님이 섭리하셨습니다.

결론

부모를 공경한다는 것은 그 자체가 축복입니다. 공경할 수 있는 대상이 있는 것이 축복입니다. 우리는 주 안에서 효도하여 영혼이 잘되며 범사가 잘되는 축복을 받아 누리는 성도가 되시기를 축원합니다. 당신은 효도하고 있습니까? 할렐루야 아멘.

제5계명의 금하는 것

창 9:20-27

제 65 문

제5계명이 금하는 것이 무엇인가?

답 : 제5계명에 금하는 것은 각 사람에게 그 속한 지위와 인륜관계 곧 상하와 평등을 따라 높일 자를 높이고 행할 일을 하라는 것이다(롬 13:7-8).

제5계명은 효도하는 자에게는 땅에서 장수하고 잘되고 복을 누릴 것을 약속하고 있으며, 효도하는 자는 하나님을 기쁘시게 하는 것이요(골 3:20), 부모님을 기쁘시게 하는 것으로 인간의 삶의 기본 도덕률이 되는 것입니다.

창세기 9:20-27은 노아의 아들 함이 아버지의 실수한 모습을 공개함으로 노아의 실수를 들어 변명할 수 없는 죄를 범하고 말았습니다. 왜냐하면 노아의 실수는 하나님이 판단할 문제이지 아들인 함이 판단할 문제가 아니기 때문에 죄를 지은 것입니다. "아비나 어미를 모욕하는 것은 죽을 죄를 범하는 것"입니다(출 21:17, 신 21:18-21, 잠 30:11,17). 죄를 고치기 위해 또 다른 죄를 범한다면 죄의 반복으로 모든 사람이 하나님 앞에서 심판 받아야 할 대상이 되고 말 것입니다. 하나님이 5계명에 금하는 것이 무엇일까요?

1. 부모에 대한 의무(義務) 소홀(막 7:9-13)

디모데전서 5:8 "누구든지 자기 친족 특히 자기 가족을 돌아보지 아니하면 믿음을 배반한 자요 불신자 보다 더 악한 자니라."

우리는 부모님들이 내마음에 들지 않는다고 업신여기고 소홀히 생각하고(왕상 2:20) 천하게 여기고 무시하지 않습니까? 그들이 있었기에 오늘의 내가 있지 않습니까? 그들의 수고와 헌신이 바로 오늘의 나를 존재하게 한 것입니다.

우리들의 부모님들은 우리가 많은 약점과 단점을 가지고 있음에도 불구하고 우리를 사랑하고 애정을 가지고 길러주신 것입니다. 오늘의 많은 사람들이 필요에 따라 이해 타산에 따라 득실에 따라 부모를 섬기고 모시려 하기 때문에 부모님들이 재산권이 있으면 자식에게 물려주지 않고 세상을 떠날 때까지 가지고 계신다는 것입니다. 이 얼마나 비참한 현실입니까?

제5계명은 시한부 계명입니다. "어버이 살아 생전에 섬기기를 다하여라 지나간 후에 애달다 어이하리 평생에 고쳐 다시 못할 일이 이뿐인가 하노라"고 시인은 고백하였습니다.

부모에 대한 효도의 소홀은 제5계명을 범하는 죄가 됩니다. 효부 룻은 순종하며 효를 다하다 행복한 가정을 이루고 뿐만 아니라 예수님의 가문에 드는 영예을 얻은 것입니다. 마태복음 1:5 "보아스는 룻에게서 오벳을 낳고 오벳은 이새를 낳고 이새는 다윗왕을 낳으니라"고 성경은 기록하고 있습니다. 하나님은 부모를 통해 자식을 축복하는 통로로 사용하십니다. 족장시대에 부모의 축복은 그대로 이루어졌습니다. 이삭과 야곱과 요셉이 대표적인 인물입니다.

2. 성직자(聖職者)에 대한 의무(義務)소홀

성직자는 하나님이 세우시고(엡 1:22, 요 1:6), 하나님의 사자로(고후 5:20), 복음으로 낳은 부모로(고전 4:15), 성직자를 부모로 존경할 것을 성경을 가르치고 있습니다. 성직자에게 존경을 다하는 사람은 그의 자손이 복을 받습니다.

1) 성직자를 존경하자(고전 4:14-15).

육신의 부모가 잘못하여도 효도를 다해야 하는 것과 같이 성직자도 혹시 약점이 있다 하더라도 하나님의 종이며 하나님이 세우신 것입니다(요 1:6-8). 하나님이 세우신 사람을 우리의 편견으로 우리의 잣대로 성직을 비판하고 성직자를 존경하지 않는다면 이것은 아주 잘못된 신앙입니다. 함이 아버지의 실수를 비판함으로 그의 죄가 정당화되지 못했던 것처럼 우리의 잘못도 정당화될 수 없습니다.

오늘 현실 속에서 훌륭한 성직자가 있고 덜 훌륭한 성직자도 있는 것은 사실입니다. 그러나 하나님의 사자라는 것에는 차이가 없습니다. 한나는 그 시대에 가장 무능한 엘리 제사장의 말을 듣고 존경함으로 평생의 소원인 자녀를 얻었고(삼상 1:18-21), 행복한 가정을 이루었습니다. 성직자의 축복은 권세가 있습니다. 창세기 49:7에 저주받은 레위가 신명기 33:11에는 모세의 축복으로 하나님의 종으로 쓰임 받는 제사장 족속이 되었습니다.

성직자를 축복의 사람으로(행 3:26, 민 6:22-27, 신 21:5), 백성의 어른으로(레 21:4), 세웠음으로 그들을 존경해야 합니다.

2) 순종하고 복종하여야 한다(히 13:17).

순종은 자원하는 마음으로 기쁜 마음으로 하는 것이고 복종은 억지로라도 하라는 것입니다. "너희를 인도하는 자들에게 순종하고 복종하라 저는 너희 영혼을 위하여 경성하기를 자기가 회계할 자인 것같이 하느니라 저희로 하여금 즐거움으로 이것을 하게 하고 근심으로 하게 말라 그렇지 않으면 너희에게 유익이 없느니라"(히 13:17).

3) 근심이 없게 하라(히 13:17).

목회자가 기쁜 마음으로 성직을 감당하도록 해야 합니다. 나를 위해 기도할 때 기쁜 마음으로 즐거운 마음으로 마음껏 축복하도록 해야 하는 것입니다.

어느 교회에 부흥회를 갔을 때 그 교회 여전도회장이 말하기를 우리교회 목사님이 새벽마다 기도할 때 누구를 제일 먼저 기도하는지 궁금하다고 했습니다. 여러분은 궁금하지 않습니까? 여러분을 위해 기도할 때 기쁨으로 기도할 것이라고 확신할 수 있습니까? 강단에서 항상 축복의 소리가 선포되어야 합니다. 강단에서 책망의 소리, 낙심의 소리, 불안한 소리, 근심의 소리, 구걸하는 소리가 나지 않고 축복하지 않고는 견딜 수 없는 환경이 되도록 해야 할 것입니다. 목사는 유모와 같기 때문에 영양이 풍부해도 속을 썩이면 쓴 젖이 나옵니다.

4) 성직자를 보호해야 한다(왕상 18:13).

왓슨은 "성직자에게 중상모략이 들어오면 성도들이 이를 변호해 주어야 한다."고 하였습니다. "장로(목사)에 대한 송사는 두세 증인이 없으면 받지 말 것이며"(딤전 5:19).

제가 아는 교회는 여름수련회 갔다가 불행하게 학생 하나가 익사하는 사고가 일어났습니다. 그때 그 교회의 장로님이 전적으로 책임을 지고 목사님 대신 수없이 그 집에 찾아가 사과하고 문제를 잘 해결했다는 것입니다. 그후 그 장로님은 큰 축복을 받았으며, 지금도 충성하고 있습니다.

콘스탄틴 대제는 성직자를 부당하게 대우하고 중상하는 자를 화형에 처했습니다.

5) 성직자를 배척하지 말라(딤후 4:10).

"데마는 이 세상을 사랑하여 나를 버리고 데살로니가로 갔고"(딤후 4:10).

하나님은 성직자의 불신임을 막기 위해 아론의 지팡이에 싹이 나게 하였습니다(민 17:).

어느 목사님은 말하기를 "목자가 양을 치다가 지쳐서 양우리 문 앞에 쓰러져 있으면 어떤 양은 얼굴에 똥을 싸고 넘어가고, 어떤 양은 뒷발로 차고 넘어가고, 어떤 양은 살짝 넘어 간다는 것입니다."라고 말하면서 교인들이 나갈 때 똥싸고 차고 넘어가지 않고 살짝 넘어가면 감사해야 한다고 했습니다. 이 얼마나 가슴 아픈 일입니까? 모세를 원망하던 고라 자손들을 하나님이 심판했습니다(민 16:).

일생동안 성직자를 배척하는 일만은 하지 말기를 부탁드립니다. 그가 잘못하면 하나님이 심판하실 것입니다.

6) 성직자의 명예를 존중하자(롬 11:3).

"헌법 정치 제4장 제1조" "목사는 노회의 안수로 임직을 받아 그리스도의 복음을 전하고 성례를 거행하며 교회를 치리하는 자니 교회의 가장 중요하고 유익한 직분이다"(롬 11:3). 우리는 성직자를 존경하고 귀하게 대할 뿐만 아니라 그 명예를 순종하여야 합니다. 그럼에도 불구하고 비판하고 욕하고 모함하고 업신여기는 것이 현실입니다. 목사가 설교를 길게 하면 시골목사, 짧게 하면 밑천 없다고 하고, 쉽게 하면 무식하구나 하고, 어렵게 하면 교만하다고 합니다. 또 심방갈 때 빨리 가면 출랑된다. 천천히 가면 거룩한 체 한다. 우리는 항상 성직자의 명예를 존중하고 귀하게 대하여야 합니다(딤전 5:17).

7) 성직자의 삶을 책임지라(갈 6:6).

"가르침을 받는 자는 말씀을 가르치는 자와 모든 좋은 것을 함께 하라"(갈 6:6). 구약성경을 보면 제사장들이 가난했을 때는 이스라엘이 가난해지고 부해질 때는 이스라엘 나라가 부요해졌습니다. "헌법정치 제5장 제3조" 목사를 청빙할 때는 "주 안에서 순복하고 주택과 매삭과 생활비를 드리기로 서약하는 동시에 이를 확실히 증명하기 위하여 서명 날인하여 청원하도록 되어 있다." "이는 하나님이 받으실만한 향기로운 제물이요 하나님을 기쁘시게 한 것이라"(빌 4:18).

3. 주권자(主權者) 관원(官員) 선생(先生)

주인(主人)에 대한 의무(義務)를 소홀히 해서는 안됩니다.
주권자 관원과 선생과 주인은 하나님께서 국가의 안녕과 질서를 위해 세우신 것입니다(대하 29:5-7). 예수님도 마태복음 22:22에 국가의 세금을 낼 것을 말씀하시고, 바울(롬 13:1-5)도, 베드로(벧전 2:13-17)도 국법을 준수하고 주권자와 관원을 존경하라고 했으며, 주인에게 순종할 것을 가르치고 있습니다(벧전 2:18).

결론

제4계명이 금하시는 것은 바로 우리에게 더 큰 축복을 주시기 위해서 금하여 의무를 다할 것을 강조하고, 이 계명을 지키는 자에게는 장수와 형통과 누리는 축복을 주십니다. 나를 낳아주신 부모님께 소홀히 하지 말고, 나의 신앙을 지도하시는 목사님을 소홀히 생각하지 말고, 모든 윗사람을 존경하는 삶이 되기를 축원합니다. 효도의 삶을 사는 축복된 성도가 되기를 축원합니다.

당신은 부모님과의 관계가 자랑할 만합니까? 당신은 교회 목사님과의 관계가 좋다고 인정하십니까? 목사는 당신의 축복의 통로입니다. 부모는 당신의 축복의 통로입니다. 할렐루야 아멘.

제5계명을 지킬 이유(理由)

엡 6:2-3

제 66 문

제5계명을 지키라 한 이유가 무엇인가?

답 : 제5계명을 지키라 한 이유는 이 계명을 지키는 모든 자에게 장수함과 흥왕하는 복을 허락하심이니 다만 하나님께 영광을 돌리고 사람에게 이익이 있도록 만 주시는 것이다(엡 6:2-3).

제5계명을 지키라는 이유는 축복이 약속되어 있기 때문입니다. 하나님의 명령이기 때문입니다.

"여호와께서 우리에게 이 모든 규례를 지키라 명하셨으니 이는 우리로 우리 하나님 여호와를 경외하여 항상 복을 누리게 하기 위하심이며 또 여호와께서 우리로 오늘날과 같이 생활하게 하려 하심이라"(신 6:24). 또 "내가 오늘날 네 행복을 위하여 네게 명하는 여호와의 명령과 규례를 지킬 것이 아니냐"(신 10:13)라고 축복을 약속하고 있습니다.

십계명 중 축복을 약속한 계명은 제2계명과 제5계명입니다. 대요리문답 133문에서 제5계명을 더욱 강화하기 위하여 첨가된 이유가 무엇입니까? "너희 하나님 나 여호와가 네게 준 땅에서 네 생명이 길리라"는 이 말씀에 나타나 있는 제5계명에 첨가된 이유는 (출 20:12) 하나님의 영광과 그들 자신의 선을 위해 쓰이는 한 이 계명을 지키는 모든 사람들에게 주려는 장수와 번영의 분명한 약속입니다(신 5:16, 왕상 8:25, 엡 6:2-3).

제5계명을 지킬 이유는 하나님의 영광과 자신의 선을 위해 계명을 지키는 자의 축복을 위해서 지키라는 것입니다.

1. 축복(祝福)이다.

십계명 중 제2계명과 제5계명은 축복을 약속하고 있습니다. 제2계명은 창조주 하나님 아버지를 바로 알고, 바로 믿고 바로 섬기며 예배하고 공경하는 자에게 천대까지의 축복을 약속하고 있습니다. 제5계명을 나를 낳아 주신 육신의 부모님을 사랑하고 공경할 때 이 땅에 사는 날 동안 천수를 누리며 모든 것이 잘되며 복을 누리게 하신다는 것입니다. 효도는 인간 삶의 근본이며, 이 효도를 통해서 인간은 선한 모습을 보게 되고 하나님은 영광을 받으시게 됩니다.

1) 장수하는 축복이다.

인간의 욕망 가운데 오래오래 죽지 않고 살고 싶은 욕망이 있습니다. 오래 산다는 것은 축복입니다. 에베소서 6:3에 장수란 말은 문자 그대로 오래 산다는 뜻입니다. 정확히 말하면 하나님이 허락하신 연수까지 산다는 말입니다.

시편 55:23에 "주께서 저희로 파멸의 웅덩이에 빠지게 하시리이다. 피를 흘리게 하며 속이는 자들은 저의 날의 반도 살지 못할 것이나 나는 주를 의지하리이다."

천수의 반도 살지 못하는 인생이 있다는 것입니다. 고린도전서 5:5에 "이런 자를 사단에게 내어 주었으니 이는 육신은 멸하고 영은 주 예수의 날에 구원 얻게 하려 함이라" 다시 말하면 영혼 구원을 위해 빨리 데려가는 자들도 있다는 것입니다.

그러나 축복의 사람들은 성경이 말하기를 "향수하고 죽었더라"(창 5:4-21) 향기 나는 삶을 살다 죽었더라는 것입니다. 당신은 향기 나는 삶을 살고 있습니까? 죄짓고 오래 살면 무엇하겠습니까? 병들어 오래 살면 무엇하겠습니까? 고통과 불안과 공포와 초조 속에서 오래 살면 무엇하겠습니까?

제5계명에 오래 산다는 것은 행복하게 축복을 누리면서 생의 환희 속에서 장수를 말씀하고 있습니다. 신명기 5:16에 "너는 너희 하나님 여호와의 명한 대로 네 부모를 공경하라 그리하면 너희 하나님 여호와가 네게 준 땅에서 네가 생명이 길고 복을 누리리라"고 말씀하고 있습니다. 복을 누리며 오래 사는 생이 축복입니다. 성경 속에 불량자들은 오래 살지 못했습니다. 아버지를 반역한 압살롬, 아버지의 속을 썩인 홉니와 비느하스는 오래 살지 못했고, 불효한 에서는 축복을 상속받지 못했습니다(창 26:34-35).

오래 살고 싶습니까? 효도하십시오. 효도는 땅에서 잘되고 장수하는 비결입니다. 히브리어 '아라크'는 '계속해서 길어진다' '오래 머문다' '오래 산다' '연장한다'의 뜻입니다.

2) 잘되는 축복이다.

"땅에서 잘되고"(엡 6:3) 잘되고란 말의 히브리어 '야타브'는 '잘된다' '기쁘게 한다' '형통한다' 입니다. 하나님은 효도하는 자에게 그가 하는 모든 일을 잘되게 하고 하는 일마다 기쁨을 주며 모든 것이 형통하도록 하여 주신다는 말입니다. 잘되기를 원하십니까? 기쁨의 삶을 누리기를 원하십니까? 만사가 형통되기를 원하십니까? 효도하십시오. 효도할 때 이 축복이 임할 것입니다.

"옛날에 어느 시골에 효자가 있었습니다. 부모님이 죽을 병에 들었습니다. 그는 부모님을 위해 정성을 다하였습니다. 그러나 병은 점점더 악화되어가고 있었습니다. 부모님을 위해 백방으로 노력을 하였으나 허사였습니다. 그러다 너무 지쳐서 쓰러져 잠이 들었는데 누가 나타나 천년 묵은 거북을 먹으면 부모님의 병을 고칠 수 있다는 것입니다. 그는 천년 묵은 거북을 구하려고 바닷가에 갔습니다. 바닷가에 하염없이 기다리고 있습니다. 그때 천년 묵은 거북이 생각하기를 나를 잡아가도 어떻게 하겠는가 생각하고 바닷가로 나가 잡혔습니다. 효자는 너무 기뻐서 집에 가서 정성을 다하여 거북이를 솥 안에 넣고 불을 지폈습니다. 온종일 불을 지핀 후에 솥뚜껑을 열어 보니 거북이는 눈만 껌뻑이고 있었습니다. 아무리 불을 지펴도 거북이는 그대로 있는 것입니다. 거북이가 도술을 부리기 때문입니다. 효자는 이제 하늘이 부모님을 데리고 가려나보다 하고 실의에 빠져 졸고 있는데 울타리에서 소리가 들리기를 거북이 아무리 도술을 부려도 천년 묵은 뽕나무로 불을 때면 된다는 것입니다. 그는 뽕나무를 베어 불을 지펴 거북이를 삶아 부모님께 먹였더니 부모님이 건강하여 행복하게 살았다는 것입니다.

상기 이야기는 야화입니다. 그러나 효도하려고 할 때 하늘이 돕는다는 교훈입니다. 우리가 진정 부모님께 효도하면 하나님은 약속 있는 축복으로 채워 주실 것입니다.

3) 복을 누리게 된다.

사람이 모든 것을 얻었다 하더라도 그것을 누리지 못한다면 소용이 없습니다. 신명기 5:16에 "네 부모를 공경하라 그리하면 너희 하나님 여호와가 네게 준 땅에서 네가 생명이 길고 복을 누리리라." 복을 누리는 것이 진정한 축복입니다.

"여호와께서 복을 주시므로 사람으로 부하게 하시고 근심을 겸하여 주지 아니하시느니라"(잠 10:22). 효도하는 자에게는 복을 누리게 하십니다. 복을 누리고 싶습니까? 효도하십시오.

2. 하나님께 영광(榮光)이 된다.

부모님을 기쁘시게 하는 것은 하나님께 영광이 됩니다. 하나님을 영화롭게 하는 자는 삶의 목적을 다하는 것입니다(소요리문답 제1문). 효도는 인간 세상 도덕률의 근본입니다. 인간이 인간의 삶의 목적을 다 할 때 참으로 행복할 수 있습니다.

3. 선(善)한 일이며 유익(有益)(대요리문답 133문)

"우리가 선을 행하되 낙심하지 말지니 피곤하지 아니하면 때가 이르매 거두리라"(갈 6:9). 선한 일은 하나님이 가장 기뻐하시는 일입니다. 선한 일은 모든 사람에게 유익이 됩니다. "부모님께 만족과 기쁨을 주며" "공동체 안의 모든 사람에게 유익이 되며" "자신에게 축복이 되며" "하나님을 기쁘시게 하는 것이며" 받은 축복을 통해서 모두가 행복을 누리게 됩니다. 요셉의 축복으로 애굽과 가족 전체가 축복을 누리는 것처럼 축복을 누리게 될 것입니다.

결론

제5계명은 시한부 계명입니다. 부모님이 살아계실 때만 가능합니다. 부모는 축복의 통로입니다. 하나님은 부모에게 효도하는 자를 땅에서 잘되고 장수하며 복을 누리게 하신다고 약속하고 있습니다. 이 약속은 첫 계명의 약속입니다.

바울이 고백한 것처럼 지금은 자기를 사랑하고 돈을 사랑하고 부모를 거역하는 시대입니다(딤후 3:1-). 이러한 시대일수록 부모님께 효도의 삶을 살기를 원합니다. 진정한 축복을 약속하고 있기 때문입니다.

설령 축복이 약속되어 있지 않다해도 지켜야 할 계명입니다. 사람이 무엇을 심든지 그대로 거둔다고 했습니다. 내가 효도하면 나도 훗날 공경을 받습니다.

여러분의 가정에는 5계명이 살아 있는 가정이 되기를 축원합니다. 당신은 효도하고 있습니까? 오래 살고 싶습니까? 잘되고 복을 누리고 싶습니까? 할렐루야 아멘.

제6계명(戒名)

출 20:13

제 67 문

제6계명이 무엇인가?

답 : 제6계명은 살인하지 말라 하신 것이다(출 20:13).

제6계명은 인간의 생명을 보호하기 위하여 하나님이 하락하신 숭고한 계명입니다. 제6계명은 남의 생명에 대한 보호뿐만 아니라 자신의 생명의 보호에 대한 말씀입니다. 오늘의 시대를 말하기를 '파리목숨의 시대'라고 합니다. 이 말은 생명경시 풍조가 얼마나 심각하다는 것을 표현하고 있습니다. 인류 역사상에 가장 큰 범죄는 바로 살인이라고 할 수 있습니다. 인간 타락후 인간 사회의 첫 범죄가 살인 사건이었습니다(창 4:8). 사도 요한은 가인의 살인 사건은 바로 마귀가 배후에서 조종하여 이루어졌다고 말하고(요일 3:12) 있으며, 예수님께서도 요한복음 8:44에 마귀를 살인자로 규정하고 있습니다.

사람은 하나님의 형상으로 지음 받았기 때문에 존귀합니다. 하나님의 형상대로 지음 받은 인간을 살인한다는 것은 하나님에 대한 무서운 도전이요, 반역이요, 죄악입니다. 성경은 한 생명을 천하보다 귀한 것이라고 말하고 있습니다(마 8:36). 천하를 얻고도 생명을 잃으면 아무 소용이 없다고 말씀하고 있습니다(마 16:26). 하나님은 인간 생명을 사랑하여 독생자를 보내주시고(요 3:16), 생명을 구원하시기 위해서 예수님은 오셨고(마 20:28), 그 생명을 살리기 위해 십자가에 죽으셨습니다(엡 2:1). 우리는 제6계명을 통해 하나님이 인간을 얼마나 사랑하시고 계시는가를 깨닫고 나의 생명이 귀한 만큼 다른 사람의 생명도 귀하다는 것을 믿고 사랑하는 삶을 살기를 바랍니다.

1. 계명(戒名)을 주신 목적(目的)

인간은 홀로 사는 존재가 아닙니다. 함께 더불어 사는 사회적 존재입니다. 하나님은 인간이 독처하는 것을 좋게 보시지 않고(창 2:18), 함께 하기 위하여 배필을 지어 주신 것입니다(창 2:20-25). 세상은 혼자 사는 것이 아니라 더불어 사는 것입니다.

우울증이란 병이 있습니다. 이 병에 걸리면 혼자 있고 싶어합니다. 다른 사람과의 접촉을 불안해합니다. 이것은 병들었기 때문입니다.

모든 인간은 인류의 안전과 행복을 위해 상호 책임을 다해야 합니다. 이웃의 몸이나 생명을 손상시키는 일체의 폭력이나 상해나 불법행위를 금하고 이웃의 생명을 보호할 수 있는 일들을 실행해야 합니다. 하나님이 제6계명을 주신 목적이 무엇입니까?

1) 인류의 생존과 보존

현재 지구상에는 수만 종의 종이 있습니다. 그 종 중에 이미 지구상에서 사라진 종들이 많이 있습니다. 자연적으로 사라진 종도 있지만 인간의 의해서 멸종되어진 것입니다. 스필버그가 제작한 쥬라기 공원이란 영화는 이 향수를 달래기에 충분합니다.

현재 세계 인구수는 약 60억이라 합니다. 60억 인구가 오늘까지 살아오는 동안에 수많은 일들이 일어났고 앞으로도 일어날 것입니다.

히틀러는 아리안족의 영광을 위해 유태인 600만 명을 가스실에서 학살하고 서구의 열강들도 자신의 영토 확장을 위해 토착민과 원주민들을 무차별하게 살육하여 멸종위기에 있는 종족도 있습니다. 지금도 여러 가지 이름으로 살육적인 전쟁이 끊이지 않고 있습니다.

만약 인간에게 제6계명이 없다면 인간 사회는 동물의 약육강식과 다른 잔인한 약육강식의 역사가 이루어져 결국 자멸하고 파멸되고 말았을 것입니다. 성경은 인류 생존 역사를 표현하기를 "낳은 후" "낳았으며" "낳았더라"(창 5:4-32)라고 인류의 연속성을 귀하게 여기고 족보를 기록하여 그 대가 끊어지지 않도록 하고 있습니다.

영화〈에어리언 2〉는 괴물과 여자주인공이 처절하게 싸우는 장면이 화면을 가득 채웁니다. 이 싸움은 바로 종족 보존을 위한 싸움입니다. 살인은 인류를 말살하는 행위이기 때문에 인류의 생존과 보존을 위해 주신 생명 축복의 계명입니다.

2) 인간생명의 존중

인간의 생명의 존엄성을 성경은 이렇게 표현하고 있습니다. "사람이 만일 온 천하를 얻고도 제 목숨을 잃으면 무엇이 유익하리요 사람이 무엇을 주고 제 목숨을 바꾸겠느냐"(막 16:26, 막 8:36-37).

왜 이처럼 존귀한 존재일까요? 그 이유는 바로 인간이 하나님의 형상으로 지음 받았기 때문입니다(창 1:26).

하나님이 독생자를 보내신 이유요(요 3:16), 예수님이 오신 목적이며(마 20:28), 죽으신 목적(막 8:31, 엡 2:1)입니다. 하나님은 자기의 형상을 닮은 인간을 이처럼 사랑하십니다. 하나님이 이처럼 사랑하는 인간을 살인한다는 것은 큰 죄악입니다. 인류역사 속에 인간 생명 경시 풍조가 얼마나 잔인하게 나타나고 있는지 우리는 역사를 통해 잘 알고 있습니다.

일본인들은 자신들을 위해 이웃나라를 침략하여 양민을 학살하고 생체실험(마루타)을 위해 수많은 사람을 죽이고 인권을 침해했습니다.

미국 정부는 65년만에 사죄한 "흑인 399명의 매독생체실험"은 죽음의 과정을 관찰하기 위해 치료약을 쓰지 않고 40년간 관찰한 기록을 파기하기 위해 72년에 폭로된 기록을 1천불 주겠다고 회유도 했습니다. 1997년 5월 16일 백악관에서 매독실험에 참여한 생존자 한 명을 초청하고 온 국민 앞에 클린턴 대통령이 '죄송합니다'고 사과했습니다. 조선일보 1997년 5월 18일(일요판8면)

지금도 세계 도처에서 타민족 살인 행위가 계속되고 있습니다. 내 생명이 귀한 만큼 다른 사람의 생명의 귀함을 알아야 합니다. 남의 생명을 경시하면 자신의 생명도 경시받는 것입니다(레 24:17).

2. 살인(殺人)의 의미(意味)

살인에는 직접 살인과 간접 살인이 있습니다. 히브리어에는 살인이나 살해에 대한 단어가 없고 '살인자' '프라체아호' '라차호'에서 발생(민 25:6,12), 헬라어 '안드로포노스'(딤전 1:9)는 미리 계획된 살인과 정당하다고 인정할 수 없는 살인을 언급할 때 사용하는 말입니다. 헬라어 '포노스'는 살인이나 직접 죽음을 가져오게 하는 모든 폭력적 행위를 말하고 있습니다.

살생과 살인은 다릅니다. 살생은 동물이나 생물의 생명을 죽이는 것을 살생이라 하고 사람을 죽이는 것은 살인이라고 합니다. 동물을 죽었다고 살인이라 하지 않습니다. 살인이란 말은 사람을 죽이는데만 사용되는 용어입니다.

성경은 살생은 유용한 목적을 위해(창 9:3) 허락하고 있습니다. 유용한 목적이 아니고 쾌락을 위해서 살생한다면 금해야 할 것입니다. 살생은 유용한 목적을 위해서만 가능합니다.

살인은 원칙적으로 허락하고 있지 않습니다. 사적원리에 있어서 살인은 절대 금하고 있습니다. 공적원리에 있어서도 방어적일 때만 묵인하고 있습니다. 다른 사람의 생명을 해하는 것은 죄악이며 하나님에 대한 도전이요 반역입니다. 살인은 나의 생명(자살)과 남의 생명을 죽이는 것이 살인입니다. 성경은 마음의 살인까지 금하고 있습니다(마 5:22).

3. 살인(殺人)과 형벌(刑罰)

제6계명은 살인하지 말라고 하면서 형벌을 규정하고 있지 않지만 복음은 항상 상과 벌을 말씀하고 있습니다(마 5:21). 생명을 사랑하는 자는 축복을 받고(벧전 3:16), 생명을 미워하는 자에게는 형벌이 있습니다.

살인자의 형벌은? "땅에서 저주를 받고"(창 4:11), "라멕을 위하여는 벌이 칠십 칠 배"(창 4:24), "사람을 쳐 죽인 자는 반드시 죽이라"(레 24:21), "천국에 들어가지 못한 다"(계 21:8, 22:15). 이상과 같이 살인자에게는 가혹한 형벌이 따르고 있습니다.

하나님의 궁극적인 뜻은 인간을 살리는데 있는 것이지 죽이는 데 있는 것은 아닙니다. 성경은 살인자를 엄격히 처벌하고 금생에 축복이 없으며 금생과 내생에 형벌을 경고하고 있습니다. 살인은 자신의 행복과 다른 사람의 행복을 파괴하면 인류 공동체를 파멸하는 무서운 죄악입니다. 생명을 사랑합시다. 사랑이 있는 곳에 행복이 있고 행복이 있는 곳에 기쁨과 생명의 풍성함이 넘칩니다.

결론

제6계명은 인류 생존과 보존을 위하여 주신 것이며 인간에게 생명의 존귀성을 깨닫게 하기 위해 주신 것입니다. 인간은 홀로 사는 존재가 아니라 더불어 살면서 함께 행복을 공유하는 것입니다. 자신의 생명을 해하는 행위를 금하고 다른 사람의 생명을 해하는 일을 금하고 경고함으로 모두가 하나님 앞에 축복된 생을 누리도록 하신 것입니다.

살인에는 형벌이 있습니다. 생명 사랑은 축복입니다. 당신은 무엇을 택하겠습니까? 할렐루야 아멘.

제6계명의 명(命)하는 것

행 16:27-28

제 68 문

제6계명에 명하는 것이 무엇인가?

답 : 제6계명에 명하는 것은 일체 합리한 법대로 우리 자신의 생명(엡 5:28-29)과 남의 생명을 힘써 보전하라 하는 것이다(시 82:2-4).

제6계명을 주신 목적은 인간생명 보존과 인간 생명의 존중을 위하여 주신 것입니다. 주님은 한 생명을 평가하기를 천하보다 귀하다(막 8:36)고 말씀하셨습니다.

하나님은 나의 형상으로 지은 존재라고 평가하였습니다(창 1:26-27, 9:6). 그 인간을 살인하지 말라고 명령하신 것입니다.

인간은 누구나 하나님 앞에 평등하며 생명의 보호를 받아야 할 권리와 자신의 생명과 다른 사람의 생명을 보호해야 할 의무를 가지고 있는 것입니다. 자신이나 남의 생명을 경히 여기고 범하는 것은 창조자 하나님을 경히 여기고 범하는 것과 같습니다. 하나님은 모든 인간의 생명을 동일하게 어린이나 어른이나 백인이나 흑인이나 황인이나 그 외의 여러 인종을 귀하게 여기며 있는 자나 없는 자나 배운 자나 못 배운 자나 천민이나 권력자나 생명의 존귀성은 동일하게 인정하십니다.

나아가 악인의 생명까지도 멸망당하는 것을 원치 않습니다. 에스겔 33:11에 "주 여호와의 말씀에 나의 삶을 두고 맹세하노니 나는 악인의 죽는 것을 기뻐하지 않고 악인이 그 길에서 돌이켜 떠나서 사는 것을 기뻐하노라" 하나님께서 죽기를 원치 않으신 자를 살인하는 것은 하나님에 대한 도전입니다.

우리는 나 자신과 이웃 모두가 하나님의 형상으로 지음 받았다는 사실을 인식하고 모든 사람의 생명을 사랑하고 아끼는 은혜가 있기를 바랍니다. 제6계명이 명하시는 것은 자신의 생명과 남의 생명을 보호하라는 것입니다. 나의 생명이 귀한 만큼 다른 사람의 생명도 귀하다는 것입니다.

1. 자신의 생명(生命)을 귀중히 여기라.

오늘 많은 사람 중에 자신의 생명을 천하게 여겨 학대하고 자해하고 자살하는 사람이 있는가 하면 자신의 생명을 너무 귀하게 여기는 사람도 있습니다.

자신의 생명을 귀하게 여기는 것은 잘못된 것은 아닙니다. 동물적 생명 연장의 수단으로 여기는 것은 잘못된 것입니다. 지금 우리사회에 만연되고 있는 "보신주의 문화"는 그런 의미에서 배격되어야 합니다.

하나님은 동물적 생명의 연장을 위해 자신의 생명을 귀하게 여기라는 것은 아닙니다. 하나님의 형상으로 지음 받았으며(창 9:6), 하나님께서 주신 사명을 다하기 위해 생을 귀하게 여기라는 것입니다. 바울은 빌립보서 1:20-26에서 지금 죽는 것이 자신에게는 유익하지만 주의 일을 위하여 사는 것이라고 고백하고 있습니다.

특별히 성도는 자신의 몸을 귀하게 여겨야 합니다. 우리의 몸은 하나님의 성전이요 (고전 3:16), 주님이 값주고 사신 것이요(고후 6:19-20), 하나님께 영광 돌려야 할 생명이기 때문입니다(고전 10:31). 우리는 주의 영광을 위해 적당한 노동, 적당한 운동, 적당한 휴식, 정당한 오락이 필요하며 생명의 보존을 위해 준법적 생활을 해야 하며 먹는 것까지도 때로는 절제하며 자는 것까지도 조절하며 감정까지도 절제하여야 합니다.

나의 몸과 생명은 하나님의 형상으로 지음 받은 존재로 천하보다 귀한 존재인 것을 알고 생명을 자해하지 말고 사랑하는 성도의 건강한 삶이 되어 주님이 부르시는 그날까지 힘있게 건강한 삶이 있기를 축원합니다.

자살은 현실도피와 구원의 방법이 아니며 하나님의 명령을 거역한 것이므로 자살자는 지옥 가는 것입니다(계 22:15). 하나님 나라는 살인자는 들어가지 못합니다(계 21:8).

2. 남의 생명을 귀히 여기라(시 82:4).

살인하지 말라는 것은 자기의 생명과 남의 생명을 보존하도록 최선을 다하라는 적극적인 명령을 포함하고 있습니다.

주님은 "무엇이든지 남에게 대접을 받고자 하는데로 너희도 남을 대접하라"(마 7:12)고 말씀하시고, 고린도전서 10:24절 "남의 유익을 구하라" 또한 선한 사마리아인의 비유를 통해서 남의 생명을 사랑할 것을 말씀하고 있습니다(눅 10:33-37). 또한 마태복음 22:39 "네 이웃을 내 몸과 같이 사랑하라"고 했습니다.

예수님은 제자들의 간청에 의하여 주기도를 가르치며 이렇게 기도하라고 했습니다.

"우리 아버지"
"우리에게 일용할 양식"
"우리가 우리에게 죄 지은 자를"
"우리 죄를 사하여 주옵시고"
"우리를 시험에 들게 하지 마옵시고"
'우리'라는 말씀을 계속 사용하고 있습니다.

주님은 우리라는 공동체를 위하여 기도하라는 것입니다. 우리들의 공동체의 행복을 위하여 기도하라는 것입니다. 제6계명은 바로 우리들의 공동체를 파괴하는 살인을 하지 말라는 것입니다. 살인은 공동체를 파괴하는 무서운 적입니다. 한 번 파괴되면 다시는 회복되지 않는 무서운 죄입니다. 다른 것들은 다시 한번 회복할 수 있는 기회가 있지만 제6계명의 살인은 기회가 없습니다.

말세문명은 나 중심의 삶을 요구합니다. 사탄은 나 중심의 삶을 부추깁니다. 이제 우리는 다른 사람 중심의 삶을 살아야 할 것입니다. 우리가 진정 다른 사람을 위하여 살 때 행복할 수 있습니다.

창조의 원리는 나 중심이 아니라 다른 사람 중심입니다. 서로 돕는 배필로 창조하셨기 때문입니다(창 2:20).

살인하지 말라. 이 말은 단순히 사람을 죽이지 말라는 문자적인 용어로만 이해하면 아니됩니다. 살인하지 말라는 것은 이웃의 생명을 자신의 생명처럼 사랑하라는 것입니다. 예수님은 마음을 다하고 뜻을 다하고 목숨을 다하고 힘을 다하고 사랑하라고 하시며 이웃을 미워하는 것까지도 살인으로 규정하고 있습니다.

우리는 제6계명을 통하여 진정 이웃을 사랑하는 법을 배워야 할 것입니다.

사랑하는 것이 무엇입니까? 사랑한다는 것은 나보다 상대가 더 소중하다고 생각하는 것이 사랑입니다. 사랑에 대한 많은 단어가 있지만 사랑은 이웃이 항상 나보다 귀하다고 인식하는 것이 바로 사랑입니다. 남의 생명을 나의 생명보다 귀하게 여기십시오. 그러면 살인자가 되지 않을 것입니다.

3. 생명보존은 합법대로

인간의 생명은 천하보다 귀한 것입니다. 한 번 가면 영영 돌아오지 못합니다. 생명은 두 번의 기회가 없습니다. 그러므로 생명은 합법적으로 보존되어야 합니다.

법은 만민 앞에 평등해야 합니다.

성경은 살인자를 막기 위해서 형벌의 규정을 두고 있습니다.

살인자는 형벌로 징계하고 계명으로 막았습니다.

(1) 제6계명 살인하지 말라.

(2) 살인 자는 죽이라(신 19:11-14, 21).

"네 눈이 긍휼히 보지 말고 생명은 생명으로 눈은 눈으로 이는 이로 손은 손으로 발은 발로니라"(신 19:21).

(3) 살인자는 심판 받고 지옥에 들어감

"옛사람에게 말한 바 살인하지 말라 누구든지 살인하면 심판을 받게 되리라 하였다는 것을 너희가 들었으나 나는 너희에게 이르노니 형제에게 노하는 자마다 심판을 받게되고 형제를 대하여 라가라 하는 자는 공회에 잡히게 되고 미련한 놈이라 하는 자는 지옥불에 들어가게 되리라 그러므로 예물을 제단에 드리다가 거기서 네 형제에게 원망들을 만한 일이 있는 줄 생각나거든 예물을 제단 앞에 두고 먼저 가서 형제와 화목하고 그후에 와서 예물을 드리라"(마 5:21-24).

(4) 모든 국가는 법으로 살인을 금하며 형벌규정을 두고 있습니다.

결론

대요리문답 135문에 "제6계명에서 요구된 의무들은 우리 자신들과(엡 5:29) 다른 사람들의(시 82:4) 생명을 보존하기 위하여 주의 깊은 연구와 합법적인 노력을 하여 어느 누구의 생명을 불공정하게 빼앗을 우려가 있는 생의 태도를 반대하며"(마 5:22) 라고 말하고 있습니다. 우리는 살인하지 않기 위하여 마귀를 대적하고(약 4:7, 요 8:44), 마음의 죄를 자복하고, 이웃과 화목하고(마 5:24), 말씀을 묵상하고, 사랑을 실천하기로 결심하고(레 19:17-18), 감사함으로 살 때 우리는 6계명을 범치 않는 성도가 될 것입니다.

살인은 인류공동체를 파괴하는 적입니다. 나의 생명이 귀한 것처럼 다른 사람의 생명의 존엄성을 인식하고 나보다 상대가 더귀한 존재임을 인정할 때 이 세상에는 살인이 사아질 것입니다. 당신은 살인에 대한 충동을 느껴 본 적이 있습니까? 당신은 자살하고 싶은 충동을 느껴 본 적이 있습니까? 할렐루야 아멘.

제6계명의 금(禁)하는 것

행 16:27-28

제 69 문

제6계명에 금하는 것이 무엇인가?

답 : 제6계명에 금하는 것은 불의하게 우리 자신의 생명이나(행 16:28) 이웃의 생명을 빼앗거나(창 9:6) 해하는 일들이다(마 5:22, 요일 3:15, 갈 5:15, 잠 24:11-12, 출 21:18-32, 신 24:6).

생명을 사랑한다는 것은 축복입니다. 사랑하는 사람이 있다는 것은 행운이요, 행복입니다. 생명 사랑을 포기하는 것은 죄악입니다. 만약 내가 가장 사랑하는 사람이 불의에 의하여 죽음을 당했다면 어떻겠습니까?

살인은 인류공동체를 파괴하는 것이기 때문에 하나님이 금하신 것입니다. 사람은 이웃을 사랑하고 돕고 봉사하는 의무만 있는 것이지 심판하는 권한이 없습니다.

하나님이 제6계명을 통하여 우리에게 주시는 교훈은 이웃을 사랑하라는 것입니다. 하나님은 모든 생명을 귀하게 여기십니다. "나 주 여호와가 말하노라 죽은 자의 죽는 것은 내가 기뻐하지 아니하노니 너희는 스스로 돌이키고 살찌니라"(겔 18:32).

"주 여호와의 말씀에 나의 삶을 두고 맹세하노니 나는 악인의 죽는 것을 기뻐하지 않고 악인이 그 길에서 돌이키며 떠나서 사는 것을 기뻐하노라"(겔 33:11).

하나님이 사랑하는 사람을 나의 감정에 의하여 미워한다면 안됩니다.

보이는 사람을 사랑하지 않는 사람이 보이지 않은 하나님을 사랑할 수가 없다고 말씀하고 있습니다(요일 4:20-21). 형제 사랑이 곧 하나님 사랑입니다.

1. 자살(自殺)을 금함(행 16:27-28)

'자살'이란 '스스로 자기의 생명을 끊는 일' '자기 자신을 죽인다' 당사자의 자유의지에 의해 생명을 끊는 것을 말합니다. '자살'이라는 말 자체는 성경에 언급되지 않지만 자살행위는 여러 차례 나오고 있습니다.

구약에서 "사울과 그의 병기든 자"(삼상 31:4-5), 아히도벨(삼하 17:23), 시므이(왕상 16:18)의 자살이 언급되어 있고 신약에서는 단 한 번 가룟 유다의 자살을 기록하고 있습니다(마 27:5).

하나님은 창조주시며 모든 피조물의 주권자로서 주기도 하시고 취하기도 하시는 권능을 오직 홀로 갖고 계십니다(욥 1:21).

창세기 9:5-6에 언급되어진 사람의 피흘림에 관한 규율이 자살에 대한 규정으로 인정하고 있으며, 에베소서 5:29 "누구든지 언제든지 제 육체를 미워하지 않고 오직 양육하여 보호하기를 그리스도께서 교회를 보양함과 같이 하나니 우리는 그의 몸의 지체임이니라" 또 바울은 사도행전 16:27-28에 간수의 자살을 금하고 있습니다.

요셉프스는 "자살은 창조주 하나님에 대한 불충한 행위"라고 했습니다.

박윤선 목사님은 "자살은 하나님 앞에 사죄 못 받는 가장 큰 죄악"이라고 했습니다.

형법에 '자살관여죄'가 있습니다. 형법 252조 2항 '사람을 교사 또는 방조해서 자살케 하는 죄', '교사'란 자살할 의지가 없는 자에게 자살을 결의하게 하는 것이고 '방조'는 이미 자살을 결의하고 있는 자의 자살 행위를 용인하는 것을 말합니다. 형법 254조는 자살 미수범도 처벌하고 있습니다.

자살은 국가법과 율법에서 죄로 규정하고 있습니다. 분신 자살이던지, 음독 자살이던지, 투신 자살이던지, 어떤 형태의 자살이라도 하나님 앞에 용서받지 못합니다. 자살은 하나님에 대한 반역이요, 부모에 대한 배신이요, 사회에 대한 책임회피입니다. 자살은 큰 죄악입니다.

교회에 열심히 다니며 직분까지 받은 사람이 어느 날 사업의 실패로 자살을 했습니다. 이 사람은 구원을 받았을까요 받지 못했을까요? 성경은 구원이 없음을 증거하고 있습니다(마 26:24). 가룟 유다는 자살했기 때문에 구원받지 못했습니다(행 1:18, 계 21:8). 자살은 살인이기 때문에 구원받지 못합니다(계 22:15).

2. 타살(他殺)을 금함(출 20:13)

자신의 생명을 보존하기 위해서 다른 사람의 생명을 해하는 것은 죄악입니다. 가인이 첫 살인을 했을 때(창 4:8), 동생 아벨의 피가 땅에서부터 복수해 달라고 소리쳤다(창 4:10)는 말씀 속에서 볼 수 있습니다. 그러나 가인 자신도 하나님의 형상으로 지어졌으므로 어느 개인도 그를 벌할 수 없게 되었습니다(창 4:15). 하나님께서 살인자를 죽여야 한다고 명령했을 때 그 이유는 하나님의 형상으로 지어졌기 때문입니다(창 9:6).

사람이 부당하게 다른 사람의 생명을 해하는 것은 하나님은 금하시고 죄의 형벌로 다스립니다(레 24:17). 타살이 아무리 정당하다 하더라도 해서는 안됩니다. 살인자는 사탄의 수종자입니다(요 8:44). 사탄은 처음부터 살인자이기 때문에 우리에게 살인을 조정합니다. 이 유혹에 넘어지지 않키를 바랍니다. 누구에게나 살인의 충동은 있습니다.

심판은 합법적인 법에 맡겨야 하며 하나님께 맡겨야 하는 것이지 자신이 실행해서는 안됩니다. 오늘날 자동차 문화속에 사는 우리들은 조심해야 합니다. 정당한 운행으로 기계적 결함으로 이루어진 것은 과실치사라고 할 수 있으나(신 19:4-6) 음주운전이나 법규 위반으로 사람을 치사한다면 살인입니다. 산아제한도 살인에 속합니다.

3. 살인(殺人)과 비살인(非殺人)

성경은 인간의 목숨을 빼앗는 모든 행위가 항상 살인이라고 말하고 있지 않습니다. 상황과 동기와 행위에 따라 살인이나 비살인으로 규정하고 있습니다.

1) 살인

(1) 직접살인(直接殺人)

직접살인은 자살(마 27:5)과 타살(창 4:8)의 형태로 나타납니다. 성경은 명백하게 두 유형의 살인을 금하고 있습니다.

(2) 간접살인(間接殺人)

내가 직접 고의적으로 살인하지 않아도 살인하도록 방조하는 것은 간접 살인입니다.

(3) 마음의 살인(殺人)

"옛 사람에게 말한바 살인치 말라 누구든지 살인하면 심판을 받게 되리라 하였다는 것을 너희가 들었으나 나는 너희에게 이르노니 형제에게 노하는 자마다 심판을 받게 되고 형제를 대하여 나가라 하는 자는 공회에 잡히게 되고 미련한 놈이라 하는 자는 지옥 불에 들어가게 되리라"(마 5:21-22).

(4) 영적(靈的) 살인(殺人)

잘못된 신앙사상으로 영혼을 미혹하는 자는 영적 살인자들입니다(벧후 2:14-18).

(5) 상황윤리적(狀況倫理的) 살인(殺人)

살인할 의지는 전혀 없으나 어쩔 수 없이 죽인 살인도 살인입니다.

예를 들며 대동강에서 배를 타고 남한으로 넘어 오려고 하는데 그때 이북의 경비정이 나타 났습니다. 그때 어린아이가 울었습니다. 이 울음 소리가 경비정에 들리면 그 배에 탄 사람은 잡혀가서 죽을 지도 모릅니다. 그래서 그 아이를 죽인 것입니다. 이것은 본의 아니게 상황이 그렇게 만든 것입니다. 그러나 이것도 살인입니다.

2) 비살인

(1) 전쟁(戰爭)으로 인한 살인(殺人)

만약 다른 나라가 우리의 영토를 해치고 멸망시키려고 침입하면 나라의 통치자들이 군사적 행동을 취하게 되어 전쟁으로 인한 살인이 일어납니다. 그러나 방어적 전쟁은 비살인이지만 침략적 전쟁은 살인입니다.

(2) 정당방위(正當防衛)

"도적이 뚫고 들어옴을 보고 그를 쳐 죽이면 피흘린 죄가 없으나"(출 22:2).

(3) 우연(偶然)한 살인

(4) 법(法)의 집행(執行)

사회적 중죄인을 집행하는 집행관은 살인자가 아니라 비살인자입니다. 도덕률 마저도 그러나 한 가지 우리가 명심하여야 할 것은 비살인이라고 해서 인간의 양심적 도덕률에서마저 자유를 얻은 것은 아니며 실정법상 살인이 아니라는 것입니다. 어떤 모양이던지 하나님의 형상을 해하는 행위는 정당하지 못한 것입니다.

다윗은 피흘린 것 때문에 성전을 세우지 못한 것입니다.

결론

제6계명에 금지된 죄들은 공적재판(민 35:31,33), 합법적 전쟁(렘 48:10, 신 20:5-20), 정당방위(출 22:2-3) 외에 우리 자신들이나(행 16:28) 다른 사람들의 생명을 박탈하는 모든 것(창 9:6), 합법적이며 생명보존의 방편을 소홀히 하거나 철회하는 것(마 25:42-43), 죄악된 분노(마 5:22), 증오심(요일 3:15), 질투(잠 14:30), 복수심(롬 12:19), 모든 과오한 격분(엡 4:31), 혼란하게 하는 염려(마 6:31), 육미와 음료(눅 21:43), 노동(전 4:8)과 오락을 무절제하게 사용하는 것(사 5:12), 격동시키는 말(잠 15:1)과 압박(겔 18:18), 다툼(갈 5:15), 구타, 상해(민 35:16-18)와 다른 무엇이던지 사람의 생명을 멸하기 쉬운 것들입니다(출 21:18-36).

자살과 타살은 살인이므로 하나님이 금하고 있습니다. 살인자는 심판을 받으며 지옥의 형벌을 받습니다. 당신은 살인이 죄인 것을 인정하십니까? 할렐루야 아멘.

제7계명

출 20:14

제 70 문

제7계명이 무엇인가?

답 : 제7계명은 간음하지 말라 하신 것이다(출 20:14).

제7계명은 이웃과 자신의 정조에 대한 문제입니다. 현대를 흔히 '3S의 시대'라고 부르고 있습니다. 과학(Science), 스포츠(Sports), 성(Sex), 이 세 가지는 현대인의 우상입니다. 이것을 바로 정당한 방법으로 사용할 때는 인생에 커다란 행복과 즐거움을 주지만 이것이 불법적으로 사용될 때는 인간에게 불행과 무서운 파괴를 가지고 인간을 파멸하고 말 것입니다.

1. 잘못된 성은 자신과 이웃, 모두에게 불행을 가져다준다.

성적 타락은 과거, 현재, 미래에 하나님의 심판의 대상이기도 합니다. 창세기 6장 노아 홍수 심판은 바로 성에 대한 타락에서 이루어진 심판입니다. "하나님의 아들들이 사람의 딸들의 아름다움을 보고 자기들의 좋아하는 모든 자로 아내를 삼는지라"(창 6:2)고 말씀하시고, 소돔과 고모라 성의 불의 심판도 바로 성적 타락에서 오는 심판입니다(창 19:5-8). 주님은 마지막 심판 때도 노아의 때와 같다고 경고하고 있습니다(마 24:38). 성은 아름다운 예술의 옷을 입고 미소 지으며, 아름다운 문학의 옷을 입고 유혹하며, 부의 상징으로 다가오며, 오늘 우리는 성의 홍수 속에 살며 '성문화' 속에 사는지도 모릅니다. 하나님은 말씀하십니다. '이 세대를 본받지 말라' '간음하지 말라'고 선언하고 있습니다.

성문화의 타락은 말세를 말합니다. 말세를 사는 우리는 신앙의 정결과 육체의 순결을 지키고 하나님의 나라를 확장하는 일에 앞장서야 할 것입니다. 로마가 성적 타락의 문화를 산출할 때 그리스도인들은 순결한 삶을 살므로 그 시대를 변화시켜 주후 313년에 기독교 국가가 된 것입니다. 육체의 순결을 지키며 또한 하나님의 성전인 내 몸을 성결하게 지켜야 할 것입니다(고전 3:16).

2. 제7계명(戒名)을 주신 목적(目的)

하나님께서는 인간의 정절과 순결을 사랑하시기 때문입니다. 자신의 백성이 모든 불결한 것으로 성별되기를 원하십니다. 하나님은 우리의 육체가 불결한 것으로나 정욕적 무절제로 더럽혀져서는 안된다는 것입니다.

성도의 생활의 일체의 부분을 정결케 하고 성결을 유지해야 합니다. 일체의 정욕과 음탕함과 추악함에서 육체에 오점이 찍히지 않도록 적극적으로 계명을 지켜서 자신의 육체의 정결과 가정의 순결과 이웃 가정의 순결을 지킴으로 건강한 사회를 만드는데 최선을 다하여야 할 것입니다. 간음은 자신을 파멸로 인도할 뿐만 아니라 남의 가정도 파괴하고 남의 사랑을 빼앗아 모두를 불행하게 하는 크나큰 죄악입니다. 하나님은 인간의 이 모든 불행을 막기 위해 우리에게 제7계명을 주신 것입니다.

3. 간음(姦淫)이란?

1) 나아푸

남녀간 불법성교를 말합니다. 결혼한 한편이 다른 편과 불법적으로 성교함을 뜻하며(레 20:10, 잠 6:32, 렘 29:23), 이혼한 남녀가 그러했을 때는 이중간음이라 하고 한편이 기혼, 다른 한편이 미혼이면 단순간음이라고 합니다.

2) 짜나

'짜나'는 주로 이혼한 남녀 사이에 불법성교를 말하며 사음이라고 합니다. 이 말은 불법적으로 부당한 남녀사이의 성교도 포함됩니다(창 38:24, 레 19:29, 렘 3:1, 호 3:3).

3) 모이케이야(헬)

간음한다(마 5:27, 19:9, 롬 7:3, 고전 6:9, 벧후 2:14). 음행한다(마 5:32, 행 5:29, 고전 5:1, 6:18, 7:2, 엡 5:3, 골 3:5, 살전 4:3).

4) 기타

수간(출 22:19, "짐승과 행음하는 자는 반드시 죽일지니라"), 동성애(레 18:22, "너는 여자와 교합함 같이 남자와 교합하지 말라 이는 가증한 일이니라"), 강간, 매음행위, 혼전성관계 등이며, 간음은 기혼자가 불법적으로 범죄했을 때 사용하는 말이고 미혼자가 불법적 행동을 했을 때는 음행이란 말을 사용하고 또 모든 종류의 성범죄를 포함하여 말하고 있습니다.

4. 제7계명을 주신 이유(理由)

1) 자신을 파멸하기 때문이다.

간음은 단순히 우리의 육체만 파괴하는 것이 아니라 영혼까지 파멸시킵니다. 잠 6:32 "부녀와 간음하는 자는 무지한 자라 이것을 행하는 자는 자의 영혼을 망하게 하며" 고린도전서 6:18 "음행을 피하라 사람이 범하는 죄마다 몸밖에 있거니와 음행하는 자는 자기 몸에게 죄를 범하느니라." 호세아 4:11 "음행과 묵은 포도주와 새포도주가 마음을 빼앗느니라." 잠언 6:26 "음녀로 인하여 사람이 한 조각 떡만 남게됨이며 음란한 계집은 귀한 생명을 사냥함이라." 음행은 인간의 육체와 마음과 영혼을 사냥하여 우리 자신을 파멸시키는 무서운 죄악입니다.

2) 가정을 파멸시킨다.

가정은 행복의 장소요, 축복의 장소입니다. 간음이 찾아오면 모두가 파괴되고 맙니다. 히브리서 13:4 "모든 혼인을 귀히 여기고 침소를 더럽히지 않게 하라." 데살로니가전서 4:3-4 "하나님의 뜻은 이것이니 너희의 거룩함이라 곧 음란을 버리고 각각 존귀함과 거룩함으로 자기의 아내를 취할 줄을 알고"라고 말씀하고 있습니다. 간음은 언약의 공동체를 파괴시킵니다.

3) 사회를 파멸시킨다.

간음한 사회는 부패하고 심판을 받아 파멸합니다(창 6:).

5. 형벌(刑罰)과 심판(審判)

이스라엘 백성이 광야에서 간음하다 23,000명이 죽었다고 말하고 있습니다(고전 10:8, 민 25:1-9).

1) 축복이 취소됨

루우벤은 간음죄를 범하므로 장자권이 취소되었고(창 49:4, 대상 5:1), 발람은 저주를 받았습니다(계 2:14).

2) 죽임을 당함

"누구든지 남의 아내와 간음하는 자 곧 그 이웃의 아내와 간음하는 자는 그 간부와 음부를 반드시 죽일지니라"(레 20:10). 레위기 20:11-21).

3) 심판을 받음

히브리서 13:14 "모든 사람은 혼인을 귀히 여기라…음행하는 자는 하나님이 심판 하시리라." 노아의 홍수 심판과 소돔과 고모라성의 불 심판은 음행의 결과요, 성적 타락의 결과입니다(창 6:, 19:).

4) 이혼의 사유가 됨

마태복음 5:32 "나는 너희에게 이르노니 누구든지 음행한 연고 없이 아내를 버리면 이는 저로 간음하게 함이요 또 누구든지 버린 자에게 장가드는 자도 간음함이니라"

5) 지옥에 들어간다.

"그러나 두려워하는 자들과 믿지 아니하는 자들과 흉악한 자들과 살인자들과 행음자들과 술객과 우상 숭배자들과 모든 거짓말하는 자들은 불과 유황으로 타는 못에 참예하리니 이것이 둘째 사망이니라"(계 21:8).

6) 천국에 들어가지 못한다.

"개들과 술객들과 행음자들과 살인자들과 우상숭배 자들과 및 거짓말을 좋아하며 지어내는 자마다 성 밖에 있으리라"(계 22:15).

6. 하나님이 성(性)을 주신 목적(目的)

"성은 하나님 자신의 지혜와 의도를 따라 인류의 번성과 즐거움 및 남편과 아내를 진정한 하나로 만들어 주는 사랑의 표현을 위하여 주신 것이다"(James A. Paterson)

1) 두 사람이 한 몸되기 위해서이다(창 2:18-25).

2) 생육하고 번성하기 위해서(창 1:26-28),

3) 부부가 사랑의 표현으로 하나되기 위해서,

성행위는 육체, 정신, 감정, 전인격적으로 둘이 하나되게 하는 극치의 표현입니다(창 2:24, 마 19:5, 막 10:7, 엡 5:31).

4) 즐거움을 위해서이다.

"너는 그 품을 항상 족하게 여기며"(잠 5:15-20).

7. 성(性)에 대한 상식(常識)

1) 결혼 안에서 이루어지는 성은 거룩하고 선한 것이며 축복입니다(히 13:4).

2) 성에서 맛볼 수 있는 만족감과 즐거움은 금지된 것이 아닙니다.
3) 인간의 성욕은 자신과 자신만의 만족을 위해서 존재하는 것이 아니라 배우자를 위한 것입니다. 자신의 몸에 대한 권리는 배우자에게 있습니다.
4) 성은 규칙적이고 계속적이어야 합니다.
5) 배우자간의 상호만족의 원리입니다. 즉 필요할 때 상대에게 언제나 채워주어야 할 원리인 것입니다.
6) 성에서 어떤 경우에라도 권리를 내세워 성적인 흥정이 있어서는 안됩니다.
7) 성는 평등하며 서로 보답하는 것입니다.
8) 서로 합의하여 다양한 기교를 사용하십시오. 아이디어를 개발하십시오. 모든 상황에서 종합적으로 변화를 갖는 것이 큰 보상을 가져옵니다.
9) 아내는 남편이 생각하는 것 이상으로 분위기에 많은 영향을 받습니다.
10) "잠자리에서 열정적인 여자"를 원한다면 남편들이 자신이 무엇을 원한다는 것을 아내에게 알려주는 것이 좋습니다. 그리고 클라이막스에 도달하는 것에 초점을 맞추지 말고 더 중요한 것은 교정을 통해 부부가 서로 즐거움을 얻는 것입니다.
11) 성생활에 만족하지 못하면 다른 영역에까지 악영향을 미쳐서 부부간의 관계중 약 90% 정도는 나빠질 것입니다.
12) 대부분의 남자들은 아내의 역할을, 어머니 같은 역할, 침실에서의 열정적인 파트너의 역할을 원합니다.
13) 배우자가 성적인 유혹에 빠지지 않도록 의무를 다하고 기도해야 합니다.
14) 몸을 항상 깨끗하게 하십시오 이것은 서로의 예의이며 사랑입니다.

결론

제7계명은 자신과 이웃에 정조 보호에 관한 계명입니다. 계명을 지켜 자신과 가정과 이웃이 행복해지는 삶이 있기를 축원합니다. 우리는 그리스도께서 피로 값주고 산(고전 6:16-20) 몸을 일시적 감정을 이기지 못하여 음행하는 죄를 범치 말기를 축원합니다. 당신은 간음한 적이 있습니까? 당신은 간음한 것을 회개하고 용서 받았습니까? 현장에서 간음하다 잡히 여자를 용서하신 주님은 지금도 회개하는 자를 용서하십니다. 서로를 더욱더 사랑하십시오. 서로를 더욱더 이해하십시오. 성의 바른 사용은 축복이요, 은총입니다. 할렐루야 아멘.

제7계명의 명(命)하는 것

마 5:27-32

제 71 문

제7계명이 명하는 것이 무엇인가?

답 : 제7계명에 명하는 것은 생각과(마 5:28) 말과(골 4:6) 행동에서(벧전 3:2) 자기 자신과(딤후 2:22) 이웃의 정조를 보전하는 것이다(벧전 3:2).

생명의 전화 상담에서 부부문제의 상담내용이 상당히 많은 부분을 차지하고 있습니다. 그 중에서도 배우자의 부정문제를 상담해 오는 경우가 40%에 이른다고 합니다. 다음이 이혼 문제로 17%에 이른다고 합니다. 성생활은 부부문제 중에서 상당히 많은 갈등 요소가 되고 있습니다. 이혼의 근본적인 원인과 문제들이 부부간의 성적인 부조화라는 통계이고 보면 성문제는 대단히 심각한 문제입니다. 그리고 상담 중 배우자의 성적인 부정이 40%로 가장 높은 비율을 차지하고 있습니다. 현대사회에서의 가장 큰 문제중에 성의 문란이 큰 비중을 차지하고 있습니다.

성이란 하나님이 인간에게 주신 축복임에도 인간이 남용하므로 비극의 요인이 되고 있습니다. 혹자는 현대를 성의 귀중성을 상실한 시대라고 말합니다. 제7계명이 상실된 시대입니다. 이 부패한 시대에 제7계명을 상기하고 자신과 가정과 사회를 성적 타락에서 구하기 위하여 생각과 말과 행동에서 자신과 이웃의 정조를 보전하는 삶이 되어야 합니다. 제7계명이 명하는 것이 무엇입니까?

대요리문답 138문은 "몸과 마음, 애정과 말, 행위상의 정절(살전 4:4)과 우리들 자신들 및 다른 사람들 안에 정절을 보존하는 것(고전 7:34), 눈과 기타 모든 감각들에 대하여 방심치 않고 주의를 깊이 하는 것, 절제, 정절있는 친구와 사귀며, 금욕의 은사 없는 자들의 결혼, 부부의 사랑과 동거, 우리의 사명에 근실한 노력, 모든 경우의 부정을 피함과 그것에 행하는 시험을 저항하는 것이다"(잠 5:8)고 했습니다.

1. 육신(肉身)의 정조(貞操)

육신의 정조를 지키라는 것입니다. 우리의 육신은 존귀한 존재로 하나님의 형상으로 지었으며, 하나님의 성령이 거하는 성전입니다(고전 3:16). 우리의 육체를 성적 타락에서 보호해야 합니다.

"음행을 피하라 사람이 범하는 죄마다 몸밖에 있거니와 음행하는 자는 자기 몸에게 죄를 범하느니라 너희 몸은 너희가 하나님께로부터 받은바 너희 가운데 계신 성령의 전

인줄 알지 못하느냐 너희는 너희의 것이 아니라 값으로 산 것이 되었으니 그런즉 너희 몸으로 하나님께 영광을 돌리라"(고전 6:18-20).

우리의 몸은 하나님의 형상으로 지음을 받은 것이요(창 1:27-28), 하나님의 성령이 거하시는 전이요(고전 3:16), 그리스도의 피로 값주고 산(고전 6:20) 하나님의 것입니다. 우리의 몸을 정욕에서 보호받아야 하며 또한 보호되어야 하며 순결을 지켜야 하는 것입니다.

요한일서 2:16-17에 "이는 세상에 있는 모든 것이 육신의 정욕과 안목의 정욕과 이생에 자랑이니 다 아버지께로 좇아온 것이 아니요 세상으로 좇아온 것이라 세상도 그 정욕도 지나가되 오직 하나님의 뜻을 행하는 이는 영원히 거하느니라."

갈라디아서 5:24에 "그리스도 예수의 사람들은 육체와 함께 그 정과 욕심을 십자가에 못 박았느니라." 우리는 우리의 몸을 모든 음행과 간음으로부터 보호해야 하며 이웃에 대하여서도 보호하여야 합니다. 이 간음죄는 자신과 이웃과 사회를 파멸시키는 큰 죄악입니다.

어느 통계에 의하면 서울에 창녀가 30만 명이나 된다고 합니다. 서울 인구를 1천만으로 계산할 때 남자 5백만명 제하고 여자 5백만 명중에 1세에서 15세까지 제하고 30세 이상 제하면 처녀 3명중 한명은 창녀라는 것입니다. 이 얼마나 무서운 일입니까?

사도시대에 세속적인 성문화가 교회에 들어와 교회를 문란하게 했던 것입니다. 특히 고린도 교회는 성문제로 많은 어려움을 겪었습니다. 다행이 한국교회는 제7계명을 엄격히 다스리고 있기 때문에 다행입니다만 그러나 점점 세속화 되어가고 있는 것은 사실입니다. 결혼식도 하지 않고 산다든지 혼전 교제를 통해서 사랑한다고 해서 불법적인 음행을 행하는 일들이 일어나고 있습니다. 우리는 문화적 예속에 의하여 하나님의 거룩한 계명들이 사문화 되어서는 안됩니다. 우리는 우리의 몸을 음행과 간음에서 성적 타락에 빠지지 않도록 믿음으로 육체의 정욕에서 벗어나야 할 것입니다.

잠언 5:1-9에 "내 아들아 내 지혜에 주의하며 내 명철에 네 귀를 기울여서 근신을 지키며 네 입술로 지식을 지키도록 하라 대저 음녀의 입술은 꿀을 떨어뜨리며 그 입은 기름보다 미끄러우나 나중은 쑥같이 쓰고 두 날 가진 칼 같이 날카로우며 그 발은 사지로 내려가며 그 걸음은 음부로 나아가나니 그는 생명의 평탄한 길을 찾지 못하며 자기 길이 든든치 못하여도 그것을 깨닫지 못하느니라……네 존영이 남에게 잃어버리게 되며 네 수한이 잔포자에게 빼앗기게 될까 하노라"고 했습니다.

우리의 존영이 성적타락으로 잃어버리지 않도록 육신의 정조를 지켜야 합니다.

2. 마음의 정조(貞操)

사람은 육체만 소유하고 있는 것이 아니라 마음도 소유하고 있는 것입니다. 구약 성경에서는 육체의 간음을 경계하였지만 신약에서 예수 그리스도는 마음에 간음에 대하여 경계하고 있습니다.

마태복음 5:27-32에 "또 간음치 말라 하였다는 것을 너희가 들었으나 나는 너희에게 이르노니 여자를 보고 음욕을 품는 자마다 마음에 이미 간음하였느니라"고 했습니다. 육체의 간음도 7계명을 범하는 죄가 되지만 마음의 간음도 7계명을 범하는 죄가 됩니다. 더 나아가서 에베소서 5:3에 "음행과 온갖 더러운 것과 탐욕을 너희 중에서 그 이름이라도 부르지 말라"고 말까지도 조심하고 절제할 것을 말씀하고 있습니다. 음란한 말은 제7계명을 범하는 죄가 됩니다. 시편 1:1의 "복있는 사람은 악인의 꾀를 좇지 아니하며"에서 '꾀'는 잘못된 사상을 말합니다.

음란한 생각은 잘못된 사상입니다. 마음속에 음란한 생각을 가지면 육신이 음란에 빠지게 됩니다. 음란은 남편을 존경하는 마음이 사라지게 하고 아내를 사랑하는 마음을 변하게 하고 정욕에 빠지게 할 것입니다. 음란은 사탄이 현대 사회에 주는 가장 큰 타락의 무기입니다. 하나님은 우리의 마음에 지성소를 삼고 마음속에 거하시기를 원하십니다. 우리는 일편 단심 마음속에 주님만 사랑하고 주님만 의지하고 주님만 믿는 삶이 되어야 하겠습니다. 마음은 행동을 만들고 행동은 습관을 만들고 습관은 자기의 운명을 결정하는 것입니다.

3. 신앙(信仰)의 정조(貞操)

신앙의 정조를 지켜야 합니다. 신앙에는 회색지대가 없습니다. 하나님이면 하나님이 세상이면 세상입니다. 성경은 마음을 다하고 뜻을 다하고 힘을 다해 하나님만 사랑하라고 말씀하고 있습니다.

제1계명은 나 외에 다른 신을 섬기지 말라고 말씀하고 있습니다. 오지 하나님만 일편단심 믿고 섬겨야 합니다. 다른 우상에 이방신에 고개를 돌리면 삼사대까지 망하는 형벌이 임할 것입니다. 디모데전서 4:12 "오직 말과 행실과 사랑과 믿음과 정절에 대하여 믿는 자들의 본이 되라" 우리는 신앙의 정절을 지켜야 합니다.

구약에서는 하나님과 이스라엘과의 관계를 부부관계로 상징하고 있습니다. 사62:4-5절 "다시는 너를 버리운 자라 칭하지 않으며 다시는 네 땅을 황무지라 칭하지 아니하고 오직 너를 '헵시바'라 (나의 기쁨이 그에게 있다) 하며 네 땅을 '뿔라'라(결혼한 여자) 하리니 이는 여호와께서 너를 기뻐하실 것이며 네 땅이 결혼한 바가 될 것이니라 마치 청년이 처녀와 결혼함 같이 네 아들들이 너를 취하겠고 신랑이 신부를 기뻐함같이 네 하나님이 너를 기뻐하시리라."

신약에서도 주님과 우리 사이를 부부관계로 상징하고 있습니다. "오라 내가 신부 곧 어린양의 아내를 네게 보이라 하고"(계 21:9).

"……내가 너희를 정결한 처녀로 한 남편인 그리스도에게 드리려고 중매함이로다"(고후 11:2).

하나님과 우리의 관계를 부부의 관계로 성경을 말하고 있습니다. 우리가 세상을 사랑하고 다른 신을 섬기면 영적으로 신앙적으로 간음하게 되는 것입니다.

"간음하는 여자들이여 세상과 벗된 것이 하나님과 원수 됨을 알지 못하느냐 그런즉 누구든지 세상과 벗되고자 하는 자는 스스로 하나님과 원수가 되게 하는 것이니라"(약 4:4). 그러므로 우상이나 세상을 사랑하면 제7계명을 범하는 죄가 됩니다.

남원의 춘향이는 비록 기생이지만 이 도령을 알고부터 육체와 마음의 정조를 지키기 위하여 목숨까지 내어 놓은 것입니다. 육체의 정조, 마음의 정조, 신앙의 정조를 지키는 축복된 성도가 되시기를 축원합니다.

4. 말의 정조

말의 정조를 지키라고 말씀하고 있습니다. "음행과 온갖 더러운 것과 탐욕을 너희 중에서 그 이름이라도 부르지 말라"(엡 5:4). "무릇 더러운 말은 너희 입밖에도 내지 말라"(엡 4:29)고 했습니다. 현재의 세상은 언어의 음란이 가득찬 세상이라고 할 수 있습니다. 타락된 인간은 음란한 이야기를 좋아합니다. TV와 언론은 끊임없이 스캔들을 터뜨리고 있습니다. 신병훈련소에서 교육이 힘들어도 조교가 음란한 이야기만 하면 훈병들의 눈이 반짝입니다.

타락된 인간은 끊임없이 음란한 문화를 만들고 음란한 말을 하고 음란한 음악을 부르고 음란한 영화를 제작합니다. 타락된 본성을 자극하여 돈을 벌기 위해서 입니다. 그러나 이러한 방법으로 모은 재물은 제8계명을 범하는 죄가 되는 것입니다. 하나님이 우리에게 말을 준 것은 음란하고 폭력적인 말을 사용하라고 주신 것은 아닙니다. 사랑을 말하며 의사를 소통하며 상대에게 용기를 주며 아름다움을 나누기 위해서 주신 것입니다. 언어의 타락은 인간의 타락입니다. 인간의 타락은 언어의 타락을 가지고 온 것입니다(창 11:1-9).

성경은 이렇게 말씀합니다. "너희 말을 항상 은혜 가운데서 소금으로 고르게 함같이 하라 그리하면 각 사람에게 마땅히 대답할 것을 알리라"(골 4:6).

오늘날 언어의 폭력과 음란이 난무하는 이때에 그리스도인들은 입술에 파수군을 세워 언어의 절제가 이루어져야 할 것입니다. 아이러니하게도 성교육의 필요를 강조하고 이

교육을 시키는 나라는 교육을 시키지 않는 나라보다 성적범죄 사실이 더 많다는 것입니다.

결론

우리는 이 시대가 우리에게 가르치는 성의 수준에 대하여 찬동할 필요는 없습니다. 또한 도덕적 수준을 약화시킬 필요도 없습니다. 나의 도덕적 가치관이 나의 삶의 도덕적 양식을 결정하기 때문에 대단히 중요합니다. 내가 이런 문제에 대하여 방임된 가치관을 갖고 있으면 내 자신이 그러한 방임된 자리에 빠져들어 갈 수밖에 없습니다. 이 문제에 대해서 가치관이 높으면 높을수록 유익합니다. 우리는 이 시대의 성적 문화를 단호히 거절해야 합니다. 자신과 가정과 사회를 위해 하나님의 나라를 위해 순간의 쾌락을 위해 영원을 포기하지 말아야 할 것입니다.

오늘 우리의 시대는 '혼전성교'의 정당성을 이미 승인 해버리고 '실험결혼'의 사상이 유행처럼 퍼지는 세상이 되어가고 있습니다 우리는 이 모든 문화를 배격해야 합니다. 이러한 잘못된 사상을 추방해야 합니다.

우리는 우리의 몸과 말과 마음과 신앙에 정절을 지켜 "하나님이 기뻐하시는 거룩한 산 제사를 드려야" 할 것입니다(롬 12:1). 그리고 우리에게 비록 이러한 죄가 있다 하더라도 주님께서는 십자가를 지시고 우리의 모든 죄를 대속해 주시기 위해서 속죄의 제물이 되신 것입니다. "오라 우리가 서로 변론하자 너희 죄가 주홍같을 지라도 눈과 같이 희어질 것이요 진홍같이 붉을지라도 양털 같이 되리라"(사 1:18). 주님은 용서해 주십니다. 현장에서 간음하다 잡혀온 여인을 용서하신 주님 "나도 너를 정죄치 아니하노라 가서 다시는 죄를 범치 말라"(요 8:11).

지금 이 시간에도 주님은 똑 같은 음성으로 우리에게 말씀하고 있습니다.

끝으로 우리는 육체의 정조와 마음의 정조와 신앙의 정조와 언어의 정조를 지켜 자신과 가정과 이웃이 행복해 지는 사회를 만들고 음란한 문화가 이 땅에서 사라지도록 해야 할 것입니다. 당신은 현재의 문화를 어떻게 이해하고 있습니까? 할렐루야 아멘.

제7계명의 금(禁)하는 것

마 5:27-32

제 72 문

제7계명에 금하는 것이 무엇인가?

답 : 제7계명에서 금하는 것은 모든 깨끗이 못한 생각과(마 5:28) 말과(엡 5:4) 행동이다(엡 5:3).

제7계명에 금하신 것은 깨끗하지 못한 생각과 말과 행동이라고 말씀하고 있습니다. 제7계명의 금지는 바로 다른 사람의 정조를 빼앗지 말라는 것입니다. 다른 사람의 정조를 유린하는 것은 바로 다른 사람의 가정을 파괴하는 것입니다. 간음은 사랑을 빼앗는 행위요, 사랑을 도적질하는 행위입니다. 또 자신에게 준 사랑을 끝까지 순결을 지키라는 것입니다.

사마리아 여자는 사랑을 얻기 위해 남자를 여섯 번이나 바꾸어도 사랑을 찾지 못했습니다. 사랑을 찾으려고 간음하는 자들은 있는 사랑을 지키지 못한 자들입니다. 우리는 제7계명이 금하는 것들을 통하여 가정의 신성을 회복하는 은혜가 있기를 축원합니다.

밀레의 만종이란 그림 속에는 세 가지의 신성이 있다고 합니다. 종교의 신성, 노동의 신성, 가정의 신성입니다. 성적타락은 가정의 신성을 파괴하는 것입니다. 가정의 신성의 파괴는 자신을 불행하게 만들고 다른 사람을 불행하게 만드는 것입니다.

대요리문답139문에 7계명이 금하는 것에 대하여 다음과 같이 말하고 있습니다.

1) "명하는 것"을 등한히 하는 것 외에(잠 5:7) 간음, 사통(히 13:4, 엡 5:5), 강간, 근친성교(삼하 13:14, 막 6:18), 남색 및 모든 불결한 사상, 생각, 부정한 목적 및 애정(마 15:19, 골 3:5).
2) 모든 부패하고 더러운 교제, 또는 이를 돕는 일(엡 5:3-4, 잠 7:5,12).
3) 변덕스러운 모양(슥 3:6, 벧후 2:14), 경솔한 행동, 단정치 못한 의상(잠 7:10,13), 합법적인 혼인을 금하고(딤전 4:3), 불법적인 혼인을 하는 것(레 18:1-21).
4) 누각을 허용 또는 관용, 운영하며, 그런 곳에 자주 출입하는 일(왕하 23:7, 레 19:19, 렘 5:7).
5) 독신생활을 서약게 하며 괴롭히는 일(마 19:10-12)과 결혼을 부당하게 지체하는 일(딤전 5:14-15).
6) 동시에 한 사람 이상의 아내나 남편을 가지는 일(마 19:5).

7) 불공평한 이론이나(마 5:32) 버리는 일(고전 7:12-13).
8) 태만, 포식, 술취함(겔 16:49), 불순한 교제(엡 5:11), 음탕한 노래, 책, 그림, 춤, 연극, 영화(롬 13:13, 벧전 4:3) 및 우리 자신이나 남을 흥분케 하는 모든 다른 것들 또한 행동이나 불결한 것들(롬 13:14, 벧후 2:17-18)입니다.

1. 부부의 의무(義務)

가정은 천국입니다 그리스도인이 지상에서 천국을 맛보며 살 수 있는 곳은 가정입니다. 마귀는 이 가정을 파괴시키려 하고 있습니다. 지상에서 천국을 맛보려면 믿음 안에서 부부의 의무를 다해 보십시오. 부부가 함께 풍성한 삶을 누리는 것은 하나님의 뜻이며(요 10:10), 부부가 함께 즐겁게 사는 것도 하나님의 뜻입니다(전 9:9).

가정의 행복은 7계명을 지키는 것입니다. 제7계명이 파괴되고는 가정이 행복할 수 없습니다. 가정행복을 위해 만들어놓은 가정 십계명을 유의합시다.

1) 남편의 십계명

(1) 결혼 전과 신혼 초에 보였던 관심과 사랑이 계속 변치 않도록 노력하라.
(2) 결혼 기념일과 아내의 생일을 잊지 말라.
(3) 평소 아내의 옷, 외모에 관심을 보이고 아내의 사랑스러움을 가꾸는 정원사라는 사실을 알라.
(4) 아내가 만든 음식에 대해 말이나 행동으로 아내에 대한 감사를 표시하라.
(5) 모든 일을 아내와 의논하고 결정하는 습관을 기르라.
(6) 아내의 마음에 상처를 주는 농담이나 행동을 삼가라.
(7) 가정불화가 있을 때 남편은 한 걸음 아내에게 양보하라.
(8) 가정경제는 아내에게 일임하여 아내가 보람을 갖게 하라.
(9) 아내의 개성과 취미를 존중해주고 키워 주도록 하라.
(10) 하루에 두 번 이상 아내의 좋은 점을 발견, 일러줌으로 아내에게 기쁨을 주는 습관을 가지라.

2) 아내의 십계명

(1) 자기 자신과 가정을 아름답게 꾸밀 줄 아는 재치와 근면성을 가지라.
(2) 음식준비에 정성을 기울이고 남편의 식성에 유의하라.
(3) 혼자만 말하지 말라. 남편에게 말할 기회를 주지 않아 부부가 충돌하는 경우가 많다.
(4) 남들 앞에서 남편의 결점을 늘어놓거나 지나친 자랑을 하지 말라.

⑸ 남편에게 따져야 할 말이 있을 때에는 그의 기분 상태를 참작하라.
⑹ 남편에게 혼자만의 정신적 휴식 시간을 갖고 싶어하는 심리가 있음을 잊지 말라.
⑺ 중요한 집안 일을 결정할 때에는 남편의 뜻에 따르라.
⑻ 남편의 수입에 맞춰 절도 있는 살림을 꾸려 나가도록 하라.
⑼ 모든 일에 참을성을 가지라.
⑽ 하루에 두 번 이상 남편의 좋은 점을 발견하고 지적해 줌으로써 남편으로 하여 금 기쁨과 긍지를 갖도록 하라.

이상 각 열 가지 강령은 가정을 행복하게 하는 데 도움이 될 것입니다. 그러나 더 중요한 것은 믿음으로 산다는 것입니다.

2. 불법적(不法的) 결혼(結婚)을 금(禁)함

결혼은 하나님이 주신 최초의 축복입니다. 결혼을 통해 남녀가 한 몸을 이루고 서로 도우며 세상을 관리하고 지배하도록 하신 것입니다. 결혼은 정당한 절차와 정당한 윤리와 정당한 의무가 있습니다. 정당한 절차와 정당한 윤리와 정당한 의무를 저버리는 결혼은 불법적인 결혼입니다.

결혼은 억압하거나 매매하거나 근친결혼을 하거나 사기적 결혼이나 정략적 결혼은 불법적인 결혼입니다. 그 사회의 구성원은 그 사회의 법률이 정하는 규범을 따라야합니다. 특별히 그리스도인은 성경이 말씀하고 있는 결혼의 요건을 갖추어야 합니다.

이삭은 정당한 믿음의 예로(창 27:46) 아내를 맞이 했으나 에서는 함부로 아내를 맞이함으로 부모의 근심이 되었습니다(창 26:34-35).

"집과 재물은 조상에게 상속하거니와 슬기로운 아내는 여호와께로서 말미암느니라" (잠 19:14).

성경은 불법적인 결혼을 금하고 있습니다. 정당한 절차와 정당한 윤리와 그 사회의 규범에 합당해야하며 성경적이여야 합니다. 그렇지 않는 결혼은 불법입니다.

3. 불법적(不法的) 이혼(離婚)을 금(禁)함

오늘날 성문화의 발달과 개인주의로 말미암아 이혼하는 가정이 점점 많아지고 있습니다. 옛날에는 이혼을 하면 부끄럽게 여겼는데 지금은 자랑으로 여기고 있습니다. 조금만 의견이 달라도 이혼하고 보는 것입니다.

오래전 일입니다만 결혼을 주례하여 가정을 이루어 잘 살던 사람이 찾아와 목사님 결혼주례를 했으니 이혼도 하게 해 달라고 했습니다. 이유를 물으니 성격이 안 맞는다는 것입니다. 요사이는 성격이 안 맞아도 이혼하고, 혼수를 적게 가지고 와도 이혼하고, 기분이 나빠도 이혼하고, 살다가 실증나니까 이혼하고, 취미가 맞지 않아서 이혼하고, 부모가 반대해서 이혼하고, 돈 많이 벌어오지 못한다고 이혼하고, 모두가 이혼하기 위하여 이유를 찾고 다니는 사람들 같습니다.

성경에는 음행한 연고 외에는 함부로 이혼하지 못하게 하였습니다(마 19:6-9). "누구든지 음행한 연고 없이 아내를 버리면 이는 저로 간음하게 함이요 또 누구든지 버린 여자에게 장가드는 자도 간음함이니라"고 했습니다. 상대방이 간음하였다 하더라도 회개할 기회를 주어 참고 기다려 한 생명을 희생으로 구해야 합니다. 음행한 연고 없이 버리면 그와 결혼한 자를 범죄케하는 것입니다(눅 17:12). 하나님이 짝지어 주신 것을 사람이 함부로 이혼하면 안됩니다. 악한 사탄 마귀는 항상 가정을 파괴하려고 합니다. 마귀에 술수에 이용당하지 말고 가정을 사랑과 성결로 지키기를 바랍니다.

4. 불법적 결합(結合)을 금(禁)함

남녀의 결합은 정당한 절차와 합법적인 사랑으로 한 가정을 이룰 때만 가능합니다. 합법적인 가정을 이루기 전에 결합은 범죄입니다. 요사이 젊은이들은 사랑하기 때문에 언제든지 결합할 수 있다고 생각합니다. 그들은 사랑이란 미명 아래 육체의 정조에 대하여 무방비 상태에 놓여 있습니다.

(1) 결혼 전에 결합은 죄입니다. (2) 약혼기간의 결합도 죄입니다. (3) 같은 성끼리의 결합과 자위는 범죄입니다. (4) 근친의 결합은 죄입니다. (5) 수간은 죄입니다.

제7계명은 함부로의 결합을 금하고 있습니다.

결론

제7계명이 금하는 이유는 신성한 가정과 성적 타락에서 육체를 지키기 위해서 입니다. 우리는 제7계명의 금하는 것을 하기 전에 먼저 부부의 사명을 다해야 하며, 철저한 가정교육과 신앙의 교육으로 불법적인 결혼을 금하며, 불법적 이혼을 금하여 함부로 결합해서는 안됨을 우리 모두 인식해야 합니다.

당신의 가정은 정당하고 합법적인 가정을 이루고 있습니까? 할렐루야 아멘.

제8계명(戒名)

출 20:15

제 73 문

제8계명이 무엇인가?

답 : 제8계명은 도적질하지 말라 하신 것이다(출 20:15).

제8계명은 이웃의 재산권에 대하여 침범하지 말 것에 대한 말씀입니다. 도적은 남의 재산을 불법적으로 취하는 행위로서 제8계명에 대한 순종 없이는 사회가 든든히 설 수 없습니다. 이것은 인간 공동체 생활 속에 필수적인 요건이라고 할 수 있습니다. 도적질의 역사는 인간역사 만큼 오래된 것입니다. 아담과 하와가 하나님이 금하신 금단의 열매를 도적질함으로서 이 죄는 존재하게 된 것입니다.

도적이란 수고하지 않고 부를 얻으려고 하는 마음에서 시작되어 잘못된 목적을 위해 잘못된 수단으로 재물을 다루는 것을 말합니다. 남의 물건을 탈취, 사기, 횡령 등으로 경제질서를 혼란케 하며 남에게 고통을 주며 사회를 어지럽게 하는 것입니다.

도적질에는 남의 재산을 불법적으로 침범하는 것과 자신의 재산을 불법적으로 사용하는 것과 하나님의 것을 도적질하는 것이 있습니다. 크게 말하면 인간의 것과 하나님의 것을 도적질하는 것입니다. 성경을 보면 초대교회의 부흥에 찬물을 끼얹는 것이 바로 이 범죄입니다. 가롯 유다는 헌금을 도적질했고 요한복음 12:6 "이렇게 말함은 가난한 자들을 생각함이 아니요 저는 도적이라 돈궤를 맡고 거기 넣은 것을 훔쳐감이니라"고 말씀하고 아나니야와 삽비라 부부도 이 계명을 범함으로 진노를 받았습니다(행 5:1-16).

1. 계명을 주신 목적(目的)

1) 부정은 하나님 보시기에 가장 가증스러운 것이기 때문에 부정을 금하고 정당한 방법으로 살아가게 하기 위해서,
2) 모든 사람은 합법적으로 신률주의적 방법으로 재산을 소유하고 산업을 증진시킬 것을 위해,
3) 남의 재산이나 소유를 부당한 방법으로 빼앗지 못하게 하기 위해서,
4) 게으르지 말고 부지런하고 근면하게 일할 것을 위해,
5) 사유재산권을 제정하시고 자신의 노력에 의하여 소유하게 하기 위해서,
6) 궁극적으로 모든 소유는 하나님의 것이라는 사실을 인식하게 하기 위해서(시

89:11, 창 1:29).

로마황제 찌스티니안(Justirian)은 소유권을 셋으로 구분했는데,

첫째, 공기나 바다같이 하나님께서 모든 사람을 위해서 주신 공유물,

둘째, 강이나 항구같은 공익적인 것,

셋째, 종교와 같이 아무에게도 예속되지 않는 것이라 했다.

물질의 질서를 잘 지켜야 하나님으로부터 오는 물질의 축복을 누릴 수 있습니다.

2. 도적(盜賊)의 종류(種類)

'도적질'은 히브리어 '가납'인데, 이 말은 아랍어로 '옆' 또는 '곁'란 뜻으로 '옆으로 밀어 놓는다' '제쳐놓는다'라는 뜻이 됩니다. 도적질은

1) 남의 것을 훔치는(to steal) 것. 실제로 남의 것을 훔치거나 빼앗는 일체의 행위.
2) 속이는 것(창 31:27), 시기하는 행위, 남이 모르게 무슨 일을 하는 행위.
3) 폭력에 의한 것으로서 남의 재산을 힘이나 무력으로 약탈 자행하고 훔치는 행위.
4) 악의를 품고 사기술을 가지고 기만으로 횡령하는 것.
5) 합법적인 수단인 것처럼 해서 다른 사람의 재산을 가로 채는 것.
6) 아첨하는 것으로 선물을 주는 것같이 가장해서 남의 재산을 편취하는 것.
7) 자기의 것을 남용하는 것.
8) 하나님의 것을 도적질하는 도적.

1 ~ 7까지는 인간 관계를 통해서 사회공동체 속에서 일어나는 도적이고 8의 행위는 종교적인 행위로서 하나님 앞에서의 도적입니다. 또한 소유물을 법정의 정당한 판결을 거쳐서 얻은 것일지라도 하나님께서는 도적이라 판결하지 않을 수 없는 도적이 있습니다. "사람 앞에서 합법이라고 해서 하나님 앞에서도 합법적 정당한 것이 될 수 없고 불법이 될 수 있습니다."

3. 도적질의 유형(有形)

1) 자신의 것을 도적질하는 행위

도적이란 보편적으로 남의 것을 훔치는 행위를 말합니다.

자신이 자신의 것을 도적질한다는 것은 도적이라 할 수 없다고 생각합니다.

도적이란 나 외의 남의 것을 불법적으로 소유하는 것을 말하는데 자신의 것을 자신이 훔칠수 있느냐는 것입니다. 그러나 성경은 포괄적 의미에서 볼 때 하나님이 자신에게 주신 소유를 잘못 사용했을 때에 도적이라고 할 수 있으며, 고린도후서 8:14 "이제 너희의

유여한 것으로 저희 부족한 것을 보충하여 평균하게 하려 함이라." 또한 나태한 것도 자신의 것을 도적질하는 것과 같습니다.

하나님이 내게 주신 것을 내가 내 마음대로 잘못 사용하며 나의 것을 도적질하는 것입니다. 하나님의 재산을 맡은 청지기로서 재산을 불법적으로 낭비하고 자신만을 위하여 사용하고 사용해야 할 곳에 사용하지 않으면 도적과 같은 것입니다. 나만을 위하여 사용하는 것이 아니라 다른 사람의 행복을 위하여 사용되어야 합니다. 하나님이 축복으로 주신 소유를 죄악으로 사용한다면 그것은 바로 도적과 같은 것입니다(고후 8:14).

하나님이 주신 재산과 소유를 욕심 부리지 말고 선한 일에 사용하시기 바랍니다.

2) 이웃의 소유를 도적질하는 것

제6계명은 이웃의 생명을 도적질하는 범죄며, 제7계명은 이웃의 정조를 도적질하는 것입니다. 제8계명은 이웃의 재산을 도적질하는 범죄이며, 제9계명은 이웃의 명예를 도적질하는 범죄입니다.

(1) 남의 것을 도적질하는 행위(출 20:15), (2) 부정한 상거래(레 19:35), (3) 빌리고 난 후 갚지 않는 것(시 37:21), (4) 일군의 삯을 떼어 먹는 행위(약5:4), (5) 높은 이자 놀이(출 22:25), (6) 뇌물(출 23:8), (7) 강도(눅 10:30), (8) 폭력 기타 물리적 방법으로 남의 물건을 빼앗은 행위(왕상 21:). 그리고 더 나아가서 도적질은 물질뿐만 아니라 유형 무형의 남의 재산을 손대서는 안됩니다.

3) 하나님의 것

성경은 이 땅에 존재하는 모든 만물의 소유주는 하나님이심을 분명히 가르쳐 주고 있습니다. 시 89:11 "하늘도 주의 것이요 땅도 주의 것이라 세계와 그 중에 충만한 것은 주께서 건설하셨나이다." 하시고 인간에게 재산 소유의 권리를 주어 자기를 섬기도록 하신 것입니다.

창세기 1:29 "보라 내가 모든 채소와 모든 나무……너희에게 주노니"라고 말씀하고 있습니다. 또 사도행전 17:26 "인류의 모든 족속을 한 혈통으로 만드사 온 땅에 거하게 하시고 저희의 연대를 정하시며 거주의 경계를 한(限) 하셨으니" 모든 것을 우리에게 주신 하나님은 그 중에서 자신의 주권으로 하나님께 드릴 것을 요구하고 계십니다.

(1) 수입의 십일조(말 3:8), (2) 하나님께 영광(행 12:20), (3) 시간(출 20:13)

하나님의 영광과 시간과 물질을 도적질해서는 안됩니다. 시간의 질서와 물질의 질서를 바로 지킬 때 하나님의 더큰 축복을 받게 될 것입니다.

4. 도적질의 원인(原因)

1) 욕심 때문이다.

창세기 3:6 "여자가 그 나무를 본즉 먹음직도 하고 보암직도 하고 지혜롭게 할만큼 탐스럽기도 한 나무인지라"고 했습니다.

열왕기상 21장에 아합이 욕심 때문에 나봇의 포도밭을 빼앗음으로 심판을 받았습니다. 욕심이 도적을 만듭니다.

2) 불신 때문이다.

시편 78:19 "그 뿐 아니라 하나님을 대적하여 말하기를 하나님이 광야에서 능히 식탁을 준비하시랴." 했습니다. 불신이 도적을 만듭니다.

3) 마귀 때문이다.

요한복음 13:27 "사단이 그 속에 들어 간지라 이에 예수께서 유다에게 이르시되 네 하는 일을 속히 하라"(요 8:44, 창 3:6). 마귀는 모든 죄의 조종자입니다.

결론

제8계명을 범하는 죄는 무서운 죄악입니다. 이 죄악에 대해서 하나님은 심판을 선언하고 있습니다. 도적질하는 자는 하늘 나라에 들어가지 못하며(벧전 4:15), 도적질은 남을 불행하게 만들며 자신도 불행해집니다.

우리는 나의 재산이 소중한 만큼 다른 사람의 재산도 소중함을 바로 알고 자신의 것과 남의 것과 하나님의 것에 대하여 제8계명을 범하는 죄인이 되지 않기를 축원합니다. 만약 이 죄를 범했다면 회개하여 축복의 사람으로 변화 받기를 바랍니다. 에베소서 4:28 "도적질하는 자는 다시 도적질하지 말고 돌이켜 빈궁한 자에게 구제할 것이 있기 위하여 제 손으로 수고하여 선한 일을 하라." 누가복음 19장에 삭개오처럼 진정 회개하는 삶이 있기를 축원합니다.

하나님은 회개하는 자를 용서하시고 회개는 축복의 지름길입니다. 우리가 사는 세상에 제8계명이 실현됨으로 우리의 삶의 공동체에 신뢰가 있고 행복이 넘치는 사회가 되도록 하여야 하겠습니다. 하나님의 나라에는 도적이 없습니다(마 6:19).

당신은 도적질한 적이 있습니까? 당신은 도적질한 것을 회개하였습니까? 회개한 강도를 주님이 천국으로 인도한 것처럼 지금회개 하십시오. 예수 그리스도를 영접하십시오. 주님은 당신을 천국으로 인도할 것입니다. 할렐루야 아멘.

제8계명의 명(命)하는 것

엡 4:28

제 74 문

제8계명에서 명하는 것이 무엇인가?

답 : 제8계명에서 명하는 것은 합법적인 방법으로 우리 자신들(잠 27:23, 롬 12:17)과 남의 재물과 산업을 얻고(레 25:35, 빌 2:4) 또한 이것들을 증진 시키라는 것이다.

도적질의 유형은 자신의 것을 남용하는 것과 이웃의 소유를 불법적으로 소유하는 것과 하나님의 것을 도적질하는 것입니다. 우리는 이러한 도적질을 하지 않기 위하여 열심히 일해야 하며 남의 권익에 대하여 책임을 질줄 아는 삶의 자세가 필요합니다. 사람이 물질을 어떻게 잘 관리하느냐에 따라 그 사회가 정의로운 사회가 되기도 하고 부패한 사회가 되기도 합니다.

인간사의 문제 뒤에는 물질의 이해 득실이 있는 것을 봅니다. 물질은 나와 다른 사람 모두에게 중요한 것입니다. 물질을 잘 사용하므로 우리는 서로 행복하여 질 수 있고 하나님이 받으실만한 향기로운 예물이 되기도 합니다(빌 4:18). 잘못 사용하면 탕자처럼 방탕할 수도 있습니다.

오늘의 한국교회는 물질소유의 동기와 과정을 생략하고 어떠한 방법으로든지 많이 소유하기만 하면 축복으로 생각하고 그렇게 가르치고 있습니다. 불법적인 방법으로 모아도 하나님께 많이 받치기만 하면 되는 줄 착각하고 있습니다. 종종 십일조에 대한 설교를 할 때 미국에서는 도적놈도 도적질의 십분의 일은 교회 던지고 간다고 하며 그 말을 강조하며 은근히 도적질해서라도 많이 받치면 된다는 것입니다. 그 예물은 하나님이 받지 않는다는 말을 하지 않기 때문에 한국의 그리스도인들이 도적질해서 하나님께 십일조를 드리고 있습니다.

가게하시는 성도님들의 공통적인 고백은 외상값 잘 갚지않고 떼어 먹는 사람 대다수는 교인이라는 말을 합니다. 제8계명을 가르치는 곳이 교회인데 8계명을 가장 잘 범하는 집단이 교회라는 말입니다. 제8계명이 명하는 것이 무엇인지 알아보기로 하겠습니다.

1. 합법적인 재산을 소유 증진(롬 12:17, 잠 27:23)

합법이란 말은 그 나라 법으로 합당하게 모으면 된다는 말이지만 본과에서는 하나님의 법에서도 합당해야 한다는 말입니다. 삭개오는 합법적 재산을 소유했지만 주님을 만났을 때에 자신의 소유 중에 불법적인 것이 있음을 고백하고 자신의 소유를 내어놓은 것입니다. 성도가 재산을 소유하는 것은 축복이요, 은혜입니다.

그러나 그 소유와 증진이 국법과 하나님의 법에 합법적이어야 합니다. 믿음의 조상 아브라함은 창세기 23:12-20에서 사랑하는 아내 사라의 장지를 위해 매장지를 돈을 주고 사서 매장했던 것입니다. 성경은 개인의 재산소유를 인정하되 합법적인 방법으로만 소유하도록 허락하신 것입니다. 불법적인 소유는 제8계명을 범하는 죄가 됩니다.

1) 상속에 의한 소유

부모나 보호자가 상속하므로 소유하는 재산입니다. 이 방법은 교회나 사회나 일반적으로 적용되고 있습니다. "이스라엘 자손이 각기 조상의 기업을 보존하게 되어서 그 기업으로 이 지파에서 저 지파로 옮기게 하지 아니하고 이스라엘 자손 지파가 각각 자기 기업을 지키리라"(민 36:7-9). "어린아이가 부모를 위하여 재물을 저축하는 것이 아니요 이에 부모가 어린아이를 위하여 하느니라"(고후 12:14). 성경은 상속에 의하여 재산을 소유할 것을 허락하고 있습니다.

2) 자신의 노력에 의하여 소유 증진하라.

제4계명에 엿세동안 힘써 일할 것을 명하고 있습니다. 힘써 일하므로서 자신의 노력에 의하여 재산을 소유 증진할 수 있습니다. "도적질하는 자는 다시 도적질하지 말고 돌이켜 빈궁한 자에게 구제할 것이 있기 위하여 제 손으로 수고하여 선한 일을 하라"(엡 4:28). "네 양떼의 형편을 부지런히 살피며 네 소때에 마음을 두라"(잠 27:23).

마태복음 25장의 달란트 비유는 즉시 일하여 소유를 남긴 자를 주님은 칭찬하신 것입니다. 우리는 이러한 방법으로 재산을 소유한다면 악한 것이 아닙니다.

성경은 돈을 사랑함이 일만 악의 뿌리가 된다고(딤전 6:10) 말하고 있습니다만 돈을 사랑함이 모든 악의 근원이라고 말하지는 않습니다. 정당한 방법으로 윤리적인 방법으로 합법적인 방법으로 재산을 얻는다면 그것은 축복이며 돈을 단지 하나님을 잘 섬기게 하기 위한 수단으로 생각한다면 그것은 복입니다.

"망령되이 얻은 재물은 줄어가고 손으로 모은 것은 늘어가느니라"(잠 13:11).

"……나로 가난하게도 마옵시고 부하게도 마옵시고 오직 필요한 양식으로 내게 먹이시옵소서 혹 내가 배불러서 하나님을 모른다 여호와가 누구냐 할까 하오며 혹 내가 가난하여 도적질하고 내 하나님의 이름을 욕되게 할까 두려워함이니이다"(잠 30:8-9).

우리는 정당한 방법으로 일하고 정당한 방법으로 소유하여야 합니다. 불법적 방법으로 소유하게 되며 아합처럼 망하고 말 것입니다. 구약 동방의 욥이 정당한 방법으로 믿음으로 살 때 하나님은 재산을 지난날 보다 배의 축복을 허락하신 것입니다.

3) 불법적으로 재산을 소유

일하지 않고 불법적 방법으로 소유를 가지는 것을 하나님은 금하고 있습니다. 아합이 불법적인 방법으로 재산을 소유할 때 그 가문을 망하게 하였습니다. 하나님은 불법적인 방법이 아닌 합법적인 방법으로 재산을 소유하고 증짐 시키는 것을 허락하신 것입니다. 즉 개인재산권을 인정하신 것입니다.

어떤 사람들은 사도행전 2:44-45 "믿는 사람이 다 함께 있어 모든 물건을 서로 통용하고 또 재산의 소유를 팔아 각 사람의 필요를 따라 나눠주고"라는 말씀을 들어 사유재산을 인정하려 하지 않는 잘못된 사람들이 있습니다. 이 말씀은 사유재산을 인정하지 않는 것이 아니라 하나님이 주신 소유를 선하게 사용하라는 것입니다. 그리고 공산주의나 기타 사유재산을 인정하지 않는 것은 비성경적이며, 비신앙적인 것입니다. 오늘날 교회 속에서도 공동체 운동을 한다고 하면서 사유재산을 인정하지 않으며 가장 믿음으로 사는 것같이 말하고 있지만 이것은 비성경적이며, 비신앙적이며, 아주 잘못된 것입니다.

이 방법은 보통 이단자들이 재산을 착취하는 한 방법으로 사용하고 있습니다. 이 방법을 사용하므로 남의 재산권과 인권과 노동력을 착취하는 것입니다. 만약 건전한 기독교 단체가 이러한 운동을 한다면 막아야 합니다. 처음은 순수할지 몰라도 비성경적이기 때문에 사탄이 틈을 타서 미혹에 빠지고 맙니다. 사유재산을 인정치 않는 공동체 운동은 잘못된 것입니다.

소유는 하나님이 각개인에게 분량대로 주신 축복입니다(신 28:1-6). 성도는 불법적인 방법을 따라 소유를 가지면 안됩니다. 합법적인 방법으로 하나님의 뜻에 따라 정당한 방법으로 소유할 때만 하나님의 축복입니다.

2. 타인의 재산을 보호

십계명을 둘로 나누면 첫째는 "마음과 정성과 뜻을 다하여 하나님을 사랑하는 것이요" 둘째는 "마음과 정성과 뜻을 다하여 이웃을 내 몸과 같이 사랑하라"는 것입니다. 사람은 홀로 사는 존재가 아니라 더불어 사는 존재입니다. 이웃이 없는 나란 존재할 수 없습니다. 그러므로 이웃의 재산을 보호하는 것은 바로 나의 재산을 보호하는 길입니다.

1) 이웃의 소유를 강도 혹은 절도하는 것을 금하는 것이다(마 19:18).

여리고 도상에서 강도가 행인을 상하였습니다. 이 것은 강도의 죄이며(눅 10:30), 아간이 여리고 성에서 금은을 취한 것은 절도이다(수 7:20-22). 가룟 유다가 돈궤의 돈을 도적질한 것입니다(요 12:6).

2) 이웃의 소유를 사기하는 것을 금하심.

"불의로 그 집을 지으며 불공평으로 그 다락방을 지으며 그 이웃을 고용하고 그 고가를 주지 아니하는 자에게 화가 있으리라"(렘 22:13).

"불공정한 도량, 저울"(레 19:35-36). 부정과 사기 등을 하나님은 금하고 있습니다.

3) 이웃의 소유물에 대한 탐욕(마 15:19. 7:21)

3. 소유를 남용 말라.

합법적인 방법으로 소유하였다 하더라도 그 소유를 합법적으로 잘 관리하고 증진하고 바로 사용하여야 하는대도 불구하고 잘못 사용하면 죄가 되는 것입니다(눅15장 탕자의 비유, 16장 어리석은 부자). ① 사치와 허영(사 3:16-26), ② 방탕(눅 15장), 3) 연락(눅 16장). 이상과 같은 소유의 사용은 하나님이 주신 축복을 남용하는 것이기 때문에 제8계명을 범하는 죄가 되는 것입니다.

4. 소유의 사용법

하나님은 믿음의 조상 아브라함을 통해서(창 12:1-3) 하나님이 주신 축복을 어떻게 사용하여야 하는 가를 가르쳐 주고 있습니다. 하나님이 주신 축복은 나만을 위해 주신 것이 아니고 우리 모두를 위하여 주신 것입니다.

예수님은 마태복음 5:42 "네게 구하는 자에게 주며 네게 꾸고자 하는 자에게 거절하지 말라." "너는 구제할 때에 오른 손에 하는 것을 왼손이 모르게 하여 네 구제함이 은밀하게 하라 은밀한 중에 보시는 너의 아버지가 갚으시리라"(마 6:3). "너희를 위하여 보물을 하늘에 쌓아두라"(마 6:19). ① 하나님께 드리라(마 6:19). 십일조(말 3:10, 신 14:22-29), 예물(말 3:8, 출 34:20). ② 이웃을 도우라(레 25:356, 마 5:42. 6:3). ③ 선한 일에 사용하라(엡 4:28).

결론

우리는 제8계명을 이루기 위해 과도한 욕심을 버리고(약 1:15), 자족의 정신을 배우고(빌 4:11, 딤전 6:7), 부지런히 일하는 삶의 태도를 가지고(살후 3:10), 구제하는 경건의 훈련(엡 4:28)과 내게 주신 소유는 하나님이 주신 것인줄 알고 청지기의 삶의 자세로 하나님의 나라와 사회와 이웃과 자신을 위해 선한 삶을 살아야 하겠습니다.

우리는 물질에 대한 바른 이해와 바른 태도를 가지고 우리 사회의 공동체의 행복을 위하여 제8계명을 지키는 삶이 되기를 축원합니다. 당신의 물질관계는 정당합니까? 할렐루야 아멘.

제8계명의 금(禁)하는 것

엡 4:25-28

제 75 문

제8계명에서 금하는 것이 무엇인가?

답 : 제8계명에서 금하는 것은 우리 자신(딤전 5:8)과 이웃의 재물과 산업을 부당하게 방해하거나 또는 방해될 만한 일을 금하는 것이다.

도적질은 이웃의 소유를 불법적으로 소유하며, 공공적인 물건을 자기 것으로 만드는 것이며, 나아가 하나님의 것을 도적질하는 것도 말하고 있습니다. 도적은 인류공동체 사회에서 공동체를 파괴하는 악입니다. 인간의 부는 자신의 성실한 노력으로 얻는 것이며 수고에 대한 대가입니다. 수고와 노력 없이 부를 모으려는 것은 바로 도덕질입니다. 시편 128편에는 내가 수고한 대로 먹을 것을 얻을 것이라고 말씀하고 있습니다. 바늘 도적이 소도적이 된다고 했습니다.

우리는 가정에서 자녀들에게 도덕질은 나쁘다는 것을 가르쳐야 합니다. 사람의 것만 아니라 하나님의 것에 대한 물질과 시간에 대한 것도 우리는 항상 주의해야 합니다.

제8계명이 금하는 것이 무엇입니까?

대요리문답 142문에는 제8계명에서 금지된 죄들은 의무를 등한히 하는 일(약 2:15-16, 요일 3:17) 외에도 도적(엡 4:28), 강도행위(시 62:10), 납치(딤전 1:10), 장물소유(잠 29:24), 사기행위(살전 4:6), 속이는 저울질과 칫수재기(잠 11:1, 20:10), 땅의 경계를 마음대로 옮기는 것(신 19:14, 잠 23:10), 사람들 사이에 맺어진 계약이나 신탁에 대한 불공정과 불성실한 것과 억압(암 8:5, 시 37:21, 눅 10:10-12), 착취(마 23:25), 고리대금(시 15:15), 뇌물의 징수(욥 15:34), 소송남용(고전 6:-8: , 잠3:26, 30), 불법적 봉쇄와 추방(사 5:8, 미 2:2), 물가인상을 위한 물품매점(잠 11:26), 부당한 값을 부르는 일(행 19:19,24,25), 우리의 이웃에게 속하는 것을 그에게서 취하거나 억류해 두거나 우리들 자신을 부유하게 하기 위한 다른 모든 일에 불공평하거나 죄악된 방법들(욥 20:19, 약 5:4, 잠 21:6)과 탐욕(눅 12:15), 세상제물을 과도하게 소중히 여기고 좋아하는 것이며(딤전 6:5, 골 3:2, 잠 23:5, 시 62:10, 요일 2:15), 그것을 얻어 보존하고 사용함에 있어서 의심하고 괴롭게하는 염려와 노력(마 6:25,31,34, 전 5:12), 타인의 번영에 대하여 질투하며(시 73:3, 37:1,7), 또 그와 같이 게으름(살후 3:11, 잠 18:9), 방탕 낭비적 노름과 다른 방법으로 우리들의 외적 재산에 대하여 부당한 편견을 가지는 것이며(잠 21:17, 23:20-21, 28:19), 우리 자신을 속여 하나님께서 우리에게 주신 재물의 바른 사용과 안위를 갖지 못하게 하는 것입니다(전 4:8, 6:2, 딤전 5:8).

1. 물질의 남용

비록 물질이 자기의 것이라 할지라도 자기 마음대로 남용해서는 안됩니다. "네가 이세대에 부한 자들을 명하여 마음을 높이지 말고 정함이 없는 재물에 소망을 두지 말고 오직 우리에게 모든 것을 후히 주사 누리게 하시는 하나님께 두며 선한 일을 행하고 선한 사업에 부하고 나눠주기를 좋아하며 동정하는 자가 되게 하라 이것이 장래에 자기를 위하여 좋은 터를 쌓아 참된 생명을 취하는 것이니라"(딤전 6:17-19).

우리는 하나님이 주신 축복을 누리며 선한일을 하며 다른 사람에게 나누며 다른 사람의 행복을 위하는 삶을 살아야 하는 것입니다.

누가복음 16장에 나오는 부자처럼 남을 도우지 않고 자기만을 위해 열락을 즐기는 삶을 살 때 그는 버림받아 지옥의 형벌을 받을 것입니다. 또한 누가복음 15장에 나오는 탕자처럼 주신 물질로 허랑방탕하면 결국 자신이 비참한 처지에 빠지고 말 것입니다. 창세기 14장에 아브라함이 얻은 물질을 제사장과 다른 사람에게 나누었던 것처럼 우리는 나눔의 삶을 살아야 할 것입니다.

하나님은 나눔의 삶을 산 아브라함에게 창세기 15장에 큰 축복을 약속하신 것입니다.

(1) 사치하지 말아야 합니다(사 3:16-28).
　　사치스러운 옷이나 호화가구 지나친 혼수 등을 배재해야 합니다.
(2) 탐식하지 말아야 합니다(잠 23:20).
　　지나친 보신주의는 경계해야 합니다(딤전 5:6).
(3) 허례허식하지 말아야 합니다(딤전 5:6).

분수에 맞는 삶을 살아야 하면 다른 사람에게 혐오감을 주지 말아야 합니다. 주신 재물을 바로 선하게 사용해야 합니다(딤전 6:17-19). 제8계명이 금하신 것은 물질의 남용을 금하고 있습니다.

2. 남의 것을 착취

(1) 자신의 안녕을 위해 이웃의 소유물을 강도 절도하지 말아야 합니다(눅 10:30).
　　여리고를 지나던 나그네에게 강도질한 것 같은 일이 있어서는 안됩니다.
(2) 자신의 부요를 위해 남을 속여서는 안됩니다(렘 22:13, 레 19:35-36).
　　거짓, 약속, 약속위반, 속이는 것, 가룟 유다는 예수님과 제자들을 속였습니다.
(3) 자신의 부요를 위해 정당한 노동력을 착취하면 안됩니다(약 5:4).
(4) 자신의 수입을 위해 변리대금을 금해야 합니다(겔 22:29).
(5) 구제를 방해하고(요 12:3-5), 남에게 갈 것을 자기에게 두는 것을 금하고 있습니

다(합 2:8).

(6) 갚을 능력이 없으면서 빚을 쓰는 것(눅 7:41).
(7) 남의 연구한 것을 횡용하고 부당한 세금을 받는 것(엡 5:11).
(8) 정당한 세금을 내지 않으며(마 17:24-27) 뇌물을 받는 것(사 1:23).
(9) 부모의 물건을 훔치는 것(잠 28:24).

우리는 이웃의 것을 정당한 방법이 아닌 것으로 취하는 것은 죄며, 나아가서 정당한 방법이라 할지라도 비도덕적이고 비윤리적이면 안됩니다.

그리스도인의 삶은 윤리적이고 도덕적이고 성경적이어야 합니다.

이세벨이 합법적인 방법으로 나봇의 포도원을 가졌지만 그는 비윤리적이고 비도덕적이며 비성경적이었기 때문에 그는 하나님께 버림받은 것입니다.

3. 하나님께 인색

1) 하나님께 대한 물질적 의무가 불충한 것도 도적에 속한다.

말라기 선지자는 헌물과 십일조에 대하여 도적질했다고 했습니다(말 3:8-10). 하나님이 주신 축복에 대한 의무를 다해야 합니다. 그렇치 않으면 도적입니다. 하나님 것을 도적질하는 것은 하나님의 권위에 도전입니다. 가이사의 것은 가이사에게 하나님의 것은 하나님께 돌려야 합니다. 빈손으로 왔다가 빈손으로 가는 것이 인생입니다. 대한민국이 경제발전에 눈이 어두워 잘살아 보세를 외치면 마구잡이로 기업들이 착취할 때 최희준이란 가수는 인생은 〈나그네 길〉이라 가요를 불러 우리에게 공감을 주었습니다. 우리에게 주신 물질은 하나님이 주신 것입니다. 하나님의 영광을 위해 사용하도록 말입니다. 하나님이 주신 물질이 진정한 축복이 되기 위해서는 하나님의 영광을 위해 사용되어야 합니다.

2) 하나님의 시간을 남용하는 것도 죄이다.

주일은 거룩한 예배로 영광을 돌려야 합니다. 주일는 나의 시간이 아니고 하나님을 위한 시간입니다. 이 시간을 내 마음대로 사용할 때 그것은 죄가 됩니다.

3) 하나님께 서원한 것을 드려야 한다.

하나님께 서원한 것을 드리지 않으면 도적질입니다(말 1:14, 전 5:4-5). 우리는 서원할 때 신중을 기해야 합니다. 일단 서원하면 손해가 되더라도 이행하십시오. 그러면 하나님이 모든 것을 합력하여 선을 이루게 하실 것입니다. 어떤사람은 사람에게는 후한대 하나님께 인색합니다. 하나님께 인색하지 마십시오. 그러면 하나님께서도 당신에게 인색하지 않을 것입니다.

결론

도적질은 공동체의 행복을 파괴하는 죄입니다. 정당한 노동에 대한 축복을 거부한 죄요, 자신의 소명을 버리는 죄입니다. 인간은 이마에 땀을 흘리며 수고해야 합니다. 도적은 일하지 않고 많은 부요를 원하는 불법적인 죄악입니다.

인간의 행복은 하나님과의 바른 관계에 있습니다. 그리고 사람과 바른 관계 또 물질과의 바른 관계가 이루어질 때 진정한 행복을 소유하게 되는 것입니다.

제8계명을 통해서 우리에게 금하신 것으로 끝나는 것이 아니라 더 큰 축복을 주시기 위해서 금하신 것입니다. 우리는 하나님이 내게 주신 물질을 남용하지 말고 선한 일에 힘써야 함은 물론이요, 남의 것을 착취하거나 하나님의 것을 도적질해서는 안됩니다. 제8계명이 금하신 것을 명심하고 바른 이웃과의 관계와 물질의 관계가 있기를 축원합니다.

도적질은 하나님께서 금하신 계명입니다. 이웃의 것을 욕심내지 말고 하나님의 것을 탐하지 말고, 이웃과 함께 나누며, 하나님께 드림으로 주신 축복을 누리기를 축원합니다. 주님은 주기도문을 통해 오늘날 우리에게 일용할 양식을 달라고 기도하라 했습니다. 우리의 양식, 우리의 공동체를 위한 양식입니다. 도적질은 공동체를 파괴하는 것이며, 자기만을 위한 것입니다.

하나님 중심의 삶은 축복이요, 이웃과 공동체를 위한 삶은 행복입니다. 이 땅에 도적이 사라지는 날, 이 사회는 행복한 사회가 될 것입니다. 당신은 도적이 아닙니까? 도적질한 적이 있습니까? 회개하셨습니까? 용서 받았습니까? 할렐루야 아멘.

제9계명(戒名)

출 20:16

제 76 문

제9계명이 무엇인가?

답 : 제9계명은 네 이웃을 해하려고 거짓 증거하지 말라 하신 것이다(출 20:16).

인간은 하루에 약 삼만마디의 말을 하면서 산다고 합니다. 그 삼만마디 말 중에서 진실한 말이 얼마나 되며 또 거짓말이 얼마나 될까? 우리는 끊임없이 말하고 삽니다. 그 말이 진실하지 않고 거짓이라면 이사회는 어떻게 되겠습니까?

당신은 당신의 말이 항상 진실하다고 인정하십니까? 에베소서 4:29 "무릇 더러운 말은 입밖에도 내지 말고 오직 덕을 세우는데 소용되는 선한 말을 하며 듣는 자들에게 은혜를 끼치게 하라"

제9계명은 제3계명과 공통점이 있습니다. 제3계명은 하나님에 대한 언어의 범죄이고 제9계명은 사람에 대한 언어의 죄악을 말하고 있습니다. 또한 제8계명은 이웃의 유형적 재산에 대한 것이라면, 제9계명은 이웃의 무형적 재산인 명예에 대한 것입니다.

말씀으로 천지를 창조하신 하나님은 인간에게 언어를 주신 것은 큰 축복입니다. 하나님이 인간에게 언어를 주신 것은 하나님을 영화롭게 하고 이웃을 사랑하며 축복하게 하기 위하여 주신 것입니다(벧전 3:9). 그러나 인간이 타락함으로 언어가 타락되고 이 언어를 통하여 수많은 범죄를 저지르고 있습니다.

제9계명은 인간언어의 타락을 경계하고 상대방에게 거짓증거를 통해 명예를 더럽히지 말 것을 말씀하고 있습니다. 마귀는 이 언어를 통하여 인간을 미혹하고 있습니다.

1. 계명을 주신 목적(目的)

1) 하나님은 진실(   )하신 분이심을 나타내기 위해

하나님은 진실하신 분이십니다. 하나님은 그 자체가 진실하시고 그 언행이 신실하십니다. 그는 어제나 오늘이나 영원토록 변치 않으시고 약속을 지키시고 진실하신 분이십니다(시 146:6).

디도는 "거짓이 없으신 하나님"(딛 1:2)이라고 고백하고, 예수님께서는 마태복음 5:48 "하늘에 계신 아버지의 온전하심과 같이 너희도 온전하라"고 했습니다. 사도요한은 요한일서 2:21 "모든 거짓은 진리에서 나지 않음을 인함이라"고 했다. 그리고 거짓은 마귀에게서 나온다고 했습니다(요 8:44). 하나님은 진실하신 분이십니다(출 34:6). 예수님은 자신이 진리라고 말씀하셨습니다(요 14:6). 마귀는 거짓말쟁이지만 하나님은 진실하신 분이십니다.

2) 진실의 귀중성을 알게 하기 위해서

만약 이 사회가 진실이 없다면 바로 그것이 지옥일 것입니다. 오늘 우리 사회는 너무나 진실이 없습니다. 너도나도 모두 거짓투성입니다. 예수님은 마태복음 12:36-37 "내가 너희에게 이르노니 사람이 무슨 무익한 말을 하던지 심판날에 이에 대하여 심문을 받으리니 네 말로 의롭다함을 받고 네 말로 정죄함을 받으리라." 그리고 거짓말쟁이는 지옥에 들어간다고 말씀하고 있습니다(계 21:8, 22:15). 이 거짓은 바로 마귀에게서 나온다고 말씀하고 있습니다(요 8:44).

언어 생활의 실패는 하나님의 심판이 있고 승리하는 자에게는 축복이 있습니다(벧전 3:9-10). 잠언 12:22 "거짓 입술은 여호와께 믿음을 받아도 진실히 행하는 자는 그의 기뻐하심을 받느니라. 또한 실패자는 시편 5:6 "거짓말하는 자를 멸하시리라." 시편 101:5 "그 이웃을 그윽이 허는 자를 내가 멸할 것이요"라고 경계하고 있습니다. 잠언 12:19 "진실한 입술은 영원히 보존되거니와 거짓 혀는 눈깜짝일 동안만 있을 뿐이라"

우리는 제9계명을 통해 진실의 귀중성을 다시 한번 인식하고 거짓의 죄악이 얼마나 비참하다는 것을 바로 인식하시기를 축원합니다.

3) 인간의 행복을 위해서

인간은 거짓 때문에 망한 존재입니다(창 3:). 마귀는 거짓으로 인간을 불행하게 만들었습니다. 거짓말로 망한 인간에게 제9계명을 주신 것은 거짓 없는 세상이 됨으로 다시는 인간이 불행하여지지 않고 축복의 존재로 살게 하기 위하여 거짓말을 삼가 할 것을 말씀하고 있습니다.

"나는 치명적인 타격을 가할 수 있는 힘과 기술을 갖고 있다. 나는 죽이지 않고 승리한다. 나는 가정, 학교, 국가, 교회를 파괴한다. 나는 수많은 사람의 건강과 인생을 파괴한다. 나는 바다에 날개를 펴고 여행한다. 순결한 사람도 내게 무력하다. 정결한 사람도 내게 무력하다. 나는 진리와 정의와 사랑을 경멸한다. 나는 나의 희생자를 전 역사와 전 세계에 갖고 있다. 나는 바다의 모래보다 더 많은 노예를 거느리고 있다. 나는 결코 망각하지 않는다. 나는 결코 용서하지 않는다. 나의 이름이 무엇일까? 나의 이름은 중상모략이다."

거짓말은 인간을 불행하게 하는 주인공입니다. 진실이 없이는 행복한 가정, 행복한 사회, 행복한 국가를 이룰 수가 없습니다. 진실은 자신의 행복과 타인의 행복을 이루는 것입니다. 반대로 거짓은 자신과 이웃을 불행하게 만드는 것입니다. 가인은 거짓 때문에 버림받았습니다(창 4:1-26). 아나니아와 삽비라는 거짓 때문에 망했습니다.

버나드 쇼우는 "거짓말쟁이에 대한 최대의 형벌은 그가 타인으로부터 신용을 받지 못한다는 점에 있는 것이 아니고 그 자신이 아무도 믿을 수 없다는 비애를 느끼는 점에 있다"라고 했습니다.

거짓은 자신과 사회와 나라를 불행하게 만드는 것입니다. 우리는 항상 말에 조심을 해야 합니다. 이 이야기는 진실(사실)한가? 이 이야기는 상대방에게 하는 것이 좋은가? 필히 이 이야기를 해야 하는가? 생각해야 합니다.

2. 거짓의 유형(有形)

거짓말의 원어(히) '샤겔' '샤우'는 게세우스에 의하면 '샤겔'은 (1) 거짓말(출 5:9), 거짓증거(신 19:12), 위증(레 5:24), 거짓 예언(렘 5:31)의 뜻이 있고, (2) 무엇을 속이고 사기하는 것(시 33:17), '샤우'는 근거 없는 말(출 23:1), 망령된 증거(출 20:7)의 뜻이 있습니다.

1) 선의의 거짓말

거짓된 친절과 아첨에서 볼 수 있습니다. "너 나보다 잘한다. 예쁘다. 멋있다" 선한 거짓말은 근본적으로 어떤 해를 끼치지 않고 오히려 사람을 즐겁게 할 경우에는 죄가 되지 않는다고 생각하고 있습니다. 그러나 성경은 요한일서 2:21 "거짓은 진리에서 나온 것이 아니요"라고 말하며, "여호와께서 아첨하는 입술을 끊으실 것이다"(시 12:3)라고 했습니다.

2) 편의상 거짓말

불쾌함을 피하기 위해서 귀찮아서 하는 거짓말입니다. 성경은 좋은 결과를 위해서 나쁜 일을 하여도 된다고 말하고 있지 않습니다. 로마서 3:8 "…선을 이루기 위하여 악을 행하자 하지 않겠느냐 저희가 정죄 받는 것이 옳으니라."

3) 필연적 거짓말

필연적으로 거짓말해야 할 때가 있다고 생각하고 거짓말을 합니다. 성경은 여기에 지지한다고 말하지 않습니다. "아브라함이 자신의 생명을 보전하기 위해 거짓말을 하지 않았던가(창 12:13-19, 20:2-12) 산파도 바로에게 거짓말하지 않았는가?(출 1:19-20) 그러므로 전쟁 또는 위험시에 거짓말을 해도 좋다고 주장합니다. 아브라함이나 산파가 거짓이 정당하다고 성경은 말하고 있지 않습니다. 그러나 그 단적인 상황과 적들로부터 진실의 일부를 숨기는 혹은 억제하는 것을 허락하심을 증명할 수가 있습니다. 사무엘상

16:1-5에 하나님은 사무엘에게 두 가지 일을 하도록 명령을 내렸습니다. 왕이 사무엘의 한 일을 알려고 하자 하나님은 사무엘에게 그가 해온 것들 중에 하나만 말하게 하고 다른 것은 말하지 않도록 명령을 내렸습니다.

그는 해가 되지않는 사실의 일부를 말할 수 있었으며 말해서 해를 초래할 사실을 일부 숨길 수 있었습니다. 그러나 주목할 것은 그는 거짓말하도록 허락되지 않았습니다. 즉 하나님께서는 악인들에게 우리가 말하는 진리를 모두 알 권리를 갖도록 허락하지 않음을 말하는 한편 우리는 그들에게 어떤 거짓말도 말할 권리를 가지고 있음을 말하지 않습니다.

4) 참소
참소란 이웃과 벗에게 고의적이고 파괴적인 거짓말을 가리킵니다.

5) 속임
사실이 아닌 것을 유포하는 것입니다.

6) 위증
사실을 말하겠다고 하고 사실을 말하지 않는 것입니다.

7) 헛소문(출 23:1, 잠 20:19)

8) 파괴적인 비판(렘 19:16)
우리는 어쩔 수 없는 형편과 상황이라 할 수 있으나 하나님은 어쩔 수 없는 상황에서 어쩔 수 있게 역사하시는 하나님의 전능을 믿어야 합니다. 하나님은 거짓말하지 않고도 상황을 능히 극복할 수 있는 분이십니다. 우리는 항상 거짓말의 유혹을 뿌리쳐야 합니다. 거짓은 자신과 이웃을 불행하게 하기 때문입니다(잠 6:16-19).

3. 거짓의 결과(結果)

거짓은 인간에게 가장 보편적인 범죄이며 인간 마음속 깊은 곳으로부터 나오며(마 15:19), 궁극적으로는 마귀에서부터 나오는 것입니다(요 8:44). 거짓은 인간에게 치명적 영향을 미칩니다.

잠언 18:21 "죽고 사는 것은 혀의 권세에 달려있다."
잠언 15:4 "온량한 혀는 곧 생명 나무라도 패려한 혀는 마음을 상하게 하느니라."
잠언 25:18 "그 이웃을 쳐서 거짓증거 하는 사람은 방망이요 칼이요 뽀족한 살이니라."

세 치 혀는 칼보다 총보다 무서운 것입니다(약 3:5-6).

1) 남을 불행하게 만든다(잠 18:21, 15:4).

시편 140:3 "뱀 같이 그 혀를 날카롭게 하니 그 입술아래는 독사의 독이 있나이다."

2) 자신을 불행하게 함(행 5:).

3) 하나님이 미워함(잠 16:16).

4) 심판의 대상(마 12:36).

5) 지옥에 감(계 21:8, 22:15).

거짓의 결과는 이러한 비참을 초래합니다. 시편기자는 "여호와여 내 입에 파숫군을 세우시고 내 입술의 문을 지키소서"(시 141:3)라고 기도했던 것입니다.

결론

거짓은 나와 이웃을 불행하게 만드는 무서운 죄악입니다. 우리는 말하기 전에 먼저 생각하는 지혜가 필요합니다. 잠언 10:19 "말이 많으면 허물을 면키 어려우나 그 입술을 제어하는 자는 지혜가 있느니라" 거짓은 자기 중심과 인간 중심에서 나옵니다. 나의 모든 삶이 하나님을 기쁘시게 하는 방향으로 변화될 때(갈 1:10) 거짓은 사라질 것입니다.

우리는 거짓을 죄로 여기지 않는 문화권에 살기 때문에 거짓에 대한 죄책을 느끼지 않습니다. 미국은 대통령이 거짓말한 것 때문에 물러나야 했습니다. 우리의 정치인들은 아무리 거짓말해도 우리는 용서합니다. 하나님은 용서하지 않을 것입니다. 성도는 오직 진실만을 말해야 합니다. 오직 사실만을 옳은 말을 해야 합니다. 할렐루야 아멘.

제9계명의 명(命)하는 것

잠 14:1-25

제 77 문

제9계명에 명하는 것이 무엇인가?

답 : 제9계명에서 명하는 것은 특히 증거하는 일에 있어서(출 20:16)) 피차 간의 진실함(슥 8:16)과 또 우리 자신(벧전 3:16)과 이웃의 명예를 유지하고 증진시키는 것입니다(요삼 12).

거짓말은 다른 사람을 속이기 위한 의도에서 말해지는 것을 말합니다. 거짓말한 대가는 분명히 받습니다(계 21:8). 거짓말을 하는 자는 하나님이 멸하실 것이요(시 5:6), 벌을 면치 못할 것이라고 말하고 있습니다(잠 19:5).

사탄의 거짓말(창 3:)은 반은 진리이고 가인의 거짓말은(창 4:9) 질문에 대한 회피의 성격을 띄고, 야곱이 장자의 명분을 상속하기 위한 거짓말은 심사숙고(창 27:19)하고 조직적인 거짓이고, 요셉의 형제들이 아버지 야곱에 대한 거짓말(창 37:21-34)은 사악한 거짓말임을 보여주며, 자신의 정욕을 위해 다윗이 우리아에게 한 거짓은 잔인한 거짓말이며(삼하 11:2-27), 게하시의 거짓말은 탐욕적인 것이며(왕하 5:22-27), 아나니야와 삽비라의 거짓말은 하나님을 속이는(행 5:) 배은망덕의 거짓말로 하나님의 예배에 참예함을 거절당했으며 이러한 모든 거짓말은 하나님의 심판을 받은 것입니다.

성경에서 거짓말 잘하는 사람들을 그레데인들이라고 했습니다. 디도서 1:12 "그레데인들은 항상 거짓말쟁이며 악한 짐승이며 배만 위하는 게으름쟁이라." 당신은 그레데인들에 속하지 않습니까?

그리스도인들은 옛사람의 본성인 거짓을 버려야 합니다. 거짓말의 근원은 사악한 마귀에서 근원하기 때문입니다. 요한복음 8:44 "너희는 너희 아비 마귀에게서 났으니 너희 아비의 욕심을 너희도 행하고자 하느니라. 저는 처음부터 살인한 자요 진리가 그 속에 없으므로 진리에 서지 못하고 거짓을 말할 때마다 제 것으로 말하나니 이는 저가 거짓말쟁이요 거짓의 아비가 되었음이라"

거짓말은 마귀에 속한 자가 하는 상투적인 속임수입니다. 제9계명이 명하는 것과 금하는 것이 무엇입니까? "제9계명이 명하는 것은 특히 증거할 때에 피차 진실함과 또 우리와 이웃의 명예를 보존하며 증거 하게 하라는 것이다"(슥 8:16, 잠 14:5, 행 25:10).

1. 진실(眞實)하라(슥 8:16).

"너희는 각기 이웃으로 더불어 진실을 말하며"라고 말하고 있습니다. 거짓이 난무하는 세대에서 그리스도인들은 성별된 진실의 삶을 살아야 합니다.

1) 자신에게 진실해야 한다.

죄로 타락한 인간은 자신이 자신을 믿지 못하는 거짓의 사람으로 타락된 것입니다.

하나님은 자신에게 진실하지 못한 다윗을 나단 선지자를 통하여 책망하신 것입니다 (삼하 12:). 우리는 우리의 자신에게 진실해야 합니다. 자신의 양심을 속이고 마음을 속이고 사는 자가 얼마나 많습니까? 우리는 먼저 자신에게 진실하여야 합니다. 자신에게 진실하지 못한 사람은 다른 사람에게 진실할 수가 없습니다.

예수님은 나다나엘이 주님 앞에 나올 때 진실한 사람이라고 말했습니다(요 1:47-48). 진실은 신용이며 재산입니다.

2) 가정에 진실해야 한다.

고넬료는 가정에 진실한 사람이었습니다(행 10:1-4). 가정은 하나님이 주신 행복의 처소이며 안식처입니다. 가족끼리 서로 진실하게 살아야 합니다. 가족이 가족을 속이고 산다는 것은 비극이요 슬픔입니다. 창세기 39:7-18에 보디발의 부인은 가족을 속이고 요셉을 모함했습니다. 가족이 가족을 믿지 못한다면 그 사회는 슬픈 사회요, 비극을 잉태한 사회입니다.

3) 사회에 진실해야 한다.

"악한 사람들과 속이는 자들은 더욱 악하여져서 속이기도 하고 속기도 하나니"(딤후 3:13). 진실하지 못한 사회, 부정과 부패가 판을 치는 사회, 나라의 지도자를 믿지 못하고 지도자는 백성을 믿지 못하고 선생이 제자를 제자가 선생을 또한 기업가를 믿지 못하는 세상이 지금의 우리의 세상이 아닌가. 부정의약품, 부정식품, 부정한 상거래 등등 진실이 없는 사회는 지옥과 같은 곳입니다.

* 목동과 이리/ 너무나 잘아는 이야기지만 이것이 현실이 아닐까요? 수돗물이 아무리 좋다하여 먹어도 된다 말하지만 그 말을 믿는 사람은 별로 없습니다.

4) 말에 진실하라

"사람은 입에서 나오는 열매로 하여 배가 부르게 되나니 곧 그 입술에서 나는 것으로 하여 만족하게 되느니라"(잠 18:20). "선한 말은 꿀송이 같아서 마음에 달고 뼈에 양약이 되느니라"(잠 16:24). "사람은 그 입의 대답으로 말미암아 기쁨을 얻나니 때에 맞은 말이 얼마나 아름다운고"(잠 15:23). "경우에 합당한 말은 아로새긴 은쟁반에 금사과니라"(잠 25:11). "우리가 다 실수가 많으니 만일 말에 실수가 없는 자면 곧 온전한 사람이라"(약 3:2).

마귀는 거짓말장이기 때문에 우리에게 진실을 말하지 못하도록 합니다(요 8:44). 성도의 말은 진실해야 합니다. "만일 우리가 하나님과 사귐이 있다하고 어두운 가운데 행하면 거짓말을 하고 진리를 행치 아니하거니와"(요일 1:6). 하나님의 사람은 진실해야 합니다. 왜 하나님이 진실하신 분이기 때문입니다. 예수님은 요한복음 1:47에서 나다나엘의 진실을 칭찬하였습니다. 당신은 하나님이 칭찬할 만한 진실이 있습니까?

5) 하나님 앞에 진실해야 한다.

가룟 유다는 주님 앞에서 진실하지 못했습니다(요 12:4-6). 바리새인들은 하나님 앞에서 진실하지 못했습니다. 오늘 우리는 어떠합니까? 당신은 정말 하나님 앞에서 진실하십니까? 하나님은 진실의 속성을 가지고 계십니다. 하나님은 제9계명을 통해서 진실할 것을 명하고 있습니다. 우리는 자신에게, 가족에게, 사회에, 말에, 하나님 앞에서 진실해야 합니다. 이 세상이 진실로 가득 찰 때 하나님의 나라가 이 땅에 이루어질 것입니다. 사탄은 진실한 자를 싫어합니다. 하나님은 진실한 자를 사랑합니다.

2. 이웃의 명예(名譽)를 보존(保存)(요삼 12)

"데메드리오는 뭇사람에게도 진리에게도 증거를 받았으며 우리도 증거하노니 너희는 우리의 증거가 참된 줄을 아느니라" 데메드리오와 같이 자신과 이웃의 명예를 보존한 사람이 있는가 하면 디오드레베는 이웃의 명예를 더럽힌 자로 교회에 쫓아내었습니다(요삼 10).

우리는 피차 이웃의 명예를 존중할 뿐만 아니라 적극적으로 보존해야 합니다. 남의 인격을 모독하고 남의 명예를 헐뜯는 나쁜 말과 거짓과 비방을 삼가하여야 할 것입니다. 고라자손은 모세의 명예를 비방하다가 땅이 갈라져 죽었습니다. 미리암도 문둥병에 걸렸습니다. 사람은 무엇을 심든지 그대로 거두는 것입니다(갈 6:7). 주님께서는 대접을 받고자 하는 대로 너희도 대접하라(마 7:12). 남의 명예를 보호하고 존중할 때 나 자신의 명예도 보존되고 보호되는 것입니다. 남의 명예를 비방하는 자는 정죄를 받아야 할 것입니다. 우리는 경솔한 언행심사를 버리고 나의 언행심사가 상대방의 명예가 존중되도록 g 해야 할 것입니다. 그러므로 주님은 이웃을 내 몸과 같이 사랑하라고 했습니다.

결론

제9계명은 거짓증거로 이웃의 명예를 더럽히지 말라는 것입니다. 하나님은 언어의 폭력으로부터 우리를 보호하시기 위해서 이것을 명하신 것입니다. 진실이 있는 곳에 평화가 있고 진실이 있는 곳에 행복이 있고 진실이 있는 곳에 하나님이 함께 하십니다. 우리는 우리가 사는 세상을 아름답게 하기 위해서 거짓을 몰아내고 진실해야 합니다. 내 자신에게 진실하고, 가족에게 이웃에게 하나님께 나다나엘처럼 진실하기를 축원합니다. 당신은 자신이 진실하다고 생각하십니까? 할렐루야 아멘.

제9계명의 금(禁)하는 것

잠 14:1-25

제 78 문

제9계명에서 금하는 것이 무엇인가?

답 : 제9계명에서 금하는 것은 진실에 대하여(잠 14:5), 해로운 그 무엇이든지 혹은 우리나(욥 27:5) 우리 이웃에 명예에 훼손을 금하는 일이다(시 15:3).

진실이 있는 곳에 믿음이 있습니다. 믿음이 있는 곳에 평화가 있습니다. 사랑이 있습니다. 진실한 자에게 하나님은 항상 함께 하십니다. 하나님 자신이 진실하시기 때문에 사람을 볼 때 외모를 보지 않고 중심 다시 말하면 진실을 보시는 것입니다.

주님은 말씀하실 때 진실로 진실로란 말씀을 자주 사용하였습니다. 하나님의 말씀의 진실성을 말씀하신 것입니다. 당신은 진실하지 않는 사람을 좋아하십니까?

거짓의 아비인 사탄에게 속은 인간은 사탄의 속성을 닮아 거짓을 말하는 것을 자랑으로 여기고 있습니다(요 8:44).

우리는 사탄의 거짓에 속지 말고 주님의 진실하신 말씀에 순종합시다.

하나님이 9계명에서 금하신 것이 무엇입니까?

"진실에 대하여(잠 14:5) 해로운 그 무엇이던지 혹은 우리나(욥 27:5) 우리 이웃의 명예에 훼손을 금하는 일이다고 했습니다"

1. 위증을 금함

사적인 일에나 공적인 일에나 위증을 금하고 있습니다. 위증은 다른 사람의 행복을 망치는 범죄입니다. 위증으로 다른 사람의 명예를 실추시키는 일은 죄입니다.

"너희가 행한 일은 이러하니라 너희는 각기 이웃으로 더불어 진실을 말하며 너희 성문에서 진실하고 화평한 재판을 베풀고"(슥 8:16)라고 말씀하고 있습니다.

믿음의 조상 아브라함은 위증으로 아내를 빼앗겼습니다.

보디발의 아내는 위증으로 요셉을 감옥에 보냈습니다.

바리새인들은 위증으로 예수님을 십자가에 못박게 하였습니다.

하나님은 제9계명을 통해 위증을 금하고 있습니다.

성경에는 위증을 방지 하기 위하여 증인을 세울 때 두 사람 이상 세웠습니다.

위증은 계명이 금하신 죄입니다.

2. 이웃을 배신(背信)하고 허물을 들추지 말라.

가룟 유다는 주님을 배신하였습니다.
잠언 11:13 "두루 다니며 험담하는 자는 남의 비밀을 누설하나 마음이 신실한 자는 그런 것을 숨기느니라"

3. 이웃을 욕하거나 중상모략하지 말라.

야고보서 4:11 "형제들아 피차 비방하지 말라 형제를 비방하는 자나 형제를 판단하는 자는 곧 율법을 비방하고 율법을 판단하는 것이니라 네가 만일 율법을 판단하면 율법의 준행자가 아니요 재판자로다"

4. 진리(眞理)에 이탈된 거짓을 금함

마태복음 24:4-5 "너희가 사람의 미혹을 받지 않도록 주의하라 많은 사람이 내 이름으로 와서 이르되 나는 그리스도라 하여 많은 사람을 미혹케 하리라"
진리를 거짓으로 증거하는 자는 이단자들이며 사탄의 앞잡입니다.

5. 계시(啓示)된 진리를 가감(加減)하지 말라.

신명기 12:32 "내가 너희에게 명하는 이 모든 말을 너희는 지켜 행하고 그것에 가감하지 말지니."
잠언 30:6 "너는 그 말씀에 더하지 말라 그가 너를 책망하시겠고 너는 거짓 믿는 자가 될까 두려우니라."
요한계시록 22:18-19 "내가 이 책의 예언의 말씀을 듣는 각인에게 증거하노니 만일 누구든지 이것들 외에 더하면 하나님이 이 책에 기록된 재앙들을 그에게 더하실 터이요 만일 누구든지 이 책의 예언의 말씀에서 제하여 버리면 하나님이 이 책에 기록된 생명나무와 및 거룩한 성에 참예함을 제하여 버리시리라."

6. 진리에 인간(人間)의 말을 혼합(混合)하지 말라.

골로새서 2:8 "누가 철학과 헛된 속임수로 너희를 노략할까 주의하라"
성경에는 하나님의 말씀도 있습니다. 또 성경에는 인간의 말도 있다고 말하는 자들이 있습니다.

이들은 다 제9계명을 범하는 자들입니다. 말세에는 거짓 선지자들이 많이 나타나 거짓을 증거합니다. 우리는 말씀에 깨어 진리 안에서 거짓을 배격하여야 할 것입니다.

하나님이 9계명을 통해서 금하신 것은 사적이나 공적이나 거짓증거하지 말며 이웃을 배신 비방 중상 모략하지 말며 진리에 대하여 거짓을 증거하지 못하도록 금하신 것입니다.

결론

제9계명은 거짓증거로 이웃의 명예를 더럽히지 말라는 것입니다. 우리는 나의 명예가 귀한 만큼 다른 사람의 명예도 귀하다는 것을 인식하고 다른 사람의 명예를 보호하고 보존해야 할 것입니다.

거짓은 무서운 죄악입니다. 거짓은 바로 마귀의 무기입니다. 하나님께 속한 자는 진실을 말해야 합니다. 왜냐하면 하나님은 진실이시기 때문입니다.

인류를 거짓으로 불행하게 만든 마귀는 지금도 그 방법을 동원하여 거짓으로 사람을 속이게 하여 불신의 세계를 만들려고 합니다. 진실이 없는 세계를 한번 상상만 해보십시오. 얼마나 무서운 세상입니까? 거짓이 진리를 짓밟고 정의가 빛을 잃고 참생명의 길이 막힌다면 이 세상은 어떻겠습니까?

거짓 증거로 십자가를 지신 주님을 생각하며 우리는 진실하게 생을 살아야 할 것입니다. 아멘 주예수여 오시옵소서 주예수의 은혜가 모든 자에게 있을 찌어다. 아멘 "아멘"은 진실을 말합니다. 우리는 주의 이름으로 이 세상을 진실된 세상으로 만들어야 하겠습니다. 당신은 진실을 말하고 있습니까? 할렐루야 아멘.

제10계명(戒名)

출 20:17

제 79 문

제10계명이 무엇인가?

답 : 제10계명은 네 이웃의 집을 탐내지 말지니라 네 이웃의 아내나 그의 소나 그의 나귀나 무릇 네 이웃의 소유를 탐내지 말지니라 한 것이다(출 20:17).

마지막 10번째 계명은 심적 욕망을 잘 조절하고 억제하여 모든 계명에 반대되는 것을 욕망하거나 탐하지 아니하여야 함을 가리키고 있습니다.

하나님께서는 우리의 영혼이 이웃 사랑으로 완전히 전유되기를 원하기 때문에 그 사랑에 반대되는 일체의 욕망은 우리의 마음속으로부터 추방해야 한다는 것입니다.

탐심은 소유 이상으로 더 소유하려는 뜨거운 욕망과 탐욕을 말하며 더나아가 탐심은 골로새서 3:5 "그러므로 땅에 있는 지체를 죽이라 곧 음란과 부정과 사욕과 악한 정욕과 탐심이니 탐심은 우상숭배니라"라고 우상숭배라고 규정하고 있습니다.

다른 계명들은 행위와 관련된 죄이지만 제10계명은 가견적으로 볼 수 없는 무형의 내면적 심적인 범죄이며, 탐심은 모든 죄의 근원이며 눈으로 볼 수 없으나 실재로 존재하는 죄악입니다. 이 범죄는 내적인 사고와 정서와 마음에 관련된 문제이며 1-9계명까지는 모두가 외적인 행동과 내적인 소욕에 관계되는 것이지만 제10계명은 마음의 내적 상태를 말하고 있습니다. 하나님은 제10계명을 통해 생각의 가장 엄밀한 곳에까지 관여하고 계시며 우리의 겉모양이상 내적 거룩함과 함께 마음의 정직을 요구하고 계시는 것입니다. 우리는 일체의 탐심을 마음의 지성소로부터 추방하고 마음을 다하고 성품을 다하고 뜻을 다해 하나님을 사랑하고 이와 같이 이웃을 사랑하는 성도의 삶이 되어야 하겠습니다.

1. 탐심이란?

탐심은 자신을 위해 무엇인가를 가지려는 것이며 자신이 이미 가진 것보다 더 가지려하는 욕심과 욕망을 말합니다.

히브리 원어 '하마트'(출 20:17, 34:24, 미 2:2)는 남의 것을 바라거나 탐하는 것 '타바'는 ① 선한 것이나 의로운 것을 원하는 것(신 10:17, 21:3), 또 악한 것을 소욕하는 것(약1:14-15), ② 나쁜 뜻으로는 정욕(마 5:28, 고전 10:6)과 불법적인 욕심(민 11:4, 시 78:29-30, 롬 7:7, 13:9), ③ 욕심의 대상으로 물건이나 영예나 장식물을 탐내는 것을 뜻한다(창 3:5, 42:26).

'아바'는 일에 '열심히 바라는 것', '불타는 시기심으로 그것을 얻기 위하여 집중되는 마음상태'를 말합니다(신 12:20. 14:26, 삼상 2:16, 잠 21:10). 이러한 탐심은 점점 하나님의 뜻을 어겨 영적 생활까지 막게 합니다(마 13:22). '플레오네씨아'는 세상을 얻고자 하는 '탐욕'입니다(눅 12:15, 살전 2:5, 딤전 6:10). 어거스틴은 탐욕은 "충분한 것보다 더 원하는 것"이라고 정의했습니다. 탐심은 하나님을 대적하고 자신을 망치는 죄입니다. 왓슨은 탐심을 여섯 가지로 말하고 있습니다(T. Watson. cit 174-176)

(1) 그 생각이 전적 세상으로 차 있음을 말합니다(마 19:22). 즉 세상을 위해서는 그리스도에게서 떠날만큼 사랑합니다. 성도는 하늘나라로 꽉 차 있어야 합니다(시 139:18). 그와 반대로 세상 것으로 꽉 차 있습니다.

(2) 하늘나라 것보다 세상 것을 얻는데 더 고심하는 것을 말합니다(히 3:12).

(3) 모든 말에 세상에 관한 것뿐임을 말합니다(마 17:27, 26:73, 요 3:31, 전 10:12).

(4) 그의 마음이 세상 일을 향해 있음을 말합니다(마 19:22). 세상을 위해서는 그리스도를 떠날만큼 사랑합니다.

(5) 세상 사업에 너무 과중하게 열중함을 말합니다. 즉 하나님을 위하여 낼 시간적인 여유가 전혀 없습니다.

(6) 불법으로라도 세상 것을 차지하고자 하는 마음입니다(호 12:7).

2. 탐심의 성격

1) 탐심은 가장 경계하는 죄이다.

성경은 태초부터 탐심을 경계했고(창 3:6), 예수님께서도 "삼가 탐심을 물리치라"(눅 12:15)고 경계했고, 라반의 탐심(창 31:41), 아간(수 7:11-21), 사울(삼상 15:9-19), 발람(민 22:-), 아합과 이세벨(왕상 21:), 게하시(왕하 5:20-27), 유대귀인(느 5:7), 바벨론 사람들(렘 51:13), 민족적(사 56:11 암 2:7), 신약의 어리석은 부자(눅 12:13-21), 바리새인(마 26:14-15), 유다(요 12:6), 초대교회 아나니아와 삽비라(행 5:1-11), 벨렉스(행 24:26) 등의 예를 들어 경계하고 있습니다.

누가복음 12:15 "저희에게 이르시되 삼가 모든 탐심을 물리치라…"

2) 간교하고 위험한 죄이다.

간교하게 위장을 잘하여 분간하기 어려우며(살전 2:5), 에덴동산에서 이 탈을 쓰고 꼬인 마귀는 오늘도 이 간교한 방법을 쓰고 있습니다.

3) 모든 죄의 근본이다.

탐심은 모든 다른 죄의 근본입니다. 야고보는 "사람이 시험 당하는 것은 각각 자기욕심, 곧 탐심에 이끌려 꾀임에 빠지기 때문입니다. 그러므로 "욕심이 잉태한즉 죄를 낳고 죄가 장성한즉 사망을 낳는다"(약 1:14-15)고 했습니다.

"나 외에 다른 신을 섬기지 말라"고 했으나 탐하는 자는 돈과 자기를 더 사랑하여 제1계명을 범하는 죄를(골 3:5), 우상을 섬기지 말라고 했으나 돈에 속해 있는 우상을 섬기니 제2계명에 대한 죄요(엡 5:5), 여호와의 이름을 망령되이 부르지 말라고 했으나 다른 이름에 맹세하고 다른 이름을 인정하니 제3계명을 범한 죄요, 안식일을 거룩하게 지키라고 했으나 주일날도 장사하고 시간을 훔치니 제4계명을 범한 죄요, 부모를 공경하라고 했으나 자기를 위해 아니함으로 5계명을 범한 죄요, 탐심은 모든 죄의 근원입니다.

4) 하나님이 가장 미워하는 죄이다.

시편 10:3 "마음의 소욕을 자랑하며 탐리하는 자는 여호와를 배반하여…"

5) 탐심은 우상 숭배의 죄이다.

골로새서 3:5에 "탐심은 우상숭배"라고 말하고 있습니다. 탐심을 가진 사람은 하나님보다 사랑하는 그 무엇을 가지고 있기 때문입니다. 빌립보서 3:19에 "쾌락을 탐하는 사람들의 신은 배"라고 했습니다. 즉 탐심을 자기의 하나님으로 삼고 있는 것입니다. 전도서 5:10에는 "은을 사랑하는 자는 은으로 만족함이 없고 풍부를 사랑하는 자는 소득으로 만족함이 없다"고 말합니다.

누가복음 12:13 이하에서 예수님은 탐심을 물리칠 것을 말씀하시고 어리석은 부자를 책망하며 생명이 소유에 넉넉함이 있지 않음을 말씀하셨습니다. 탐심은 죄악이며 죄의 뿌리입니다. 우리는 마음에 탐심을 물리치고 나누며 베풀며 도우며 사랑하며 사는 성도가 되시기를 축원합니다.

3. 탐심의 결과

1) 신앙의 성장을 방해한다.

디모데전서 6:3 "주 예수 그리스도의 말씀과 교훈에 착념하기위하여 욕심을 버리고 자족하는 것을 배우라." 야고보서 1:15 "욕심이 잉태한즉 죄를 낳고 죄가 장성한즉 사망을 낳느니라."

2) 건강을 파괴한다.

잠언 28:16 "탐욕을 미워하는 자는 장수하리라."

3) 시험에 빠지게 된다.

야고보서 1:14 "오직 각사람이 시험을 받는 것은 자기 욕심에 끌려 미혹됨이니라."

디모데전서 6:9 "부하려 하는 자들은 시험과 올무와 여러 가지 어리석고 해로운 정욕에 떨어지나니 곧 사람으로 침륜과 멸망에 빠지게 하는 것이라."

4) 공동체를 파괴한다.

디모데전서 3장에는 영적 지도자들에 대한 자격으로 "돈을 사랑치 않는 사람이어야 하며" 더러운 이를 탐하지 않는 사람이어야 한다." 지도자의 탐심은 공동체를 파괴하는 것입니다.

5) 천국에 들어가지 못한다.

에베소서 5:5 "너희도 이것을 정녕 알거니와 음행하는 자나 더러운 자나 탐하는 자 곧 우상숭배자는 다 그리스도와 하늘나라에서 기업을 얻지 못하리라"

4. 탐심을 막는 비결

1) 믿음을 가지라(요일 5:4).

2) 신령한 일에 힘써라(요일 3:9).

3) 탐심은 죄악인 것을 인식하라(출 20:17).

4) 현재의 삶에 감사하라(딤전 6:6-10).

5) 베풂의 삶을 살라(눅 6:38).

6) 사랑하는 삶을 살라(마 22:37-40).

결론

제10계명은 행동으로 보이는 것보다 마음속 내면적인 것을 중요시하고 있습니다. 탐심은 모든 악의 뿌리로서 하나님이 제일 미워하시는 것입니다. 행동으로 남의 것을 훔치지 않아도 탐욕을 가진다면 하나님은 우리를 징계하실 것입니다. 우리는 믿음으로 이 탐심을 물리치고 사랑하며 나누며 베풀며 사는 삶이 될 때 이 사회는 아름다운 사회가 될 것이며, 우리가 사는 공동체는 축복된 공동체가 될 것입니다.

우리의 인생의 마지막 순간 내가 얼마나 벌었느냐가 중요한 것이 아니라 얼마나 주었느냐가 중요합니다. 그리고 내가 얼마나 소유했느냐가 아니라 내가 어떻게 얼마나 보람차게 의미있게 살았느냐가 중요합니다. 할렐루야 아멘.

제10계명이 명(命)하는 것

딤전 6:6-10

제 80 문

제10계명에서 명하는 것이 무엇인가?

답 : 제10계명에서 명하는 것은 우리 자신의 처지에서 만족하며(히 13:5), 이웃과 그의 모든 것에 대하여 의롭고 사랑하는 마음을 품으라는 것이다(롬 12:15, 고전 10:24).

사람의 생각이 그의 운명을 좌우한다는 사실을 우리는 제10계명에서 깨달아야 할 것입니다. 사람의 모든 선과 악이 그 마음속에서 시작되는 것입니다.

제10계명은 그 마음을 깨끗케 하고 정결케 해야 할 것을 가르치고 있으며 사람의 내적 생활이 착하고 의롭고 진실하고 화평케 하여 참된 공동체 사회를 실현시키는데 있는 것입니다. 예수님은 산상보훈을 통하여 인간의 내적 거룩을 말씀하고 있습니다(마 5:-7:). 타락한 인간의 자연 그대로의 생각을 항상 부정적이고 절망적이고 호전적이고 비판적이며 적대적이며 정욕적이며 악한 것입니다(창 6:5). 그 이유는 하나님을 떠난 육체가 되었기 때문입니다(창 6:3).

탐심은 모든 죄의 뿌리이기 때문에 탐심을 물리치기 위해 하나님이 명하시는 것은 자신의 처지에 만족하며(히 13:5), 이웃과 그의 모든 것에 대하여 의롭고 사랑하는 마음을 품으라는 것입니다(롬 12:15).

1. 현재(現在)의 삶에 만족(滿足)

탐심을 물리치기 위해서 십계명은 자신의 현재의 삶에 만족할 것을 말씀하고 있습니다. 인간은 과거, 현재, 미래의 삶이 있습니다. 그중 과거도 중요하고 미래도 중요하지만 현재가 더욱 중요합니다. 현재의 삶이 미래를 결정하기 때문입니다.

히브리서 13:5 "돈을 사랑치 말고 있는 바를 족한 줄로 알라"고 했습니다. 탐심을 바로 만족하지 못하는 것에서 시작되기 때문입니다. 다윗은 시편 23:1 "여호와는 나의 목자시니 내가 부족함이 없으리로다" 했습니다.

우리는 항상 없는 것 때문에 불평합니다. 현재 있는 것으로 만족하는 법을 배우고 깨달아야 할 것입니다. 고린도후서 12:9 "내 은혜가 족하도다. 이는 내 능력이 약한데서 온전하여 짐이니라" 했습니다. 바울은 자신의 몸의 질병의 치료를 위해 하나님께 세 번 기도했다고 하며 이 말씀을 하신 것입니다.

사람이 현재의 삶에 만족하지 못하는 이유는? ① 현재만 생각하고 과거를 생각지 않기 때문입니다. ② 현재만 생각하고 미래를 생각지 않기 때문입니다. ③ 있는 것 보지 못하고 없는 것만 보기 때문입니다. ④ 믿음을 저버리고 감정에만 치우치기 때문입니다. ⑤ 육적인 것만 생각하고 영적인 것을 생각지 않기 때문입니다. ⑥ 하나님의 능력을 믿지 못하고 환경만 보기 때문입니다. ⑦ 하나님을 보지 않고 사람만 보기 때문입니다.

인간은 그들의 삶속에서 잃어버린 것에 연연하여 좌절하고 절망하는 일이 많습니다. 이것을 깨우쳐 준 〈우리 생애 최고의 해〉라는 영화가 있습니다

2차 대전 때 헤럴드 러셀이라는 청년이 공수부대원으로 전투에 참가했다가 폭탄에 맞아 두 발을 잃게 되었습니다. 불구가 된 그는 참으로 낙심하고 좌절하면서 하나님 앞에 절망의 기도를 드렸습니다. 그러자 하나님은 "잃은 것보다 있는 게 많지 않느냐"고 그의 귀에 분명히 들려 주셨습니다. 그 말을 들은 러셀은 자신을 가만히 생각해 보니 자기에게는 아직 생명이 있고 두 눈이 있고 두 귀가 있고 두 발이 있었습니다. 그는 정말 잃은 것보다 있는 것이 아직도 많다는 것을 깨달았습니다. 없는 것 때문에 절망하던 그는 생각을 바꾸었습니다. 의수를 장만하고 타이프 연습을 열심히 하였습니다. 지내온 자신의 좌절된 삶을 정리하였습니다. 그는 자신의 좌절과 현재의 행복을 책으로 엮었습니다. 이것이 일약 베스트셀러가 되고 영화가 되었습니다. 더욱이 그 영화에서는 자기가 직접 주연과 출연을 맡았습니다. 그는 정말로 크게 성공하고 많은 사람을 감동시켰습니다.

영화 제목이 〈우리 생애 최고의 해〉입니다. 이 영화로 아카데미영화 주연상을 받았습니다. 어느 기자가 "당신은 신체적 조건으로 인하여 절망하지 않았습니까?"라고 묻자, "아닙니다. 나의 육체적인 장애는 나를 절망하게도 했지만 예수 그리스도를 영접하고 생각을 바꾸므로 도리어 가장 큰 축복으로 변했습니다. 여러분은 언제나 잃어버린 것을 계산 할 것이 아니라 하나님으로부터 받은 것, 있는 것을 생각해야 할 것입니다. 그 은혜에 감사하며 그것을 사용할 때에 하나님께서는 잃은 것의 열매를 크게 보상해 주십니다. 더 많은 가능성이 그 앞에 열리게 될 것입니다."라고 말했습니다.

우리는 오늘의 자기의 삶을 돌아 볼 때 물론 잃은 것 없는 것이 있을 것입니다. 그러나 지금 내게는 있는 것이 더 많음을 잊지 말아야 할 것입니다. 우리는 없는 것 때문에 불평하지 말고 하나님이 주신 현재의 삶에 만족합시다, 현재의 삶에 만족할 때 탐심은 우리 마음속에 잉태하지 못할 것입니다. 인간이 진정 행복하려며 탐심을 버려야 합니다. 인간의 행복은 소유의 넉넉한데 있는 것이 아니라고 주님은 말씀하십니다(눅 12:15).

탐심은 현재의 삶에 감사하고 만족할 때 마음에 잉태하지 않습니다. 참으로 탐심을 버리는 자는 행복한 자입니다. 인류의 조상 아담은 부족함이 없는 만족한 환경 속에서 탐심 때문에 불순종하고 타락함으로 모든 후손에게 비참을 주었습니다. 현재의 삶에 감사하십시오. 있는 것에 감사하십시오. 없는 것 때문에 불평하지 마십시오. 불평하면 마귀가 틈탈 것입니다. 현재의 삶에 감사하는 사람은 참으로 행복한 사람입니다. 당신도

행복의 주인공이 될 수 있습니다.

2. 의(義)와 사랑(愛)으로 살라.

탐심을 물리치는 삶은 의와 사랑으로 살아가는 것입니다. 탐욕의 근본적인 뿌리는 자아이며 자아는 바로 자기중심이며 자기 중심은 바로 죄이며 죄는 바로 악령이며 악령은 바로 마귀입니다. 탐심은 마귀중심의 삶입니다. 마귀는 항상 인간에게 자기 중심의 삶을 살게 합니다. 말세에는 마귀가 자기 때가 얼마 남지 않았기 때문에 더욱 자기 중심의 문화를 세상에 이루게 합니다.

디모데후서 3:1 "말세에 고통 하는 때가 이르리니 사람들은 자기를 사랑하며 돈을 사랑하며"

"자기를 사랑하며"라고 말씀하고 있습니다. '의'는 내중심의 삶이 아니라 이웃을 위한 삶에서 시작됩니다. 예수님은 마태복음 5:6 "의에 주리고 목마른 자는 복이 있나니 저희가 배부를 것임이요." 또 10절에는 "의를 위하여 핍박을 받는 자는 복이 있나니 천국이 저의 것임이요"라고 말씀하고 있습니다. 의로운 삶은 탐심을 물리치며 공동체를 아름답게 할 수 있습니다.

또한 사랑하는 삶은 탐욕을 이기게 합니다. 사랑은 바로 섬김이요 나눔입니다. 롬 13:10 "사랑은 이웃에게 악을 행치 아니하나니 그러므로 사랑은 율법의 완성이니라"

사랑이 있는 곳에는 탐심은 물러가고 기쁨과 화평과 행복만이 넘칠 것입니다. 진정으로 사랑하는 사람의 것을 탐낼 수 없습니다. 진정으로 사랑하는 사람의 아내를 탐낼 수 없습니다. 진정으로 사랑하는 사랑의 집의 노비나 소나 나귀를 탐낼 수 없습니다. 사랑은 나보다 남을 더 소중하게 귀하게 여기는 것입니다. 사랑은 모든 율법의 완성이며 사랑은 예수님의 제자로서의 표시이며(요 13:34-35), 사랑은 예수님을 닮은 자의 삶이며(요 15:12), 계명을 지키는 것입니다.

당신은 진정 그리스도안에서 정말로 사랑하는 사람이 있습니까? 당신은 진정 그리스도 안에서 사랑을 받아본 적이 있습니까? 지금 사랑해 보십시오. 지금이 바로 사랑을 결심할 때입니다.

예수님은 "마음을 다하고 목숨을 다하고 뜻을 다하여 주 너의 하나님을 사랑하라 이것이 첫째 되는 계명이요 둘째는 그와 같으니 내 이웃을 내 몸과 같이 사랑하라"(마 22:38-40). 의와 사랑으로 살 때 탐심은 물려가고 우리가 사는 공동체는 행복으로 가득 찰 것입니다.

3. 인간의 삶의 목적(目的)을 바로 인식(認識)

탐심은 인간의 삶의 목적을 바로 알 때 물리칠 수 있습니다(고전 10:31). 소요리문답 제1문에서 사람의 제일 되는 목적은 "하나님을 영화롭게 하는 것"이라고 했습니다. 인간의 삶의 목적이 먹고 마시는 데 있는 것이 아닙니다(딤전 6:6-10). 하나님의 형상으로 지음 받은 인간은 하나님의 영광을 위해 살아야 하는 것입니다. 하나님의 영광을 위해 사는 길은 믿음으로 사는 것입니다.

믿음은 바로 예수 그리스도를 나의 구주로 믿고 땅의 차원에서의 삶이 아니라 더 높은 하늘 차원의 삶을 사는 것입니다(골 3:1-2). 무엇을 먹을까 무엇을 마실까 하는 삶이 아니라 그의 나라와 의를 위한 삶이 되어야 할 것입니다(마 6:33). 빈손으로 왔다가 빈손으로 가는 인생입니다(딤전 6:6-8). 인간의 삶이 소유가 넉넉한데 있는 것이 아니고 하나님께 영광을 돌리는 데 있는 것입니다. 탐심은 인간의 살의 목적이 무엇인가를 모르기 때문에 일어나는 것입니다. 나의 삶도, 나의 물질도, 나의 재능도, 나의 모든 것이 하나님의 것이며 하나님의 영광을 위하여 사용되어야 한다는 것을 바로 인식할 때 탐심을 이길 수 있습니다.

결론

제10계명은 인간의 내면적 문제를 가리키고 있습니다. 외형적으로 아무리 경건하고 완전할지라도 내면적 경건이 없다면 외식자요, 위선자입니다.

탐심을 모든 죄악의 근원이며 뿌리입니다. 하나님이 가장 미워하는 죄입니다. 탐심은 바로 우상숭배이기 때문에 하나님은 경계하고 있습니다. 탐심이 내 마음을 지배하고 있는한 나는 행복할 수 없습니다. 하나님은 탐심을 물리치기 위해서 현재의 삶에 만족하고 감사하라고 말씀하시며, 의와 사랑으로 살며 인간의 삶의 목적인 하나님의 영광을 위해 살 때 탐심을 이길 수 있습니다. 예수 그리스도로 구속의 은총을 입은 사람들은 내중심의 삶에서 하나님 중심 이웃중심의 공동체를 위한 삶을 살아야 할 것입니다.

이웃의 축복을 시기하지 말고 이웃의 불행을 즐거워하지 말며, 사랑하고 아끼며 함께 하는 삶을 살아야 할 것입니다. 이것은 나의 힘으로 불가능하지만 오직 하나님의 도우심으로 가능합니다.

"내게 능력 주시는 자 안에서 내가 모든 것을 할 수 있느니라"(빌 4:13).

"힘으로도 능으로 안될 지라도 하나님의 신으로 되느니라"(스 4:6).

탐심을 물리치는 사람은 참으로 행복한 사람입니다. 당신의 탐심은 무엇입니까?

할렐루야 아멘.

제10계명의 금(禁)하는 것

약 3:13-18

제 81 문

제10계명에서 금하는 것이 무엇인가?

답 : 제10계명에서 금하는 것은 우리 자신의 처지를 부족히 여기거나(고전 10:10) 이웃의 행복을 시기하거나 좋치않게 여기는 것과(약 3:16) 이웃에게 속한 어떤 물건에 대한 모든 부당한 행동과 감정이다(벧전 2:1).

탐심은 모든 죄의 근원입니다. 탐심의 죄는 모든 율법을 범하는 죄이며, 근본 죄입니다(딤전 6:10).

나 외에 다른 신을 두지 말라고 했으나 탐하는 자는 돈과 자기를 더 사랑했으며, 제1계명의 대한 죄요(골 3:5), 우상을 섬기지 말라고 했으나 돈 속에 있는 우상을 섬기니 제2계명의 대한 죄요(엡 5:5), 여호와의 이름을 망령되이 부르지 말라고 했으나 게하시와 아나니야와 같이 탐심의 거짓 맹세를 했으니 제3계명에 대한 죄요, 안식일을 거룩히 지키라고 했으나 주일날도 장사하고 자기 시간으로 하나님의 시간을 훔치니 제4계명에 대한 죄입니다.

부모를 공경하라고 했으나 탐심은 부모를 학대했으니 제5계명에 대한 죄요, 살인하지 말라고 했으나 아합처럼 나봇을 죽이고 형제를 미워하니 제6계명에 대한 죄요, 간음하지 말라고 했으나 음란하니 제7계명에 대한 죄요, 도덕질하지 말라고 했으나 자기를 위해 11조 떼먹으니 제8계명에 대한 죄요, 거짓 증거하지 말라고 했으나 탐심은 거짓말을 잘 하니 제9계명에 대한 죄요, 탐하지 말라고 했으나 모든 것을 탐하니 제10계명에 대한 죄입니다. 탐심은 죄의 근원이며, 어머니와 같은 죄가 탐심입니다. 제10계명이 금하는 것이 무엇입니까?

"우리 자신의 처지를 부족히 여기거나"(고전 10:10). 이웃의 행복을 시기하거나 좋치 않게 여기는 것(약 3:16)과 이웃에게 속한 어떤 물건에 대한 모든 부당한 행동과 감정이라고 했습니다(벧전 2:1).

우리는 적극적으로 탐심을 물리치기 위해서 자신의 현재의 삶에 만족하고 의와 사랑으로 내 중심의 삶에서 이웃 중심 하나님 중심의 삶을 살므로 전환하여 하나님의 영광을 위해 살아야 합니다. 또한 자신의 삶을 너무 비관하지 말고 모든 사람의 행복을 위한 봉사자의 자세로 삶을 살아야 합니다.

1. 자신의 처지를 비하하지 말라.

탐심을 물리치기 위해서 제10계명이 금하신 것은 자신의 처지를 부족하게 비하하게 여기지 말라(고전 10:10)는 것입니다. 성도는 자신의 처지를 너무 부족하다고 생각지 말아야 합니다. 자신의 삶을 비하하면 현재의 삶을 주신 하나님에 대한 불평이며 하나님의 뜻을 어기는 죄를 짓는 것입니다.

*교회 오집사님이란 분은 일사후퇴 때 남편은 죽고 아들 하나 데리고 월남하여 두 평도 채 안되는 삯월세 방에 살면서 보따리 장사를 하였습니다. 저는 집사님댁에 심방을 가면 항상 내가 은혜를 받고 옵니다. 어려운 생활 가운데서도 감사하며 현재의 삶에 만족하며 주신 은혜를 찬송하는 것을 볼 때 저 자신이 위로를 받고 옵니다.

저는 개척교회를 하면서 하나님께 불평도 많이 했습니다. 우리는 구원받은 자요, 하나님의 자녀요(요 1:12), 하늘나라 시민권을(빌 3:20) 가지고 사는 사람들입니다. 주님은 우리를 위해 처소를 예비하시고 예비되면 우리를 데리러 오실 것입니다. 그러므로 자신 있게 당당하게 감사하며 적극적으로 살아갑시다.

현재 없는 것 때문에 자신을 비하하지 마십시오. 소유의 넉넉함이 인생의 행복이 아니기 때문입니다. "우리가 세상에 아무것도 가지고 온 것이 없으매 또한 아무것도 가지고 가지 못하리니 우리가 먹을 것과 입을 것이 있은 즉 족한 줄로 알 것이니라"(딤전 6:8).

창세 전에 나를 선택하시고 예수 그리스도 안에서 구원하신 하나님은 나의 인생을 작정하고 예정으로 디자인하시고 내 인생의 미래를 축복으로 설계하고 계십니다. 우리는 그분 앞에 내 인생의 모든 것을 맡기고 당당하게 용기있게 살아갑시다. 내 인생을 하나님이 책임져 주실 것입니다.

2. 남의 행복(幸福)을 시기하지 말라(약 3:16).

"**사**촌이 논을 사면 배가 아프다"는 말이 있습니다. 이 말은 바로 남의 행복을 시기하는 행위에 대한 말입니다. "시기와 다툼이 있는 곳에는 요란함과 모든 악한 일이 있음이니라"(약 3:16). 남의 행복을 시기하는 자는 하나님의 축복을 받지 못합니다. 창세기 26:11-33 블레셋왕 아비멜렉이 이삭의 축복을 시기함으로 저는 축복을 받지 못했습니다. 요셉의 형제들이 요셉의 축복을 시기하다가 저들의 삶은 용서받기 전까지는 행복하지 못했습니다. "저가 저주하기를 좋아하더니 그것이 자기에게 임하고 축복하기를 기뻐 아니하더니 복이 저를 멀리 떠났으며 또 저주하기를 옷입듯 하더니 저주가 물같이 그 내부에 들어가며 기름 같이 그 뼈에 들어갔나이다"(시 109:17-18)고 했습니다.

"마지막으로 말하노니 너희가 다 마음을 같이하여 체휼하며 형제를 사랑하며 불쌍히 여기며 겸손하며 악을 악으로, 욕을 욕으로 갚지 말고 도리어 복을 빌라 이를 위하여 너희가 부르심을 입었으니 이는 복을 유업으로 받게 하려 함이라 그러므로 생명을 사랑하고 좋은 날 보기를 원하는 자는 혀를 금하여 악한 말을 그치며 그 입술로 궤휼을 말하지 말고 악에서 떠나 선을 행하고 화평을 구하여 이를 좇으라"(벧전 3:8-11).

남의 행복을 시기하면 자신의 행복도 사라진다는 것을 우리는 바로 인식해야 합니다. 누가복음 6:38에는 "주라 그리하면 눌러서 흔들어서 넘치도록 채워주실 것"이라고 했습니다. 성도는 다른 사람의 축복과 행복을 시기하는 자가 아니라 다른 사람의 행복과 축복을 기원하는 사명이 있습니다.

주님은 주기도문을 통해 공동체의 행복을 위해 기도할 것을 가르치고 자신이 친히 십자가 상에서 자신을 욕하고 저주하는 자들을 위해 그들의 행복을 위해 기도했습니다. 아버지여 저들의 죄를 용서하여 줄 것을 기도했습니다.

아합은 나봇의 행복을 탐하다가 자신이 하나님께 버림당했습니다(왕상 21:1-4). 하만도 모르드개의 행복을 시기하다가 자신이 비극의 주인공이 되었습니다(에 5:3). 사울은 다윗의 축복과 행복을 시기하다 하나님께 버림당했습니다.

사랑하시는 성도 여러분, 다른 사람의 행복을 시기하지 말고 다른 사람의 행복을 기원하여 보십시오. 그러면 하나님이 당신의 행복을 보장할 것입니다. 대요리문답 148문에는 "이웃의 소유를 탐내며 마음을 아파하는 것을 금했습니다." 다른 사람을 행복케 하는 사람은 자신도 행복하여질 것입니다.

3. 물질에 대한 욕심(慾心)을 버리라.

하나님이 금하신 것은 물질에 대한 욕심을 버리라는 것입니다. 인간에게는 물질이 필요합니다. 하나님은 물질을 창조하시고 사람을 창조하신 것입니다. 인간이 물질에 지배당하고 살기를 원치 않습니다. 인간은 물질세계를 지배하고(창 1:28) 살기를 원하십니다. 그러나 탐심은 인간이 물질에 지배를 받도록 하는 것입니다. 야고보 1:15 "욕심이 잉태한즉 죄를 낳고"라고 말했습니다.

탐심은 바로 욕심을, 욕심은 또 죄를 짓게 합니다. 잠언 30:8-9 "곧 허탄과 거짓말을 내게서 멀리 하옵시며 나로 가난하게도 마옵시고 부하게도 마옵시고 오직 필요한 양식으로 내게 먹이시옵소서 혹 내가 배불러서 하나님을 모른다 여호와가 누구냐 할까 하오며 혹 내가 가난하여 도적질하고 내 하나님의 이름을 욕되게 할까 두려워 함이니이다."

희랍 신화에 나오는 술의 신 디오니소스가 평소에 친하게 지내던 미다스 왕에게 무엇이든지 원하는 것을 베풀어주고 싶다고 제의를 했습니다. "무엇이든지 다 들어 줄 테니

딱 한가지만 말해보라" 이에 욕심 많은 미다스 왕은 디오니소스에게 무엇이든지 자기가 만지는 것은 전부 황금으로 변하게 해 달라고 부탁했습니다. 디오니소스는 쾌히 승락했습니다. 미다스 왕은 우선 정원에 있는 바위에 손을 대었습니다. 그러자 바위는 금새 번쩍이는 황금으로 변했습니다. 미다스는 신바람이 나서 계속 자기가 기르던 강아지와 공작새를 만졌습니다. 그러자 그것들도 순식간에 금덩이로 변했습니다. 왕은 너무 기뻐 소식을 왕비에게 알리기 위해 내전으로 뛰어갔습니다. "여보 우리는 세상에서 제일가는 부자가 되었소" 이렇게 소리치며 왕비를 얼싸안자 그녀도 순식간에 누런 황금으로 변해버렸습니다. 상심한 왕은 물을 마시려고 물에 손을 대니 물도 황금으로 변하고 음식을 먹으려고 빵과 치즈를 만져도 모두 순금으로 변해 버린 것입니다. 왕은 겁이 났습니다. 이 때 사랑하는 외동딸이 주위의 모든 것이 금으로 변해버린 것을 보고는 놀라 아버지께로 달려왔습니다. "오 사랑하는 내 딸아" 하며 덥썩 안는 순간 공주도 누런 황금으로 변해버렸습니다. 비로서 욕심 많은 미다스 왕은 눈물을 흘리며 후회를 했고, 디오니소스 신에게 매달려 약속을 취소해달라고 애원하였다고 합니다.

세상에는 지금도 수많은 사람들이 황금을 좇아 살고 있습니다. "재물은 진노하시는 날에 무익하나 의리는 죽음을 면케 하느니라" 성경에 욕심 많은 부자가 많은 것을 소유했지만 그 밤에 그의 생명이 끝날 때 아무것도 가지고 가지 못했습니다.

찬송가 작가 휴 윌스는 269장에 "웬말인가 내 형제여 재물만 취다 가 세상 물건 불탈 때에 너도 타겠구나" 찬송했습니다. 지나친 물욕은 자신을 망하게 합니다.

결론

탐심은 모든 죄의 뿌리입니다. 하나님이 가장 싫어하시는 죄악입니다. 탐심은 공동체의 행복을 파괴하고 자신을 파멸로 인도합니다. 이 탐심을 물리치기 위해서 10계명이 금하시는 것은 바로 자신을 너무 비하하지 말고 남의 행복을 시기하지 말며 물질에 대한 욕심을 버리라는 것입니다. 우리의 마음속에 탐심 대신 사랑과 믿음을 채웁시다. 당신은 탐심을 믿음으로 이기고 있습니까? 할렐루야 아멘.

계명을 완전히 지킬 수 있나?

롬 3:9-20

제 82 문

아무 사람이나 능히 하나님의 계명을 완전히 지킬 수 있는가?

답 : 타락한 후로 사람만으로는 금생에서 하나님의 계명을 완전히 지킬 수 없고 (전 7:20), 날마다 생각과(창 8:21) 말과(약 3:8) 행동으로서(약 3:2) 날마다 그 계명을 범한다.

우리는 지금까지 1~10계명까지 계명에 대하여 배웠습니다. 배움의 목적은 그 진리를 바로 알아 생활 속에 실현하는데 있는 것입니다. 알고 행치 않는다면 죄가 되기 때문입니다. 성도는 진리를 듣고 잊어버리는 자가 아니라 행하는 자라고 야고보 선생은 말씀하고 있습니다(약 1:25). 사람이 완전히 계명을 지킬 수 있을까? 어떻게 하면 완전히 지킬 수 있을까요? 하나님이 인간에게 계명을 주신 목적은 의의 완성과 인간 생활에 거룩을 통하여 하나님을 가까이 하게 하는데 있습니다. 그러기 위해서는 계명을 지켜야 합니다.

신명기 10:12-13 "이스라엘아 네 하나님 여호와께서 네게 요구하시는 것이 무엇이냐 곧 네 하나님 여호와를 경외하여 그 모든 도를 행하고 그를 사랑하며 마음을 다하고 성품을 다하여 네 하나님 여호와를 섬기고 내가 오늘날 네 행복을 위하여 네게 명하는 여호와의 명령과 규례를 지킬 것이 아니냐" 하나님이 우리에게 요구하시는 것은 계명을 지키기를 원하고 계시는 것입니다. 계명은 10계명을 가르치지만 넓은 의미에서 성경 전체를 가르치고 있습니다. 사람이 하나님의 말씀을 완전무결하게 지키고 완전 무죄한 삶을 살수 있다면 얼마나 좋을까요? 성경은 모든 인간이 죄를 범하므로 전적으로 타락하여졌기 때문에 자신의 자력으로는 금생에서 하나님의 계명을 완전히 지킬 수가 없다고 말하고 있습니다(롬 3:11-12). 그러나 중생된 성도는 하나님의 은혜와 보혜사 성령님의 도우심으로 죄를 떠나 살 수 있다고 말씀하고 있습니다. "새가 머리 위를 나르는 것은 금할 수 없지만 머리 위에 집을 짓지 못하도록 할 수는 있습니다." 그러면 왜 인간이 계명을 완전히 지킬 수 없으며, 또한 어떻게 하여야 지킬 수 있을까요?

1. 모든 인간은 영적(靈的)으로 사망(死亡)

원죄의 결과 모든 인간은 영적으로 사망한 것이라고 성경은 말씀하고 있습니다. 에베소서 2:1 "너희의 허물과 죄로 죽었던 너희를……" 로마서 5:12 "이러므로 한 사람으로 말미암아 죄가 세상에 들어오고 죄로 말미암아 사망이 왔나니 이와 같이 모든 사람이 죄를 지었음으로 사망이 모든 사람에게 이르렀느니라"고 했습니다. 인간은 영적으로 사망한 자이기 때문에 하나님 앞에서 선을 행할 수가 없는 것입니다. 이 영적 사망으로 가져온 죄는 원죄입니다. 이 원죄는 사람을 전적으로 무능한 자로 만들었습니다. 웨스트민스터 신도개요 6장2절에 "전적부폐는 영혼과 신체 모든 기능과 부분이 전적으로 더럽게 되었다"고 말하며, 타락한 인간은 스스로 자연적 상태에서 영적으로 선한 것은 아무것도 행할 능력이 없는 것입니다.

인간이 자연적 선과 세속적인 선, 세속적인 정의, 외면적 종교적 선행을 행할 수 있으나 하나님 관계에 있어서 영적으로 죽었기 때문에 무능력한 것입니다. 중생 되지 못한 영혼들은 영혼의 주요 임무인 하나님 사랑과 말씀에 대한 순종과 복종에 대하여 무능력합니다.

모든 자연인들은 신령, 거룩, 진실, 의, 선, 사랑의 하나님을 주권자로 사랑하며 순종하며 믿지 못합니다. 새로워지지 못한(중생) 죄인은 근본적으로 하나님이 열납하는 율법의 요구에 응답하는 행동은 아무리 작은 것이라도 행하지 못합니다.

요한복음 6:44 "나를 보내신 아버지께서 이끌지 아니하면 아무라도 내게 올 수 없으니…" 요한복음 1:13 "이는 혈통으로나 육적으로나 사람의 뜻으로 나지 아니하고 오직 하나님께로서 난 자들이라" 또 영적 선도 아무것도 행하지 못합니다(롬 3:12, 7:18, 히 11:6).

인간의 눈에 선하게 보일지라도 실상은 하나님 평가에는 그렇지 않으며 겉으로 옳게 보여도 속으로는 외식으로 가득찬 자들이요 죽은 자들인 것입니다(마 23:25-28).

인간은 죄로 말미암아 타락되어 사망한 자이기 때문에 인간 스스로 하나님께 영광을 돌리지 못하며(롬 3:23), 계명을 지킬 수가 없는 것입니다.

소요리문답 제18문 "사람이 타락한 지위에서 죄되는 것은 아담이 첫 범죄에 유죄한 것과 근본 의가 없는 것과 온 성품이 부패한 것인데, 이것을 보통으로 원죄라 하는 것이요, 아울러 원죄로 말미암아 나오는 모든 죄다"고 했습니다. 사람이 중풍으로 한쪽만 마비 되어도 움직이지 못하는데 하물며 죽은 자가 하나님의 계명을 지킬 수 있겠는가 불가능한 것입니다.

2. 중생(衆生)되지 못한 인간은 악(惡)의 지배

요한복음 3:19 "그 정죄는 이것이니 곧 빛이 세상에 왔으되 사람들이 자기 행위가 악하므로 빛보다 어두움을 더 사랑한 것이니라" 타락한 인간은 늘 악의 세력에 의하여 인성이 지배되어 왔습니다. 에베소서 4:18-24과 로마서 1:28-32에는 악의 지배를 받는 인간의 실상을 말하고 있습니다. 인간은 죄로 말미암아 스스로 하나님 앞에 선을 행할 능력이 없습니다.

웨스트민스터 신앙개요 제9장 3절에 "사람은 죄 상태에 타락함으로써 구원에 따르는 어떤 영적 선을 원하는 모든 능력을 전부 상실하였다(롬 5:6, 8:7, 요 15:5). 그러므로 자연인은 선을 행하기를 싫어하여(롬 3:10-12), 죄 안에 죽어 있어(엡 2:1,5, 골 2:13), 자기의 힘으로는 회개하거나 회개할 수 있도록 준비할 수도 없다"(요 6:44, 고전 2:14, 딛 3:3-5). 중생되지 못한 자는 영적으로 죽었을 뿐만 아니라 악의 지배를 받기 때문에 구원을 동반하는 영적 선에 대해서는 능력을 상실했습니다.

인간은 늘 악의 세력에 지배로 죄의 세력에 끌려가게 되고 항상 하나님의 선에 반대하며 악의 소욕에 지배를 받아 하나님의 계명을 지킬 수가 없습니다.

1) 생각으로 죄(罪)를 짓습니다(창 8:21, 약 1:14-15, 출 20:17, 시 1:1).
2) 말로 죄(罪)를 범합니다(약 3:8, 시 109:17-19).
3) 행위로 죄(罪)를 짓습니다(약 3:2).

죄의 부패로 나약해진 인간은 악의 세력을 받아 자신도 모르게 생각과 말과 행동으로 죄를 범하여 하나님의 계명을 지키는 자가 아니라 진노의 대상이 되고 맙니다.

하나님은 모든 인간이 하나님의 계명을 지키므로 의로워지고 하나님과 교제하며 인간 공동체 속에서 선과 의가 이루어지기를 원하십니다. 그러나 인간은 영적으로 사망하였고 죄로 오염된 인간은 악의 세력의 지배를 받아 하나님의 계명을 지킬 조금의 능력도 없습니다. 그러면 어떻게 하여야 계명을 완성할 수 있을까요?

3. 계명완성(戒名完成)의 삶

하나님이 계명을 주신 것은 인간이 지키기를 원하시기 때문에 주신 것입니다. 그러나 인간이 타락하여 전적으로 무능하여져서 지킬 능력을 상실했기 때문에 인간으로서는 불가능하기 때문에 자신의 독생성자 예수 그리스도를 이 땅에 보내시여 그 예수 그리스도가 계명을 완성하시므로 그 분을 통해 그를 믿는 자에게 계명을 지킬 수 있는 능력과 은혜를 허락하신 것입니다. 예수 그리스도는 참 사람이며, 참 하나님이신 죄가 없는 분이십니다. 예수 그리스도를 믿어 구원을 받을 때 그의 공로를 통하여 우리는 계명을 이루게 됩니다.

"대저 하나님께로 난 자마다 세상을 이기느니라" "하나님을 사랑하는 것은 이것이니 우리가 그의 계명을 지키는 것이라" "그리스도를 믿는 자마다 하나님께로 난 자니"

하나님께로 난 자(요 1:13 3:1-7)란 예수 그리스도를 영접하고 믿는 자입니다.

믿음이란 지적동의를 말하는 것이 아니라 나의 지, 정, 의를 통하여 예수 그리스도의 탄생, 죽음, 부활, 승천, 재림을 믿고(고전 15:3-4) 그분에게 나의 인생 전체를 영원한 운명까지 온전히 맡기는 것입니다.

진정 예수 그리스도를 마음의 구세주로 모신 분은 그분이 주신 믿음으로 세상을 이기고 말씀을 지키게 됩니다. 히브리서 11장은 믿음으로 계명을 지킨 사람들입니다. 이 사람들을 가리켜 히브리서 11:38 "이런 사람은 세상이 감당치 못하도다"라고 기록하고 있습니다.

우리는 믿음으로 세상을 이기고 믿음으로 하나님을 알고 믿음으로 사랑을 발견하고 믿음으로 그 사랑을 실천합니다.

십계명은 1-4 하나님에 대한 의무와 사랑이요, 4-10계명까지는 사람에 대한 의무요 사랑입니다. 그러므로 율법을 지킬 수 있는 사랑입니다(마 22:37-40). 이 사랑은 인간적인 '에로스' '스톨게' '필레오'와 같은 사랑이 아니라 그리스도의 십자가의 사랑입니다. 그리스도의 십자가로부터 받은 사랑만이 율법을 완성할 수 있습니다.

로마서 13:8-10 "피차 사랑의 빚 외에는 아무에게든지 아무 빚을 지지 말라 남을 사랑하는 자는 율법을 다 이루었느니라 간음치 말라. 살인하지 말라. 도적질하지 말라. 탐내지 말라 한 것과 그 외에 다른 계명이 있을지라도 네 이웃을 내 자신과 같이 사랑하라 하신 그 말씀가운데 다 들었느니라 사랑은 이웃에게 악을 행치 아니하나니 그러므로 사랑은 율법의 완성이니라"

주님이 십자기의 사랑으로 계명을 완성시킨 것입니다. 이 십자가의 사랑의 주님을 내 구주로 믿고 중생 되며 그 사랑을 받아 계명을 지키게 되는 것입니다(요 15:10).

결론

계명을 주신 하나님은 인간이 계명을 지키시기를 원하십니다(신 10:12-13). 주님도 요구하십니다(요 15:10).

죄로 타락된 인간은 영적으로 사망되었고 죄로 말미암아 악해져서 악의 세력을 받아 말과 생각과 행동으로 매일 죄를 범하며 하나님의 계명을 지킬 수 있는 능력을 상실하고 하나님의 선에 이룰 수 있는 조금의 능력도 없으므로 계명을 지킬 수가 없습니다. 계명을 지키지 못하는 자는 영원한 형벌을 받아 지옥의 고통을 받을 것입니다.

그러나 한 길이 있습니다(요 14:6). 그 길은 바로 예수 그리스도를 나의 구주로 믿고 중생한 자는 그의 십자가의 사랑을 입어 세상을 이기고 계명을 지키는 자가 될 수 있습니다. 그리스도를 떠난 자연인으로서는 불가능하지만 예수 그리스도를 믿는 믿음 안에서 그의 공로를 힘입어 우리는 율법을 사랑으로 완성할 수가 있습니다. 이 사랑의 완성자가 하나님의 자녀입니다. 당신은 계명 완성의 길을 아십니까? 할렐루야 아멘.

더 악(惡)한 죄(罪)

요일 5:16-17

제 83 문

법을 범한 모든 죄가 다 같이 악한가?

답 : 어떠한 죄는 그 본질과 여러 가지 얽힌 끝이 있으므로 하나님 앞에서 다른 죄보다 더 악함이 있다(시 19:13, 요 19:11, 마 11:24, 눅 12:10, 히 10:29).

죄란 요한일서 3:4에 "죄를 짓는 자마다 불법을 행하나니 죄는 불법이라"고 말하고 있습니다. 불법은 바로 하나님의 계명을 범하는 것을 말합니다. 죄란 넓은 의미에서 똑같이 불법입니다. 죄는 하나님이 가장 싫어하는 것이요, 이 죄는 하나님께로부터 우리에게 오는 좋은 것을 막아버리는 장벽입니다(렘 5:25, 사 59:2).

죄란 모든 불법을 말합니다. 그러나 불법에도 죄가 다른 죄보다 더 악한 죄가 있고 히브리서 10:29 "하물며 하나님의 아들을 밟고 자기를 거룩하게 한 언약의 피를 부정한 것으로 여기고 은혜의 성령을 욕되게 하는 자의 당연히 받을 형벌이 얼마나 더 중하겠느냐"고 더 중한 범죄를 말하고, 요한복음 19:11 "예수께서 대답하시되 위에서 주지 아니하셨더면 나를 해할 권세가 없었으리니 그러므로 나를 네게 넘겨 준 자의 죄는 더 크니라 하시니"라고 더 큰 죄가 있음을 말씀하며, 누가복음 12:10, "누구든지 말로 인자를 거역하면 사하심을 받으려니와 성령을 모독하는 자는 사하심을 받지 못하리라"고 사하심을 받을 수 있는 죄와 사하심을 받지 못하는 죄가 있음을 말씀하고 있습니다.

또 마태복음 11:24 "내가 너희에게 이르노니 심판 날에 소돔땅이 너희보다 견디기 쉬우니라"고 죄의 차이를 말씀하시고 연약하여 짓는 죄보다 고의적으로 짓는 죄가 더 악한 죄인 것을 말해주고 있습니다(시 19:13). 또한 예수님은 누가복음 12:47-48 "주인의 뜻을 알고도 예비치 아니하고 그 뜻대로 행치 아니한 종은 많이 맞을 것이요 알지 못하고 맡은 일을 행한 종은 적게 맞을 것이요 무릇 많이 받은 자에게는 많이 찾을 것이요 많이 맡은 자에게는 많이 달라 할 것이니라"고 유식 죄와 무식 죄의 차이를 말씀하고 있습니다.

1. 죄(罪)의 경중(輕重)

성경은 죄의 성질에 따라 사람에 따라 대상에 따라 죄의 경중을 말하고 있습니다.

1) 사람에 따라

예레미야 2:8 "제사장들은 여호와께서 어디 계시냐 하지 아니하며 법 잡은 자들은 나를 알지 못하며 관리들도 나를 항거하며 선지자들은 바알의 이름으로 예언하고 무익한 것을 좇았느니라" 덕망이 많은 자(왕상 11:1, 삼상 12:14), 은사가 많이 받은 자(눅 12:47-48), 지위에 따라(요 3:10), 지도자들(롬 2:2, 21, 24, 갈 2:13) 등 이들의 행실이 다른 사람들에게 본이 되므로 이들이 죄를 지으며 경중이 달라지는 것입니다.

2) 대상에 따라

요한일서 5:10 "하나님의 아들을 믿는 자는 자기 안에 증거가 있고 하나님을 믿지 아니하는 자는 하나님을 거짓말하는 자로 만드나니 이는 하나님께서 그 아들에 관하여 증거 하신 증거를 믿지 아니 하였음이니라." 하나님께, 예수님께(요 3:18, 36), 성령에 대하여(히 6:4-6, 10:29, 눅 12:10), 지도자(민 12:8, 잠 30:10, 시 41:9), 성도(슥 2:8 무릇 너희를 범하는 자는 그의 눈동자를 범하는 것이니라)(고전 8:11-12), 다수와 공공복지를 해하는 것(살전 2:15-16) 등에 따라 경중이 달라지는 것입니다.

3) 죄의 성질로 보아서

율법의 명문을 범한 죄(겔 20:12-13), 많은 계명을 범함(골 3:5-6), 말과 행동으로 범한 죄(미 2:1-2), 책망을 교정하지 않는 죄(잠 29:1), 교회의 책망(마 18:17).

4) 시간과 환경에 따라(사 22:12-14)

성전에서(렘 7:10-11), 주의 날(겔 23:38), 예배 때(고전 11:20-21) 등 시간과 환경에 따라 죄의 경중이 달라지는 것입니다.

5) 고의적으로 지을때(시 19:13)

"또 주의 종으로 고범죄를 짓지 말게 하사 그 죄가 나를 주장치 못하게 하소서 그리하시면 내가 정직하여 큰 죄과에서 벗어나겠나이다."

민수기 15:31 "그런 사람은 여호와의 말씀을 멸시하고 그 명령을 파괴 하였은즉 죄악이 자기에게로 돌아가서 온전히 끊어지리라"했습니다. 아간은 고의적으로, 아담과 하와도 아나니야와 삽비라도 고의적으로 지은 죄입니다. 연약해서 몰라서 지은 죄와 고의적으로 지은 죄에는 경중의 차이가 있습니다.

6) 세상적이냐 종교적이냐

세상적인 것은 국가의 법률상으로 어기는 여러 가지 죄가 있으며 도덕상으로 윤리적인 것과 양심적인 죄가 있으며 종교상의 죄가 있습니다. 모든 죄는 인간세상에서 해결할 수 있으나 성경상의 죄는 세상적으로 해결할 수 없는 것입니다.

2. 더 악(惡)한 죄(罪)(요일 5:16)

우리는 상기한 바와 같이 죄를 범하는 사람에 따라, 범하는 대상에 따라, 죄의 성질로 보아, 시간과 환경에 따라, 고의적인 것과 나약에 따라, 세상적이냐 종교적 성경적이냐 따라 죄의 경중이 달라진다는 사실을 깨닫게 되었습니다. 본문에서는 더 악한 죄에 대하여 알아보기로 하겠습니다. 요한일서 5:16-17 "누구든지 형제가 사망이 이르지 아니하는 죄 범함을 보거든 구하라. 그러면 사망에 이르지 아니하는 범죄자들을 위하여 저에게 영생을 주시리라. 사망에 이르는 죄가 있으니 이에 대하여 나는 구하라 하지 않노라"고 사망에 이르는 죄와 이르지 않는 죄를 말하고 있습니다.

요한복음 19:11 "예수께서 대답하시되 위에서 주지 아니하셨다면 나를 해할 권세가 없으리니 그러므로 나를 네게 넘겨 준 자의 죄는 더 크니라" 또 시편 19:13 "또 주의 종으로 고범죄를 짓지 말게 하사 그 죄가 나를 주장치 못하게 하소서 그리하시면 내가 정직하여 큰 죄과에서 벗어나겠나이다"고 더 큰 죄를 말씀하시고, 누가복음 12:10 "누구든지 말로 인자를 거역하면 사하심을 받으려니와 성령을 모독하는 자는 사하심을 받지 못하리라"고 사하심을 받을 수 있는 죄와 없는 죄를 말씀하고 있습니다. 나아가 히브리서 10:29 "하물며 하나님 아들을 밟고 자기를 거룩하게 한 언약의 피를 부정하는 것으로 여기고 은혜의 성령을 욕되게 하는 자의 당연히 받을 형벌이 얼마나 더 중하겠느냐 너희는 생각하라"고 덜 중한 죄와 더 중한 죄를 구분하고 있습니다. 히브리서 6:4-6 "한 번 비췸을 얻고 하늘의 은사를 맛보고 성령에 참예한 바 되고 하나님의 선한 말씀과 내세의 능력을 맛보고 타락한 자들은 다시 새롭게 하여 회개케 할 수 없나니 이는 자기가 하나님의 아들을 다시 십자가에 못 박아 현저히 욕을 보임이라."

대요리문답 150문 "하나님의 율법의 위법은 동등하게 흉악한 것은 아니지만 어떤 죄만은 더욱 악화되는 까닭에 하나님 보시기에 다른 죄보다 흉악하다" '사망에 이르는 죄' '더 큰 죄' '고범죄' '사하심을 받지 못하는 죄' '더 중한 죄' '회개할 수 없는 죄' '다른 죄보다 흉악한 죄'는 과연 어떠한 죄입니까?

칼빈(Calvin)은 "어떤 부분적 계명을 범한 것이 아니라 근본적으로 하나님에게 떠난 이단 사상"이라고 했습니다. 알포트 브루커(Alford Brooke)는 "예수가 그리스도이신 것을 부인하는 죄"라고 했습니다.

요한일서 5:12 "아들이 있는 자에게는 생명(영생)이 있고 하나님의 아들이 없는 자에게는 생명이 없느니라" 아들이 있는 자에게 생명이 있다는 것을 그리스도를 구주로 믿는 자를 말합니다. 요한복음 6:40 "내 아버지의 뜻은 아들을 보고 믿는 자마다 영생을 얻는 이것이니…" 로마서 8:9 "…누구든지 그리스도의 영이 없으면 그리스도의 사람이 아니라"했으며, 고린도전서 12:3 "…성령으로 아니 하고는 누구든지 예수를 주시라 할 수 없느니라" 고 성령으로 하지 아니하고는 그리스도를 믿을 수 없는 것입니다. 하나님의 아들을 믿지 않는 자는 성령의 감화와 은혜를 거역하는 자이며, 새생명을 부인하는 자들입니다.

성령의 역사는 죄인의 죄를 확인시키고 회개를 촉구하는 것입니다. 요한복음 16:7-10 "그러나 내가 너희에게 실상을 말하노니 내가 떠나가는 것이 너희에게 유익이라 내가 떠나가지 아니하면 보혜사가 너희에게로 오지 아니할 것이요 가면 내가 그를 너희에게로 보내리니 그가 와서 죄에 대하여 의에 대하여 심판에 대하여 세상을 책망하시리라 죄에 대하여라 함은 저희가 나를 믿지 아니함이요 의에 대하여라 함은 내가 아버지께로 가니 너희가 다시 나를 보지 못함이요" 또 주님을 영접하게 하는 것입니다(고전 12:3, 엡 1:13). 이 성령의 역사를 거절하고 예수 그리스도를 믿지 아니하고 회개하지 않기 때문에 사망에 이를 수밖에 없는 것입니다.

성령의 역사는 인간을 회개시키고 하나님을 믿으며 예수 그리스도를 구세주로 믿게 하는 것입니다. 성경이 말하는 더 큰 죄는 "예수 그리스도를 구세주로 영접치 아니하는 죄를 말합니다"

이 죄가 바로 더 큰 죄요, 사망에 이르는 죄요, 용서받지 못하는 죄요, 회개에 이르지 못한 죄요, 성령거역의 죄인 것입니다. 요한복음 3:16 "하나님이 세상을 이처럼 사랑하사 독생자를 주셨으니 이는 저를 믿는 자마다 멸망치 않고 영생을 얻게 하려 하심이니라" 이 성령의 역사를 거절하는 자는 더 큰 죄에 빠져 구원함을 받지 못합니다. 우리는 주님을 나의 주님으로 믿는 것이 얼마나 큰 축복인지를 인식하는 은혜가 있기를 바랍니다.

결론

죄란 시조 아담이 범죄함으로 인간 세상에 들어온 것입니다. 이 죄는 바로 사탄의 역사로 이루어지는 것입니다. 사탄은 지금도 우리에게 더 큰 죄를 범하기를 원하고 조종하고 있습니다. 그러므로 죄를 이기기 위해서는 마귀를 대적하여야 합니다(벧전 5:8-9, 엡 6:11). 죄란 하나님의 법을 어기는 것이요(요일 3:4), 모든 불의함이요(요일 5:17), 알고도 행치 않는 것이요(눅 12:47), 범사에 믿음으로 하지 아니함입니다(롬 14:23, 요 16:9).

성도는 죄가 우리의 영역을 침범하지 못하도록 믿음에 굳게 서 있어야 합니다. 그리고 이겨야 합니다(요일 3:9) 요한일서 5:4 '하나님께로 난 자'는 성도를 말합니다. 죄의 경중은 사람에 따라, 대상에 따라, 성질에 따라 시간과 상황에 따라 고의성에 따라 경중이 달라지기도 합니다. 그러나 더 큰 죄인 성령을 거슬리는 죄는 사함을 받지 못합니다.

이 성령 거역의 죄는 바로 예수 그리스도를 구세주로 믿지 않는 자를 말합니다. 우리는 예수 그리스도를 나의 구주로 고백 할 뿐만 아니라 늘 시인하면서 예수를 증거하며 성별된 삶을 사는 축복이 있기를 축원합니다. 당신은 더 큰 죄를 아십니까? 할렐루야 아멘.

죄(罪)의 보응(報應)

롬 2:6-11

제 84 문

범한 죄마다 마땅히 받을 보응이 무엇인가?

답 : 범한 죄마다 받을 보응은 이 세상과 오는 세상에서 하나님의 진노와 저주다 (마 25:41, 갈 3:10, 약 2:10).

보응이란 선과 악에 대한 보답을 말하고 있습니다. 성경은 선악의 보응에 대하여 일관된 말씀으로 증거하고 있습니다.

마태복음 25:41 "또 왼편에 있는 자들에게 이르시되 저주를 받을 자들아 나를 떠나 마귀와 그 사자들을 위하여 예비된 영영한 불에 들어가라."

야고보서 2:13 "너희는 자유의 율법대로 심판 받을 자처럼 말도 하고 행하기도 하라 긍휼을 행치 아니하는 자에게는 긍휼 없는 심판이 있으리라 긍휼은 심판을 이기고 자랑하느니라."

갈라디아서 6:7-8 "스스로 속이지 말라 하나님은 만홀히 여김을 받지 아니하시나니 사람이 무엇을 심든지 그대로 거두리라. 자기의 육체를 위하여 심는 자는 육체로부터 썩어진 것을 거두고 성령을 위하여 심는 자는 성령으로부터 영생을 거두리라."

마태복음 12:36-37 "내가 너희에게 이르노니 사람이 무슨 무익한 말을 하든지 심판 날에 이에 대하여 심문을 받으리니 네 말로 의롭다 함을 받고 네 말로 정죄 함을 받으리라."

로마서 1:18 "하나님의 진노가 불의로 진리를 막는 사람들의 모든 경건치 않음과 불의에 대하여 하늘로 좇아 나타나나니."

디모데후서 4:14, "구리 장사 알렉산더가 내게 많은 해를 보였으매 주께서 그 행한 대로 저에게 갚으시리니 너도 저를 주의하라."

요한계시록 11:18 "……주의 이름을 경외하는 자들에게 상주 시며 또 땅을 망하게 하는 자들을 멸망시키실 때로소이다" 라고 말씀하고 계십니다. 그리고 보응의 작용범위는 인간대 인간의 자연적 배상으로부터 순종과 봉사에 대한 것이며 이 세상 삶에서의 행복과 불행 저 세상의 은총과 저주에 이르기까지 보상이 미칩니다.

다시 말하며 보응은 현세와 내세까지 이른다는 말입니다. 신명기 28장은 현세에서 선과 죄에 대한 보응을 말씀하고 있습니다. 그리고 마태복음 25:31-46은 내세에서의 보응을 말씀하고 있습니다.

1. 모든 죄(罪)는 보응(報應)

인간이 지은 모든 죄는 금생과 내세에서 모두 보응을 받으며 인간이 행한 선에 대해서도 금생과 내세에 보응을 받습니다.

갈라디아서 6:7 "스스로 속이지 말라 하나님은 만홀히 여김을 받지 아니하시나니 사람이 무엇을 심든지 그대로 거두리라"고 했고, 요한복음 5:29 "선한 일을 행한 자는 생명의 부활로 악한 일을 행한 자는 심판의 부활로 나오리라." 또 로마서 6:23 "죄의 삯은 사망이요 하나님의 은사는 그리스도 예수 우리 주 안에 있는 영생이니라."(마 12:36-37, 롬 2:6-8)고 모든 죄에 대하여 보응을 말씀하고 있습니다.

유명한 역사가 차알스 베어드(Charleb A. Beard)는 역사연구에 대한 네 가지를 말했습니다.

1) 역사를 연구하는 가운데 하나님께서 어떠한 것을 멸하려 하시면 그것이 개인이나 국가이건 막론하고 권력욕에 날뛰게 된다. 그러므로 권력욕에 날뛰는 개인이나 국가 민족을 보면 망할 때가 가까운 줄을 알 수가 있고,

2) 하나님의 맷돌이 천천히 돌아가는데 너무 천천히 돌아가 하나님의 맷돌이 있나 없나 의심하게 되지만 하나님의 맷돌은 보드랍게 갈아 결국은 의는 의로 불의는 불의로 골라내고야 마는 것을 알았고,

3) 벌이 꽃에 가서 꿀을 도적질해 오지만 그렇게 도적질해 옴으로 말미암아 꽃에 열매를 맺게 하는 것과 마찬가지로 인류의 역사를 살펴보면 벌과 같은 강도가 항상 악을 행하지만 이상한 것은 그로 말미암아 기적이 나타나는 것을 보았으며,

4) 날이 점점 어두워질 때 별을 볼 수 있는데 암흑과 혼란이 깊어가면 이것이 다 지나가기 전에 벌써 소망의 별이 나타날 때가 된 것을 역사는 증명하더라고 말하였습니다.

모든 죄는 반드시 보응받는다는 사실을 우리는 성경과 역사를 통하여 깨닫고 죄를 짓지 말고 죄를 물리치고 성별된 삶을 살아 하나님의 축복을 받는 성도가 되시기를 축원합니다.

죄는 축복을 가로막는 장벽입니다.

이사야 59:1-2 "여호와의 손이 짧아 구원치 못하심도 아니요 귀가 둔하여 듣지 못하심도 아니라 오직 너희 죄악이 너희와 너희 하나님 사이를 내었고 너희 죄가 그 얼굴을 가리워서 너희를 듣지 않으시게 함이니라." 또 예레미야 5:25 "너희 허물이 이러한 일을 물리치고 너희 죄가 너희에게 오는 좋은 것을 막았느니라."

하나님 앞에 축복을 받으려면 죄와 상관없는 삶을 살아야 할 것입니다.

2. 보응(報應)의 때

전도서 3:1 "천하에 범사가 기한이 있고 모든 목적이 이룰 때가 있나니"라고 모든 범사에 때가 있다고 말씀하고 있습니다.

갈라디아서 6:9 "우리가 선을 행하되 낙심하지 말지니 피곤치 아니하면 때가 이르매 거두리라." 하나님 앞에 죄를 지으면 때가 되면 하나님의 심판이 이루어집니다. 그 심판의 보응은 금생과 내세에서 이루어집니다.

1) 금생에서의 보응

죄를 범하는 자는 금생에서 죄에 보응을 받습니다. 즉시 받는 자도 있고 시간이 지난 후에 받는 자도 있습니다. 죄에 대한 보응은 시간의 장단의 차이는 있을지 몰라도 누구도 예외일 수가 없습니다. 우리가 하나님 앞에서 죄를 범할 때 즉시 비참이 나타난다면 불행 중 다행입니다. 왜냐하면 그 죄의 뿌리가 깊어지기 전에 고칠 수 있기 때문입니다.

히브리서 12:8 "징계는 다 받는 것이거늘 너희에게 없으면 사생자요, 참 아들이 아니니라……하나님을 우리의 유익을 위하여 그의 거룩하심에 참예케 하시느니라."

죄를 지으면 보응을 받습니다. "보라 의인이라도 이 세상에서 보응을 받거든 하물며 악인과 죄인이리요"(잠 11:31).

(1) 개인(個人)

예레미야 31:30 "신 포도를 먹는 자마다 그 이가 심같이 각기 죄악으로만 죽으리라"

에스겔 18:4 "모든 영혼이 다 내게 속한지라 아비의 영혼이 내게 속함같이 아들의 영혼도 내게 속하였나니 범죄하는 그 영혼이 죽으리라."

에스겔 18:20 "범죄하는 그 영혼은 죽을지라 아들은 아비의 죄악을 담당치 아니할 것이요 아비는 아들의 죄악을 담당치 아니하리니"

(2) 단체(團體)(국가)

성경에서는 개인보다 집단에 대해서 특별히 강조하고 있습니다.

"이스라엘" "애굽" "바벨론" "앗수르" "블렛셋" "아간" "아합"

(3) 보응(報應)의 도구(道具)

하나님께서 죄를 지은 자에게 주는 보응의 도구는 다양합니다.

인간과 자연 만물(재앙, 짐승, 병, 사업)을 이용하여 보응하십니다.

이스라엘에게는 이웃나라와 재해로 이방인은 선민과 이방나라 개인에게도 마찬가지로 역사하십니다. 요나에게는 자연으로, 그러나 성도는 자기 손으로 각자의 보응의 도구가 되어서도 아니 되며 보응해서도 아니됩니다.

구약에 "눈은 눈으로 이는 이로"라는 구약적 원리에 따라 행동해서는 아니됩니다. 마태복음 5:38-39 "또 눈은 눈으로 이는 이로 갚으라 하였다는 것을 너희가 들었으나 나는 너희에게 이르노니 악한 자를 대적치 말라 누구든 네 오른편 뺨을 치거든 왼편도 돌려대며" 라고 말씀하시고 성도는 한 차원 높은 삶을 살 것을 요구하고 있습니다. 이 땅에 사는 날 동안 보응의 도구로 사용되지 않는 축복이 있기를 바랍니다. 보응의 도구로 채찍으로 사용되는 자는 불행한 사람입니다.

하나님은 선과 악에 대해서 때가 되면 심판하시기 때문입니다. 로마서 12:19 "내 사랑하는 자들아 너희가 친히 원수를 갚지 말고 진노하심에 맡기라 기록되었으되 원수 갚는 것이 내게 있으니 내가 갚으리라고 주께서 말씀하시니라."

2) 내세에서의 보응

이생에서의 보응은 시작에 불과합니다. 완전한 보응은 장차 올 세계에서 한다는 것을 백성들로 깨닫게 하시고자 그 백성에게 환란을 사용하십니다. 세상에서 불의를 목격하고 하나님의 정의를 확신시키시고 심판 날에 정죄와 축복을 말씀하고 있습니다.

마태복음 13:41-43 "인자가 그 천사들을 보내리니 저희가 그 나라에서 모든 넘어지게 하는 것과 또 불법을 행하는 자들을 거두어 내어 풀무 불에 던져 넣으리니 거기서 울며 이를 갊이 있으리라 그 때에 의인들은 자기 아버지 나라에서 해와 같이 빛나리라 귀 있는 자는 들으라." 또한 마태복음 25:4-46에 양과 염소의 비유의 말씀에서, 누가복음 16장 나사로와 부자에 대한 말씀에서 내세의 보응을 우리는 볼 수 있습니다.

현세에서의 보응을 받을 때 죄를 깨닫고 회개하면 사죄의 은총이 가능하지만 내세의 보응은 회개의 기회가 없습니다. 히브리서 12:16-17 "……에서와 같이 망령된 자가 있을까 두려워하라 너희의 아는 바와 같이 저가 그 후에 축복을 기업으로 받으려고 눈물을 흘리며 구하되 버린 바가 되어 회개할 기회를 얻지 못하였느니라." 회개할 기회를 놓치지 마십시오. 보응은 회개할 기회에 대한 신호와 싸인입니다.

하나님의 백성은 그들의 의에도 불구하고 그들이 이생에서 많은 고난을 겪을 때에도 실망하지 말아야 할 것입니다. 왜냐하면 그들에게 주어지는 약속이 있기 때문입니다. 로마서 8:18 "생각건대 현재의 고난은 장차 우리에게 나타날 영광과 족히 비교할 수 없도다." 또 고린도후서 4:17 "우리의 잠시 받는 환난에 경한 것이 지극히 크고 영원한 영광의 중요한 것을 우리에게 이루게 함이니."

3. 보응(報應)은 저주(詛呪)와 진노(震怒)

1) 사탄의 세력 아래 있게 된다.

요한1서 3:12 "가인 같이 하지 말라 저는 악한 자에게 속하여 그 아우를 죽였으니 어찌 연고로 죽였느뇨 자기의 행위는 악하고 그 아우의 행위는 의로움이니라."

2) 평안이 없다.

로마서 3:17 "평안의 길을 알지 못하였고."

3) 형통치 못함(시 1:)

결론

죄를 짓는 자는 다 금생에서나 이생에서 분명히 보응을 받습니다. 이 보응의 진리를 가르치는 것은 죄를 짓지 말라는 것입니다. 세상 사람 보기에는 세상 방식으로 살며 잘살고 부귀와 영화를 누리는 것 같지만 불의로 산 자와 죄를 지은 자는 하나님 앞에서 분명히 보응을 받습니다. 우리는 죄를 지었다면 더 큰 보응이 따르기 전에 요나처럼 되지 말고 회개하는 삶이 있기를 축원합니다. 그리고 이 땅에 사는 날 동안 보응의 도구로 사용되지 말기를 축원합니다. 할렐루야 아멘.

진노(震怒)와 저주(詛呪)의 피안(彼岸)

요 3:16-21

제 85 문

우리가 죄를 인하여 하나님께 받을 진노와 저주를 피하게 하려고 하나님이 우리에게 요구하시는 것이 무엇인가?

답 : 우리가 죄를 인하여 하나님께 마땅히 받은 진노와 저주를 피하게 하려고 하나님이 우리에게 요구하시는 것은 예수 그리스도를 믿는 것과(행 20:21) 생명에 이르는 회개와 그리스도가 우리에게 구속의 유익을 전하는 여러가지 나타내는 방법을 힘써 사용하라는 것이다(벧후 1:10).

창세기 1-2장을 읽어보면 한마디로 인간에게는 부족함이 없는 풍성함 그 자체임을 알 수가 있습니다. '에덴'이란 기쁨이란 말입니다. 에덴에서의 인간의 삶 자체는 기쁨입니다. 그곳은 바로 낙원이요, 천국입니다. 인간이 마귀에 속아 죄를 범하므로 에덴에서 쫓겨나 저주와 진노의 대상이 된 것입니다.

창세기 3:23-24 그룹들이 인간을 추방하고 에덴의 행복을 빼앗아 버리고 화염검으로 그곳을 지키고 있습니다. 지금은 인간의 눈에는 보이지 않습니다. 이때부터 인간은 죄의 대가로 진노와 저주 아래 살게된 것입니다. 에베소서 2:3 "전에는 우리가 다 그 가운데서 우리의 육체의 욕심을 따라 지내며 육체와 마음의 원하는 것을 하여 다른 이들과 같이 본질상 진노의 자녀이었더니"라고 진노의 자녀임을 말하고 있습니다.

소요리문답 제7문에는 "타락한 인종으로 하여금 죄와 비참한 처지에 이르게 하였느니라."고 말하고 있습니다. 죄로 타락하여 진노와 저주아래 있는 인간이 이 진노와 저주에서 벗어나려고 잃어버린 낙원과 인간 본래의 행복을 찾기 위해 온갖 노력을 다하고 있습니다. 로마서 3:23, "모든 사람이 죄를 범하였으매 하나님의 영광에 이르지 못하더니"라고 말씀하고 있습니다.

인간이 만든 종교, 철학, 과학, 윤리, 도덕으로 구원을 시도하지만 성경은 불가능하다고 말씀하고 있습니다. 그러나 성경은 인간으로서가 아니라 하나님으로서 가능한 구원의 길을 우리에게 주신 것입니다. 그 길은 바로 예수 그리스도를 통해서만 가능하다고 말씀하고 있습니다. 예수 그리스도를 통해서만이 진노와 저주에서 벗어날 수 있다고 말씀하고 있습니다.

로마서 3:24 "그리스도 예수 안에 있는 구속으로 말미암아 하나님의 은혜로 값없이 의롭다 하심을 얻은 자 되었느니라."고 말하고 죄와 저주에서 벗어나는 길은 오직 예수 그리스도를 믿고 생명에 이르는 회개와 그리스도가 우리에게 구속의 유익을 전하는 여러 가지 표현적 방법을 힘써 사용하라는 것을 말씀하고 있습니다.

1. 그리스도를 구주로 믿는 것

진노와 저주에서 피하는 길은 예수 그리스도를 구주로 믿는 것입니다. 예수 그리스도는 누구십니까? 예수 그리스도는 하나님이시며(사 9:6, 요 10:26), 창조자 시며(요 1:3, 골 1:16-17), 율법의 수여자(마 4:17, 5:2)시며, 신성과 인성을 가지신 분이시며(요 1:1, 14, 눅 2:40), 오직 예수님만이 유일한 구주이십니다.

디모데전서 2:4-5 "하나님은 모든 사람이 구원을 받으며 진리를 아는데 이르기를 원하시니라. 하나님은 한 분이시오 또 하나님과 사람 사이의 중보도 한 분이시니 곧 사람이신 그리스도 예수라." 사도행전 4:12 "다른 이로서는 구원을 얻을 수 없나니 천하 인간에 구원을 얻을 만한 다른 이름을 우리에게 주신 일이 없음이니라 하였더라." 요한일서 2:23 "아들을 부인하는 자에게는 또한 아버지가 없으되 아들을 시인하는 자에게는 아버지도 있느니라." 요한복음 14:6 "예수께서 가라사대 내가 곧 길이요 진리요 생명이니 나로 말미암지 않고는 아버지께로 올 자가 없느니라." 로마서 3:24 "그리스도 예수 안에 있는 구속으로 말미암아 하나님의 은혜로 값없이 의롭다하심을 얻는 자 되었느니라."

예수 그리스도는 우리는 죄를 대신하여 십자가를 지시고 진노와 저주를 받아 죽으심으로 하나님 앞에서 모든 율법을 완성하신 분이십니다.

소요리문답 제21문에 "하나님의 선택하신 구속자는 다만 주 예수 그리스도 뿐이신데 그는 영원한 하나님의 아들로서 사람이 되셨으니 그 후로 한 위에 특수한 두 가지 성품이 있어 영원토록 하나님이시요, 사람이십니다(딤전 2:5, 요 1:1,14, 요 10:30, 갈 4:4, 롬 9:5, 골 2:9, 히 13:8, 행 2:5-11).

예수만이 유일한 구속자이시기 때문에 예수 그리스도를 믿으면 구원을 받아 진노와 저주에서 해방되게 됩니다. 데살로니가전서 1:10, "또 죽은 자들 가운데서 다시 살리신 그의 아들이 하늘로부터 강림하심을 기다린다고 말하니 이는 장래에 노하심에서 우리를 건지시는 예수시라"(참조, 살후 1:8-10).

이사야 53:5. "그가 찔림은 우리의 허물을 인함이요 그가 상함은 우리의 죄악을 인함이라 그가 징계를 받으므로 우리가 평화를 누리고 그가 채찍에 맞으므로 우리가 나음을 입었도다."

요한복음 3:16-18 "하나님이 세상을 이처럼 사랑하사 독생자를 주셨으니 이는 저를 믿는 자마다 멸망치 않고 영생을 얻게 하려 하심이니라 하나님이 그 아들을 세상에 보내신 것은 세상을 심판하려 하심이 아니요 저로 말미암아 세상을 구원을 받게 하려 하심이니라. 저를 믿는 자는 심판을 받지 아니하는 것이요 믿지 아니하는 자는 하나님의 독생자의 이름을 믿지 아니함으로 벌써 심판을 받은 것이니라."

창조주시며 구속주이신 예수님의 십자가의 공로를 통하지 않고는 아무도 하나님의 진노를 피할 수 없습니다. 그는 사망권세를 이기시고 모든 인간들이 지고 가는 모든 죄를 대신지시고 사해주신 것입니다.

마태복음 11:28 "수고하고 무거운 짐진 자들아 다 내게로 오라 내가 너희를 쉬게 하리라" 우리를 죄의 저주와 진노에서 쉬게 하시는 분은 예수님 뿐이십니다.

인간이 저주와 진노에서 벗어 나는 길은 예수 그리스도를 나의 구주로 영접하고 믿는 길밖에 없습니다. 그 믿음은 바로 예수님을 나의 하나님으로 나의 구주로 그리스도의 탄생과 죽음과 부활과 승천과 재림과 심판과 하늘나라를 믿으며 예수님만이 나의 유일한 구세주로 믿어야 하는 것입니다(행 4:12, 롬 10:9-10).

* 나이아가라 폭포 상류에서 배가 한척 뒤집혔습니다. 그 배에는 두 사람이 타고 있었는데 이 사람들을 구원하려고 강가에서 줄을 던졌습니다. 그랬더니 한 사람은 줄을 붙잡고 살아 나왔는데 다른 한 사람은 줄을 붙잡지 않고 때마침 떠내려오던 큰 통나무를 붙잡았습니다. 그 나무는 사람을 실은 체 폭포로 떨어져서 흔적도 없이 사라지고 말았습니다. 그 나무토막은 강가의 사람과 연결되어 있지 않았기 때문입니다. 그 나무의 크기가 커 붙잡기는 좋아도 구출 받는 데는 아무런 소용이 없었습니다. 이와 같이 인간의 수양이나 희생이나 공로나 종교나 지식은 다 좋아 보여도 구원을 받지는 못합니다. 그리스도를 믿는 믿음만이 하나님의 위대한 손과 연결되는 것입니다.

사도행전 16:31 "주 예수를 믿어라 그리하면 너와 네 집이 구원을 얻으리라."

2. 참된 회개(悔改)

회개는 축복의 지름길입니다. 하나님은 회개하는 자를 사랑하시고 용서하십니다. 아합이 죄를 짓고 하나님의 진노와 저주를 받을 수밖에 없을 때 엘리야의 말을 듣고 회개할 때 하나님은 용서(왕상 21:27-29)하시고, 히스기야 왕이 죽을 병에 들어 회개할 때 생명을 십오년을 연장하여 주었습니다(사 38:1-8).

회개는 일시적인 회개와 생명에 이르는 회개가 있습니다. 일시적 회개는 반복적이며 점진적 변화를 가져 오지만 생명에 이르는 회개는 단회적이며 심령을 변화시킵니다.

고린도후서 7:10 "하나님의 뜻대로 하는 근심은 후회할 것이 없는 구원에 이르게 하는 회개를 이루게 하는 것이요 세상 근심을 사망을 이루는 것이니라." 사도행전 2:38 "……너희가 회개하여 각각 예수 그리스도의 이름으로 세례를 받고 죄 사함을 얻으라." 마태복음 3:2 "회개하라 천국이 가까웠느니라." 마태복음 4:17 "회개하라 천국이 가까왔느니라" 했습니다.

죄의 길은 진노와 저주의 길이지만 회개는 진노와 저주에서 벗어나 생명의 길로 가는 것입니다. 회개의 길은 축복의 길이요, 영생의 길이요, 저주와 진노에서 벗어나는 길입니다. 회개를 통해 저주의 요인인 사죄의 은총을 받고 회개를 통하여 축복을 받게 됩니다.

'회개'란 말의 히브리어 '나캄'은 '뉘우친다.' '슬퍼한다.' '숩'은 '돌아선다.' '떠난다' 라는 뜻입니다. 회개란 죄를 지적으로 알고 정적으로 죄를 슬퍼하며 의지적으로 거기서 떠나 부끄러움을 무릅쓰고 하나님께 돌아가서 용서를 비는 것입니다.

3. 구속의 유익(有益)을 전하는 여러가지 표현방법

구속을 위한 여러 가지 표현 방법은 소요리문답 제88항 이하 결론 부분에서 말씀하고 있는데, '말씀'과 '성례'와 '기도'를 의미하며 이 모든 것은 구원을 위한 진노와 저주에서 벗어나게 하는 은혜의 표현적 방법입니다. 디모데전서 4:16 "네가 네 자신과 가르침을 삼가 이 일을 계속하라 이것을 행함으로 네 자신과 네게 듣는 자를 구원하리라"

결론

저주와 진노를 피하는 길은 인간 스스로 자신의 노력으로는 불가능합니다. 오직 그 길은 우리의 죄를 십자가에서 대속하시고 죽으시고 부활하신 예수 그리스도를 믿는 것이요, 지금까지 지은 모든 죄를 참으로 회개하는 것입니다. 회개는 바로 축복의 지름길이요, 은혜의 지름길입니다. 그리고 구속의 유익을 전하는 표현적 양식인 말씀과 성례와 기도의 삶을 살 때 저주와 진노에서 벗어나며 하나님의 자녀로서의 축복을 누리게 될 것이며, 실낙원의 삶에서 복락원의 삶으로 변화될 것입니다. 당신은 진노와 피안의 길을 아십니까? 할렐루야 아멘.

구원(救援)에 이르게 하는 믿음

갈 2:16-21

제 86 문

예수 그리스도를 믿는 믿음이 무엇인가?

답 : 예수 그리스도를 믿는다는 것은 곧 구원의 은혜인데(엡 2:8) 이로 말미암아 복음으로 자기를 우리에게 주신 데로 구원받기 위해 우리가 예수를 영접하고 그에게만 의지하는 것이다(요 1:12).

구원에 이르게 하는 믿음이란 선택되지 않은 자가 가질 수 있는 일시적 신앙과 구별하기 위하여 사용하는 말입니다. 믿음은 그리스도교의 신조 및 생활의 뿌리이며 믿음은 다른 어떤 것 보다 우선적인 것입니다.

예수 그리스도를 믿음으로 구원을 받고(행 16:31, 롬 5:1), 거룩하여지고(벧전 1:5), 세움을 받고, 병을 고치고(약 5:15), 어려움을 극복하고(롬 4:18-21), 행하고(고후 5:7), 사죄의 은총을 받으며 의로와지며 믿음은 하나님을 기쁘시게 하는데 필수적인 것입니다(히 11:6).

믿음은 삶의 활력소를 얻으며 구원의 길로 바로 갈 수 있는 것입니다. 주님께서는 믿음이 없는 의식적인 바리새인들의 행위를 가장 싫어하셨습니다. 주님은 믿음을 가진 사람들을 칭찬(마 8:10, 15:28, 막 10:52) 하셨습니다. 그러므로 바울은 "주 예수를 믿으라 그리하면 너와 네 집이 구원을 얻으리라"고 하셨습니다. 그리고 신념과 신앙을 바로 이해하여야 합니다.

1. 믿음의 명사(名詞)

구약에서는 '에무낫' '성실', '헤에민' '믿는다', '빠' '신임한다.' '의지한다.' '신뢰한다.'로 사용하고, 신약에서는 '피스티스' '확신', '신임'으로 ① 한 인물에 대한 일반적 신뢰, ② 이와 같은 신뢰에 바탕을 두고 신뢰의 증거를 받아 드리는 것, ③ 또는 미래를 위하여 그에게 의뢰하는 것입니다.

믿음이란 예수 그리스도를 나의 구주로 믿으며 신뢰하며 신임하고 의지하며 성경의 계시를 신뢰하고 확신하고 믿는 것입니다.

2. 성경에 나타난 믿음의 종류

성경에 있어서는 언제나 믿음을 같은 뜻으로 말하고 있지 않습니다. 믿음에 대하여 다음과 같이 구별지우고 있습니다.

1) 역사적 믿음(지적신앙)

아무런 실제적인 도덕적 영적 목적도 지니지 않고 성경적 진리를 순수하게 받아 드리는 것을 뜻합니다. 믿음을 지식적으로 받아 드리되 진지하게 받아 드리지 않고 실제적으로는 관심을 일깨워 주지 않고 있음을 뜻합니다(마 7:26, 행 26:27-28). 이것은 인적 신앙이요, 신적 신앙은 아닙니다.

성경에 관한 신앙을 부모, 선생, 목사로부터 물려받아서 어릴 때부터 성경은 하나님의 말씀으로 믿는 사람들입니다. 그러나 그들은 심령을 갱신하여 생활을 변화시키는 하나님의 진리의 능력을 도무지 경험하지 못하였습니다. 성경의 진실성은 인정하되(마 2:4-6) 죄와 회개와 그리스도의 신뢰에 달하지 못합니다.

역사적 신앙은 중생되지 못한 사람들의 신앙입니다. 머리로만 아는 지적 신앙입니다.

2) 일시적 믿음(정적)

일시적 믿음은 혹은 임시적 이기적, 감정적, 흥분적 신앙이라고 말할 수 있습니다.

마음에 뿌리를 박지 못한 신앙입니다(마 13:20-29). 영속적인 성령이 없기 때문에 시련과 핍박을 받게 되는 날에는 이상 더 유지할 수 없게 됩니다. 일시적 믿음은 감정적 생활에 뿌리를 박고 있기 때문에 복음을 기쁨으로 받긴 했으나 말씀 때문에 환난이나 핍박을 받을 때 낙심하고 맙니다. 설사 20-30년 신앙 생활을 했다고 하더라도 중생의 경험이 없기 때문에 구원은 받을 수 없습니다. 이 일시적 신앙은 외적 신앙이라고 할 수 있습니다(히 6:5). 이들은 감정에 뿌리를 박고 있기 때문에 하나님의 영광 보다 인간적 기쁨을 추구하고 있는 신앙입니다.

3) 이적적 믿음

이적적 믿음이란 이적이 자기에 의하여 혹은 자신을 위해 이적을 행하게 될 수 있다고 믿는 신앙을 말합니다(마 7:22-23). 가롯 유다는 약한 것을 고치는 권능을 받은 이적적인 신앙을 가진 사람이었습니다. 그러나 마음에 예수님을 구주로는 믿지 않았기 때문에 이적을 행하면서도 버림을 받았습니다. 이 이적적인 신앙은 구원을 받을 수도 있고 받지 못할 수도 있습니다. 이적에 구원하는 믿음이 필연적으로 동반했다면(마 17:20, 막 16:17-18) 구원을 받을 수 있습니다. 구원적 믿음이 없다면 이적을 행했다 하더라도 이적적 믿음으로는 구원에 이르지 못합니다.

4) 참된 구원적 믿음

참된 구원적 신앙이란 인간 마음속에 자리 잡고 있으며 거듭난 생활에 그 뿌리를 박고 있는 믿음입니다. 하나님이 믿음의 씨앗을 거듭난 마음속에 뿌려 주신 후에라야 비로소 인간은 믿음을 능동적으로 활동시킬 수 있습니다. 이것이 구원에 이르는 믿음입니다. 다시 말하면 마음에 예수 그리스도를 구세주로 확신하는 신앙이(롬 10:9) 구원적 신앙이며 하나님께서 그를 죽은 자 가운데서 살리신 것을 네 마음에 믿으면 구원을 얻으리라고 했습니다. 마음에 죄를 깨닫고 예수만이 구주라고 믿는 신앙이 구원적 신앙입니다.

비록 역사적인 믿음, 이적적 믿음을 가지지 못했더라도 마음에 나는 죄인이요 그리스도만이 나의 구세주라고 확신하고 고백되어진다면 그는 구원받은 믿음을 가진 사람입니다(요일 5:12-13, 롬 10:9-10).

5) 은사적 믿음(고전 12:9)

은사적 믿음은 구원적 믿음을 가진 자에게 특별한 은사로 통하여 주어지는 믿음입니다. 백부장의 믿음(마 8:10), 네 사람의 믿음(막 2:5) 등 구원적 믿음을 가진 사람이 은사적 믿음을 통하여 충성, 봉사, 드림의 삶을 살게 되어 현실적 삶에 축복에 이르게 됩니다.

3. 믿음의 요소(要素)

믿음이란 전체로 인간의 활동입니다. 신앙은 오직 한 영혼의 활동으로서만 나타나는 것 같으나 엄밀하게 말하면 전인적인 것입니다. 믿음은 지적요소, 정적요소, 의지적 요소가 포함되어 있습니다.

1) 지적 요소(아는 것) (롬 10:17)

우리는 예수를 믿기 위하여 복음을 알 필요가 있습니다(롬 10:14). 성경의 역사적 사실, 하나님과의 관계한 계시, 인간의 범죄, 예수 안에 마련된 구속, 구원의 조건, 하나님 자녀에 대한 가르침, 교회 등을 알아야 할 것입니다. "믿음은 들음에서 나며 들음은 그리스도의 말씀으로 말미암았느니라"(롬 10:17)고 했습니다. 그리스도인은 말씀 가운데 계시된 것은 어떠한 것이든지 간에 참되다고 믿는 것은 하나님 자신의 권위가 그것에서 말씀하시기 때문입니다. 성경적 신앙 지식 없이는 참된 믿음을 가질 수 없습니다(딤후 1:12).

2) 정적 요소(승인하는 일)(막 12:32)

예수 그리스도 안에 나타난 하나님의 권능과 은혜의 계시를 영혼의 현재적 은혜로 찬동하고 승인하고 동의하고 받아 드리는 것입니다.

3) 의지적 요소(자기 것으로 하는 것)(요 1:12)

신앙의 의지적 요소는 지적 정적 요소의 논리적 산물입니다. 사람이 하나님에 대한 계시와 그의 베푸신 구원을 진실된 것으로 받아 드리고 그것을 개인적으로 자기에게 적용되는 것으로 취하게 됩니다. 알고 승인한 것을 인격적 신뢰와 의존으로 마음에 생명의 주로 받아 드리고 영접하는 것입니다(요 1:12, 히 11:1).

이 세 가지 요소를 취하지 않는다면 구원을 받지 못합니다. 의지적 요소는 하나님에 대한 마음의 복종과 그리스도를 구주로 알아모시는 일입니다.

4. 구원(救援)적 믿음

믿음은 마음속에 활동하시는 그리스도의 영의 역사입니다(고후 4:13, 엡 1:17-19, 2:8). 그것으로 말미암아 택함 받은 자들이 자기들의 영혼의 구원을 믿을 수 있게 됩니다(히 10:49). 믿음은 그리스도의 영적 사역입니다. 그러면 구원적 믿음은 무엇일까요?

1) 그리스도의 신성을 믿는 것이다(마 16:16-17).

그리스도가 완전 무결하신 하나님인 것을 믿는 것입니다.

2) 그리스도의 인성을 믿는 것이다(요 1:14).

그리스도는 하나님의 아들이시며 친히 하나님이십니다. 예수님은 신성만을 가지신 분이 아니라 인간의 형상을 가지신 인성을 믿어야 합니다.

3) 그리스도만이 유일한 구주이심을 믿는 것이다(요 6:40, 요 14:6).

바로 예수님만이 유일한 구주로 믿고 섬겨야 합니다(행 4:11).

4) 그리스도를 구주로 믿고 영접해야 한다(요 1:12).

신성을 믿고 인성을 믿고 구주로 믿는다고 하더라도 마음에 영접하지 않으면 구원에 이르지 못합니다.

5) 성경 말씀을 유일한 하나님의 말씀으로 믿어야 한다.

아무리 믿음을 가져도 성경이 가르치는 믿음이 아니라면 참된 믿음이 아닙니다. 성경이 말씀하시는 그리스도의 신성, 성경이 말씀하시는 인성, 성경이 말씀하시는 그리스도를 믿어야 합니다.

장로교 신조 1조 "신구약 성경은 하나님의 말씀이며 신앙과 본분에 대하여 유일한 법칙이다." 믿음은 구원을 얻는 도구이며(롬 1:17), 하나님의 선물입니다(엡 2:8).

5. 믿음과 행함

구원은 믿음으로만 받는다고 말했습니다. 그러면 아무렇게나 행해도 된다는 말입니까? 야고보서 2:14-26에서 "행함이 없는 믿음은 죽은 것이다"고 했습니다. 바울은 "이신득의"요, 야고보는 "이행득의"라고 말하고 있습니다. 이 말은 서로 반대되는 말씀이 아니고 같은 말입니다. 행함은 믿음의 열매입니다. 그러므로 어느 것이 중하냐 따지는 것은 신앙에 도움을 주지 못합니다. 원리로 말하면 구원 얻는 원인은 행위가 아니고 믿음으로 말미암아 주어지는 것입니다(마 7:21, 요 6:40).

그리고 믿음으로 구원받고 행함으로 상급을 받는 것입니다(고전 3:10-15, 유 1:23). 그러므로 믿음으로 말미암아 구원얻는 것도 은혜요, 행하여 상을 받는 것도 은혜입니다.

결론

믿음의 결과는 성령의 은총으로 예수 그리스도를 구세주로 받아드려 구원에 이르게 하는 것입니다. 그리스도를 믿는 것보다 더 큰 행복은 없을 것입니다(벧전 1:8). 믿음의 용사가 되면(요 14:12) 축복의 사람이 될 것입니다.

하나님께서 나를 이처럼 사랑하시어 창세 전에 예정하여 주시고 부르시고 중생케 하시고 회개케 하시고 믿게 하신 이 놀라운 은총을 감사하면 참된 믿음의 용사가 되시기를 축원합니다. 당신의 믿음은? 할렐루야 아멘.

생명(生命)에 이르는 회개(悔改)

행 2:37-39

제 87 문

생명에 이르는 회개가 무엇인가?

답 : 생명에 이르는 회개는 곧 구원의 은혜인데(행 11:18), 이로 말미암아 죄인이 자기 죄를 바로 알고 그리스도 안에서 하나님을 깨달아(행 2:37-38) 자기 죄에 대하여 슬퍼하고 미워하고 그 죄에 떠나 하나님께로 돌아가서(겔 36:31) 굳은 결심과 노력으로써 새롭게 순종하시는 것이다(고후 7:11).

참된 회개를 가져오지 못한다면 유효한 부르심이 될 수 없습니다. 회개란 언제나 유효한 부르심의 결과이므로 여기서는 소요리문답의 순서를 떠나 구속적용에 있어 편이상 개혁주의 입장에서 구원의 서정을 따라 제86, 87문을 먼저 다루기로 하겠습니다.

회개가 먼저냐, 믿음이 먼저냐 하는 것은 분간하기 어려운 것이며 회개와 믿음은 시간적 순서가 아니고 논리적 순서임을 알아야 합니다. "회개하고 복음을 믿어라"(막 1:15)고 했는데, 여기서는 회개가 먼저이고 믿음이 나중입니다. 그러나 누가복음 19:1-10에 삭개오는 믿고 회개하였습니다.

칼빈은 신앙이 먼저요, 회개는 뒤따르는 것이라고 했고, 벌콥은 회개가 먼저고 믿음이 나중이라고 했습니다. 사도행전 26:17-18 "저희에게 보내어(선교) 그 눈을 뜨게 하여(중생), 하나님으로 돌아가게 하고(회개), 믿어(믿음), 죄사함과(칭의), 거룩하게 된 무리 가운데(양자, 성화), 기업을 얻게 하라(구속의 완성)"고 했습니다.

복음에 있어서는 회개가 중요합니다. 세례 요한은 회개를 촉구하는데서 부터 그의 전도가 시작되었습니다(마 3:1-3). 예수님께서도 마태복음 4:17 "회개하고 복음을 믿으라"고 했고, 사도들도 사도행전 2:38에 회개를 촉구했습니다.

"오늘날 선교(설교)에 있어서 회개가 차츰 감소 되어가고 있습니다. 이것은 교회를 위험하게 하는 것입니다. 또한 참된 회개없이 구원이 없기 때문입니다."

1. 명사(名詞)의 의미(意味)

구약에서 회심을 묘사할 때 특별히 두 말을 사용하였습니다. '나캄', '후회하다.' '수브', '돌아온다'(전환). 신약에서는 '메타노니아'(동사) 회개하다. '에피스토로페이'(동사) 돌아온다(방향전환). '메타 멜로마이'(동사) 뉘우친다 등으로 기록하고 있습니다. 회개는 하나님을 떠나 세상(죄)으로 자기 중심적 삶에서 죄를 뉘우치고 하나님 중심의 삶으로 방향을 전환하는 것입니다. 한자로는 뉘우칠 회(悔) 고칠 개(改)이니 죄를 뉘우치고 고치는 것이 회개라 할 수 있습니다.

회개란 죄를 뉘우치고 슬퍼하고 거기서 떠나 부끄러움을 무릅쓰고 하나님께로 돌아가는 것을 말합니다(눅 15:11-32). 죄를 뉘우친다고 할지라도 하나님께로 돌이키는 것이 아니면 진정한 회개라 할 수 없습니다.

2. 회개의 종류(種類)

1) 국민적 회개

모세 여호수아 및 사사 시대에 이스라엘 백성들이 그들의 죄를 회개하고 여호와 하나님께로 돌아가는 행위를 말합니다. 또 국가 시대에는 국가적으로 회개하고 여호와 하나님께로 돌아가는 행위, 곧 우상숭배와 반역 행위에서 돌이켜 하나님께로 돌아가는 행위를 의미합니다. 이러한 회개는 대개 경건한 지도자의 인도로 되어지는 것입니다(욘 3:10, 삿 3:7,12, 4:1, 6:1, 왕하 21:2-9).

2) 일시적 회개

이 회개는 개심 없이 개인적으로 회개하는 것을 말합니다. 돌작밭이나 가시밭에서 일시적 마음으로 하는 회개(마 13:20-21)입니다. 헤머나오와 아렉산더(딤전 1:19-20), 데마(딤후 4:10), 가룟 유다, 아나니아와 삽비라 등 히브리서 6장에서 말한 대로 신령한 은혜에 일시적으로 동참하였다가 열매 없이 사라지는 형태를 가르칩니다. 오늘날 지식으로 그리스도를 믿는 사람들이나 도덕적으로 믿는 사람들이 그런 류에 속합니다.

3) 축복에 이르는 회개(반복적 회개)

생명에 이르는 회개의 사람들이 일시적 범죄와 과오에 대하여 회개하는 것입니다. 구원에 이르는 회개는 중생과 신앙과 동시적이므로 단회적인 것입니다. 중생이 반복될 수 없는 것처럼 구원에 이르는 회개도 동일한 것입니다.

반복적 회개는 중생자라도 세상에 있는 동안에는 완성된 인격자가 아니기 때문에 기존 세력인 마귀의 유혹에 끌리거나 눌려서 죄를 범(잡범죄)할 가능성이 있습니다. 그러므로 죄를 지을 때마다 회개하고 반복하지 않도록 해야 합니다(계 2:5, 눅 22:32).

다윗은 시편 51편에 반복적 죄를 회개했습니다. 반복적 회개는 삶을 성결케하면 삶을 축복으로 인도하는 축복의 지름길입니다.

4) 참된 회개(구원에 이르게하는 회개)

참된 회개는 구원(생명)에 이르게 하는 회개입니다(행 11:18). 죄인의 사상, 인격, 욕망, 의지, 감정, 행위에 변화를 가져오며 경건한 슬픔과 하나님께 대한 헌신의 생활을 수반하는 변화입니다. 예를 들면 삭개오(눅 19:8-), 사마리아 여인(요 4:29-), 고넬료(행 10:44), 바울(행 9:5) 등의 회개입니다. 이 회개는 과거를 뉘우치고 현재를 비판하며 미래를 헌신하려는 참 마음입니다. "회개는 하나님 앞에서 자기를 향하여 이루어지는 인식이며 결단으로서 그 결과로 생겨나는 헌신입니다. 그리고 자기 포기와는 구별되어야 합니다." 참된 회개는 단회적이며 원죄에서 구원받는 사죄의 은총이 있습니다.

회개는 죄에 대한 어떤 만족을 주는 것이라든지 죄를 용서해주는 무슨 원인이 되는 것이 아닙니다(겔 16:61-63, 36:31-32). 죄를 용서해 주시는 것은 그리스도 안에 있는 하나님의 자유로운 은혜입니다(호 14:2-4, 롬 3:24, 엡 1:7). 그러나 죄인이 죄를 회개치 않고는 죄의 용서를 받을 수 없습니다. 또 회개를 선행으로 생각해서는 아니됩니다. 회개는 어디까지나 하나님의 은혜입니다. 아무리 작은 죄라도 저주에 해당되고 큰 죄라도 참으로 회개하는 자는 용서해 주십니다.

인간의 윤리적 행위로는 사죄함을 받을 수 없습니다. 진정한 회개는 그리스도의 속죄를 근거로 합니다(엡 1:7, 롬 3:24). 그러므로 예수를 믿는 성도는 용서되지 않는 큰 죄가 없습니다(요일 5:16).

누구든지 죄에 대하여 전체적으로 회개했다고 하여 스스로 만족해서는 안됩니다. 오히려 죄 하나하나에 대해서 일일이 회개하도록 노력하는 것이 사람의 의무이며(눅 19:8, 딤전 1:13), 구체적이고 진실한 고백이 늘 필요합니다.

3. 참된 회개의 요소(要素)

생명에 이르는 회개는 구원에 이르는 회개로 지, 정, 의의 변화가 있어야 합니다.

1) 지적요소(시 51:3-11)(죄를 깨달음)

회개는 인죄(認罪)와 고죄(告罪)의 요소를 가지고 있습니다. 먼저 인죄(아는 것)(롬 3:20)는 죄인이 자기 죄를 냉철하게 비판하기 위하여는 죄를 철저하게 알아야 합니다. 어느 한계까지 죄가 되는 줄도 모르면서 용서만 받으려고 한다면 무의미한 일이며 회개할 조건도 애매한 것입니다. 또 죄는 아무에게나 고백할 수 없습니다(고죄). 만약 죄를 마귀에게 고백하고 사람에게 고백한다면 잘못된 것입니다. 하나님께만 은밀히 고백하고 피해자에게 사과드려야 합니다. "죄를 바로 알고 바른 대상에게 고백해야 합니다" 또한 죄를 자각하고 그리스도의 은혜를 깨달아야 합니다.

2) 감정적 요소(미워하고 슬퍼함)

회개에는 죄에 대한 감정의 변화가 있어야 합니다. 거룩하시고 의로우신 하나님에게 대항하여 범한 죄로 인하여 근심하고 미워하고 뉘우치는 것입니다(시 51:1-14). 이것은 하나님 뜻대로 하는 근심입니다(고후 7:11-). 죄를 하나님께서 얼마나 슬퍼하실까를 통감함으로부터 출발해야 합니다.

3) 의지적 요소(새롭게 순종)

삶의 목적과 방향을 하나님을 향하여 돌이키는 것을 의미합니다. 모든 죄에서 떠나 진심으로 하나님께 순종하는 것입니다(렘 25:5).

탕자는 "내가 일어나 아버지께로 가서"(눅 15:18). 이는 의지적 요소로 회개 과정의 최종 귀결을 짓는 일이므로 회개의 가장 중요한 방편입니다. 아무리 죄를 알고 죄를 슬퍼한다고 하더라도 최종적 결의가 없다면 진정한 회개는 성립되지 않습니다(엘 2:13, 호 14:1-2). 불신자 중에도 도덕적으로 깨끗한 사람이 있으나 구원은 받지 못합니다. 그들은 근본죄(원죄)를 회개하지 못했기 때문입니다.

만일 서울 갈 사람이 부산가는 기차를 타고 기차 안에서 선행을 많이 하였다고 하여 서울로 가는 것이 아닙니다. 서울로 가려면 서울 가는 기차를 다시 타야 합니다. 사람은 근본 하나님을 떠나서 제 아무리 선행을 행해도 하나님께로 돌이키지 않는다면 구원을 받지 못합니다. 탕자가 아버지께로 돌아오듯이 죄를 바로 알고 고백하고(시 38:18), 세리처럼 가슴을 치며 자복하고 슬퍼하며 하나님의 긍휼을 의지하며(눅 18:13), 삶을 전환하여(눅 15:21), 죄를 떠나서(사 55:7), 하나님께로 돌아가는 것입니다(살전 1:9, 행 26:18). 죄를 떠나는 것만으로는 부족하며 하나님께로 돌아가지 않으면 아니 됩니다.

4. 회개의 조성자(造成者)

1) 하나님이시다.

회개는 영혼을 그리스도에게 연합시키는 사역이며 인간 내면에 일어나는 하나님의 역사입니다. 사람이 생활을 새롭게 하여 악한 길을 버리고 위로 향해 올라갈 때에 사람편에서의 이 활동은 그의 내면에 행하는 성령의 강하고 불가항력적인 역사입니다(렘 31:18, 행 11:18, 딤후 2:25).

2) 사람은 협력자이다.

하나님만이 회심의 조성자이시나 사람의 협력이 있다는 것은 사실입니다. 구약의 '수브'란 말이 회개를 사람의 행위로 보아서 74번 사용되고 하나님의 은혜의 동작으로 15번 사용되고 신약은 사람의 행위로 26번 하나님의 동작으로 3회로 사용되었습니다.

그러므로 회개는 사람 안에서 하나님의 사역의 결과입니다. 참 회개는 구원을 주시기 위한 하나님의 은혜이며 생명에 이르는 회개만이 구원을 얻습니다(행 11:18).

5. 회개의 결과(結果)

1) 구원을 받게 됩니다(구원에 절대 필요)(마 18:3, 눅 13:3).
2) 사죄의 은총을 받습니다(행 3:19, 사 55:7).
3) 하나님의 사랑을 받습니다(요 3:16).
4) 성령의 기름 부음을 받습니다(행 2:38).
5) 삶에 축복을 받습니다(신 28:).

결론

생명에 이르게 하는 회개는 구원의 기쁨과 사죄의 기쁨을 가져오는 은혜입니다(눅 12:10, 행 11:18). 복음을 전파하는 전도자들은 회개에 관한 복음을 전파해야 합니다. 아무리 작은 죄라도 저주받기에 합당하며 아무리 큰 죄라도 회개하는 자에게는 용서함을 받으며 저주에서 구원에 이르게 됩니다. 그러므로 그리스도 안에서 긍휼하심을 깨달아 죄를 알고 원통히 여기고 미워하므로 죄에서 떠나 하나님께로 돌아와 순종하며 다시는 죄를 짓지 말고 진실한 삶으로 사랑하며 용서하며 살아야 할 것입니다.

할렐루야 아멘.

은혜(恩惠)의 방편(方便)

행 2:42-47

제 88 문

그리스도께서 우리에게 구원의 유익을 전하시려고 나타내시는 보통 방법이 무엇인가?

답 : 그리스도께서 우리에게 구원의 유익을 방법을 전하시려고 나타내시는 보통 방법은 그의 규례인데(마 28:20), 특별히 하나님의 말씀과 성례와 기도이다(행 2:42). 이것이 모두 그 택하신 자에게 효력이 되어 구원을 얻게 한다(고전 3:6).

은혜의 방편이란 성령이 죄인에게 베푸시는 은총으로 그를 죄와 부패의 속박으로부터 현실적으로 구출하고 중생 성화시키시며, 하나님 보시기에 유쾌하게 하며, 그리스도 안에 있는 모든 영적 행복들과 덕성을 주는 통로들입니다.

다시 말하면 하나님께서 그의 자녀들을 영적으로 교화하는 수단으로 하나님께서 은혜의 통상적인 전달방법으로 정하신 재료를 말합니다. 즉 사람의 영혼 속에 불어넣는 성령의 초자연적인 영향력을 의미합니다. 그리고 일반적 의미에서는 교회, 말씀전도, 안식일, 성례, 기도, 등 성도들의 영적 향상을 더해 주는 모든 것을 가리키지만 특수한 의미에서는 하나님의 말씀과 성례와 기도가 은혜의 통상 방편으로 제시되고 있습니다.

또한 구원 얻는 은혜의 방편에는 내적인 방편과 외적인 방편이 있습니다. 내적 방편으로는 그리스도를 믿는 구원에 이르는 믿음과 생명에 이르는 참 회개가 있지만 외적 방편으로는 하나님의 말씀과 성례와 기도입니다. 소요리문답 88문은 내적 방편에 대한 것이 아니라 은혜의 외적 방편에 대해서 말씀하고 있습니다. 그러나 신앙의 내적 방편이나 외적방편은 불가분의 관계를 가지고 있습니다. "하나님은 말씀과 성례와 기도를 통해서 택한 백성에게 은혜를 주십니다."

1. 하나님이 정하신 통상적(通常的) 방편

구원의 은혜를 주시기 위해 하나님께서 자원하셔서 말씀과 성례와 기도의 외적 방편을 사용하십니다. 하나님의 은혜와 축복은 특수한 경우를 제외하고는 반드시 외적 방편을 통해서 이루십니다. 우리는 은혜의 외적 방편을 거부할 수 없습니다(마 28:19, 행 2:42).

1) 말씀이다.

하나님의 말씀은 영적 새생명을 창시하고 자라나게 하시고 종자의 역할을 하고 있으며(마 4:8, 26-29), 성도를 구원에 이르도록 자라나게 하는 순전하고 신령한 것입니다. 베드로전서 2:2에 "갓난 아이들 같이 순전하고 신령한 젖을 사모하라 이는 이로 말미암아 너희로 구원에 이르도록 자라게 하려 함이라."고 말씀하고 있습니다.

말씀은 일반적 자연관계를 떠나서 특수한 문제를 해결하는 특별은총의 사역입니다. 말씀은 인간을 새롭게 변화시키는 능력이 있습니다.

요한복음 4:42에 "사마리아인들은 여인의 말을 듣고 믿은 것이 아니라 주님의 말씀을 듣고 친히 구주로 믿었다"고 고백하고 있습니다. 빌레몬서에 나오는 오네시모는 무익한 자였으나 감옥에서 바울을 통하여 말씀을 듣고 구원에 이르는 은혜를 받아 유익한 사람으로 변화된 것입니다.

어거스틴은 젊었을 때에 방탕한 생활을 하던 사람이었으나 어느 날 정원에서 로마서 13:12부터 14까지 말씀을 읽다가 변화되었습니다. 종교개혁자 말틴 루터는 로마서 1:17에 있는 "의인은 믿음으로 살리라"는 말씀을 통해 변화를 받고 종교개혁을 한 것입니다. 조오지 뮬러는 시편 63:5에서 하나님은 고아의 아버지라는 말씀을 읽고 고아를 돕는 사랑의 기적의 사람으로 변화되었습니다. 리빙스톤은 사도행전 16:31을 통해 거듭났고, 구세군 창설자 윌리암은 고린도전서15:1-4을 통해 사죄의 은총을 받았고, 알버트 슈바이처는 누가복음 16장의 부자와 나사로의 비유를 통해 불행한 사람과 흑인들의 아버지가 되었습니다. 스펄죤은 이사야 54:23을 통해서 새로워졌습니다.

시편 19:7은 "여호와의 율법은 완전하여 영혼을 소성케 하고 여호와의 증거는 확실하여 우둔한 자로 지혜롭게 하며"라고 말씀하고 있습니다.

하나님의 말씀은 사람을 변화시키며 은혜의 동산으로 인도하는 은혜의 통로입니다.

2) 성례이다.

성례는 세례와 성찬이 있는데, 세례는 사람들을 제자로 삼아 구원을 얻게 하는 일에 정규적으로 시행되는 기구이며 의식입니다(마 28:19, 막 16:16). 성만찬은 영적으로 예수그리스도의 살과 피에 참여하여 속사람을 자라게 하는 주의 명령에 의한 행사입니다(눅 22:19, 고전 10:16). 세례는 예수님이 승천하시기 전에 명하신 것이요, 성찬은 예수님께서 잡히시던 밤에 세우신 것입니다. 성례를 통하여 나는 죽고 나를 위해 죽으신 그리스도의 모습을 그리워하며 닮기를 열망하므로 삶에 거룩한 변화를 이루게 됩니다. 성례를 통해 성령님은 은혜로 역사하십니다.

3) 기도이다.

기도는 성도 생활에 안영을 위한 기구적인 것이며(빌 4:6-7), 하나님과 나와 수직적인 관계의 대화이며, 하나님을 만나는 거룩한 역사의 시간이며 기도하는 자에게 응답하시고 축복하시고 사랑하심으로 새 힘을 얻어 마귀와 죄악을 이기고 거룩한 삶을 살게 하는 힘과 능력을 얻게 됩니다. 말씀과 성례와 기도는 하나님께서 사람에게 은혜를 주시려고 정하신 하나님의 통상적 방법입니다.

2. 은혜(恩惠)의 본질적(本質的) 요소(要素)

말씀과 성례는 은혜언약의 본질적 요소입니다. 말씀은 율법과 복음이며 이것들은 언약의 율법과 복음입니다. 율법은 은혜언약의 주권자이신 하나님이 주시며 은혜의 말씀으로 선언하시되 "나는 너를 애굽 땅 종되었던 집에서 인도하여 낸 너의 하나님 여호와로다"(출 20:2) 하시고 언약의 백성들에게 생활의 규칙으로 삼으실 것을 요구하십니다. 복음은 구원의 약속이며 언약의 심장이며 본질입니다. 말씀 전체가 언약의 말씀이니 구약과 신약이라고 칭하는 언약의 책입니다.

3. 특별은혜의 방편(方便)

하나님의 말씀과 성례는 보통 은혜의 기구들이 아닙니다. 죄인들에게 죄를 제거하고 그를 갱신하여 하나님의 형상에 일치하게 하는 특별한 기구들입니다. 하나님의 말씀이 인류와 사회와 개인들에게 보통 은혜의 어떤 훌륭한 행복들을 끼쳐 주는 것도 현실적 사실입니다. 그러나 여기서 말씀은 성례와 함께 특별 은혜, 즉 죄인들의 마음 간운데 행하는 하나님의 구속적 은혜의 방편으로 사용되며 기도는 성도의 영적 영성을 유지하는 호흡입니다.

4. 교회의 공적(公的)은혜의 방편

하나님의 말씀과 성례의 거행과 기도 드림은 프로데스탄트 교회에서 공식적으로 시행되는 은혜의 방편입니다. 이 방편은 기독교회 안에서 시행되는 그리스도인 생활에 관한 규례들입니다. 이 규례를 지키므로 성도는 하나님께 인정받을 뿐만 아니라 사람들에게도 인정받게 됩니다. 현존하시는 성령님께서 교회 안에 역사하시며 성도들의 믿음을 견고히 하는 공적 방편입니다.

로마 가톨릭교회는 말씀과 성례를 은혜의 방편으로 보지만 성례를 말씀보다 더 참된 은혜의 방편으로 보며, 그들은 말씀의 상당한 확실성을 인정하지 않고 은혜의 사역의 예비적인 의의만 인정하며, 점진적으로 나아가 로마교회는 교회 자체를 성례보다 더 우월한 기초적인 방편으로 인정합니다. 성례들은 말씀을 떠나서는 의의가 없습니다. 그러므로 로마교회의 성례는 잘못된 것입니다.

하나님께서 주시는 은혜의 방편은 중생자 모두에게 효력을 발하는 것이 아니고 날마다 쉬지 않고 은혜를 갈망하는 자들을 위해 한없이 주시는 것입니다. "말씀과 성례와 기도는 교회의 공적 은혜의 방편입니다." 그런데 한국교인들은 공식적인 은혜의 방편보다 사술적인 방편을 좋아합니다. 이것은 사회 생활 가운데서 습관화된 현상이 교회에까지 들어온 것입니다. 다시 말하면 정당한 법적 방법으로 일을 해결하려 하지 않고 불법적으로 해결한 것을 자랑으로 여기는 사회가 되었기 때문입니다. 정당한 방법과 법적으로 한 것을 나약한 자로 힘없는 자로 인식하고 불법으로 한 자를 힘있는 자로 대단한 자로 여기는 잘못된 사고 방식 때문입니다. 말씀과 성례와 기도는 교회 공적은혜의 방편입니다

5. 계속적인 은혜의 방편

말씀과 성례와 기도는 하나님 은혜의 계속적인 방편입니다. 일시적인 것이 아니라 영구한 가치를 지닌 방편입니다.

교회가 말씀을 전하여 모든 족속으로 제자를 삼고 세례를 주는 일은 세상 끝날까지 계속될 것입니다. 마태복음 28:19-10에 "그러므로 너희는 가서 모든 족속으로 제자를 삼아 아버지와 아들과 성령의 이름으로 세례를 주고 내가 너희에게 분부한 모든 것을 가르쳐 지키게 하라 볼찌어다 내가 세상 끝날까지 너희와 항상 함께 있으리라 하시니라."고 말씀하시고 성찬의 떡을 먹으며 잔을 마시는 것은 "주의 죽으심을 오실 때까지 전하는 것이니라"(고전 11:26) 하시고, 또 성전은 기도하는 집이요(사 56:7), 성도들은 쉬지 말고 기도하라고(살전 5:17) 말씀하시므로 말씀과 성례와 기도는 은혜의 방편으로 영구한 은혜의 방편이며 주님 오시는 날까지 계속되는 방편입니다.

결론

하나님께서 우리 인간에게 은혜를 주시기 위한 은혜의 방편은 보편적이라고 할 수 있습니다. 그러나 은혜의 본질적 요소로 특별한 방편으로 계속적 은혜를 주시기 위해서 하나님이 통상적으로 사용하시는 방편은 말씀과 성례와 기도를 통해서 주시는 것입니다.

말씀을 떠나서는 그 위대한 믿음, 성령의 역사, 하나님의 역사도 있을 수 없습니다. 말씀과 기도와 성례를 떠난 모든 신비도 체험와 모두 사탄의 역사입니다. 그러므로 성도들의 모든 행위는 말씀 속에서 이루어져야 합니다.

그리고 은혜의 방편인 말씀과 성례와 기도는 인간의 발상에서 만들어진 것이 아니고 하나님이 친히 제정하신 것입니다. 이 은혜의 방편을 떠나서는 진정한 구원의 은혜에 참여할 수 없습니다. 말씀과 성례, 기도의 세 가지 방편은 프로테스탄트교회에 공적으로 인정하는 은혜의 방편입니다. 이 은혜의 방편을 거절하거나 약화시키는 것은 매우 잘못된 것이요 이단적인 것이며, 마귀적인 것입니다. 이 은혜의 방편은 주님 오시는 날까지 변함없이 계속 될 것입니다. 할렐루야 아멘.

말씀의 효력(效力)

롬 1:16-17

제 89 문

하나님의 말씀이 어떻게 효력이 되어 구원을 얻게 하는가?

답 : 하나님의 말씀을 읽는 것과 특히 강설하는 것으로서 하나님의 신이 효력 있는 방법을 삼아 죄인을 반성시켜 회개하게 하며(시 19:7), 또 믿음으로 말미암아 거룩함과 위로를 더 하셔서(행 20:32) 구원에 이르게 하신다(롬 1:16).

하나님의 말씀은 가장 중요한 은혜의 방편입니다. 하나님은 복음의 말씀을 통하여 믿는 자를 구원하시기를 기뻐하시기 때문입니다(고전 1:21). 그리고 말씀을 통해서만이 믿음이 생기기 때문입니다(롬 10:17).

여기서 하나님 말씀이라 함은 정경으로 인정된 구약 39권과 신약 27권을 뜻합니다. 또 이 말씀은 인격적인 말씀인 "로고스"는 아닙니다(요 1:1). 그리고 선지자들이 받은 바와 같은 직접계시의 말씀을 관련해서 생각해서도 아니됩니다(렘 1:14, 겔 6:1). 은혜의 방편으로 여기는 말씀은 영감된 말씀 즉 신구약성경 말씀만을 말합니다.

성경은 오류 없는 완전한 일점일획도 틀리지 않는 하나님의 말씀이며, 이 말씀이 바로 우리를 온전케 하는 것입니다. 디모데후서 3:16,17절 "모든 성경은 하나님의 감동으로 된 것으로 교훈과 책망과 바르게 함과 의로 교육하기에 유익하니 이는 하나님의 사람으로 온전케하며 모든 선한 일을 행하기에 온전케 하려 함이니라"고 말씀하고 있습니다. 또한 하나님의 말씀은 그 자체 속에 능력을 지니고 있는 것이 아니라 성령님께서 이 말씀을 통해서 역사 하시기 때문에 능력이 나타나는 것입니다.

1. 말씀의 효력(效力)

성경은 말씀의 기능에 대하여 방망이(렘 23:29), 감찰자(히 4:12), 거울(고후 3:14, 약 1:25), 세반(요 15:3), 씨(눅 8:11, 벧전 1:23), 태양(시 19:1-6), 비와 눈(사 55:10-11), 음식(욥 23:12), 어린이에게 젖(고전 3:2, 5:12-14), 성인에게 빵(신 8:3, 사 55:1-2), 성장한 사람, 고기(고전 3:2, 히 5:12-14), 꿀(시 19:10), 황금(시 19:10), 등(시 119:105, 잠 6:23), 칼(히 4:12, 계 19:15), 불(렘 23:29) 등의 기능을 가진 것을 말씀하고 있습니다.

1) 말씀은 구원의 효력이 있다.

로마서 1:16절에 "이 복음은 모든 믿는 자에게 구원을 주시는 하나님의 능력이 됨이라"고 기록하며, 고린도전서 1:21에 "전도의 미련한 것으로 믿는 자들을 구원하시기를 기뻐하신다"고 말하고 있습니다. 또 디모데후서 3:15에 "또 네가 어려서부터 성경을 알았나니 성경은 능히 너로 하여금 그리스도 예수 안에 있는 믿음으로 말미암아 구원에 이르는 지혜가 있게 하느니라"고 말씀하고 있으며, 사도 베드로는 "거듭난 것이 썩어질 씨로 된 것이 아니요 썩지 아니한 씨로 된 것이니 하나님의 살아 있고 항상 있는 말씀으로 되었느니라"(벧전 1:23). 또 시편 19:7에 "여호와의 율법은 완전하여 영혼을 소생케 한다" 등 여러 말씀으로 성경은 하나님의 말씀이 사람의 구원을 위한 방편임을 말씀하고 있습니다.

* 작가 월레스는 본래 장군이요, 장관이요, 외교관이며, 문필가로서 평소 기독교 신앙에 대하여 적개심을 품고 있던 불신자였습니다. 그는 이 세상을 떠나기 전에 세상을 깜짝 놀라게 할 큰 작품 하나를 쓰고 싶었습니다. 그는 반기독교적인 작품을 저술하여 사람들이 이 작품만 읽으면 기독교를 떠나 적그리스도가 되게 하는 작품을 쓰기로 하고 자료를 수집하고 마지막으로 성경의 약점과 거짓과 허구를 폭로하기 위하여 신구약 성경을 읽기로 작정하고 창세기에서부터 읽기 시작하여 그는 복음서를 다 읽기 전에 마음이 뜨거워지기 시작하여 요한 계시록을 다 읽기 전에 돌같은 그의 마음이 눈 같이 녹아 큰 감동과 은혜를 받아 그리스도에게 항복하고 기독교를 농락하려고 하던 펜을 버리고 새로운 펜으로 그리스도의 사랑과 구속을 주제로 하여 만인의 심금을 울리는 대작을 쓰게 되었으니 그것이 바로 유명한 작품 〈벤허〉입니다.

2) 말씀은 회개에 효력이 있다.

성경 말씀이 성령의 공작 아래 은혜의 방편으로서 수행하는 일은 죄인을 반성시키시고 회심케 하는 것입니다. 느헤미야 8:8에 "하나님의 율법 책을 낭독하고 그 뜻을 해석하여 백성으로 그 낭독하는 것을 다 깨닫게 하매 백성이 율법의 말씀을 듣고 다 우는지라" 사도행전 2:37에 "저희가 이 말을 듣고 마음에 찔려"라고 기록하고 있습니다. 하나님의 말씀은 듣는 자에게 죄를 깨닫게 하고 기억나게 하고 알게 하여 회개하도록 하는 은혜의 방편입니다. 말씀이 없다면 죄가 무엇인지 모르기 때문입니다.

* 존 뉴톤은 이교도이며 탕아며 아프리카 노예상이었습니다. 어느 날 그는 런던에 정박중 시내 작은 감리교회에서 경영하는 전도관에 들어가서 예배를 보게 되었습니다. 예배를 드리게 된 것은 취한 김에 사람들이 모여 있으니 장난 삼아 들어가 본 것입니다. 그때 그는 설교 말씀에 은혜를 받고 지금까지의 모든 죄를 회개하고 그리스도의 구속을 체험하고 그때의 그 은혜를 작사한 것이 한국교인들이 제일 많이 부르는 찬송이라고 설문 조사된 405장 "나 같은 죄인 살리신" 찬송입니다. 말씀은 회개의 방편입니다.

하나님의 말씀과 성령의 역사 없이 인간은 죄를 회개 할 수 없습니다.

3) 말씀은 믿음에 효력이 있다.

하나님의 말씀이 없으면 인간은 하나님과 예수 그리스도를 믿을 수가 없습니다(로 10:14-17).

4) 말씀은 성화에 효력이 있다.

하나님의 말씀은 성화의 방편입니다. 성경을 거울(고후 3:18), 세반(엡 5:16, 요 15:3), 칼(히 4:12) 등으로 상징됩니다. 말씀은 성령의 공작에 의하여 마음의 상태와 그것의 정결의 필요를 계시하고(약 1:25), 정결케 하며(요 15:3), 방황하는 발길을 의의 길로 인도하며(시 119:105), 원수를 이기게 하며(엡 6:17), 성별된 삶을 살게 합니다.

2. 말씀효력의 효과적(效果的) 방법(方法)

은혜의 방편인 성경을 우리에게 적용하려면 효과적 방법을 알고 바로 사용하여야 합니다. 잘못 사용하면 저주받기 때문입니다(계 22:18-19). 그리고 말씀효력의 효과적 방법은 하나님의 말씀을 읽고 듣는 것입니다(롬 10:17, 계 1:7). 말씀을 읽고 듣는 것은 은혜 안에 성장하는데 직접적인 관계가 있습니다. 하나님의 말씀이 알려지지 않는 곳에는 성령의 감화와 구원의 은총이 없습니다.

1) 성경 말씀을 읽는 것이다.

요한계시록 1:7절에 "이 예언의 말씀을 읽는 자와 듣는 자들과 그 가운데 기록한 것을 지키는 자들이 복이 있나니"라고 말씀하고, 시편 1:1-4에는 복있는 사람은 말씀을 묵상하는 자라고 했습니다. 하나님의 말씀을 항상 가까이 하는 방법은 읽는 것이며, 듣는 것이고 묵상하는 것입니다. 그리하면 은혜의 큰 축복과 복을 받을 것입니다.

아브라함 링컨은 "성경책을 늘 펴 들고 있어라. 그대의 천국 가는 길도 늘 펴져 있을 것이다."고 했습니다. 또 성경은 하나님께서 사람에게 주신 가장 좋은 선물입니다. 선하신 주께서 세상에 주시는 모든 복은 말씀인 성경을 통해서만 알 수 있습니다. 만일 성경이 없었더라면 우리는 옳고 그른 것을 구별할 수 없었을 것입니다.

(1) 공적으로 읽어야 합니다. 공적으로 읽는다는 것은 예배시에 읽는 것을 말합니다. (2) 사적으로 읽어야 합니다. (3) 개인적으로 읽어야 합니다(행 8:26-40). 성경을 일년 한 번 이상 읽으려면 하루 세 장 주일 다섯 장 읽으면 됩니다(일삼주오).

2) 말씀(설교)을 들어야 한다.

교회 역사 가운데 가장 큰 비중과 폭을 가진 것이 설교임을 아무도 이의를 달지 않습니다. 설교란 말은 '케뤼세인'(헬)동사로 신약성경에 60회 정도 나오고 있습니다(막 1:14, 행 10:42). 그 뜻은 '공포한다. 선포한다'(고전9:16). '공개적으로 알린다'(막 1:4, 눅 4:18). '넓게 퍼뜨린다'(막 1:45, 7:36). '교리를 전파한다. 가르친다. 설교한다'(마 24:14, 막 1:38, 행 15:21, 롬 2:21).

이상을 정리하면 설교란 말은 하나님께로부터 나온 인간 구원의 기쁜 소식을 전령의 사명을 가진 설교자들이 공개적으로 널리 알리고 전파하는 기독교적 복음 선포 행위를 말합니다(고전 1:21). 그리고 설교의 목적은 하나님의 뜻을 사람에게 들려주고 그 안에서 행하게 하는 것입니다.

스펄존은 설교를 "진리를 더욱 선명하게" "사명을 더욱 긴박하게 해주고" "마음을 일깨워 주고 의식을 고취시키고" "심령에 강한 감동을 주는 것이며" 복음으로 인하여 진정한 그리스도의 삶을 살게 촉구하는 것이며 " "듣는 자로 구원하는 것이 우선 목적이다"고 했습니다.

(1) 설교는 성경 말씀을 쉽게 이해할 수 있도록 해 주는 설교라야 하며, (2) 설교자는 성경을 억지로 풀어서도 아니되며(벧후 3:16), (3) 사사로이 해석해서도 아니되며(벧후 1:20), (4) 성경은 성경으로 해석해야 하며(사 34:16), (5) 설교자는 성령의 감동과 감화와 인도로 권위 있게 전해야 하며(고전 2:10-14), (6) 설교는 아무나 해서는 아니되며 행위가 모범적이며 교회의 공인을 받은 사람이어야 합니다.

예배모범 3장1절 "예배 때의 성경봉독은 공식예배의 한 부분이니 반드시 목사와 그 밖에 허락 받은 사람이 봉독한다."

예배모범 제3장 7절 "노회 관할 아래 있는 어느 지교회에서든지 노회에서 보낸 사람 외에는 아무를 막론하고 당회나 목사의 허락 없이 강도함을 허락하지 않는다." 헌법 제4장1조 "목사는 노회의 안수로 임직함을 받아 그리스도의 복음을 전파하고 성례를 거행하며 교회를 치리하는 교회의 가장 중요하고 유익한 직분이다"(롬 11:13). 헌법 제4장3조 1항 "목사는 지교회를 관리할 때……하나님 말씀으로 교훈하고 강도하며……"라고 목사만이 설교하도록 하였습니다.

성도가 은혜의 방편인 말씀을 잘 듣기 위해 설교자(목사)와 바른 관계를 가지는 것이 중요합니다. 목사를 존경하며(딤전 5:17), 업신여기지 말고(딛전 4:12), 멸시하지 말고(고전 16:11), 목사는 하나님이 우리 교회에 보내신 분임을 인정하고(요 1:6), 사람인 것을 인정하고(요 1:6), 하나님이 불완전한 인간에게 완전한 하나님의 말씀을 맡기셨다는 것을 인정해야 합니다(요 1:8).

결론

대요리문답 제157문 "하나님 말씀을 어떻게 읽어야 하는가?" "성경을 높이 경외하는 마음으로 읽고 성경은 곧 하나님의 말씀이고 하나님께로서 만이 우리로 하여금 성경을 깨달을 수 있게 하실 수 있다는 굳은 신념으로 거기에 계시되어 있는 하나님의 뜻을 알고 믿고 순종하고자 하는 마음으로 부지런함과 성경의 내용 및 범위에 주의함과 묵상과 적용과 자기 부정과 기도로서 성경을 읽어야 한다"고 했습니다.

대요리문답 제160문 "설교를 듣는 자에게 요구하시는 것이 무엇인가?" 답. "설교를 듣는 자에게 요구되는 것은 근면과 준비와 기도로서 설교를 듣고 그들은 바를 성경으로 살펴보고 진리이면 믿음과 사랑과 온유와 준비된 마음으로 그것을 하나님의 말씀으로 마음에 받아 드리며 그것을 묵상하고 참고하며 그것들을 그들의 마음속에 간직하고 그들의 생활에서 그 말씀에 열매가 맺혀져야 하는 것이다" 했습니다. 우리는 하나님의 말씀의 효력이 있기 위해 말씀을 듣는 일과 읽는 일에 최선을 다해야 할 것입니다. 할렐루야 아멘.

말씀을 읽고 듣기

행 20:32-35

제 90 문

하나님의 말씀을 어떻게 읽고 들어야 효력이 되어 구원을 얻는 방도가 되는가?

답 : 하나님의 말씀이 우리로 하여금 구원을 얻게 하는 방도가 되게 하려면 마땅히 부지런함과(잠 8:34) 마음에 예비함과(벧전 2:2) 기도함으로서(시 119:18) 생각하며 믿음과(히 4:2) 사랑을(살후 2:10) 우리 마음에 두고(시 119:11) 행실에 나타낼 것이다(약 1:25).

성도의 신앙 생활에 있어서 빼어놓을 수 없는 것 중의 하나는 성경을 읽는 것과 듣는 것입니다. 성경은 1,250여 방언으로 번역되었으며, 15억권 이상이 팔렸으며, 역사상 가장 많은 박해를 받은 책이 성경입니다. 로마 제국에서는 큰 핍박이 있을 때에 항상 성경을 빼앗아 불살랐습니다. 중세기에는 로마 카톨릭교회가 성경을 박해했습니다. 저들은 성경을 일반인들이 읽지 못하게 하였습니다. 현대에는 공산당이 성경을 읽지 못하게 하며, 독재자들이 읽지 못하게 하고 있습니다. 그러나 오늘날 성경은 1,250여 방언으로 번역되었고 년간 3,000만권 이상 팔리고 있으며 영원한 베스트셀러입니다.

유명한 단테의 '신곡'은 성경 요한계시록을 소재로 하고, 밀톤의 '실낙원'은 구약 창세기를 인용한 것이며, 괴테의 '파우스트'는 아가서를 서술한 문학적 예술입니다.

인도 땅의 전부를 주어도 바꾸지 않겠다는 영국의 문호 섹스피어의 대부분의 작품은 성경에서 영감을 얻었으며, 음악에서도 바하의 '마태의 수난', 헨델의 '메시야', 모짜르트의 '위령곡', 베토벤의 '장엄한 미사', 멘데스존의 '엘리야' 등 모두 성경을 주제로 하나님을 찬양한 것이며, 조각의 미켈란젤로의 예술은 모두 성경에서 나온 것입니다.

디모데후서 3:15에 "또 네가 어려서부터 성경을 알았나니 성경은 능히 너로 하여금 그리스도 예수 안에 있는 믿음으로 말미암아 구원에 이르는 지혜가 있게 하느니라" 말씀하고, 디모데후서 3:14에 "너는 배우고 확신한 일에 거하라"고 말씀 배울 것을 권면하고 있습니다. 말씀을 바로 배우지 않으면 설계 없이 집을 짓는 것과 같습니다(마 5:22-27).

우리는 하나님의 말씀을 바로 배워 삶에 실현하는 은혜가 있어야 하겠습니다. "성경은 신앙과 본분에 대하여 정확무오한 유일의 법칙이기 때문입니다."

1. 부지런히 읽고 들어야 한다(잠 8:32-36).

로마서 12:11에 "부지런하여 게으르지 말라." 베드로전서 1:8에 "그리스도를 알기에 게으르지 말고", 또 마태복음 25:26에 "악하고 게으른 종아"라고 게으른 자를 책망하신 것입니다.

성도는 부지런하여야 합니다. 부지런히 하나님의 말씀을 듣고 읽으며 연구하여야 은혜를 받습니다. 사도행전 17:11-12절에 "베뢰아 사람들은 데살로니가에 있는 사람들 보다 더 신사적이어서 간절한 마음으로 말씀을 받고 이것이 그러한가 하여 날마다 성경을 상고하므로 그 중에 믿는 사람이 많고 또 헬라의 귀부인과 남자가 적지 아니하나"고 말씀하므로 초대교회는 성경을 상고하고 열심히 배우고 읽었습니다. 다윗은 시편 1편에서 여호와의 율법을 묵상한다고 고백하며, 22편에는 주의 말씀을 묵상하기 위하여 네 눈이 야경이 깊기 전에 깨어났다고 고백하고 있습니다.

사람이 건강하려면 음식을 잘 먹을 뿐만 아니라 규칙적으로 영양가 있는 음식을 먹어야 합니다. 우리의 영혼이 건강하려면 하나님의 말씀을 부지런히 읽고 들어야 합니다. 육신은 땅에 속하여 있기 때문에 땅에서 난 음식을 먹어야 합니다. 중생한 영혼은 하나님께로부터 왔기 때문에(창 2:7) 하나님께로부터 온 말씀을 먹어야 건강합니다.

우리는 하나님의 말씀을 부지런히 배워야 합니다. 신명기 4:10에 "나 경외함을 배우며" 시편 119:91에 "주위 율례를 배우게 되었다"고 다윗은 고백합니다. 디모데후서 3:14에도 "배우고 확실한 일에 거하라"고 말씀하고 있습니다. 말씀을 배우고 읽고 들을 때 하나님은 은혜를 주십니다.

2. 준비(準備)된 마음으로 배워야 한다(벧전 2:2).

대요리문답 160문에 "설교를 듣는 자에게 요구되는 것은 근면과 마음에 준비와 기도로서 설교를 듣고 그 들은 바를 성경으로 살피고 진리이며 믿음과 사랑과 온유와 준비된 마음으로 그것을 하나님의 말씀으로 마음에 받아 드리며 그것을 묵상하고 참고하며 그것들을 마음속에 간직하고 그들의 생활에서 그 말씀에 열매가 맺혀져야 하는 것이다."라고 "준비된 마음으로" 준비된 마음은 하나님의 말씀을 문학이나 고전을 읽듯이 읽으라는 것이 아니고 성경 말씀은 하나님의 말씀이라는 믿음과 마음을 가지고 믿고 확신하면서 배워야 한다는 말입니다.

성경 말씀을 읽고 설교를 들을 때 하나님의 말씀으로 믿고 사모하는 마음으로 준비된 마음으로 듣고 읽어야지 마음의 문을 닫고 의심하며 부정하며 비판하며 악한 생각을 가지고(벧전 2:1), 말씀을 대하면 안된다는 것입니다. 그렇지 않으면 길가나 돌작밭이나 가시떨기에 떨어진 씨가 되고 말 것입니다(마 13:14-).

출애굽기 32:15-34:35에 모세가 십계명을 받고 내려 왔을 때 준비되지 않는 저들에게 십계명은 산산이 부숴졌으나 준비된 마음으로 가져올 때에 아멘으로 응답되는 축복이 되었습니다. 그래서 베드로는 "사모하라"(벧전 2:1-2)고 했습니다. 준비된 마음은 "하나님의 말씀으로 확신하고 "귀를 기울이며" "사모하며" 믿음을 가지는 마음입니다. 하나님 자신도 준비하시는 하나님이십니다(창 22:14). 그러므로 준비된 심령에(시 107:9) 은혜를 주십니다.

3. 기도(祈禱)하고 생각하며 배워야 한다(시 119:18).

마가의 다락방에 모였던 120문도는 전혀 기도에 힘쓰므로(행1:14-15) 오순절날 성령(행 2:1-4) 충만함을 받아 교회의 생명구원의 역사가 일어나게 되었습니다. 기도는 만사를 변화시키며 자신을 변화시키며 환경을 변화시킵니다. 하나님의 말씀을 읽을 때 기도하는 것은 너무나 당연합니다. 다윗은 시편 119:18에 "내 눈을 열어서 주의 법의 기이한 것을 보게 하소서"라고 기도했습니다.

성도는 말씀의 비밀을 깨닫기 위해 기도해야 합니다(렘 33:3).

고넬료는 기도하는 삶을 살다가 베드로의 말씀을 들을 때 큰 은혜를 받았습니다(행 10:1-48). 성도는 하나님의 말씀을 읽을 때 들을 때 늘 기도하고 들어야 은혜가 되고 유익이 되고 시험에 들지 않습니다. 어떤 사람은 기도하지 않기 때문에 설교를 듣고 설사를 합니다.

4. 믿음과 사랑으로 마음을 열어야 한다(히 4:2, 살후 2:10).

사도행전 17:32-34절에 바울의 설교를 듣고 나타나는 현상을 기록하고 있습니다. "기롱하고" "다시 듣겠다" "친히 믿으니"로 표현하고 있습니다. 똑같은 하나님의 말씀을 듣고도 듣는 자의 양태에 따라 전혀 다른 형태로 나타나는 것을 봅니다.

그것은 바로 마음의 자세에 따라 어떠한 태도로 듣느냐에 따라 달라지는 것입니다.

우리는 말씀을 들을 때에 믿음과 사랑과 마음 문을 열고 들어야 은혜를 받습니다.

히브리서 4:2에 "그 들은 바 말씀이 저희에게 유익되지 못한 것은 듣는 자가 믿음을 화합치 아니함이라"고 믿음으로 화합치 아니하며 유익이 되지 못하다고 말씀하고 있습니다. 히브리서 11장은 믿음으로 말씀에 대한 증거를 받았다고 고백하고 있습니다. 예수님 당시 서기관들과 바리새인과 사두개인들이 예수님의 말씀을 듣고 은혜를 받지 못함은 예수님의 말씀에 능력이 없어서가 아니라 저들이 닫힌 마음과 불신 때문이었습니다.

하나님은 말씀하시는 분이십니다. 우리는 말씀을 듣습니다. 그리고 믿고 순종합니다. 그러면 증거가 나타납니다. "믿음과 사랑으로 마음 문을 열고 말씀을 대하기를 축원합니다."

5. 말씀을 실천(實踐)하기 위해 읽어야 한다(약 1:25).

야고보서 1:25에 "자유하게 하는 온전한 율법을 들여다보고 있는 자는 듣고 잊어버리는 자가 아니요 실행하는 자니 이 사람이 그 행하는 일에 복을 받으리라."고 했고, 야고보서 2:26에 "영혼없는 몸이 죽은 것 같이 행함이 없는 믿음은 죽은 것이니라." 또 누가복음 8:15에 "좋은 땅에 있다는 것은 착하고 좋은 마음으로 말씀을 듣고 지키어 인내로 결실하는 자니라."고 말씀을 생활에 옮길 것을 말씀하고 있습니다.

배움이란 많은 것을 알기 위해서 배우기도 합니다. 그러나 배우고 안 것을 생활 속에 옮기지 못한다면 배우지 않는 것보다 못합니다. 배움의 길은 배운 것을 실현하는데 있는 것입니다. 요한복음 13:15에 "내가 너희에게 행한 것 같이 너희도 행하게 하려 하여 본을 보였노라"고 말씀하시면 주님은 말과 행동의 일치하심을 보여주신 것입니다.

한국교회의 문제점이 무엇입니까? 교회에는 하나님이 계시는데 교회 밖에만 나가면 하나님이 안계신다는 것입니다. 즉 신앙과 생활의 불일치 현상을 말하고 있습니다. 주일날 교회에서 선포된 말씀이 사회와 가정과 생활 속에서 말씀대로 역사되어야 하는데 그런지 못한 것에 고민이 있습니다.

한국에 성도가 천만이 넘은 지가 10년이 지났습니다. 일천만 성도가 빛을 발하고 있을까요? 향기를 날리고 빛과 소금의 삶을 살고 있을까요? 빌레몬서의 오네시모는 생활 속에 변화된 삶의 모습이 나타났습니다. 초대교회 성도들이 생활 속에 나타나기 때문이 그리스도인이란 말을 듣게 된 것입니다. 주님은 말씀하십니다. "너희 착한 행실을 보고 하늘에 계신 너희 아버지께 영광을 돌리게 하라"고 말씀하십니다(마 5:16).

결론

영국의 엘리자베스 여왕은 "영국의 모든 영토를 버릴지라도 성경은 버릴 수가 없다고" 했습니다.

우리는 성경을 부지런히 준비된 마음과 기도하며 믿음과 사랑과 열린 마음으로 배워 생활에 실천하여야 하겠습니다. 그러면 하나님이 놀라운 축복으로 채워 주실 것입니다.

구원(救援)의 방편(方便)인 성례(聖禮)

마 3:11-17

제 91 문

성례가 어떻게 효력이 되어 구원을 얻게 하는 방도가 되는가?

답 : 성례가 효력이 되어 구원을 얻게 하는 방도가 되는 것은 성례자체도 말미암도 아니요(벧전 3:21), 베푸는 자의 덕으로 됨이 아니라(고전 3:7) 다만 그리스도의 축복함으로 되며(롬 2:28-29), 또 믿음으로 성례를 받는 자 속에 성령이 역사 하심으로 되는 것이다(막 16:16).

구원의 방편은 말씀과 성례와 기도입니다. 구원의 방편인 말씀에 대하여 전 과에서 말씀드렸습니다. 이 과에서는 구원의 방편인 성례에 대하여 말씀하고 있습니다. 로마 카톨릭은 말씀보다 성례의 우위를 강조하고 있지만 이것은 잘못된 것입니다. 프로테스탄트교회는 성례가 우위가 아니라 말씀이 우위인 것을 말하고 있으며, 성례는 말씀 없이 시행될 수 없습니다. 성례는 말씀과 함께 시행되어지는 것입니다.

웨스민스터신앙고백 제27장 1절에 "성례는 은혜계약의 거룩한 표요 확증인 것이다. 그것은 하나님이 직접 제정하신 것이다. 그것은 그리스도와 그의 은혜를 나타내며 그에게 있는 무리의 유익을 확신하며 또 교회에 속한 사람과 세상에 속한 사람을 구별하기 위해 주신 보이는 표지이다. 또한 성도들로 하여금 하나님의 말씀에 따라(롬 6:3-4, 고전 10:16, 21) 그리스도 안에서 하나님께 대하여 봉사하게 하기 위하여 제정하신 것이다."

성례는 은혜계약의 거룩한 표와 확증이며, 세상사람과의 구별이며 하나님께 봉사케 하는 것입니다. "하나님은 성례를 통해서 우리에게 은혜를 주십니다." 칼빈은 "성례는 풍부한 은혜를 향하게 하는 하나님의 약속의 표징이며 인표다"고 했습니다.

1. 말씀과 성례(聖禮)의 관계

하나님의 말씀은 성례 없이도 존재할 수 있는 은총의 수단으로서 완전한 것이지만 성례는 말씀 없이는 존재할 수 없는 것이며, 말씀 없이 완전할 수 없는 것입니다. 성례는 하나님 말씀 없이는 충분한 의미를 전달할 수 없습니다.

1) 말씀과 성례의 일치점

(1) 권위는 똑 같습니다. 하나님께서는 두 가지 모두를 은혜의 수단으로 선포하신 것

입니다.

(2) 나타내는 의미의 초점은 그리스도입니다. 그리스도는 말씀과 성례의 중심입니다.

(3) 신앙으로 받아들여져야 합니다. 칼빈은 신앙으로 받아들이지 않는다면 아무런 유용성도 없으며 어느 것에도 적합하지 않다고 했습니다.

(4) 두 가지 모두 성령에 의해 수단으로 사용하였습니다. 이 두 가지를 기독교에 존재하게 한 것이 바로 성령이십니다.

2) 말씀과 성례의 차이점

(1) 필요성이 다릅니다. 말씀은 구원에 필수 불가결한 요소이나 성례전은 그렇지 않습니다. 성례전 없이도 구원을 받은 사람도 있습니다. 예를들면 아브라함 이전의 사람과 십자가의 강도 등입니다.

(2) 말씀과 성례전은 적용범위가 다릅니다. 말씀은 모든 사람에게 설교됩니다(마 28:18-20). 반면 성례전은 프로테스탄트 교회의 대부분이 시행하는 것처럼 단지 신앙을 고백한 자들에게만 베풀어지며 세례를 받고 신앙의 공동체에 들어온 자에게만 행하여지는 것입니다. 또한 그리스도인이라 하더라도 합당치 않는 자들은 참여하지 않도록 경고하고 있습니다(고전 11:27-32).

(3) 말씀과 성례전은 목적이 다릅니다. 말씀은 신앙을 시작하고 성장시켜 가는데 필요하지만 성례전은 신앙을 확장하는데 기여하는 것입니다.

(4) 말씀과 성례전은 표현의 매체가 다릅니다. 말씀은 소리(설교)라는 매체를 통하여 그 자체가 가장 힘차게 표현되지만 성례전은 미각과 촉각의 연관 속에서 시각이라는 매체를 통해 표현됩니다(성례전은 일종의 눈에 보이는 말씀입니다).

2. 성례는 구원의 공적은 아니다.

구원은 하나님의 은혜로 주어지는 것이지 인간의 공적으로 이루어지는 것은 아닙니다. 사람이 성례를 받으므로 구원을 얻는 것은 아닙니다. 성례는 외면적 유형적 표호(창 9:12-13, 17:11)이며, 날인하는 내면적, 영적(롬 4:11) 은혜입니다. 성례는 은혜언약의 동참이며(창 17:11), 신앙의 고백이며(롬 4:11), 사죄와 회심(마 26:28, 막 1:4)과 그리스도의 죽음과 부활에서 그와의 연합이며(롬 6:3), 그리스도와 그의 모든 영적 부요입니다.

성례는 외면적 유형적 표요, 내면적 날인하는 영적 은혜이지 성례를 받으므로 구원을 보상받는 공적이 될 수 없는 것입니다.

로마 가톨릭에서는 성례가 구원을 얻는데 필요 절대적인 성례가 있다고 강조하며 '고해성사' '견진성사' '성체성사' '종부성사'라고 말하고 있습니다. 그러나 프로테스탄트

교회에서는 성례는 구원을 얻는데 절대 필요한 조건이 아니라 그리스도의 신적 명령이므로 의무적입니다.

성경은 구원은 신앙만으로 얻는다고 말씀하고 있습니다(요 4:25, 3:16, 행 16:31). 하나님은 은혜의 형식에 속박하지 않으며(요 4:21, 눅 18:14), 성례는 신앙이 있는 곳에 거행되어지는 것입니다(행 2:41, 16:14-15, 고전 11:23-32). 그리고 많은 사람이 성례 없이 구원을 받은 것이므로 성례가 절대적인 조건이 될 수 없다는 것입니다. 아브라함 이전의 사람들이나 십자가의 강도(눅 23:43)는 성례에 참여하지 않아도 구원을 받았으며 반대로 가룟유다는 성례에 참석해서도 버림받았습니다(눅 22:3, 요 6:70-71, 막 26:42). 그러므로 성례는 구원의 공적은 절대 아닙니다. 그리스도께서 명령하셨음으로 의무적인 것입니다. 이것을 태만이 하는 자는 영혼의 파멸을 가져오며 하나님을 향한 고의적인 불순종이기 때문에 더 큰 은혜에 참예할 수가 없습니다. 성례는 구원의 공적은 아니지만 더 큰 은혜에 동참케 하는 것이며, 의무적인 것입니다.

3. 베푸는 자의 덕(德)으로 됨이 아니다.

성례는 집행자의 덕에 의하여 은혜가 되는 것은 아니며, 그리스도의 축복에 의하여 되어지는 것입니다. 성례는 집행자의 덕과는 관계가 없으며 오직 주님의 은혜로 구원의 은혜를 받습니다.

웨스터민스트 신앙고백 27장 3절에 "성례를 집행하는 사람의 믿음이나 뜻에 따라 그 효력이 나타나는 것은 아니다."라고 말씀하고 있습니다. 그렇다고 해서 아무나 성례를 집행해도 된다는 말은 아닙니다. 웨스터민스트 신앙고백 제27장 4절에 "예전은 합법적으로 안수를 받은 하나님의 말씀의 사역 자로 말미암아 집행되어야 한다."고 말씀하고 있습니다.

정치 4장3조1항 "목사는……하나님 말씀을 교훈하고……성례를 거행할 것이요." 라고 말씀하고 있습니다. 성례는 오직 합법적으로 임직된 말씀의 사역자 외에 아무도 시행할 수가 없습니다(히 5:4). 그러나 합법적인 임직자라고 해서 성례가 그의 인격과 덕에 의하여 은혜의 공적으로 사용되는 것은 아니며 오직 예수 그리스도의 성령의 은혜로만 되어지는 것입니다.

성례가 바른 재료, 바른 형식, 바른 의도, 바른 집행자가 성례의 도덕적 정당성을 구성하고 요건을 다 갖추었다고 하여도 성례가 은혜의 방편으로 효력을 발생하는데 인간의 덕이나 행위가 공적이 되는 것은 아니고 은혜의 원천은 성령의 역사입니다(롬 2:28-29, 벧전 3:21, 마 3:11, 고전 12:13).

4. 다만 그리스도의 축복(祝福)으로 유익

성례를 통한 은혜는 성례 자체나 베푸는 자의 덕이나 신앙이나 공적에서 오는 것이 아니고 그것을 제정하신 예수 그리스도에게로 부터 오는 것입니다,

집례하는 자의 경건이나 의도에 의뢰하는 것도 아니라 오직 성령의 사역과 그것을 사용한 권위를 주는 교훈과 함께 그리스도에 의해서만 구원의 은혜가 주어지는 것입니다(롬 6:3-4).

5. 믿음으로 성례를 받는 자에게 성령이 역사함으로

성례는 행하는 자의 믿음과 순종의 행위를 보기 위함입니다. 성례를 받는 자의 마음속에서 성례의 뜻을 깊이 깨닫고 믿음으로 받을 때 성령께서 택한 백성 속에 이것이 이루어지도록 역사하십니다. 성례의 모든 구비 조건들이 완벽하게 갖추어졌다 해도 받는 자 속에 믿음과 성령의 역사가 없다면 은혜에 이르지 못합니다.

은혜는 믿음으로 성례에 참여하는 자에게 성령이 역사함으로 주어지는 것입니다.

결론

성례는 은혜의 방편입니다. 성례는 은혜와 계약의 표요(창 9:12, 17:11, 고전 11:25), 칭의의 내면적 날인이요(롬 4:11, 마 26:28), 신앙과 회개의 표(롬 2:24, 6:3, 마 16:16)이기 때문에 받는 자는 진정 믿음을 가지고 받을 때 은혜를 넘치게 받습니다.

성례는 말씀 없이 존재하지 않으며 말씀과 함께 성령의 역사로 이루어지는 것입니다. 성례는 인위적으로 만들어 진 것이 아니라 주님이 친히 제정하신 것이며 성례가 구원의 방편으로서 은혜의 방편이지만 성례의 공적이나 집행자의 덕으로 구원에 이르는 은혜를 받는 것이 아니며 그리스도의 성령의 은혜로 주어지는 축복입니다. 그러므로 받는 자는 믿음으로 성례의 중요성을 깨닫고 마음 문을 열고 성례에 참여하여야 합니다.

성례는 구원의 조건이 아니라 하나님은 성례를 통하여 우리에게 은혜를 주십니다. 성례는 그리스도에 대한 믿음이며 그리스도의 말씀에 대한 복종과 순종입니다. 그리고 의무입니다. 성례에 참여하는 자는 그리스도에게 자신의 생명을 받칠 각오로 참여 할 때 하나님은 성례를 통하여 엄청나고 놀라운 은혜와 축복을 받을 것입니다. 할렐루야 아멘.

성례(聖禮)란

마 28:19-20

제 92 문

성례가 무엇인가?

답 : 성례는 그리스도께서 세우신 거룩한 예식인데 그리스도와 새 언약의 유익을 깨닫는 표로서 표시하여(고전 11:26) 인쳐 성도들에게 적용하는 것이다(롬 4:11).

성례는 세례와 성찬예식을 말합니다. 세례와 성찬예식은 신약의 성례입니다. 이 성례는 말씀과 기도와 함께 은혜의 방편입니다. 성례는 거룩한 예식 또는 거룩한 의식을 말합니다. 성례란 신학적 용어이지 성경적 용어는 아닙니다. 신학적 용어 중에는 성경에 없는 용어들이 있습니다. '삼위일체' '도성인신' '이성일인격' 등 성경에 없는 신학적 용어를 사용하고 있으나 이 언어는 성경적인 용어들입니다.

성례를 통하여 구원을 받는 공적이 되는 것은 아니며 주님의 명령이므로 성도가 지켜야할 신앙적 의무입니다. 그러면 성례가 무엇인가에 대하여 알아보기로 하겠습니다.

1. 성례란 말의 뜻

성례(Sacrament)란 말은 성경에서 발견되지 않으며 라틴어 '쌔크라맨툼'(Sacramentum)에서 인출 되었으며, 이는 고전적 용법에서 신성한 무엇 다시 말하면 '신성한 것을 내어 놓은 것'을 의미합니다.

또 희랍어의 '신비(Mystery)'를 번역한 라틴어 'Vulgates'라는 말에서 뜻을 찾을 수 있으며, 성례란 복종과 신비의 두면을 갖추고 있는 것으로 생각할 수 있습니다. 그래서 성례는 하나님에 대한 그들의 신앙과 순종을 표현하고 있는 것입니다.

또 이 말이 교회에 처음으로 사용된 것은 교부 제롬(Jerome)이 요한계시록에 나오는 비밀 '뮈스 테리온'이란 헬라어를 성례로(Sacramentum) 번역한데서 세례 성찬에도 적용하며 사용하게 되었습니다(계 1:20, 17:7, 엡 1:9).

2. 성례는 예수께서 친히 세우신 예식(禮式)

성례전은 예수 그리스도께서 직접 정하시고 직접 명령하신 거룩한 예전입니다. 예수께서 친히 말씀하시기를 "받아 먹으라 이것은 내 몸이니"(마 26:26). "저녁 먹은 후에 잔도 이와 같이 하여 가라사대 이 잔은 내 피로 새운 새 언약이니 곧 너희를 위하여 붓는 것이라"(눅 22:20). "너희가 이를 행하여 나를 기념하라"(눅 22:19)고 말씀하시므로 성찬을 제정하시고 "너희는 가서 모든 족속으로 제자를 삼아 아버지와 아들과 성령의 이름으로 세례를 주고 가르쳐 지키게 하라"(마 28:19-20) 하신 주님의 말씀에 성례전을 제정하신 것입니다.

"성례전은 오직 예수 그리스도께서 세우신 세례와 성찬 두 가지 뿐입니다."

3. 잘못된 성례

로마 가톨릭교회의 경우는 프로테스탄트교회와 달리 폴로렌스회의(1436-1445)에서 7가지 성례를 제정하여 성찬성사, 세례성사, 견진성사, 종부성사, 혼례성사, 고해성사, 서품성사를 확정하여 지금까지 지키고 있으나 16세기 종교개혁자들을 비롯하여 프로테스탄트교회는 중세적 로마 가톨릭교회의 예전을 거부하고 예수께서 직접 제정하신 성찬식과 세례식만이 인정하고 있습니다.

로마 가톨릭교회에서는 성례를 구원의 인표로 보는 것이 아니라 모두 구원의 근거로 여기고 있습니다.

프로테스탄드 교회에서는 주께서 제정하신 성례만 인정하고 인위적인 예전을 인정하고 있지 않습니다. 그리고 성례는 구원의 인표이지 근거는 아닙니다.

성례의 제정자는 예수 그리스도입니다. 구약의 할례와(창 17:9-14), 유월절(출 12:1-14) 예식이 하나님이 친히 제정하여 세우신 것처럼 신약의 성례의 제정자도 예수 그리스도이십니다. 그러므로 인간의 필요에 따라 예전이 시대에 따라 성례전이 많아지기도 하며 적어지기도 할 수 없는 것입니다. "성례전은 오직 그리스도께서 친히 세우신 성찬과 세례 두 가지 뿐입니다."

4. 성례는 새 언약의 감각적(感覺的) 인표(印表)

옛 언약의 표는 할례와 유월절입니다(창 17:9-14, 롬 4:11). 새 언약의 표는 세례와 성찬입니다(롬 6:3, 막 16:16, 고전 10:16, 갈 3:27).

성례는 새 언약의 표가 될 뿐만 아니라 증거의 표와 기념의 표가 됩니다. 성례는 하나님 편에서 볼 때 구원의 약속의 인표이며 인간 편에서 볼 때는 신종의 인표입니다.

다시 말하면 성례전은 복음의 내용과 하나님의 은혜의 표지 또는 보증입니다. 이 보증은 가시적 인표로서 상징적 의미를 가지고 있는 동시에 하나님의 은혜계약의 예전이며, 거룩한 인표인 것입니다. 이 보증을 받는 자에게는 신앙 고백적 서약형식으로 시행되는 거룩한 예전입니다.

　성례전에 있어서 인표와 실제의 관계에는 그리스도와 신비적 결합(연합)이라고 하는 영적 관계의 영적 의미가 있습니다. 성례전이 시행될 때에 나타나는 하나님의 은혜는 성례전 자체의 고유한 내적 능력이나 집행자의 의도나 경건함 때문이 아닙니다. 주님의 명령에 의하여 성례전에 합당하게 참여하는 자들에게 주어지는 은혜인 것입니다. 은혜는 전적으로 성례전이 시행될 때에 주어지는 하나님의 말씀과 성령의 역사에 의하여 베풀어지게 되는 것입니다.

　성찬의 경우 '떡'은 예수 그리스도의 희생의 '몸'으로, '포도주'는 예수 그리스도의 대속의 '피'로 상징되어 있습니다. 그리고 성찬식에 있어서 성도가 '떡'과 '포도주'를 먹고 마시는 행위는 성도가 영적으로 그리스도와 결합(연합)하는 영적 의미를 가지게 되며 이 때에 사용하는 '떡'과 '포도주'는 주님의 거룩한 인표가 되는 것입니다.

　로마서 4:11에 "저가 할례의 표를 받은 것은 무할례시에 믿음으로된 의를 인친 것이니 이는 무할례자로서 믿는 모든 자의 조상이 되어 저희로 의로 여기심을 얻게 하려 함이니라"고 하셨고, 베드로전서 3:21에 "물은 예수 그리스도의 부활하심으로 말미암아 이제 너희를 구원하는 표니 곧 세례라"고 말씀하고 있습니다. 즉 할례의 표는 의의 표요 세례는 구원의 인표라고 했습니다.

　인표란 어떤 것을 알게 하는 수단입니다.

　모세의 지팡이는 그것이 던졌을 때에 뱀이 되었는데 그것은 하나님이 모세에게 나타나셨다는 사실을 알게 하는 표인 것입니다(출 4:1-5). 구약시대에 유월절 행사에 있어서 무교병을 먹으며 어린양의 피를 문설주에 바르는 행위는 신약시대의 성찬에 있어서 신자가 떡과 포도주를 먹는 행위는 다 같은 영적 의미를 가지고 있으며, 하나님의 약속의 인표를 상징하고 있습니다.

　세례의 경우도 마찬가지로 영적 의미와 하나님의 약속의 인표를 상징하고 있으며 구약의 할례는 하나님의 선민이며 계약의 백성인 이스라엘 민족과 이방인을 구별하는 인표인 동시에 정결을 상징하는 결례의 인표인 것과 같이 신약의 세례는 하나님의 계약의 백성인 신자와 불신자를 구별하는 인표인 동시에 죄 씻음을 받고 그리스도와의 영적 결합을 상징하는 인표인 것입니다.

　그러므로 성례를 시행할 때는 하나님의 말씀의 의미를 설명해 주지 않으면 무의미하게 됩니다. 성례를 시행할 때마다 성례가 가지고 있는 신령한 의미를 반드시 설명하여 주어야 합니다. "성례는 새 언약의 감각적 인표입니다."

결론

성례는 그리스도께서 제정하시고 명령하신 것으로 구원에 대한 감각적 외형적 인표이며 인간 입장에서 볼 때 신종(믿음과 순종)의 인표입니다.

성례는 하나님께서 우리에게 은혜를 주시기 위한 방편이며, 우리는 하나님에 대한 신앙고백의 표현입니다. 그리고 성례는 새 언약의 가견적인 인표이지 그 이상의 것은 아닙니다. 다시 말하며 성례가 구원의 공적이 될 수 없는 것입니다. 또한 성례는 신자가 되는 표가 아니라 성도임을 증거하고 확증하는 인표입니다.

성례는 말씀 없이 독자적으로 시행되지 않으며 말씀과 함께 시행되며 성령의 역사가 없으며 우리의 신앙에 아무런 도움이나 유익을 주지 못하며 은혜의 방편으로 효력이 없습니다. 성례가 유효하게 되는 것은 성령께서 성례를 통하여 은혜를 부어 주시기 때문입니다. 성례의 시행은 주님의 지상 명령입니다. 우리는 주님이 오시는 날까지(고전 11:26) 주님의 죽으심과 피를 기념하고 전하며 자신을 살펴 주님이 주시는 은혜에 동참하는 삶이 되어야 합니다.

성례는 주님이 제정하신 것이요, 새 언약의 감각적 인표이며, 구원의 은혜의 방편입니다. "성례는 주님이 제정하신 세례와 성찬이며 구원의 인표입니다." 할렐루야 아멘.

신약(新約)의 성례(聖禮)

고전 11:23-29

제 93 문

신약의 성례가 무엇인가?

답 : 신약의 성례는 세례(마 28:19, 막 16:16, 행 10:47-48)와 성찬이다(고전 11:23-25).

성례는 은혜의 방편으로 주님께서 친히 제정하신 것으로 구약에서는 할례와(창 17:9-14) 유월절(출 12:1-14)입니다. 신약에서의 성례는 세례와 성찬예식입니다. 구약의 성례와 신약의 성례 사이에 형식적 차이는 있지만 성례들의 의미와 효능과 본질은 동일한 것입니다. 지금 교회는 주님이 친히 세우신 세례와 성찬식만이 성례로 인정하고 시행하고 있습니다. 생명이 없는 의식은 배격하고 생명력이 있고 성령이 역사하는 성례만이 실시해야 할 것입니다.

할례와 유월절은 율법시대의 한 은혜의 방편이고, 세례와 성찬은 은혜시대의 새 언약의 감각적 인표로서 인간을 정화시키고 은혜를 받게 하는 구원의 방편인 것입니다. 스콜라 신학자들은 성례를 유형적 표이며 무형적 은혜의 매개라고 하는 어거스틴의 사상을 그대로 따랐습니다.

성례의 수에 대해서는 일치하지 않으나 대체로 2종에서부터 30종까지 꼽을 수 있습니다. 처음으로 로마 카톨릭교회에서 가장 잘 알려진 7성례를 이름 붙인 인물은 롭바드 사람인 피터(Peter)이며 피터의 개인적 의견이 일반적 의견이 되어 1439년 플로렌스회의에서 7성례를 공식적으로 인정하였습니다(세례성사, 견진성사, 고해성사, 성체성사, 종부성사, 신품성사, 혼례성사). 그러나 프로테스탄트교회에서는 두 가지 성례만을 인정하고 있습니다. 두 가지는 세례와 성찬입니다.

1. 구약(舊約)의 성례

구약의 성례는 두 가지입니다. 두 가지 성례는 하나님이 직접 제정하신 할례(창 17:19_14)와 유월절(출12:13)입니다.

1) 할례

'할례'란 '물라'(히), '페리토매'(헬)로 남근의 표피를 약간 끊어내는 행위로서 히브리인들은 '야웨' 하나님과 이스라엘간의 계약의 표시로서 생후 8일 만에 종교적 의식으로 할례를 행하였습니다(창 17:9-14). 할례는 이스라엘인의 자녀들만 아니라 노예들에도 행해졌으며 나아가 함께 거주하는 이방인들도 유월절을 지키기 위해서 원할 때는 할례를 받았습니다(출 12:48_49).

세례 요한과 예수님도 할례를 받았습니다(눅 1:59, 2:21). 유대인들이었던 초기의 기독교인들은 할례를 모두 받았으나 멀리 이방인들에게도 복음이 전파됨으로 이방인들이 기독교인이 되기 위해서 할례를 반드시 받아야 하는가란 문제가 대두되어 사도행전 15장 예루살렘공회에서 할례가 기독교인에게 필수적인 것이 아니라는 결론을 내리게 되었습니다.

할례는 하나님과 계약관계에서 상징적 행위이며 하나님과 아브라함과 그 자손에게 명하신 것입니다. "너희로 양피를 베어라 이것이 나와 너희 사이의 언약의 표징이니라"(창 17:11). 또 바울은 아브라함의 할례는 그의 의로움의 징표 혹은 인침으로 간주하였습니다. 로마서 4:11에 "저가 할례의 표를 받은 것은 무할례시에 믿음으로 된 의를 인친 것이니"라고 말하고 있습니다.

 (1) 할례는 언약의 표이며 날인 또는 보증입니다(창 17:11, 롬 4:11).
 (2) 이스라엘과 비이스라엘의 성별의 표(창 17:11).
 (2) 할례는 부정을 제거하는 정화의 행위입니다(사 52:1, 수 5:2-9).
 (3) 할례는 하나님이 제정하신 거룩한 예식입니다.

2) 유월절

유월절의 제정자는 여호와 하나님이십니다(출 12:13). 유월절은 이스라엘 백성들이 430년간 고생하던 애굽에서 해방되어 나오던 그 날을 기념하며 애굽의 삶을 생각하며 하나님의 은혜를 생각하며 지키는 명절을 가리키는 말입니다.

이스라엘이 애굽에서 나오던 전날 밤에 하나님의 천사들이 애굽 전역의 모든 장자를 치던 무서운 재앙의 밤에 유월절 언약을 지키는 자에게는 이 모든 재앙을 면제해 주는 은혜의 표호이며 인호였습니다.

출애굽기 12:21-23에 "모세가 이스라엘 모든 장로를 불러서 그들에게 이르되 너희는 나가서 너희 가족대로 어린양을 택하여 유월절 양으로 잡고 너희는 우슬초 묶음을 취하여 그릇에 담은 피에 적시어서 그 피를 문 인방과 좌우 설주에 뿌리고 아침까지 한 사람도 자기 집 문밖에 나가지 말라 여호와께서 애굽사람을 치려 두루 다니실 때에 문 인방과 좌우 설주에 피를 보시면 그 문을 넘으시고 멸하는 자로 너희 집에 들어가서 너희를 치지 못하게 하실 것임이니라"고 이와 같이 어린양의 피의 표가 있는 자녀가 있는 가정에서는 재앙이 넘어가게 된 것입니다.

그리고 이 절기는 출애굽기 12:15에는 칠일동안 이 절기를 지킬 것을 명령하심으로 그들은 유대 성력 "니산월"(3-4월) 14일에서 21일까지 지켰습니다.

유월절은 (1) 하나님이 제정하신 의식입니다(출 12:13). (2) 유월절 어린양의 피의 표가 있는 가정은 재앙이 넘어가는 표가 되며(출 12:23), (3) 어린양의 피 흘림이 없이는 구원이 없다는 사실을 보여주며(출 12:15, 히 9:22), (4) 유월절 어린양은 예수의 확실한 그림자임을 보여 주기 위한 하나님이 행하신 표적이며(출 12:46, 요 19:31), (5) 이 언약 안에 있는 모든 사람이 다 같이 지킬 거룩한 의식입니다.

하나님의 백성인 이스라엘이 애굽에서의 비극은 피흘린 어린양의 희생의 대용에 의하여 구원됨을 회고하고 기념하는 의식으로 그 희생은 그리스도에 대한 예표인 것입니다(요 1:29, 36, 고전 5:7). 또한 오실 메시아에 대한 예표입니다.

양의 피를 문설주에 바름으로 구원을 얻은 것은 주의 만찬에 떡을 나누어 먹음과 같은 것입니다. 구약의 성례는 수령 자에게 은혜의 현재 소유를 인쳐주신 것입니다. "이것은 신구약 성례의 공통된 것입니다".

2. 신약(新約)의 성례

신약에서의 성례는 세례와 성찬입니다. 이것은 주님이 친히 제정하신 것입니다. 구약의 성례와 신약의 성례는 은혜계약의 증표 혹은 인표라는 점에서 본질적으로 동일하며 영적 행복을 상징합니다.

초대교회의 생활에서 세례와 주의 만찬(성찬)은 복음전도 및 교훈과 함께 탁월한 지위를 가졌습니다(행 2:41-42, 20:7, 11, 10:47). 두 성례가 다 예수 그리스도께서 친히 제정하시고 교회의 회원들을 성령으로 말미암아 그의 죽음 및 부활과 그 자신과의 교통에 인도하는 방편들로 인정하셨습니다(마 28:19-20, 고전 11:23-28, 행 2:38, 롬 6:3-5, 골 2:11-12). 이 성례들은 주님의 교훈에서(마 28:19-20, 막 10:38-39), 교회의 생활에서(고전 10:1-5) 이러한 의의를 가진 것으로 함께 연결되어 있었습니다.

신약의 성례는?

(1) 예수님이 제정하시고, (2) 하나님의 계약의 백성인 신자와 불신자를 성별하는 표이며, (3) 죄를 씻음받은 정결의 표이며, (4) 그리스도와 연합을 상징하는 인표이며, (5) 언약 안에 있는 모든 백성들이 지킬 의식입니다.

"신약의 성례는 세례와 성찬이며, 구약의 할례와 유월절을 대용한 것이며, 인표라는 점에서 본질적으로 동일하면 영적행복도 동일합니다."

3. 성례의 수

로마 카톨릭에서는 성례의 수를 성경과 전혀 상관없이 인위적으로 늘려서 일곱 가지 성례를 말하고 있지만 성경에 나타난 성례는 두 가지 뿐입니다.

웨스트민스터 신앙고백 제27장4절 "복음서에서 우리 주 그리스도께서 정하신 성례전은 두 가지가 있다. 즉 세례와 주의 만찬이다. 이 두 예전은 반드시 합법적으로 안수를 받은 하나님의 말씀의 사역자로 말미암아 집행되어야 한다"(마 28:19, 고전 11:20, 23, 히 5:4)고 했습니다.

성례의 수는 예수님이 제정하신 세례와 성찬 두 가지뿐입니다.

4. 신·구약 성례의 관계(關係)

구약 시대의 유월절 행사에 있어서 무교병을 먹으며 어린양의 피를 문설주에 바르는 행위와 신약시대의 성찬에 있어서 신자가 떡과 포도주를 먹는 행위는 다 같이 영적 의미를 가지고 있으며, 하나님의 약속의 인표를 상징하고 있으며, 세례의 경우도 마찬가지로 영적 의미와 하나님의 약속의 인표를 상징하고 있습니다. 구약의 할례는 하나님의 선민이며 계약의 백성인 이스라엘 민족과 이방인을 구별하는 인표인 동시에 정결을 상징하는 결례이며, 인표인 것과 같이 신약의 세례는 하나님의 계약의 백성인 신자와 불신자를 구별하는 인표인 동시에 죄 씻음을 받고 그리스도와의 영적 결합을 상징하는 인표입니다.

구약의 성례는 모두 피로서 인쳤습니다. 그러나 신약의 성례는 피 없는 성례입니다. 그 이유는 예수 그리스도께서 십자가상에서 완전한 제물이 되셨기 때문에 그리스도 이후에는 이 이상 더 유월절과 할례가 필요 없게 된 것입니다.

프로테스탄트교회는 주님께서 세우신 세례와 성찬만을 인정합니다.

웨스트민스터 신앙고백 제27장 5절 "구약에 있는 성례전이 표현하고 상징하는 영적 뜻은 본질적으로 신약의 그것과 동일하다"(고전 10:1-4)고 했습니다.

구약과 신약의 성례가 동일하기 때문에 같은 은혜의 방편이므로 구약의 피흘림에서 신약의 예수 그리스도의 완전한 제사를 통한 피없는 세례와 성찬을 성례로 지키는 것입니다. 그리고 성례는 예표와 보증입니다.

결론

구약시대의 성례는 하나님이 친히 세우신 할례와 유월절입니다. 신약의 성례는 예수님이 세우신 세례와 성찬입니다. 구약시대의 성례나 신약시대의 성례는 은혜계약의 인표임에는 본질적으로 차이가 없으나 그 실시하는 양태에는 다릅니다.

구약과 신약의 성례가 본질적으로 같다고 해서 지금도 할례나 유월절을 성례로 지켜도 된다는 것은 아닙니다. 신약의 성례는 예수님이 친히 세우신 세례와 성찬뿐입니다.

교회는 세례와 성찬만을 성례로 인정하고 시행해야 합니다. 할렐루야 아멘.

세례(洗禮)가 무엇인가?

롬 6:3-5

제 94 문

세례가 무엇인가?

답 : 세례는 물을 가지고 성부와 성자와 성령의 이름으로 씻는 성례인데 우리가 그리스도에게 접합됨과 은약(恩約)의 모든 유익에 참여함과 주님의 사람이 되기로 약조함을 표시하여 인치는 것이다(마 28:19, 갈 3:27, 롬 6:3-4).

신약의 성례는 예수님이 친히 제정하신 세례와 성찬입니다. 세례예식은 교회에서 행해야 하는 영구한 의무적 예식입니다(마 28:19, 막 16:16). 신약의 세례는 구약의 할례와 본질적으로 일치하며 영적 의미에 있어서도 동일합니다. 구약의 할례는 지금 폐기된 성례입니다. 세례는 물을 사용하여 성부와 성자와 성령의 이름으로 베푸는 것이며 신약의 성례중 성찬은 반복적으로 지속적으로 시행해야 합니다만 세례는 단회적으로 시행하게 됩니다.

세례가 구원의 공적이 되는 것은 아니며 은혜계약의 증표요, 그리스도와의 연합의 인표요 신자와 불신자를 구별하는 인표요 죄를 씻음을 상징하는 표인 것입니다. 세례는 그리스도께서 친히 세례를 받으시고(마 3:13, 15), 제자들에게 세례 주는 것을 인정하시고(요 4:1-2), 주께서 모든 족속에게 세례를 주라고 명령하시고(마 28:19-20, 막 16:16), 사도들과 초대교회 제자들은 세례를 받고, 가르치고, 또 실제로 주기도 하였습니다(행 2:38-41, 8:12-13, 36, 9:18, 10:47-48, 16:15, 33, 18:8, 19:5). 바울도 세례를 가르쳤습니다(갈 3:37, 롬 6:3-4).

우리는 세례를 받아야 할 의무가 있습니다. 마태복음 3:13-17절에는 예수님이 세례를 받으실 때 "하늘이 열리고" "하나님의 성령이 비둘기 같이 임하고" "하늘에서 소리가 났습니다." 그리고 주님은 세례를 통하여 의를 이루시는 것이 합당하다고 말씀하셨습니다. 그리스도인에게는 세례는 중요합니다. 세례를 받는 것은 주님의 명령에 순종하는 것이요 주님의 무한한 축복을 받는 통로인 것입니다.

1. 세례의 역사

세례(baptism)는 물로 씻는 것, 혹은 물에 잠기는 것, 물을 뿌리는 것을 가리키는 헬라어 '티스마'에서 출원된 말로서 기독교 입교 의식의 명칭으로 사용되었습니다(행 2:41). 세례의 기원은 구약의 결례에서 의미를 찾을 수 있으며, 결례는 모세의 율법아래 이스라엘이 하나님에게 거룩하기 위해서 여러가지 부정을 피하며 제거하기 위한 의식적 결정과 세척의 행사를 가지는 것을 말합니다(레 20:25-26, 15:12, 민19:). 또 이방인의 유사한 종교적 결정 등 다양한 기원을 말하고 있지만 기독교의 세례는 세례요한의 세례가 있는 후에 그리스도께서 제정하신 것입니다.

1) 요한의 세례

요한의 세례는 그리스도의 세례보다 앞선 것이며 신적 권위에 의한 것입니다(마 3:13-16). 종교개혁자들은 요한의 세례와 기독교 세례의 동일성을 주장하여 변론하되 요한의 사명은 한 종류의 새 경륜의 서광이었고 그의 세례도 복음적 은혜의 회개의 세례였고 죄의 용서를 위한 것으로 진술하고 있습니다(눅 3:3). 요한의 세례의 성격은 그의 사역의 성격에 따랐습니다. 요한은 주의 길을 예비했으며 그의 사역은 준비적 과도적 소개적이었습니다. 요한의 사역과 사명을 그리스도의 사역과 사명과 동일시 할 수 없는 것만큼 요한의 세례를 그리스도께서 제정하신 세례와 동일시 할 수 없습니다.

(1) 요한의 세례는 구약 경륜에 속하였고 신약 경륜에는 속하지 않았습니다(마 11:13-14, 눅 1:17). (2) 요한의 세례는 회개의 세례이어서 수령자들을 회개에 구속하였고 그리스도에 향한 신앙과 순종과 복종이 없었습니다(눅 3:3). (3) 요한의 세례는 삼위일체의 이름으로 거행되지 않습니다(마 3:16). (4) 요한의 세례를 받은 자들은 다시 세례를 받았습니다(행 19:1-6). 그러므로 요한의 세례는 신약의 성례가 아니라 앞으로 오실 메시야의 길을 준비하는 결례였습니다.

2) 그리스도의 제자들의 세례

예수 그리스도의 제자들이 예수님이 십자가에 죽음 이전에 베푸신 세례와 사도들이 주님 승천 후에 베푸신 세례는 동일한 것인가? 그리스도께서 그가 죽으실 때까지는 주로 구약의 경륜의 관례들과 교리들을 수행하며 가르쳤습니다. 그의 십자가의 죽음과 부활은 그를 구경륜으로부터 신경륜에의 현실적 과도를 표시하였습니다. 예수 그리스도의 십자가 이전의 제자들이 베푼 세례는 요한의 세례와 같은 단순한 회개의 구속을 준비하는 결정적 시행이었습니다.

3) 기독교 세례의 제정

그리스도께서 그의 죽으실 때까지는 주로 구약경륜의 관례들과 교리들을 수행하며 가르쳐셨습니다. 십자가의 죽으심으로 구경륜에서 신경륜으로 역사되어 사역을 완성(요 19:30) 하시고 부활해서 신적 권위를 가지고 제정하신 것입니다. 그리고 시행할 것을 명령하셨습니다(마 28:19-20, 막 16:16). 그후 사도들이 나아가 신앙으로 그리스도를 영접하는 자들은 삼위일체 하나님의 이름으로 세례를 받아 그들이 사죄 받고 정화되어 그리스도와 연합되고 구원의 모든 혜택을 받아 누리며 하나님께 거룩히 드린 생활을 서약하는 표와 인으로 삼은 것입니다.

　신약의 성례와 구약의 할례 및 유월절 사이에 연락이 있음은 확실하나 기독교 전통은 신약의 성례가 그리스도 자신에 의하여 제정된 것을 중요하게 여기고 있습니다. 세례는 새 언약의 성례들이며 그리스도인의 표호입니다.

2. 세례의 말 뜻

세례란 말인 '토'는 구약에 다수 사용되었으나 신약에서는 4번 나옵니다(눅 16:16, 요 13:26, 계 19:13). 이 말 뜻은 '담그다' '염색하다'이며, '티죠'란 말은 76차 사용되고 주께서 세례를 제정하실 때 말씀으로 사용하신 것입니다. 그 말뜻은 '물에 담그다' '물을 붙는다' '물로 덮는다'입니다. '토 나티죠'의 두 말이 신약에서 '씻는다' '목욕한다' '씻어 정결케 한다'는 의미를 가지고 있으며 '뿌린다' '찍는다' '적신다'의 뜻을 가지면 구약의 '타발'에 어원을 두고 있습니다(왕하 5:).

3. 세례의 뜻

세례는 신자가 그리스도와 연합됨을 의미하며 죄의 씻음을 받고 의롭다 인정함을 받는 인표이며 계약의 백성과 그 자녀에게 시행토록 되어 있습니다.

　소요리문답 94문은 "세례는 물을 가지고 성부와 성자와 성령의 이름으로 씻는 성례인데 우리가 그리스도에게 결합됨과 언약의 모든 유익에 참여함과 주님의 사람이 되기로 조약 함을 표시하여 인치는 것이다"(마 28:19, 갈 3:27, 롬 6:3-4).

　웨스트민스터 신앙고백 제28장 1절 "……세례를 받는 무리들이 그 교회에 참가하는 엄숙한 입회를 의미하는 것뿐만 아니라 본인에 대해서는 은혜의 계약에 인침을 받는 표가 되며(롬 4:11, 골 2:11-12), 그리스도에 접붙임 받고(갈 3:27, 롬 6:5), 중생(딛 3:5)과 사죄(막 1:4)와 예수 그리스도를 통하여 새생명에 살겠다고 하나님께 대하여 자신을 봉헌하는(롬 6:3-4) 표와 인침을 의미한다……"고 말씀하고 있습니다.

　(1) 세례는 중생의 씻음과 성령의 새롭게 하심과, 사죄함과, 죄를 씻음을 표시하는 것이며, (2) 신자들을 그리스도에게 접붙임(신비적 영적 연합)이 되는 표이며(갈 3:26-27), (3) 유형교회의 교인의 인표이며(행 2:41), (4) 하나님의 은혜계약의 인표이며(롬 4:11, 골 2:11-12), (5) 그리스도를 통하여 새생명의 삶을 살며 하나님께 헌신하는 인표이며(롬 6:3-4), (6) 그리스도의 수난과 영광에 동참을 표하는 것입니다(롬 6:4-6). (7) 신앙을 강화하게 하여 세상으로부터 구별하고 동료신자들과의 연합을 상징합니다(고전 12:13).

이상의 은혜는 삼위일체 하나님의 사역으로 말미암은 총괄적이며 복합적인 놀라운 은혜를 의미합니다.

4. 세례의 양식

세례의 양식은 관수와 침수를 말할 수 있습니다.
'토' '티조'의 말 뜻은 반드시 침수를 의미하지는 않습니다. 뿌리는 것도 성경적 행사임을 알 수 있습니다. 성경의 사상을 보며 요한의 세례가 기독교 성례가 아니라 유대인의 율법아래 유대인들이 유대인에게 시행한 정결 의식이었습니다. 그것이 침수에 의하지 않은 것은 레위기 의식 결례가 침수에 의하지 않았기 때문입니다(민 19:21-22, 레 11:36). 또 사도들이 강에서 세례를 주었거나 물이 많은 곳에서 행했다는 사화를 남기지 않고 있으며, 초대교회 의식을 말해주는 그림의 증거를 보며 물을 붓는 방법이 일반적인 방법이요, 물에 잠그는 것은 예외적인 것을 발견하게 됩니다.

동분(洞墳)에 남아 있는 최초의 기독교 예술품은 요한이 그리스도에게 베푼 세례를 관수에 의했던 것으로 제시하고 있습니다. 중세의 커다란 세례통을 증거로 물에 잠그는 방법이 보편적으로 이해되었다고 하지만 그렇다고 확정하지는 못합니다. 우리는 침수를 부정하지는 않지만 웨스트민스터 신앙고백 제28장 3절에 "세례 받는 사람을 물 속에 잠그는 것은 필요치 않다. 물을 그 사람 머리 위에 붓든지 뿌려서 베푸는 것이 정당한 방법이다."라고 말하고 있습니다.

성경 사상의 관계를 보면 (1) 유대인들의 결례들은 관수에 의했으며 그것이 더 연관되며, (2) 한 사람이 많은 사람들에게 세례를 주는 이 방법이 보다 편리하며(막 1:5, 눅 3:3), (3) 기독교회의 예술품인 그림은 관수로 제시하며, (4) 신약의 제자들이 침수를 준 것으로 주장할만한 근거가 없으며(행 8:26-39), (5) 고백서들이 침수를 반대하고 있습니다(웨스트민스터 신앙고백 제28장 3절).

우리는 침수를 부정하지는 않지만 관수를 세례의 양식으로 사용하게 되었습니다.

또한 세례는 삼위일체의 이름으로 베풀며 어느 사람에게든지 한 번만 베푸는 것입니다(딛 3:5).

결론

세례는 그리스도께서 부활후 제정하신 신약의 성례로서 죄에서의 정결과 그리스도와의 연합과 중생과 계약의 인표이며 교인의 표이며 그리스도의 수난과 영광에 참여하는 표이며 삼위일체의 이름으로 관수로 어느 사람이든지 한번만 받는 것입니다. 세례는 구원의 공적으로 받는 것이 아니며 성도의 의무입니다. 할렐루야 아멘.

세례(洗禮) 받을 자격(資格)

행 2:38-39

제 95 문

세례는 어떠한 사람에게 베푸는가?

답 : 세례는 불신자들이 그리스도를 믿고 고백하며 그에게 복종하는 데까지 이르러야 베풀 것이요(행 8:36-37), 또 입교한 자의 자녀에게 베푸는 것이다(행 2:39, 골 2:11-12).

세례는 신약의 성례로서 신자들이 그리스도를 고백함으로 받아야 할 의무입니다. 세례를 집행할 때에는 성부와 성자와 성령의 이름으로 집행하여야 합니다.

갈라디아서 3:27 "누구든지 그리스도와 합하여 세례를 받은 자는 그리스도로 옷 입었느니라"라 말씀하시고, 고린도전서 12:13에 "……다 한 성령으로 세례를 받아 한 몸이 되었고 또 다 한 성령을 마시게 하셨느니라"고 하시고, 마태복음 28:19에 "그러므로 너희는 가서 모든 족속으로 제자를 삼아 아버지와 아들과 성령의 이름으로 세례를 주고"라고 성부와 성자와 성령의 이름으로 세례를 줄 것을 말씀하고 있습니다.

기독교의 세례는 성부와 성자와 성령의 이름으로 재료는 물이며, 집행자는 합법적으로 안수를 받은 목사에 의해서 시행되어야 합니다. 다시 말하며 세례의 정당한 시행자는 예수 그리스도이시지만(마 3:11) 예수 그리스도는 외면적 세례를 직접 베풀지 않으시고 제자들에게 맡기셨습니다. 그러므로 말씀을 맡은 임직자가 그리스도를 신앙으로 고백하는 자에게 세례를 시행함이 합당한 것입니다. 목사만이 합법적인 시행자입니다.

1. 수세의 대상(對象)

수세의 대상은 모든 족속이지만 그리스도의 제자가 된 자만이 대상입니다(마 28:19, 막 16:16). 웨스트민스터 신앙고백 제28장 4절에 수세의 대상은 "그리스도에 대하여 실제로 믿음과 복종을 고백한 사람뿐만 아니라 부모가 다 믿거나 한편만 믿는 집 아이에게도 세례를 베풀 수 있다."(창 17:7-9, 갈 3:9,14, 골 2:11-12, 행 2:38-39, 롬 4:11-12, 고전 7:14, 마 28:19, 막 10:13-16, 눅 18:15)고 하였습니다. 이것은 성인의 세례뿐만 아니라 유아 세례에 관하여도 말씀하고 있습니다.

성인의 경우 신앙고백에 의하여 시행되지만 유아의 경우는 부모의 신앙고백에 의하여 시행됨을 말하고 있습니다. 신앙고백이란 성경적 신앙으로 예수 그리스도를 나의 구주로 믿으며 믿는 신앙을 말하며 성경은 하나님과 하나님의 계약의 백성의 관계를 가르치고 있기 때문입니다. 성경을 떠나서는 아무런 신앙고백을 할 수가 없습니다. 이상과 같이 세례를 받을 수 있는 대상은 자신이 직접 신앙고백을 한 성인이나 그 성인의 자녀에 한하여 세례의 대상이 될 수 있다는 것입니다. 그리고 성도의 자녀에 대한 세례를 유아세례라고 합니다.

유아세례에 관하여는 침례교회에서는 반대하지만 장로교회에서는 유아 세례를 베푸는 것이 성경적이라고 주장하고 있으며, 소요리문답 95문, 웨스트민스터 신앙고백 제28장4절, 대요리문답 166문에도 인정하고 있습니다. 요리문답과 신앙고백서는 전통적 기독교회의 신앙고백을 말하고 있습니다.

2. 장년세례(洗禮)

세례는 신앙고백을 가진 신자들과 그들의 자녀를 위하여 제정하신 것입니다. 유형교회에서는 그리스도를 믿는 신앙고백을 가진 장년 자신과 그의 자녀인 유아들입니다. 장년에 있어서 세례를 받으려면 선행되는 구비 요건이 있습니다.

1) 신앙고백이 선행되어야 한다.

장년의 경우에는 세례받기 전에 예수를 구주로 믿는다는 신앙고백이 반드시 선행되어야 합니다. 그 이유는 (1) 세례 받는 것은 그리스도를 믿는 신앙의 공적고백과 그에게 충성하고 순종하려는 약속을 포함하고 있기 때문이며, (2) 사도들과 전도인들이 세례 베풀기 전에 신앙에 관한 고찰을 행한 선례가 있기 때문입니다(행 2:41, 8:37). 그러므로 유형교회에 아무리 오랜 신앙생활을 하였다고 하여도 신앙고백이 없으면 세례를 베풀 수가 없습니다.

*어느 사람이 말하기를 자기와 같이 교회생활한 사람들은 벌써 세례도 받고 교회 집사도 되고 권사도 되고 장로도 되고 목사도 되었다고 하면서 세례 받을 것을 요구하였습니다. 그런데 이유는 예수 그리스도를 믿는다는 고백은 하지 않는 다는 것입니다. 이 사람은 세례를 줄 수 없습니다. 오래 교회 다닌 것으로 세례를 받는 것이 아니라 신앙고백으로 세례를 받는 것입니다.

2) 복음적 지식이 선행되어야 한다.

세례에 요구되는 신앙은 상당한 정도의 복음진리의 지식이 필요하며, 복음의 중요한 교리들에 대한 신앙이나 성경의 지식을 가지지 않으면 바른 신앙생활을 할 수 없기 때문입니다(행 8:26-39).

헌법규칙 제6조 1항 "신앙이 독실하고 학습인으로 6개월간 근실히 교회에 출석하며 세례문답을 받을 자격이 있다."

3) 죄를 떠나 하나님께로 돌아와야 한다.

세례는 그리스도에 대한 순종과 복종을 위한 것이기 때문에 죄에서 떠난 자만이 받을 수 있습니다(행 2:38).

4) 유형교회 안으로 들어와야 한다.

세례는 믿는 자와 믿지 않는 자의 표이기 때문에 교회 안에 들어온 자만이 받을 수 있습니다.

대요리문답 제166문에 "세례는 보이는 교회밖에 있어 약속의 계약에 참여하지 않는 자에게 그들이 그리스도를 믿는 신앙을 고백하여 그에게 복종하는데 이르기 전에는 집행해서는 안된다"고 말씀하고 있습니다. 세례를 받을 자는 교회 생활에 충실하여야 한다는 것입니다. 예배출석, 성수주일, 헌금생활, 봉사생활에 대하여 의무와 최선을 다하여야 합니다.

5) 주께 복종하기를 서약해야 한다.

하나님의 말씀에 순종하며 그 말씀이 때로는 이해되지 않아도 믿고 순종하기를 서약하고 주의 뜻대로 살기로 약속하여야 합니다(갈 2:20). (소요리문답 제94문).

그러므로 교회는 세례를 베풀기 전에 신앙고백을 요구하여야 하며, 복음적 지식을 가르쳐야 하며, 죄를 떠나 살도록 해야하며, 교회의 의무를 다하도록 가르쳐야 하며, 주께 복종하기를 가르쳐 복음과 말씀에 순종하도록 하여야 하며, 교회 공중 앞에서 자기의 신앙을 선언하게 한 후에 세례를 주는 것이 마땅합니다.

6) 서약식

1문. 그대들이 하나님 앞에 죄인인줄 알며 당연히 그의 진노를 받을 만하고 그의 크신 자비하심에서 구원 얻는 것밖에 소망이 없는 줄 아느뇨?

2문. 그대들이 주 예수 그리스도가 하나님의 아들되심과 죄인의 구주되시는 줄 믿으며 복음에 말한 바와 같이 구원하실 이는 다만 예수뿐이신 줄 알고 그를 받으며 그에게만 의지하느뇨?

3문. 그대들이 지금 성령의 은혜만 의지하고 그리스도를 좇는 자가 되어 그대로 행하며 모든 죄를 버리며 그의 가르침과 모범을 따라 살기로 작정하며 허락하느뇨?

4문. 그대들이 이 교회의 관할과 치리를 복종하고 그 청결하고 화평함을 이루도록 힘쓰기로 허락하느뇨? (예로 대답하여야 합니다)

7) 세례식

영원한 경륜 속에 택정하사 자녀의 명분을 허락하신 ○○○에게 성부와 성자와 성령의 이름으로 세례를 주노라"(아멘).

*각위마다 관수를 함이 좋습니다. 초대교회는 각위마다 관수 했습니다.

3. 유아세례

1) 유아세례의 근거

유아세례는 교회 전통에 근거하여 행해진 것이 아니라 성경적 이유를 기초로 하고 있습니다.

(1) 동일 언약의 동일 의미의 두 성례

은혜언약은 구약과 신약에서 동일한 영적 언약이었고 그것의 표와 인인 할례와 세례도 영적 의의와 성질에 동일합니다. 그런데 구약에 할례를 받은 자가 유아들이었으니 신약의 세례도 유아들이 받는 것이 당연합니다(롬 4:16-18, 고후 6:16-18).

(2) 교회의 가입하는 표와 인

세례는 유형교회의 가입하는 표와 인인바(웨스트민스터 신앙고백 제28장1조) 그 전신인 구약 할례를 유아들에게도 행하였음으로 신약시대에도 그들이 이 표와 인을 받는 것이 당연하며, 구약에서 하나님의 명령에 의하여 유아들이 언약의 혜택에 참여하였고 따라서 표와 인으로서의 할례를 받았습니다(마 1:21, 눅1:17, 롬 9:25,26, 고후 6:16, 딛 2:14, 히 8:8-10, 벧전 2:9, 계 21:3).

(3) 할례를 대신하는 세례

신약의 세례는 구약의 할례를 대신하는 후신입니다. 세례는 신적 권위에 의하여 은혜언약의 교회 입교의 표호와 인호로서 할례를 대신합니다(행 15:1-2, 21:21, 갈 2:3-5, 5:2-6, 6:12-15). 세례는 영적 의미에서 할례에 해당합니다(행 2:38).

(4) 사도시대의 증거

성경 속에는 사도 시대에 유아들의 세례가 시행됨을 암시하는 증거들이 많이 있습니다(마 19:14, 행 2:38, 행 16:15,33, 고전 1:16, 7:14).

(5) 표준 문서들이 인정

웨스트민스터 신앙고백 제28장 4절, 소요리문답 제95문, 대요리문답 제166문입니다.

2) 유아세수자의 자격

헌법규칙 제6조2항 "만2세까지 유아 세례를 줄 수 있으되 부모 중 한 편만 믿어도 줄 수 있다." 예배모범 제9장3항 "자기 자녀의 세례 받기를 원하는 자는 그 뜻을 목사에게 예고하고 그 부모 중 한 사람이나 혹 두 사람이 다 그 세례 받을 어린이를 데리고 온다"고 말씀하고 있습니다. 유아세례의 자격은 양친 부모가 다 바른 신앙고백(세례)을 가진 사람의 자녀나 양친 중 한 편만이라도 신앙고백(세례)을 가진 사람이 유아세례를 받기를 원하면 부모를 통하여 신앙고백을 받고 베풀 수 있는 것입니다.

(1) 서약

1문. 그대는 이 아이를 예수 그리스도의 피로 씻음과 성령의 새롭게 하는 은혜의 필요를 인식하느뇨?

2문. 그대는 이 아이를 위하여 하나님의 언약의 허락을 앙모하며 자신의 구원을 위하여 전력하는 것과 같이 이 아이도 주 예수 그리스도를 신뢰하므로 구원 얻는 줄을 믿느뇨?

3문. 그대는 지금 완전히 이 아이를 하나님께 받치며 겸손한 마음으로 하나님의 은혜를 의지하며 친히 경건한 본분을 이 아이에게 보이기로 진력하며 이 아이를 위하여 기도하며 이 아이와 함께 기도하며 하나님의 지시하신 모든 기관에서 진력하여 이 아이를 주의 양육과 교훈에서 자라게 하기를 서약하느뇨?

(2) 세례식

"일찍이 불러 하나님의 영광을 위하여 충성하는 가정에 보내어 주신 자녀 ○○○에게 성부와 성자와 성령의 이름으로 세례를 주노라"(아멘).

(목사가 각위의 이름을 부를 때마다 물을 찍어 아기 머리 위에 손을 얹어 세례를 준다)

결론

세례는 은혜의 방편으로서 표호요 인호이기 때문에 아무에게나 무조건 베풀면 아니 됩니다. 세례는 신앙의 고백을 가진 자로 장년과 유아가 세례 받을 자격이 있습니다. 당신은 세례를 받았습니까? 그 은혜에 감격하십니까? 할렐루야 아멘.

주의 성찬(聖餐)

고전11:23-26

제 96 문

주의 성찬이 무엇인가?

답 : 주의 성찬은 성례로서 그리스도가 정하신 데로 떡과 포도주를 주고 받음으로 그의 죽음을 나타내 보이는 것인데(눅22:19-20) 이 성례를 합당하게 받는 자들은 육체와 정욕을 따라서 참여하지 않고 믿음으로써 그의 몸과 피에 참여하여 그의 모든 유익을 받아 신령한 양식을 먹고 은혜 속에서 장성하는 것이다(고전 10:16).

성찬은 세례와 더불어 예수님께서 친히 제정하신 성례입니다. 이 예식은 그리스도께서 배신당하시던 밤에 주께서 친히 세우신 것입니다. 성찬 제정에 관한 성경은 마 26:26-29, 막 14:22-25, 눅 22:17-20, 고전 11:23-26에 네 번 나타납니다. 성찬 시행에 관한 명령은 누가복음에서만 말씀하고 있습니다. 성례의식은 교회의 중요한 의식이지만 단순한 것입니다. 그러나 성례에 대하여 교회사 속에는 많은 논란을 일으키고 또한 잘못된 의미와 시행이 있었기에 오늘날 우리는 그 의미와 뜻과 정신을 바로 알고 시행하며 참여하여야 할 것입니다.

주의 성찬은 성례로서 그리스도가 정하신 대로 떡과 포도주를 받음으로 그의 죽음을 나타내 보이는 것인데 이 성례를 합당하게 받는 자들은 육체와 정욕을 따라서 참여하지 않고 믿음으로써 그의 몸과 피에 참여하여 그의 모든 유익을 받아 신령한 양식을 먹고 은혜 속에서 장성하는 것입니다.

1. 성찬의 제정(制定)과 명칭(名稱)

1) 성찬 제정자

성찬식은 주님께서 친히 제정하신 것입니다. 주님께서 제정하신 것만이 성례에 속합니다. 성례는 유월절 식사에 있어서 그 핵심적 요소와 직결됩니다. 양고기와 함께 먹는 빵은 새로운 용도에 봉헌되었습니다. 하나님의 참된 양이 죽임을 당했음으로 피를 흘려 드리는 성례는 피를 흘리지 않는 성례로 대치되었습니다. 조각조각 떼 놓은 빵과 포도주는 주님의 찢기우신 몸과 흘리신 피를 상징하고 있습니다. 이와 같은 요소들을 육신으로 먹고 마시는 것은 주님의 몸과 피의 영적 충만을 지시하고 있습니다. 다시 말해서 예수 그리스도의 십자가 희생의 열매를 가리키는 것이며, 또한 주께서 재림하시는 위대한 날이 오기까지 주님의 구속사업을 끊임없이 기념하는 것입니다(마 26:26-29, 막 14:22-25, 눅 22:17-20, 고전 11:23-26).

(1) 영구한 신적 권위를 가지며, (2) 숭고한 존엄성을 가지는 것입니다.

2) 성경적 명칭

신약의 제1성례인 세례는 단일 명칭이지만 성찬은 여러 가지의 명칭을 사용하고 있습니다.

(1) 주의 만찬(고전 11:26)

이 명칭은 주께서 제정하신 사실과 이것이 주의 것이라는 사실을 지시하고 있습니다.

(2) 주의 상(고전 10:21)

그리스도와 교제를 상징하며 주께서 친히 초대하시며 친히 주관하시는 상입니다.

(3) 떡을 떼는 것(행 2:42)

그리스도께서 이 예식을 정하실 때 떡을 떼시는 사실을 설명하는 것입니다.

(4) 축복(고전 10:16)과 축사(고전 11:24, 마 26:26-27)

이 두 말을 교대로 사용하여 축복과 감사를 종합적으로 표현한 것입니다.

(5) 동참 혹은 교통(고전 10:16)

성례에 참여하여 주고 받음으로서 신자와 그리스도와의 교제가 되고 그리스도를 통한 신자 상호간의 교제가 됨을 의미하고 있습니다.

(6) 기타 초대교회에 사용된 명칭은 '사례' '회합' '신성한 봉사' '제사 헌물' '아가페 혹 애찬' '비밀' '성례' '미사' '성체' 등으로 사용되었습니다.

그리고 지금 교회에서는 성찬예식이란 말을 사용하고 있습니다.

2. 성찬의 재료(材料)

성찬에 사용된 물질적 요소는 떡과 포도주입니다. 주님께서 최후의 만찬을 베푸실 때는 유월절 절기였습니다. 그 때에 주님께서는 유월절의 무교병과 발효된 포도주를 사용하셨습니다(고전 11:21). 이 관례는 구약의 무교병과 발효된 포도주를 사용하였든 구약시대의 경우와 일치합니다.

성찬때 사용하는 떡과 포도주는 비록 상징적인 것이긴 하지만 시루떡과 막걸리를 사용하는 것은 성찬의 본래의 상징적 의미를 퇴색시키는 것입니다. 1986년8월 연세대학교에서 개최된 WARC 세계대회 때에 시루떡과 막걸리를 먹었다고 합니다.

1) 떡

그리스도의 명령에 의해서 상징적 의미에 의해서 '떡'은 그리스도의 살을 대표하며 그는 자기의 살은 산 떡으로 세상의 생명을 위해 주셨습니다(요 6:61). 그리고 무교병을 쓰느냐 유교병을 쓰느냐는 중요하지 않습니다. 예수님이 사용하신 것은 무교병이지만 초대교회의 성찬은 유교병을 사용한 것입니다(보통식사).

2) 포도주

발효된 포도주를 말합니다(마 9:17, 요 2:3-10, 롬 14:21, 엡 5:18). 오늘날 발효되지 않는 포도즙을 사용함도 가한 것입니다. 포도주는 예수님의 보혈의 피를 상징합니다.

3. 성찬의 목적(目的)

구약 유월절은 신약의 성찬으로 그 모습이 바꾸어졌습니다. 예를들면 피 있는 인표는 피 없는 인표로 바꾸어졌습니다. 그러나 그 의미는 동일합니다. 신약의 성찬은 구약의 유월절과 같이 반복적으로 시행하여야 하며, 그것은 신자가 그리스도와의 연합이 지속되고 있다는 사실을 나타내는 일이며, 하나님의 은혜를 더하여 받으며, 믿음의 성장과 성화의 모습을 나타내 보이는 일이며, 하나님의 말씀의 양식을 계속적으로 공급받고 있다는 사실을 나타내 보이는 일이 되어야 하기 때문입니다.

대요리문답 제168문 "성찬이란 예수 그리스도의 정명하신 바를 따라 떡과 포도즙을 주고받음으로서 그의 죽음을 보여주는 신약의 성례이다. 성찬에 합당한 참여자는 주의 살과 떡을 먹고 마심으로 영적 영양이 되고 은혜로 자라는 것이며 주님과의 연합과 교통이 확고하여지고 하나님께 대한 감사와 약속 같은 신비한 몸의 지체로서 서로 사랑하고 사귐을 증거하고 새롭게 하는 것이다."고 했으며, 웨스트민스터 신앙고백 제29장1절 "우리 주 예수께서 배반을 당하시던 날 밤에 주의 만찬이라고 부르는 자기의 몸과 피에 의한 성례전을 자기의 교회에서 세상 끝까지 지키게 하기 위하여 제정하셨다. 이것은 자기의 죽음을 통해서 이룩하신 희생을 언제든지 기억케하시고 참 신자에게 모든 은사를 인치시고 그의 안에서 신자들이 영적인 양식을 얻어 장성케하고 그들이 띠고 있는 모든 의무에 관여하고 그와 더불어 가진 교제의 매는 줄이 되고 약속이 되고 또한 이것은 그의 신비적 몸의 지체로서 서로 교제하기 위하여 정해 주신 것이다"(고전 11:23-26, 10:16-17, 21, 12:13).

1) 성찬의 의미

(1) 주님의 대속적 죽음을 기념하는 것이며(고전 11:26),
(2) 그리스도의 수난에 신자가 동참하는 것이며(요 6:33),
(3) 영적 영양을 공급받고 은혜를 받으며,
(4) 그리스도와 교제하며,

(5) 그리스도의 신비적 육체의 지체로서 신자 상호 연합을 의미합니다(고전 10:17-12:13).

2) 성찬의 인

성찬은 그리스도께서 친히 제정하시고 세상 끝날까지 교회가 준행하여야할 예전이며, 재료는 떡과 포도주며, 형식은 주고받는 것입니다. 그리고 성찬의 인표는

(1) 예수 그리스도의 수난을 통하여 나타난 하나님의 구속적 사랑의 인표이며,

(2) 언약에 약속된 모든 축복을 현실적으로 받을 수 있는 증표이며,

(3) 신자의 신앙고백의 진실성과 순종과 봉사를 공인하는 보증입니다.

주의 만찬에 참여할 때에는 성찬의 의미를 바로 알고, 그리스도를 자신의 구세주로 신앙고백하며, 죄를 회개하고, 신적 명령에 순종할 것을 엄숙히 서약하고, 성례에 동참하여야 할 것입니다.

결론

성찬은 주님이 제정하신 성례입니다. 구약의 유월절 성례가 신약의 성찬으로 대용된 것이며, 떡은 주님의 몸을 상징하며, 포도주는 주님의 보혈을 상징합니다. 성찬에는 아무나 참여할 수 없으며, 성찬에 참여하는 자는 바른 신앙고백과 죄를 떠난 삶을 살아야 하며, 성찬의 의미와 목적을 바로 알고 믿고 참여하여야 합니다.

칼빈은 성찬에 있어서 그리스도의 영적 임재를 주장하고 그리스도와 신자, 신자와 신자 상호간의 신비적 교통을 강조하고 있습니다. 바울은 고린도전서 11:23-29에서 "주님을 기념하고" "수난을 오실 때까지 전하고" "자신을 살피라"고 했습니다.

우리가 그리스도의 성찬에 참여함으로 주님과 연합하고 성도와 서로 연합하여 한 피 받은 형제와 자매가 됨을 깨닫고 서로 사랑하고 베풀며 도우며 봉사하며 하나님이 약속하신 모든 축복을 받을 것을 믿으며 약속의 축복을 받을 수 있는 인표가 내게 있는 것을 감사하고 믿음으로 사는 축복이 있기를 바랍니다.

창세기 14:17-20에 믿음의 조상 아브라함이 살렘왕 멜기세덱에게 성찬의 축복을 받음으로 15장에 하나님의 언약의 축복을 이룬 것처럼 앞으로 성찬에 참여할 때마다 성찬의 바른 정신과 의미를 알고 믿고 참여함으로 축복된 성도가 되기를 축원합니다.

성찬은 예수 그리스도의 구속적 사랑의 증표요, 언약에 약속된 모든 축복을 현실적으로 받는 증표요, 자신의 신앙고백에 대한 신실성과 순종과 봉사의 보증입니다.

당신은 주님과 하나된 인표가 있습니까? 성도와 하나된 증표가 있습니까?

할렐루야 아멘.

성찬(聖餐) 시행방법(施行方法)

요 6:53-56

제 97 문

주의 성찬에 합당하게 참여하려면 어떻게 하여야 하는가?

답 : 주의 성찬에 합당하게 참여하려면 마땅히 주의 몸을 분별할 줄 아는 것과 (고전 11:28) 주님으로서 양식을 삼는 믿음과(고후 13:5) 회개와(고전 11:31) 사랑과(고전 14:1) 복종할(고전 5:8) 새로운 각오가 자기에게 있는지 없는지 스스로 살펴야 합니다. 혹 부당하게 참여하여 자기들에게 돌아올 정죄를 먹고 마실까 하는 우려가 있기 때문이다(고 11:27).

주님이 친히 제정하신 은혜의 방편인 성찬이 무분별하게 아무렇게나 시행되어서는 아니되며 신앙을 적극적으로 고백하며 실천할 수 있는 사람과 성찬의 참된 의미를 바로 이해하고 유형교회에서 세례를 받은 사람에게만 시행되어야 할 것입니다.

주의 성찬에 합당하게 참여하려면 마땅히 주의 몸을 분별할 줄 아는 것과 주님으로서 양식을 삼는 믿음과 사랑과 회개와 복종할 새로운 각오가 자기에게 있는지 없는지 스스로 살펴야 합니다. 혹 부당하게 참여하여 자기들에게 돌아올 정죄를 먹고 마실까 하는 우려가 있기 때문(고전 11:28-29) 입니다. 성찬의 바른 시행만이 은혜의 방편이 되는 것입니다.

1. 성찬(聖餐) 시행자(施行者)

정당한 성례가 되기 위하여 '바른 재료' '바른 형식' '바른 의도'가 있어야 합니다. 바른 재료란 예수 그리스도께서 사용한 떡과 포도주입니다. 바른 형식은 성부와 성자와 성령의 이름으로 준다는 형식을 취하여야 하며, 바른 의도란 삼위일체의 바른 신앙고백을 가진 자들이 참여하여야 합니다. 그리고 성례에 참여하는 자들은 반드시 그리스도의 명령하신 바를 실현하려는 그 목적으로 반드시 복음을 믿는 신앙고백이 선행되어야 합니다.

성찬 집행자는 !

(1) 성찬 집행자의 신앙적 준비가 선행되어야 합니다.

그 신앙은 삼위일체 하나님을 믿으며 신구약성경이 하나님의 말씀임을 믿고 고백하는 자라야 하며,

(2) 성찬 집행자는 법적 자격을 갖추어야 합니다.

웨스트민스터 신앙고백 제27장4절에 "복음에서 우리 주 그리스도께서 정하신 성례전은 두 가지가 있다. 즉 세례와 주의 만찬이다. 이 두 예전은 반드시 합법적으로 안수를 받은(마 28:19, 고전 11:20,23, 4:1, 히 5:4) 하나님의 말씀의 사역자로 말미암아 집행되어야 한다."

참조 "대요리문답 제176문" "예배모범 제9장1조" 성찬을 시행함에 있어서 주님의 사역자(교직자와 목사)를 세우고 성찬규례에 관한 말씀을 선언하게 하고 기도하게 하고 축사하게 하고 집행하는 것입니다. 이 성례는(세례와 성찬) 합법적 안수를 받은 말씀의 사역자(목사)에 의해서만 집행되어야 함을 의미합니다. 목사가 집행한다고 해서 목사의 경건이 은혜의 공적이 되는 것은 아니며, 은혜는 바로 성령의 역사에서만 이루어지는 것입니다.

교회의 장로는 성례를 집행하되 수종은 들 수 있어도 주례나 집전은 할 수 없습니다.

"성례의 참 집행자는 예수 그리스도이지만 유형교회에서는 집행하지 않으므로 바른 신앙고백을 가진 합법적인 목사만이 성례를 집행할 수 있습니다."

2. 정당(正當)한 참여자

성찬은 무차별적으로 모든 사람을 위하여 제정된 것은 아닙니다. 하나님이 택하시고 성령으로 부르심을 받아 유형교회에서 중생 함을 받고 사죄의 은총을 받은 자들이 예수 그리스도에 대한 신앙을 공적으로 고백하고 시행하려는 신자들을 위한 것입니다. 또한 유형교회의 모든 사람들을 위한 것도 아닙니다. 그리스도의 구속을 믿으며 신앙의 증거와 주께 대한 사랑과 회개와 거룩한 삶을 열망하는 자만이 주의 만찬에 참여할 수 있습니다.

웨스트민스터 신앙고백 제29장8절 "이 예전에 있어서 가령 무지하고 사악한 사람들이 이 외적인 요소를 받는다 해도 그들은 그 물질이 상징하는 것을 받을 수 있다는 것은 아니다. 그들은 다만 무가치하게 그것을 대했으므로 주의 살과 피에 대한 책임이 있으며 그들 자신의 파괴를 자초하게 된다. 그러므로 모든 무지하고 불경건한 사람들은 그리스도와 교제를 즐기기에 합당치 않으므로 그들은 주의 만찬에 배찬할 자격이 없다. 그리고 그리스도에 대하여 큰 죄를 범하지 않았지만 무지하고 불 경건한 상태로 있으면서 이 거룩한 신비에 참여한다든지(고전 11:27-29, 고후 6:14-16) 참가가 허락된다는 것은 불가능한 일이다"(고전 5:6-7, 살후 3:6,14-15, 마 7:6).

대요리문답 제171, "성찬 성례를 받는 사람들은 성찬에 참여하기 전에 이에 대한 준비를 해야 한다. 곧 자신들이 그리스도 안에 있는지, 자신들의 죄와 부족을, 자신들의 지식, 믿음, 회개, 하나님과 형제들에게 대한 사랑 모든 사람에게 대한 자선, 그들에게 해를 준 사람들에게 용서를 그들이 그리스도를 추구하는 욕망을 그들이 새로운 순종을 검토함으로써 이 은혜들의 유용을 새롭게 하고 심각하게 묵상하고 열렬히 기도하면서 성찬 준비를 해야 할 것이다."

대요리문답 제173 "신앙고백과 성찬을 받고 싶어하는 욕망이 있을 지라도 무식하거나 의혹이 있으면 그들이 가르침을 받아 사상개혁이 나타나기까지는 그리스도께서 자기 교회에 맡기신 권세로 하여금 성찬을 못 받게 할 수 있다"(고전 11:27-34, 마 7:6, 고전 5:1-13, 고전 5:22, 2:7).

⑴ 신임할만한 신앙공언이 선행,
⑵ 복음진리와 지식과 죄를 떠나 하나님께 돌아온 자,
⑶ 주의 말씀에 순종과 복종과 봉사에 대한 서약,
⑷ 성찬의 의미를 바로 이해하고 믿는 자,
⑸ 성찬에 합당하지 않는 자는 금지할 수 있습니다.

3. 성찬 참여자의 준비(準備)

세례를 받지 않는 사람은 누구든지 성례에 참관은 할 수 있으나 떡을 먹고 잔을 마실 수 없습니다. 세례를 받은 사람이라 할지라도 성찬의 의의를 모르거나 범죄하여 벌 아래 있는 자는 교회가 그들의 정상을 참작하여 변화되어 성찬에 참여할 수 있는 정도까지 수찬을 정지시켜야 합니다.

성찬에 참여할 자의 준비는
1) 주의 몸을 분별해야 합니다(고전 11:29).
2) 주님으로 양식을 삼는 믿음(요 6:48, 55).
3) 스스로 살필 것(고전 11:28).
    ⑴ 자신이 예수 안에 있는지(고후 3:5)?
    ⑵ 자기 자신이 죄 가운데 있는지(마 5:23-26)?
    ⑶ 성찬에 대한 지식과 신앙이 있는지?
    ⑷ 하나님과 사람을 사랑하는가?
    ⑸ 남의 잘못을 용서하는가?
    ⑹ 그리스도께 복종하는지?
    ⑺ 새 소망을 가지고 살아 왔는지?
    ⑻ 회개의 삶을 살고 있는지?
    ⑼ 말씀과 기도의 삶을 살았는지?
    ⑽ 성찬에 참여할 마음의 준비를 철저히 했는지?

자신을 살피고 성찬에 참여하여야 할 것입니다.

4. 성찬 참여에 부당(不當)한 자

주의 만찬은 교회에 속하고 교회를 위한 성례이므로 교회밖에 있는 사람들은 참여하지 못합니다. 더 큰 제한은 교회에서 위치를 가진 사람이라 하더라도 주의 상에 허용되지 못할 경우가 있습니다.

1) 유아들

아이들은 구약시대에 유월절에 참여하여 먹는 것이 허용되었으나 주의 만찬에는 허용되기 불가능한 것은 합당한 요건을 갖추지 못한 때문입니다. 아이들은 수찬하기 전 자기를 살피는 일을 할 수 없고(고전 11:28), 주의 몸을 분별치 못하기 때문입니다. 또한 그리스도의 몸과 피의 상징들임을 알지 못하기 때문입니다. 단 입교 후에 참여할 수 있습니다.

2) 불신자

유형교회 안에 있으되 불신자인 사람들은 주의 상에 참여할 권리를 가지지 못합니다. 교회는 참여를 원하는 자에게 신앙의 공언을 요구하여야 합니다.

3) 결함이 있는 신자.

참 신자라도 주의 만찬에 다 참여할 수 없습니다. 영적 생활상태, 하나님과 의식적 관계, 신자들에 대한 태도 등이 영적 행사에 참여할 자격을 손상할 수 있습니다(고전 11:28-29).

　(1) 회개가 없는 나쁜 양심.
　(2) 가난한 자를 업신여김.
　(3) 자기를 살피는 것이 없음.
　(4) 주의 죽으심에 대한 바른 이해의 결여.

이상과 같은 사람들은 주의 성찬에 참여 할 수 없습니다.

만약 참여한다면 주의 몸을 범하는 죄가 되기 때문입니다.

배찬을 할 때는 장로님들이 수종든 후에 상앞에 둘러서서 떡과 잔을 마시는 것보다 자리에 앉아서 집례자가 분배함으로 먹는 것이 더 성경적이며 한국적인 것입니다(서서 먹으므로 특권의식을 잠재적으로 가질수 있습니다).

결론

성찬예식을 집행함에 있어서 무엇보다도 성찬의 의가 무엇인지 알고 인식하고 시행하여야 합니다. 성찬은 주님의 대속적 죽음을 기념하며, 그리스도의 고난에 동참하는 자가 되며, 영적 영양을 공급받고 은혜를 받으며, 그리스도와 교제하고, 그리스도와 신비적 육체의 지체로서 신자들의 상호 연합이며, 그리스도를 통하여 나타난 하나님의 구속적 사랑의 인표이며 참여자에게 언약에 약속된 모든 축복을 받을 수 있는 증표이며, 신자 자신의 신앙고백의 진실성을 인치고 확증하는 인표인 것입니다.

그리스도의 살을 먹고 피를 마심으로 영적으로 주님과 하나되고 성도와 연합되는 것임으로 자신을 바로 살피고 성례에 참여하여야 할 것입니다.

성도가 주의 만찬에 참여한다는 것은 크나큰 영광이요, 축복입니다. 만약 성도가 성찬에 참여하지 못함은 큰 비극입니다. 그리스도와 영적 교제가 단절되기 때문입니다.

주의 성찬에 참여할 때는 성찬의 의미를 인식하고 합당하게 준비하며 합당한 시행자를 통해서 합당한 방법으로 집행되는 성례에 참여하여야 하나님의 축복을 받습니다. 유형교회는 성찬을 자주 시행하는 것이 좋습니다. 자주 시행함으로 형제의 사랑을 체험하게 됩니다. 오늘날 우리 교회의 성찬식이 의식화되어지는 경향이 있으니 의식의 거대함보다 영적 의미를 바로 인식하고 의식에 얽매이지 않는 진정한 믿음의 영적 성찬예식이 이루어져야 할 것입니다. 할렐루야 아멘.

참된 기도(祈禱)

딤전 2:1-4

제 98 문

기도가 무엇인가?

답 : 기도는 그리스도 이름으로(요 16:23) 우리의 기원을 하나님께 고하고(시 62:8) 그의 뜻에 합당한 것을 간구하여(롬 8:27) 죄를 자복하며(단 9:4) 그의 자비하신 모든 은혜를 감사하는 것이다(빌 4:6).

기도는 말씀과 성례와 함께 은혜의 방편입니다. 성경은 기도에 대하여 수없이 말씀하고 있으며, 목사가 기도에 대해서 아무리 많은 말을 한다 하여도 부족할 것입니다. 모든 하나님의 사람들은 기도의 사람이었고, 축복의 사람도 기도의 사람이며, 모든 믿음의 사람들도 기도의 사람들이었습니다. 사람이 살아가는데 호흡이 필요하듯이 믿음의 사람에게는 기도는 호흡과 같은 것입니다. 기도는 권면이 아니라 명령입니다(마 5:44, 눅 18:1, 엡 6:18, 살 5:17).

예수님은 기도를 침식보다 더 중한 것으로 여기셨습니다(마 4:2, 막 1:35, 눅 6:12). 모든 사람은 기도합니다. 무신론자도 유신론자도 기도합니다. 기도는 인간에게 있어서 습성이며 본능입니다. 그리고 모든 종교는 기도를 요구하고 있습니다. 존스(Jones)는 "사람이 왜 기도하는가?" 하는 질문은 마치 뻐꾸기는 왜 밤에만 우는가? 독수리는 왜 끝없이 창공을 치솟아 오르는가? 하는 질문과 다를 바가 없다고 말했습니다. 뻐꾸기는 밤에만 울도록 지음 받았고, 독수리의 날개는 높이 날게 되도록 지음 받았기 때문입니다

사람도 마찬가지로 기도하도록 지음 받은 것이며, 인간의 본성이 기도를 요구하고 기도 없이는 살수 없는 것이 인생입니다. 그런데 기도를 어떻게 하여야 하는 것이냐, 어떻게 기도하는 것이 바른 기도인지 참기도는 어떻게 하여야 하는 것입니까?

기도가 참 기도가 되기 위해서는 성경에 근거한 기도를 드려야 한다는 것입니다. 성경에 근거하지 않는 기도는 참기도가 될 수 없기 때문이며, 은혜의 방편이 될 수 없습니다. 누가복음 11:1에서 제자들은 예수님께 어떻게 기도할 것을 가르쳐 달라고 했습니다. 왜 헛된 기도가 되지 않기 위해서 입니다. 그래서 위대한 주님이 가르친 기도가 만들어졌습니다. 그러면 어떠한 기도가 참된 기도가 될까요?

1. 기도(祈禱)의 의미(意味)

기도는 영혼이 하나님으로 더불어 가지는 대화입니다. 어느 날 D.L. 무디에게 어떤 사람이 와서 물었습니다. "무디 선생님 기도가 무엇입니까? 이때 무디선생은 "기도란 하나님과 같이 있는 것입니다." 이어 설명하기를 어느 날 내가 서재에서 연구를 하고 있는데 다섯 살난 아들이 서재로 들어왔습니다. "아빠 나 원하는 것이 있어요" "무얼 원해" "아빠 난 아빠하고 같이 있고 싶어요" 아들의 요구는 "아빠 난 아무 것도 원치 않아요. 단지 아빠와 함께 있고 싶어요." 라는 것이었습니다. 무디 선생은 이 순간이 일생에서 가장 행복한 순간이었다고 말했습니다. 그러면서 말하기를 "기도란 그와 같은 것입니다."

기도란 아버지와 함께 있는 것이며(신 4:7), 하나님 아버지와 대화를 나누는 것입니다. 기도란 단순히 우리의 필요한 것을 말하는 것이 아니고 여러 위안을 받기 의해서 심리적인 무엇도 아니며, 기도는 하나님께 우리의 사정을 아뢰며 응답 받는 것이며, 하나님의 뜻을 깨닫는데 있는 것입니다. 그리고 신적 완전에 대한 경외와 사랑, 긍휼에 대한 감사, 죄의 통회, 용서와 희망, 그의 보호와 우리의 기원 다른 사람에 축복을 위한 욕구를 고백하는 것입니다.

대요리문답 제178문 "그리스도의 이름으로(요 16:23) 성령의 도우심으로 말미암아(롬 8:26) 우리의 소원을 하나님께 올리는 것(시 32:5-6,)인데, 우리의 죄를 자백하고 (단 9:6) 그의 긍휼을 감사하게 생각하면서 하는 것이다"(빌 4:6).

2. 기도(祈禱)의 원칙(原則)

기도하는 자는 기도에만 집중하여야 하며, 두서없이 중언부언하는 것이 아니라 또한 자신의 욕망을 충족시키기 위해서 기도하는 것이 아니라 하나님을 기쁘시게 하는 기도 응답 받는 기도를 위해서는 기도에 대한 원칙이 있습니다.

1) 그리스도의 이름으로 기도해야 한다.

그리스도의 이름으로 기도해야할 이유는 사람이란 하나님 앞에 나설 만한 자격이 없기 때문에 하나님께서 우리의 마음을 절망에 빠지게 하는 우려와 공포 가운데서 우리를 단번에 건져내시기 위하여 하나님의 아들이신 주 예수 그리스도를 우리의 대언자(요일 2:1)로 중보자(딤전 2:5)로 주신 것입니다. 우리는 예수님의 인도로 말미암아 우리가 담대히 하나님 앞에 나아가(히 4:16) 무엇이든지 그의 이름으로 구하면 하나님이 거절하지 않습니다(요 16:24, 14:13). 왜냐하면 하나님의 약속은 얼마든지 그리스도 예수 안에서 예가 되기 때문입니다(고후 1:20).

또 구약의 대제사장이 백성을 대신하여 어깨에 12지파의 이름을 걸고 지성소에서(출 28:9-21) 기도하며 제물을 통해 피를 뿌리고 정결케 하신 것처럼 예수님께서 십자가상에서 피흘려 죽으시고 부활하여 새로운 기도 "지금까지 기도하지 않았던 기도" 주님의 이름으로 하는 기도(요 16:24)의 시작과 새로운 길을 여시고(히 10:20), 그의 피로 정결케 하시고(요일 1:7) 기도케 하신 것입니다.

예수님은 하나님과 성도들 사이의 유일한 중보자이십니다(딤전 2:5, 요 14:6). 그러므로 주님의 이름으로 기도해야 응답을 받습니다. 우리의 모든 허물을 주님이 대신하셨기 때문이며, 하나님은 주님을 보시고 우리에게 응답하시고 우리는 그 이름으로 구할 수 있는 자격을 얻는 것입니다(히 4:16, 엡 2:18). 또 예수님의 권위를 의지하는 것이며, 그 권위를 의지하여 응답 받을 수 있습니다(마 7:7).

2) 하나님의 뜻에 합당한 간구를 드려야 한다.

기도의 기본적 태도는 하나님의 뜻에 합당한 것을 구하는 것입니다. 기도는 우리가 필요한 것을 하나님께 구하는 것보다 하나님께서 무엇을 주시기를 원하는지 알고자 하여야 합니다. 그 뜻은 바로 성경이요, 성경은 그의 나라와 의를 구하라고 말씀하고 있습니다(마 6:33).

3) 죄를 자복하고 정욕으로 기도해서는 안한다.

죄를 자복하고(단 9:4), 정욕으로(약 4:3) 구하지 말아야 합니다. 하나님은 죄를 회개하지 않는 자의 기도를 듣지 않으십니다.

4) 그의 자비와 은혜를 감사해야 한다(빌 4:6).

구원의 은혜와 지금까지 주신 은혜(과거), 지금 누리는 은총(현재), 미래에 주실 축복에 대한 감사입니다.

5) 자국의 언어로 기도해야 한다.

"우리의 기원을 하나님께 고하는 것" 기도는 웅변도 설교도 아닌 하나님과의 대화이며, 이 대화는 자국의 언어로 하여야 합니다.

3. 기도(祈禱)의 태도(態度)

기도 할 때 취해야할 태도에 대해서 주님은 언급하시고(마 6:16-18) 진실성이 없는 중언부언하는 기도(마 6:7-8)를 책망하시고 마음의 자세를 바로 가져 성령 안에서 기도를(엡 6:18) 요구하십니다.

1) 경외심이다.

거룩한 경외심은 참 종교의 제일 되는 요소입니다. 그의 백성은 그의 이름을 경외하는 자로 지칭됩니다. 경외심이 없는 기도는 참된 기도의 태도가 아닙니다.

2) 진실이다.

하나님은 영이시므로 사람의 마음을 살피십니다. 하나님은 외면적인 공경만으로 만족하지 않으시고 중심을 원하시는 것입니다(요 4:24).

3) 겸손이다.

우리는 죄인으로서 공로가 없고 깨끗지 못함을 의식하고 자의, 자만, 자신의 태도를 버리고 겸비하여야 합니다(욥 42:6, 눅 18:13).

4) 간절함이다.

소경 바디매오처럼(마 15:22), 법관을 찾아온 과부처럼(눅 18:5-8), 벗을 위한 간구처럼(눅 11:5-8) 간구와 애절함이 있어야 합니다.

5) 복종해야 한다.

하나님 말씀에 복종의 태도를 가져야 합니다.

6) 믿음으로 드려야 한다.

"하나님이 살아 계시다는 것" "그는 능히 우리의 기도를 들으시고 응답하신다는 것" "간구에 대한 응답의 확신"(마 7:7, 요 14:13, 마 18:19) 입니다.

칼빈은 기도의 태도에 대해서 (1) 경외심과 (2) 자신의 궁핍함을 절실히 느끼고 회개하는 마음으로 기도해야 하며, (3) 자신에 대한 신뢰감을 모두 버리고 겸손히 용서를 구해야 하며, (4) 확신한 소망을 가지고 기도해야 한다고 했습니다.

4. 기도(祈禱)의 요소(要素)

1) 경배

하나님께 영광 돌리는 것이 기도의 목적이 되어야 합니다.

2) 감사

과거 현재 미래에 대한 감사(살전 5:18).

3) 고백

죄를 고백해야 합니다(시 6:32, 사 1:18). 하나님과 사람과 자신에게 대한 죄를 회개.

4) 간구

구하는 마음이 간절해야 합니다(마 7:7).

5) 중보의 기도

사회생활에서 한걸음 더 나아가 다른 사람이나 국가를 위하여 드리는 모세의 기도(출 32:11-13), 사무엘의 기도(삼상 12:23), 아브라함의 기도(창 18:22-32), 바울의 기도(엡 1:19).

6) 예수님의 이름으로

예수님만이 유일한 중보자이며 그 이름으로 기도하라고 명하셨습니다.

5. 기도자가 취할 자세

우리는 기도할 때 눈을 감고 무릎을 꿇는 것이 습관으로 되어 있는 익숙한 자세입니다. 그러나 그렇게 해야 한다는 원칙은 없습니다. 그렇다면 성경 속에 취한 기도의 자세를 보기로 하겠습니다.

1) 무릎을 꿇고 하는 기도(겸손한 태도의 표현)

엘리야(왕상 18:41-44), 다니엘(단 6:10), 예수님(눅 22:41), 스데반(행 7:6), 베드로(행 9:40), 바울(행 21:5).

2) 엎드려서 기도(간절한 태도의 표현)

모세(신 9:18), 여호수아(수 5:14), 귀신들린 딸의 병을 고치기 위하여 가나안 여인(마 15:25).

3) 손을 들고 기도하는 기도(호소하는 태도의 표현)

다윗(시 28:2), 솔로몬(왕상 8:22), 에스라(스 9:5), 기타 주의 이름에 손들고(시 63:4), 성소를 향해(시 28:2) 마음과 손을(애 3:41) 거룩한 손을 들어(딤전 2:8) 자녀 위해(애 2:19).

4) 서서 하는 기도(급한 태도의 표현)

한나(삼상 1:26), 솔로몬(왕상 8:55).

5) 시간을 정한 기도(목적을 두고 하는 기도의 표현)

다윗은 아침, 저녁, 정오(시 55:16), 다니엘(단 6:10), 베드로 9시(행 3:1).

6) 새벽에 하는 기도(항상 대화하는 태도의 표현)

새벽에 도우심(시 46:5), 회개의 시간(마 26:74-75)에 베드로

7) 금식기도(특별한 경우의 기도)

(1) 금식의 의의
첫째, 금식은 하나님께로 돌아가는 표로(욜 1:14, 2:12),
둘째, 회개의 표입니다(욘 3:5).

(2) 금식의 필요
첫째, 기도의 응답을 위해서,
둘째, 흉악의 결박을 풀어주기 위해서(사 58:6),
셋째, 환난에서 구원받기 위해(시 50:15).

(3) 금식한 선진들
계명을 받기 위해 모세는 40일 금식기도를 두 번 드리고(출 34:28, 신 9:9), 엘리야 40일(왕상 19:8), 다니엘 조국해방 위해(단 9:3), 예수님 기다리는 안나(눅 2:37), 예수님 40일(마 4:2), 사명을 위한 바울(행 9:9), 구국을 위한 에스더(에 4:16), 에스라(스 8:21) 등이 금식하며 기도했습니다.

오늘 우리는 교역자 외에는 40일 금식기도는 지향하고 성도들은 3-7일 정도가 가장 적합하다고 말씀드릴 수 있습니다. 또한 금식이 날짜의 기록을 위해 해서는 아니됩니다. 하나님께 대한 기도는 어떤 형태이든지 귀한 것입니다. 더욱 귀한 것은 생활 속에서 기도하고 생활 그 자체가 기도가 되는 것이 더욱 좋습니다.

6. 응답되지 않는 기도

기도는 하나님께서 우리의 모든 기도에 다 응답하지 않으시며 우리가 갈망하는 그대로 항상 응답하지 않으심을 압니다. 또한 하나님께서는 때론 우리의 기도에 즉시 응답하지 않으시고 시간이 많이 지나서 후에 응답하시기도 한다는 사실을 우리는 기억해야 할 것입니다. 하나님은 우리를 사랑하십니다. 그래서 그는 우리에게 가장 필요한 것만을 우리에게 주시고자 하십니다. 하나님께서는 다음과 같은 경우 신자의 기도에 응답하지 않으십니다.

1) 범죄하고 회개하지 않는 사람의 기도

"여호와의 손이 짧아 구원치 못하심도 아니요 귀가 둔하여 듣지 못하심도 아니라 오직 너희 죄악이 너희와 너희 하나님 사이를 내었고 너희 죄가 그 얼굴을 가리워서 너희를 듣지 않으시게 함"(사 59:1-2).

"내가 내 마음에 죄악을 품으면 주께서 듣지 아니하시리라"(시 66:18).

"우리가 마음이 혹 우리를 책망할 일이 있거든 하물며 우리 마음보다 크시고 모든 것을 아시는 하나님일까 보냐 사랑하는 자들아 만일 우리 마음이 우리를 책망할 것이 없으면 하나님 앞에서 담대함을 얻고 무엇이든지 구하는 바를 그에게 받나니 이는 우리가 그의 계명들을 지키고 그 앞에서 기뻐하시는 것을 행함이라"(요일 3:20-22).

2) 다른 사람들의 잘못을 용서하기를 거절하는 사람의 기도

"서서 기도할 때에 아무에게나 혐의가 있거든 용서하라 그리하여야 하늘에 계신 너희 아버지도 너희 허물을 사하여 주시리라 하셨더라"(막 11:25).

3) 자신의 쾌락을 위해 사용할 것을 구하는 사람의 기도

"구하여도 받지 못함은 정욕으로 쓰려고 잘못 구함이니라"(약 4:3).

4) 자신의 아내에 대한 자세가 옳지 못한 사람의 기도

"남편 된 자들아 이와같이 지식을 따라 너희 아내와 동거하고 저는 더 연약한 그릇이요 또 생명의 은혜를 유업으로 함께 받을 자로 알아 귀히 여기라 이는 너희 기도가 막히지 아니하게 함이라"(벧전 3:7).

5) 자신의 기도에 응답하실 것이라는 믿음이 없는 사람의 기도

"오직 믿음으로 구하고 조금도 의심하지 말라 의심하는 자는 마치 바람에 밀려 요동하는 바다 물결 같으니 이런 사람은 무엇이든지 주께 얻기를 생각하지 말라"(약 1:6,7).

이러한 잘못된 기도는 하나님이 응답하지 않습니다. 하나님은 자신의 영광을 위한 참된 기도만이 응답하십니다.

7. 기도의 결과(結果)

주님의 이름과 믿음으로 기도한 기도는 다 응답 받습니다. 시간의 장단의 차이는 있을지 몰라도 모든 기도는 분명히 응답됩니다.

어떤 기도는 속히, 지연, 때로는 오랜 시간을 요하기도 하지만 하나님은 가장 적절한 때에 우리의 유익을 위해 응답하시는 것입니다.

1) 하늘 문이 열린다(눅 3:21).

스데반(행 7:56).

2) 변화가 일어남(눅 9:29) 변화 산에서

3) 응답이 온다(단 9:21).

병이 치료(약 5:15, 막 9:29), 문제가 해결됩니다.

4) 능력이 나타난다.

능력은 기도 자체에 있는 것이 아니며 신통력이 나타나는 것도 아니고 인간의 힘을 개발하는 것도 아니며 기도의 능력은 기도를 들으시는 하나님께서 오는 능력입니다.

5) 경건한 영적 삶을 유지(히 11:2, 미 4:5)

기도는 하나님의 마음을 움직이는 능력이 있습니다.
당신의 삶속에 기도가 최선의 삶이 되기를 기원합니다.

결론

기도는 은혜의 방편으로서 주님의 명령입니다. 해도 되고, 하지 않아도 되는 것이 아닙니다. 기도는 응답 많이 받는데 있는 것이 아니고 하나님의 뜻을 이루는 것입니다. 기도로서 주님을 만나며 하늘 문이 열리며 문제가 해결되며 능력이 나타나게 됩니다. 기도는 드리는 자체가 축복입니다. 또한 기도는 노동 중에 노동입니다. 우리의 드리는 기도가 하나님의 뜻을 이루기 위한 기도가 되어야 합니다. 우리의 욕망을 관찰시키는 기도가 되어서는 아니됩니다

우리는 기도에 대한 열망을 가져야 합니다. 제자들의 기도의 열망이 위대한 주기도문을 탄생시킨 것처럼 기도에 대한 열망을 가져야 합니다. 그리고 기도는 어려운 것이 아니며 쉬운 것이며 잘하려고 하지 말고 진실함과 겸손함과 성실한 기도를 드려야 할 것입니다.

우리모두 기도의 사람이 됩시다. 당신은 기도하십니까? 하루에 한 시간 기도합니까? 주로 어떠한 기도를 드립니까? 기도하면 응답에 대한 확신이 있습니까? 당신은 기도 할 때마다 응답 받습니까? 할렐루야 아멘.

기도(祈禱)의 법칙(法則)

마 6:9-13

제 99 문

하나님께서 우리의 기도를 지시하시려고 주신 법칙이 무엇인가?

답 : 하나님의 모든 말씀이 우리의 기도를 지시함에 유용한 것이나(요일 5:14) 특별히 지시한 법칙은 그리스도께서 그 제자들에게 가르치신 기도니 보통 주기도문이라고 하는 것이다(마 6:9).

소요리문답 제99문은 기도의 법칙(형식)에 대하여 말씀하고 있습니다. 기도에 형식이 필요한가 필요치 않는가? 본 요리 문답은 형식이 필요하다고 말하고 있으며, 기도의 형식은 모든 말씀 속에 있지만 특별히 주님께서 제자들에게 가르쳐 주신 주기도문이라고 말씀하고 있습니다. 주기도문은 누가복음 11:2-4, 마태복음 6:9-13절에 기록되어 있으며, 이 주기도문은 누가복음 11장 1절에 제자들이 주여 우리에게도 기도를 가르쳐 달라는 간청에 의하여 예수님께서 가르쳐 주신 것입니다.

마태복음 6장에서는 주기도문을 가르치기 전에 잘못된 두 가지의 기도의 태도를 말씀하고 있는데 외식하는 기도의 태도(마 6:5)와 중언부언하는 기도의 태도(마 6:7)를 말씀하시고, 또 기도에 대해서 골방에서 기도할 것과(마 6:6) 기도에는 보상이 있다는 것을 (마 6:2) 말씀하시고 마태복음 6:9-13에 주기도문의 기도야말로 참된 바른 기도라는 것을 가르치고 이렇게 기도하라고 명령하신 것입니다.

이 주기도문은 작은 모형과 같은 것입니다. 견본과 같으며 표본과 같은 것입니다. 모형은 우리가 살집을 건축하는데 도움을 줍니다. 우리는 기도의 모형과 같은 기도의 표본을 따라 기도해야 할 것입니다. 주기도문의 이름은 '주의기도' '주기도' '주기도문' '주님이 가르치신 기도'로 네 가지가 있습니다. 이중에 '주의기도'라는 말은 적합하지 않습니다. 주님은 우리의 죄를 사하여 주시는 분이시기 때문에 "우리의 죄를 사하여 주옵소서"란 기도가 필요치 않습니다. 이 주기도문은 예수님이 친히 제자들의 요청에 의하여 (눅 11:1) 이렇게 기도하라고 한 기도이기 때문에 우리들의 기도입니다.

1. 주기도문의 성격(性格)

주기도문은 누가복음 11:1에서 제자들의 요청에 의하여 가르쳐 주신 유일한 기도입니다. 신구약 성경을 통해서 오직 하나 밖에 없는 기도입니다. 다른 기도는 우리의 믿음과 정성을 드리지만 주기도문은 예수님이 가르치신 예수님의 말로서 직접 드리는 귀한 기도입니다. 그러므로 주기도문의 성격에 대하여 고찰하고자 합니다.

1) 주기도문은 참된 기도법칙이다.

기도에 대한 가르침을 받는 것이기보다는 기도하는 법을 가르침 받은 것입니다. 주기도문은 참된 기도입니다. 이유는 주님이 친히 가르친 기도이기 때문입니다. 예수님은 우리의 요구를 친히 알고 계시고 하나님의 뜻을 완전히 정확하게 알고 계시기 때문에 참된 기도를 드릴 수 있으며 가르칠 수 있기 때문입니다. 예수님은 하나님의 뜻을 완전히 아시고 사람들의 사정도 아시기 때문입니다(마 4:1-11, 히 5:7).

2) 주기도문은 모범적인 기도이다.

주기도문은 기도하는 법과 무엇을 기도해야 하는 가에 대한 주님의 가르침입니다. 그르기 때문에 "이렇게 기도하라"고 말씀하신 것입니다. 주기도문은 인간이 먼저 무엇을 기도할 것인가 하는 사실에 대해서 완전한 모범을 보여주고 있습니다. 우리는 기도할 때 예수님이 지적한 것과 같이 무엇을 먹을까 입을까 하는 육신적인 것에 속한 무엇을 달라는 기도부터 시작하는데 주기도문은 "하늘에 계신 우리 아버지여 이름이 거룩히 여김을 받으시오며 나라이 임하옵시며" 하나님께 속한 것을 먼저 구하고 우리에게 필요한 것을 기도하라고 가르치고 있습니다.

주기도문은 무엇을 먼저 기도하고 무엇은 요구하여야 할 것을 가르쳐 주신 완전한 모범적인 기도입니다. 다시 말하면 기도의 차선의 문제를 가르쳐 주신 것입니다.

3) 주기도문은 과거, 현재, 미래를 위한 기도이다.

주기도문에는 과거, 현재, 미래가 있습니다. 자신에 대한 사죄의 간구는 과거를 위한 기도요, 일용할 양식을 요구한 것은 현재를 위한 기도이며, 악에서 구원해 달라는 것은 미래를 위한 기도입니다. 하나님에 대하여는 이름을 거룩히 여김을 받으시기를 기도한 것은 과거를 회복하는 기도요, 나라에 임하옵시며 라는 기도는 현재를 위한 기도이며, 뜻이 이루어지게 하여 달라는 기도는 미래를 위한 기도입니다.

구분	하나님을 위한 기도	자신을 위한 기도
과거를 위한 기도	이름이 거룩이 여김을 받으시오며	우리가 우리에게 죄지은 자를 사하여 준 것같이 우리 죄를 사하여 주옵시고
현재를 위한 기도	나라이 임하옵시며	오늘날 우리에게 일용한 양식을 주옵시고
미래를 위한 기도	뜻이 하늘에서 이룬 것같이 땅에서도 이루어지이다	우리를 시험에 들게 하지 마옵시고 다만 악에서 구하옵소서

4) 주기도문은 완전(   )한 기도이다.

순서에 있어서 완전하고 내용에 있어서도 완전합니다. 이 기도는 인간의 과거 현재 미래를 포함하고 있을 뿐만 아니라 하늘과 땅 모두 완전하게 들어 있습니다. 주기도문은 하나님의 세 가지 요구가 있으며, "이름의 회복" "나라의 건설" "뜻의 성취"입니다. 인간에 대하여는 "육의 양식" " 영의 보호" "용서의 삶"에 대한 가장 필요한 문제가 있습니다.

이 주기도문은 모든 장소 모든 시대를 초월하며, 모든 사람들을 위한 기도입니다. 마틴 로이드 존스 박사는 "주기도문은 유일하게 완전한 기도이며 주님이 세상에 주신 선물이다"고 했습니다. 주기도문에는 덧붙일 것이 하나도 없으며 미비한 것이 하나도 없습니다.

2. 주기도문의 특성(特性)

1) 하나님으로 시작되어 하나님의 영광으로 끝나는 기도이다.

2) 언어의 소박(素朴)성과 간결(簡潔)성이다.

언어가 추상적이거나 수준 높은 어휘나 미사어구를 사용하지 않고 단순한 언어로 되어 있으며 간결합니다. 주기도문은 여섯 가지 기원으로 되어 있으며, 한국어로는 50개 단어와 150자로 되어 있습니다. 간결한 문장이지만 하늘과 땅과 하나님과 인간에 대한 모든 내용이 담겨 있습니다(고전 14:19, 마 6:7).

3) 예수님의 이름으로 기도하라는 말이 없다.

모든 기도는 예수 그리스도의 이름으로 기도하여야 합니다(요 14:13, 15:16, 16:24). 그런데 주기도문에는 그리스도의 이름으로 기도하라고 하지 않습니다. 주님의 이름으로 드리지 않는 유일한 기도입니다. 다만 그 속에 그리스도의 이름으로 기도하라는 암시가 있을 뿐입니다. 기도는 주님을 구세주로 영접한 자만이 드리기 때문입니다.

3. 주기도문의 정신(精神)과 관계(關係)

1) 주기도문의 정신
   (1) 자녀로서의 정신/ 아버지
   (2) 사회공동체 정신/ 우리
   (3) 예배의 정신/ 하늘에 계신

(4) 겸손의 정신/ 하나님의 뜻이 이루어지이다.
(5) 삶의 정신/ 이웃에 대한 용서

2) 주기도문의 관계

순위	하나님	성도	주 기 도 문	관계
1	아버지	자녀	하늘에 계신 우리 아버지여	간구
2	피경배자	경배자	이름이 거룩히 여김을 받으시오며	경배
3	왕	백성	나라이 임하옵시며	충성
4	주인	종	뜻이 하늘에서 이룬 것같이 땅에서도 이루어지이다	복종
5	공급자	피공급자	오늘날 우리에게 일용한 양식을 주옵시고	믿음
6	구세주	죄인	우리가 우리에게 죄지은 자를 사하여 준 것같이 우리 죄를 사하여 주옵시고	회개
7	인도자	피인도자	우리를 시험에 들게 하지 마옵시고	신뢰
8	구원자	피구원자	다만 악에서 구하옵소서	확신
9	받을 자	돌릴 자	대개 나라와 권세와 영광이 아버지께 영원히 있사옵나이다. 아멘	기쁨

4. 주기도문의 구성(構成)

주기도문은 여섯 가지 기원으로 구성되어 있습니다. 십계명이 두 돌판으로 되어 한 돌판에는 하나님에 대한 사랑과 의무, 한 돌판에는 인간에 대한 사랑과 의무를 기록하고 있는 것 같이 주기도문도 전반부 세 가지 기원은 하나님에 대한 기원이며, 후반부 세 가지는 기원은 인간 자신에 대한 기원으로 되어 있습니다.

1) 하나님을 위한 기원

첫째 기원/ 이름이 거룩히 여김을 받으시오며
둘째 기원/ 나라이 임하옵시며
셋째 기원/ 뜻이 하늘에서 이룬 것같이 땅에서 이루어지이다.

2) 자신(인간)을 위한 기원

넷째 기원/ 오늘날 우리에게 일용할 양식을 주옵시고
다섯째 기원/ 우리 죄를 사하여 주옵시고
여섯째 기원/ 시험에 들게 하지 마옵시고

그리고 다시 구분하며

(1) 시작하는 말/ 하늘에 계신 우리아버지
(2) 경배하는 말/ 이름이, 나라이. 뜻이.
(3) 간구하는 말/ 일용할 양식, 죄를 사하여 주옵시고, 시험에 들게 하지 마옵시고.
(4) 맺는 말/ 나라와 권세와 영광이 아버지께 영원히 있사 옵나이다. 아멘

결론

주기도문의 전체 사상은 하나님의 영광입니다. 우리의 필요 역시 종국에는 하나님께 돌리는 영광이 되어야 합니다. 이 기도에는 우리라는 복수형이 사용되었습니다. 이것은 너와 나 사이의 공동체를 의미합니다. 그리고 합심하여 기도하는 것이며, 다른 사람을 위한 기도가 되어야 하며, 이 기도에 참여하는 모든 사람이 하나가 되어야 한다는 것입니다. 또한 표준적인 기도는 사람 앞에서 보이는 기도의 요소를 가지지 않고 은밀하게 보시는 하나님 앞에서 드리는 기도이며, 중언부언이 아니라 우리의 진실을 고백하는 기도입니다.

제자들은 기도의 필요를 느꼈습니다. 제자들은 주님처럼 기도하기를 열망했습니다. 주님처럼 하나님을 알기를 소원하고 우리에게 기도를 가르쳐 달라고 했습니다.

당신은 어떠합니까? 주기도문은 완전한 기도이며, 우리의 기도의 표본입니다.

할렐루야 아멘.

주기도문의 서문(序文)

눅 11:1-2

제 100 문

주기도문의 첫 말씀이 우리에게 무엇을 교훈하는가?

답 : 주기도문의 첫 말씀은 곧 "하늘에 계신 우리 아버지여"한 것이니 이는 자식이 그 능하고 보호하시기를(엡 3:20, 마 7:11) 예비한 아버지에게 가는 것과 같이(롬 8:15) 우리가 모두 거룩하게 공경하는 뜻과 든든한 마음으로(시 145:19) 하나님께 가까이 오는 것을(엡 3:12) 가르치고 또 우리가 다른 사람으로 더불어 기도하고 다른 사람을 위하여 기도하라 가르친 것이다(엡 6:18).

주기도문의 서문 "하늘에 계신 우리 아버지여"란 하나님과 인간과의 올바른 관계의 필요성을 가르치고 있습니다. 하나님과의 올바른 관계가 성립되지 않으면 하나님이 받으실 만한 기도를 드릴 수가 없습니다. 하나님과의 바른 관계를 모른다면 참된 기도를 드릴 수가 없습니다. 사람과 사람 사이에도 바른 관계가 이루어지지 않으면 대화가 단절됩니다. 대화가 단절되면 교제가 끊어집니다. 신자와 하나님과의 관계도 올바른 관계가 이루어지지 않으면 바른 대화가 있을 수 없습니다. 기도는 하나님과의 대화요, 교통이요, 호흡이요, 친교입니다. 그러므로 참된 관계가 성립될 때 진실한 대화와 교통과 교제가 이루어질 수 있습니다.

기도는 사람을 각성시키고 기도는 사람을 변화시키고 기도는 능력을 받게 하며 기도는 새로운 사건을 일으킵니다. 우리는 주기도문의 서문을 통해 하나님과의 바른 관계를 가지면 하나님께 나아가며 모든 사람으로 더불어 서로의 행복을 위해 참된 기도를 드리는 성도가 되기를 축원합니다. 그러면 "하늘에 계신 우리 아버지"란 무엇을 가르치고 있는지 알아보기로 하겠습니다.

1. 기도의 참 대상(對象)을 가르침

우리가 수많은 기도를 드리고 오랜 시간 기도했다 하더라도 그 기도의 대상이 바르지 못하면 그 기도는 헛된 기도입니다. 기도에는 기도를 들으시는 대상이 분명해야 합니다. 그리고 기도의 대상을 바로 알아야 참된 기도를 드릴 수 있으며 응답 받을 수 있습니다.

응답 받는 기도는 기도의 대상을 바로 알고 그가 원하시는 기도를 드릴 때 분명한 응답을 받습니다. 우리의 기도의 대상은 유일하시고 살아 계신 하나님이십니다.

소크라테스는 "나는 내 양심을 향해 기도한다"고 했으며, 범신론자들은 "자연에게" 기도하며, 무당들은 "귀신(마귀)에게" 기도합니다. 사도행전 17:23에는 아덴 사람들은 "알지 못하는 신에게" 기도했습니다. 또 인간에게 기도하는 사람도 있습니다(이단자들은 교주에게 기도).

당신의 기도의 대상은 누구십니까, 항상 누구에게 기도를 드리고 있습니까?

우리는 살아 계신 하나님(히 11:6), 하늘에 계신 아버지 하나님께 기도드려야 합니다. 십계명 제1, 2계명은 하나님만이 유일하신 예배의 대상이며 기도를 받으시는 분이란 사실을 가르치고 있습니다. 우리는 기도의 대상을 바로 알고 기도하라는 주님의 말씀에 순종하기를 축원합니다.

2. 아버지(父) 되신 하나님

아버지란 말은 우리가 잘 이해하고 사용하여야 합니다. 인간의 관점에서 보게 된다면 큰 잘못을 범할 것입니다. 결손한 아이에게 하나님은 아버지와 같다고 하면 그는 하나님을 믿지 않을 뿐 아니라 미워할 것입니다. 하늘에 계신 우리 아버지는 좋으신 아버지입니다(마 7:11).

아버지란 말은 구약성경에 "하나님은 이스라엘은 내 아들이라"고 불렀습니다(출 4:22_23). 너를 지은 아버지(출 32:6, 사 63:16, 삼하 7:14)라고 했으나 그들은 하나님이 너무 두려워 감히 아버지라 부르지 못하였습니다.

하나님을 아버지라 부른 최초의 기원은 예수님부터입니다. 요한복음 11:41, 17장에서 예수님은 하나님을 아버지라 불렀습니다. 그리고 주기도문을 통해서 우리에게 아버지라 부르면 기도하라고 말씀했습니다. 또 부활 후에 요한복음 20:17, 마태복음 28:19에서 하나님을 아버지라 말씀했습니다.

우리는 본래 진노의 자식이므로 하나님을 아버지라 부를 수 없습니다(엡 2:3). 그러나 예수 그리스도의 구속의 은총으로 하나님의 자녀가 되어 하나님을 아바 아버지라 부르며, 요한복음 1:12에는 주님을 영접하는 자는 하나님의 자녀의 권세를 준다고 했습니다.

기도의 대상인 하나님 앞에 나올 때 어떤 자세로 나와야 합니까?

자녀로서 나오기를 원하십니다. 하나님은 우리들의 좋으신 아버지가 되시기 때문입니다. 아들은 아버지께 언제나 나올 수 있습니다. 인간이 하나님을 향하여 입을 열어 부를 수 있는 가장 아름다운 사랑의 애칭을 주셨는데, 그것이 바로 아버지란 칭호입니다.

주기도문은 자녀로서 아버지 앞에 나와 기도하라는 것입니다. 하나님과 나와의 관계가 부자지간의 관계라면 무엇을 요구하지 못하며 마음에 숨은 비밀이 있겠습니까?

1) 일반은총으로서 아버지

인간은 하나님에 의해서 창조된 것입니다(창1:27, 2:7). 한 아버지를 가진 것입니다(말 2:10). 하나님에 의하여 지음을 받았기 때문에 하나님은 모든 사람의 아버지입니다.

2) 특별은총으로서 아버지

특별은총이란 구속적 차원에서 하나님을 아버지라 부르는 하나님 자녀의 호칭입니다(롬 8:15). 또 그리스도 예수 안에서 하나님의 아들이 된 것입니다(갈 3:26, 27, 4:5-6, 요 1:12). 구속된 자의 차원에서 하나님은 아버지가 되시는 것이므로 이 세상 사람들과 다른 차원에서 특별한 의미에서 하나님의 자녀요, 하나님은 아버지십니다.

일반은총면에서 특별은총면에서 아버지가 되시는 하나님은 우리를 보호하시며 가르치시며 축복하시며 사랑하시며 잘못된 길로 갈 때 나를 징계하시고 채찍질하시며(히 12:7-8), 우리를 위해 모든 것을 준비하시고(창 22:14) 계십니다.

주님은 우리가 간구하기에 앞서 일용할 양식을 구하기 전에 무엇을 구하기에 앞서 우리 자신이 하늘에 계신 하나님 아버지 앞에 있다는 것을 인식해야 한다고 가르치고 있습니다. 당신은 지금 하나님 앞에 있습니까? 당신 진정 하나님 아버지 면전에 있습니까? 그리고 하나님을 아버지라 부를 수 있습니까?

3. 하늘에 계신 아버지

(1) 피조물(被造物)과 다르다는 뜻입니다.
(2) 땅에 계신 아버지와 구별(區別)됨을 뜻합니다(사 49:15).
(3) 하나님이 너무 멀리 계시기 때문에 닿을 수 없다는 뜻이 아닙니다(빌 4:5).
(4) 하늘에 계신다고 해서 하나님이 하늘이란 밀폐(密閉)된 공간(空間)에만 제한 되어 있다는 뜻이 아닙니다(왕상 8:27).
(5) 하늘에 계신다는 말은 하나님의 보좌가 하늘에 있기 때문입니다(통치의 장소) (시 11:4).
(6) 하늘에 계신다는 말은 하나님의 높은 영광(榮光)을 가리키는 말입니다(사 6:1).
(7) 하나님은 모든 것을 초월(超越)하고 계시는 분이심을 나타내는 것입니다(사 40:18).
(8) 전 우주의 통치(統治)자라는 것을 보여주는 것입니다(시 115:3, 대하 20:6).
(9) 무소부재(無所不在)의 하나님을 가리키는 뜻입니다(렘 23:23-24, 시 139:12).

어디가 하늘입니까? 땅 위가 하늘입니다. 어디서부터 하늘입니까? 땅 위부터 바로 하늘입니다.

하늘에 계신이란 이 말은 하나님의 무한히 위대하신 분이며, 하나님의 본질은 인식을 초월해 있고 하나님의 능력은 끝이 없으며 하나님은 영원한 분이심을 말하고 있습니다. 그리고 우리가 하나님에 대해서 말할 때 육적이며 세상 적인 관점으로 상상하지 않아야 하며 우리의 작은 척도로 하나님을 측량하거나(롬 11:33) 우리의 감정에 따라 경험에 따라 하나님의 뜻을 확인하지 않도록 우리의 생각을 높여야 합니다. 하나님은 하늘과 땅의 모든 일을 자신의 능력으로 섭리하시고 통치하고 계신다는 사실을 깨달아야 할 것입니다.

J.C.밀러는 "하늘에 계신 우리 아버지란 기도의 황금 문이다. 우리가 성전에 들어갈 때 하나님의 자녀로서 이 문부터 통과하여야 한다. 우리 아버지란 명칭은 우리에게 정당한 출입을 보장해 주는 티켓과도 같다. 이것이 없으며 그 누구도 그 앞에 설 수 없다"고 말했습니다. 하나님은 아버지지만 여전히 하늘에 계신 하나님이심을 우리는 기억해야 합니다. 하나님은 가까우면서도 먼 곳에 계십니다. 가까이 계시면서도 아주 높은 곳에 계십니다. 우리아버지는 하늘에 계신 하나님이시기 때문에 존경과 영광과 공경을 받으실 분이며 전능하신 분이시기 때문에 우리의 모든 기도를 들으시고 응답 할 수 있습니다.

"하늘에 계신 우리 아버지는 우리의 하나님이시며 당신의 좋으신 아버지이십니다. 우리는 예수 그리스도 안에서 그의 축복을 받을 자녀입니다."

4. '우리 아버지여' 란

우리 아버지란 하나님을 각자 개별적으로 나의 아버지로 부르는 것이 아니라 우리 모두 공동의 아버지로 부르도록 가르치고 있습니다.

1) 인류의 아버지

하나님은 나 개인의 아버지나 가문의 아버지가 아니라 온 세계 인류의 아버지, 모든 사람의 아버지가 되시는 것입니다(창 1:27). 하나님 앞에는 헬라인이나 유대인이나 할례당이나 무할례당이나 야만인이나 스구디아인이나 종이나 자유인이 분별이 있을 수 없이(골 3:11) 모두의 하나님 아버지이십니다.

2) 독점할 수 없는 아버지

하나님은 우리 모두의 아버지이시기 때문에 아무도 독점할 수 없습니다.

바리새인들은 하나님을 독점했고 하려고 했습니다. 주기도문을 통해 예수님은 하나님은 개인이 독점할 수 없는 모두의 하나님이심을 가르치고 있습니다. 그러나 오늘날 어떤 사람은 교인을 독점하고 교회를 독점하고, 목사를 독점하고, 하나님을 독점하려고 합니다. 주님은 하나님은 독점할 수 없는 우리들의 아버지 하나님이라고 가르치고 있습니다.

3) 모두가 형제임을 말씀하고 있다.

우리는 모두 그리스도 안에서 형제가 된 사람들입니다(마 12:50, 요 20:17, 마 23:8). 그리스도의 보혈의 피로 형제가 된 것입니다. 하나님 아버지 앞에 동일한 특권을 가진(요 1:12) 형제들입니다. 예수 안에 인종 유무식 빈부 지위의 차별이 있을 수 없고 오직 형제만이 존재합니다.

칼빈은 "우리 아버지"는 "형제 사랑을 시작케하는 칭호"라고 말했습니다.

4) 신자들은 하나의 공동체라는 것을 말씀하고 있다.

우리 아버지란 말씀에는 주기도문은 자신을 위한 기도이면서 곧 다른 사람을 위한 기도가 되어야 한다는 것을 가르치고 있습니다. 한 가정의 아버지를 진실로 사랑하는 사람은 또한 그의 가족에게도 사랑과 선의를 베푸는 것처럼 우리도 마찬가지로 하나님 아버지께 받치는 사랑과 열정을 그의 백성에게 그의 가족에게 그의 상속인에게 보여주는 것이 마땅합니다.

기도는 언제나 그의 나라와 그의 권속들인 공동체를 위해 기도하여야 합니다(대요리문답 183, 184문) 그리고 혼자 기도하는 것도 중요하지만 다른 사람과 함께 더불어 기도하는 것은 더 중요합니다(행 1:14). 개인기도에 힘쓸 뿐만 아니라 다른 사람과 더불어 기도하는 것을 주님은 가르치고 있습니다.

결론

주기도문의 서문은 참기도의 대상은 아버지 하나님이시며, 그 아버지는 하늘에 계시며, 우리들의 아버지 하나님이심을 가르치며, 우리는 하나님의 자녀로서 아버지 앞에 나아가 기도하며 응답하시며, 하늘에 계신 우리 아버지는 우리의 아버지가 되시기를 원하십니다.

우리는 육신의 아버지를 신뢰하듯이 하나님 아버지를 더 신뢰하고 모든 소원을 아뢰며 하나님께서 나를 향한 계획에 응답하시고 축복하실 것입니다. 그리고 나만을 위한 독선적인 신앙의 기도가 아니라 형제를 위한 기도, 또한 신앙공동체의 행복을 위한 기도, 더 나아가 함께 친교하며 기도해야 할 것입니다.

당신은 아버지하고 기도할 때 응답 받은 적이 있습니까?

공동체를 위한 기도를 드립니까? 할렐루야 아멘.

주기도문의 첫째 기원(祈願)

마 6:9

제 101 문

주기도문의 첫째 기원에서 우리는 무엇을 구합니까?

답 : 주기도문의 첫째 기원 즉 "이름이 거룩하게 하옵시며"란 기원에서 우리는 하나님께서 자기를 나타내시는 모든 일에 우리와 다른 사람들로 하여금 능히 자기를 영화롭게 하고(시 87:1-3), 모든 것을 하나님 자신의 영광이 되도록 처리해 주시기를 구하는 것이다(롬 11:36).

우리는 주기도문의 서문을 통해 기도의 대상인 우리 아버지 되시는 하나님께 자녀의 자세로 기도해야 한다는 것을 배웠습니다. 주기도문의 첫째 기원을 통해서 주님은 하나님의 "이름이 거룩히 여김을 받으시오며"라고 간구하기를 말씀하고 있습니다.

이름이란 전인격을 표시하는 칭호입니다. 하나님의 이름은 곧 자신의 존재, 인격, 사역, 성품을 나타내주고 있습니다. 그 이름을 망령되이 부르거나 모독하거나 훼방하는 것은 하나님 자신을 훼방하고 모독하는 행위입니다(출 20:7, 레 24:16). 주기도문은 하나님의 이름의 아름다움(시 8:1)과 영광스러움(사 6:9)을 열망하는 기도의 태도로 기도하라는 것입니다.

하나님의 이름이 거룩히 여김을 받지 않고는 그의 나라와 그의 뜻이 이 땅위에 이루어질 수 없는 것입니다. 하나님의 이름이 거룩히 여김은 받는 그곳에 하나님의 나라가 임하고 하나님의 나라가 임한 그곳에 하나님의 뜻이 이루어지게 되는 것입니다.

주기도문은 십계명처럼 두 부분으로 구성되어 있는데 전반부는 하나님을 위한 세 가지 기원으로 되어 있고 후반부는 인간을 위한 세 가지 기원으로 되어 있습니다.

하나님을 위한 세 가지 기원 중 먼저 기도해야할 가장 중요한 기원은 하나님의 이름이 거룩히 여김을 받도록 해야하는 기도입니다. 주님께서는 우리가 기도할 때 무엇을 먼저 구할 것임을 가르쳐 주신 것입니다. 마태복음 6:33에 먼저 그의 나라와 의를 구하라고 했습니다. 주님은 주기도문의 첫 번째 기원을 통해 기도의 목적이 바로 하나님의 이름을 영화롭게 하는 데 있다는 사실을 가르쳐 주신 것입니다. 또 우리가 명심해야 할 것은 하나님의 이름이 거룩하지 않기 때문에 거룩히 여김을 받기 위해 기도하라는 것은 아닙니다. 하나님의 이름은 우리와 관계없이 거룩하신 것이란 사실을 바로 인식해야 합니다. 이 기도를 가르치신 것을 우리의 삶의 태도에서 하나님의 이름을 말하고 있는 것입니다. 하나님의 이름은 이미 영화롭고 거룩하십니다.

1. 하나님의 이름

성경 속에 제일 많이 나오는 이름이 "여호와"로 7,040회, "하나님"은 4,000회로 등장합니다. 사람으로는 다윗이 1,000번 나오고 있습니다.

성경 속에 나타난 이름들은 그 이름이 묘사하는 뜻이 있음을 알 수 있습니다.

첫사람 '아담'은 '사람, 인간, 인류'(창 2:7)로 '하와'는 '생명, 생명을 주심'(창 3:20), 믿음의 조상 '아브라함'은 '열국의 아비'(창 17:5), 그의 아내 '사라'는 '여주인 다시 말하면 '열국의 어미'(창 17:16)와 같이 성경의 이름은 단순한 이름이 아니라 그 이름을 가진 자에 관해서 감추어진 뜻을 담고 있습니다. 이와 같이 하나님 자신의 이름에 대해서도 자신을 나타내고자 하는 뜻이 있습니다. 이름은 존재와 능력과 권능을 말하며 전인격을 표시하는 칭호입니다. 여호와의 이름의 아름다움(시 8:1)과 여호와의 이름의 영광스러움(마 6:9)을 믿고 순종하는 마음으로 하나님의 이름을 복되게 사용해야 합니다. 복되게 사용하는 자에게 축복이 있기 때문입니다(행 2:21, 요 16:24).

여호와의 이름에도 독특한 뜻과 의미와 속성이 있습니다.

이스라엘 사람들은 하나님의 이름에 특별한 개념을 두 가지로 표현하며, 온 땅을 창조하시고 지배하시는 우주의 통치자로서의 신과 이스라엘을 자기 백성으로 선택하신 신으로 구별하여 표현하였습니다.

1) 여호와의 이름

(1) 여호와(야웨)(출 3:14).

"스스로 존재하는 자"로 여호와는 이방 신과 구별된 독점적 이스라엘의 하나님에 대한 고유명사로 이스라엘과 선택된 민족에게 알리신 하나님으로 선민과의 관계에서 특별히 언급할 때 계약의 하나님, 계시, 구속, 은혜의 하나님으로서 나타내시고 그들 가운데 그의 왕국을 세우며 자비와 심판으로 그들을 보호하고 예배를 받으시는 선민과 특별한 관계를 가지신 하나님의 이름입니다.

(2) 하나님(엘로힘)(창 1:1).

"강한 자"로 이스라엘뿐만 아니라 전세계에 알려진 일반적 측면에서 하나님으로 창조와 보존자로서 섭리하시며 전 인류와 전 세계에 대한 사역자이신 하나님 선민에게만 국한되지 않고 모든 인류와 일반으로 관련된 자로서 자연을 섭리하시고 세계를 통치하시는 전세계와 관련된 하나님의 이름으로 복수명사로 사용하였습니다.

(3) 주(아도나이).

"주인"으로 인간에 대하여 사용되기도 하고 하나님에 대하여 주인과 종의 관계를 나타냅니다. 이 이름이 나타난 동기는 "야웨"란 여호와의 이름이 너무 거룩하고 존귀하고 엄위해서 발성치 않고 묵음으로 보다가 바벨론 포로이후(538년) 거룩한 이름인 여호와를 부르는 것은 불경죄를 범하는 일로서 보통 사용하지 않고 대신 '아도나이'로 사용하였습니다.

2) 복합적인 이름

(1) '엘'의 복합어

엘, 엘욘	:	'지극히 높은 자' '가장 강한 자' (사 14:13-14)
엘로이	:	'감찰하시는 강한 자' (창 16:13)
엘샤다이	:	'전능한 하나님' (창 17:1-20)
엘올람	:	'영원한 하나님' (사 40:28)

(2) '여호와'의 합성어

여호와 이레	:	'준비하시는 하나님' (창 22:13)
여호와 닛시	:	'나의 깃발' (출 17:15)
여호와 샬롬	:	'평강' (삿 6:24)
여호와 쎄바오트	:	'만군의 여호와' (삼상 1:3)
여호와 메카디쉬	:	'너희를 거룩하게 하는' (출 31:21)
여호와 로이	:	'나의 목자' (시 23:1)
여호와 씨드케누	:	'우리의 의' (렘 21:6)
여호와 엘 게물로트	:	'보복의' (렘 51:56)
여호와 니케	:	'멸망시키는' (겔 7:9)
여호와 삼마	:	'거기 계시다' (겔 48:35)

(3) 신약(新約)의 이름

예수	:	'구원자' (마 1:23)
주(퀴리오스)	:	'주인' (마 22:43-45)
그리스도	:	'기름 부은 자' (마 16:16)

이렇게 여러 가지 다양한 이름을 사용한 것입니다. 이러한 이름들은 하나님은 창조자이시며, 선택된 백성들의 구원자시며, 거룩하고 자비로우시고 의로우시고 전지 전능하시고 영화로우시고 우리의 주인이 되시고 엄위하신 아버지 되시는 하나님입니다. 이 이름을 망령되이 부르면 하나님을 모독하는 것입니다. 주님은 주기도문을 통해 온 세계가 하나님의 이름을 바로 알고 바로 부를 수 있도록 우리로 기도하도록 가르치고 온 세계가 하나님의 이름을 영화롭게 하기 위해서 기도를 가르친 것이며 주님은 자신의 삶 자체도 바로 이것이었음을 요한복음 17장에서 기도를 통해 본을 보여 주신 것입니다. "내가……아버지를 세상에서 영화롭게 하였사오니"라고 주님은 기도하시고 주기도문을 통해서 온 인류가 하나님의 이름을 영화롭게 되기를 위해 우리에게 기도하라고 하신 것입니다. 이것이 바로 인간의 삶의 목적이기 때문입니다.

2. '거룩(聖)하게' 란

하나님은 거룩하신 분이시기 때문에 그 이름도 거룩하십니다(대상 29:16). 거룩의 원어는 '코데쉬'로 '끊다' '자르다' 입니다. 거룩의 의미는? ① 구별된다(시 1:1). ② 하나님께 받친다(민 6:2). ③ 하나님께 속한다(출 13:2). ④ 분리된다. ⑤ 부정에서 떠난다(계 18:4). ⑥ 온전하다(마 5:48). ⑦ 선택된다. ⑧ 도덕적으로 순결하다.

이렇게 거룩한 분이기에 분명히 거룩히 여김을 받아야 합니다. 그러나 지금 하나님의 이름은 거룩히 여김을 받지 못하고 있습니다. 그 이유는 죄로 인하여 사람의 심령이 어두워지고 사탄의 지배를 받고 있기 때문입니다(롬 1:21). 그리고 하나님의 자녀들의 잘못으로 말미암아(롬 2:24) 하나님의 이름이 거룩히 여김을 받지 못하고 있기 때문에 주님은 주기도문을 통해 하나님의 이름이 세상의 그어떠한 이름보다 더 거룩히 여김을 받아야 한다고 가르치고 있습니다.

주님은 당신을 통해서 우리의 삶을 통해서 하나님의 이름이 거룩히 됨을 열망하고 있습니다. "이름이 거룩히 여김을 받는 다는 말은 하나님의 이름이 영광을 받게 한다는 말입니다."

3. 거룩하게 하는 방법(方法)

거룩하게 하는 방법은 중생된 자만이 할 수 있는 것입니다. 중생된 자만이 자기중심의 삶을 버리고 하나님 중심의 삶을 살 수 있습니다. 하나님 중심의 삶은 바로 하나님을 영화롭게 하는 것입니다. 하나님을 영화롭게 하는 것은 창조의 목적이요 구원하신 목적이기도 합니다. 주님은 이 목적을 위해 기도하라고 명령하십니다. 육에 속한 자는 하나님을 영화롭게 하지 못합니다(롬 8:5-8). 그러면 우리는 어떻게 하나님의 이름을 거룩하게 할 수 있을까요. 하나님은 나의 삶, 나의 고백. 나의 모든 것을 통해 그의 이름이 참으로 거룩하고 존귀하고 영광스럽게 나타나기를 원하십니다.

(1) 예배를 통해서(레 10:3, 롬 12:1),

(2) 하나님의 존재를 믿음으로(히 11:6, 롬 4:18),

(3) 경건한 삶을 통해(단 6:10, 롬 2:23-24, 마 5:16, 벧전 1:15-16).

우리의 무례함을 인해 또한 우리의 죄악으로 말미암아 하나님의 영광이 더러워지고 우리의 주제넘은 파괴로 하나님의 영광이 소멸되고 또 사악한 자들의 신성 모독적인 방종으로 하나님의 성호가 더럽혀지고 있습니다. 우리는 하나님께 받쳐진 거룩한 백성입니다. 우리의 성별된 삶을 통해 하나님의 이름이 거룩히 여김을 받도록 해야 하겠습니다.

(4) 전도(傳道)를 통해서(마 28:19),

이 땅에 복음의 영역을 확장시켜야 합니다. 이 땅에 하나님을 두려워하는 자들로 가득체워야 합니다. 하나님의 이름을 망령되이 부르는 자들을 줄이도록 하여야 합니다. 그래야 하나님의 이름이 거룩히 여김을 받게됩니다.

(5) 드림의 삶을 통해서(시 96:8)

물질이 있는 곳에 마음이 있습니다. 최선의 것을 드릴 수 있는 분이라면 최선의 분이십니다. 아무리 믿음이 있다고 해도 그분을 향해 돈주머니가 열리지 않으면 결코 믿음이 있는 것이 아니며 최선의 분으로 모신 것이 아닙니다. 파스칼은 "하나님의 이름을 거룩하게 한다는 것은 하나님을 하나님으로 대접하는 것을 의미한다"고 했습니다.

(6) 하나님의 이름을 거룩하게 사용하는 것입니다(출 20:7, 롬 2:23-24).

(7) 하나님의 이름이 거룩히 나타나도록 기도해야 합니다(마 6:9).

이 기도는 성경 속의 위대한 기도들에서 볼 수 있는 큰 원리 중의 하나입니다. 모세는 출애굽기 32:11-13에서 모세의 가장큰 관심은 이스라엘이 아니고 이방족속들 중에서 하나님의 명예(이름)이었습니다.

우리는 기도할 때 교회의 큰 부흥을 위해 기도하지만 하나님의 영예를 가로막는 것들의 개혁을 위해 기도하지 않습니다. 나라를 위해 축복하고 평화를 달라고 기도하지만 회개하고 하나님 면전을 찾게 해달라고 기도하지는 않습니다. 우리의 소원을 위해서는 많이 기도하지만 하나님의 이름이 영화롭게 하는 기도는 드리지 않습니다. 교회나 국가나 자신이 하나님을 영화롭게 하지 않는데 어떻게 축복해 달라고 기도 할 수 있습니까? 어떻게 하나님이 축복할 수 있습니까?

우리는 기도할 때 이 첫째 기원을 염두에 두고 기도할 때 교회나 국가나 개인의 기도가 이루어질 것입니다. 종교개혁시대에 수도원에서 많은 사람들이 드린 수많은 기도가 있었고 사람들의 부흥을 원했습니다. 그러나 루터나 칼빈, 그리고 개혁자들은 교황보다 다른 무엇보다 하나님의 이름을 높이자 축복이 소나기처럼 임했습니다.

우리는 하나님께서 모욕과 불명예로부터 자신의 이름을 지킬 뿐만 아니라 전 인류를 하나님의 이름 앞에 무릎을 꿇게 하기를 간구하는 기도에 대하여 사명을 받은 것입니다. 나를 통해 하나님의 이름이 거룩히 여김을 받도록 하여야 할 것입니다.

결론

하나님의 이름은 그의 본질과 능력과 권능을 암시하고 있습니다. 하나님의 이름이 잘못 사용되어서는 안됩니다(롬 2:24). "이름이 거룩히 여김을 받으시오며" 이것은 땅위에 일찍 살다가 돌아가신 믿음의 선진들의 삶이었습니다. 우리는 기도할 때마다 이것이 항상 우리 마음의 맨 먼저 떠오르는 최고의 소원이 되어야 하고, 환경이 어떠하던지 생활이 어떠한들 최고의 열망이 되어야 합니다. 소요리문답 제1문에서 "인간의 삶의 목적은 하나님을 영화롭게 하는데" 있다고 했습니다.

미국역사 초기에 인디안에게 파송된 선교사, 다이빗드 브레이너드는 말했습니다. "내 즐거움은 하나님을 기뻐하고 영화롭게 하며 모든 것을 그에게 드리며 그의 영광을 위해 모두를 바치는 것이다. 이것은 내가 간절히 사모하는 즐거움이요, 종교며, 나의 행복이다. 생각하건대 내가 참 종교를 가진 이후 항상 그러했다. 그 종교에 속한 모든 것은 나를 즐거움으로 충족시켜 주었다. 나는 내가 잘되기 위해 즐거움을 추구하는 것이 아니고 하나님께 영광을 돌리기 위해서이다"고 말했습니다.

첫 번째 기원은 우리의 기도에서 가장 우선되어야 할 것이 무엇인가를 주님은 가르치고 있습니다. 나라이 임하옵시며, 뜻이 하늘에서 이루어지는 것보다 먼저 또 일용할 양식, 사죄의 은총, 시험에 들지 말게 하는 것보다 먼저 하나님의 "이름이 거룩히 여김을 받으시기를" 기도해야 합니다. 하나님의 이름의 거룩은 바로 그의 영광입니다. 당신은 하나님의 이름을 영예롭게 합니까? 이 기도가 항상 우선적입니까? 할렐루야 아멘.

주기도문의 둘째 기원(祈願)

마 6:10

제 102 문

우리는 주기도문의 둘째 기원에서 우리는 무엇을 구는가?

답 : 주기도문의 둘째 기원 즉 "나라이 임하옵시며"란 구절에서 우리는 사탄의 나라가 멸망하고(시 68:1), 은혜의 나라가 왕성하며(시 72:11), 우리와 다른 사람들로 하여금 그리로 들어가 항상 있게 하시고(살후 3:1), 또한 영광의 나라가 속히 임하게 하여 주시기를 구하는 것이다(계 22:20).

첫째 기원은 "이름이 거룩히 여김을 받으시오며"라고 기도하라고 하시고, 둘째 기원를 통하여 "나라이 임하옵시며"라고 기도하라고 말씀하십니다.

이 기원에는 논리적 순서가 있음을 주목해야 합니다. 각 기원은 일종의 불가피한 신적 필요성으로 서로 이어져 있습니다. 주님은 먼저 "이름이 거룩이 여김을 받으시오며"를 위해 기도하라고 하신 것은 기도의 일차적인 관심은 내가 아니라 하나님을 위해 먼저 기도하는 것이란 사실을 가르쳐 주고 있습니다. 그리고 이 기도를 드리는 순간 그의 이름이 거룩히 여김을 받지 못하고 있다는 사실을 상기시키고 있습니다. 왜 이름이 거룩히 여김을 받지 못할까요? 그 이유는 바로 죄 때문입니다. 죄는 바로 마귀 때문입니다. 그리고 또한 나라이 임하옵시며 라는 기도는 하나님 나라 외에(천국) 또 한 나라가 있다는 사실을 말씀하고 있습니다. 그 나라는 사탄의 나라입니다.

이 세상에는 이 세상 신이 있으며, 악의 나라인 흑암의 나라, 어두움의 나라가 있습니다. 이 나라는 하나님과 그의 영광과 명예를 대적하고 있습니다. 주님은 주기도문을 통해 사탄의 나라와 이 세상 나라를 파괴하고 이 세상과 모든 나라는 다시 하나님의 영광의 나라로 변화시켜야 한다는 것을 가르치고 기도하라는 것입니다.

예수님께서는 성역 초두에 "회개하라 천국이 가까왔느니라"(마 4:17)고 말씀하시고 주님의 성역의 초점은 하늘나라이고, 사역의 목적도 하나님의 나라 건설이었고(마 4:23, 9:35), 승천의 동기도 하늘나라 건설이었습니다(요 14:2-3). 그러면 "나라이 임하옵시며"는 무슨 뜻이며, 우리가 기도하는 나라의 본질은 무엇이며, 왜 기도해야 합니까?

1. 나라의 의미(意味)

이 나라는 하늘나라 즉 천국을 말합니다. 성경 속에는 이 나라의 명칭을 '하나님의 나라' '하늘나라' '그의 나라' '당신의 나라' '천국' '천당' 등 모두 같은 개념으로 나타나는 표현입니다.

구약에서는 정확히 하나님의 나라라는 표현은 없고 '여호와의 나라'(대상 28:5)로 나타나고 '주의 나라'(시 45:6, 145:11-13) '그의 나라'(시 103:19, 145:2) 등이며, 신약에서는 '하나님의 나라와 하늘나라' '천국' 등 공관복음에서 자주 언급되는 표현입니다(마 12:28, 19:24, 21:31, 요 3:5, 18:36). 그리고 이 나라는 장소적이며 영적이며 하나님의 왕적통치의 나라입니다.

하나님의 왕적통치는 영원한 사실로 이해되고 다음으로 인간이 그것을 받아 드림으로 이 땅위에 분명히 이루어지는 것으로 믿고 또한 미래에 이루어질 완성으로 이해되어야 합니다.

다시 말하면 하나님은 영원한 왕으로서 통치하는 곳이며, 또 하나님의 통치를 개개인이 하나님의 뜻에 복종하고 굴복함으로 그 통치를 인정하고 신앙하는 모든 사람들 속에 현실적으로 언제 어느 곳에서든지 이루어지는 것이며(눅 11:20, 17:20-21, 마 12:28), 그리고 종말론적으로는 예수 그리스도의 재림으로 완성되는 새 하늘과 새 땅으로 완성되어 이루어지는 것입니다.

2. 나라는 하나님이 직접(直接) 통치(統治)하는 나라

이 나라는 장소적이지만 어느 장소인지 현재 우리의 지혜로는 분명히 알 수 없습니다(벧후 3:16). 하나님의 나라는 하나님이 직접(계 21:3), 통치하시는 나라입니다. 이 나라는 인간의 요소들이 필요치 않는 나라이며(고전 15:24), 여호와 하나님이 친히 다스리시는 나라입니다. 이 나라는 사탄의 세력이 전혀 없습니다(계 20:10-14). 하나님의 뜻만이 지배되는 곳입니다. 환경적으로는 새 하늘과 새 땅이며 새로운 영적 환경입니다(계 21:1-8).

성도들을 위한 신천신지이며 구원받은 자를 위해 마련된 거룩한 성읍입니다(계 21: -22:5). 하나님의 자녀들이 새생명을 누리는 곳입니다(계 19:1-8, 21:3, 22:1-5). 이 나라는 바로 미래에 이루어질 하늘 나라입니다. 주님은 이 나라의 도래를 위해 기도하라고 말씀하십니다.

"나라이 임하옵시며"라는 기도는 또한 재림을 재촉하는 기도입니다(계 22:20-21).

이 나라의 완성은 주님의 재림 때에 이루어지기 때문입니다. 그리고 이 나라는 중생된 자만이 들어 갈 수 있는 나라입니다. 중생된 자란 예수 그리스도 안에서 택하심을 받고 그를 구주로 믿는 자의 은총을 받은 성령으로 거듭난 사람들을 가리킵니다(계 7:14, 요 3:3-7). 중생된 자는 이 땅에서 그리스도로 말미암아 심령에 하늘 나라가 이루어진 사람들입니다. 이 땅에서 심령에 하늘 나라가 이루어진 사람만이 미래에 완성될 하늘 나라에 들어 갈 수 있습니다(요 14:2-3).

교회는 하늘나라의 대표부요, 성도는 하늘 나라의 대표자입니다. 우리는 주님이 주신 십자가의 복음을 바로 알고 하늘나라 대표자로서 열심히 증거하여 모든 사람의 심령에 하나님의 나라가 임하도록 해야 합니다. 주님은 지금도 이 나라의 완성을 위해 성령으로 역사 하시며 처소를 예비하고 계십니다(요 14:2-3). 우리는 복음 증거와 더불어 이 나라의 완성을 위해 기도해야 합니다. 이 나라는 (1) 하나님이 직접 통치하시는 장소적이며 영적인 나라입니다. (2) 이 나라는 주님이 이 땅위에 오심으로 이루어진 것이며(눅 11:20), (3) 이 나라는 복음이 전파됨으로 확장되어지며(눅 17:20-21), (4) 그리스도께서 재림하시므로 완성되는 것입니다(마 24:14). (5) 마귀가 파멸되므로 이루어지는 나라입니다.

그러므로 우리는 "나라이 임하옵시며"라고 계속 기도해야 할 것입니다. 그 나라가 이루어 질 때 인간의 모든 불행은 사라질 것입니다.

3. 이 기도(祈禱)가 왜 필요(必要)한가?

주님께서 이 땅에 오신 궁극적 목적인 목표는 하늘나라 건설입니다. 이 나라의 건설은 마귀에게 빼앗긴 안식을 되찾는 일입니다. 마귀의 세력을 물리치는 길은 기도입니다. 그러므로 주님은 "나라이 임하옵시며"라고 기도하라고 하신 것입니다. 이 기도가 필요한 이유는 바로 마귀 때문입니다.

현세는 끊임없이 사탄 마귀의 침범을 받고 있습니다. 세상에는 각종 죄악, 질병, 흉년, 전쟁, 시기, 질투, 미움, 재난, 등이 끊임없이 일어나는 것은 사탄이 역사하기 때문입니다. 사탄을 멸망시키기 전에는 이 땅에 평화를 이룰 수가 없습니다. 특히 사탄은 성도를 괴롭힙니다. 모략하고 협박하고 가진 수단을 다해 유혹합니다. 아담과 하와를 유혹한 마귀(창3: , 벧전 5:8), 예수님을 유혹한 마귀(마 4:)는 지금도 우리를 유혹합니다.

사탄은 일찍기 선량한 천사입니다(겔 28:12-19, 사 14:12-14). 그런데 사탄이 교만하여 타락하고 범죄하였습니다. 사탄은 일찍기 진리 안에서 거하든 그가 그 진리에서 타락한 것입니다(요 8:44).

사탄은 힘있는 자이며(유 1:8-9, 눅 11:21), 공중의 권세를 잡은 자이며(엡 2:2, 6:11-12), 이 세상 임금 또는 신이며(고후 4:4, 요 12:31), 암흑왕국의 지배자이며(행 25:18, 골 1:13), 죽음의 세계를 다스리며(히 2:14), 죽음의 세계를 다스린다는 것은 중생 되지 못한 사람들의 영혼을 사탄이 어느 기간 지배하에 있게 되는 것을 말합니다.

사탄은 악한 자며(마 13:19, 6:13, 요일 5:19), 시험하는 자이며(마 4:3, 창 3:1-6), 사람을 망하게 하는 자(행 5:3)입니다. 사탄은 하나님을 항상 대적하고 교만하며 인간에게 모든 불행을 가져다주는 원흉입니다. 이 사탄을 몰아 내야 하나님의 나라가 이 땅에 이루어 집니다. 사탄을 몰아 내는 방법은 기도뿐입니다.

예수님께서는 마태복음 17장에서 변화산에서 기도하신 후에 산아래에서 간질병 들린

아이를 고쳐주셨을 때에 제자들이 물었습니다. 예수님 우리는 아무리 해도 고치지 못했다고 할 때 주님은 이런 일을 할 수 있는 것은 기도 뿐이라고 말씀하셨습니다(17:21). 기도는 바로 사탄을 몰아내는 방법입니다. 주님께서 '나라이 임하옵시며' 라고 기도하라는 것은 기도만이 사탄을 굴복시키고 이 사탄을 굴복시킬 때 사람은 모든 비참에서 해방되고 하나님의 나라의 행복을 회복할 수 있기 때문에 기도하라고 하신 것입니다.

그리고 또한 이 기도는 현세와 바로 정 반대편에서 있는 하나님의 나라가 속히 임하기를 기도하는 것입니다. 주님은 우리의 기도가 하나님의 나라를 임하게 하는 힘이 되기를 원하십니다. 우리의 기도로 사탄을 추방시킵시다. 주님은 우리의 기도를 요구하십니다. 이 기도는 (1) 이 땅에 사탄이 있기 때문이며, (2) 하나님의 나라가 속히 임하기 위해서 필요한 기도이며, (3) 주님의 재림을 기다리기 때문에 이 기도가 필요 합니다.

결론

우리는 이 나라의 대표자입니다. 이 나라의 대표자로서 의무를 다해야 합니다. 한국에 있는 미국 대사의 행동은 미국을 대표해서 하는 행동입니다. 하나님의 나라는 그 나라를 대표하는 나를 통해 나타내고 있습니다. "나라이 임하옵시며" 우리의 간구로 하나님의 나라, 그리스도의 나라가 사람들 마음속에 임할 수 있도록 우리는 큰 뜻과 의욕을 품어야 합니다. 이 나라가 사람들의 마음속에 확장되도록 열망하여야 합니다. 이 나라는 과거적이며, 현재적이며, 미래적입니다. 이 나라는 하나님이 친히 다스리는 나라입니다. 그리고 이 나라는 미래에 완성될 것입니다.

주님께서 우리에게 이 기도를 가르치신 것은 이 땅에서 사탄의 나라가 멸망되고 사람들의 마음속에 하나님의 나라가 이루어지며 하나님의 나라가 속히 이루어짐으로 인간에 행복을 주시기 위해서 기도하라는 것입니다. 우리는 이 기도를 드림으로 하나님을 대적하는 사탄과 악이 최종적으로 뿌리 뽑힐 그 날을 기다리며 이 세상 나라들이 우리 하나님과 그리스도의 나라가 될 때까지 기도해야 할 것입니다(계 11:15).

당신은 이 기도를 드리십니까? 이 나라는 지금 우리에게 가까이 다가오고 있습니다. 우리는 이 나라의 대한 불타는 열망을 가집시다. 그리고 당신 이 나라의 지배를 지금 받고 있습니까? 사탄의 나라의 지배를 받고 있습니까? 아직도 자신을 포기하지 못하고 자기의 지배를 받는다면 참 하나님의 백성이 아닙니다. 참 하나님의 백성은 하나님의 지배를 받습니다. "나라이 임하옵시며" 사탄의 나라의 멸망을 바라며 주님의 은혜의 나라가 이루어 질 것을 대망하며 우리들로 하여금 다른 사람들이 그 나라에 들어갈 수 있도록 전도하며 하나님의 나라가 속히 임하기를 구해야 할 것입니다. 할렐루야 아멘.

주기도문의 셋째 기원(祈願)

마 6:10, 시 103:20-22.

제 103 문

주기도문의 셋째 기원에서 우리는 무엇을 구하는가?

답 : 주기도문의 셋째 기원 "뜻이 하늘에서 이루룬것같이 땅에서도 이루어지이다" 우리는 하나님께서 은혜를 베풀어 우리로 하여금 능히 즐거운 마음으로 범사에 있어서 그의 뜻을 알아 순종하고(빌 2:13) 복종하기를(시 119:18, 마 26:42, 행 21:14, 욥 1:21) 하늘에서 천사들이 그렇게 하는 것과 같이 하게 하여 주기를 구하는 것이다(시 103:20).

주기도문의 전반부에 하나님을 위한 세 가지 기원은 밀접한 관계를 가지고 있습니다. 하나님 나라가 임하기 전에는 그의 이름이 거룩이 여김을 받을 수가 없으며, 하나님의 뜻이 이루어지지 않고는 그의 나라가 이루어 질 수 없습니다. 하나님의 이름이 거룩이 여김을 받고 영광을 받으시기 위해서는 그가 통치하시고 그가 다스리시는 나라가 있어야 합니다. 또 그 나라는 그의 뜻이 이루어져야 합니다. 주기도문의 둘째 기원은 첫째 기원의 성취방법으로 하나님의 나라가 임하여지고, 셋째 기원은 하나님의 뜻이 이루어지지 않고는 그의 나라가 성립되지 못함으로 그의 뜻이 이루어지기를 기도하라는 것입니다.

칼빈은 "하나님의 나라에 가장 중요한 요소는 그의 뜻이 이루어짐에 있다"고 했습니다. 예수님께서는 요한복음 4:34에서 "나의 양식은 나를 보내신 이어 뜻을 행하며 그의 일을 온전히 이루는 것이니라"고 말씀하시고, 또 요한복음 6:38에 "내가 하늘로서 내려옴은 내 뜻을 행하려 함이 아니요 나를 보내신 이의 뜻을 행하려 함이니라"고 자신이 이 땅에 오신 목적이 바로 여기에 있음을 말씀하고 그의 삶을 통하여 실천하신 것입니다. 마태복음 26:39에 "기도하여 가라사대 내 아버지여 만일 할만하시거든 이 잔을 내게서 지나가게 하옵소서 그러나 나의 원대로 마옵시고 아버지의 원대로 하옵소서"라고 기도하셨습니다. 주님은 하나님의 뜻을 이루기 위하여 오셨고 그 뜻을 이루시는 삶을 사시다가 그 뜻을 이루시고 승천하신 것입니다.

그 주님이 우리에게 기도를 가르치시며 "뜻이 하늘에서 이룬 것같이 땅에서도 이루어지이다"라고 기도하라 하신 것입니다. 우리는 이 기도의 뜻과 의미를 바로 알아 바른 기도를 드려야 할 것입니다. 그의 뜻을 모르고 막연히 우리의 생각이나 의지나 신념을 기도하는 것이 아니라 하나님 자신의 뜻이 무엇인가를 분명히 알고 기도해야 합니다.

1. 하나님의 뜻이 무엇인가?

하나님의 뜻은 하나님의 마음속에 있는 생각의 결정이며, 이 결정은 신구약성경과 자연계에 나타나고 있습니다. '뜻'이란 '결정한다' '바란다' '무엇 무엇을 즐기다' '좋아하다' '사랑하다' 등이며, '명사' '하파츠'는 '목적과 사람이 지킬 수 있는 계율'이라는 의미로(사 44:28, 46:10. 48:14) 사용하였습니다.

하나님의 뜻은 인류와 세계와 우주와 역사운명을 결정짓는 요인입니다. 삼라 만상은 그의 뜻 안에서 운행되기 때문입니다. 신명기 29:29에서 '오묘한 일은 우리 하나님 여호와께 속하였거니와 나타난 일은 영구히 우리와 우리 자손에게 속하였나니 이는 우리로 이 율법의 모든 말씀을 행하게 하심이니라' 기록하고 있습니다. '오묘한 일'은 하나님의 뜻의 '감추인 부분'이요 '나타난 일은' '드러난 하나님의 뜻"을 말씀하고 있습니다.

1) 감추인 하나님의 뜻

감추인 하나님의 뜻은 하나님의 계획입니다. 이 감추인 뜻은 이 세상에서 일어나기 전에는 우리가 알 수 없다는 것입니다. 이 세상에 일어나는 모든 일들은 하나님의 뜻의 실현입니다(단 4:35). 성경은 하나님께서 모든 일은 마음의 원대로 행하신다고 말씀하고 있습니다(엡 1:11).

참새 한 마리가 땅에 떨어지는 것도 하나님의 뜻이라고 했습니다(마 10:29). 감추인 하나님의 뜻은 일어나기 전에는 인간이 알 수가 없습니다. 그날의 신문을 통해 비로소 그것에 대한 감추인 하나님의 뜻을 알 수 있습니다. 사람들은 일어날 일들을 알기를 원하여 여러 가지 방법을 사용하고 있습니다. 점성술(사 47:13-14), 복술(미 5:12), 손금, 관상(신 18:10-12) 등은 잘못된 것입니다. 하나님의 감추인 비밀에 대하여 너무 지나친 호기심을 가지는 것은 하나님의 순리를 역행하는 것입니다.

2) 나타난 하나님의 뜻

나타난 뜻은 하나님의 계시된 말씀입니다(딤후 3:16). 이 계시된 말씀은 인간이 처한 상황에서 해야할 유일한 규칙이므로 즐거움으로 행해야 할 것입니다. 마태복음 7장21절에 "나더러 주여 주여 하는 자마다 천국에 다 들어 갈 것이 아니요 다만 하늘에 계신 내 아버지의 뜻대로 행하는 자라야 들어갈 것이라"고 말씀하고 있습니다. 성경에 계시된 것만이 우리로 하여금 행하게 하십니다(신 29:29). 그러므로 하나님의 뜻을 바로 알기 위해서는 성경 말씀을 항상 상고하고 읽고 들어야 합니다.

3) 하나님의 뜻의 성격

(1) 하나님의 뜻은 불변하십니다(히 6:17, 시 110:4, 사 14:24). 하나님이 불변하시므로 하나님의 계획도 약속도 하나님의 뜻도 절대로 변치 않으십니다.

(2) 하나님의 뜻은 선하십니다(롬 12:2). 하나님의 뜻은 목적도 동기도 방법도 모두

선 하시며 그 결과도 선하십니다.

(3) 하나님의 뜻은 완전하십니다(롬 12:2).

(4) 하나님은 뜻은 절대적이며 불가항력적인 뜻입니다(롬 9:17, 행 5:38-39).

(5) 하나님의 뜻은 반드시 성취됩니다(삼하 17:19, 계 17:17, 단 4:35). 하나님의 완전하신 뜻은 정한 때가 되면 반드시 이루어집니다.

4) 하나님의 뜻과 인간의 의지

자유로운 인간의 의지가 하나님의 뜻을 제한할 수 있습니까? 하나님은 인간에게 의지의 사용을 허용하셨지만 자신의 뜻과 대치되기를 원하지 않으십니다. 인간이 하나님의 뜻을 자신의 뜻으로 대치시키려고 할 때에만 인간과 하나님 사이에 마찰이 발생합니다. 그리고 또 인간이 육체적으로 도덕적으로 영적으로 살고 있는 우주 안에 하나님의 뜻이 구체적으로 나타나 있다는 사실을 깨닫지 못할 때 갈등이 옵니다. 그리고 인간의 자유와 하나님의 자유가 서로 모순되는 것은 아닙니다. 인간의 자유는 하나님께 대한 봉사에서만 가능하다는 사실을 인식해야 합니다.

"하나님의 뜻을 찾는 자는 반드시 자신의 뜻을 포기해야만 합니다." 육신의 생각은 하나님과 원수가 되나니 이는 하나님의 율법에 굴복치 아니할 뿐만 아니라 할 수도 없습니다(롬 8:7). 그러므로 예수께서는 아무든지 나를 따라오려거든 자기를 부인하라고 하셨습니다(마 16:24). 그러므로 시편기자처럼(시 119:18) 하나님의 뜻을 알기를 열망해야 합니다(롬 12:2).

2. 뜻을 이루기 위한 성도의 태도(態度)

1) 순종으로 하나님의 뜻이 이루어진다.

순종은 자발적이며 기쁨으로 행하는 것입니다. 시편 103:20-21에 천사들은 자진해서 순종하고 있으며 하나님 명령을 수행하되 기쁨으로 전념하고 있습니다. 하늘은 뜻이 이루어진 곳입니다. 뜻은 바로 순종으로 이루어진 것입니다. 하나님의 뜻을 이 땅위에 이루는 것도 순종뿐입니다.

성경에는 예수님은 순종으로 하나님의 뜻을 이루었다고 말씀하고 있습니다.

"한 사람이 순종치 아니함으로 많은 사람이 죄인 된 것같이 한 사람의 순종하심으로 많은 사람이 의인이 되리라"(롬 5:19). 또 "그가 아들이시라도 받으신 고난으로 순종함을 배워서 온전케 되었은즉 자기를 순종하는 모든 자에게 영원한 구원의 근원이 되시고 하나님께 멜기세덱의 반차를 좇은 대제사장이라 칭하심을 받았느니라"(히 5:8-10). 순종으로만 하나님의 뜻이 이루어집니다. 우리도 천사들처럼 순종으로 하나님의 뜻을 이땅위에 이루어야 할 것입니다.

2) 복종하므로 하나님의 뜻이 이루어진다.

복종은 순종과 달리 억지로 하는 것입니다. 하나님의 뜻이 내 뜻에 맞지 않지만 하나님이 명령하시니 복종하는 것입니다. 이것은 바로 자기 포기입니다. 하나님의 뜻이 이루어지기 위해서 하나님의 뜻이 항상 나의 뜻보다 우선되어야 합니다. 자기의 오염된 감정을 포기하고 하나님께 순복하지 않으면 하나님의 뜻을 거스르게 되기 때문입니다.

자신의 뜻과 자기의 소원만이 이루어지기를 바라는 사람은 하나님의 뜻이 이루어지기를 기도할 수 없습니다. 순종과 복종의 차이점은 순종은 기쁨 마음으로 하는 것이지만 복종은 어떤 의미로 억지로 자신의 생각과 의지를 포기하고 행하는 것입니다.

3) 하나님의 뜻을 이루기 위해 기도해야 한다.

기도 없이 하나님의 뜻을 분별할 수 없고 기도 없이 하나님의 뜻을 이룰 수 없습니다. 왜냐하면 하나님은 기도를 통해서 그의 뜻을 이루시기 때문입니다.

요한일서 5:14-15에 "그를 향하여 우리의 가진바 담대한 것이 이것이니 그의 뜻대로 무엇을 구하면 들으심이라. 우리가 무엇이든지 구하는 바를 들으시는 줄을 안즉 우리가 그에게 구한 그것을 얻은 줄로 또한 아느니라"고 말씀하고 있습니다. 기도는 하나님의 뜻을 이루는 방편입니다.

그러므로 주님은 우리에게 하나님의 뜻이 이루어지기를 기도하라 했습니다.

3. 하늘과 땅에서 이루어짐

1) 하늘에서 이룬 것 같이

이 말은 대단히 중요합니다. 하나님의 뜻이 하늘에서 이루어졌고 땅에서도 이루어져야 한다는 말입니다. 하나님의 뜻이 이루어진 기준은 바로 하늘에 있다는 것입니다. 하늘이란 자연계의 하늘이라기 보다는 하나님의 나라 천국을 의미합니다. 이 하늘나라는 장소적입니다. 천국에는 하나님의 뜻이 온전히 이루어졌습니다. 어떻게 하늘에서 이루어 졌을까요? 하늘에서 이루어진 하나님의 뜻은 완전한 순종으로 이루어진 것입니다.

시편 103:19-22에 천군 천사들은 하나님 말씀에 순종하고 그 뜻을 기쁨으로 봉사하면 행한다고 했습니다. 천사들의 세계에서는 하나님의 뜻을 어기는 일이 없습니다. 하늘 나라에서는 하나님의 뜻이 모두 이루어져 평화와 안식과 즐거움과 감사와 찬송과 무궁한 생명이 있습니다. 사람은 천사보다 존귀한 자입니다. 하나님은 우리를 통해서 하늘에서 이루어진 그 나라가 이 땅 위에 이루어지기를 원하십니다.

2) 땅에서도 이루어지이다.

하늘에서 이루어진 하나님은 뜻은 이 땅에서도 이루어져야 합니다. 주님은 이 뜻을 이루기 위해서 오셨고(요 6:38-39, 히 10:7), 그 뜻을 이루었습니다(요 4:34). 또 우리에게 이루어지기를 기도하라고 하셨습니다. 그 뜻이 하늘에서 이루어져 평화와 안식이 있는 것처럼 이땅에서도 내 심령 내 가정, 나라, 세계, 교회에 이루어지기를 열망하고 기도해야 할 것입니다.

러스킨은 "모든 행위가 하나님의 뜻에 맞도록 굳게 결심하여야 한다. 그 때에 우리는 하나님의 아들이 될 것이다."고 했습니다.

또 벡스터 목사는 "무엇이든지 뜻대로, 어느 때든지 뜻대로, 언제든지 뜻대로"라고 했습니다. 하나님의 뜻이 이 땅에 이루어질 때 이 땅에는 고통과 질병, 눈물, 전쟁, 싸움, 사망이 사라질 것입니다. 이 모든 것은 죄의 결과이며, 죄는 바로 불순종의 결과입니다. 천사들과 같은 순종만이 하늘의 뜻이 이 땅위에 이루어지게 할 것입니다.

결론

"뜻이 하늘에서 이룬 것같이 땅에서도 이루어지이다"고 기도하라는 것은 하나님의 뜻이 이루어져야 그의 나라가 이루어지며, 그의 나라가 이루어져야 하나님의 이름이 거룩이 여김을 받을 수 있으며, 영광을 받을 수 있습니다. 하나님의 형상을 소유한 우리들은 천사들이 순종으로 하늘에서 이룬 것 같이 순종으로 하나님의 뜻을 이 땅위에 이루어야 하겠습니다.

토마스 아켐퍼스는 "오 주여 주께서 더 나은 길을 아십니다. 주께서 원하시는 대로 이것이나 저것이나 다 되게 하여 주옵소서. 무엇이나 주께서 원하시는 것은 원하시는 것만큼 또 주께서 원하실 때 주옵소서. 꼭 주님의 존귀를 위하여 나에게 행하시옵소서 나는 주의 손에 있사오니 바퀴처럼 마음대로 돌리소서 나는 주의 종입니다. 무엇이나 명령대로 하겠나이다. 나를 위해 살기를 원치 않나이다. 주님만 위해 살기를 원하나이다. 주님이시여, 오 주님이시여. 오직 가치있는 주의 종만 되게 하여 주옵소서"라고 기도했습니다.

칼빈은 "이 기도가 없는 자는 하나님의 자녀로 하나님의 종으로 인정받지 못한다"고 했습니다. 주님은 우리에게 기도하기를 요구하십니다. 순종만이 하나님의 뜻을 이룹니다. 그리고 한가지 명심하여야 할 것은 인간의 의지로 하나님의 뜻을 거절할 수 없으며 하나님의 뜻은 때가 되면 우리와 상관없이 이루어진다는 사실을 알아야 합니다.

우리는 하나님의 감추어진 뜻과 계시된 뜻을 바로 알아 참된 기도를 드려야 합니다.

당신은 이 기도를 늘 계속해서 드립니까? 하늘의 천사들 처럼 순종하기를 마음속으로 다짐합시다. 이 땅위에 하나님의 뜻이 이루어지는 날 하나님의 영광이 넘칠 것이며 인간의 모든 불행은 사라질 것입니다. 할렐루야 아멘.

주기도문의 넷째 기원(祈願)

눅 11:3, 마6:11, 잠 30:7-9

제 104 문

주기도문의 넷째 기원에서 우리는 무엇을 구하는가?

답 : 주기도문의 넷째 기원 "오늘날 우리에게 일용할 양식을 주옵시고"라고 한 기원은 우리는 하나님의 값없이 주시는 은사로 이생의 좋은 것들 중에 만족한 분깃을 받고(잠 30:8), 그 의 모든 축복을 누리게 하옵심을 구하는 것이다(시 90:17).

주기도문의 전반 부분을 통해서 하나님의 이름의 거룩과 그의 나라의 임재와 그의 뜻의 성취를 위해 기도해야 한다는 사실을 깨달았습니다. 이것의 기원은 기도의 우선적 논리를 말씀하신 것이며 하나님에 대한 기도가 우리의 모든 기도에 우선한다는 진리를 전반부에서 가르치고 있습니다.

나아가 주기도문의 후반부를 통해서 인간이 현실적으로 현재 당면한 문제와 자신의 문제를 기원하라는 것입니다. 이것은 기도의 대원칙입니다. 주님은 모든 기도에 앞서 그의 나라와 의를 구하라고 하셨기 때문입니다. 그리고 인간의 현실적인 문제를 기원한다고 해서 하나님의 영광에 대해서 작별을 고하라는 것은 아닙니다. 인간의 모든 기원과 삶은 궁극적으로 하나님의 영광이 되어야 하기 때문입니다. 고린도전서 10:31에 "그런즉 너희가 먹든지 마시든지 무엇을 하든지 다 하나님의 영광을 위하여 하라"고 했기 때문입니다.

주님은 전반부의 세 가지 기원을 통해서 우리의 신앙심을 증명케 하고, 후반부는 우리의 이익을 기원하게 하도록 하신 것입니다. 신앙이 없는 모든 기원은 하나님과 상관없으며 그 기원은 허공을 치는 것과 같기 때문입니다.

이방인처럼 믿음이 없이 하나님의 영광을 무시하고 무엇을 먹을까? 무엇을 마실까? 무엇을 입을까? 하는 하나님의 영광을 배제한 기도는 주님이 원치 않으시며 바리새인들처럼 현실을 무시한 외식적 기도를 배제하시고 하나님이 우리에게 요구하시는 기도는 하나님의 영광을 위해 현실적으로 우리들의 삶속에 필요한 것을 이루어지기를 기원하라는 것입니다.

"오늘 날 우리에게 일용할 양식을 주옵소서"란 이 기원이 후반부 기도의 첫번째 간구로 나와야 하는 가는 주님이 우리를 너무나 잘 아시기 때문입니다.

주님은 우리에게 제일 필요한 것이 무엇인가를 아십니다. 우리 인간에게 제일 필요한 것은 생존이라는 것입니다. 우리가 살고 생명을 유지해야 한다는 것입니다. 내가 존재하고 생존하여야 한다는 사실입니다. 인간이 생존하기 위해서 가장 필요한 것은 첫번째 기원인 '우리에게 일용할 양식을 주옵소서'란 양식입니다. 인간은 우선적으로 육체를 가졌기 때문에 먹어야 생명을 유지할 수 있습니다. 나의 생명을 유지해야 나를 통해서 이루기를 원하시는 하나님의 이름과 그의 나라와 그의 뜻을 이룰 수가 있습니다. 주님은 인간의 생명을 천하보다 귀하다 했습니다.

그러면 주기도문의 넷째 기원에 대해서 알아보기로 하겠습니다.

1. 양식(糧食)이란?

양식이란 무엇입니까? 예수님은 하나님의 뜻을 이루는 것이 양식이라고 했습니다 (요 4:34). 그리고 자신이 양식이라고 말씀했습니다(요 6:35). 성찬식을 통해서도 자신이 떡이라고 했습니다. '양식'을 영적인 의미로 해석하는 사람도 있습니다. 사실 그리스도는 우리들의 생명의 떡이요, 하나님 말씀은 생명의 양식이요, 성찬도 생명의 양식이라고 말할 수 있습니다.

그러나 주기도문에서 말하는 일용할 양식은 영적이고 상징적인 양식이 아니라 인간육체에 필요한 양식을 말씀하고 있습니다. 혹자는 말하기를 신령하신 주님께서 물질을 위한 기도를 가르칠 수가 있느냐? 말하는 사람도 있습니다.

본문에 나오는 원어 '알토스'란 말은 먹는 양식으로서 빵을 분명히 말하고 있습니다.

그리고 또한 이것은 우리 생활에 필요한 모든 물질을 포함하고 있습니다. 그리스도는 물질을 죄악시하는 금욕주의적 입장을 취하지 않으셨습니다. 하늘나라 건설을 위해 물질이 필요하고 육신이 필요함을 주님은 인정하시고 또 주님은 우리 인간을 통해 역사하시기를 원하십니다.

이 넷째 기원은 육신의 필요한 모든 것 먹고 마시고 입고 거하는 것 뿐만 아니라 하나님 보시기에 우리에게 유익한 모든 것을 하나님께 간청하라는 것입니다.

히브리서 4:15-16에 "우리에게 있는 대제사장은 우리 연약함을 체휼하지 아니하는 자가 아니요 모든 일에 우리가 한결 같이 시험을 받은 자로되 죄는 없으시니라 그러므로 우리가 긍휼하심을 받고 때를 따라 돕는 은혜를 얻기 위해 은혜의 보좌 앞에 담대히 나아갈 것이니라"고 했습니다. 주님은 우리 인간의 몸을 입으시고 인간의 삶을 체험하셨기에 인간의 먹는 문제가 그 무엇보다 중요하다는 사실을 알기 때문에 양식을 위한 기도를 드리라고 하신 것입니다.

그러므로 이 양식은 매일 먹고 살아야 할 양식입니다. 그리고 기독교는 하나님과 인간은 근본적인 차이가 있다는 사실을 인정하는 종교입니다. 사람은 하나님이 아니라 사람이기 때문에 인간만이 가지는 연약성이 있습니다. 따라서 하나님은 우리가 인간으로서 인간의 필요를 외면하지 않고 필요를 위해서 기도하라 가르치신 것입니다.

주기도문에서 말씀하는 양식은 우리가 매일 먹는 양식입니다. 나아가 인간에 필요한 모든 것이 포함되어 있습니다. 참으로 주님은 좋으신 분이십니다. 할렐루야!

2. 일용할 양식(糧食)

일용할 양식이 무엇입니까? 일용할 양식은 원래 한 병사의 하루 배급식량을 말합니다. 그때그때 매일의 몫으로 주어지는 양식입니다. 이것은 또 오늘날 우리가 이 세상에서 생활하는데 반드시 필요한 모든 것을 통칭하기도 합니다. 일용할 양식은 바로 오늘의 양식입니다. "오늘날 우리에게 일용할 양식을 주옵소서" 이 기도는 인생의 본질을 바로 가르쳐준 기도문입니다. 왜냐하면 인간에게는 오늘밖에 없습니다. 내일이란 하나님께 속한 것이기 때문입니다.

마태복음 6:34에 "그러므로 내일 일을 위하여 염려하지 말라 내일 일은 내일 염려할 것이요 한 날의 괴로움은 그 날에 족하니라" 했습니다. 즉 그 날에 족하고 내일 일은 하나님께 맡고 염려하지 말라는 것입니다. 내일 일을 염려하는 것은 우리의 분야를 벗어나는 것입니다. 주님께서는 오늘날 우리에게 일용할 양식을 주옵소서 라고 가르치신 기도의 '일용한'이라는 것은 그 날에 필요한 반드시 필요한 양식을 위하여 기도하라는 것입니다.

누가복음 11:3에 우리에게 "날마다 일용할 양식을 주옵시고"에서 '날마다'를 강조하고 있습니다. 이 일용할 양식의 기도는 우리에게 또한 사치와 욕심과 교만을 위한 기도가 아니라 필수적인 것을 위해서 기도하라는 것입니다.

빌립보서 4:19에 "나의 하나님이 그리스도 예수 안에서 영광 가운데 그 풍성한 대로 너의 모든 쓸 것을 채우시리라" 했습니다. 이 말씀은 바로 우리의 필요한 것을 주신다는 약속입니다.

필요한 것을 주신다는 말은 우리에게 필요한 모든 소원을 다 이루어 주신다는 약속은 아닙니다. 우리는 때때로 우리의 욕심을 이상으로 착각하는 오류를 범하고 있습니다. 하나님은 우리의 욕망을 채워 주시는 분이 아니시고 우리의 필요를 허락하시는 분이십니다. 하나님은 출애굽시대에 광야에서 매일 매일 필요한 양식을 내려주셨습니다.

우리는 오늘 한 날의 삶에 감사하고 그 날의 삶에 만족하며 한 날의 양식을 주심을 감사하며 기도하여야 합니다. 디모데전서 6:7-9에 "우리가 세상에 아무 것도 가지고 온 것이 없으매 또한 아무 것도 가지고 가지 못하리니 우리가 먹을 것과 입을 것이 있은 즉 족한 줄로 알 것이라" 했습니다.

우리에게 매일의 양식이 필요한 것 같이 매일의 기도가 필요합니다. 우리들의 생활은 주기도의 응답으로 지속되야 합니다. 이 기도는 매일의 양식이 필요없는 자들도 동일하게 필요합니다. 사람에게는 양식이 있어도 먹지 못하는 경우가 있으므로 가난한 심령으로 매일 기도해야 합니다.

3. 넷째 기원(祈願)을 주신 목적(目的)

주기도문은 제자들의 간청에 의하여 주님이 가르친 기도입니다. 오늘 날 우리에게 일용할 양식을 달라고 기도하라 하신 데는 목적과 의미가 있을 것입니다.

1) 하나님의 영광을 위해서 이다.

예수님께서 주기도문을 가르치신 목적은 하나님의 영광을 위해서 입니다. 매일 매일 건강하게 살도록 하기 위한 것입니다. 성도의 모든 삶은 하나님의 영광을 위한 것이어야 하는 것처럼 이 간구의 기도는 하나님의 영광을 얻게 하기 위하여 주신 것입니다.

잠언 30:8-9에 "나로 가난하게도 마옵시고 오직 필요한 양식을 내게 먹이시옵소서 혹 내가 배불러서 하나님을 모른다 여호와가 누구냐 할까 하오며 혹 내가 가난하여 도적질하고 내 하나님의 이름을 욕되게 할까 두려워함이니이다." 했습니다.

이 기도가 배가 너무 고파서 울부짖는 거지와 같은 부르짖음이라면 기도의 의미가 없습니다. 더구나 먹고살기 위해서 하는 기도라면 인생이 너무 비참합니다. 이 기도는 이방인처럼 하나님의 영광을 무시하고 무엇을 먹을까 하는 기도가 아니며 바리새인들처럼 현실을 무시하고 이상에 매여 외식하는 기도가 아니며 자신의 이익만을 구하는 기도가 아니라 하나님의 영광을 염두에 두고 하는 기도입니다(롬 14:7-9, 고전 10:31).

2) 날마다 하나님만 의지하는 삶을 살기 위해서이다.

하나님은 출애굽 시대에 날마다 매일 양식을 주시면서 선민들이 하나님만 의지하고 살도록 하셨습니다. 하나님은 한꺼번에 많은 것을 주실 수 있습니다. 그런데 왜 일용할 양식만 주셨습니까?

그것은 바로 양식을 날마다 주시고 날마다 거두므로 날마다 하나님을 바라보고 하나님만 의지하도록 하신 것입니다. 사람들이 물질로 인하여 마음이 하나님을 떠나거나 믿음이 식어지지 않게 하기 위하여 매일매일 주신 것입니다. 다시 말하면 인간은 하나님을 떠나서는 살수 없다는 것입니다. 시편기자는 시편 68:19에 "날마다 우리의 짐을 지시는 주 곧 우리의 구원자이신 하나님을 찬송할지로다" 했습니다.

3) 인간 스스로 일용할 양식조차 받을 수 있는 자격이 없다는 것을 가르쳐 준다.

인간은 본질상 죄인이요, 하나님의 영원한 저주아래 있는 존재입니다(엡 2:1-3). 그러나 하나님의 은혜로 파멸에서 구원되어(엡 2:8-9) 하나님의 자녀가 된 것입니다.

인간은 인간 스스로의 자격으로 아무것도 받을 수 있는 자격이 없습니다. 전적으로 하나님의 은혜로 하나님만이 인간이 구할 때 주실 수 있습니다. 하나님이 주시지 않으면 아무것도 소유 할 수 없습니다(욥 2:10).

4) 노동의 책임을 말씀하고 있다.

하나님은 인간에게 두 가지 명령을 주셨습니다. 하나는 종교(창 2:17) 명령이요, 또 하나님은 문화명령(창 1:28)입니다. 주님은 넷째 기원을 통해 노동의 책임을 말씀하고 있습니다. 매일의 양식을 위해 최선을 다하며 일하라는 것입니다. 주님은 공중에 나는 새를 보라, 들에서 자라는 백합화를 보라고 했습니다. 이 것은 바로 일하는 새, 일하는 백합을 말씀하고 있습니다.

잠언 6:6에 "게으른 자여 개미에게로 가서 그 하는 것을 보고 지혜를 얻으라"

데살로니가후서 3:10에 "누구든지 일하기 싫어하거든 먹지도 말게 하라"고 말씀하고 있습니다. 매일의 노동을 통해서 하나님을 영화롭게 하고 강도나 도적질이나 사기나 착취와 같이 다른 사람에 대해서 다른 사람의 소유를 취해서 얻은 것을 정당화시키지 않으시며 건전한 노력의 대가로 얻은 것을 가리킵니다(시 6:9, 128:2).

5) 나누고 베풀고 도우는 삶을 살라는 것이다(선교).

주님은 넷째 기원을 통해서 "오늘날 나에게 일용할 양식을 주옵소서"라고 가르치지 않고 "우리에게"라는 단어를 사용하셨습니다. 하나님의 풍성한 부요는 나만 위한 것이 아니라 우리 모두를 위해 주시는 것입니다(고후 9:10-11). 나와 너와 우리와 세계인류 모두가 일용할 양식이 있어야 한다는 것입니다.

우리는 항상 우리라는 공동체의식을 잊어서는 안됩니다. 첫째 기원에서 "하늘에 계신 우리 아버지여" 한 것은 하나님은 아무도 독점하지 못하는 공동체의 아버지인 것처럼 일용할 양식도 한 사람이 독점하는 것이 아니라 우리 모두에게 주어지는 양식입니다(엡 4:28).

감리교 창설자 요한 웨슬러는 그리스도인의 물질관에 대해서 "여러분 우리는 하나님의 축복으로 될 수 있는 대로 돈을 많이 벌어야 합니다." 청중들은 "아멘"했습니다. "그리스도인들은 될 수 있는대로 돈을 낭비하지 말고 저축해야 합니다." 청중들은 손뼉치며 설교를 잘한다고 했습니다. "많이 돈 벌어 많이 헌금하고 선교를 하십시오" 했습니다. 청중들은 돈 많이 내고 헌금하라고 했더니 나가 버렸다는 것입니다.

하나님의 축복은 나혼자만의 것이 아니라 다른 사람과 함께 나누는 것입니다(창 12:1-3). 우리는 돈 많이 벌어서 모든 사람에게 일용할 양식이 있게 합시다. 우리는 우리의 지갑이 열릴 준비가 되어 있지 않으면 주기도문을 드리지 말라고 했습니다. 다같이 더불어 잘 사는 사회를 만들 것을 주님께서 가르치신 기도입니다.

6) 재물을 의지하지 말고 욕심 부리지 말라는 것이다.

누가복음 12:13-21, 16:19-31에 부자에 대한 말씀이 나옵니다. 이 두 사람의 공통적인 것은 하나님보다 재물에 의지하고 자신의 쾌락만을 위해 살았다는 것이며, 그들의 결국은 음부였다는 것입니다. 미래를 위하여 재물을 많이 쌓아 놓는 것은 내일의 하나님의 역사를 제한하는 것입니다. 출애굽기 18:16에 "많이 거둔 자도 남음이 없고 적게 거둔 자도 부족함이 없이 각기 식량대로 거두었더라" 했습니다. 하나님은 물질 보다 자신을 더욱 의지하기를 원하십니다.

물질을 의지하는 것은 죄이며, 욕심을 부리는 것은 죄악입니다(딤 후6:10, 17-19). 물질 때문에 하나님의 법을 범한다는 것은 잘못된 것입니다. 하나님이 진정 주시지 않으면 우리는 아무 것도 소유할 수 없습니다.

하나님 없이 주어진 물질은 나를 타락하게 할 수도 있습니다.

7) 매일 감사하고 만족해야 한다는 것이다.

행복한 삶이란 소유의 넉넉함에 있는 것은 아닙니다. 소득이 50만원일 때 500만원만 되면 1,000만원 되면 행복할 줄 알았지만 소유의 지수가 행복지수를 채울 수 없는 것입니다. 주께서 '일용할 양식을 주옵소서' 기도하라고 하는 것은 바로 한 날의 삶에 감사하며 만족하라는 것입니다. 내일의 일들은 다 주께 맡기고 주님이 주신 오늘의 양식에 대하여 감사하라는 것입니다. 이 양식에 대해서 감사해 보신 적이 있으십니까? 참으로 영혼의 깊은 곳에서부터 나오는 감사 말입니다(딤전 6:6-8, 히 13:5).

결론

주기도문의 넷째 기원은 인간에 가장 필요한 우선적인 것이 생존이라는 사실을 가르쳐 주며 우리가 살고 생명을 유지하기 위해서 일용할 양식이 필요하다는 것을 가르치며 기도하라는 것입니다. 그리고 이 기도 역시 주의 영광을 위해 하나님의 나라가 이 땅위에 임할 때까지 그의 뜻이 이루어질 때까지 계속 되어야 합니다. 그리고 주님은 인간의 현실 문제가 중요하다는 사실을 친히 아시고 양식으로 고난받는 그들을 위해 벳세다 광야에서 오병이어의 기적을 보여 주신 것입니다.

오늘날 우리에게 일용할 양식을 주옵소서 라는 기도를 드릴 때마다 우리는 하나님의 영광을 생각해야 하며, 내 자신 빵 한조각 조차도 받을 자격이 없다는 것을 인식하고 나눔의 삶을 살며 매일의 삶속에서 물질을 의지하지 말고 하나님만 의지하고 늘 감사하며 살아야 할 것입니다. 오늘날 우리에게 일용할 양식을 주옵소서 이 기도를 당신은 늘 드리고 있습니까? 할렐루야 아멘.

주기도문의 다섯째 기원(祈願)

마 6:15, 롬 3:24-25

제 105 문

주기도문의 다섯째 기원에서 우리가 무엇을 구하는가?

답 : 주기도문의 다섯째 기원 "우리가 우리에게 죄 지은 자를 사하여 준 것같이 우리 죄를 사하여 주옵시고"는 하나님께서 그리스도를 보시고 우리의 모든 죄를 값없이 용서해 주신 것을 비는 것인데(엡 1:7, 행 2:38), 그의 은혜로써 우리가 진심으로 다른 사람들을 능히 용서하여 줄 수 있기 때문에 우리는 더욱 용감히 이것을 구할 담력을 가지게 되는 것이다.

주기도문의 후반부 넷째 기원 "일용할 양식을 주옵시고"는 현재를 위한 기원이리면, 다섯째 기원은 과거의 실패에 대한 기원이라고 할 수 있습니다. "우리가 우리에게 죄 지은 자를 사하여 준 것 같이 우리의 죄를 사하여 주옵시고"는 지난날에 지은 죄에 대하여 사죄의 은총을 기원하라는 것입니다

죄의 문제는 인간에게 있어서 가장 중요한 문제입니다. 인간의 모든 불행은 죄로부터 시작되기 때문에 사죄의 간구는 중요한 간구입니다. 원어 '오훼리이네마'는 '빚' '부채'라는 뜻이며, 누가복음 11:4에 '하말티아'는 '과녁이 빗나갔다'는 뜻입니다. 죄는 하나님에 대한 도덕적 빚이요 탈선입니다.

죄의 문제는 하나님만이 해결할 수 있습니다. 인간은 다 죄인이기 때문에 죄인이 죄의 문제를 스스로 해결할 수 없습니다(롬 3:10). 오직 하나님만이 죄를 사하여 줄 권세가 있고 사할 수 있습니다. 그러면 우리가 우리에게 죄지은 자를 사하여 준 것 같이 우리의 죄를 사하여 주옵시고 란 무엇을 말합니까?

이것은 참으로 하나님께로부터 사죄의 은총을 받은 사람이라면 능히 다른 사람의 죄를 용서해줄 수 있다는 말입니다. 용서가 없는 사람은 공동체의 일원이 될 수 없습니다. 남의 죄를 용서해 주지 않는다면 우리의 죄를 사하여 주옵소서 라고 기도할 자격이 없습니다. 주기도문은 우리들을 위한 기도이기 때문입니다. 하나님께서 그리스도 안에서 우리를 용서하신 것같이 우리도 서로 남을 용서해야 할 것을 주님은 실천하시고 우리에게 기도하라는 것입니다.

그리고 다섯째 기원은 가장 오해되고 있는 기원입니다. 우리는 우리의 죄를 용서할 수 없기 때문에 이런 기도를 드릴 수 있느냐 라는 것입니다. 그러나 이 기원은 우리의 근본적인 죄의 문제를 다루고 있는 것이 아니라 우리 생활 속에서 날마다 일어날 수 있는 일상의 범죄를 말씀하고 있습니다. 주님께서 말씀하시기를 "너희가 사람의 과실을 용서하면 너희 천부께서 너희 과실을 용서하시거니와 너희가 사람의 과실을 용서하지 아니하면

너희 아버지께서도 너희 과실을 용서하지 아니하시리라"(마 6:14-15)고 말씀하십니다.

1. 이 기도(祈禱)을 드릴 수 있는가?

　사죄의 은총은 하나님만이 할 수 있는 고유영역입니다. 사죄의 영역은 인간의 영역이 아닙니다. 그런데 어떻게 사죄의 기도를 드릴 수 있습니까? 또 예수 그리스도를 믿는 순간 사죄의 은총을 받아 믿음으로 의롭다함을 받았는데 무엇 때문에 이 기도를 드려야 합니까?

　의롭다 함을 받았다는 것은 하나님께서 예수 그리스도 안에서 우리의 모든 죄를 완전히 사죄하셨다는 선언이요, 공포입니다. 우리가 범했고 앞으로도 범할 우리의 모든 죄를 사하셨고 우리의 죄를 그리스도께 전가시키고 그리스도의 의를 우리에게 전가하시고 그 안에서 우리를 의롭다 간주하시고 사죄를 선언하신 칭의입니다. 그런데 어떻게 이 기원을 드릴 수 있습니까? 그러나 주님은 주기도문에서 칭의에 관해 말씀하고 있지 않습니다.

　다시 말하면 구원의 선물로 받은 그리스도 안에서 받은 칭의를 여기서 취급하고 있지 않으며, 근본적인 죄의 문제가 아니라 우리의 일상생활 속에서 날마다 일어날 수 있는 일상범죄를 다루고 있다는 사실을 알아야 합니다.

　요한복음 13:5-10에서 주님은 제자들의 발을 씻기실 때에 베드로는 거절하였습니다 그때 씻지 않으면 나와 상관이 없다고 할 때 주여 그러면 발 뿐만 아니라 손과 머리도 씻겨주옵소서 할 때 주님은 이미 목욕한 사람은 발밖에 씻을 필요가 없느니라 이미 온 몸이 깨끗하니라고 했습니다. 온 몸이 씻음 받는 것은 한 번 뿐입니다. 이것이 칭의입니다. 그러나 칭의를 받고나서 우리가 이 세상을 통과할 때 죄의 때가 묻고 더러워집니다. 이것은 기독교인 누구에게나 동일합니다. 우리가 용서받은 사실을 알아도 우리는 특정한 죄와 허물에 대해서 여전히 용서받을 필요가 있습니다. 요한일서 1:9에 "만일 우리가 우리 죄를 자백하면 저는 미쁘시고 의로우사 우리 죄를 사하시며 모든 불의에서 우리를 깨끗케 할 것이요"라고 말씀하고 잇습니다.

　발을 씻는 것은 바로 우리가 주님 앞에 죄를 자백하므로서 우리의 영혼은 계속해서 순결하게 보존할 수 있음을 가르치고 있습니다. 그러므로 하나님의 자녀로서 이 기도는 전정으로 필요한 기도입니다.

2. 죄인(罪人)이라는 사실(史實)을 인식(認識)

　죄란 하나님의 법을 순종합에 부족한 것과 혹은 어기는 것입니다.
성경에서는 죄를 여러 가지로 표현하고 있습니다.

① 하말티아: 과녁을 맞추지 못하다. 과녁에서 빗나가다. ② 파라바시스: 곁길로 가다. 옆길로 가다. 길 아래로 가다(줄을 따라가지 못했다는 뜻이며 곡예사가 외줄에서 떨어짐을 의미합니다). ③ 아리키아: 완전치 못하다. 불의 하다. ④ 아노미아: 불법. 위반. 법에서 벗어남을 가리킨다. ⑤ 아세베이아: 경건치 못하다. ⑥ 포네리아: 악하고 부패하다. ⑦ 카카아: 악한 일. ⑧ 아온: 부정. ⑨ 페사: 허물. ⑩ 라아: 악한 불량한 사악한. ⑪ 파라포토아: 미끄러 넘어지다. 자제하지 못하다. 절제하지 못하다. ⑫ 오훼리이네마: 빚. 부채.

우리는 내 자신이 죄인인 것을 인식하고 사죄의 기도를 드리며 회개해야 합니다.

사람은 죄에 대해서 무관심하나 하나님은 아주 세밀하십니다. 우리는 겸손히 정직하게 죄인인 것을 인식하고 우리의 죄를 사하여 주옵소서라고 기도하며 회개의 삶을 살아야 합니다. 회개는 축복의 지름길입니다(약 4:17, 렘 5:25).

파스칼은 이 땅에 살고 있는 인간은 크게 두 종류로 대별할 수 있다고 했습니다. "죄를 범하고도 죄를 범하지 않았다고 생각하는 사람이며" 또 "죄를 범한 후 자신의 죄를 깨닫는 사람인데" 전자는 희망이 없는 죄인이요 후자는 희망이 있는 죄인입니다.

당신은 희망이 있는 죄인입니까? 루터는 "그리스도인들은 의인이며 동시에 죄인이다." 우리는 우리의 일상에서 늘 죄를 짓는 죄인임을 바로 인식하고 우리의 죄를 사하여 주옵소서 기도하라고 하신 주님의 음성에 귀를 기울이시기 바랍니다.

3. 죄(罪)의 자백(自白)

"우리가 우리에게 죄지은 자를 사하여 준 것 같이 우리의 죄를 사하여 주옵시고"에서 "우리의 죄"는 바로 나의 죄입니다.

죄는 고백을 통하여 씻음을 받습니다. 아무리 큰 죄라도 주님 앞에 고백하면 사죄의 은총을 받고 아무리 적은 죄라 하더라도 고백하지 않으면 사죄의 은총을 받을 수 없습니다(요일 1:9-10).

"허물의 사함을 얻고 그 죄의 가리움을 받는 자는 복이 있도다 마음에 간사가 없고 여호와께 정죄를 당치 않는 자는 복이 있도다. 내가 토설치 아니 할 때에 종일 신음하므로 내뼈가 쇠하였도다"(시 32:1-3). 죄는 자백으로 용서를 받는 것이며 자백할 때 놀라운 변화가 일어납니다.

칼빈은 "사람들이 자기 죄를 자백하지 않는 것은 갚아야할 빚을 갚지 않는 것과 같다" 했고, 루터는 "사람이 죄를 고백하지 않는 이유는 스스로에게 겸손하지 못하기 때문이다" 했습니다.

우리는 죄를 자백하고 또 실천하지 않는 자가 아니라 우리의 삶속에서 다시는 죄를 범하지 않는 결단이 필요한 것입니다. 죄의 자백만이 사죄의 은총을 받을 수 있습니다.

4. 사죄(赦罪)를 위한 기도(祈禱)

사죄의 은총은 기독교만이 가지는 유일한 은총입니다.
죄의 참된 용서는 주님만이 할 수 있습니다. 인간이 사죄의 은총을 받지 못한다면 멸망 받기 때문에(약 1:15, 롬 6:23) 주님은 사죄의 은총을 기도하라는 것입니다.
"우리의 죄를 사하여 주옵소서"라고 기도하라고 주님은 말씀하고 있습니다.

5. 이 기도를 드릴 수 있는 자격(資格)

하나님의 자녀로서 우리에게 죄지은 자를 사하여 주는 자만이 이 기도를 드릴 수 있습니다. "우리에게 죄 지은 자를 사하여 준 것 같이"란 행동으로 우리를 부당하게 취급하거나 말로 우리를 모독하는 형태로 우리에게 상처를 입힌 자들을 우리가 용서하는 것 같이 우리의 죄를 용서해 달라고 기원하라는 것입니다. 죄를 용서하는 것은 우리의 권한이 아니라 하나님께만 속한 것입니다(사 43:25). 그러나 주님은 용서를 말씀하시고 "너희가 사람의 과실을 용서하지 아니하면 너희 아버지께서도 너희 과실을 용서하지 아니하시리라"(마 6:15)고 하시고 "긍휼히 여기는 자는 복이 있나니 저희가 긍휼히 여김을 받을 것이요"(마 5:7) 말씀하십니다.

어떤 사람이 주인에게 일만달란트 빚진 것을 탕감 받았습니다. 좋아서 집으로 가다가 자기에게 일백데나리온 빚진 동관을 만나 붙들어 목을 잡고 빚을 갚으라 하면서 용서해 달라고 애원하는 사람을 감옥에 가두었습니다. 주인이 그 말을 듣고 대노하여 저의 빚을 다 갚도록 옥에 가두었습니다(마 18:21-34). 이 말씀을 예수께서 하시고 "너희가 각각 중심으로 형제를 용서하지 않으면 내 천부께서도 너희에게 이와 같이 하시리라"(마 18:35). 우리는 우리가 용서함 받았기 때문에 용서할 수 있는 것입니다(요일 4:19, 눅 7:47).

그러나 우리가 명심해야 할 것은 우리의 용서의 조건으로 용서받는 것은 아닙니다. 그리고 용서받기 위한 전제 조건적인 될 수 없습니다. 우리의 행위의 어떠한 것도 하나님의 것에 대한 완전한 표준이 될 수 없습니다(요일 1:8). 그러므로 누구든지 내게 잘못한 것이 있어 용서를 구하면 중심으로 용서하라 하나님도 우리를 용서해 주실 것입니다(마 5:23-24). 형제를 용서하지 않고는 사죄를 받을 수 없고 형제의 잘못을 용서하지 않는 사람은 이 기도를 드릴 수가 없습니다.

그러면 형제용서가 무엇입니까? ① 사랑이 용서입니다(벧전 4:9). ② 이해가 용서입니다. ③ 망각이 용서입니다.

분노, 복수심, 미움, 등 모든 것을 우리 마음속에서 몰아내고 부당한 행위를 기억하지 말고 잊어버리는 것입니다. 우리에게 해를 끼치고 있거나 이미 해롭게 하는 모든 사람들의 잘못을 용서해야 합니다. 우리 마음속에 미운 감정을 품거나 복수를 계획하거나 해칠 생각을 가지면 안됩니다. 그리고 다시한번 우리가 명심해야 할 것은 "우리가 우리에게 죄지은 자를 사하여 준 것 같이 우리 죄를 사하여 주옵시고"라고 해서 우리가 다른 사람을 용서해준 것이 공적이 되어 우리가 하나님께 용서받는다는 것이 아니라는 사실을 명심해야 합니다. 주님이 이 말씀을 하신 것은 우리의 연약한 신앙을 위로하기 위한 것입니다. 우리 마음속에 미움이나 질투심 분노 복수심이 사라지지 않고 계속 존재한다면 우리의 신앙은 파산하고 말 것입니다.

용서는 사랑입니다. 용서는 이해입니다. 용서는 망각입니다. 할렐루야

결론

다섯째 기원은 우리가 사는 공동체 생활에 절대 필요한 문제입니다. 만약 한 공동체 속에 용서가 없고 적대심만 있다면 그 공동체는 불행한 공동체가 될 것입니다. 용서만이 공동체를 행복하게 하며 평화롭게 할 것입니다. 주기도문의 다섯째 기원은 타인에 대한 우리의 태도를 분명히 가르치고 있습니다.

우리가 사랑 받는 것 같이 다른 사람도 받아야 하며 우리가 용서함 받는 것처럼 다른 사람도 용서함을 받아야 합니다.

베드로는 주님께 묻기를 형제가 내게 죄를 범하면 몇 번이나 용서하리까? 일곱 번까지 하오리까? 이것은 놀라운 질문입니다. 주님은 "일곱 번이 아니라 일흔 번씩 일곱 번이라도 용서하라"(마 18:21-22). 즉 타인에 대한 용서는 시한적인 것이 아니라 무한한 은혜의 반영이어야 한다는 것입니다.

칼빈은 "복수심에 가득 차고 용서하는데 인색해서 다른 사람들과 계속해서 불화하여 다른 사람을 분하게 만들어서 도리어 거기에서 피하게 해달라고 기도하게 만드는 자들은 하나님의 자녀가 될 수 없다는 사실을 주님께서 표시한 것이다"고 했습니다. 용서가 없는 사람은 하나님을 아버지라 부르지 못합니다. 형제를 용서하지 않고는 사죄은총를 받을 자격이 없습니다. 공적인 잘못은 법으로 다스리지만 사적인 잘못은 용서해야 합니다. 우리가 사는 공통체는 사랑과 용서가 필요합니다. 내가 용서받았기에 용서하여야 합니다. 용서하는 자는 더 큰 축복을 받습니다(마 5:7, 약 2:13, 마 6:14-15, 시 32:1).

용서는 사랑입니다. 용서는 이해입니다. 용서는 망각입니다. 당신은 용서의 삶을 살고 있습니까? 그러면 당신의 심령에는 천국이 임하고 있습니다. 기독교는 용서의 종교입니다. 할렐루아 아멘.

주기도문의 여섯째 기원(祈願)

마 26:41, 마 6:13

제 106 문

주기도문의 여섯째 기원에서 우리는 무엇을 구하는가?

답 : 주기도문의 여섯째 기원은 "우리를 시험에 들게 하지 마옵시고 다만 악에서 구하옵소서"는 우리는 하나님께서 우리가 범죄에 이르는 시험을 당하지 않토록 해 주시거나(마 26:41, 시 19:13) 우리가 시험을 당하였을때 우리를 도와주시고 구원해 주시기를 구하는 것이다(시 51:10,-12).

주기도문 전반부에서 하나님의 이름과 하나님의 나라의 임재와 그의 뜻이 이 땅위에 이루어지기를 기원하고 후반부에서 인간의 현재의 필요를 위한 일용할 양식과 사죄의 은총과 용서에 대하여 기도해야 한다는 것을 깨닫습니다. 이제 인간에 대한 마지막 기원으로 우리의 보호를 위한 기도를 가르치고 있습니다.

주기도문은 완전한 기도로서 과거 현재 미래를 위한 기도입니다. 보호는 바로 미래를 위한 기도입니다. "우리를 시험에 들게 하지 마옵시고 다만 악에서 구하옵소서"는 우리의 보호를 위해 꼭 필요한 기도입니다.

원어 '패이라스노스'는 '시험 혹은 유혹, 꾀임'이라는 뜻입니다. 원문을 직역하며 '우리를 유혹 안으로 들어가지 않게 하옵소서' 입니다. 다시말하면 우리가 사탄에게 유혹 받게 하는 상황 속에 빠져들어 가지 않토록 기도하라는 뜻입니다.

하나님은 아브라함을 시험하시고(창 22:1), 예수님은 빌립을 시험하시고(요 6:6), 또한 주님 생애에도 여러 번 시험을 당하셨습니다(마 4:1). 그러나 야고보서를 통해서 시험은 있되 악한 시험은 없다고 가르치고 있습니다(약 1:13-14).

베드로는 마귀가 우는 사자처럼 두루 다니며 삼킬 자를 찾고 있다고 했고(벧전 5:8), 바울은 근신하라 깨어 있으라(살전 5:8), 깨어 믿음에 굳게 서서 있으라(고전 16:13), 시험에 들지 않게 깨어 있으라(막 14:38) 말씀하고 있습니다.

그러므로 주기도문은 시험을 극복하고 시험에 들지 않도록 해 달라는 기도입니다. 고린도전서 10:13에 "시험은 있는 것이요 주께서 시험 당할 때에 피할 길을 주시고" 마태복음 26:46에는 시험에 들지 않도록 기도하라고 했습니다.

이 세상에는 시험에 면제된 사람은 없습니다. 또 시험에 면제된 장소도 없습니다. 누구에게나 위험한 상황이 있기 마련이며 삶 속에서 시시각각 찾아오는 시험이므로 시험에 들지 말게 해 달라고 하는 기도는 우리들의 삶 속에 진정 필요한 기도입니다. 또 적극적으로 나아가 악에서 구원받기 위해 기도하므로 미래를 하나님 손에 보장받아야 할 것입니다. 그러므로 이 기도가 필요합니다.

1. 이 기도(祈禱)를 드릴 이유

1) 시험에 면제된 사람이 없기 때문이다.

이 세상에는 시험을 초월한 초인은 없습니다. 인간으로 태어난 모든 사람은 시험을 받게 됩니다. 이유는 죄를 범했기 때문이며 사탄이 존재하고 있기 때문입니다.

사람이 이 세상에 사는 동안 시험은 누구나 불가피하게 당하는 것입니다. 면제된 사람도 면제된 장소가 없기 때문입니다. 그러므로 우리는 시험에 들지 않도록 노력해야 하며 기도해야 한다는 것을 주님께서 가르쳐 주신 것입니다. 왜 인간으로 오신 예수님은 친히 체험하셨기 때문입니다. 욥기 7:18에 "아침마다 권징하시며 분초마다 시험하시나이다"고 했습니다. 본문의 어떤 역본에는 "우리로 하여금 시험에 지지 않게 하옵소서." 또 "우리로 하여금 시험에 굴복하지 않게 하옵소서"라고 말씀하고 있습니다.

시험은 존재하는데 "들지 않는 사람" "시험에 빠지지 않는 사람" "시험에 지지 않는 사람" "시험에 굴복하지 않는 사람" "시험의 꾀임과 유혹에 안으로 들어가지 않는 사람"은 복있는 사람입니다(약 1:2,12). 세상에는 시험이 있기 때문에 필요한 기도이며, 주님 재림하시는 날까지 기도해야 합니다.

2) 사람은 나약한 존재이기 때문이다.

마귀는 영물인 천사의 타락이요, 창세기 3장을 기원으로 하면 약 6,000살이 됩니다. 100살도 아니되는 우리 인간이 육을 가진 우리 인간이 마귀의 시험에 이길 수 없습니다. 바울은 "내가 원하는 선은 행치 아니하고 도리어 원치 않는 악을 행한다"(롬 7:19)고 했습니다. 나 자신 시험에 이길 수 없는 나약한 존재이기 때문에 하나님께 기도하는 것이며, 십자가와 죽음으로 모든 시험을 이기신 주님을 의지하므로 시험에 이길 수 있습니다. 우리는 우리 자신의 나약함을 알고 이 기도를 드려야 할 것입니다.

3) 이 땅에는 아직도 시험하는 자가 있기 때문이다.

하나님은 시험치 않지만(약 1:13-14) 마귀는 우리를 시험하고 있습니다(벧전 5:8). 마귀 뿐만 아니라 세상의 모든 유형의 악이 존재합니다. 우리들의 마음속에도 악이 존재합니다. 이러한 마음의 악에서 세상의 악의 환경에서 구원을 받을 필요가 있기 때문에 주님은 기도를 가르치신 것입니다.

4) 하나님만이 시험에 들지 않게 하실 수 있다는 것을 가르쳐 준다.

인간은 모든 시험에 들 수 밖에 없으며 이 시험에 올무에서 벗어날 수가 없습니다.

요한일서 2:16에 "이 세상에 있는 모든 것이 육신의 정욕과 안목의 정욕과 이생의 자랑이니 다 아버지께로 좇아 온 것이 아니요 세상으로 좇아온 것이라" 했습니다.

인간은 육신의 정욕과 안목의 정욕과 이생의 자랑 때문에 아담과 하와처럼 시험에 들 수밖에 없습니다. 아담과 하와를 시험 들게 한 사탄 마귀는 지금도 이 방법을 사용해 우리를 유혹합니다. 시험은 하나님만이 없게 할 수 있습니다(계 2:10). 주님의 기도로 베드로는 시험에 들지 않았습니다(눅 22:29-32). 하나님은 전지 전능하시기 때문에 우리를 시험에 들지 않게 하실 수 있기 때문에 주님은 하나님께 기도하라고 가르치고 있습니다. 히브리서 2:18에 "자기가 시험을 받아 고난을 당하셨은즉 시험받는 자들을 능히 도우시느니라" 했습니다. 하나님만이 시험에 들지 않게 하실 수 있으며 주님만이 도우실 수 있습니다.

2. 시험(試驗)이란?

시험이란 인간에게 다가오는 환난과 어려움과 고통과 고난과 역경과 제반 문제의 통칭입니다. 시험에는 하나님이 주시는 시험이 있고 사탄 마귀가 주는 시험(유혹)이 있습니다. 이것을 잘 분별해야 합니다 이것을 잘 분별하지 못하면 신앙생활에 승리 할 수 없으며 시험의 올무에서 벗어나 이길 수 없습니다. 하나님이 주시는 시험은 시련이라고 할 수 있으며, 교육적 의미에서 훈련이라고도 할 수 있습니다(벧전 1:7, 시 17:3). 하나님의 시험을 영을 자극합니다. 시험 후에는 축복이 있습니다(약 1:2,12). 마귀의 시험은 유혹이며 꾀임입니다. 마귀의 시험은 육체를 자극하고 달콤하며 자아를 앞세웁니다. 마귀의 유혹은 인간을 파산하게 합니다.

1) 하나님이 주시는 시험(시련과 훈련)

이 시험의 전제 조건은 "합력하여 선을 이룬다는 것입니다"(롬 8:28). "피할 길을 준다는 것입니다"(고전 10:13). "시험 후에 상을 준다는 것입니다"(약 1:12). 그러므로 "기뻐하라고 했습니다"(약 1:2).

하나님이 주시는 시험은(Test Training) 시련과 훈련이라고 합니다. 마귀의 시험은(Temptation) 유혹 혹은 꾀임이라고 하고 있습니다. 하나님이 주시는 시험의 목적은 우리를 파괴하고 몰락시키고 파멸하려는 것이 아니고 우리의 성숙을 위한 것이며, 시험을 극복하고 나면 놀라운 유익과 축복을 주시기 때문에 기뻐해야 하며, 성도의 성숙과 성장을 위해 기필코 이겨야 합니다.

하나님이 주시는 시험은? ① 선(善)합니다(롬 8:28, 약 1:12, 신 8:2). ② 감당할 수 있습니다(고전 10:13, 창 22:1). ③ 유익을 줍니다(약 1:2-3, 벧전 1:6-7, 욥 23:10). ④ 겸손하게 만듭니다(벧전 5:6, 잠 16:19). 사람은 시련을 당하면 겸손해집니다. ⑤ 순종과 복종을 배우게 됩니다(히 12:9, 벧전 2:20-21). 사람은 시험을 통해 옛사람을 벗어버리고 새로운 신앙의 인격자가 됩니다. 요셉은 시험을 통과하므로 애굽의 총리로 축복 받았고, 다니엘은 시험을 잘 이기므로 은총의 사람이 되었습니다. 시험의 승리자는 반드시 축복이 임하게 됩니다. 다가오는 시험을 겁내지 말고 피하려고 하지 말고 당당히 싸우십시오. 그리고 이기십시오. 또 기도하십시오.

2) 마귀 사탄이 주는 시험(유혹과 꾀임)

파괴적인 시험입니다. 파멸을 위한 시험입니다. 넘어지게 하는 시험입니다. 이 시험은 마귀로부터 오는 것입니다. 이를 유혹(Temptation)이라 합니다. 에프 비 마이어는 "하나님은 우리를 오르게 하기 위해 시험하지만 사탄은 우리를 내리게 하기 위해 시험한다"고 했습니다.

마귀의 시험에 스스로 던지는 것은 용기가 아니며 만용이며 무모한 것입니다. 주기도문의 여섯째 기원은 바로 이 시험을 이기기 위해 기도하라는 것입니다.

주님은 이 시험의 해방과 보호를 위해 기도하라는 것입니다. 그리고 시험에 들게 하지 마옵시고와 악에서 구하옵시고는 분리하여 생각할 수 없습니다. '악'이라는 말은 남성명사로서 인격적인 존재 악한 존재 사탄을 가리키는 것입니다. '악'은 악한 것 악한 일 악한 행위로 악은 악마의 행위요, 악마는 바로 이 악의 근본이기 때문에 우리가 악한 자에게 구함을 받지 않고는 악에서 구원될 수 없습니다.

시 에스 루이스는 "사람들이 마귀의 시험에 농락 당하는 중요한 이유는 마귀를 과소평가 하거나 과대평가 하기 때문이다"라고 지적합니다. 악령은 존재하지 않는다고 하는 사람에게 사탄은 안심하고 영혼 깊숙이 파고 들어가 그 영혼을 파멸시키며 사탄에 대한 과대 망상적인 상상을 하여 사탄에 대한 두려움과 혐오의 증세를 가지는 사람은 사탄의 덫에 걸리기 쉽습니다.

그러므로 사탄을 경계해야 합니다(벧전 5:8, 고후 2:11). 사탄은 우리의 약점을 알고 이 약점을 통하여 역사합니다.

"돈을 사랑하는 약점을 가진 유다" "이성에 약점을 가진 삼손과 다윗" "물질에 약점을 가진 롯과 아간" "명예에 약점을 가진 아나니아와 삽비라" "성격에 약점을 가진 베드로" 이 약점을 통해 마귀는 역사합니다.

당신의 약점은 무엇입니까? 여러분의 약점은 무엇입니까? 그 약점을 통해서 사탄이 찾아온다는 것을 잊지 말아야 합니다. 야고보서 1:14에 "오직 각 사람이 시험받는 것은 자기 욕심에 끌려 미혹됨이니라"고 말씀하고 있습니다.

사탄의 시험(유혹과 꾀임)은? (1) 악(惡)합니다(요일 3:12). (2) 감당치 못할 시험입니다(대상 21:1). (3) 손해를 보게 합니다(대상 21:14). (4) 무엇을 통하여 시험할까요? ① 이성을 통해서(삿 16:1-22, 삼하 11:), ② 물질을 통해(요12:5-6), ③ 명예를 통해서(행 5:1, 12:23) 마귀는 항상 이 세 가지 육신의 정욕, 안목의 정욕, 이생의 자랑을 가지고 공격합니다.

3. 승리의 비결(秘訣)(악에서 구하옵소서)

(1) 욕심을 버려야 합니다(약 1:14-15).
(2) 시험에 들 수 있는 사람과 장소를 피해야 합니다(시 1:1, 창 39:7-18).
(3) 성경 말씀을 읽고 말씀대로 살아야 합니다(엡 6:17, 골 3:16).
(4) 성령 충만한 삶을 살아야 합니다(갈 5:16).
(5) 자신을 의지하지 말아야 합니다(고전 10:12).
(6) 기도해야 합니다(마 26:41).

우리는 시험에 들지 않기 위하여 소극적인 자세를 버리고 적극적인 삶에 자세로 악에 빠지지 않도록 하여야 하겠습니다. 그리고 주기도문의 여섯째 기원을 통해서 참된 자유인이 되기를 축원합니다.

결론

여섯째 기원은 미래를 위한 기도이며 구원의 완성을 기다리는 기도입니다. 지금은 구원의 완성을 위해 달리는 것입니다. 주님께서 재림하시는 날 악의 총수인 사탄은 영원히 유황불에 던져질 것이요(계 20:13), 하나님의 나라가 도래하는 날 우리는 진정한 행복을 누릴 것입니다.

"다만 악에서 구하옵소서"의 '구하옵소서'는 '풀어 버린다' '해방한다'는 의미를 지니고 있습니다. '다만 악에서 구하옵소서' 이 기도를 통하여 죄에서 풀어지고 사탄에게 해방 되는 날 우리는 참된 의미에서 자유입니다.

이 세상에는 시험에 면제된 초인은 없습니다.

이 시험에 이기기 위해 먼저 하나님께로부터 온 시험인지 사탄으로부터 온 시험인지를 분별하고 우리의 약점을 잘 보완하여 승리의 삶을 사는 여러분이 되기를 축원합니다.

지금 시험 당하고 있습니까? 당신의 약점은 무엇입니까? 이것을 위해 기도하고 있습니까? 하나님만 의지합니까? 할렐루야 아멘.

주기도문의 송영(送迎)

마 6:13, 계 22:20-21

제 107 문

주기도문의 맺는 말은 우리에게 무엇을 교훈하고 있는가?

답 : 주기도문의 마지막 말씀은 곧 "대개 나라와 권세와 영광이 아버지께 영원히 있사옵나이다. 아멘."하는 것이니 이는 우리로 하여금 기도할 때에 하나님만 믿고(단 9:18-19) 또 기도할 때에 그를 찬송하여 나라와 권세와 영광을 아버지께 돌리며 찬송하라고 가르치며(대상 29:11,13) 우리의 소원을 들어 주실 것을 확증하는 표로 아멘하는 것이다(계 22:20).

주기도문은 서문에서 기도의 대상인 하늘에 계신 우리 아버지 앞에 자녀의 자세로 기도할 것을 가르치고, 전반부 세 기원에서 하나님을 위한 기원과 후반부 세 가지는 인간이 필요로 하는 모든 것을 구하는 것인데 궁극적으로는 하나님의 영광에 귀결되어야 한다고 가르치고 있습니다. 맨 마지막 소요리문답 107문은 송영으로 끝을 맺습니다. "대개 나라와 권세와 영광이 아버지께 영원히 있사옵나이다. 아멘,"

주기도문은 모든 기도의 모형으로 하나님으로 시작하여 하나님으로 끝을 맺으며, 하나님의 영광으로 시작하여 하나님의 영광으로 끝나는 모범적 기도이며, 이 기도의 응답은 하나님의 뜻이며 인간의 삶의 목적이기도 합니다.

이 맺는 말씀은 주기도문의 결론인 동시에 송영입니다. 누가복음 11장에는 이 부분이 빠져 있습니다. 마태복음에는 ( )안에 넣어 말씀하고 있습니다. 이 송영은 어떤 사본에는 있고 어떤 사본에는 없습니다. 그러나 당시 히브리인들은 습관적으로 기도를 할 때 반드시 송영으로 끝냈습니다(대상 29:11).

송영은 주님이 실제로 말씀하셨는지 안하셨는지 우리는 확실히 모릅니다. 주님이 하셨든 아니 하셨든 이 구절은 적합합니다. 그러나 우리는 사본에는 없을지라도 원문에는 있는 것으로 믿기 때문에 하나님 중심주의인 개혁주의 신앙에서 받아드리며 소요리문답과 대요리문답에서 가르치고 있습니다.

1. 송영(送迎)

송영이란 예배를 시작할 때와 마칠 때 부르는 시가와 찬송입니다. 모든 기원을 다 드리고 마지막 부분에서 송영을 드리는 것은 너무나 당연한 것입니다.

"대개 나라와 권세와 영광이 아버지께 영원히 있사옵나이다. 아멘." 의 송영으로 하나님께 영광을 돌리는 것은 너무나 지당합니다. 이것이 바로 인간의 삶의 목적이기 때문입니다. 그리고 주기도문 자체가 하나님의 영광을 위한 것이며 인간의 궁극적인 모든 것도 하나님의 영광이며, 하나님의 영광으로 끝날 때 비로소 사명을 다한 것이며, 은혜와 축복이 되는 것입니다.

하나님은 우리의 입술을 통하여 송영을 받으시기를 원하십니다(골 3:16, 엡 5:19). 바울은 하나님이 우리를 향한 예정도, 그리스도를 통한 구속도, 믿음으로 받는 하늘나라의 기업도, 그의 영광을 찬미하게 하려는 것이라고 고백하고 있습니다(엡 1:6,12,14). 송영은 예배의 시작과 마칠 때 부르는 찬송입니다. 찬송은 기도이며 이 기도는 곡조 있는 찬송입니다. 하나님은 우리에게 찬송 받으시기를 원하십니다(시 144: - 150:).

우리는 주기도문을 드릴 때마다 하나님께 드릴 찬송을 잊지 말아야 합니다. 찰스 웨슬레는 찬송23장을 통해 입이 만개가 있다면 그 입을 다 가지고 구주의 주신 은총을 찬송하겠다고 고백하고 있습니다. 송영으로 주께 영광을 돌립시다.

2. 송영(送迎)의 내용(內容)

1) 대개이다.

'대개'는 '대체로' '대부분' '왜냐하면'이란 뜻입니다. 대개가 구역, NASB, 독일역, KJV에 있습니다. 일부 고대 사본에 '대개'가 없다고 해서 다른 사본에 있는 것을 부정할 수는 없습니다.

2) 나라도 아버지께 영원히 있다.

악한 사탄을 지금 하나님의 나라를 자기의 것으로 만들려고 합니다. 이 송영은 '이 모든 나라는 영원히 아버지의 나라입니다'라고 선언하고 공포하는 것입니다. 이 나라는 하늘나라인 천국을 말하며, 나아가 하나님의 통치권이 미치는 곳을 말합니다. 통치권이 미치는 곳이라고 말할 때 하나님의 통치가 미치지 못하는 곳을 생각해서는 안됩니다. 하나님의 통치는 전 우주적이며, 전 역사적입니다. 이 모든 나라가 바로 아버지께 속한 것임을 선언하고 있습니다. 우리는 주기도문의 둘째 기원에서 "나라이 임하옵시며"란 기원을 통해 하나님의 통치의 실현을 위해 기도해야 할 것을 배웠습니다. 세상에는 사탄이 역사하고 있지만 통치권은 하나님께 있습니다. 하나님의 허락 없이는 활동할 수 없습니다. "주권도 주께 속하였사오니 주는 높으사 만유의 머리이십니다"(대상 29:12). "세상은 주의 나라가 되어"(계 11:15)라고 말씀하고 있습니다.

하나님이 다스리는 곳은 하나님의 나라입니다. 내 마음의 왕국에 하나님의 왕국을 실현시킵시다. 나아가 우리의 가정에, 우리의 직장에, 우리의 나라에, 세계에 하나님의 나라가 실현되도록 합시다. 지금 주님의 왕국 메시아의 왕국이 가까이 도래하고 찾아오고 있습니다. 이 나라를 대망하며 그의 나라가 실현되도록 복음을 전파하여(행 1:8, 마 28:19) 우리는 하나님의 나라가 아버지께 영원히 있음을 찬송합시다.

3) 권세도 아버지께 영원히 속해 있다.

권세는 통치하는 능력을 말합니다. 이 권세는 하늘에 계신 아버지 하나님께 있습니다(시 62:11). 우리는 주기도문을 통해 절대 주권은 하나님께 있음을 바로 인식하고 "영광이 아버지께 영원히 있음"을 찬송해야 합니다.

하나님은 능력의 원천입니다. 그를 믿는 자들에게 권세를 주십니다(요 1:12, 눅 10:19, 막 16:17-18, 빌 4:13). 루터는 찬송 384장에서 "내 주는 강한 성이요 방패와 병기되심"을 고백하고, 톰프슨은 찬송가 93장에서 "예수는 나의 힘"이라고 고백하였습니다. 하나님은 능력의 원천입니다. 그에게만 권능이 영원히 있사옴을 우리는 찬송으로 선포하여야 합니다.

(1) 창조의 권세도 주의 것입니다(창 1:1). (2) 구원의 능력도 주의 것입니다(롬 1:16)). (3) 이적의 능력도 주의 것입니다(빌 4:13). (4) 부활의 능력도 주의 것입니다(고전 6:14). (5) 세우는 능력도 주의 것입니다(롬 14:4).

4) 영광도 아버지께 영원히 있다.

하나님은 영광의 하나님이시기 때문에 영광도 하나님의 것입니다(사 42:8). 하나님은 영광 중에 계시고 영광을 받으시기에 합당하시며 그에게만 영광을 돌려야 합니다. 하나님의 영광이란 하나님의 활동이므로 하나님이 역사하는 곳에는 하나님의 영광이 나타나고 있으며 자신을 위해 우리에게 영광도 권세도 주십니다(계 14:7). 그러나 영광을 나의 것으로 돌리면 안됩니다. 어리석은 인간은 교만하여 하나님의 영광을 자기의 것으로 만들려고 합니다.

인간의 욕망이 두 가지 있는데, 하나는 신이 되고 싶은 욕망과 또 하나는 짐승이 되고 싶은 욕망이 있습니다. 신이 되고 싶은 욕망이 바로 하나님의 영광을 자신의 것으로 바꾸는 것입니다. 헤롯은 영광을 하나님께 돌리지 않으므로 충이 먹어 죽었습니다(행 12:23). 우리가 한 모든 일이 하나님께 영광이 되기 전까지는 축복이 아닙니다. 우리는 하나님께만 영광을 돌립니다. 당신은 하나님께 영광을 돌리고 있습니까?

3. 송영(送迎)의 끝

성경의 맨 마지막은 아멘으로 되어 있습니다(계 22:21). 주기도문의 마지막도 아멘으로 되어 있습니다. 아멘은 중요합니다. 아멘에는 귀한 의미가 있습니다. 주님도 자주 사용하셨습니다. 우리가 아멘할 수 있는 근거는 하나님 자신의 신실성과 하나님 약속의 신실성에 있습니다(계 22:20-21).

제롬은 "초대교회에 대하여 말하기를 공중기도와 찬송가의 끝에는 백성들의 아멘 소리로 바다의 파도 소리와 우뢰소리 같았다."고 했습니다. 교회의 부흥은 눈물의 씨와 아멘의 씨가 있어야 합니다. 아멘은 바로 하나님께 영광이 되기 때문입니다(고후 1:20).

1) 아멘의 뜻

아멘(Amen)은 히브리어로 단순형으로 '돌보다' '지지하다' 단순재귀형으로 '돌보다' '지지하다' '바로 맞추다' '의지가 되다'." 사역형 능동으로 '~을 신뢰하다' '~을 믿다'. 헬라어로 '알레토스'(렘 28:6) '게노이트'(시 41:13)는 청중들이 그들이 들은 맹세, 축복, 저주, 기도, 송영 등에 가담하여 내는 소리로 '진실로' '반드시' 등의 의미를 담고 있어 자신들이 '아멘'한 말의 결과를 감당할 준비가 되어 있음을 확인하는 감탄사입니다. '그렇게 되어지리이다' '그렇게 하여 주옵소서'의 뜻입니다.

아멘이란 말은 성경에서 몇 가지 귀한 의미로 사용되고 있습니다.

(1) 동의와 확신의 표현입니다(신 27:26, 고후 1:20). 진실을 맹세할 때 쓰며 틀림이 없다는 확인입니다.
(2) 진실로 그러합니다. 동의로 사용되었습니다.
(3) 충성의 표현입니다. 충성을 의미합니다.
(4) 헌신의 표현입니다. 모든 것을 드리기를 소원하는 것입니다(시 106:48, 계 3:14, 고후 1:20).
(5) 소망의 표현입니다(엡 3:21, 계 22:20).
(6) 은혜에 대한 감사와 감격의 표현입니다(계 19:4).
(7) 그리스도의 이름의 표현입니다(계 3:14).

2) 아멘의 바른 사용

(1) 진실을 강조하고 확증할 때 사용합니다(마 6:13).
(2) 명령에 복종하겠다고 서약할 때 사용합니다(왕상 1:36).
(3) 그 말대로 하겠다고 확답할 때 사용합니다(민 5:22, 신 27:15, 느 5:13).
(4) 선지의 말이나 말씀이 그러하다할 때 사용합니다(렘 28:6).
(5) 예수께서 자신의 진실성을 나타내실 때 사용하였습니다(계 3:14).
(6) 기도와 찬양 후에 동의로 사용하였습니다(느 8:6, 시 4:3, 72:19).

① 진실로 그렇습니다 하는 뜻이므로 아무렇게나 아멘 할 수 없으며, 잘못된 기도에는 아멘 할 수 없습니다. ② 그대로 되기를 소원합니다. 하는 뜻으로서 동의하는 것이므로 책임이 동반하기 때문에 신중해야 합니다. ③ 믿습니다. 하는 뜻입니다. 모든 기도와

간구의 마지막에는 아멘 하는데 그대로 이루어 주실 줄를 믿습니다 하는 뜻으로 아멘합니다. 우리는 아멘의 뜻을 바로 알고 바로 사용하므로 아멘 하여 하나님께 영광을 돌려야 할 것입니다.

결론

주기도문은 하나님으로 시작하여 하나님의 영광으로 끝나는 기도중의 기도입니다. 로이드 존스는 "주기도문은 유일하고도 완전한 기도이며 주님이 세상에 주신 선물이다." 루터는 "그리스도인은 영원한 주기도를 드린다." 칼빈은 "이 여섯 조문에 우리가 하나님께 구할 수 있는 것이 총괄되어 있다."고 했습니다.

대요리문답에서도 186-196문까지 주기도문에 대하여 말씀하고 있습니다. 주님은 우리에게 참으로 좋은 기도를 가르쳐 주셨습니다. 우리는 주님이 친히 가르쳐 주신 유일한 기도문을 통해 그리스도 안에서 불가능한 일이나 절망적인 일이 있을 수 없다는 약속을 믿고 하나님의 그 약속이 반드시 성취되도록 아버지 앞에 기도해야 합니다.

하늘에 계신 우리들의 아버지 앞에 하나님의 이름의 거룩과 그의 나라의 임재와 그의 뜻의 성취, 우리들의 생존을 위한 일용할 양식 공동체를 위하여 용서하고 용서받는 삶을 통해서 시험과 악으로부터 보호받기를 기도합시다.

또한 주기도문을 통하여 그리스도인들의 기도는 사적인 것보다 공적이며 공동체를 위하여 성도 상호간에 교제를 발전시켜야 하며, 우리들의 공동체 모두가 하나님의 영광을 위해 시험에 들지 않고 악에서 구원을 받도록 더욱 기도해야 함을 주님께서 가르쳐 주신 것입니다.

이 기도가 이루어지는 날 우리는 참으로 행복자가 될 것입니다(신 34:29). 우리는 마음과 정성과 뜻을 다하여 주기도문을 마음으로부터 드려 봅시다. 지금까지 내가 드린 기도가 한 번도 상달되지 못했다면 당신은 어떻하겠습니까? 이제 진정한 기도를 드려봅시다. 응답받는 기도를 드려봅시다.

초대교인들이 '하늘에 계신 우리 아버지'라고 기도하는 것은 그 시대의 문화에 대해 혁명적인 기도로 생명을 단보로 한 기도입니다. 그리스도인들만이 드릴 수 있는 기도였습니다. 주기도문은 제자들의 간청에 의하여 주님이 친히 우리에게 가르쳐주신 것입니다. "하늘에 계신 우리 아버지여 이름이 거룩히 여김을 받으시오며 나라이 임하옵시며 뜻이 하늘에서 이룬 것 같이 땅에서도 이루어지이다 오늘날 우리에게 일용할 양식을 주옵시고 우리가 우리에게 죄지은 자를 사하여 준 것 같이 우리 죄를 사하여 주옵시고 우리를 시험에 들게 하지 마옵시고 다만 악에서 구하옵소서 대개 나라와 권세와 영광이 아버지께 영원히 있사옵나이다. 할렐루야 아멘.

참고문헌

1) 김남식 (저),	웨스트민스터 소요리문답 해설,	한국복음문서 연구회 출판부,	1975
2) 정기화 (저),	52주 완성 소요리 문답,	예수교문서 선교회,	1885
3) 김준삼 (저),	고백서 강해,	크리스챤 신문사 공무국,	1977
4) 우병조 (저),	소요리문답해설(상하),	보문출판사,	1988
5) 윌리암스, 최덕성 (역),	소요리문답강해,	성광문화사,	1982
6) 이종성 (옮),	웨스트민스터신앙고백,	대한기독교서회 간행,	1973
7) 정남수 (저),	웨스트민스터 소요리문답 강해설교,	성광문화사,	1994
8) 펄코프(저), 김진호 김정덕 공역,	기독교교리사,	세동문화사	1975
9) 헨리디이슨 (저) 권혁봉 (역),	조직신학강의,	생명의 말씀사,	1975
10) 김희보 (저),	구약신학논고	예수교문서선교회,	1975
11) 박형용 (저),	교의신학(전7권),	은성문화사,	1976
12) 펄코프(저), 서윤택(역),	신학개론,	세종문화사,	1972
13) 윌리엄 에번즈(저), 이성호(역),	성경중요교리,	천풍인쇄주식회사,	1970
14) 죤 칼빈(저), 김문제(역),	기독교강요(전권),	세종문화사,	1974
15) 이동원(저),	이렇게 살라,	종합선교나침판사,	1989
16) 김학인(저),	생명력 있는 설교,	도서출판예루살렘,	1991
17) 송낙원(저),	기독교회사,	광공 방원각,	1970
18) 조석만(글), 김백수(발),	성례전에 대해서,	대신뉴스(11,12호),	1997
19) 김영직(발),	성서대백과사전(전)	성서교제간행사,	1980
20) 최복규(발),	헌법(대신),	대한예수교장로회 총회,	1992
21) 용천노회고시부(발),	고시문제,	대한예수교장로회 용천노회,	1994
22) 대한신학교 출판부,	논문집(대신23주년기념),	대한신학학보사,	1971
23) 죤칼빈 (저) 김성주 (옮),	칼빈의 기도론,	쭝만출판사,	1985
24) 강문호 (저),	주기도문강해,	반석문화사,	1992
25) 각종주석			

저자 소개 / 박상경 목사

포항고등학교 졸업
단국대학교 법정대학 행정학과 졸업
안양대학 신학과 졸업
안양대학 신학대학원 졸업
수도노회 노회장 역임
현 영화교회 담임

웨스트민스터 소요리강해
21세기 교회의 생명

초판 1쇄 인쇄일 1999년 9월 5일
초판 1쇄 발행일 1999년 9월 15일

지은이 / 박상경
펴낸이 / 윤희구
기 획 / 정용한
편 집 / 엄태현

펴낸곳 / 도서출판 예루살렘
주 소 / 서울 강남구 논현동 107-38 남광빌딩
전 화 / 545-0040, 546-8332
팩 스 / 545-8493
등 록 / 제 16-75호(1980. 5. 24)

책값 16,000 원

ISBN 89-7210-276-8 03230